ŒUVRES
COMPLÈTES
DE BOSSUET

PUBLIÉES

D'APRÈS LES IMPRIMÉS ET LES MANUSCRITS ORIGINAUX

PURGÉES DES INTERPOLATIONS ET RENDUES A LEUR INTÉGRITÉ

PAR F. LACHAT

ÉDITION

RENFERMANT TOUS LES OUVRAGES ÉDITÉS ET PLUSIEURS INÉDITS

VOLUME XXXI

PARIS

LOUIS VIVÈS, LIBRAIRE-ÉDITEUR

13, RUE DELAMBRE, 13

1879

ŒUVRES

COMPLÈTES

DE BOSSUET

PARIS. — IMPRIMERIE Vᵛᵉ P. LAROUSSE ET Cⁱᵉ
19, RUE MONTPARNASSE, 19

ŒUVRES
COMPLÈTES
DE BOSSUET

PUBLIÉES

D'APRÈS LES IMPRIMÉS ET LES MANUSCRITS ORIGINAUX

PURGÉES DES INTERPOLATIONS ET RENDUES A LEUR INTÉGRITÉ

PAR F. LACHAT

ÉDITION

RENFERMANT TOUS LES OUVRAGES ÉDITÉS ET PLUSIEURS INÉDITS

VOLUME XXXI

PARIS

LOUIS VIVÈS, LIBRAIRE-ÉDITEUR

13, RUE DELAMBRE, 13

1879

DISSERTATIUNCULÆ IV

ADVERSUS PROBABILITATEM

I. DE DUBIO IN NEGOTIO SALUTIS. — II. DE OPINIONE MINUS PROBABILI, AC SIMUL MINUS TUTA. — III. DE CONSCIENTIA. — IV. DE PRUDENTIA (a).

DISSERTATIUNCULA PRIMA.

DE DUBIO IN NEGOTIO SALUTIS.

1. Non longam hîc aut operosam disputationem aggredimur; sed rationem facilè et expeditè decidendi quærimus. Eam autem inventam esse constabit, si ostenderimus ad eam decisionem certas jam regulas positas esse à Patribus, ab ipsâ Ecclesiâ, à conciliis etiam œcumenicis. Id autem antequàm conficiamus, hanc divisionem præsupponimus.

2. Dubium in quocumque negotio, vel nullâ ratione præponderante vincitur, vel vincitur præponderante ratione probabili tantùm, vel vincitur certâ et demonstrativâ ratione. Quas autem in quocumque statu regulas jam constitutas habeamus, sequentes quæstiunculæ ostendent.

QUÆSTIUNCULA PRIMA:

Quæ regula data sit ab Ecclesiâ in dubio, nullâ præponderante ratione.

3. CONCLUSIO. In hoc statu data est regula ut sequamur tutius. Hæc regula assiduè in Jure repetita, his præsertim locis.

Cap. *Veniens* : extr. *de Presbytero non baptizato*, sive lib. III Decretal., tit. XLIII, cap. III. « Nos in hoc dubitabili casu quod tutius est sequentes..... »

(a) Ces *dissertations* devoient former dans l'esprit de l'auteur, comme un supplément du *Decretum de morali disciplina*, qui se trouve au XXII° volume. Aussi Bossuet les composa-t-il pendant la fameuse assemblée de 1682, et c'est l'abbé Leroi qui les publia pour la première fois dans les *Œuvres posthumes*, en 1753. Nous avons pris cette édition pour type et modèle de la nôtre.

4. Cap. *Juvenis : de Sponsalibus*, sive lib. I, Decretal., tit. 2, cap. III. « Quia igitur in his quæ dubia sunt quod certius existimamus tenere debemus..... »

Cap. *Ad audientiam : de Homic.*, sive v Decret., tit. XII, cap. XII. « Vestræ discretioni duximus respondendum, quòd cùm in dubiis semitam debeamus eligere tutiorem..... »

5. Eodem libro et titulo : *Significasti*, II, sive ejusd. tit., cap. XVIII. « In hoc dubio tanquam homicida debet haberi sacerdos; et si fortè homicida non sit, à sacerdotali officio abstinere debet, cùm in hoc casu cessare sit tutius, quàm temerè celebrare, pro eo quòd in altero nullum, in reliquo verò magnum periculum timeatur. »

6. Eod. tit., cap. *Petitio tua*, sive ejusdem tituli cap. XXIV. « Mandamus quatenùs si de interfectione cujusquam tua conscientia te remordet, à ministerio altaris abstineas reverenter, cùm sit consultius in hujusmodi dubio abstinere quàm temerè celebrare. »

7. Cap. *Illud : de Clericor. excom.* « Licèt autem in hoc non videatur omninò culpabilis extitisse; quia tamen in dubiis via est tutior eligenda, etsi de latâ in eum sententiâ dubitaret, debuerat tamen potiùs se abstinere quàm Sacramenta ecclesiastica pertractare. »

8. Clementina : *Exivi de paradiso : de Verb. signif.*, sive Clementin., lib. V, tit. XI, § *Item quia* : « Nos itaque, quia in sinceris horum conscientiis delectamur, attendentes quòd in his quæ animæ salutem respiciunt, ad vitandos graves remorsus conscientiæ, pars securior est tenenda..... »

9. En graves remorsus; hoc est profectò magnâ gravique de causâ, propter verum animarum periculum. Est enim aliquando *credulitas levis et temeraria:* cap. *Inquisitioni : de Sent. excomm.* sive v Decretal. tit. XXXIX, cap. XLIV et cap. *Per tuas* : II *de Simon.* sive V Decretal., tit. III, cap. XXXV, quam facilè deponere possis. Illic autem agnoscitur credulitas gravis, quæque adeo graves conscientiæ remorsus ex gravi animarum periculo pariat; quos nisi ratione viceris, non eris *securus, nec sinceræ conscientiæ,* ut vides in textu, n. 8.

10. Unde subdit eadem Clem., § *Demum :* « Nos volentes ipsos clarè ac securè procedere in omnibus factis suis..... » En *clarè* et *securè* inter se conjuncta, quod idem est ac tutius quærere, sibique metu salutis amittendæ omninò cavere, sublato omni dubio atque animæ periculo.

11. Ex hoc igitur constat, in dubio, nullâ præponderante ratione, unicam superesse viam quam ineas, nempè tutiorem ac securiorem.

RESPONSIONES.

12. Ad hoc autem respondent varia, sed vana et cavillatoria. Primùm, hanc regulam restringendam esse ad casus pro quibus adhibetur; sed hoc manifestè falsum, cùm Pontifices non hic novam constituant regulam, sed universalem et anteà notam assumant, et adhibeant ad quoscumque obvios casus, ex ipso jure naturali ductam; et ad quemvis casum particularem seu juris seu facti facilè applicandam, ut patebit consideranti textus.

13. Ab hâc cavillatione depulsi, confugere coguntur ad illud, ut ea regula sit consilii non præcepti; sed est evidenter absurdum : nam hîc à Pontificibus requirebantur non consilia, sed ratio interpretandorum et exequendorum quorumvis præceptorum : tùm agitur de rebus ad negotium salutis et animæ periculum pertinentibus; non ergò de consilio tantùm : denique tota ratio judicandi pendet ex illo *Ecclesiastici :* « Qui amat periculum, in illo peribit [1], » quod non est consilii sed præcepti; alioqui ad consilium quoque pertineret illud Evangelicum : « Quòd si oculus tuus dexter scandalizat te, erue eum.....; » et illud « Quam dabit homo commutationem pro animâ suâ [2]. »

14. Huc pertinet locus notabilis et notissimus sancti Augustini : « Graviter peccaret in rebus ad salutem animæ pertinentibus, vel eo solo quòd certis incerta præponeret [3]; » ac posteà : « Vera ergò falsis, aut incertis certa præpone [4]. » Quæ primùm sunt generalia, et ad omnem casum tùm juris tùm facti pertinent : deinde procul absunt à consilii ratione, cùm ad peccatum grave pertinere dicantur.

---

[1] *Eccli.*, III, 27. — [2] *Matth.*, v, 29, et XVI, 26. — [3] *Aug., de Bapt., cont. Donat.,* lib. I, cap. III, n. 4. — [4] *Ibid.,* cap. V, n. 6.

15. Respondent denique non bene appellari incerta aut dubia, quæ utrinque probabilia judicantur. Sed perfectò illudunt lectoribus, cùm nolent agnoscere ubi dubium nullà præponderante ratione vincitur, rem omninò manere suspensam et incertam. Quantumvis enim probabilia utrinque rationum momenta fingantur, verè pro dubio relinquitur, de quo nihil affirmare, nihil negare posse te fatearis. Neque hîc opus est disquisitione sollicità, sed statim terminis intellectis, nullo labore quod vero est animus intuetur; ex quo liquet has responsiones merè esse cavillatorias. Jam ergò pergimus ad secundam quæstiunculam, facilè et uno verbo resolvendam.

QUÆSTIUNCULA II.

Quæ regula data sit ad vincendum dubium ratione probabili.

16. Conclusio. Regula vincendi dubii ratione probabili, est ut sit probabilior.

Hæc clarè definita est in concilio œcumenico Viennensi, ubi duabus contrariis sententiis de informante gratià in Baptismo infusâ recensitis, subdit : « Nos autem attendentes generalem efficaciam mortis Christi quæ per Baptisma applicatur omnibus baptizatis, opinionem secundam (quæ dicit tam parvulis quàm adultis conferri in Baptismo informantem gratiam et virtutes) tanquàm probabiliorem, et dictis sanctorum ac doctorum modernorum theologiæ magis consonam et concordem, sacro approbante concilio, duximus eligendam [1]. » En regulam quà vincitur dubium ratione probabili; sed eâ sanè lege, ut sit *probabilior, ac dictis sanctorum magis consona :* alioqui si desit illud *magis*, si illud *probabilius*, nonnisi temerè eligeretur dubio remanente, cùm nulla ratio præponderaret. Hâc lege agit Ecclesia, nec sibi relinquit liberum, ut sententiam sive opinionem minùs probabilem eligat, sed omninò probabiliorem eligendam ducit, eligendam decernit; tantaque vis inest probabilitati, sed majori tantùm, ut concilium œcumenicum hâc lege se agere omnibus

---

[1] Clem. unica, *de Summa Trinit. et fid. cath.*, sive Clem., lib. I, tit. unic. *Fidei Catholic.*

palam faciat. Qui ergò minori probabilitati dat locum, concilii œcumenici regulam apertissimam spernit.

17. Nec equidem video quid responderi possit. Si enim dixerint agi de speculativis, non de practicis, primùm quidem clarum est utriusque dubii resolvendi parem esse rationem : tùm etiam patet hoc quoque concilii œcumenici decretum pertinere ad aliquam praxim, nempè ad eligendam, atque adeò profitendam et prædicandam aliquam ex duabus sententiis, gravissimo animæ futuro discrimine, si ab eâ quam concilium eligendam duxerit, recedatur.

18. Hinc ergò emendandus error eorum qui dicunt, in æquilibrio rationum, intellectum determinari a voluntate pro libito. Audiendus enim Apostolus dicens : « Rationabile obsequium vestrum [1]. » Non ergò ad libitum eligimus sententias et judicia formamus, sed ex præscripto et normâ rationis; neque dicit concilium : « Nos autem hanc sententiam eligendam duximus ; sed, eligendam duximus ut probabiliorem magisque consonam..... » Quare intelligit non ad libitum, sed ratione tantùm flecti intellectum.

19. Hinc quoque emendandi duo errores extremi : alter Joannis Synnichii, cujus hæc verba sunt : « Non licet sequi opinionem vel inter probabiles probabilissimam [2]. » Hoc enim est apertè sanctæ synodo repugnare, cùm illa eligat opinionem quæ sit tantùm probabilis, modò sit probabilior. Nec minùs ex eodem concilio condemnandi qui ad aliud extremum tendunt, nempè, ut omnis probabilis opinio, minùs licet probabilis, magìs probabili comparata, pari loco habeatur. Quæ sententia non minùs repugnat concilio, à quo non quæcumque probabilis, sed tantùm ea quæ probabilior videatur, eligitur.

20. Danda itaque est opera, ut uterque prohibeatur error, et is quo negatur vinci dubium præponderante probabiliori ratione, et is quo minùs probabilis æquo omnino jure cum magis probabili gaudere videatur.

21. Eòdem pertinet hæc juris regula XLV : Inspicimus in obscuris quod est verisimilius, vel quod plerumque fieri consue-

---
[1] *Rom.*, XII, 1. — [2] Synn., lib. I, c. XXVII et LXXXVII, § 364, etc.

vit ¹. » Latente enim vero, necesse est quæratur saltem illud quod est vero simillimum. Quare et in contingentibus, quæratur oportet etiam illud quod fieri consuevit; hoc enim constat esse verisimilius.

22. Stent ergò hæ duæ regulæ : latente omni ex parte vero, quæratur tutius; id est, quod ab omni absit periculo : jam illucescente ac incipiente veritate, nec tamen plenè ortâ, quæretur probabilius ac verisimilius.

23. Neque enim latente vero, ac nullâ præponderante ratione, dicit regula *in dubiis*, æquo rationum verisimilium sive probabilium pondere : « Age ut vis, sequere utrumlibet; » sed : « Sequere *tutius;* » nec item : « Age ut vis, dicitur, prævalente aliquâ ratione; » sed : « Sequere probabilius ac verisimilius. » Sic judicium tuum, etsi probabile tantùm, erit tamen æquissimum, dubio superato, juxta œcumenici concilii Viennensis auctoritatem, per eam sententiam quæ et probabilior dictisque sanctorum magìs consona videatur.

24. Quam enim sententiam optimam ac probabilem esse judicaveris, secundùm eam agere jus est : quamvis etiam liceat à jure decedere, ac perfectiora amplecti si lubet.

25. Hæ autem regulæ quàm inter se connexæ sint, nemo non videt. Si enim nefas est, nullâ præponderante ratione declinare ab eo quod est tutius : quantò magìs veritatem meliùs affulgentem, ac pro lege stantem simul, et securitati et probabilitati postponere?

DISSERTATIUNCULA II.

DE OPINIONE MINUS PROBABILI AC SIMUL MINUS TUTA.

1. Duæ sunt in materiâ probabilitatis quæstiones principales : prima, quid sentiendum, quidve agendum in æqualitate rationum pro lege et contra legem; altera, quid sentiendum, quidve agendum præponderante ratione probabili. Hanc nunc speciatim pertractandam putamus. Observari sanè volumus, loqui nos, non de probabilitate ut in se considerari posset, sed de probabilitate

¹ In IV, *de Reg. jur.*, 45.

respectu ipsius operantis; ità ut sequi possit eam opinionem, quam ipse ut minùs probabilem et simul ut minùs tutam agnoscat.

Quærimus autem hîc, an et quâ censurâ affici eam oporteat?

2. Ac primò quidem constitit, adversari eam certissimæ regulæ in œcumenicâ Viennensi synodo confirmatæ, cui etiam antiquæ Juris regulæ consentiant. Quod quia jam expeditum est, scriptiunculâ : *De dubio in negotio salutis*, hoc loco prætermittimus.

3. Nunc autem id primùm addimus : eam opinionem, quæ in salutis negotio pro minore etiam probabilitate pugnet, esse novam ac omnibus retro sæculis inauditam, postremo demum sæculo tradi cœpisse.

4. Id ut liquidò constet et extra omnem litem ponatur, utimur auctoritate gravissimâ reverendissimi Patris Thyrsi Gonzalez[1], quo nemo doctiùs et candidiùs hanc materiam illustravit; quem ego quoties testem appellavero, nonnisi honoris ac reverentiæ causâ nominatum velim.

5. Is ergò, ab ipsâ jam introductione præviâ, post allegatam « benignam sententiam de usu licito opinionis probabilis minùs tutæ in occursu probabilioris et tutioris, » hæc subdit : « Cœpit hæc opinio tradi ac typis vulgari, vergente ad finem sæculo proximè superiori[2] : » quibus verbis nihil clarius.

6. In processu verò operis hanc ubique novitatem inculcat : « Opinio ista Probabilistarum, quòd liceat sequi opinionem probabilem, relictâ probabiliore et tutiore, cognita non fuit in Ecclesiâ Dei usque ad sæculum decimum sextum[3]; » ac paulò post : « Ergò suavitas legis evangelicæ non dependet à Probabilistarum benignitate : alioqui nobis cum magno Guigone Carthusianorum quondam generali exclamare liceret : « O Apostolorum tempora infelicissima! ô viros illos ignorantiæ tenebris involutos, et omni miseratione dignissimos! qui ut ad vitam pertingerent, propter verba labiorum Dei tam duras vias custodiebant, et hæc nostra compendia nesciebant. »

[1] Citatur hîc *Fundamentum Theologiæ moralis*, i. e., *de recto usu opinionum probabilium*; auct. P. Thyrso Gonzalez..... juxta exemplar Romæ, 1694, in-4°. — [2] *Introd. ad diss. de recto usu opin. probab.*, n. 1 et 2. — [3] Diss. III, cap. III, § 8, n. 93, p. 77.

7. Posteà rursùs de novâ Probabilistarum sententiâ loquens, inquit : « Omnes antiqui theologi ante sæculum præteritum doctrinam contrariam tradiderunt[1]. » Alibi, post allegatos Patres sanctosque doctores scholasticos, Thomam ac Bonaventuram, alios : « Reliquos scholasticos antiquos et auctores *Summarum*, ante annum 1577, nostram sententiam tradidisse[2]. » Ea opinioni novæ annum etiam suum natalem assignat, quo tempore scilicet, Bartholomæo Medinâ auctore, primùm in lucem emersit, ut notum est. Non ergò traditio hanc sententiam peperit : certo ac noto auctore, certo ac noto tempore, ut cæteræ exitiosæ novitates, hanc ortam esse constat.

8. Qualis autem exinde adversùs tam novam sententiam exurgat præscriptio, doctus auctor non tacet : « Quare, inquit, ex eo quòd nulla mentio hujus doctrinæ, de licito usu opinionis minùs tutæ in occursu tutioris et operanti ipsi probabilioris, apud Patres reperiatur, neque à sanctis Scholasticis qui à Patribus suam doctrinam acceperunt, neque à theologo ullo qui ante præteritum sæculum scripserit, sit tradita, conficitur manifestè illam esse novam, et in Ecclesiâ ignotam usque ad finem decimi sexti sæculi. Hinc autem elicitur illam esse falsam, quia incredibile est, Deum per tot sæcula occultasse omnibus antiquis theologis doctrinam veram, adeò proficuam ad facilitandam cœli viam ; et permisisse, ut omnes prisci theologi qui hoc punctum attigerunt, per tot sæcula errassent[3]. » Hæc pius juxtà ac doctus auctor adversùs novam doctrinam, pro suo in veritatem studio et zelo, scribit et admonet.

9. Nec semel monuisse contentus, totus in eo est, ut more Patrum contrariam sententiam ex hâc præscriptione novitatis elidat. Namque allegato sancti Augustini loco, subdit : « Unde probabilismus non fuit cognitus à Patribus ut illum sequerentur, et ejus usum fidelibus commendarent, sed ut improbarent : modusque iste dirigendi conscientias apud multos ex Probabilistis : *Probabile est hoc : graves auctores affirmant esse licitum : ergò securè possumus hoc facere,* fuit incognitus Patribus. Quis autem

---

[1] Diss. xii, *Introd.*, § 1, n. 2, p. 345. — [2] Diss. xii, cap. 2, § 9, in ipso titulo, p. 390. — [3] *Ibid.*, § 1, n. 11, p. 366.

credat, quòd Deus occultaturus esset Ecclesiæ modum illum benignum dirigendi conscientias, si ille verus foret? quis sibi persuadeat, nulli antiquorum Patrum et sanctorum doctorum, quos Deus voluit esse Ecclesiæ sanctæ lumen, in mentem venturum fuisse hunc modum resolvendi dubia conscientiæ, si ille verus et securus foret? Quare silentium Patrum et antiquorum doctorum hâc in parte est omni tubâ vocalius, ad impugnandam probabilismi novitatem [1]. » Hæc vir sanctissimus, zelo, ut legenti patet, veritatis incensus.

10. Hæc verò eò firmiora sunt, quòd hîc agitur non de aliquâ peculiari novitate, sed de novitate in regulâ morum, aut quemadmodum doctus auctor loquitur, *in modo regendi conscientias;* quem modum à Christo ipso traditum Ecclesiæ, et ab eâ diligentissimè servatum oportuit; qui tamen, si Patribus, si sanctis omnibus, si denique apostolis, unde erat repetendus, ignotus est, meritò cum auctore post venerabilem Guigonem exclamandum esset : « O Apostolos tantarum rerum ignaros, qui nostra hæc compendia nesciebant [2]! »

11. Hujus autem novitatis error in eo est, quòd passim apud Probabilistas ex ipsâ doctorum auctoritate rei probabilitas inferatur, eò quòd verisimile non sit, viros graves rationibus destitutos sic vel sic existimasse; unde tota ratio investigandæ veritatis eò tandem reducitur, ut omissâ quæstione, quid verum quidve falsum sit, id unum quæratur, quid ille, quid iste, quid deinde homines senserint; quâ viâ nulla est promptior ad hominum mandata et traditiones, Christo prohibente, inducendas.

12. Unde doctus Gonzalez, nec unquàm sine honore appellandus, hæc infert : « Constat autem modum illum dirigendi conscientias per probabilitatem opinionum, nullâ habitâ ratione de earum veritate, non fuisse in usu Ecclesiæ per duodecim vel tredecim sæcula, quæ ante D. Thomam et theologos scholasticos præcesserunt. Nam sanctus Thomas, sanctus Bonaventura et alii scholastici constanter docuerunt necessarium esse, quòd operans sibi persuadeat illam (opinionem quam sequitur) esse veram, et

---

Diss. XII, *introd.*, § 5, n. 15, p. 354. — [2] Sup., n. 6.

legi æternæ conformem[1]. » Nunc autem quid verum, quid falsum sit, pro indifferenti habetur, et curiosè tantùm, non necessariò quæritur; cùm ex probabilismo id unum agatur, ut, quid is vel ille probabiliter dixerint, inquiri oporteat.

13. Hæc igitur illa est probabilismi suspecta et periculosa novitas, quam auctor egregius insectatur. Nec ipsi Probabilistæ suam originem, aut novitatem negant. Possumus commemorare omnium ordinum viros graves, qui probabilismi doctrinæ unum tantùm idque postremum sæculum attribuant, totique antiquitati unius postremi sæculi sententiam opponant.

14. Hinc autem illa vulgaris objectio facilè corruit : ignoscendum sententiæ quæ tot habeat defensores : verum, si ab antiquo, si longo et firmo usu : sin autem recentiùs assumptâ auctoritate, falsum : alioqui tot morum probra intacta relinquerentur, cùm eosdem fere habeant defensores quibus ipse probabilismus nititur.

15. Neque tantùm huic sententiæ prava novitas inest, sed etiam manifestus error, et evidens animarum periculum, cùm eam securitatem conscientiæ promittat quæ inanis ac falsa sit. « Quis enim, inquit Gonzalez, dedit hoc privilegium quatuor vel quinque auctoribus doctis et piis, ex iis qui faciunt opinionem probabilem, ut hoc ipso quòd illi probabiliter asseruerint aliquem contractum esse licitum, reddant illum licitum omnibus qui evidenter non cognoverint illos errasse, et affundant securitatem omnibus qui non fuerint assecuti omnimodam certitudinem de illorum deceptione[2]? » Quod quidem, inquit, nihil aliud esset, quàm æquiparare eos auctoribus canonicis qui omnimodâ infallibilitate gaudent.

16. Jam verò, quanto animæ suæ periculo errent illi qui operantur ex sententiâ quam ipsi quoque minùs probabilem judicent, idem auctor sic explicat : « Qui operatur secundùm opinionem minùs tutam, relictâ tutiore, quæ sibi ab auctoritate et ratione apparet absolutè et simpliciter verisimilior, nequit coram supremo judice hunc modum operandi defendere :...... quia nihil poterit respondere judici interroganti, cur secutus sit sententiam illam

---
[1] Diss. XIII, cap. II, § 1, n. 10, p. 366. — [2] Diss. III, cap. III, § ⁕, A. 61, p. 66.

sibi favorabilem, quandoquidem viderit oppositam esse absolutè et simpliciter verisimiliorem auctoritate et ratione[1]. » Ergo, teste Gonzale, sententia minori probabilitati sibi notæ favens, periculosa est in salutis negotio, nec ipsi operanti ullam securitatem nisi fallacem præstat. Ergo eliminanda est, ut veræ securitati et animarum saluti consulatur.

17. Pergit idem auctor[2]: « Si enim respondeat (ille operans ex sententiâ sibi quoque visâ minùs probabili) : Domine, sectatus sum illam sententiam, quia duodecim auctores graves illam ut veram docuerunt, statim judex opponet : Serve nequam, hæc tibi responsio non proderit. Quid enim referebat ad securitatem tuæ conscientiæ, scire quod duodecim auctores contractum illum defendebant ut licitum, si simul sciebas viginti graviores illum defendere ut illicitum, et auctoritas illorum majoris apud te erat momenti? Cur minorem auctoritatem majori prætulisti? Nonne sciebas facilius esse quòd decipiantur duodecim quàm viginti doctores? »

18. Cùm ergo ex auctoritate doctorum sibi faventium nulla succurrat excusatio idonea adversùs Dei judicium, videamus quale ex ratione præsidium habeat. Sic enim urget auctor[3] : « Si autem respondeat : Domine, secutus sum opinionem illorum duodecim doctorum, quia nitebatur fundamento gravi et prudenti, utpote quo moti sunt tot viri sapientes et probi; statim Deus reponet : Serve nequam, ex ore tuo te judico. Nam illud fundamentum ideo fuit grave et prudens respectu illorum doctorum, quia ipsis apparuit verisimilius fundamento sententiæ contrariæ; tibi autem è contra fundamentum sententiæ contrariæ apparuit absolutè, et simpliciter ut sensibiliter verisimilius : cur ergo contempsisti sententiam, quæ in tuâ æstimatione nitebatur fundamento majori, ut sectareris sententiam, cujus fundamentum tibi apparuit minùs verisimile? Ergo non motus es ad sectandam sententiam tibi favorabilem à momentis rationis, nec à pondere auctoritatis; quandoquidem tu ipse agnoscebas majus auctoritatis et rationis pondus in sententiâ stante pro meo præcepto et lege. Ergo in operando, non meam legem et voluntatem, sed

---
[1] Diss. IV, cap. II, § 2, n. 14, p. 94. — [2] Ibid., n. 15. — [3] Ibid., n. 16.

carnem et sanguinem consuluisti. Nonne tibi evidens erat, ex illis duabus sententiis alteram esse falsam, et alteram duntaxat esse veram? Cur ergo habens urgentissima fundamenta ad tibi persuadendum veram esse sententiam stantem pro meâ lege, sectatus es sententiam tibi favorabilem, quam esse falsam illa fundamenta tibi urgentissimè suadebant, et pro cujus veritate minora tibi fundamenta apparebant comparativè ad fundamenta alterius? Quid ad hæc respondere poterit homo ille? Obmutescet planè, *omnisque iniquitas oppilabit os suum* ».

19. Luce ergò est clarius diligentissimè præcavendam eam opinionem, quæ minori probabilitati faveat: quippè quæ animas inducat in laqueum, securitate falsò ostensâ, non autem præstitâ, et inevitabilis damnationis judicio consecuto.

20. Cujus mali fons est, quòd cui sententia aliqua apparet probabilior, quandiu in eâ est, non potest de contrariâ favorabile ferre judicium. Neque enim fieri potest ut assentiatur ei quam minùs probaverit. Ergò alteram, vero licèt opinativo judicio, credit veram, sive veriorem, ità dictante conscientiâ, et tamen agit ultrò secundùm contrariam, licèt fieri posse sentiat, ut contra legem agat, saltem, ut aiunt, materialiter. Quod si contigerit, tùm verò, ait Gonzalez, « ille error non excusabit à peccato, quia reclamat conscientia, cui apparet verisimilius, illam operationem esse malam et prohibitam [1]. »

21. Quare graviter errant qui contra sententiam sibi probabiliorem agunt. « Si enim eo prætextu faciat contractum reipsâ prohibitum, hæc non est solùm transgressio materialis, per se loquendo, sed formalis..... Si autem non sit reipsâ prohibitus, nihilominùs peccat, saltem per se loquendo; quia voluntariè se exponit periculo violandi legem, exercens contractum, quando prudenter judicare potest esse prohibitum, et nequit judicare non esse prohibitum [2]. » Sic undique errores, peccata, præcipitia pro minore probilitate certanti.

22. Nec solvi potest hæc viri optimi atque doctissimi ratiocinatio. Sic enim urget operantem contra sententiam sibi probatiorem visam: « Non ex illorum sententiâ, sed ex tuâ judicandum

---

[1] Diss. IV, cap. II, § 10, n. 65, p. 121. — [2] Diss. XII, introd., § 1, n. 5, p. 347.

te esse sciebas, dicente Apostolo : *Testimonium illis reddente conscientiâ ipsorum*, non *conscientiâ aliorum* [1] Quod magis urget idem Apostolus dicens : *Qui autem discernit, si manducaverit, damnatus est; quia non ex fide : omne autem quod non est ex fide, peccatum est.* Tu autem discrevisti, et fecisti quod credebas esse peccatum (judicio scilicet illo secundùm probabiliorem quam putabas sententiam lato): justè ergò damnaberis, quia non fecisti ex fide tuâ [2]. »

23. Est enim profectò illa lux probatior, et verisimilior menti tuæ affulgens; est, inquam, simul et veritatis ipsius, et conscientiæ tuæ testis, primæque et æternæ legis igniculus, à quo recedere nihil aliud melius intuentem, certum piaculum est.

24. Jam ergò, opinionis minori probabilitati faventis error hâc notâ inuri debet; quòd novus, quòd inauditus, quòd animæ saluti periculosus, ac noxius et conscientiæ lumen extinguens.

25. Huc accedit alia nota; quòd ille fons sit corruptelarum omnium, quæ in moralem theologiam invectæ sunt. Fac enim, cogites tot opiniones noxias; has simul cum minoris probabilitatis auctoritate, atque ex illâ natas, magistra experientia docebit; nec fieri potuit quin à veritate deflecterent, qui non verum falsumque, sed hominum de vero falsoque varia opinantium arbitria quærebant.

26. Hæ sunt igitur justæ, nec minùs necessariæ censuræ, nisi velimus falsâ securitate simplices animas mergi in interitum.

27. At enim Roma tacet : sanè; sed ultrò admonuit, ne suum silentium approbationi verti sineremus [3]. Absit interim ut vetet quominùs episcopi suo fungantur officio. Vidit æquo animo tot graves Gallicanorum episcoporum censuras contra probabilismum validè et expressè insurgentes. Vidit Senonensem, vidit Bituricensem, vidit Parisiensem, vidit Venciensem Romæ quoque lectam et excusam in Fagnani doctissimi atque optimi viri opere : vidit recentissimè Rotomagensem doctissimam ac fortissimam [4]. Quas quis reprehendit? quis bonus non laudavit?

---

[1] *Rom.*, XIV, 23. — [2] Diss. X, § 2, n. 16, p. 141. — [3] *Propos. XXVII*, inter damnat. ab Alex. VII, 24 sept. 1665.— [4] *De opin. prob.*, n. 287, 288; édit. Brux., 1667, p. 245.

Vidit summos viros, Lauream, Daguirreum, alios cardinales adversùs probabilismum præeuntes: vidit Pallavicinum à pristinâ quam imbuerat sententiâ publicè recedentem; quod idem fecerat Daguirreus, editis doctissimis retractationibus in eruditissimâ *Collectione Conciliorum Hispaniæ* [1]. His addo antiquiorem Bellarminum in egregio opere, cui titulus: *Admonitio ad episcopum Teanensem* [2], quo omnes episcopos, sub nepotis sui nomine, de probabilismo vitando gravissimè commonitos voluit. Hos Roma suspexit. Nonnumquàm et ipsa se præveniri amat, atque ecclesiarum confirmare judicia. Sed hæc hactenùs.

DISSERTATIUNCULA III

DE CONSCIENTIA.

Ex cap. Inquisitioni tuæ *de Sent. excomm., lib.* Decretal., *tit.* XXXIX, *cap.* XLIV

Hoc decretum Innocentii III, consultissimi Pontificis, unum esse in toto jure longè accuratissimum ac lucidissimum theologi et jurisconsulti omnes facilè confitentur. Hoc autem definiri quæstionem nostram pro sententiâ ipsi operanti tutiore simul ac probabiliore visâ demonstrare aggredimur, hoc præsupposito:

Conscientiam suî certam esse oportere, ac prosilientem ad actus quos malos esse sentit, procul dubio esse malam, theologi omnes uno ore decernunt: attestante Paulo: « Finis præcepti est charitas de corde puro, et conscientiâ bonâ, » certò utique bonâ, « et fide non fictâ [3]. »

Quòd verò sit mala prosiliens ad actus quos ipsa non quidem certò, sed tamen probabiliùs malos esse credat, sic demonstramus.

Contingit conscientiam prohiberi ab agendo, *vel ex eo quòd sciat pro certo se* malè agere, vel ex eo quòd *non sciat pro certo, sed credat*. Primo casu, quo *pro certo sciat* se malè agere, prohibetur ab actu ut apertè illicito, puta à reddendo debito conju-

---

[1] Refert. Thyrs. Gonz., *De rect. usu opin prob.*, dissert. XIII. cap. II, § 11 et 13, n. 76, 92, p. 393, 405. — [2] Apud. eumd. Gonz., *ibid.*, n. 90, p. 402. — [3] I *Timoth.*, I, 5.

gali, de quo hîc agebatur, propter impedimentum alteri conjugum pro vero et certo notum. Hæc igitur Innocentii III prima, est distinctio, nihil habens difficultatis.

Secunda verò talis est : « In secundo casu, quo quis non sciat sed credat (subesse impedimentum), iterùm distinguendum est, utrùm habeat hanc conscientiam ex credulitate levi et temerariâ, an probabili et discretâ, licet non evidenti et manifestâ : » quo ultimo casu, credulitatis scilicet probabilis et discretæ, decernit Pontifex, stante illâ credulitate, non posse ab itâ credente prosiliri in actum, « ne in alterutro, vel contra legem conjugii, vel contra judicium conscientiæ committat offensam. » Ergò quominùs agas prohibet, non modò *credulitas evidens et manifesta*, verùm etiam *probabilis et discreta :* quibus verbis rem pro nobis definitam putamus, et sic ostendimus.

Primùm enim, ipse casus quem tractat Pontifex, est is ipse de quo quærimus. Supponit enim prævalere in operantis animo illam *credulitatem*, sive opinionem *probabilem et discretam*. Non autem prævaleret, nisi ex prævalente quoque ratione probabili, ac per hoc probabiliore visâ. Ergò is ipse casus est de quo quærimus : hoc primùm.

Secundò autem, liquet pro nobis definitum esse perspicuis verbis. Est enim definitum prævalente ratione probabiliori visâ, et ex eâ faciente in animo operantis probabiliorem sententiam sive credulitatem, *licet non evidentem atque manifestam*, ipsum quoque operantem impediri ab agendo, nec nisi læsâ conscientiâ prosilire posse in actum : ergò ligat conscientiam illa opinio sive credulitas, sive sententia *discreta et probabilis*, licet *non evidens*, atque actum prohibet : quod erat demonstrandum.

Confirmatur : ipsa credulitas *levis et temeraria* ligat conscientiam ac prohibet actum : ergò à fortiori *probabilis et discreta* credulitas. Major perspicua est ex illis decreti verbis, « et quidem ad sui Pastoris consilium conscientia levis et temerariæ credulitatis explosa, licitè potest non solùm reddere, sed exigere debitum. » Ergò etsi in actum prosiliri potest, non tamen stante illâ, quamvis *temeraria et levi, sed priùs explosâ*.

Ampliùs confirmatur ex cap. *Per tuas*, II, *de Simon.*, lib. V

Decret., tit. III, cap. 35, ubi idem Innocentius sic decernit : « Nos igitur respondemus, ut idem in ordine sic suscepto securè ministret ; sed contra conscientiam ulteriùs non ascendat, ne ædificet ad gehennam ; licet ex eo quòd conscientiam nimis habuerit scrupulosam in difficultatem hujusmodi sit collapsus, quam utique non evadet, nisi deponat errorem. » Ergò prohibet actum error etiam nimis et improvidè scrupulosus, deponendusque est ne *ædifices ad gehennam* : quantò magìs sententiâ gravi et probabili atque discretâ insidente, et in animo operantis prævalente ratione, ut dictum est?

Quid autem sit ædificare ad gehennam, idem Innocentius III claris verbis docet, cap. *Litteras, de Restit. spol.*, lib. II, tit. XIII, cap. 13 : « Omne, inquit, quod non est ex fide, peccatum est : et quidquid fit contra conscientiam, ædificat ad gehennam. » Ergò ædificare ad gehennam nihil est aliud quàm facere contra conscientiam ; facere autem contra conscientiam est profectò illud ipsum de quo dicit Apostolus : « Quia non ex fide : Omne autem quod non est ex fide, peccatum est [1]. »

Jam ergò si quæ vidimus capita Decretalium mente repetamus, profectò constabit secundùm Apostolum peccare *contra fidem*, id est, contra conscientiam, non tantùm eum qui agit contra *credulitatem evidentem et manifestam, sed etiam eum qui agit contra credulitatem probabilem et discretam*, licèt *non evidentem ;* imò etiam eum qui agit contra conscientiam errantem, eo quòd nimis scrupulosa sit, et scrupulo etiam levi persuaderi se sinat : denique peccare eum qui agit contra ac persuasum est illi, sive ex gravi sive ex levi ratione, nisi priùs eam quamcumque rationem seu persuasionem, sive ratione sive auctoritate prævalente, deponat.

Hæc Patrum simplicitas, hæc apostolici dicti intelligentia er pro regulâ morum. Nunc autem alia invenerunt, nempè hæc In probabilibus, etiam illis ubi de salute agitur, licere creder et judicare quidquid libet : Ad nutum voluntatis, non ad rationem etiam prævalentem flecti judicia : aliam esse opinandi ac judicandi, aliam agendi regulam; hoc est, opinari et judicare te

[1] *Rom.*, XIV 13.

secundùm id quod apparet tibi verisimilius sive probabilius, agere verò secundùm id quod apparet tibi minùs probabile; quorum omnium nullum in Scripturis, nullum in Patribus, nullum in jure vestigium reperias.

Neque unquàm ullus Pontifex dubia salutis et conscientiæ sic resolvit, ut liceret agere ad libitum, etiamsi aliqua melior agendi ratio appareret; sed responderunt semper ex eâ ratione quæ ipsis videretur probabilior, verior, melior, subtilior, certior, tutior, ut passim occurrit in eorum responsis. Alia omnis agendi ratio novellum inventum est, non modò contra jura, verùm etiam contra ipsum spiritum juris, contra ipsam æqui bonique rationem.

Neque docebantur homines ut agerent contra ac ipsis persuasum esset etiam ex probabili ac discretâ ratione; hoc enim est, ut ait Tertullianus [1], *suam quoque conscientiam ludere;* sed simpliciter admittebant apostolicum illud : *Omne quod non est ex fide*, ex conscientiâ, ex persuasione, *peccatum est*, ut vel ex iis capitibus satis superque constat.

DISSERTATIUNCULA IV.

DE PRUDENTIA.

Ex reverendissimo Patre Thyrso Gonzalez, Tractatu de recto usu opinionum probabilium, *Diss. III, cap. III, § 7, edit. 1694, p. 74*

Ulterius ostenditur, nullam aliam prudentiam reperiri posse in sectandâ sententiâ minùs tutâ, quando opposita apparet operanti manifestè verisimilior, nisi *prudentiam carnis, quæ inimica est Deo.*

85. Quia adversarii nostri sæpè repetunt electionem sententiæ minùs probabilis, prætermissâ probabiliore et tutiore, esse quidem minùs prudentem, cæteroquin absolutè prudentem esse; nunc ostendendum nobis est, nullam hîc prudentiam intervenire posse præter prudentiam carnis, quæ teste Apostolo, *Rom.*, VIII, *mors est, et inimica est Deo :* id autem probabimus discurrendo per varia prudentiæ genera.

[1] *Ad Nation.*, lib. I.

86. In primis si Aristotelem consulamus, eumque interrogemus quid sit prudentia, respondebit, VI *Ethic.*, cap. V : « Esse habitum agendi verâ cum ratione, circa ea quæ sunt bona homini, atque mala. » Quasi diceret, prudentiam esse habitum, qui dictat cum verâ ratione, quid homini bonum sit, ut illud prosequatur, quidque malum, ut illud fugiat, ut exponit D. Vasquez, tom. II, disp. LXV, cap. I. Quomodo autem, quæso, potest prudentia verâ cum ratione dictare homini cognoscenti sententiam tutiorem esse manifestè verisimiliorem, quòd sit bonum et conforme appetitui recto virtutis, prætermissâ hâc sententiâ, eligere oppositam minùs tutam, quæ apparet manifestè minùs verisimilis? Certè hoc dictare non potest nisi prudentia carnis, quæ magis æstimat bouum temporale quàm Dei amicitiam.

87. Deinde si ab Angelico Præceptore quæramus quodnam sit prudentiæ munus, respondebit II-II, q. XLIX, art. 7 : « Ad prudentiam præcipuè pertinet rectè ordinare aliquem in finem, quod quidem rectè non fit, inquit, nisi, et finis bonus sit, et id, quod ordinatur ad finem, sit etiam bonum, et conveniens fini. » Itaque prudentia supponit appetitum rectum finis, id est intentionem finis honesti; ejusque munus est ordinare media convenientia ad illius finis consecutionem. Et ideò Aristoteles, *Ethic.*, cap. II, dixit : *Quod bonitas intellectûs practici* (id est veritas, cùm finis intellectûs sit veritas) *est verum conforme appetitui recto*. Ut autem exponit hunc locum Angelicus Doctor I-II, q. LVIII, art. 3, ad. 2, Philosophus ibi loquitur de intellectu practico secundùm quod est consiliativus, et ratiocinativus eorum quæ sunt ad finem; sic enim perficitur per prudentiam. In iis autem quæ sunt ad finem, rectitudo rationis consistit in conformitate ad appetitum finis debiti.

88. Inquiro igitur, ex quâ intentione oriri valeat electio opinionis minùs tutæ in occursu tutioris evidenter probabilioris? et quem finem intendat, qui opinionem minùs probabilem præfert opinioni evidenter probabiliori, cum manifesto periculo violandi legem Dei? Certè electio hæc ex charitate, quæ est primum mobile omnium virtutum, oriri non potest; nec item ex intentione alterius peculiaris virtutis; cum non possit esse conforme appe-

titui recto, seu intentioni honestæ alicujus virtutis, se voluntariè exponere periculo imminenti transgrediendi legem Dei sicut quòd medicus ex duabus medicinis eligat illam, de quâ cognoscit verisimilius multò esse quòd sit nocumentum allatura, quàm quòd sit profutura, potiùs quàm oppositam magnâ cum verisimilitudine profuturam, nequit oriri ex appetitu recto, seu intentione sanandi infirmum, sed ex alio fine peculiari, respectu cujus bona infirmi valetudo parvipenditur, imò contemnitur.

89. Quòd si ab eligente opinionem minùs tutam, quando est evidenter illi minùs probabilis, inquiramus quem finem intendat, dum ita elegit; certè respondere non poterit se eligere illam opinionem, quia intendit suam æternam salutem, vel quia intendit alium immediatiorem finem alicujus virtutis; nemo enim ex intentione alicujus finis, eligit id de quo cognoscit verisimilius multò esse, quòd sit impediturum quàm quòd sit inducturum vel promoturum finis consecutionem.

90. Necesse est ergò ut respondeat, se quidem eligere opinionem minùs tutam, licet videat esse multò minùs probabilem oppositâ, quia id est conforme appetitui, seu desiderio alicujus boni temporalis, quod acquirere intendit, sive illa acquisitio sit prohibita sive non. Dùm enim eligit opinionem minùs tutam habens majus fundamentum ad judicandum esse falsam, quàm ad judicandum esse veram, virtualiter dicit : « Sive hæc opinio affirmans talem contractum esse licitum sit vera, sive sit falsa; vel potiùs, quamvis hæc opinio sit falsa; seu quamvis contractus sit illicitus, nihilominùs volo illum celebrare. » Hoc autem est magis æstimare lucrum temporale, quàm Dei amicitiam et animæ salutem : *Quæ est sapientia carnis, quæ est inimica Deo.*

91. Nam qui habens majora fundamenta ad judicandum contractum esse illicitum quàm ad judicandum oppositum, illum nihilominùs celebrat, ità operatur, ut si inter operandum rogetur, an sciat dari legem prohibentem illum contractum, vel an sciat non dari, si verè respondeat, necessariò respondere debet, se existimare dari ejusmodi legem, vel saltem se dubitare an detur, et sibi verisimilius videri quod detur. Ergò homo ille operatur judicans dari legem prohibitivam contractûs, vel saltem dubi-

tans cum vehementi fundamento, an detur. Atqui sub hoc dubio, vel judicio celebrat contractum, de quo dubitat an sit illicitus : ergò magis amat lucrum proventurum ex contractu, quàm propriam salutem, ut dicit D. Thomas, *Quodlib.* VIII, art. 13, de eo qui dubitans, an sit licitum habere simul multas præbendas, illas eligit habere. Asserit enim Angelicus Doctor quòd iste periculo se exponit, utpote magìs amans beneficium temporale quàm propriam salutem. Ergò dilectio opinionis minùs tutæ in occursu tutioris quæ operanti appareat manifestè magìs verisimilis, est prudentia carnis, de quâ dicit Apostolus, *Rom.*, VIII : *Prudentia carnis mors est.*

FINIS DISSERTATIUNCULARUM ADVERSUS PROBABILITATEM.

TRAITÉ
DE L'USURE [a]

De tout ce qui a été dit en faveur de l'usure, je ne connois rien de meilleur ni de plus judicieux que ce qu'en a écrit Grotius, sur saint *Luc*, VI, 35.

Pour examiner s'il a raison, posons les propositions suivantes.

PREMIÈRE PROPOSITION.

Dans l'ancienne loi l'usure étoit défendue de frère à frère, c'est-à-dire d'Israélite à Israélite; et cette usure étoit tout profit qu'on stipuloit ou qu'on exigeoit au delà du prêt.

Cette proposition a deux parties : l'une fait voir l'usure interdite, l'autre détermine ce que c'est qu'usure : l'une et l'autre se prouvent par les mêmes passages.

« Si vous prêtez de l'argent à mon pauvre peuple qui demeure au milieu de vous, vous ne lui serez point un créancier rigoureux, et ne l'opprimerez point par des usures. » *Exod.*, XV, 25.

« Si votre frère est appauvri et ne peut travailler, ne prenez point d'usure de lui, ni plus que vous lui avez donné. Craignez le Seigneur, afin que votre frère puisse demeurer avec vous : ne lui donnez point votre argent à usure, n'exigez point de surplus pour les grains que vous lui avez prêtés. Je suis le Seigneur qui vous ai tirés de la terre d'Egypte, » etc. *Lev.*, XXV, 35, 36, 37, 38.

« Vous ne prêterez point à usure à votre frère, ni votre argent,

---

[a] Comme les *Dissertations sur le probabilisme*, le *Traité de l'Usure* a été composé pendant l'assemblée de 1682, et publié pour la première fois dans les *Œuvres posthumes* en 1753.

A l'égard de l'usure, nous le remarquons dès le commencement, le saint Siége a décidé que l'on peut recevoir l'intérêt légal, jusqu'à décision contraire.

ni votre grain, ni quoi que ce soit, mais seulement à l'étranger. Mais pour votre frère, vous lui prêterez sans usure ce dont il aura besoin, afin que le Seigneur bénisse votre travail dans la terre où vous allez entrer. » *Deut.*, XXIII, 19, 20.

Ces trois lois s'expliquent l'une l'autre. Par la première, Dieu semble défendre en général toute oppression par usure. Dans la seconde, il détermine plus particulièrement ce qu'il appelle *oppression*. Mais comme ces deux lois semblent ne parler que des pauvres, la troisième étend généralement la défense à tous les Israélites qu'elle appelle *frères*, et elle interprète que le mot de *pauvre* comprend tout homme qui a besoin, et qui est réduit à l'emprunt.

L'usure est donc défendue, non-seulement à l'égard de ceux qu'on appelle proprement pauvres, mais en général à l'égard de tout Israélite; et cela paroît par l'opposition que fait la loi du frère avec l'étranger. Car ne permettant l'usure qu'à l'égard de l'étranger, il paroît que la défense s'étend à tout ce qui n'est pas tel, c'est-à-dire à tous les Israélites.

Il faudra voir dans la suite si ce différent traitement du frère et de l'étranger n'est pas de ces choses que Dieu a accordées et souffertes à l'ancien peuple à cause de la dureté des cœurs, comme le divorce. *Matth.*, XIX, 8; *Marc.*, X, 5.

Le prophète Ézéchiel met parmi les œuvres commandées, de ne prêter point à usure et de ne prendre point de surplus (XVIII, 9) et parmi les œuvres réprouvées et détestées, de donner à usure et de prendre du surplus. *Ibid.*, XIII, 17.

Le même prophète compte ce crime parmi ceux qui attirent la vengeance de Dieu : « Vous avez reçu, dit-il, des usures et du surplus; vous avez été avare, et l'avarice vous a fait opprimer votre prochain, et vous m'avez oublié, dit le Seigneur. » XXI, 12.

Il faut voir aussi ce qui est écrit, *Psal.*, XIV, 5; *Psal.*, LIV, 12; *Psal.*, LXXI, 14.

Par là s'établit aussi en quoi consiste l'usure, puisque la loi détermine clairement que c'est le surplus, ce qui se donne au-dessus du prêt, ce qui excède ce qui est donné· et selon notre langage, ce qui est au-dessus du principal.

A traduire de mot a mot selon l'hébreu, il faut appeler ce surplus *accroissement, multiplication ;* et c'est ce que la loi appelle *usure*, c'est-à-dire tout ce qui fait que ce qu'on rend excède ce qu'on a reçu.

Les Juifs l'ont entendu ainsi.

Josèphe, *Antiq.*, liv. IV, à l'endroit où il explique le détail de la loi, propose en ces termes celle du *Deutéronome*, XXIII, 19 : « Qu'aucun Hébreu ne prête à usure aux Hébreux, ni son manger ni son boire. Car il n'est pas juste de se faire un revenu du malheur de son concitoyen ; mais de l'aider dans ses besoins, en croyant que c'est un assez grand gain d'avoir pour profit sa reconnoissance et la récompense que Dieu donne aux hommes bienfaisans. » C. IV, p. 127 de l'édition de Crespin, à Genève, 1634.

Il ne permet de gagner en prêtant, que l'amitié de son frère reconnoissant et la récompense que Dieu donne.

Philon parle dans le même sens.

« Moïse, dit-il, défend qu'un frère prête à usure à son frère, appelant frère, non celui qui est né des mêmes parens, mais en général son concitoyen, son compatriote, ne jugeant pas juste qu'on tire du profit de l'argent, comme on en tire des animaux qui font des petits. Il ne veut pas pour cela qu'on soit lent à bien faire ; mais qu'on ait les mains et le cœur ouvert, en songeant que la reconnoissance de celui qu'on oblige est une espèce d'usure, qui nous reviendra lorsque ses affaires seront en meilleur état. Que si l'on ne veut pas donner, qu'on prête du moins volontiers, sans recevoir davantage que son principal. Car les pauvres par ce moyen ne seront point accablés, comme ils le seroient étant contraints de rendre plus qu'ils n'ont reçu, et les créanciers ne souffriront aucune perte, se réservant ce qu'il y a de plus excellent, la bonté, la magnificence, la bonne réputation, car tous les trésors du roi de Perse ne peuvent pas égaler une seule vertu. » Phil., *de Charitate*, p. 701.

Il paroît donc que les Juifs ont entendu que leur loi ne leur permettoit de profiter de leurs prêts à l'égard de leurs frères, qu'en méritant leur reconnoissance, et qu'ils ont tenu injuste tout autre profit, tout, en un mot ce qui excédoit le principal.

IIᵉ PROPOSITION.

L'esprit de la loi est de défendre l'usure comme ayant en elle-même quelque chose d'inique.

Il n'y a qu'à considérer avec quelles choses elle est rangée dans les *Psaumes* et dans *Ezéchiel*.

« Qui est celui, ô Seigneur, qui sera reçu dans vos tabernacles? Celui qui est sans tache et qui fait les œuvres de justice, qui dit la vérité, qui n'est point trompeur, qui ne fait point de mal à son prochain, qui ne blesse point sa réputation, qui rejette les malins et les abat, qui jure et ne trompe pas, qui ne donne point son argent à usure, et ne prend point de présens pour opprimer l'innocent. » *Psal.*, xiv.

Voilà les choses auxquelles est jointe l'usure, toutes défendues par le Décalogue, toutes portant en elles-mêmes une manifeste iniquité.

Le *Psaume* LIV décrit une ville injuste, et il dit qu'on y trouve la division, l'iniquité et la sédition, que l'usure et la tromperie se trouvent dans toutes ses places. *Psal.*, LIV, 10, 11, 12.

Parmi les grandeurs du règne de Salomon, ou plutôt du règne de Jésus-Christ même, David compte qu'il délivreroit le pauvre d'oppression, et qu'il le rachèteroit de l'usure et de l'iniquité. *Psal.*, LXXI, 12, 13, 14.

Qu'on voie tous les péchés dont Ezéchiel fait le dénombrement au chapitre XVIII, et parmi lesquels il range l'usure, on verra qu'il parle de choses mauvaises par elles-mêmes; non de celles qui sont mauvaises parce qu'elles sont défendues, mais qui sont défendues comme ayant naturellement du mal en elles-mêmes.

« L'homme juste, dit-il, est celui qui ne prête point à usure, et ne prend point de surplus, qui retire sa main de l'iniquité, et qui rend un jugement droit entre l'homme et l'homme; » et l'homme injuste est celui « qui afflige le pauvre, qui fait des rapines, qui lève ses yeux aux idoles et fait des abominations, qui donne à usure et prend du surplus. Vivra-t-il? Il ne vivra pas, puisqu'il a fait toutes ces choses détestables, il mourra de mort, son sang sera sur lui. » *Ezech.*, xviii, 8, 12, 13.

Il parle de même au chap. xxii : « Tu as pris des présens pour répandre le sang, tu as prêté à usure, et tu as pris du surplus : tu as opprimé ton prochain par ton avarice, et tu m'as oublié, dit le Seigneur, » etc., 12, 13.

Il ne faut pas s'étonner qu'il mette le meurtre et la violence avec l'usure, comme Caton qui disoit : *Quid usuram facere ? quid hominem occidere ?*

Et qui regardera de près la parole même de la loi, verra que l'usure y est défendue comme inique par elle-même. Car les trois rapportées, à proprement parler, n'en faisant qu'une et s'interterprétant l'une l'autre, il paroît que l'oppression condamnée dans l'*Exode* est l'usure, plus clairement expliquée dans le *Lévitique* et dans le *Deutéronome*. Et la loi même marque en un mot, selon le style des lois, l'iniquité de l'usure, en disant qu'elle exige plus qu'elle ne donne.

C'est sur cela que les prophètes ont rangé l'usure parmi les choses mauvaises par elles-mêmes, et tel est l'esprit de la loi.

Les Juifs l'ont pris ainsi ; et nous avons vu les passages de Josèphe et de Philon, qui condamnent l'usure, c'est-à-dire l'exaction de tout ce qui excède le principal, comme injuste et inhumain.

L'usure est donc une chose mauvaise par elle-même, selon l'esprit de la loi ; et si la loi la permet à l'égard des étrangers, c'est une de ces permissions. ou plutôt de ces tolérances accordées à la dureté des cœurs.

Philon même l'entend ainsi. « Il est bon, dit-il, que tous ceux qui prêtent le fassent gratuitement à l'égard de tous les débiteurs. Mais parce que tout le monde n'a pas cette grandeur de courage, et qu'il y en a qui sont captifs des richesses, ou qui sont fort pauvres, le législateur a trouvé bon qu'ils donnassent ce qui ne les fâcheroit pas. C'est pourquoi il ne leur est pas permis de faire avec leurs concitoyens, ce profit qu'il leur a permis avec les étrangers. Il appelle les premiers *frères*, afin qu'on n'ait point de peine à leur faire part de ses biens comme à des cohéritiers. Pour les autres, il les appelle *étrangers*, nom qui marque qu'il n'y a

point de société avec eux, si ce n'est qu'il prenne ce nom d'*étranger* pour signifier ceux qui ne sont point capables de ces vertus excellentes (comme les Gentils), et par là ne méritent pas d'être admis dans l'étroite union avec son peuple. Car le gouvernement de ce peuple est plein de vertu par ses lois, qui ne permettent pas de reconnoître d'autre bien que ce qui est honnête. Or le profit de l'usure de soi est blâmable. Car celui qui emprunte n'est pas celui qui est dans l'abondance; mais celui qui est dans le besoin, et qui devient encore plus pauvre, ajoutant des usures au principal. Il se laisse prendre dans l'hameçon, comme les animaux niais, et le riche l'incommode sous prétexte de le secourir. »
Il continue à montrer que l'usurier est trompeur, inhumain et odieux. Il croit donc que l'usure est de soi blâmable et inique, permise seulement à ceux qui ne peuvent se mettre au-dessus de l'avarice, ou qui étant fort pauvres, sont contraints de chercher toute sorte de profits. Les choses permises ainsi, sont celles que Jésus-Christ appelle *permises à cause de la dureté des cœurs,* incapables d'entendre la véritable vertu. Et ce que dit Philon, qu'il n'y a point de société avec l'étranger, est encore une suite de cette dureté des cœurs. Car les Juifs ne comprenoient pas la société, ou plutôt la fraternité du genre humain, et regardoient tous les étrangers comme immondes et dignes de haine. Il falloit même nourrir en eux cette aversion, afin de les éloigner des idolâtries des étrangers et de leurs coutumes dépravées, auxquelles ils se portoient si facilement. Il semble donc qu'on peut dire que cette permission de l'usure est accordée à la dureté des Juifs, incapables de certains devoirs éminens de la vertu, et qu'il falloit séparer du commerce des Gentils, dont ils prenoient si facilement les mœurs corrompues.

IIIe PROPOSITION.

Les chrétiens ont toujours cru que cette loi contre l'usure étoit obligatoire sous la loi évangélique.

Cette proposition se prouve premièrement par les passages des Pères, et secondement par les canons.

Dans le passage de Tertullien, livre IV, *contre Marcion*, chapitre xxiv, xxv, trois choses paroissent : L'une que l'usure est tout ce qui excède le prêt. Car en expliquant ces mots d'Ezéchiel : *Quod abundaverit non sumet*, il explique : *Fœnoris scilicet redundantiam, quod est usura*, où il prend manifestement *fœnus* pour le prêt, comme la suite le montre. L'autre, que la défense de l'usure donnée dans la loi mosaïque, n'étoit que pour préparer à donner encore plus libéralement dans l'Evangile : *Quò facilius assue faceret hominem ipsi quoque fœnori perdendo, cujus fructum didicisset amittere.* La troisième, que c'étoit ainsi que la loi préparoit les esprits à la perfection évangélique : *Hanc didicimus operam legis fuisse procurantis Evangelio, quorumdam tunc fidem paulatim ad perfectum disciplinæ christianæ nitorem primis quibusque præceptis balbutientis adhùc benignitatis informabat.*

De là il paroît qu'il a regardé le précepte au sujet de l'usure, non comme particulier au peuple juif, ou comme aboli par l'Evangile, mais comme ajouté à un précepte plus excellent, auquel il préparoit les voies ; ce qui montre, non qu'il soit aboli, mais qu'il demeure l'un des moindres devoirs de la piété chrétienne.

Saint Cyprien, dans le livre des *Témoignages*, où il prouve par l'Ecriture tous les devoirs du chrétien, montre qu'on ne doit point prêter à usure. Et pour faire voir qu'il entend que la loi ancienne est obligatoire parmi les chrétiens, il n'allègue pour prouver sa doctrine sur ce point que le passage du *Psaume* xiv, celui d'*Ezéchiel* et celui du *Deutéronome*, auquel pourtant il n'ajoute pas ce qui regarde l'étranger, Lib. III, *Test.*, n° 48.

Dans la Préface de ce livre III, il dit qu'il va proposer les préceptes divins qui forment la discipline chrétienne.

Apollonius, qui vivoit du temps de Tertullien, compte l'usure parmi les choses dont il se sert pour disputer la qualité de prophète à Montanus et à Priscilla : « Est-ce, dit-il, le procédé d'une prophétesse de se parfumer les cheveux, de se farder le visage, de vouloir être aimée, de jouer aux dez et à d'autres jeux de hasard, et de prêter son argent à usure ? » *Euseb.*, lib. III.

Il condamne l'usure en termes généraux, aussi bien que les jeux de hasard et les parures immodestes et affectées.

Clément Alexandrin parle de l'usure et de la loi de Moïse qui la défend, ne jugeant pas juste, dit-il, de tirer usure de ses biens. Il montre ensuite que la seule usure qui n'est pas injuste, est celle qu'on tire de Dieu. De ce passage suivent deux choses : la première, qu'il croit que cette loi de Moïse est en vigueur parmi les chrétiens : la seconde, que l'usure y est prohibée comme injuste. Clem. Alex. *Strom.*

Lactance cité par Grotius, parle très-précisément de cette matière : « Pecuniæ, si quam crediderit, non accipiat usuram, ut et beneficium sit incolume quo succurrat necessitati, et abstineat se prorsùs alieno. In hoc enim officii genere debet suo esse contentus, quem oporteat aliàs ne proprio quidem parcere, ut bonum faciat. Plus autem accipere quàm dederit, injustum est. »

Il dit tout en peu de mots. Il détermine que l'usure est tout ce qui excède ce qu'on a donné : il fait voir en quoi consiste l'injustice de l'usure : il montre que le chrétien, qui doit être préparé à donner du sien, ne doit point avoir de peine à n'exiger rien au delà. Il parle généralement et ne laisse aucun moyen d'échapper, pour peu qu'on considère ses paroles.

Saint Basile traite amplement de l'usure sur ce verset du *Psaume* XIV : *Qui pecuniam suam*, etc., et il confirme tout ce qu'il dit par le passage d'Ezéchiel et par celui de la loi. Il se sert aussi du passage du *Psaume* LIV. Il paroît par son discours : premièrement, qu'il croit ces défenses de l'ancienne loi obligatoires dans la nouvelle : secondement, qu'encore qu'il s'étende sur les excès de l'usure, il n'en blâme pas seulement l'excès, mais qu'il condamne l'usure généralement, aux termes d'Ezéchiel et de la loi de Moïse, c'est-à-dire tout le surplus qu'il appelle *un fruit de l'avarice :* troisièmement, qu'il dit expressément que les noms qui signifient ceux qui prennent cent et ceux qui prennent dix sont des noms horribles, par où il montre qu'il a horreur même de l'usure de cent permise par la loi romaine : quatrièmement, qu'il prend soin de découvrir ce qu'il y a d'i juste dans l'usure, qui est de tirer plus qu'on n'a donné ; et qu'il oblige à se contenter du profit que Dieu donne [1].

Saint Epiphane dans l'épilogue qu'il ajoute au livre *Des Hérésies*, dit que l'*Eglise condamne l'injustice, l'avarice, l'usure.* Voilà en quel rang il la met.

Saint Jérôme, sur le chap. xviii d'Ezéchiel, n'enseigne pas seulement que l'usure est défendue aux chrétiens en vertu de ce passage ; mais il va au-devant de toutes les objections. Il détermine précisément avec Ezéchiel, que l'usure est tout ce qu'on exige au delà du prêt. Il avertit que celui qui emprunte en cela est pauvre, et exclut l'usure de tous les prêts en termes si généraux, qu'il ne s'y peut rien ajouter.

Saint Jean Chrysostome, *Hom.* lvii *sur saint Matthieu*, convainc les usuriers de tous côtés. Il appelle les contrats usuraires les *obligations d'iniquité*, dont parle Isaïe, lviii.

Pour faire voir combien ce négoce est indigne des chrétiens, il remarque qu'il étoit déjà défendu même sous la loi de Moïse, montrant par là qu'il l'est beaucoup plus sous l'Evangile.

Il accuse l'usure d'être inhumaine, parce qu'elle vend l'humanité et la douceur.

Il dit qu'elle a toujours une violence secrète, quoiqu'elle se couvre du prétexte de faire plaisir. Par là il répond à ceux qui disent que le prêt usuraire est juste, parce que celui à qui on le fait en est content. Il montre qu'il entre par nécessité dans un tel contrat, et il allègue l'exemple d'Abraham, quand, pour sauver sa vie, il laissa sa femme entre les mains des Egyptiens. Il ajoute qu'il est inhumain de se faire encore remercier pour une injustice.

Il détermine ce que c'est qu'usure, en disant que c'est recevoir plus qu'on ne donne. « Vous demandez, dit-il, plus que vous n'avez prêté, et vous faites payer comme dû ce que vous n'avez pas donné. »

Il répond à ceux qui se couvroient de l'autorité de la loi civile, qu'il appelle la *loi du dehors :* Ne m'alléguez point, dit-il, la loi du dehors. Car le Publicain observe ces lois, et toutefois il est

---
[1] Basil., *hom. in Ps.* xiii.

puni; ce qui nous arrivera, si nous ne cessons d'opprimer les pauvres et de négocier un profit fondé sur leur indigence. » Il appelle manifestement une oppression, l'usure que permet la loi romaine; et néanmoins il se sert de l'autorité de cette loi et du sentiment public, pour montrer que l'usure est une ordure que la loi même romaine défend aux magistrats et aux sénateurs. « Quelle honte, dit-il, de ne pas juger indigne du ciel ce qui est une exclusion pour le sénat ! »

Ce passage sert à faire voir que l'Eglise ne croyoit pas que la permission de la loi civile suffit toujours pour assurer la conscience, et saint Augustin fait une semblable réponse sur le sujet du divorce permis par les lois romaines. « Cela, dit-il, est permis dans la cité mondaine, et non dans la cité de notre Dieu. »

Le Droit romain avoit dans son origine beaucoup de choses iniques, que la loi de Dieu réprouvoit. Les premiers empereurs chrétiens n'ont pas d'abord réformé ces points, parce qu'il y avoit encore beaucoup de païens qui se servoient de ce Droit. Leurs successeurs, qui ont trouvé ces lois établies, n'y ont pas touché; c'est pourquoi il est demeuré dans le Droit romain beaucoup de choses que la loi de Dieu n'approuve pas.

On peut maintenant entendre un passage de saint Chrysostome, où il appelle l'usure centième légitime, ἔννομος. Il paroît que ce légitime est dit tel à l'égard des lois du dehors, c'est-à-dire des lois civiles, mais non à l'égard de la loi de Dieu; et cette usure centième est expressément rejetée par saint Chrysostome dans *l'Homélie* alléguée.

Saint Ambroise a fait un Traité entier contre l'usure. C'est tout son commentaire sur le livre de Tobie.

Au chapitre II, le prêt où l'on cherche de l'usure est mauvais. « C'est un prêt exécrable de donner son argent à usure contre la défense de la loi. »

Voilà la loi alléguée comme obligatoire dans le christianisme.

Au chapitre III : « Il ne donne qu'une fois, et exige souvent, et il fait qu'on lui doit toujours. Un malheureux s'acquitte d'une moindre dette, il en contracte une plus grande. Voilà vos bienfaits, ô riches; vous donnez moins et vous exigez davantage : telle est votre humanité, de dépouiller dans le temps même que vous soulagez. »

Au chapitre IV : « Qu'y a-t-il de plus injuste que vous, qui n'êtes pas même contens de recevoir le principal. Vous appelez *débiteur* celui qui vous a payé plus qu'il n'a reçu. »

Au chapitre IX, il condamne l'usure que la loi civile appelle *centième*, c'est-à-dire la plus légitime et la plus permise. Il l'appelle la centième qui donne la mort, qu'il oppose au centuple que donne la terre, et à la centième brebis que le bon pasteur va chercher. « Dans l'une, dit-il, est le salut, dans l'autre est la mort.

Au chapitre XII : « L'offre est douce, l'exaction est inhumaine ; mais la douceur qui paroît dans l'offre, fait voir la cruauté de l'exaction. »

Au même chapitre il décrit le triste enfantement de l'usure, et condamne encore la centième.

Au chapitre XIII, il montre que l'usure est insatiable et s'étend jusqu'à l'infini.

Cela est si vrai, qu'il a fallu que la loi civile y donnât des bornes. Mais à regarder le fond de l'usure, la raison qui l'a fait faire va à l'infini ; ce qui enferme une manifeste iniquité.

Au chapitre XIV, il réfute ceux qui croient que l'usure n'est qu'en argent, et il détermine ce que c'est qu'usure : « L'usure, dit-il, enferme les vivres; l'usure enferme les habits ; tout ce qui est ajouté au principal est une usure. Quelque nom que vous lui donniez, c'est une usure. Si la chose est permise, que ne lui donniez-vous son nom? Pourquoi cherchez-vous un prétexte? Pourquoi demandez-vous du profit ? »

Au chapitre XV, il appuie sur l'autorité de la loi et sur ce qu'elle permet l'usure envers l'Amalécite et l'étranger, auquel on peut faire la guerre, qu'on peut tuer. «Vous pouvez, dit-il, exiger l'usure de celui qu'il vous est permis de tuer. » Et encore : «L'usure centième vous vengera d'un tel homme. » Il condamne encore l'usure centième, c'est-à-dire celle que permet la loi romaine.

Je trouve plus vraisemblable avec Grotius, que l'étranger mentionné dans la loi est en général celui qui est opposé au frère, c'est-à-dire à l'Israélite, quoique j'aie ouï dire à des gens fort doctes dans les écrits des rabbins, que plusieurs d'eux ont entendu l'étranger comme saint Ambroise.

Quoi qu'il en soit, saint Ambroise a raison certainement dans la suite, quand il dit que nos frères au sens de la loi sont premièrement tous ceux qui ont la même foi, et ensuite tous les Romains.

Il produit le passage du *Lévitique*, et assure que cette ordonnance divine exclut généralement tout ce qui est ajouté au sort.

Il appuie encore son sentiment par le *Psaume* xiv, et par le passage d'Ezéchiel, où il remarque que le prophète met l'usure avec l'idolâtrie : « Voyez, dit-il, comment il joint l'usurier avec l'idolâtre, comme s'il vouloit égaler ces crimes. »

Au chapitre xvi, il remarque que Notre-Seigneur, *Luc.* vi, a dit que les pécheurs prêtent aux pécheurs pour recevoir ; et par le nom qu'il leur donne, il conclut que c'est un péché.

On voit donc qu'il prend ici le mot de *fœnerari*, dont se sert l'Evangile, pour prêter à usure ; et en effet il dit : *Fœneratorum vos delectat et usurarum vocabulum.*

Il dit encore ailleurs : Vous ne donnerez point votre argent à usure, parce qu'il est écrit que celui qui ne l'y donne pas demeurera dans la maison du Seigneur : car celui-là est un trompeur, *supplantator*, qui recherche les profits de l'usure. Il poursuit : *Vir christianus si habet, det pecuniam quasi non recepturus, aut certè sortem quam dedit recepturus.* CERTE, *tout au plus.* Il continue : *Alioquin decipere istud est, non subvenire.* Ce n'est donc pas un simple conseil, car il s'agit d'éviter un péché, c'est-à-dire la tromperie. *Quid enim durius quàm ut des pecuniam tuam non habenti, et ipse duplum exigas ? Qui simplum non habuit undè solveret, quomodo duplum solvet ?* Il fait allusion à la loi romaine, qui ne permet plus d'exiger l'usure, quand elle a égalé le principal ; et il dit que cela même est inique, pour montrer que quand il condamne l'usure, il a en vue la loi romaine. Il marque après les inconvéniens de l'usure : *Populi sæpè conciderunt fœnore, et ea publici exitii causa extitit;* c'est-à-ire que selon lui l'usure a tout ce qui rend une chose mauvaise, inique en elle-même et dans ses effets.

Saint Augustin, *serm.* II *sur le Ps.* XXXVI : *Noli œmulari*, verset 26 : *Si fœneraveris homini, id est, mutuam tuam pecuniam dederis, à quo aliquid plùs quam dedisti expectes accipere, non pecuniam solam, sed aliquid plùs quàm dedisti, sive illud triticum sit, sive linum, sive oleum, sive quodlibet aliud, si plùs quàm dedisti expectas accipere, fœnerator es, et in hoc improbandus, non laudandus. Quid ergò, inquis, facio ut sim utilis fœnerator? Minùs vult dare et plus accipere: hoc fac et tu da modica, accipe magna; da temporalia, accipe œterna.*

Sur le Psaume LIV, verset 11, il dit que l'usure est publique, que l'usure est un art; que c'est un métier, qu'on ne la cache pas, que les usuriers font un corps; et cependant il la condamne. C'est qu'il sait et qu'il dit souvent qu'on ne peut pas toujours réprimer les abus, et qu'il y en a qui sont autorisés dans le siècle, que l'Eglise ne laisse pas de condamner. C'est pourquoi dans l'*Epître* LIV, à Macédonius, après avoir dit que les lois et les juges contraignent de payer les usures, il ne laisse pas de dire que les choses qui en proviennent sont mal possédées, et qu'il les faudroit restituer : *Hœc malè utique possidentur, et vellem ut restituerentur; sed non est quo judice repetantur.* Il paroît donc que l'usure, même celle qu'on appelle légitime dans le Droit romain, est condamnée par saint Augustin, qui l'appelle dans le même lieu le meurtre des pauvres. Et pour faire voir qu'il ne donne pas ce nom à l'usure excessive, c'est que celle qu'il improuve est la légitime, selon les lois romaines, montrant par là au chrétien qu'il doit régler sa conscience sur d'autres lois que sur les lois civiles.

Théodoret sur le Psaume XIV, allègue contre l'usure le verset 5, de ce Psaume : « Que le serment confirme la vérité; que l'avarice ne souille point les richesses; or l'usure en est une espèce. » Et concluant son commentaire sur le même Psaume, il dit que les choses qui y sont comprises ne nous conviennent pas moins qu'aux anciens, parce qu'outre la loi ancienne, nous avons encore reçu la nouvelle et une plus grande grace.

Il est donc bien éloigné de croire que la loi ancienne contre l'usure ne soit point en vigueur parmi nous.

Et sur le verset 14 du Psaume LXXI : *Ex usuris et iniquitate*, etc., Théodoret appelle l'usure, avarice. Car même, dit-il, l'ancienne loi l'appelle ainsi; et il produit les passages de la loi ancienne. Et notez qu'il montre à la tête de ce Psaume qu'il ne peut s'expliquer à la lettre que de Jésus-Christ, et il interprète de lui nommément ce verset et le précédent.

Il est temps de proposer les canons, et premièrement celui de Nicée, qui dépose les clercs qui rechercheront les sales gains de l'avarice, en prêtant à usure contre le précepte divin porté dans ces paroles du Psaume : *Qui pecuniam suam non dedit ad usuram.*

Grotius prend mal ce canon et les autres semblables, quand il dit que ce n'est qu'aux clercs, obligés par leur état à plus de perfection, que l'usure est interdite par les lois de l'Église. L'Esprit du concile n'est pas de défendre aux clercs l'usure, quoique permise aux autres; mais de marquer la peine ordonnée contre les clercs qui pratiquent une chose mauvaise de soi et défendue par la loi de Dieu.

Il n'y a qu'à lire les paroles du concile : *Quoniam multi clerici avaritiæ turpia lucra sectantes, obliti sunt divini præcepti, quod est :* QUI PECUNIAM SUAM NON DEDIT AD USURAM, *fœnerantes centesimas exigunt*, etc. *Conc. Nic.*, can. XVIII.

On voit donc que l'esprit du concile n'est pas de faire une nouvelle défense de l'usure; mais en la supposant un gain injuste défendu par la loi de Dieu, de chasser du clergé ceux qui la font.

Et remarquez que c'est la centième usure en argent et la sescuple dans le reste, qui est jugée dans ce canon prohibée par la loi de Dieu; c'est-à-dire l'usure la plus approuvée, tant en argent que dans les autres, puisque c'est celle que la loi autorisoit.

Que si le concile ne parle point des laïques et n'ordonne point de peine contre eux, ceux qui sont tant soit peu versés dans l'antiquité, savent qu'il y a beaucoup de crimes contre lesquels les canons n'ordonnent point de peines, laissant la chose à régler, ou par la coutume de chaque église, ou par la prudence des évêques.

Et que l'esprit du concile de Nicée soit tel que je le dis, les autres lois ecclésiastiques le font assez voir.

Le grand pape saint Léon, dans son *Epître décrétale* aux évêques de Campanie, etc., dit : *Neque hoc prætereundum duximus, quosdam lucri turpis cupiditate captos, usurariam exercere pecuniam et fœnore velle ditescere.* Voilà déjà l'usure un lucre malhonnête : *Quod non dicam in eos qui in clero sunt, sed in laicos cadere, qui christianos se dici cupiunt, condelemus.* L'usure lui paroît donc condamnable dans tous ceux qui se disent chrétiens. A la fin pourtant il ne prononce de peine que contre les clercs, et nous montre que ce n'est pas l'esprit de l'Eglise de restreindre le mal de l'usure dans le clergé seul, où elle ordonne des peines précises. Leo., *Epist.* III, cap. III.

Entendons au contraire que c'est l'usure défendue aux clercs, et par conséquent la plus légitime, qui est défendue par la loi de Dieu à tous les chrétiens ; et le même Pape l'explique précisément dans le chapitre suivant, où il ne souffre d'autre usure au chrétien qui prête, que la récompense éternelle : *Fœnus autem hoc solum aspicere et exercere debemus, ut quod hîc misericorditer tribuimus, ab eo Domino, qui multipliciter,* etc., *recipere valeamus.* Ibid., cap. IV.

Dans le premier concile de Carthage, Abundantius rapporte qu'on avoit défendu l'usure aux clercs dans le concile de sa province, et demande que le concile général d'Afrique confirme cette ordonnance. Gratus, évêque de Carthage et président du concile, auquel apparemment on n'avoit point parlé de cette proposition pour l'apporter au concile toute digérée, dit que les choses nouvelles ou obscures et générales ont besoin d'être digérées. *Cæterùm,* ajoute-t-il, *de quibus apertissimè divina Scriptura, sanxit, non differenda sententia est, sed potiùs exequenda; adeòque quod in laicis jure reprehenditur, id multò magis oportet prædamnari.* Sur quoi tous les Pères s'écrient : *Universi dixerunt : Nemo contra Evangelium, nemo contra Prophetas impunè facit.*

Ce canon du concile I de Carthage se trouve dans le code des conciles d'Afrique, latin et grec.

Voici ce que nous lisons dans le code latin des canons africains :

Aurelius Episcopus dixit : Avaritiæ cupiditas, quam rerum omnium malarum matrem esse nemo est qui dubitet, proindè inhibenda est, ne quis alienos fines usurpet, nec omninò cuiquam clericorum liceat de quâlibet re fœnus accipere. Codex can. eccl. *Afric.* Justell., p. 144.

L'usure est donc défendue, selon ce concile, comme un des fruits de cette avarice qui est la mère de tous les maux, comme étant répréhensible même dans les laïques, et à plus forte raison dans les clercs; enfin comme défendue manifestement par l'Ecriture, et réprouvée par l'Evangile et par les prophètes, d'un commun consentement de tous les Pères.

Après cela on ne peut douter que le concile n'ait cru que les défenses des prophètes regardent les chrétiens comme les Juifs, que l'Evangile les confirme, et que l'usure défendue aux clercs, c'est-à-dire toute usure généralement et même la plus légitime, répugne aux lois chrétiennes.

Il y a d'autres canons qui ne parlent que des clercs; mais ceux que j'ai rapportés font voir quel étoit l'esprit de tous les autres et de l'Eglise.

Et je voudrois que Grotius, qui tâche d'affoiblir celui de Carthage, l'eût davantage considéré.

Il veut premièrement que le *répréhensible* ne veuille pas dire ce qui absolument est blâmable, mais ce qui est sujet à être blâmé : secondement, il remarque que dans le même concile, il est défendu aux clercs de faire les affaires des autres et autres choses qui ne sont pas mauvaises, mais indécentes à ceux dont la profession est plus parfaite. Il nous cite le grec du canon pour affoiblir le mot *répréhensible*, et il auroit aussi bien fait de nous citer le latin, qui est l'original. Mais toutes ses réflexions tombent par terre par ce seul mot : ce concile ne rejette pas l'usure comme exposée au blâme, ni comme indécente à certaines professions, mais comme réprouvée par l'Evangile et par les prophètes; ce qu'il ne dit point du tout à l'égard de ceux qui font les affaires des autres.

Et ce que dit Grotius, qu'il n'a trouvé aucun canon qui prive de la communion généralement tous les usuriers, montre qu'il n'avoit pas lu, ou qu'il ne se souvenoit pas du concile illébéritain[1], où, après avoir défendu l'usure aux clercs sous peine de déposition, il ajoute : *Si quis etiam laicus accepisse probatur usuras, et promiserit correptus se jam cessaturum, placuit ei veniam dari; si verò in eâ iniquitate duraverit, ab Ecclesiâ sciat se esse projiciendum.* Can. xx.

Il faut compter parmi les canons, les *Epîtres canoniques* de saint Basile à Amphilochius. Là ce Père détermine qu'on peut recevoir au sacerdoce celui qui a prêté à usure, s'il promet de donner aux pauvres ce profit injuste, et d'éviter dorénavant cette maladie. Bas., *Epist.* i. *ad Amphil.*, cap. 14.

Saint Grégoire de Nysse son frère, dans l'*Epître canonique à Letoïus*, dit qu'il ne sait pas pourquoi les Pères n'ont point ordonné de remède, c'est-à-dire de peine canonique, à l'avarice, que l'Apôtre appelle une idolâtrie. Il compte parmi ses fruits et parmi les choses défendues par l'Ecriture, le surplus et l'usure.

Remarquez que tous les anciens parlent de l'usure selon la notion de la loi civile, et la réprouvent généralement, même celle qui étoit permise par la loi impériale, même celle qu'on exigeoit par les contrats, même celle qu'on défendoit au clergé sous peine de déposition, et en expliquant que l'usure est ce qui excède le principal.

Il ne faut donc pas s'étonner si le Maître des *Sentences*, et tous les théologiens après lui, défendent l'usure sous cette même notion; ni si Gratien n'en donne point d'autre dans son Décret, et en soutient la défense; ni si l'Eglise romaine, fidèle interprète et dépositaire de la tradition, a confirmé constamment cette doctrine.

Gratien cite du concile d'Agde cette définition de l'usure : *Usura est ubi ampliùs requiritur quàm datur.* C. xiv, q. iii; C. *Usura.*

Il cite aussi les passages de saint Augustin, de saint Jérôme et de saint Ambroise et les autres, par lesquels il fixe la notion de l'usure telle qu'elle a été ici donnée, et en marque la condamnation.

Il n'y a qu'à lire dans les Décrétales le titre xix du livre v,

[1] Ou d'Elvire.

pour voir quelle a été sur ce point la sévérité des Papes et de l'Eglise romaine. Tout ce titre fait voir qu'ils prennent l'usure dans la notion expliquée ici ; c'est-à-dire pour tout ce qui excède le sort. Dans le chapitre *Consuluit*, qui est d'Urbain III, ce pape consulté si celui-là doit passer pour usurier qui prête avec dessein, quoique sans contrat, de recevoir plus que son principal, *plus suâ sorte*, et sur d'autres cas d'usures palliées, il réprouve généralement toutes ces pratiques, parce que, dit-il, *omnis usura et superabundantia prohibetur in lege*. Et encore : *Quia quid in his tenendum sit, ex Evangelio Lucæ manifestè cognoscimus, in quo dicitur* : Date mutuum, nihil indè sperantes ; d'où il conclut que de tels gens font mal, *ex intentione lucri quam habent*, et sont tenus à restitution.

Dans le chapitre *Plures*, qui est du concile de Tours tenu par Alexandre III, le gain des usures est appelé détestable, et le cas proposé fait voir qu'il ne s'agit ni de l'usure excessive ni de l'usure envers les pauvres, mais de l'usure généralement selon la notion proposée, qui a toujours été celle que l'Eglise romaine a eue en vue avec toute l'antiquité.

Le chapitre *Quia*, qui est du concile de Latran sous le même Pape, dit que l'usure est condamnée par l'un et l'autre Testament, défend de recevoir les oblations des usuriers, les prive des sacremens et de la sépulture ecclésiastique.

Le même Pape répète encore dans le chapitre *Super eo*, que l'usure est condamnée dans l'un et dans l'autre Testament.

Dans le Sexte, lib. V, tit. v, on trouve deux constitutions qui sont de Grégoire X dans le concile de Lyon, qui confirment expressément celle du concile de Latran, et ordonnent des peines encore plus sévères.

Dans la Clémentine *Ex gravi, de Usuris*, lib. V, le concile de Vienne définit que l'usure est contraire à tout droit divin et humain ; et dans le chapitre *Sanè si quis*, l'opinion de ceux qui disent que l'usure n'est pas péché est appelée une erreur, et il y est ordonné que celui qui soutiendra cette opinion sera puni comme hérétique. Tout cela se dit, *sacro approbante Concilio*. (C'étoit le concile de Vienne, qui est général.)

Personne dans l'Eglise n'a jamais réclamé contre ces décrets; au contraire on s'y est soumis comme on a toujours fait aux choses résolues par la tradition, par les conciles même généraux, et par les Décrétales des Papes acceptées et autorisées du consentement unanime de toute l'Eglise.

Ç'a donc toujours été l'esprit du christianisme de croire que la défense de l'usure portée par la loi étoit obligatoire sous l'Evangile, et que Notre-Seigneur avoit confirmé cette loi.

IVe PROPOSITION.

Non-seulement la défense de l'usure portée dans l'ancienne loi subsiste encore, mais elle a dû être perfectionnée dans la loi nouvelle, selon l'esprit perpétuel des préceptes évangéliques.

Il n'y a qu'à lire le chapitre v^e de saint Matthieu, et le vi^e de saint Luc, pour voir que l'esprit de la loi nouvelle est de perfectionner toutes les lois de l'ancienne, qui regardent les bonnes mœurs.

Notre-Seigneur pose pour fondement que « si notre justice n'est plus parfaite que celle des scribes et des pharisiens, nous n'entrerons pas dans le royaume des cieux. » *Matth.*, v, 20.

Il va ensuite à perfectionner toute la doctrine des mœurs. Si donc la défense de l'usure, par la tradition commune des Juifs et des chrétiens, regarde la perfection des mœurs; si elle regarde la perfection de la justice, en défendant de recevoir plus qu'on ne donne; si elle regarde la fraternité qui doit être entre ceux qui sont participans de la même religion, et qui sont tous ensemble enfans de Dieu, un chrétien peut-il penser que sa justice soit au-dessus de celle des pharisiens, quand il voit le pharisien se défendre la moindre usure sur son frère, pendant qu'il se la croit permise.

Le précepte de la charité, le précepte de l'aumône, le précepte de pardonner, se trouve dans l'ancienne loi aussi bien que celui de l'usure, qui dérive du même principe. Comme donc tous les autres préceptes sont, non relâchés, mais perfectionnés dans la loi évangélique, il en faut dire autant de celui contre l'usure.

Or cette perfection consiste en deux choses. L'une que le chrétien dans les mêmes cas doit plus aimer son frère, plus aimer, plus pardonner que le Juif; et par la même raison moins donner à usure : autrement la justice de la loi l'emporteroit. L'autre, c'est que l'obligation s'étend à plus de personnes.

Et la loi de la charité fraternelle nous doit servir de lumière pour connoître cette nouvelle perfection que reçoivent sous l'Evangile tous les préceptes des bonnes mœurs.

Les Juifs ne connoissoient pas que le précepte de la charité s'étendoit à tous les hommes. Ils ne croyoient pas que les infidèles pussent jamais être compris sous le nom de prochain et de frère; et c'est pourquoi ce docteur de la loi, qui se vouloit justifier lui-même, demandoit à Notre-Seigneur : *Quel est mon prochain? Luc.*, x, 29. Car, comme nous avons dit, il convenoit à la dureté du peuple juif de nourrir en quelque sorte son aversion pour les étrangers, de peur que par la pente universelle du genre humain, il ne fût entraîné à leurs coutumes impies. Mais Jésus, qui étoit venu pour être le Sauveur de tous, et pour rompre la paroi de division, en sorte que dorénavant il n'y eût plus ni Gentil, ni Juif, ni Scythe, ni Grec, ni Barbare, et que tout fût en lui, non-seulement un même peuple, mais un même corps, nous apprend que tout homme est notre prochain, sans même excepter le Samaritain, c'est-à-dire celui des étrangers qui étoit le plus haïssable. *Luc.*, x, 37.

Selon ces principes, il faut entendre que l'usure n'est pas seulement défendue dans les mêmes cas, c'est-à-dire envers tous ceux de même croyance, comme elle l'étoit aux Juifs, mais encore envers tous les hommes.

Ainsi le précepte contre l'usure subsiste parmi les fidèles dans toute sa vigueur, en retranchant seulement ce qui n'a été accordé qu'à cause de la dureté des cœurs, c'est-à-dire la liberté de l'exercer envers l'étranger.

Et l'exemple du mariage nous doit faire voir quel est en cela l'esprit de la loi nouvelle. Car loin de retrancher les obligations de la chasteté conjugale, elle n'en ôte que ce qui a été donné à la dureté des cœurs, comme le divorce. Ainsi dans le précepte contre l'usure, tout ce qui regarde la fraternité subsiste ; et il est seulement déclaré que la fraternité s'étend à tous les hommes.

Le passage de saint Luc, VI, 35 : *Nihil inde sperantes*, le fait assez voir.

Il reçoit diverses explications qu'il est bon d'examiner.

Quelques interprètes, parmi lesquels il faut compter quelques Pères, veulent que l'intention de ce précepte est de dire qu'il faut prêter, quand même on n'espéreroit pas de recevoir son principal, ce qui se devroit entendre selon l'interprétation du précepte de l'aumône, quant à la disposition du cœur, et quant à l'exécution autant que nos facultés et nos autres obligations le permettent.

Mais cette interprétation ne s'accorde guère avec toute la suite du passage. Car prêter sans prétendre recevoir sa dette, ne diffère rien de l'aumône ni du pardon. Or il s'agit ici du prêt proprement dit, en tant qu'il est distingué du don. Et Notre-Seigneur ayant réglé dans les préceptes précédens ce qui regarde l'aumône, il falloit qu'il réglât aussi ce qui regarde le prêt. En effet pesons ces paroles : *Les pécheurs prêtent aux pécheurs, pour recevoir choses égales* (*ibid.*, 34) : si par choses égales il entend le sort principal, et qu'il veuille dire qu'on prête sans dessein de le retirer, qu'on me dise en quoi cela diffère du don? J'entends donc par choses égales, non le principal, mais le profit qu'on prétend tirer de son prêt ; l'intention de l'usurier n'étant pas seulement de recevoir son principal, mais de l'augmenter et de le doubler. Car les lois romaines qui permettoient l'usure, la bornoient au double du capital, et défendoient de la continuer, quand par la suite du temps elle l'avoit égalé. C'est ce que défend ici Notre-Seigneur. *Les pécheurs*, dit-il, *prêtent ainsi aux pécheurs ;* c'est-à-dire, les publicains aux publicains, et les gentils aux gentils. Mais je ne veux pas que mes disciples prêtent de la sorte, ni qu'ils fassent de tels profits. Et la suite fait bien paroître que c'est là son intention. *Prêtez*, dit-il, *n'espérant rien de là :* Inde μηδὲν ἀπελπίζοντες. Il ne dit pas : N'espérant pas de recevoir votre principal ; mais : N'espérant rien de là ; c'est-à-dire manifestement, renonçant au profit que votre prêt vous pouvoit produire selon les lois ordinaires.

Grotius donne une autre explication à ce passage, et prétend avec Casaubon que ce précepte regarde une coutume des Grecs, qui, lorsqu'il étoit arrivé quelque accident à quelqu'un, comme quand sa maison avoit été brûlée, ou quand il avoit fait par malheur quelque grande perte, lui prêtoient de l'argent à la pareille, c'est-à-dire à condition ou dans le dessein qu'il leur en feroit autant dans un accident semblable. Mais comme nous ne voyons rien de cela dans les coutumes des Juifs ni, que je sache, dans les lois et dans les coutumes romaines, il faut expliquer les paroles de Notre-Seigneur par des choses plus communes et mieux entendues parmi ceux auxquels il parloit. Je dis donc qu'il faut l'expliquer par rapport à la loi des Juifs, et par rapport aux pratiques que les Juifs voyoient de son temps parmi les marchands romains qui trafiquoient en Syrie, et parmi les publicains qui tenoient les fermes de l'empire ; et cela étant, il n'y a nul doute que le *nihil inde* ne s'entende conformément aux profits permis par la loi romaine, et défendus par la loi de Dieu.

Mais quoi qu'il en soit et quelque explication qu'on embrasse, il est clair que l'usure demeure toujours défendue. Si l'intention de l'Evangile est de défendre d'espérer prêt pour prêt, combien plus d'espérer quelque chose de plus qu'on a prêté? Si l'intention est d'élever les chrétiens au-dessus des pécheurs qui reçoivent tout leur sort, combien plus de les élever au-dessus de ceux qui prétendent plus que le sort? Ainsi, en quelque manière qu'on veuille prendre ce passage, l'esprit de l'Evangile est de comprendre l'usure dans cette défense.

De dire qu'il faille entendre ce qui la regarde dans ce passage, non comme un précepte, mais comme un conseil, ou du moins comme un précepte qui doive être limité à certains cas, comme celui de l'aumône : la nature et la perfection de la loi évangélique ne le permet pas. Car ce n'est pas son esprit de réduire en simple conseil ce qui a été précepte dans la loi de Moïse; et si ce qui est obligatoire en tout cas dans la loi de Moïse, telle qu'est sans difficulté l'usure de frère à frère, n'est plus obligatoire qu'en certain cas sous l'Evangile, l'Evangile devient la loi, c'est-à-dire qu'il est plus imparfait.

Concluons donc que pour entendre la perfection de la loi évangélique, le *nihil indè sperantes* doit s'étendre premièrement à tous les cas où il s'étend dans la loi mosaïque; c'est-à-dire généralement et en tout envers les frères, et qu'il se doit encore étendre au delà, en étendant la fraternité à tous les hommes selon l'esprit de l'Evangile; et c'est ainsi manifestement que l'ont entendu les papes et les conciles, ou en l'expliquant formellement en ce sens, ou en regardant l'usure comme défendue par l'un et par l'autre Testament, n'y ayant que ce seul passage de l'Evangile qui regarde cette matière.

Vᵉ PROPOSITION.

La doctrine qui dit que l'usure selon la notion qui en a été donnée, est défendue dans la loi nouvelle à tous les hommes envers tous les hommes, est de foi (a).

La raison est qu'elle est fondée sur l'esprit de la loi nouvelle reconnu par tous les chrétiens, et sur des passages formels de l'Ecriture entendus en ce sens unanimement par tous les Pères et par toute la tradition, ce qui est la vraie règle de la foi reconnue dans le concile de Trente; et enfin sur des décisions expresses des conciles même universels et des Papes, reçues de toute l'Eglise avec toutes les circonstances qui accompagnent la condamnation des hérésies, et jusqu'à dire que ceux qui défendront opiniâtrément cette erreur, seront traités comme hérétiques.

Aussi n'y a-t-il que ceux qui ont méprisé la tradition et les décrets de l'Eglise qui ont combattu cette doctrine. Bucer est le premier auteur que je sache, qui ait écrit que l'usure n'étoit pas défendue dans la loi nouvelle. Calvin a suivi, Saumaise après; Dumoulin, qui a parlé conformément à leur pensée, a été très-assurément dans l'hérésie et a mêlé tant de choses dans ses écrits, qu'on ne le regardera jamais comme un homme dont l'autorité soit considérable en matière de théologie.

(a) Cette proposition, il n'est pas nécessaire de le remarquer, est certainement fausse.

Tous les théologiens catholiques qui ont écrit de cette matière, reconnoissent unanimement que ce qui a été ici assuré, est de la foi, et ne comptent d'avis contraire que les hérétiques qu'ils appellent *Albanois*, qui étoient une espèce d'Albigeois.

Que si parmi les théologiens qui reçoivent avec les autres cette doctrine comme décidée par l'Eglise, il s'en trouve quelques-uns qui donnent des expédiens pour éluder l'usure, il ne faut pas regarder leurs subtilités comme un affoiblissement de la tradition, mais plutôt la tradition comme une condamnation de leur doctrine.

L'Eglise grecque a conservé la même tradition que l'Eglise latine, comme il paroît par les remarques de Balsamon et de Zonare sur le canon XVII du concile de Nicée, sur le cinquième du concile de Carthage, sur le canon XIV de saint Basile, I *Ep. à Amphil.*; et par celles de Balsamon sur le canon VI de saint Grégoire de Nysse, où ce canoniste définit l'usure tout ce qui s'exige au-dessus de ce qui a été prêté. Il découvre aussi les finesses de l'usure palliée sur le canon XVII de Nicée. Il faut joindre à ces canonistes grecs les notes d'Alexius Aristenus dans la collection d'Angleterre, remarquables par leur netteté et leur brièveté; et les décisions de Matthieu Blastares, autre canoniste grec, dans la même collection, lettre *T*, c. 7.

VIe PROPOSITION.

L'opinion contraire est sans fondement

Et premièrement, elle est sans fondement dans l'Ecriture et dans la tradition.

Aucun Père ni aucun théologien catholique n'a jamais écrit ni pensé que les chrétiens eussent en ce point moins d'obligations que les Juifs (*a*), ni que la loi de l'usure fût changée en une autre chose qu'en ce qu'elle ne s'étendoit pas envers tous les hommes.

(*a*) Le prêt de l'argent est un contrat comme un autre : il peut changer selon les temps et les lieux, avec les coutumes et la législation. Le prêt à intérêt peut donc être défendu chez un peuple et permis chez un autre.

Ce que dit Grotius pour montrer que cette loi ne regardoit en particulier que les Juifs, est tout à fait vain.

Il rapporte ce qu'en dit Josèphe, liv. I, *cont. App.*, que leur terre n'est pas maritime ni propre au commerce, auquel aussi ils ne s'adonnent pas, s'attachant seulement à cultiver leur terre très-abondante, à élever leurs enfans et à garder leurs lois.

Mais Josèphe, qui se sert de cette situation et de ces mœurs pour rendre raison du peu de connoissance que les étrangers ont eu des Juifs, ne l'emploie en aucune sorte quand il s'agit de l'usure. Il se fonde sur les raisons tirées de l'humanité et de la justice. Philon en parle de même. Nous en avons vu les passages, et nous avons vu aussi que la loi et les prophètes ne leur donnoient point d'autres vues.

D'ailleurs l'usure ne se fait pas seulement en argent, mais en fruits et en bétail, dont ce passage de Josèphe fait voir que l'abondance étoit grande parmi les Juifs.

Et en effet il est certain que Jérusalem et beaucoup d'autres villes de Judée ont été extrêmement riches, même en argent. Si l'on considère les temps de Salomon, ceux de Josaphat, ceux de Jonathas et de Simon, et même les temps suivans, il paroîtra qu'il y avoit de grandes richesses en Judée ; de sorte qu'on ne doit point croire que le peuple Juif fût en cela fort différent des autres.

Quand la loi a été donnée, l'or et l'argent étoient déjà fort abondans ; et il est remarqué dans la *Genèse* qu'Abraham étoit fort riche, même en ce genre de biens.

Le même Grotius ajoute que les Juifs avoient plusieurs lois sur les mariages, sur les esclaves, sur le retour dans les biens aliénés, et d'autres de cette sorte, qui regardoient, non les devoirs de l'humanité en général, mais leur société particulière, et qui ont été abolies.

Cela est certain, et l'on convient que les lois qui regardent précisément la police de l'ancien peuple, par exemple, la distinction des tribus, et, ce qui fait à cela, la conservation des familles et des partages anciens, ne subsistent plus dans le nouveau peuple, qui ne doit plus être étendu par la génération charnelle, ni être attaché à une certaine famille et à une certaine terre. Mais que l'usure odieuse par elle-même parmi tous les hommes, soit de ce genre, la raison ne le souffre pas, et aucun théologien ne s'est avisé de le dire.

Tous les théologiens sont d'accord que les lois cérémonielles, qui n'étoient que des figures, et les lois de pure police, qui regardoient l'état particulier de l'ancien peuple, en tant qu'il est distingué du nouveau, ne subsistent plus : mais tous conviennent aussi que les lois morales, c'est-à-dire celles qui regardent les bonnes mœurs, subsistent plus que jamais, et sont parmi nous d'une plus étroite observance.

Grotius, qui dit le contraire, ne dit rien de certain ni qui se suive.

En examinant l'usure par les principes de la loi naturelle, voici sur quoi il en fonde la justice. Celui qui prête pouvoit profiter de son argent, en le mettant en des choses qui lui auroient profité : il peut donc stipuler quelque chose qui le dédommage; et puisque l'argent comptant est plus estimé que l'argent qu'il faut attendre, à cause des commodités qu'il apporte, on peut stipuler quelque chose pour cette commodité dont on se prive; et le retardement même est une incommodité dont on peut exiger la compensation par quelque profit : car personne n'est obligé de profiter à autrui à son préjudice. Que si je puis stipuler qu'un homme à qui je prête me prête en un autre temps, je puis aussi relâcher cette obligation pour de l'argent, et exiger quelque profit en y renonçant. Mais pour régler selon l'équité ce profit du prêt, il faut regarder, non l'utilité qui revient à celui qui reçoit l'argent, mais la perte que fait celui qui prête (a).

Voilà ce que Grotius appelle équité naturelle. Mais quand il vient ensuite à examiner ce qui est permis selon l'Evangile, il établit d'autres règles qui renversent celle-ci.

Il suppose que Jésus-Christ n'a rien déterminé expressément sur cette matière en particulier ; et cela étant, dit-il, il en faut juger par les préceptes généraux. Jésus-Christ défend en général

---

(a) Il faut, à ces deux raisons, ajouter le danger de perdre son argent. D'où trois motifs de compensation : *lucrum cessans, damnum emergens et periculum sortis.*

tout ce que les Grecs appellent πλεονέκτημα. Il regarde l'endroit où Jésus-Christ dit : Donnez-vous de garde ἀπὸ πλεονεξίας; ou comme porte une autre leçon : Ἀπὸ πασης πλεονξίας; ce que notre Vulgate a suivi en traduisant : *Cavete ab omni avaritiâ*, Luc. xii, 15, où Grotius regardant à la force du mot grec πλεονέκτημα, ou πλεονεξία, qui veut dire posséder plus, il ne doute pas que Jésus-Christ ne nous défende toute inégalité dans les contrats; d'où il conclut que comme par ce précepte il est défendu de survendre, il n'est pas permis aussi de prendre pour l'usage de son argent plus qu'on a perdu. Jusque-là il se suit assez; mais il voit que l'esprit de l'Evangile et la loi de la charité exigent davantage. Car, dit-il, si Jésus-Christ oblige à prêter au pauvre sans espérer qu'il nous prête en un autre temps dans notre besoin, à plus forte raison lui faut-il prêter sans *usure;* autrement le prêt n'est plus une grace, mais un tort fait au prochain. Il n'est donc pas permis, selon lui, de prêter à usure à celui qui est dans le besoin. Si cela est, que devient toute la doctrine précédente? car si le droit de prendre quelque profit pour son argent est fondé, comme il l'a dit, sur ce qu'on se prive de quelque commodité et de quelque profit dont on peut se faire dédommager, quelle loi exempte le pauvre de dédommagement? S'il est fondé sur la justice, pourquoi n'y pourra-t-on pas obliger le pauvre? Ainsi la règle que donne Grotius ne subsiste plus, et il en faut chercher une autre. Mais où la prendre, puisque selon lui celle de l'ancienne loi ne subsiste plus : il n'y en a point de précise dans l'Evangile : celle qu'il avoit fondée sur l'équité naturelle s'est évanouie.

En confirmation de ce qu'il dit, qu'il ne faut point prendre d'usure de celui qui est dans le besoin, il apporte le passage de Lactance et celui de Tertullien qu'on a pu voir ci-dessus; et il ajoute que le blâme qu'ils donnent au profit de l'usure, ne regarde pas ceux qui empruntent pour faire un plus grand profit. L'usure est donc permise, non à l'égard de celui qui emprunte pour son besoin, mais à l'égard de celui qui emprunte pour gagner; et que devient ce qu'il nous a dit tout à l'heure, que l'usure n'est pas fondée sur le profit que fait celui qui reçoit, mais sur la perte que fait celui qui prête. Il n'a donc que faire d'examiner le profit d'autrui, il n'a qu'à considérer son propre dommage.

Et où est-ce que Grotius a vu que le πλεονέκτημα défendu par Notre-Seigneur, *Luc*, xii, exclut seulement l'usure à l'égard des riches? N'est-il pas bien plus raisonnable d'entrer dans l'esprit de la loi de Dieu, qui regarde tout homme qui emprunte comme ayant besoin, et qui par cette raison générale défend l'usure entre tous les frères sans distinction?

Il paroît donc que Grotius n'a point de règle dans ce qu'il dit de l'usure, et qu'il nous fait une jurisprudence arbitraire.

Et à considérer même sa raison dans le principe, non-seulement elle paroîtra tout à fait nulle, mais encore tout à fait contraire à ses propres présuppositions. Car d'un côté il nous donne pour règle, que tout ce qu'on peut exiger au delà d'une parfaite compensation est injuste. Cette règle est admirable, et c'est la vraie règle de l'équité naturelle; mais appliquons-la au principe sur lequel Grotius établit l'usure, elle le détruira manifestement.

Je perds, dit-il, en prêtant, la commodité et le profit que l'argent comptant porte avec soi. J'en conviens; mais quand on me rend mon argent, on me le rend aussi avec toutes les commodités : on me rend donc en toutes manières autant que j'ai prêté (*a*) : la compensation est parfaite, et tout ce que j'exige au delà est inique.

C'est ce que la loi a marqué quand elle a défendu le par-dessus. Qui me rend mon argent, me rend avec lui toutes les commodités dont le prêt m'avoit privé. Si j'exige outre cela du profit, j'exige plus que je n'ai donné, et je suis injuste.

Mais j'ai manqué, dira-t-on, des occasions. Mais vous en recouvrez d'autres aussi bonnes, et l'égalité est parfaite.

Il faut donc distinguer ici. Si en prêtant mon argent, je me prive d'un certain profit qui me soit connu, et qui dépende d'une occasion si présente que je la manque actuellement par le prêt, mon argent qu'on me rendra dans un an ne me fera pas recouvrer l'occasion que j'ai perdue, et ne fera pas une parfaite com-

---

(*a*) On me rend toutes les commodités : pour l'avenir, oui; pour le passé, non. On me rend autant que j'ai prêté : en argent, oui encore; en bénéfice, en profit, non dans la supposition de Grotius.

pensation; mais si en prêtant, je ne me prive que des profits qu'apporte indéfiniment l'argent comptant dans les coffres, le paiement de la même somme fait une compensation tout à fait égale.

Ajoutons que quand Grotius veut régler le profit usuraire, il n'a plus de règle certaine.

La règle qu'il donne, est que le profit ne surpasse pas le dommage. Mais il se trouve bien embarrassé à déterminer sur quel pied il faut régler ce profit.

Ce n'est pas sur le profit que peut apporter l'argent indéfiniment. Car sur une perte indéfinie on ne peut point régler un profit certain.

Ce n'est pas sur l'estimation qui sera faite par la loi selon les divers pays. Car Grotius, qui propose cette règle, veut en même temps qu'elle ne soit pas suffisante, parce que, dit-il, les lois connivent quelquefois aux abus qui ne peuvent pas toujours souffrir de remède.

Grotius approche plus près de la raison, quand il dit qu'il faut régler ce dédommagement du prêt sur le profit qu'on a accoutumé de faire de son argent. Mais cela même, à le prendre dans les termes de Grotius, n'a pas encore la justesse et la précision qu'il cherche. Car l'argent profite plus ou moins suivant les occasions, lesquelles communément on ne peut prévoir; et les différences sont ici si grandes, qu'on n'en peut pas même venir à ce genre d'estimation qu'on appelle *ex œquo et bono :* outre que selon la règle de Grotius, les riches marchands, dont les profits sont immenses, pourront accabler le monde d'usures.

Il n'y a donc plus de règle aux dédommagemens, à moins qu'on ne les réduise précisément à une perte actuelle connue et certaine, en déduisant les risques et les frais, ce qui n'est plus le cas de l'usure, encore que quelquefois on puisse s'en servir pour la pallier.

Je ne répéterai plus ce que Grotius a dit des anciens canons, où la défense de l'usure est restreinte, selon lui, aux clercs. Nous avons vu combien il est éloigné de leur véritable intelligence; et ainsi nous pouvons dire que celui de tous les défenseurs de l'usure qui en a le plus raisonnablement parlé, n'a ni fondement ni règle.

On peut croire que les autres en ont encore moins. Ceux, par exemple, qui disent qu'il n'y a rien de plus juste que de profiter d'un prêt dont le débiteur profite lui-même, visiblement ne disent rien. Car Grotius a fort bien prouvé qu'il n'est pas juste ici de regarder ce que gagne mon débiteur, mais ce que je perds. Le profit qu'il fait par son industrie ou par son travail, ou le profit qui naît naturellement de ce que je lui prête, comme du gain, ne vient pas de moi, et je n'ai rien à exiger pour cela. Si je lui donne le moyen de profiter, nous avons vu qu'il me le rend tout entier, quand il me rend la somme prêtée. Le surplus n'est pas de mon fait ; et si je veux entrer dans ce profit, j'ai les contrats de société ; mais le prêt n'est pas établi pour cela. Ce qu'il opère naturellement, c'est qu'on me rende ce que j'ai donné, et je dois être content quand cela est : *Nec ampliùs quàm dedisti.*

On dit qu'il y a dans l'argent un usufruit distingué de la propriété par les lois romaines, puisqu'on peut donner ou léguer l'usufruit, non-seulement d'un immeuble, mais de l'argent même, à un autre qu'à celui auquel on aura légué la propriété.

Ce n'est pas pourtant que les lois romaines veulent donner à l'argent, qui se consume et se distrait par son usage, les propriétés des immeubles. C'est pourquoi le *commodatum* et le *locatum* ne conviennent pas à l'argent ; et selon les lois, par le *mutuum* on transporte la propriété à laquelle la loi substitue le droit de répéter pareille somme.

Selon ces maximes des lois romaines, il est clair que qui met l'argent dans les mains de quelqu'un avec pouvoir d'en user, lui en donne en effet la propriété, en lui donnant le pouvoir de le consumer et de le distraire. Ainsi quand la loi permet de donner à Titius la propriété, et à Sempronius l'usage, au fond elle ne veut dire autre chose, sinon qu'elle donne à Sempronius la pleine disposition, et à Titius le droit de répéter pareille somme sur les biens de Sempronius.

Il y a pourtant une raison qui oblige la loi romaine à distinguer ici l'usufruit d'avec la propriété : c'est qu'elle permettoit l'usure, et rendoit par ce moyen l'argent *frugifer* en vertu du prêt; tellement que, selon ces lois, si Caïus, qui met mille livres en la disposition de Sempronius, ne réservoit à Titius que le droit de simple créancier, c'est-à-dire celui de répéter cette somme de la succession de Sempronius en vertu de ce legs ou de ce don, il ne seroit pas censé avoir déchargé Sempronius de l'usure des mille livres, au lieu que quand il lui donne le plein usufruit, il le lui donne déchargé de tout profit usuraire, et ne l'oblige qu'à restituer les mille livres.

Ainsi cette distinction de la loi romaine entre la propriété et l'usufruit de l'argent, est fondée sur le droit de l'usure, et n'est au fond qu'une suite de l'erreur des lois romaines; et à parler proprement, au lieu de léguer l'usufruit à l'un et la propriété à l'autre, il faudroit qu'on donnât à l'un la disposition d'une telle somme, à condition que sa succession la rendroit à l'autre.

Mais en quelque façon qu'on le prenne, cette distinction d'usufruit d'avec la propriété ne peut donner un juste fondement à l'usure, puisqu'elle ne donne pas à l'argent un corps subsistant qui soit distingué de l'usage, et qui puisse fonder le *locatum*.

On demande pourquoi l'argent ne pourroit pas aussi bien fonder le *locatum* qu'une maison ou une autre chose.

La réponse est aisée. Ce qui se peut vendre, l'usage s'en peut vendre aussi. Une maison se peut vendre, un cheval se peut vendre: donc on peut en vendre l'usage; mais l'argent ne se peut pas vendre : on ne peut donc pas en vendre l'usage.

Ce n'est pas à dire que dans toutes les choses vénales on puisse vendre l'usage distingué de la propriété. Car les choses qui se consument par l'usage, ne reçoivent pas cette distinction, comme celles qui servent à la nourriture.

On objecte qu'en ôtant l'usure, on ôte le commerce et qu'on empêche le prêt (a), tel homme pouvant bien prêter à usure qui se ruineroit en prêtant sans ce profit.

A cela on répond que l'essentiel du commerce, qui consiste

(a) Sans l'usure, point de commerce colonial ni de marine marchande, point de canaux ni de chemins de fer, point de bourse ni de banque, et de nos jours point de budget ni de gouvernement. Le saint Siége l'a bien compris, quand il a permis l'intérêt légal jusqu'à décision contraire.

dans les changes et dans les sociétés, ne suppose nullement l'usure; et que quand on auroit diminué la facilité de prêter, telle qu'elle est parmi les hommes, ce ne seroit pas un grand malheur, puisqu'elle ne sert qu'à entretenir l'oisiveté et tous les vices qui en naissent.

En un mot, il faut prêter comme on fait l'aumône, non pour son profit, mais pour le bien de l'indigent (*a*). Alors le prêt se fera selon son véritable esprit, et la société n'en ira que mieux.

Au reste quand il s'agit d'examiner si une chose est bonne ou mauvaise, il ne faut pas regarder certains inconvéniens particuliers; autrement on ne réformeroit jamais les abus, puisqu'il n'y en a point qu'on puisse corriger sans qu'il en arrive quelque inconvénient; mais il faut regarder ce qui est bon ou mauvais en soi, et ce qui a en soi moins d'inconvéniens. Ces inconvéniens suffiroient seuls à fonder la défense de l'usure, qui fait sans comparaison plus de mal que de bien.

Ceux qui regardent cette défense si précise de l'usure, qu'a toujours faite le saint Siége, comme une loi tyrannique et une entreprise sur le droit qu'ont les Etats de régler les affaires du commerce, prennent en cela (qu'il me soit permis de le dire sans dessein d'offenser personne), prennent, dis-je, en cela un peu l'esprit des hérétiques. Et au contraire, si l'on considère qu'en ce point comme comme dans tous les autres, les décisions du saint Siége n'ont fait que suivre la tradition des premiers siècles et la loi de Dieu, selon que toute l'antiquité l'avoit entendue, on admirera la conduite du Saint-Esprit, qui au milieu de la corruption a conservé la pure doctrine.

Et ce n'est pas offenser les princes ni les Etats, que de leur montrer les règles que Dieu a données à la société et au commerce, n'y ayant rien de plus digne d'être réglé par ses lois.

Que si les lois romaines ont autorisé l'usure, même dans les temps du christianisme, nous avons déjà remarqué que c'est une suite de l'erreur qui les avoit précédées. Saint Thomas nous ap-

---

(*a*) Prêter à l'indigent comme on fait l'aumône, oui, on le doit; mais si je prête à un spéculateur, à un Rothschild, à l'Etat; si pour ouvrir le flanc des montagnes, joindre les mers, changer la face de la terre?

prend que les lois civiles ne sont pas toujours obligées de réprimer tous les crimes. Grotius même nous vient de dire que les lois dissimulent souvent les abus qui ne peuvent pas tous souffrir de remèdes; et Dieu permet des erreurs dans toutes les lois, même dans les lois romaines, les plus saintes de toutes celles qui ont été faites par les hommes, afin de faire voir qu'il n'y a que les lois qu'il donne et que son Eglise conserve, qui soient absolument infaillibles.

Et toutefois il faut louer Dieu de ce que dans les temps du christianisme, les lois civiles se sont de plus en plus épurées. Dès le temps de l'empereur Léon le Philosophe, les jurisconsultes connurent que la religion défendant les usures, il falloit que les lois s'y conformassent; et ce prince en fit une nouvelle, non pour les modérer comme ses prédécesseurs, mais pour les interdire absolument.

Elle porte qu'encore que ses ancêtres eussent autorisé le paiement des usures, peut-être à cause de la dureté et de la cruauté des créanciers, il juge cet abus insupportable dans la vie des chrétiens, comme réprouvé par la loi de Dieu. C'est pourquoi il défend l'usure pour quelque cause que ce soit, de peur, dit-il, qu'en suivant les lois, nous ne soyons contraires à la loi de Dieu; et il ordonne que quelque peu qu'on prenne, il soit imputé au principal.

Tous les rois chrétiens ont imité cet exemple, et entre autres les rois de France. L'ordonnance défend toute usure avec une sévérité qui fait bien voir qu'elle a cru suivre en cela la loi de Dieu. Il faut espérer que les parlemens, s'il est vrai qu'ils aient, comme des auteurs le prétendent, des maximes contraires, prendront à la fin l'esprit commun de la loi; et cela arrivera infailliblement, pourvu qu'on n'établisse point les jugemens sur des coutumes que l'intérêt seul a établies, et qu'on entre, comme il convient à d'humbles enfans de l'Eglise, dans l'esprit de la tradition seule interprète de la loi de Dieu.

VIIᵉ PROPOSITION.

La loi de Dieu défendant l'usure, défend en même temps tout ce qui y est équivalent.

Je m'explique. Quelques-uns de ceux qui avouent que l'usure est défendue par la loi de Dieu selon la notion que nous venons de voir, cherchent des expédiens pour faire trouver à ceux qui prêtent des profits semblables. Je dis que cela est mauvais; et voici comment il faut procéder pour connoître la vérité dans cette matière.

Il faut avant toutes choses bien entendre ce que Dieu défend, et comment sa sainte loi a été entendue par les saints Pères. Car c'est la règle de la foi. Cela étant bien entendu, il faut dire que tout ce qui dans le fond fera tout l'effet de la chose que Dieu défend, sera également défendu, de quelque nom qu'on le nomme, parce que le dessein de Dieu n'est pas de défendre ou des mots ou des tours d'esprit et de vaines subtilités, mais le fond des choses.

Je veux donc dire, en un mot, que quand de l'exposition que quelqu'un fera il s'ensuivra que la loi de Dieu ne sera plus qu'une illusion et un rien, l'exposition sera mauvaise. Tout le monde conviendra de ce principe; et cela étant une fois bien entendu, pour juger les cas de cette matière, il faut soigneusement examiner les contrats ou les conventions tacites ou expresses qui ont tous les effets de l'usure, et ne les pas confondre avec celles qui en ayant quelque apparence, en sont au fond autant éloignées que le ciel l'est de la terre, et par l'intention et par les effets. Car c'est de là que vient toute l'erreur, les uns défendant ce qui est permis, et les autres déçus par des apparences, étendant trop loin les permissions.

Par exemple, de ce que les rentes sont permises, quelques-uns concluent que les intérêts par simples obligations sont permis. Ce qui trompe, c'est que de part et d'autre on tire de son argent un certain profit. Mais l'intention et les effets sont infiniment différens; car l'intention de celui qui prête par obligation, est de tirer du profit d'un argent dont il demeure toujours le maître, et l'effet répond à son intention; au lieu que dans la constitution des rentes, il y aura un vrai achat, et par conséquent une parfaite aliénation du principal, qui ne peut être redemandé que dans des cas semblables à ceux qui feroient résoudre un contrat de vente.

Or de là suit une différence entière entre ces contrats, puisque l'un est un vrai achat, et que l'autre est un simple prêt, dont par conséquent les profits sont l'usure proprement dite, où la notion que nous en donnent la loi de Dieu et la tradition ne subsiste plus.

On dira: Mais comme on tire une rente perpétuelle d'un argent qu'on s'oblige à ne répéter jamais, ne pourra-t-on pas tirer durant dix ans une rente d'un argent qu'on s'obligera de ne répéter que dans dix ans? Non sans doute, et la différence de ces deux contrats est manifeste. Car le premier est un vrai achat, où le prix de la chose achetée, c'est-à-dire de la rente, passe incommutablement en la puissance du vendeur; au lieu que l'autre contrat est directement contraire à l'intention de l'achat, puisque après avoir joui de la marchandise on en retire encore le prix.

Il ne faut donc pas regarder la rente comme un profit de mon argent, mais comme l'effet d'un achat parfait. Que si je veux tout ensemble pouvoir retirer et la rente et le prix auquel je l'ai achetée, il est clair que je ne fais pas un achat, et que mon contrat a toutes les propriétés d'un vrai prêt; et ce que j'appelle rente a toutes les propriétés d'une vraie usure, telle que la loi de Dieu la définit et la défend, ou cette défense n'est plus qu'un nom inutile.

Quoi donc? dira-t-on, on ne pourra pas acheter une rente pour un temps? On le peut sans doute; mais en l'achetant il ne faut plus espérer de ravoir le prix de l'achat; autrement on confond tout, et on appelle achat ce qui en effet ne diffère en rien du prêt.

Voici encore un autre cas, qui pour être mal entendu, donne lieu à quelques-uns de soutenir l'usure. J'ai une somme d'argent que je crois employer à me rédimer d'une servitude ou d'une charge qui m'apporte un grand dommage; ou bien je suis un marchand dont l'argent, continuellement dans un emploi actuel, ne cesse de me profiter. Cependant vous venez à moi, et vous m'empruntez cette somme. Il est clair que je puis en conscience exiger de vous un parfait dédommagement de la perte actuelle que je fais, et que je puis le faire sur un pied certain, puisque je sais ce que je perds; et que moi marchand qui connois ce que mon argent me vaut, pour ne vous point faire de tort, je puis fixer mon profit sur le moindre pied, et le reprendre sur vous, les frais et les risques déduits. Ce dédommagement est de droit naturel, et n'appartient nullement au cas de l'usure; car il m'est dû par un autre genre d'obligation que celui qui provient du prêt. L'obligation du prêt est totalement épuisée, quand je rétablis à mon créancier sa somme principale; mais le dommage effectif qu'il a souffert n'est pas réparé par là, et chacune de ces deux dettes demande sa compensation. Mais voici un autre cas qu'on prétend semblable à celui que je viens de proposer.

Je prête, et parce que l'argent comptant me peut profiter indéfiniment en diverses sortes, je prends un dédommagement de ces pertes imaginaires. Je dis que c'est gagner en vertu du prêt, c'est-à-dire gagner par une chose qui en est inséparable : je dis que c'est l'usure proprement dite, et l'usure telle que la loi de Dieu la défend; car ce dommage indéfini étant, comme je viens de dire, inséparable du prêt, si la loi nonobstant cela défend de recevoir plus qu'on ne donne, c'est sans doute qu'elle a jugé ce dédommagement inique; autrement comme il n'y auroit aucun cas auquel je ne pusse tirer profit de mon argent, le cas de l'usure seroit impossible. Personne en effet ne peut supposer que j'aie de l'argent comptant, dont je ne puisse tirer une infinité de commodités et de profits. Et quand même j'aurois résolu de laisser l'argent dans mes coffres, il peut arriver de si belles occasions, que je changerai de dessein, et que je voudrai en profiter. Il ne se peut que je ne m'ôte cette faculté en prêtant; donc je puis tirer quelque profit de tout prêt; donc le cas de l'usure est une chimère.

Par conséquent il faut dire que le dédommagement, c'est-à-dire le *damnum emergens*, ou le *lucrum cessans*, regarde des pertes réelles, des occasions de profit effectives et irréparables; et que celles qui ne sont point de cette nature, sont suffisamment réparées par le paiement du principal, ainsi qu'il a été dit.

Mais, dit-on, quelle différence entre cette usure proprement dite que vous prétendez défendue, et l'intérêt qu'on adjuge par condamnation pour le retard? Grande et manifeste différence; car l'intérêt s'adjuge pour deux motifs : le premier, pour le dommage effectif que la loi présume que vous recevez, lorsqu'on ne vous paie pas au temps préfix; car elle a raison de présumer qu'en marquant un certain temps, vous avez une destination actuelle de votre argent, dont il est juste que vous soyez dédommagé. Que si en effet vous n'en aviez pas et que vous n'ayez eu d'autre dessein que de profiter, la loi ne le sait pas, et vous laisse à consulter votre conscience. Et il y a des pays où, pour éviter les fraudes des usuriers, l'intérêt ne s'adjuge qu'en connoissance de cause. Mais dans les pays où cela se fait sans cette précaution, ce n'est pas que la loi approuve le dédommagement sans perte effective; c'est que ne croyant pas pouvoir assez pénétrer le fond des choses, elle juge par présomption, et laisse à la conscience d'un chacun de se faire justice.

Il y a encore un autre motif de la condamnation *ex morâ*, qui est d'adjuger l'intérêt comme une peine. Celui-là en soi est plus délicat, parce qu'il donne lieu aux usures palliées. Mais à la rigueur il n'est pas injuste, et diffère infiniment de l'usure. Car l'esprit de l'usurier n'est pas de retirer son argent, c'est de le faire profiter; et au contraire, l'esprit de la loi pénale est de faire cesser de tels profits par un paiement effectif.

En effet dans les sentences de condamnations, la première chose qu'on fait c'est d'obliger à payer; et l'on voit par les procédures que l'esprit de la loi est celui-là. Il n'y a donc rien de plus opposé que ces condamnations et les usures, puisque les unes veulent empêcher le paiement, et que les autres le désirent.

Je ne parle point ici des autres différences entre ces deux cas. Celle-ci suffit pour faire voir combien peu ces condamnations servent à établir l'usure.

Il y auroit beaucoup d'autres cas à examiner, qui pourroient peut-être être résolus avec autant d'évidence. Mon intention n'est pas de traiter ici toute la matière de l'usure; il me suffit d'avoir donné une règle certaine pour la connoître.

Je répète cette règle : la loi de Dieu expliquée par la tradition, n'a pas voulu défendre une chimère et un cas en l'air. Il faut donc fixer ce cas, et voir quelle notion elle a donnée de l'usure; et toutes les fois que nous trouverons qu'en permettant un certain profit de l'argent, la loi de Dieu sera éludée et ne subsistera plus qu'en paroles, nous devons tenir ce profit comme enfermé dans la défense divine. Je ne crois pas qu'il y ait rien de plus ferme ni de plus inébranlable que cette règle.

Je définis l'usure selon cette règle, tout argent ou équivalent qui provient en vertu du prêt, et j'appelle venir en vertu du prêt, ce qui dépend d'une condition qui en est inséparable et ce qui a les mêmes effets.

Cette notion est certaine et comprise manifestement dans la loi de Dieu, ainsi qu'il a été dit.

VIIIe PROPOSITION.

La police ecclésiastique et civile, pour empêcher l'effet de l'usure, ne doit pas seulement empêcher ce qui est usure dans la rigueur, mais encore tout ce qui y mène.

La raison en est commune à toutes les lois. Car c'est pour cela qu'afin d'empêcher les meurtres et les séditions, on empêche le port d'armes à certaines heures, quoiqu'en soi il pourroit être innocent; et qu'afin d'empêcher les impuretés, on empêche certaines fréquentations et correspondances, et ainsi du reste.

De cette sorte, quoiqu'à la rigueur la conscience ne défende pas de prendre un dédommagement raisonnable de la perte réelle que le prêt apporte quelquefois, la loi civile ne permet pas que chacun en cela se fasse justice, parce que ce seroit donner lieu à la fraude. C'est pourquoi il faut toujours avoir recours au juge. On veut que de telles choses soient toujours éclairées par la justice, parce qu'en s'approchant de cette lumière, les fraudes ont moins de moyen de se glisser.

Ainsi la loi ecclésiastique ou civile peut bien aller au delà de la loi de Dieu, pour donner des barrières aux usuriers, mais non jamais en deçà; et elle peut bien relâcher en quelques endroits ce qu'elle permet en d'autres, mais ce qui dépend de la loi de Dieu doit toujours être uniforme.

FIN DU TRAITÉ DE L'USURE.

MÉMOIRES

AU SUJET DE L'IMPRESSION

DES

OUVRAGES DE DOCTRINE

COMPOSÉS PAR LES ÉVÊQUES (a).

EXTRAIT DES LETTRES

DU CHANCELIER DE PONTCHARTRAIN.

LE CHANCELIER.

Monsieur le cardinal dira qu'une censure, en un point de doctrine, ne peut être soumise à l'examen de ceux qu'emploie un

---

(a) Le lecteur connoît Richard Simon.

Cet auteur à doctrine douteuse, ami du paradoxe et se recherchant lui-même dans les opinions les plus étranges, fit paroître en 1678 un livre que Bossuet signala comme « un amas d'impiétés et un rempart de libertinage » intellectuel, l'*Histoire critique de l'Ancien Testament*, qui fut supprimé par un décret du conseil d'en haut. Non content de ce premier essai, toujours impatient d'étaler son érudition, le bizarre écrivain produisit en 1702 une traduction du Nouveau Testament, connue sous le nom de *Version de Trévoux*. La sentinelle qui veilloit aux portes d'Israël, démêla bientôt le nouveau stratagème de l'ennemi : Bossuet vit que, si le novateur ébranloit dans son premier ouvrage l'authenticité des Ecritures canoniques, il en détruisoit l'inspiration dans le second : et pour déjouer ces perfides manœuvres, il composa l'*Ordonnance* et les deux *Instructions pastorales* que nous avons publiées dans un autre volume (1).

Comme l'*Ordonnance* et la première *Instruction* se trouvoient sur le point de paroître, le chancelier de Pontchartrain défendit à l'imprimeur, Anisson, d'en livrer les exemplaires, déclarant que les deux ouvrages devoient être examinés par un censeur, qu'il nommoit dans la personne du docteur Pirot.

Mesure étrange, en vérité! Pendant quarante ans, sous cinq chanceliers consécutifs, Bossuet avoit fait imprimer ses écrits sans formalité légale, en vertu d'un privilège permanent, que M. de Pontchartrain avoit renouvelé lui-même; sa doctrine, bien loin de soulever la moindre réclamation, avoit obtenu les

1 Vol. III, p. 372 et suiv.

chancelier sur le fait des livres qu'on veut faire imprimer. Je contesterois fort cette réponse, si je voulois : je lui dirois, et dirois par principe, qu'il a droit sans doute de faire tant de censures qu'il lui plaira ; mais qu'il n'a pas droit pour cela de les faire imprimer sans privilége. Qu'il fasse faire, si bon lui semble, mille et mille copies de ses censures dans son secrétariat, qu'il les rende publiques...; ce n'est point mon affaire, c'est son droit : mais veut-il imprimer, c'est mon affaire, c'est mon droit.....; peut-être ne l'étendrois-je pas jusqu'à faire discuter sa censure, etc.

suffrages et fait l'admiration de tous les théologiens : et voilà que l'on défère tout à coup l'enseignement de ce grand docteur, de ce grand évêque, à l'examen d'un simple prêtre ! Cette injure faite au pontife et cette atteinte portée à la liberté frappoit du même coup tout l'épiscopat ; ce renversement de l'ordre dans l'Eglise et dans l'Etat alloit droit à soumettre, et M. de Pontchartrain prétendoit effectivement soumettre, à la censure tous les ouvrages de doctrine et de liturgie publiés par les évêques, les mandemens, les livres de prières, les missels, les vespéraux, les rituels, etc.

Bossuet, ce génie qu'on invoque à l'appui du despotisme, s'arma de tout son zèle et de toute son énergie pour la défense de la liberté. Avant toutes choses, il s'assura l'appui du cardinal de Noailles et la médiation toujours si religieuse de Madame de Maintenon ; puis, pour observer toutes les convenances, il porta ses réclamations devant M. de Pontchartrain : il lui adressa une requête aussi ferme de langage que forte de raisons ; il eut avec lui trois conférences, dont une en présence du cardinal de Noailles archevêque de Paris : rien ne put vaincre son inconcevable opiniâtreté.

Alors Bossuet monta chez le roi, et fit quatre mémoires pour répondre successivement aux objections du ministre. Ces mémoires sont d'une grande force et tout ensemble d'une admirable simplicité ; le langage en est respectueux, et la doctrine inflexible ; car en ce temps-là, le respect s'allioit à l'indépendance. Nous ne signalerons pas le développement de la discussion ; le lecteur le suivra facilement.

Louis XIV, éclairé, dit un mot, et l'on vit s'opérer une révolution soudaine : M. de Pontchartrain retira la défense qu'il avoit faite au libraire Anisson, et laissa paroître sans formalité l'*Ordonnance* et la première, puis bientôt la seconde *Instruction contre la Version de Trévoux*. En même temps il donna, dit l'abbé Ledieu, « toute liberté aux évêques pour leurs ordonnances, statuts, censures » et autres ouvrages de doctrine, de piété et de liturgie.

Tel fut le zèle de Bossuet pour la liberté de l'Eglise. Rien n'auroit pu vaincre son courage et sa constance. Il dit dans une lettre qu'on lira plus loin : Nous faudra-t-il « prendre l'attache de M. le chancelier, et achever de mettre l'Eglise sous le joug? Pour moi j'y mettrois la tête : je ne relâcherai rien de ce côté-là ni ne déshonorerai le ministère dans une occasion où la gloire de mon métropolitain, autant que l'intérêt de l'épiscopat, se trouve mêlée. »

Aujourd'hui l'Etat n'a plus de docteur, parce qu'il n'a plus de doctrine, pour examiner les écrits des évêques ; mais il a un droit de timbre et un brevet d'imprimeur. Qu'on nous dise quel avantage le siècle de la liberté nous offre sur le siècle du despotisme.

BOSSUET.

On voit par là que la censure, dès qu'on la voudra imprimer, deviendra soumise à son jugement, et qu'il en pourra refuser le privilége ; ce qui s'étendra pareillement aux Catéchismes, Missels, Rituels, etc.

LE CHANCELIER.

Ma peine ne roule que sur l'impression des maximes avancées par M. l'archevêque, dans le manifeste de sa censure.

BOSSUET.

Il y a de l'affectation à distinguer ce qu'il appelle le manifeste, c'est-à-dire le préparatoire à la censure, d'avec la censure même.

LE CHANCELIER.

Le nom de l'auteur du *Nouveau Testament de Trévoux*, me paroissant fort suspect..., le privilége fut accordé le 26 mars 1702, mais sous la condition de faire une infinité de corrections dans la nouvelle édition.

BOSSUET.

Ainsi dans le fond, il est constant que le livre en question méritoit la censure en l'état où il étoit, ne s'agissant point d'un livre à venir dans la censure de M. le cardinal, mais de celui dont l'auteur est fort suspect, et qui avoit besoin d'une infinité de corrections.

LE CHANCELIER.

Que M. l'archevêque trouve mille choses à reprendre dans le livre, tel qu'il est imprimé à Trévoux, il ne fait que ce que j'ai fait moi-même. Qu'il me donne là-dessus ses avis...: qu'il attend ensuite que le livre soit imprimé...; s'il trouve encore des erreurs, qu'il se plaigne, etc.

BOSSUET.

Par ce moyen le livre où M. le chancelier, comme M. l'archevêque, trouve mille choses à reprendre, et même des erreurs, passera sans répréhension ; et l'erreur demeurera entre les mains de tout le monde, sans qu'il reste autre chose à un archevêque que de se plaindre à M. le chancelier.

LE CHANCELIER.

La seule question est de savoir si quelque loi me défend d'accorder des permissions d'imprimer toutes sortes de livres, même des versions de l'Ecriture, sans m'être préalablement muni de l'approbation des ordinaires ; et s'il est permis à un prélat d'avancer..... des maximes qui ne tendent qu'à cette fin.

BOSSUET.

Les prélats n'ont jamais seulement songé que pour accorder son privilége, M. le chancelier dût se munir de l'approbation des ordinaires. Il donne son privilége indépendamment, et suppose que les auteurs font leur devoir. Il n'y a point de lois qui défendent aux évêques de faire exécuter aux particuliers les règles de la discipline établie dans les conciles ; et si l'auteur l'eût fait, il auroit évité l'inconvénient où il est tombé, en sorte que visiblement il est dans son tort.

LE CHANCELIER.

M. l'archevêque d'Auch s'assujettit à cette règle, il y a dix-huit mois. Il me présenta l'exemplaire de son Rituel, pour être examiné à l'ordinaire. Il en fut dispensé, attendu son mérite personnel : le titre en fait foi.

BOSSUET.

C'est ainsi que sous prétexte de dispense, on voudroit engag les évêques à soumettre à l'examen ordinaire, c'est-à-dire au jugement d'un docteur, jusqu'à leurs Rituels et tous les autres livres ecclésiastiques.

MÉMOIRE DE BOSSUET

AU CHANCELIER.

Le fait est que depuis trente à quarante ans que je défends cause de l'Eglise contre toutes sortes d'erreurs, cinq chancelie consécutifs, depuis M. Séguier jusqu'à celui qui remplit aujourd'hui cette grande place, ne m'ont jamais soumis à aucun examen pour obtenir leur privilége. Ils ont voulu honorer par là la grace que sa Majesté m'avoit faite de me confier l'instruction de Monseigneur le Dauphin, et si j'ose le dire, le bonheur que ma doctrine, loin d'avoir reçu aucune atteinte, a toujours eu d'être approuvée par tout le clergé de France et même par les Papes.

Après cela, quand on verra dorénavant paroître mes écrits avec l'attestation d'un examen, cette nouvelle précaution fera dire que ma doctrine commence à devenir suspecte, et je ne serai pas longtemps sans en essuyer les reproches des protestans.

Par ce moyen, le privilége avantageux dont j'ai été honoré, et l'exemption perpétuelle de tout examen sous cinq chanceliers consécutifs, me tournera à confusion, et on croira que je m'en suis rendu indigne. Il est malheureux pour moi d'être le premier des évêques au livre duquel paroisse cette attestation d'examen. La première fois qu'on la verra dans mes écrits arrivera justement au sujet du pernicieux livre de M. Simon, et je n'ai pas besoin d'expliquer que cela pourra faire dire qu'on m'impute à faute de l'avoir attaqué.

Enfin sous un chancelier qui m'honore publiquement de son amitié depuis si longtemps, j'aurai reçu un traitement qui jamais ne me sera arrivé sous les autres, qui auront été élevés à cette charge.

Quand il plaira à celui qui la remplit si dignement d'user de quelque distinction à mon égard, il ne fera pour moi que ce qu'il a déjà fait pour d'autres évêques; et j'ai peine à croire que cette grace soit tirée à conséquence.

LETTRE

A M. LE CARDINAL DE NOAILLES

A Germigny, ce 25 octobre 1702.

La réponse, Monseigneur, que j'ai reçue me fait voir qu'il n'y a rien à espérer de M. l'abbé Bignon, qui, à quelque prix que ce soit, veut faire des difficultés à ceux qui sont en état de découvrir les erreurs cachées de M. Simon, plus dangereuses encore que celle qu'il débite à découvert. Ainsi il est temps que Votre Eminence fasse les derniers efforts pour la défense de la religion et de l'épiscopat.

J'envoie à Votre Eminence, par cet exprès, le mémoire que j'ai dressé pour sa Majesté : ce sera à Votre Eminence à le faire valoir ; et je l'en supplie par toute l'amitié dont elle m'honore depuis si longtemps, et par tout le zèle qu'elle a pour la religion.

Il me sera bien douloureux d'être le premier qu'on assujettisse à un traitement si rigoureux : mais le plus grand mal est que ce ne sera qu'un passage pour mettre les autres sous le joug. Il est vrai qu'il y a un règlement de l'an passé, fondé sur lettres-patentes, pour obliger ceux qui ont des priviléges généraux à remettre leurs manuscrits à M. le chancelier, pour être examinés : mais il est vrai aussi qu'il ne s'est point pratiqué, du moins à mon égard et à celui des évêques. Celui qu'on a ajouté, de mettre l'attestation du docteur à la tête de l'impression, est tout nouveau et fait à cette occasion : ainsi il est tout visible qu'il est fait en faveur de M. Simon et en haine de notre censure.

Quand on a dit à M. le chancelier qu'il étoit étrange d'assujettir les évêques à ne pouvoir enseigner que dépendamment des prêtres, et à subir un examen sur la foi, il a répondu qu'il falloit être attentif à ce qu'ils pourroient écrire contre l'Etat. Mais les évêques sont gens connus et pour ainsi dire bien domiciliés ; et c'est une étrange oppression, sous prétexte qu'il peut arriver qu'il y en ait quelques-uns qui manquent à leur devoir pour le temporel (ce qui néanmoins est si rare et n'arrive point), d'assujettir tous les autres, et de leur lier les mains en ce qui regarde la foi, qui est l'essentiel de leur ministère et le fondement de l'Eglise. Le roi ne le souffrira pas, et notre ressource est toute dans sa piété.

Surtout, Monseigneur, il faut tâcher de faire entrer dans l'esprit du roi par combien d'artifices l'esprit socinien sait s'introduire, par combien de détours et par combien de dangereuses insinuations; en sorte que nous sommes tous obligés à lui dire qu'il n'a jamais eu et ne peut avoir pour la religion d'affaires plus périlleuses. Peu de personnes connoissent cette dangereuse hérésie, parce qu'elle met toute sa finesse à se cacher, et qu'elle a pour elle tous les libertins. J'ai cru être obligé de m'appliquer à découvrir ses finesses, appréhendant avec raison d'avoir quelque jour à les combattre. Le temps en est venu, et voilà qu'on m'arrête dès le premier pas, faute d'être instruit sur ce sujet et parce qu'on n'a pas voulu nous en croire.

J'ai averti M. le chancelier avec toute la sincérité que je devois : je l'ai trouvé, je l'oserai dire, si prévenu sur les droits de sa charge, qu'il n'écoutoit rien autre chose, et sembloit prêt à abandonner l'Ecriture à ceux qui s'affranchiroient de l'autorité des évêques, à qui l'interprétation en est confiée, comme étant le fondement du salut. Faute de s'assujettir à cette règle, l'Evangile deviendra ce qu'on voudra, et bientôt on ne le connoîtra plus.

J'implore le secours de Madame de Maintenon, à qui je n'ose en écrire. Votre Eminence fera ce qu'il faut; Dieu nous la conserve. On nous croira à la fin, et le temps découvrira la vérité : mais il est à craindre que ce ne soit trop tard, et lorsque le mal aura fait de trop grands progrès : j'ai le cœur percé de cette crainte. Dieu vous a mis où vous êtes pour y obvier. Respect, obéissance et soumission.

† J. Bénigne, Ev. de Meaux.

J'ai cru qu'il seroit utile de joindre au mémoire une copie de mon privilége. J'ai voulu tout dire dans le mémoire, afin que Votre Eminence choisisse ce qu'il y aura de plus utile.

PRIVILÉGE DU ROI.

Louis, par la grace de Dieu, etc, : le sieur Jacques-Bénigne Bossuet, etc., nous a fait remontrer qu'outre plusieurs ouvrages qu'il a ci-devant donnés au public, et dont les priviléges sont expirés ou prêts à expirer, il travaille encore à d'autres ouvrages, tant pour l'instruction de son diocèse que pour le bien général de l'Eglise, lesquels il désireroit faire imprimer, s'il nous plaisoit lui en accorder la permission et nos lettres sur ce nécessaires : et voulant donner moyen audit sieur évêque de continuer à communiquer au public les lumières qui ont toujours été si nécessaires au salut des ames et si avantageuses au bien de notre sainte religion, nous lui avons permis, etc., pour l'espace de dix années, etc.

Donné à Versailles, le vingt-sixième jour de février 1701.

PREMIER MÉMOIRE

Présenté à SA MAJESTÉ, le 2 novembre 1702.

L'évêque de Meaux se croit obligé de représenter très-humblement à sa Majesté le nouveau traitement qu'on lui fait, au sujet d'un livre qu'il se croit obligé d'imprimer contre la version et les notes du Nouveau Testament de Trévoux.

Cette version et ces notes sont pernicieuses, et tendent à l'entière subversion de la religion; et la censure de M. le cardinal de Noailles ne pouvoit être ni plus juste ni plus nécessaire.

L'ouvrage de l'évêque de Meaux donne aussi des instructions très-nécessaires sur cette nouvelle version, et explique les erreurs de ce livre, d'une manière encore plus particulière que ne peut faire une censure.

Cependant on lui fait des incidens, sur lesquels il ne croit pas devoir passer outre, sans les avoir exposés à Sa Majesté, en toute humilité et respect.

Cet évêque écrit depuis trente à quarante ans pour la défense de l'Eglise contre toutes sortes d'erreurs; et cinq chanceliers de France consécutifs, depuis M. Séguier, y compris celui qui remplit si bien aujourd'hui cette charge, lui ont toujours fait expédier le privilége, sans le soumettre jamais à aucun examen.

Cette confiance qu'on lui a marquée doit être attribuée, premièrement à son caractère d'évêque; secondement, à ce que sa doctrine a été connue, non-seulement dans tout le royaume, mais encore, s'il ose le dire, dans toute la chétienté, sans jamais avoir reçu aucune atteinte; et au contraire elle a été approuvée, non-seulement par tout le clergé de France, mais encore par les papes : en troisième lieu, à l'honneur que lui a fait Sa Majesté de lui confier l'instruction de monseigneur le Dauphin, et de le tenir toujours en divers emplois près de sa personne, ce qui est le plus certain témoignage d'une doctrine irréprochable.

C'est aussi ce qui a donné lieu à M. le chancelier d'aujourd'hui de lui accorder un privilégé général.

Il en usoit de bonne foi, en découvrant les erreurs de ce livre pernicieux, quand au commencement de ce mois il est venu un ordre de M. le chancelier de porter le manuscrit de cet évêque à M. Pirot, pour en subir l'examen.

Quoique jamais l'évêque de Meaux n'ait été assujetti à rien de pareil; comme en de semblables rencontres, il a pris ordinairement de lui-même le conseil de ce docteur, il lui a tout remis; et M. Pirot donne sans hésiter son témoignage.

Il est encore venu un nouvel ordre et règlement de M. le chancelier, pour faire imprimer à la tête du privilége l'attestation du docteur; ce qui seroit un témoignage public de l'assujettissement des évêques à la censure des docteurs.

C'est ce que cet évêque croit tout à fait opposé à son honneur, et à celui de son caractère.

Premièrement, parce que cela n'a jamais été pratiqué à son égard. Il a imprimé, même sous M. le chancelier d'aujourd'hui, en 1700 et 1701, deux livres pour l'instruction des nouveaux catholiques, sans qu'il y ait paru rien de semblable.

Secondement, non-seulement cela n'a jamais été pratiqué à

son égard, mais encore ne l'a jamais été à l'égard d'aucun ouvrage imprimé par les évêques, et même par leur ordre. Il y en a un exemple bien récent dans un livre imprimé par ordre de M. l'évêque de Montpellier, le 6 juillet dernier, sans qu'il y paroisse rien de pareil.

Troisièmement, il n'est pas besoin d'entrer dans les règlemens qu'on a pu faire sur les examens des livres à imprimer, puisqu'on a toujours distingué les évêques dans l'exécution des règlemens les plus généraux; paroissant tout à fait extraordinaire qu'eux, qui ont reçu de Jésus-Christ le dépôt de la doctrine, ne la puissent enseigner que dépendamment des prêtres qui leur sont soumis de droit divin.

Quatrièmement, cette nouvelle formalité dans les ouvrages de l'évêque de Meaux, fera dire que sa doctrine commence à devenir suspecte, et il aura bientôt à essuyer sur ce sujet le reproche des protestans.

Cinquièmement, cette précaution extraordinaire, qu'on prend à l'occasion d'un livre si justement flétri par M. le cardinal de Noailles, sera bien remarquée, et fera dire à tout le monde qu'on lui a voulu donner de l'appui; ce qui est d'une périlleuse conséquence.

Sixièmement, cet auteur fut déjà flétri par l'arrêt du conseil d'en haut, le 19 juin 1678, *signé* COLBERT, où son livre intitulé : *Histoire critique du Vieux Testament*, fut supprimé, avec défenses de le réimprimer, même sous prétexte de changer de titre, ou de corrections. Le lieutenant de police, à qui l'exécution de l'arrêt fut renvoyée, étoit alors M. de la Reynie, qui pourroit, en cas de besoin, rendre compte à Sa Majesté de ce qu'on craignoit alors de ce dangereux auteur.

Pour ces considérations, et en attendant que Sa Majesté ait fait justice aux évêques, sur le droit qui leur est donné par leur caractère d'être les premiers docteurs de la vérité dans l'Eglise; l'évêque de Meaux espère de la bonté et de la justice de Sa Majesté, qu'elle voudra bien ordonner que le livre en question passe comme ses autres ouvrages, sans qu'il soit rien innové dans la manière de l'imprimer et débiter, afin de laisser la réputation saine et entière à un évêque qui a blanchi dans la défense de la vraie foi, et dans le service de Sa Majesté, en des emplois d'une si grande confiance.

LETTRE

A M. LE CARDINAL DE NOAILLES.

A Germigny, ce 24 octobre 1702.

Comme je crois, Monseigneur, Votre Eminence présentement de retour de ses visites, et que le moment approche où elle verra le roi, il est temps que j'aie l'honneur de lui parler sur le traitement qu'on me fait. J'ai dissimulé la première injure, de me donner un examinateur; ce que cinq chanceliers de suite, à commencer par M. Séguier, n'ont jamais songé : j'ai, dis-je, dissimulé dans le dessein d'avancer l'impression. Elle est achevée; cela va bien de ce côté-là : mais on passe à une autre injure, de vouloir que l'attestation de l'examinateur soit à sa tête. C'est, monseigneur, à quoi je ne consentirai jamais; parce que c'est une injure à tous les évêques, qu'on veut mettre par là sous le joug, dans le point qui les touche le plus, dans l'essentiel de leur ministère, qui est la foi.

En vérité, Monseigneur, s'il ne s'agissoit que de moi, je pourrois encore m'y soumettre, dans l'espérance que le roi nous feroit justice : mais si j'abandonnois la cause, on la croiroit finie par mon consentement et par mon exemple.

J'ai mandé à M. Anisson ce qu'il avoit à dire sur cela, pour empêcher qu'on n'en vînt à l'effet. J'attends la réponse; et je ne l'aurai pas plutôt que je prendrai mon parti.

J'espère tout, après Dieu, du secours et de la protection de Votre Eminence, que Dieu n'a mise dans une si grande place, avec tant de lumières, de piété et de crédit, que pour soutenir l'Eglise. Je m'aiderai de mon côté, et j'espère en Dieu qu'il nous tirera de cette oppression, si nous ne perdons point courage : si j'en manquois, Votre Eminence seroit la première à me redresser. Il faut éviter l'examen aux évêques. Je dresserai une requête, que je prierai Votre Eminence de présenter et d'appuyer. J'attends, pour la dresser, que j'aie une réponse précise, afin d'en régler la conclusion et les paroles. J'espère que Votre Eminence préviendra le roi, qu'on n'aura pas manqué de bien préparer contre nous. Je compte demain avoir réponse, et écrire plus précisément à Votre Eminence par mon neveu, que je suivrai, si je puis.

Je crois que mon livre sera utile, principalement parce que se conformant en tout point à votre censure, il fera voir l'esprit socinien dans l'ouvrage qu'elle a condamné. Cela paroît devoir avoir un grand effet pour faire revenir les plus prévenus, et faire sentir à tout le monde le grand péril de l'Eglise. Dieu nous aidera; et pour moi, je combattrai sous vos ordres jusqu'au dernier soupir. Vous savez mon obéissance, monseigneur.

† J. Bénigne, Ev. de Meaux.

IIe MÉMOIRE,

ou

REQUÊTE AU ROI, PRÉSENTÉE PAR M. L'ÉVÊQUE DE MEAUX.

Sire,

Ce qui se passe en votre ville royale, dans votre Cour, à vos yeux, est d'une si grande conséquence pour la religion, que je me sens obligé par les devoirs les plus étroits de la conscience, de me jeter à vos pieds, pour supplier Votre Majesté en toute soumission et respect de vouloir s'y rendre attentive.

Le Nouveau Testament de Trévoux, justement flétri par la plus savante censure qui ait été faite depuis plusieurs années, non-seulement se débite impunément dans Paris, où la censure en a été publiée; mais encore en ôte aux évêques mêmes tous les moyens de combattre l'erreur par une saine doctrine. Cette censure à la vérité se soutient par sa propre force : mais comme il n'est pas possible de tout dire dans un ouvrage de cette nature, j'ai cru devoir découvrir par un petit livre les artifices dont l'auteur de cette version a coutume de se servir, pour imposer à ceux qui le lisent sans précaution, ou qui ne le connoissent pas assez; et on arrête mon livre dès le premier pas.

J'ai déjà eu l'honneur de représenter humblement à Votre Majesté, que jusqu'ici mes ouvrages n'ont jamais été soumis à aucun examen, sous cinq chanceliers consécutifs; et encore l'année passée, j'en ai publié deux, l'un pour l'instruction des nouveaux catholiques, et un autre à l'occasion du dernier jubilé qui a pour titre : *Méditations sur la rémission des péchés.* On a commencé à me faire des difficultés pour l'examen de ma doctrine, que lorsque je me suis élevé avec toute sorte de modération et de vérité contre un livre qui tend à l'entière subversion de la religion, en la corrompant dans sa source, c'est-à-dire dans les paroles sacrées de Jésus-Christ et de ses apôtres. Alors pour la première fois, non-seulement j'ai été contraint de subir l'examen d'un docteur particulier, mais encore on a voulu que le témoignage en fût mis à la tête de mon livre; ce qui n'a jamais été pratiqué ni pour mes écrits, ni même pour ceux d'aucun évêque.

Au lieu de me continuer le traitement qui m'avoit toujours été fait, on m'astreint encore à des lois plus dures, et on ne me laisse pas la liberté de défendre dans mon diocèse par une ordonnance publique, la lecture de la nouvelle version, ni de donner ce témoignage authentique de ma conformité avec la doctrine de mon métropolitain; c'est-à-dire qu'on veut ôter aux évêques le droit d'enseigner leurs peuples par écrit, comme ils le font de vive voix; et c'est par moi que l'on veut commencer à établir cette servitude.

S'il y avoit quelque chose dans mon ordonnance qui blessât les lois du royaume, je serois le premier à la corriger; mais, Sire, ce qu'on improuve dans un évêque, c'est d'avoir blâmé l'auteur de la version, parce qu'il a osé la publier sans l'approbation de l'Ordinaire. Je n'ai pourtant fait que suivre l'exemple de mon métropolitain, qui, comme ses prédécesseurs et tous les autres évêques, a enseigné la même vérité. C'est un métropolitain si distingué en dignité et en mérite, et enfin si appliqué par lui-même à la piété et à la doctrine, que l'on attaque en ma personne. On me veut faire désavouer ses saintes maximes ; sinon toute la liberté d'enseigner mon peuple et de résister à l'erreur me sera ôtée ; ce que Votre Majesté ne souffrira pas.

Ce ne fut jamais l'intention de Votre Majesté ni celle des rois vos prédécesseurs, que les décrets des évêques, leurs statuts, leurs mandemens, leurs ordonnances, dépendissent de vos magistrats ; et tous les évêques de votre royaume sont et ont toujours été dans une possession incontestable de les publier, selon la règle de leur conscience.

Il nous est fâcheux, Sire, d'avoir à importuner Votre Majesté de la lecture de nos raisons : mais à qui l'Eglise aura-t-elle recours, sinon au prince de qui seul elle tient toute la conservation de ses droits sacrés, sans lesquels il n'y auroit point de religion sur la terre, et par conséquent point de stabilité dans les royaumes ? Votre Majesté a toujours daigné nous entendre par elle-même ; et nous ne craignons pas de lui déplaire en la suppliant à genoux, comme nous faisons, que notre jugement parte de son trône et vienne immédiatement de sa bouche.

Dans cette espérance, nous osons dire aux yeux du ciel et de la terre, et en la présence sacrée de Votre Majesté, qui nous représente celui dont nous sommes les ministres, qu'on n'a rien ici à nous reprocher. Quand nous disons « qu'il est dangereux d'exposer au public des versions de la sainte Ecriture sans la permission et l'approbation des évêques de France, » nous ne faisons que répéter la maxime fondamentale qui a servi de motif à cet arrêt solennel de 1667, sorti de la propre bouche de Votre Majesté, et que M. le cardinal de Noailles a inséré dans son ordonnance.

Mais peut-être qu'on blâmera les évêques d'alléguer le concile de Trente, même dans les cas où ce concile ne fait autre chose que d'appuyer les coutumes inviolables du royaume. Il n'y a qu'à voir les décrets du concile de Sens, tenu à Paris en 1528, sous les yeux d'un de nos rois et par un archevêque chancelier de France, pour y lire de mot à mot la défense de publier les traductions des saints Livres sans l'autorité de l'Ordinaire. C'est un des plus vénérables monumens de l'Eglise gallicane dans les derniers temps, qui a servi de préliminaire au concile de Trente, et qui a été suivi par les conciles des autres provinces, sans que personne ait jamais songé à les contredire.

On dit qu'il n'est point parlé dans l'ordonnance de Blois de cette permission de l'Ordinaire, pour publier les Livres sacrés. Qu'avoit-on besoin de confirmer par une ordonnance expresse, ce qui étoit la règle publique de tout le royaume, et en particulier celle de la province de Sens, dont la ville et la province de Paris est obligée plus que toutes les autres de garder les salutaires décrets, comme l'héritage de ses pères ?

Qu'il soit donc permis, Sire, aux évêques de cette province de conserver une si sainte institution, et qu'on ne leur fasse point un crime de s'y conformer.

Quand il en faudroit venir à l'ordonnance de Blois, on en connoît la disposition dans l'article xxxvi, touchant l'Eglise, où il est expressément défendu d'exposer en vente aucuns almanachs ou pronostications, que premièrement ils n'aient été vus et visités par l'archevêque, évêque, etc. Cette ordonnance n'a fait que répéter l'article xxvi de celle d'Orléans.

Si le moindre rapport à la religion, tel qu'il peut être dans ces almanachs et pronostics, a obligé les rois vos prédécesseurs à les renvoyer aux Ordinaires, par des ordonnances si authentiques, combien plus leur faut-il renvoyer la connoissance des versions, où il s'agit de conserver la substance même du Testament de Jésus-Christ.

Si cette loi n'est inviolable, on publiera donc sans les évêques des catéchismes et des formules de prières publiques et particulières : ce qui à la vérité est de la dernière importance ; mais qui est encore beaucoup au-dessous des versions de l'Ecriture sainte et de celles de l'Evangile, où consiste le fondement et l'essence même de la religion.

On objecte, et je le confesse, que les particuliers n'ont pas toujours observé cette règle aussi soigneusement que le méritoit son importance. Mais, Sire, la négligence, ou même l'inadvertance ne sont pas un titre pour prescrire contre la loi. Il suffit de bien connoître une fois quel est l'esprit de la règle : elle subsiste dans les bons exemples. Le P. Amelotte fit sa version par l'ordre du clergé de France, et ne se crut pas assez autorisé sans la permission de l'Ordinaire. M. de Vence étoit évêque, et s'autorisa dans la sienne par une permission semblable. Ces deux exemples sont du temps de M. de Péréfixe, archevêque de Paris, il y a trente à quarante ans. Les Pères jésuites ont attendu longtemps la permission de M. l'archevêque d'aujourd'hui, et ont suspendu la publication de leur Nouveau Testament, jusqu'à ce qu'ils l'eussent obtenue.

Lorsqu'on envoya aux réunis dans les provinces, par les ordres charitables de Votre Majesté, un si grand nombre de Nouveaux Testamens, celui du Père Amelotte fut choisi seul, comme approuvé par l'Ordinaire : et Votre Majesté se fit elle-même une loi de n'employer aucune autre version, que celle où elle trouva ce caractère d'approbation de l'évêque.

La même chose s'est observée dans les catéchismes et dans les formules de prières. M. l'évêque de Montpellier vient d'imprimer à Paris un catéchisme; mais il a pris la permission de l'Ordinaire. Sous feu M. l'archevêque, le P. Brossamin publia pour les nouveaux convertis un formulaire de prières; mais pour agir dans la règle, il en prit l'ordre de ce prélat. Ce seroit une trop légère remarque, de dire que les évêques ont laissé passer tant d'ouvrages de piété sans en prendre connoissance. Ils demeurent en possession dans les grands actes, dans les versions principales, dans les catéchismes et dans les œuvres de cette nature, qui servent de règle aux autres.

J'oserai dire avec un profond respect, à Votre Majesté, Sire, que bien loin de nous empêcher d'exécuter cette règle, si elle n'étoit pas faite, ou qu'elle eût perdu quelque chose de sa vigueur, il la faudroit faire ou renouveler, et obliger les évêques à la pratiquer plus sévèrement que jamais, sans en négliger l'observance en quelque occasion que ce soit; et la conjoncture où nous sommes en fait voir la nécessité.

La version du Nouveau Testament de Trévoux fait aujourd'hui dans Paris une espèce de schisme sur la doctrine. Les vrais enfans de l'Eglise écoutent la voix de leur pasteur ; les autres ne craignent pas de s'attacher à un livre qu'il a défendu.

Votre parlement de Paris, par son arrêt du 29 d'août 1685, rendu en exécution de vos ordres et à la requête de votre procureur général, invita l'archevêque de cette ville royale à dresser une liste des mauvais livres. Feu M. l'archevêque de Paris, en conformité de cet arrêt, en fit l'état dans son Ordonnance du premier de septembre suivant ; laquelle ayant été portée au parlement, il intervint un arrêt du 6 de septembre de la même année ; et les mauvais livres furent défendus par le concours unanime des deux puissances, après le jugement de l'Eglise : et maintenant on débite un livre flétri par une censure juridique ; ce que l'auteur auroit évité, en le soumettant dès l'origine au jugement de l'évêque diocésain.

Il paroît encore en cette occasion quelque chose de plus étrange : l'auteur condamné imprime dans Paris contre la censure, sous le titre de *Remontrance*. Il y met son nom, et couvre sa désobéissance de vains prétextes. Mais j'ose dire qu'il seroit déjà confondu, si l'on n'arrêtoit nos réponses. Oui, Sire, après cinquante ans de doctorat, et plus de trente ans employés dans l'épiscopat à défendre la cause de l'Eglise sans reproche, Votre Majesté aura la bonté de me pardonner, si je parle avec quelque confiance, puisqu'enfin je ne la mets qu'en Dieu, qui m'a toujours aidé jusqu'ici.

Pour ces raisons, Sire, il plaira à Votre Majesté d'ordonner que le placard de mon Ordonnance me sera incessamment délivré par l'imprimeur, afin qu'elle soit publiée dans mon diocèse, selon que me l'a dictée ma conscience, et comme le Saint-Esprit, que j'ai invoqué avec foi, me l'a fait juger nécessaire.

Je supplie pareillement Votre Majesté d'ordonner que mon livre, qui est imprimé, verra le jour sans autres formalités que celles qui ont toujours été pratiquées à mon égard, puisque, Dieu merci, je n'ai rien fait qui me rende digne d'un plus rude traitement, et que dans cette occasion la doctrine que j'enseigne se trouvera plus irréprochable et plus nécessaire que jamais.

Je vous demande pareillement, Sire, en toute humilité et respect, que la liberté dont je n'ai jamais abusé me soit rendue pour mes autres écrits, qui tourneront, s'il plaît à Dieu, à l'édification de l'Eglise, puisque au reste je suis toujours sous les yeux de Votre Majesté, en état de lui rendre compte de ma conduite. Aussi puisse-je ajouter, Sire, que je n'ai jamais rien écrit sans le conseil des plus grands prélats et des plus habiles docteurs de votre royaume.

Je n'entreprends pas de plaider la cause des autres évêques : j'ose espérer toutefois que Votre Majesté croyant avec toute l'Eglise catholique, comme un article de sa foi, que les évêques sont établis de Jésus-Christ les dépositaires de la doctrine et les supérieurs des prêtres, elle ne voudra pas les assujettir à ceux que le Saint-Esprit a mis sous leur autorité et gouvernement.

Pour les mandemens, censures et autres actes authentiques des évêques, on convient qu'ils les peuvent faire indépendamment de la puissance temporelle à condition de les faire écrire à la main, et ce n'est qu'à raison de l'impression qu'on les y veut assujettir. Si cela est, il faut, Sire, de deux choses l'une, ou que l'Eglise soit privée seule du secours et de la commodité de l'impression, ou qu'elle l'achète en assujettissant ses décrets, ses catéchismes, et jusqu'aux missels et aux bréviaires, et tout ce que la religion a de plus intime, à l'examen des magistrats ; ce qui n'entre pas dans la pensée. Chacun fait imprimer ses *factums* pour les distribuer à ses juges : l'Eglise ne pourra pas faire imprimer ses instructions et ses prières, pour les distribuer à ses enfans et à ses ministres !

Quant au livre du sieur Simon, Votre Majesté est très-humblement suppliée de se souvenir que c'est le même auteur qui, ayant écrit il y a vingt-cinq ans sur l'Ancien Testament, fut noté par un arrêt solennel de votre conseil d'en haut, du 19 de juin 1678. Il attaque présentement, avec une pareille hardiesse, la pureté du Nouveau Testament, comme s'il avoit entrepris de ne laisser aucune partie de la religion en son entier. C'est le témoignage sincère et véritable que notre caractère nous oblige à rendre à Votre Majesté : nous ne pouvons le dissimuler, sans nous attirer de votre part le plus juste de tous les reproches, et sans nous charger de la plus honteuse prévarication.

Nous ne doutons point, Sire, que Votre Majesté ne nous écoute avec sa bonté et sa piété ordinaire. Ainsi Votre Majesté, Sire, continuera de mériter l'éloge immortel de protecteur de la religion, qu'elle s'est acquis au-dessus de tous les princes du monde, et verra prospérer ses justes desseins sous la puissante assistance de Dieu.

† J. Bénigne, Ev. de Meaux

IIIe MÉMOIRE.

SUR LA CENSURE D'UN DOCTEUR, A LAQUELLE ON VOUDROIT ASSUJETTIR LES ÉVÊQUES (a).

Sa Majesté est très-humblement suppliée de considérer la formule dont on se sert pour commettre les docteurs à l'examen des livres.

La voici de mot à mot, ainsi qu'elle est imprimée

« M. *** prendra, s'il lui plaît, la peine d'examiner ce (le nom du livre), avec le plus de diligence qu'il lui sera possible, pour en donner incessamment son jugement à M. le chancelier. Ce... 170...

Signé l'abbé Bignon. »

On voit qu'il s'agit d'un jugement que doit donner le docteur.

On s'est servi de cette formule envers l'évêque de Meaux, en remplissant les blancs du nom de M. Pirot et du titre du livre, pareillement signée l'abbé Bignon. Ainsi c'est le jugment d'un prêtre que les évêques ont à subir.

Le jugement de ce prêtre est celui qu'on veut faire imprimer à la tête du livre. Sa Majesté est très-humblement suppliée de considérer s'il convient que tout le royaume, et toute la chrétienté,

---

(a) Ce petit Mémoire fut joint au précédent. Il avoit pour but de montrer au roi que la formule légale, en nommant le censeur, soumettoit à son *jugement* le livre qu'il devoit examiner.

voie à la tête des livres, même des évêques, un semblable assujettissement.

La dispense qu'on nous offre est captieuse, parce qu'elle suppose la loi, qu'on sera toujours en état de faire exécuter aux évêques quand on voudra.

LETTRE

A M. LE CARDINAL DE NOAILLES

Ce 27 octobre 1702.

La lettre du 26, pleine de bontés, que je reçois de Votre Eminence, me console dans les mauvais traitemens qu'on me fait, et que je ressens d'autant plus que le contre-coup en retombe sur l'épiscopat. Il semble à présent que ce soit une des affaires des plus importantes que de nous humilier. Il ne nous reste d'espérance, du côté du monde, qu'au roi et à votre médiation auprès de Sa Majesté.

Je vous ai envoyé, Monseigneur, un mémoire : votre lettre m'assure déjà que vous prendrez soin de le faire valoir. Si le roi ne vouloit rien décider d'abord au fond, il suffiroit, en attendant, que Sa Majesté trouvât bon qu'on laissât passer mon livre à l'ordinaire ; ce qui pourroit être regardé, si M. le chancelier le vouloit, comme une dispense verbale. Ce qui me donne cette vue, c'est qu'il en a ainsi usé avec M. d'Auch, ainsi que M. Pirot me l'a écrit.

† J. Bénigne, Ev. de Meaux.

J'aurois de la peine à une impression hors du royaume, et que le livre pût être défendu et saisi comme de contrebande.

LETTRE

A M. LE CARDINAL DE NOAILLES.

A Meaux, ce 30 octobre 1702.

Je reçois, Monseigneur, la lettre du 28, de Votre Eminence, et je vois les remercîmens que je lui dois, et pour l'épiscopat en général, et pour moi en particulier. Je ne manquerai pas de me rendre auprès de vous après la fête, à peu près dans le même temps qu'on reviendra de Marly, c'est-à-dire vers le 8 novembre.

Vous croyez bien, Monseigneur, que je ne suis pressé de voir mon livre paroître que par son utilité, pour faire connoître le dangereux caractère de l'auteur ; car du reste je différerai tant qu'il sera utile et selon vos ordres.

M. Phelippeaux notre intendant, étant arrivé à Meaux samedi dernier, je n'ai pas cru pouvoir me dispenser de lui parler du mauvais traitement que M. le chancelier me faisoit. Je n'ai point cru devoir lui parler d'autre chose que de ce que j'aurois dû attendre en particulier d'un chancelier ami, en suivant l'exemple de ses prédécesseurs : du reste j'ai évité exprès de dire un mot de la cause de l'épiscopat, que nous avons à traiter devant un tribunal plus haut et moins prévenu. Quoique je n'aie prétendu autre chose que de donner à M. Phelippeaux, qui agissoit bonnement avec moi, une ouverture pour M. le chancelier à me faire un commencement de justice, j'avoue pourtant que j'aurois parlé avec plus de circonspection, si j'eusse reçu votre lettre. Mais après tout, n'ayant point parlé de la cause de l'épiscopat, je l'ai réservée toute entière, et je prendrai garde à ne mollir point sur l'intérêt commun, quand on me donneroit satisfaction en particulier pour cette occasion : car aussi bien, si on ne va à la source, ce sera à recommencer. J'ai donné un mémoire à M. Phelippeaux, conforme à cette intention, et je vous rendrai compte de tout ce qui pourra en arriver, vous assurant que je ne ferai rien qui affoiblisse la cause. Respect, soumission et obéissance.

† J. Bénigne, Ev. de Meaux.

LETTRE

A M. LE CARDINAL DE NOAILLES.

A Meaux, ce 31 octobre 1702.

Pour rendre compte de tout à Votre Eminence, j'aurai, Monseigneur, l'honneur de lui dire qu'outre tout ce qui s'est passé,

Anisson a eu une nouvelle défense de laisser sortir une seule feuille de mon Ordonnance et de mon livre, jusqu'à ce que M. le chancelier en eût conféré avec moi : il n'y avoit plus qu'à tirer le placard qui est composé. On a poussé la défense jusqu'à ôter la faculté de m'en envoyer à moi un imprimé. On me considère beaucoup, dit-on; mais c'est qu'il y a quelques termes dans le préambule de l'Ordonnance, qui le regardent et qui le blessent. Ce ne peut être autre chose que ce que j'ai dit, conformément à votre Ordonnance, sur la prohibition du concile de Trente, d'imprimer sans la permission de l'Ordinaire. Ainsi M. le chancelier entrera dans l'intime de nos Ordonnances, et il faudra lui en rendre compte. Je n'ai fait que répéter en abrégé ce que porte votre Ordonnance : on n'ose s'en prendre à vous, on retombe sur la partie foible, et vous serez censuré en ma personne. Il faut donc, Monseigneur, plus que jamais avoir recours à Dieu, et espérer que celui qui tourne, comme il lui plaît, les cœurs des rois, fera trouver à l'Eglise, si violemment attaquée, un protecteur dans le nôtre, qui est si disposé à lui rendre justice.

Je prendrai garde, Monseigneur, plus que jamais, à tout concerter avec Votre Eminence, jusqu'aux moindres demandes; et je me rendrai à Paris le plus tôt qu'il me sera possible, pour avoir le loisir de convenir de tout. Vos sentimens que la piété et la prudence inspirent, seront des ordres pour moi. Je finis Monseigneur, en vous assurant de mon obéissance.

Si Votre Eminence voit le roi avant Marly, elle saura bien ce qu'elle aura à lui dire. Quoi ! il ne nous sera pas permis d'alléguer le concile de Trente ! Cela est dur et inconcevable.

Je ne doute point du secours de Madame de Maintenon.

† J. BÉNIGNE, Ev. de Meaux.

Je sais que les magistrats flattent M. le chancelier, sur ce que l'endroit du concile dont il s'agit, n'est pas reçu dans l'Ordonnance de Blois. C'est sur cela qu'il faut combattre de toute sa force, pour ne point abandonner l'Evangile à la fantaisie des Simon et des docteurs qui leur passent tout.

LETTRE A M***.

A Meaux, ce 1ᵉʳ novembre 1702.

Je reçois votre lettre du 31 octobre, et j'avois appris la même chose de M. Anisson par une lettre reçue hier. Je n'ai pas tardé un moment à en donner avis à M. le cardinal. Enfin, Monsieur, on se déclare : nos Ordonnances seront sujettes à l'examen, comme nos autres ouvrages, et on me fera un crime d'avoir suivi les sentimens de mon métropolitain : ce sera lui qui sera censuré sous mon nom. Dieu soit loué ; et puisqu'on pousse tout à bout contre nous, c'est le temps d'attendre le secours d'en haut contre l'Eglise oppressée. Je sais le fait de M. de Châlons-sur-Saône : mais c'est autre chose de supprimer un livre de statuts, quand il y a quelque chose contre l'Ordonnance (ce qui pourroit être arrivé à M. de Châlons, ce que pourtant je ne sais pas) ; autre chose que, pour exercer nos fonctions il nous faille prendre l'attache de M. le chancelier, et achever de mettre l'Eglise sous le joug. Pour moi j'y mettrois la tête : je ne relâcherai rien de ce côté-là, ni je ne déshonorerai le ministère dans une occasion où la gloire de mon métropolitain, autant que l'intérêt de l'épiscopat, se trouve mêlée.

Je ne doute pas que M. Simon ne trouve de la protection dans les Etats protestans, où l'on ne demande pas mieux que de voir exercer une liberté sans bornes. Au lieu de se juger indigne d'écrire, il ne songe plus qu'à donner une version corrigée : mais le service de Dieu demande qu'on lui ôte le moyen de nuire, en lui ôtant celui d'écrire. Il faut pour cela le faire connoître : c'est à quoi mon livre et mon ordonnance sont bons, et c'est aussi la seule raison qui m'obligeoit d'en presser la publication : mais il faut prendre les momens propres, et souffrir avec patience le retardement. Je vous remercie de tous vos soins. Je suis à vous, comme vous savez, de tout mon cœur.

† J. Bénigne, Ev. de Meaux.

LETTRE

A M. LE CARDINAL DE NOAILLES.

A Germigny, ce 5 novembre 1702.

Je reçois, Monseigneur, votre lettre du 3, de Conflans. L'Eglise est attaquée dans le plus intime; Dieu nous aidera. J'avois commencé un mémoire; mais il a fallu l'interrompre par quelques remèdes, plus par précaution que par maladie. L'écrit est d'une insolence parfaite, et mériteroit une animadversion publique. Il se vante des lois du royaume : mais ce n'est pas la loi du royaume qu'on élève ouvertement contre la doctrine du prélat; les arrêts y sont contraires. M. de la Reynie disoit autrefois que de telles gens devoient être renfermés comme des pestes publiques : c'étoit au sujet de la critique du Vieux Testament. Pour joindre l'instruction à l'autorité, je médite une préface à mon livre, qui ne laissera aucune réplique; mais il faudroit auparavant la mainlevée : on permet aux moindres parties d'imprimer un *Factum*. Il faut toujours parler avec respect d'un magistrat de cette importance : mais l'état de l'Eglise seroit bien triste, si elle ne pouvoit pas même se défendre. C'est un scandale public, qu'on ose publiquement écrire contre une censure d'un prélat de votre autorité; au lieu qu'il n'y auroit qu'à se soumettre. Je compte être jeudi à Paris, s'il n'arrive quelque accident. Respect et obéissance.

† J. Bénigne, Ev. de Meaux.

LETTRE

A MADAME DE MAINTENON.

Versailles, ce jeudi 16 novembre 1702.

Voici, Madame, les deux mémoires : le premier, qui est très court, est celui qui fera connoître au roi la manière de juger des livres, si Sa Majesté daigne y jeter les yeux.

Le second contient les extraits des lettres de M. le chancelier, que M. le cardinal de Noailles souhaite que vous voyiez.

J'y joins en tout cas les pièces entières pour un plus grand éclaircissement, si vous croyez, Madame, en avoir besoin.

Je dois, Madame, vous avertir que ces lettres sont un secret que M. le cardinal vous recommande.

Il est pourtant bien nécessaire que vous vous donniez la peine d'entendre les prétentions et procédures inouïes de M. le chancelier, pour en rendre au roi le compte que vous trouverez à propos, n'y ayant rien au fond de plus convaincant. Respect et obéissance.

† J. Bénigne, Év. de Meaux.

LETTRE

A M. LE CARDINAL DE NOAILLES.

A Versailles, samedi matin 18 novembre 1702.

Le roi vient de me dire, Monseigneur, que M. le chancelier met à présent la difficulté en ce que nous nous sommes servis du terme de permission; ce qui ne convient qu'à l'autorité royale; les évêques peuvent examiner et approuver; le roi seul peut permettre. Ni M. de Péréfixe, ni aucun autre évêque n'ont permis; ils ont seulement examiné et approuvé. C'est une nouvelle chicane, qui réduiroit la question à une dispute de mots.

Venez, Monseigneur; votre présence, s'il plaît à Dieu, déterminera. Prenez la peine de vous munir de la censure première de M. de Péréfixe contre Mons, pour voir de quel terme il s'est servi. Il faut aussi avoir les versions d'Amelotte, de Godeau et de Bouhours, pour voir pareillement quels termes on a employés. Je vous supplie de faire chercher les formules où nous nous servons du mot de *permettre*.

J'ai bien dit au roi que nos permissions ne faisoient aucun tort aux siennes. Nous permettons selon la conscience, et lui selon le temporel: nous permettons de faire les fonctions de vicaires en telle paroisse, de lire les livres défendus, de manger des viandes défendues, d'absoudre de l'hérésie et des autres cas réservés; cela s'entend pour la conscience.

Le roi m'a commandé de faire un mémoire : je le tiendrai prêt, si Votre Eminence me fait la grâce de m'envoyer les censures et permissions de M. de Péréfixe : si je puis les avoir dès aujourd'hui, Votre Eminence trouvera le mémoire fait. Je la supplie de n'oublier pas la permission donnée par Votre Eminence au catéchisme de Montpellier.

Le roi ne croira qu'aux faits constans. J'espère que se réduisant à ces chicanes, M. le chancelier sera confondu. Respect et obéissance.

† J. Bénigne, Ev. de Meaux.

Il faudroit l'arrêt de 1667, cité dans l'ordonnance de Son Eminence, pour voir si le mot de *permission* y est formel, comme il paroît.

LETTRE

A M. LE CARDINAL DE NOAILLES.

A Versailles, samedi soir 18 novembre 1702.

Je viens, Monseigneur, de trouver l'équivalent de la censure de Mons, et il ne manque que la date : ainsi j'espère mettre demain matin le mémoire en état d'être présenté lundi prochain. J'espère en Dieu, et je crois qu'il déterminera le roi, sur qui la vérité et la justice peuvent beaucoup. Plus je recevrai de mémoires, plus je fortifierai le raisonnement. Je rends compte à Votre Eminence, afin qu'elle prenne son temps : plus elle sera proche, plus je ferai tôt : mais elle peut venir en assurance qu'elle trouvera, s'il plaît à Dieu, le mémoire. Il faudra le revoir, le fortifier, le polir. Respect et obéissance.

† J. Bénigne, Ev. de Meaux.

IV° MÉMOIRE.

SUR LES ORDONNANCES DES ÉVÊQUES,

Pour répondre à la difficulté principale que faisoit M. le chancelier.

Il plut au roi, par sa grande bonté, de m'appeler dans son cabinet, samedi 18 de novembre, pour me dire de sa propre bouche en quoi consistoit la difficulté que formoit M. le chancelier, sur l'ordonnance de M. le cardinal de Noailles et sur la mienne.

Ce sage ministre prétend qu'il n'a innové en rien, et que M. le cardinal de Noailles a innové en se servant des termes dont M. de Péréfixe, archevêque de Paris, ne s'est jamais servi : à quoi il ajoutoit, comme par maxime, qu'il ne convenoit aux évêques que d'examiner et d'approuver; mais que tout ce qui s'appeloit *permission* ou *permettre* étoit une appartenance de l'autorité royale : et c'est à quoi Sa Majesté, avec sa justesse et sa précision ordinaire, réduisoit la prétention de M. le chancelier.

Le Roi m'ayant commandé d'avoir l'honneur de lui présenter un mémoire sur ce sujet, je suis obligé de lui dire ce fait constant, que ceux qui ont informé ce grand ministre, sauf respect, ne lui ont pas dit la vérité.

Il n'y a qu'à ouvrir les yeux pour en être convaincu, et à lire l'Ordonnance du 18 de novembre 1667, de M. de Péréfixe, portant censure du Nouveau Testament de Mons, pour y voir en termes formels que le fondement de la censure de cette version est, « qu'on y a manifestement contrevenu aux ordonnances et décrets des conciles, qui ont défendu d'imprimer les Livres sacrés sans autorité et permission spéciale des évêques, dans leurs diocèses : » à quoi l'ordonnance ajoute qu'il est nécessaire « de réprimer une telle contravention; » et que ce prélat « voyoit avec douleur qu'au préjudice de cet ordre et d'une police si saintement établie, on débitoit dans la ville métropolitaine sans sa permission, une nouvelle traduction du Nouveau Testament en françois, imprimée en la ville de Mons. » Voilà donc déjà le terme de *permission* employé par M. de Péréfixe, en cas pareil à celui-ci.

Si l'on impute à nouveauté à M. de Paris d'aujourd'hui, de s'être appuyé du concile de Trente, il n'y a qu'à lire ces mots dans la censure de M. de Péréfixe : « Le sacré concile de Trente a très-expressément défendu, et sous peine d'anathème, toutes sortes d'impressions des Livres sacrés, sans la permission des supérieurs ecclésiastiques, » etc.

Si M. de Paris d'aujourd'hui s'appuie de l'autorité du concile de Sens, il le fait encore à l'exemple de M. de Péréfixe, son prédécesseur, qui produit ce même concile, où se trouve en termes exprès la nécessité de l'autorité « et permission spéciale des évêques, » répétée deux ou trois fois, pour prévenir les désordres des versions et interprétations arbitraires. C'est ce qui est contenu dans les décrets des mœurs du même concile, chapitres XXXIII et XXXIV.

On n'a pas besoin de remarquer combien fut célèbre ce concile (*a*), où se trouvèrent en personne tous les évêques de la province à la réserve de celui d'Orléans, qui fut présent par un vicaire; et tous ayant à leur tête un archevêque chancelier de France. Mais on ne doit pas oublier que personne n'a jamais repris ce concile, ni quand il a été tenu en l'an 1528, ni quand il a été allégué par M. de Péréfixe en l'an 1667.

Le même M. de Péréfixe cite encore, en confirmation de la même discipline, comme a fait M. de Paris son successeur, les conciles de Bourges de 1584, et de Narbonne de 1609, et ajoute qu'une discipline si sainte et si utile devoit retenir ceux qui font gloire d'être du nombre des enfans de l'Eglise, de rien avancer contre des ordonnances faites avec tant de justice et souvent réitérées.

Si l'on veut descendre au particulier, on trouvera dans l'Ordonnance de M. de Péréfixe, comme dans celle de M. le cardinal de Noailles, ces trois défenses expresses : la première, « à tous les

---

(*a*) Le concile de Sens se réunit contre les erreurs des luthériens, et pour la réformation des abus introduits dans l'Eglise. Le président fut le cardinal Antoine du Prat, archevêque de Sens et chancelier de France.

fidèles de lire ni retenir cette traduction; » la seconde, « aux libraires et imprimeurs de la débiter et imprimer; » et la troisième, « aux prêtres et directeurs d'en conseiller la lecture : » et si cette dernière défense est décernée sous peine d'excommunication *ipso facto*, dans l'Ordonnance d'aujourd'hui, M. de Péréfixe avoit usé dans la sienne d'une pareille distinction : de sorte qu'en tout et partout, et comme de mot à mot, son successeur n'a fait que le suivre.

La seule différence qu'on peut remarquer entre l'Ordonnance de M. de Péréfixe et celle de M. le cardinal de Noailles, c'est que la dernière est fondée sur les erreurs particulières de la version de Trévoux, au lieu que M. de Péréfixe n'appuie sa censure que sur le défaut de sa permission; ce qui montre mieux combien ce défaut est essentiel.

Voilà donc le droit des évêques bien établi. M. le cardinal de Noailles a pu alléguer la nécessité de la permission des Ordinaires, puisque son prédécesseur l'a établie pour fondement de sa censure. M. Séguier, qui étoit alors chancelier de France, ne crut point que cette maxime donnât atteinte aux droits de sa charge; et quatre jours après, la censure de M. de Péréfixe fut suivie d'un arrêt du conseil d'en haut, qui portoit suppression de l'édition de Mons, sur ce fondement dont M. de Péréfixe s'étoit servi, qui est « qu'il est dangereux d'exposer au public des versions de la sainte Ecriture, sans la permission et approbation des évêques de France. » L'arrêt se sert du terme de *permission*, ainsi que fait l'Ordonnance de M. de Péréfixe. La procédure de ce prélat est expressément autorisée par le roi; et Sa Majesté ne souffriroit pas, ni qu'on affoiblît la censure du Nouveau Testament de Mons, ni qu'on flétrît la mémoire de M. de Péréfixe, comme s'il avoit attenté sur les droits du roi et du royaume.

Il sera donc toujours véritable qu'il est dangereux de ne pas prendre la permission des évêques; et ce danger ne peut regarder que la foi, puisqu'il s'agit des versions de l'Ecriture, qui en est le fondement.

Il n'y eut que les partisans du Nouveau Testament de Mons qui formèrent quelques difficultés sur l'allégation des décrets des conciles de Sens et de Trente : ce sont les mêmes difficultés qu'on objecte encore aujourd'hui contre ces mêmes allégations dans l'Ordonnance de M. le cardinal de Noailles.

Il est pourtant remarquable qu'ils s'étoient eux-mêmes munis de la permission de M. l'archevêque de Cambray, dans le diocèse duquel on supposoit que le livre avoit été imprimé, comme il paroît par acte du 12 d'octobre 1665, signé de cet archevêque : tant il passoit pour constant que cette permission étoit nécessaire.

Par ce moyen, il demeure plus clair que le jour qu'on a surpris M. le chancelier, et que nous n'avançons rien sur la censure de M. de Péréfixe, qui ne soit précisément la vérité même.

Ce ministre reproche aux évêques qu'on veut rendre ses priviléges dépendans de leur permission ; mais c'est à quoi on n'a seulement pas pensé. Les priviléges se donnent indépendamment, et on y suppose que les auteurs font ce qu'ils doivent.

Mon Ordonnance, qui ne fait que suivre celle de mon métropolitain, est également irréprochable. J'en dis même beaucoup moins que lui : non que je n'approuve ce qu'il a dit des libraires et imprimeurs par rapport aux règles de la conscience ; mais parce qu'il n'en est pas question dans la ville de Meaux, où il n'y a point d'imprimeur.

J'ai dit seulement que c'étoit mal fait à l'auteur de la version de Trévoux, d'avoir méprisé les bons exemples de ceux qui avoient pris les permissions des évêques, et que l'affectation d'agir indépendamment de leur autorité avoit des inconvéniens que j'ai prouvés par l'Evangile ; ce que l'expérience n'a que trop fait voir.

Pourquoi donc faire des difficultés aux évêques, qui n'ont fait que suivre les exemples autorisés ? C'est aussi sans fondement qu'on dit que les permissions n'appartiennent qu'à la seule autorité royale. Qui peut défendre, peut permettre. Tout est plein dans leur secrétariat de permissions à tel et tel d'exercer telle et telle fonction, de lire les livres défendus, de passer outre aux mariages nonobstant les temps prohibés, et autres choses dépendantes du ministère ecclésiastique. Ces permissions n'ont rien de commun avec celles que donnent les rois. Les évêques lèvent les empêchemens qui proviennent de la religion, comme le prince dispense de ceux qui dépendent de l'ordre public ou de la police : cette distinction est claire et reçue de tout le monde.

Pour me renfermer précisément dans les permissions qui regardent les Livres sacrés, le 28 avril 1668, M. de Péréfixe accorda au P. Amelotte la permission de faire imprimer sa traduction de tout le Nouveau Testament, dans son diocèse, avec ses notes françoises et latines, et de les exposer au public [1].

Feu M. l'archevêque de Paris, le lundi 13 de mai 1688, censura plusieurs livres répandus dans son diocèse, parce qu'ils n'étoient pas « autorisés de la permission des archevêques, » et confirma la sentence de son official, qui s'étoit servi pour les défendre, de l'autorité des conciles de Sens et de Trente. On a toujours agi sans contradiction et de bonne foi sur ces maximes.

Le 15 de septembre 1696, M. l'archevêque d'aujourd'hui accorda en ces termes, aux Pères Jésuites la permission qu'ils lui demandoient : « Avons permis le débit et la lecture de cette version françoise. »

Tout nouvellement, le 15 de juin 1702, il s'est encore servi de ces termes : « Nous permettons le débit, l'usage et la lecture, dans notre diocèse, d'un livre intitulé : *Instructions générales*, etc., imprimé par ordre de M. l'évêque de Montpellier. »

On n'imagine pas seulement qu'il y ait en ceci la moindre entreprise sur l'autorité royale, ni que pour avoir la permission de l'évêque, on en ait moins besoin du privilége du roi. Chaque puissance permet ce qui est en elle, et il arrive souvent que le bien public consiste dans leur concours.

Je me renferme ici précisément dans les bornes qu'il a plu à Sa Majesté de me prescrire, et auxquelles elle a daigné m'assurer que M. le chancelier se réduisoit.

(a) Il avoit accordé la même permission, le 19 novembre 1665, pour l'impression des quatre Evangiles.

Vᵉ MÉMOIRE.

SUR LES RÈGLEMENS DE L'IMPRIMERIE.

On objecte aux évêques les règlemens faits sur l'imprimerie, et surtout celui qui fut fait à Fontainebleau le second jour d'octobre 1701, qui ordonne que tous les livres à imprimer, même ceux qui ont des priviléges généraux, seront portés à M. le chancelier, pour être mis entre les mains d'un censeur qui les examinera et en portera son jugement, lequel sera imprimé et mis à la tête du livre avec le privilége.

On dit que les évêques étant soumis à la police du royaume, ils doivent pareillement être soumis à cette loi générale.

Mais il est sans doute qu'elle souffre beaucoup d'exceptions.

Il faut d'abord excepter les catéchismes publiés par l'autorité des évêques, pour ne pas tomber dans l'inconvénient de faire dépendre de leurs inférieurs la doctrine qu'ils proposent authentiquement à leurs peuples, et de la soumettre à l'examen de M. le chancelier.

Pour la même raison, il faut excepter de la même règle les Mandemens, Ordonnances, Censures, Statuts synodaux et autres actes juridiques, qui n'ont jamais été sujets à l'examen, et ne le peuvent être, sans soumettre la doctrine de la foi et toute la discipline ecclésiastique à la puissance séculière.

Il faut, à plus forte raison, excepter de cette règle les bréviaires, missels, processionnels, rituels et autres livres contenant les prières publiques de l'Eglise, et les formules d'administrer les sacremens. Autrement tout le service de l'Eglise sera à la puissance d'un prêtre commis par M. le chancelier, et la religion ne sera plus qu'une politique.

Cette exception doit s'étendre à tous les livres de doctrine qui seront publiés par les évêques, parce qu'ils sont toujours censés écrire pour l'instruction de leur troupeau, et qu'il y auroit un inconvénient manifeste de les soumettre à leurs inférieurs de droit divin, et quelque chose de scandaleux et de mal édifiant de leur faire cette injure à la face de tout le royaume et de toute la chrétienté.

Aussi est-il vrai que cette règle ne fut jamais faite pour eux, ni exécutée à leur égard.

L'évêque de Meaux a fait imprimer deux livres depuis le règlement, en 1701 et 1702, sans qu'on ait seulement songé à le soumettre à aucun examen, bien loin de mettre à la tête de ses livres le jugement et l'approbation d'un docteur.

J'en dis autant d'un catéchisme de M. de Montpellier, imprimé le 6 de juillet 1702, il y a à peine trois ou quatre mois.

Le Bréviaire de Sens vient d'être imprimé, le premier d'août de la présente année 1702, sans aucune de ces formalités

On ne laisse pas d'obtenir des priviléges pour ces impressions; mais ces priviléges se donnent sans examen, et on les demande pour trois raisons : premièrement, afin que les actes des évêques demeurent toujours éclairés par la puissance publique; secondement pour faire foi qu'il n'y a aucune falsification, et que les ouvrages sont véritablement des évêques; troisièmement, pour empêcher qu'ils ne soient contrefaits et en danger d'être altérés : ce qui regarde aussi la sûreté des libraires et la commodité du débit.

On dit, et c'est ici la grande objection, que les évêques ont déjà trop de pouvoir, et qu'il est bon de les tenir dans la dépendance. Mais premièrement, si leur pouvoir est grand pour les affaires du ciel, ils n'en ont aucun pour les affaires de la terre qui ne soit emprunté des rois, et entièrement soumis à leur puissance.

En second lieu, le pouvoir qu'ils ont d'enseigner la foi et de faire les autres fonctions de leur ministère, leur étant donné de Jésus-Christ, on ne peut le leur ôter, ni le diminuer sans leur faire injure, et sans mettre en sujétion la doctrine de la foi.

La dispense qu'on leur offre seroit une acceptation de la loi, et un assujettissement de la religion et de l'Eglise.

Pour ces raisons, il plaira à Sa Majesté :

Premièrement, de vouloir bien faire lever les défenses de M. le chancelier, d'imprimer et débiter l'Ordonnance de l'évêque de Meaux, du 29 de septembre; attendu que cette Ordonnance est conforme à celle du premier de septembre de M. le cardinal de Noailles, qui est conforme elle-même à celles de ses prédécesseurs, et entre autres à celle de M. de Péréfixe, du 18 de novembre 1667, sans qu'il y ait autre chose de changé que les noms et les titres des livres.

Secondement, il plaira à Sadite Majesté de faire pareillement lever les défenses de débiter le livre de cet évêque, intitulé: *Instruction contre la version de Trévoux.*

Troisièmement, il plaira encore à Sadite Majesté d'ordonner que ledit évêque pourra faire imprimer à l'avenir les livres qu'il jugera nécessaires, tant sur cette matière que sur toute autre, sans aucune autre formalité que celles qui ont été pratiquées à son égard depuis quarante ans.

Et pour faire justice aux évêques, Sadite Majesté est très-humblement suppliée d'empêcher qu'ils ne soient soumis à l'examen et au jugement de leurs inférieurs dans leurs livres de théologie, lesdits évêques demeurant garans envers toute l'Eglise, et même envers le roi et le public, de la doctrine qu'ils enseigneront selon les droits et obligations de leur caractère.

FIN DES MÉMOIRES.

TABLE

DES OUVRAGES DE BOSSUET

CONTENUS DANS CHAQUE VOLUME DE CETTE ÉDITION.

VOLUME PREMIER.

Remarques historiques, v.
Instruction sur l'Ecriture sainte, 3.
Epistola illustrissimi Meldensis Episcopi, 8.
Dissertatio de Psalmis, 10.
LIBER PSALMORUM, 65
De Canticis graduum, 336.
Veteris et Novi Testamenti Cantica, 378.
Supplenda in Psalmos, 409.
LIBRI SALOMONIS. — Præfatio in Proverbia Salomonis, 442.
LIBER PROVERBIORUM, 457.
Præfatio in Ecclesiasten, 520.
LIBER ECCLESIASTES, 528.
Præfatio in Canticum Canticorum, 569.
CANTICUM CANTICORUM SALOMONIS, 577.
Cantique des Cantiques, traduction françoise avec explication, 609.
Le Cantique des Cantiques de Salomon, avec explications et réflexions. 617.
Abrégé et Conclusion de cet ouvrage, 676.

VOLUME II.

Remarques historiques, 1.
Præfatio in Librum Sapientiæ, 1.
LIBER SAPIENTIÆ, 7.

Præfatio in Ecclesiasticum, 44.
LIBER ECCLESIASTICI, 55.
Lettres de M. de Valincour, 235.
Explication de la prophétie d'Isaïe, 243.
Explication littérale du Psaume xxi, sur la passion et le délaissement de Notre-Seigneur, 264.
L'Apocalypse avec une explication, 300.
L'Apocalypse, 348.
Première partie de la prophétie. — Les avertissemens, 358.
Seconde partie de la prophétie. — Les prédictions, 370.
Troisième partie de la prophétie. — Les promesses, 575.
Abrégé de l'Apocalypse, 585.

VOLUME III.

Remarques historiques, 1.
Avertissement aux protestans sur leur pretendu accomplissement des prophéties, 1.
DE EXCIDIO Babylonis, 171.
Avertissement sur le livre des Réflexions morales, avec des extraits d'une ordonnance portée par l'Archevêque de Paris, 305.
Prière pour demander la charité, 371.

INSTRUCTIONS

SUR LA VERSION DU NOUVEAU TESTAMENT IMPRIMÉE A TRÉVOUX, AVEC TROIS LETTRES ET UNE ORDONNANCE DE M. L'ÉVÊQUE DE MEAUX.

Lettres indiquant le but et la nécessité de l'ouvrage, 372.
Ordonnance de Mgr. l'illustrissime et révérendissime évêque de Meaux, portant défense de lire et retenir le livre qui a pour titre : le Nouveau Testament de N.-S. J.-C., traduit, etc., avec des remarques, etc., 379.
Avis au lecteur, 382.
PREMIÈRE INSTRUCTION. Sur le dessein et le caractère du traducteur. Remarques sur son ouvrage en général, 385.
Remarques particulières sur la préface de la nouvelle version, 403.
SECONDE INSTRUCTION. Sur les passages de la version du Nouveau Testament, imprimée à Trévoux. Dissertation préliminaire sur la doctrine et la critique de Grotius, 478.
Seconde Instruction sur les passages particuliers du traducteur.
 Sur le tome Ier qui contient S. Matthieu, S. Marc et S. Luc, 515.

Sur le tome IIe, S. Jean, 533. — Actes des Apôtres, 550.
Sur le tome IIIe qui fait le IIe volume. Epître aux Romains, 553. — Ire aux Corinthiens, 562. — IIe aux Corinthiens, 564. — Aux Ephésiens, 567. — Aux Colossiens, 568. — Aux Thessaloniciens, 569.
Sur le tome IVe. A Philémon, 569. — Aux Hébreux, 570. — De S. Pierre, 573. — De S. Jean, 574. — De S. Jude, 576. — Apocalypse, 577.
Plan d'un Traité de Théologie, 581.

VOLUME IV.

Remarques historiques, I.
Défense de la Tradition et des saints Pères. — Première Partie. — Erreurs sur la tradition et l'infaillibilité de l'Eglise, livre I, II, III, IV, 1-164.
Seconde Partie. Erreurs sur la matière du péché originel et de la grace. Livre V, VI, VII, VIII, IX, X, XI, XII, XIII, 165-484.

VOLUME V.

Remarques historiques, I.
Avertissement aux curés et aux fidèles, X.
Premier Catéchisme ou Abrégé de la doctrine chrétienne, 1.
Catéchisme qui se doit faire à l'église ou à l'école, 3.
Prières du matin et du soir, 27 et 28.
Second Catéchisme pour les plus avancés, 32.
Abrégé de l'Histoire sainte, 32. — Doctrine chrétienne, 43, 53, 81, 89, 102. — Instructions sur la pénitence, 100.
Catéchisme des Fêtes et autres solennités et observances de l'Eglise, 139. — Fêtes de Notre-Seigneur, 149. — Pour les fêtes de la sainte Vierge et des Saints, 181. — Pour les fêtes de la sainte Vierge, 182. — Pour les fêtes des Saints, 192.
Prières ecclésiastiques pour aider le chrétien à bien entendre le service de la paroisse aux dimanches et fêtes principales, 206. — L'*Angelus*, 208. — La Messe, 211. — Office de l'Eglise, 251 à 325. — Exercices pour la Confession, 327. — Pour la communion, 330.
Méditations pour le temps du Jubilé, 355.
De Doctrina concilii Tridentini circa dilectionem in sacramento Pœnitentiæ requisitam, 403.
Pièces concernant l'abbaye de Jouarre. 494.

VOLUME VI

Remarques historiques, i.

MÉDITATIONS sur l'Evangile. — Sermon de Notre-Seigneur sur la montagne, 1.

Préparation à la dernière semaine du Sauveur, 69.

La dernière Semaine du Sauveur. — Sermons ou Discours de Notre-Seigneur depuis le dimanche des Rameaux jusqu'à la Cène, 91.

La Cène. Première Partie. — Ce qui s'est passé dans le Cénacle, et avant que Jésus-Christ sortît, 318.

Seconde Partie. — Suite du discours de Notre-Seigneur; ce qu'il dit depuis la sortie de la maison, jusqu'à ce qu'il montât à la montagne des Oliviers, 543.

VOLUME VII.

Remarques historiques, i.

Elévations à Dieu sur tous les mystères de la religion chrétienne. — Prière à Jésus-Christ, 1.

Première Semaine. Elévations à Dieu sur son unité et sa perfection, 3.

IIe Semaine. Elévations à la très-sainte Trinité, 24.

IIIe Semaine. Elévations sur la création de l'univers, 45.

IVe Semaine. Elévations sur la création des anges et celle de l'homme, 61.

Ve Semaine. Suite des singularités de la création de l'homme, 84.

VIe Semaine. Elévations sur la tentation et la chute de l'homme, 96.

VIIe Semaine. Sur le péché originel, 119.

VIIIe Semaine. La délivrance promise depuis Adam jusqu'à la loi, 136.

IXe Semaine. Elévations sur la loi et les prophéties qui promettent le Libérateur et lui préparent la voie, 158.

Xe Semaine. Elévations sur les prophéties, 177.

XIe Semaine. L'avénement de saint Jean-Baptiste, précurseur de Jésus-Christ, 190.

XIIe Semaine. L'Annonciation de la sainte Vierge. Salut de l'Ange, 198.

XIIIe Semaine. Onction de Jésus-Christ. Sa royauté, sa généalogie. Son sacerdoce, 223.

XIVe Semaine. Les effets que produit sur les hommes le Verbe incarné incontinent après son incarnation, 237.

XVe Semaine. La Nativité du saint Précurseur, 248.

XVIe Semaine. La Nativité de Jésus-Christ, 260.

XVIIe Semaine. Suite des mystères de l'enfance de Jésus-Christ, 279.

XVIII° Semaine. La présentation de Jésus-Christ au temple, avec la purification de la sainte Vierge, 295.

XIX° Semaine. Commencement des persécutions de l'Enfant Jésus, 326.

XX° Semaine. La vie cachée de Jésus, jusqu'à son baptême, 334.

XXI° Semaine. La prédication de saint Jean-Baptiste, 349.

XXII° Semaine. Le baptême de Jésus, 359.

XXIII° Semaine. Le jeûne et la tentation de Jésus-Christ, 365.

XXIV° Semaine. Suite du témoignage de saint Jean-Baptiste, 377.

XXV° Semaine. Sur les lieux où Jésus-Christ a prêché; et pourquoi dans la Galilée, 393.

Discours sur la vie cachée en Dieu, 394.

Traité de la Concupiscence, 412.

Opuscules sur divers sujets, 485. — Sur les visites du Seigneur, 492. Réflexions sur quelques paroles de Jésus-Christ, 494. — Sur la prière, 496. — Sur l'oraison, 500. — Sur la retraite, 501. — Méthode pour passer la journée dans l'oraison, 504. — Exercice journalier, 509.

Exercice de la sainte Messe, 526.

Prière pour se préparer à la sainte communion, 530.

Discours sur l'abandon à Dieu, 533. — Sur le parfait abandon, 544. — Rénovation de l'entrée dans la sainte religion, 548. — Elévation pour le renouvellement des vœux, le jour de la Toussaint, 553. — Retraite de dix jours sur la pénitence, 555. — Retraite de dix jours sur les jugemens téméraires et autres sujets, 570. — Réflexions sur le triste état des pécheurs, 579. — Discours aux filles de la Visitation, sur la mort, 587. — Sentimens du chrétien touchant la vie et la mort, 589. — Réflexions sur l'agonie de Jésus-Christ, 594. — Prière pour unir nos souffrances à celles de Jésus-Christ, 604. — Préparation à la mort, 606. — Courtes prières, 607 *et suiv.*

VOLUME VIII.

(Premier des sermons.)

Remarques historiques, 1.

Premier sermon pour la Fête de tous les Saints. Sur les élus, 1. — Autre Premier Sermon pour la fête de tous les Saints, 18. — Second Sermon pour la fête de tous les Saints. Sur la félicité du ciel, 32. — Troisième Sermon pour la fête de tous les Saints. Bonheur dans le ciel, 52. — Esquisse d'un Sermon pour la fête de tous les Saints, 61. — Exorde d'un Sermon pour la charité envers les pauvres, 70.

Sermon pour le jour des Morts. Sur la résurrection, 71. — Second exorde du Sermon pour le jour des Morts, 87. — Fragment d'un Sermon pour le jour des Morts, 89.

Premier Sermon pour le premier dimanche de l'Avent. Il faut se réveiller de ses péchés, 92. — Abrégé d'un Sermon pour la première semaine de l'Avent. 114. — Second sermon pour le premier dimanche de l'Avent. Sur le jugement dernier, 117. — Exorde d'un Sermon pour le premier dimanche de l'Avent, 131. — Troisième Sermon pour le premier dimanche de l'Avent. Sur les fondemens de la justice divine, 132.

Premier Sermon pour le II° dimanche de l'Avent. Jésus-Christ guérissant les malades, 148. — Second Exorde pour le II° dimanche de l'Avent, 175. — Second Sermon pour le II° dimanche de l'Avent. Sur la vérité de la religion. 177.

Sermon pour le III° dimanche de l'Avent. Sur la nécessité de la pénitence, 196. — Fragmens d'un Sermon pour le III° dimanche de l'Avent, 211. — Abrégé d'un Sermon pour le III° dimanche de l'Avent, 222.

Sermon pour le IV° dimanche de l'Avent. Sur la véritable pénitence, 227.

Premier Sermon pour le jour de Noël. Sur le mystère de la Nativité, 241. — Second Sermon pour le jour de Noël, 263. — Troisième Sermon pour le jour de Noël. Sur la Nativité de Notre-Seigneur, 279. — Exorde d'un Sermon pour la semaine de Noël, 289. — Pensées détachées pour la semaine de Noël, 290. — Exorde et fragmens pour le dimanche dans l'octave de Noël, 294.

Premier Sermon pour la fête de la Circoncision. Sur le nom de Jésus, 298. Second Sermon pour la fête de la Circoncision, 327. — Troisième Sermon pour la fête de la Circoncision, même sujet, 343. — Quatrième Sermon pour la fête de la Circoncision, même sujet, 361. — Cinquième Sermon pour la fête de la Circoncision, 382. — Seconde péroraison pour les deux Sermons précédens, 394.

Sermon pour le II° dimanche après l'Epiphanie. Sur les caractères des deux alliances, 396. — Fragmens pour le Sermon précédent, 409. — Abrégé d'un Sermon pour le III° dimanche après l'Epiphanie, 412. — Sermon abrégé pour le V° dimanche après l'Epiphanie, 414.

Sermon pour le dimanche de la Septuagésime. Sur l'éminente dignité des pauvres dans l'Eglise, 425. — Abrégé d'un Sermon pour le dimanche de la Septuagésime, 440.

Premier Sermon pour le dimanche de la Quinquagésime. Sur la nécessité des souffrances, 443. Second Sermon pour le dimanche de la Quinquagésime. Sur la loi de Dieu, 463. — Second Exorde pour le Sermon précédent, 491.

Sermon pour le temps du Jubilé. Sur la pénitence, 494.

Sermon pour le vendredi après les Cendres. Sur la charité fraternelle 513.

Sermon pour le samedi après les Cendres. Sur les tempêtes contre l'Eglise, 531.

VOLUME IX.

(Deuxième des sermons.)

Premier Sermon pour le Ier dimanche de Carême. Sur les démons, 1. — Second Sermon pour le Ier dimanche de Carême. Sur les démons, 19. — Troisième Sermon pour le Ier dimanche de Carême. Sur la prédication évangélique, 39. — Quatrième Sermon pour le Ier dimanche de Carême. Sur la pénitence, 57. — Plan d'un Sermon pour le Ier dimanche de Carême. Sur la pénitence, 75. — Sermon incomplet pour le lundi de la première semaine de Carême. Sur l'aumône, 77. — Abrégé d'un Sermon pour le vendredi de la première semaine de Carême, 86.

Premier Sermon pour le IIe dimanche de Carême. Sur la soumission à la parole de Jésus-Christ, 99. — Second Sermon pour le IIe dimanche de Carême. Sur la parole de Dieu, 112. Sermon pour le mardi de la deuxième semaine de Carême. Sur l'honneur, 134. — Fragment ou dissertation sur l'honneur, 151. — Premier Sermon pour le jeudi de la IIe semaine de Carême. Sur la Providence, 161. — Second Sermon pour le jeudi de la deuxième semaine de Carême. Sur l'impénitence finale, 178.

Premier Sermon pour le IIIe dimanche de Carême. Sur l'Enfant prodigue, 199. — Second Sermon pour le IIIe dimanche de Carême. Sur les rechutes, 216. — Sermon pour le mardi de la troisième semaine de Carême. Sur la charité fraternelle, 236. — Seconde conclusion pour le mardi de la trosième semaine de Carême, 252. — Sermon pour le vendredi de la troisième semaine de Carême. Sur le culte dû à Dieu, 254. — Seconde péroraison pour le vendredi de la troisième semaine de Carême. Contre la paresse, 271. — Sermon pour le samedi de la troisième semaine de Carême. Sur les Jugemens humains, 272. — Abrégé d'un sermon pour le samedi de la troisième semaine de Carême. La femme adultère, 289.

Premier Sermon pour le IVe dimanche de Carême. Sur nos dispositions à l'égard des nécessités de la vie, 292. — Second sermon pour le IVe dimanche de Carême. Sur l'Ambition, 316. — Troisième Sermon pour le IVe dimanche de Carême. Sur l'Amour des grandeurs humaines, 350. — Plan d'un Sermon pour le mercredi de la quatrième semaine de Carême. Sur l'Evangile de l'Aveugle-né, 356. — Sermon pour le vendredi de la quatrième semaine de Carême. Sur la mort, 358. — Fragment d'un Sermon sur la brièveté de la vie et le néant de l'homme, 372.

Premier Sermon pour le dimanche de la Passion. Sur la possibilité d'accomplir les commandemens, 376. — Second Sermon pour le dimanche de la Passion. Sur la soumission et le respect dû à la vérité, 398. — Troisième Sermon pour le dimanche de la Passion. Sur les causes de la haine des hommes contre la vérité, 415.

Sermon pour le mardi de la semaine de la Passion. Sur la satisfaction, 438.

Premier Sermon pour les trois derniers jours de la semaine de la Passion. Sur l'efficace de la pénitence, 450. — Second Sermon pour les trois derniers jours de la Semaine de la Passion. Sur l'Ardeur de la pénitence, 466. — Troisième Sermon pour les trois derniers jours de la semaine de la Passion. Sur l'intégrité de la pénitence, 480.

Premier Sermon pour le vendredi de la semaine de la Passion. Sur la Compassion de la sainte Vierge, 499. — Second Sermon pour le vendredi de la semaine de la Passion. Sur la Compassion de la sainte Vierge, 522. — Abrégé d'un Sermon pour le vendredi de la semaine de la Passion. Sur l'aumône, 550. — Plan d'un Sermon pour le vendredi de la semaine de la Passion. Sur la nécessité de l'aumône, 560. — Abrégé d'un Sermon pour le samedi de la semaine de la Passion. Sur le jugement de Jésus-Christ contre le monde, 563.

Premier Sermon pour le dimanche des Rameaux. Sur l'honneur du monde, 572. — Second Sermon pour le dimanche des Rameaux. Sur les souffrances, 595. — Troisième Sermon pour le dimanche des Rameaux. Sur les devoirs des rois, 618. — Quatrième Sermon pour le dimanche des Rameaux. Sur la justice, 635.

VOLUME X.

(Troisième des sermons.)

Premier Sermon pour le Vendredi saint. Sur la Passion de Notre-Seigneur Jésus-Christ, 1. — Second Sermon pour le Vendredi saint. Sur la Passion, 24. — Troisième Sermon pour le Vendredi saint. Sur la Passion, 54. — Quatrième Sermon pour le Vendredi saint. Sur la Passion, 74.

Premier Sermon pour le jour de Pâques. Sur la nécessité de mourir avec Jésus-Christ, de ressusciter avec lui, et d'être comme lui immortel à la grâce, 92. — Second Sermon pour le jour de Pâques. Sur la vie nouvelle du Chrétien, 119. — Second Exorde pour le Sermon précédent, 138. — Troisième Sermon pour le jour de

Pâques, 142. — Second Exorde pour le Sermon précédent, 162. — Quatrième Sermon pour le jour de Pâques. L'immortalité sur la terre, 164. — Premier abrégé d'un Sermon pour le jour de Pâques. Trois choses : Passer par la croix, en quoi consiste cette croix, les moyens de la porter, 193. — Second abrégé d'un Sermon pour le jour de Pâques, 196.

Sermon pour le dimanche de Quasimodo. Sur la paix faite et annoncée par Jésus-Christ, 201.

Sermon pour le IIIe dimanche après Pâques. Sur la Providence, 217. — Abrégé d'un Sermon pour le IIIe dimanche après Pâques. Sur le danger des plaisirs des sens, 239.

Sermon pour le Ve dimanche après Pâques. Ce que c'est que d'aller à notre Père, etc., 247.

Sermon pour l'ascension de Notre-Seigneur Jésus-Christ. Jésus-Christ doit s'approcher du Père pour être notre négociateur, 263.

Premier Sermon pour le jour de la Pentecôte. La loi nous tue par la lettre, et la grace nous vivifie par l'esprit, 285. — Autre Exorde et fragmens du premier Sermon pour le jour de la Pentecôte, 308. — Second Sermon pour le jour de la Pentecôte. Le Saint-Esprit répand sur les Fidèles l'esprit de force et l'esprit de charité, etc., 316. — Troisième Sermon pour le jour de la Pentecôte. Le Saint-Esprit convainc le monde de péché, etc., 338. — Abrégé d'un Sermon pour le jour de la Pentecôte, 352.

Sermon sur le mystère de la très-sainte Trinité. Comme le Père, le Fils et le Saint-Esprit sont un dans le même amour, ainsi, etc., 355.

Sermon pour le IIIe dimanche après la Pentecôte. Les anges se réjouissent de la conversion des pécheurs, 370.

Sermon pour le Ve dimanche après la Pentecôte. Sur la réconciliation avec nos frères, 385.

Sermon pour le IXe dimanche après la Pentecôte. Sur la bonté et la rigueur de Dieu à l'égard des pécheurs, 400.

Abrégé d'un sermon pour le XXIe dimanche après la Pentecôte. Parabole du serviteur, 427.

Premier Sermon pour le jour de l'Exaltation de la sainte Croix. Sur la vertu de la Croix, 429. — Second Sermon pour le jour de l'Exaltation de la sainte Croix. Sur les souffrances, 451. — Précis d'un Sermon pour le jour de l'Exaltation de la sainte Croix. Exaltation sur le Calvaire, 466.

Exhortation aux nouvelles Catholiques. Pauvreté et patience, richesse et charité, 468. — Fragment d'un discours sur la vie chrétienne, 481.

Première exhortation aux Ursulines de Meaux. La grace est une vertu spirituelle que Jésus-Christ répand dans nos ames, 493. — Seconde exhortation aux Ursulines de Meaux. D'après saint Jacques, il faut être prompt à écouter et tardif à parler, 502. — Ordonnances notifiées aux Ursulines de Meaux. L'office divin doit être chanté gravement en gardant la médiation, 512. — Troisième exhortation aux Ursulines de Meaux. Le moyen le plus sûr d'avancer dans la perfection chrétienne, etc., 517. — Quatrième exhortation aux Ursulines de Meaux. Sur les obligations de l'état religieux, 526.

Conférence faite aux Ursulines de Meaux. Le souverain Maître demandera beaucoup à ses vierges, 537. — Instruction faite aux Ursulines de Meaux. Sur le silence, 546.

Paroles saintes de Monseigneur l'évêque de Meaux, 562.

Discours sur l'union de Jésus-Christ avec sa sainte Epouse. De l'union de l'ame avec Dieu, 568.

Pensées chrétiennes et morales sur différens sujets, 580.

Pensées détachées, 635.

VOLUME XI.

(Quatrième des sermons.)

Premier Sermon pour la fête de la Conception de la sainte Vierge. Jésus-Christ préserve sa Mère admirable du péché originel, 1. — Second Sermon pour la fête de la Conception de la sainte Vierge. Loi commune du péché originel, 20. — Troisième Sermon pour la fête de la Conception de la sainte Vierge. Fondemens et exercice de la dévotion à la sainte Vierge, 42.

Premier Sermon pour la fête de la Nativité de la sainte Vierge. Dieu a formé la sainte Vierge sur le modèle de Jésus-Christ, 64. — Second Sermon pour la fête de la Nativité de la sainte Vierge. Marie étant la mère du Sauveur, sa qualité la rapproche de Dieu pour lui donner le pouvoir de nous secourir, 84. — Troisième Sermon pour la fête de la Nativité de la sainte Vierge. Marie étant la Mère de Jésus-Christ, elle aura pour lui une affection sans égale, 100. — Précis d'un Sermon pour la fête de la Nativité de la sainte Vierge. La Nativité de la sainte Vierge est discernée des autres, 121. — Précis d'un Sermon pour la fête de la Présentation de la sainte Vierge. Retraite perpétuelle, 130.

Premier Sermon pour la fête de l'Annonciation. Bienheureuses les entrailles de la sainte Vierge! 131. — Second Sermon pour la fête de l'Annonciation. Jésus est tout ensemble l'attrait... le modèle, la voie, etc., 150. — Troisième Sermon pour la fête de l'Annonciation. Marie mère des hommes, 164. — Quatrième Sermon pour la fête de l'Annonciation. Mystère de l'incarnation, 177. — Exorde d'un Sermon pour la fête de l'Annonciation, 191.

PREMIER SERMON pour la fête de la Visitation de la sainte Vierge. Jésus-Christ visitant l'homme, 192. — Troisième point modifié du Sermon précédent, 215. — Entretien familier pour la fête de la Visitation de la sainte Vierge, 222. — Second Sermon pour la fête de la Visitation de la sainte Vierge. Elisabeth, figure de la Synagogue; Marie, figure de l'Eglise, 231.

PREMIER SERMON pour la fête de la Purification de la sainte Vierge, 243. — Second exorde du Sermon précédent, 263. — Second Sermon pour la fête de la Purification de la sainte Vierge, 264. — Autre conclusion du Sermon précédent, 285. — Troisième Sermon pour la fête de la purification de la sainte Vierge, 290.

PREMIER SERMON pour la fête de l'Assomption de la sainte Vierge, 304. — Second Sermon pour la fête de l'Assomption de la sainte Vierge, 323. — Plan d'un Sermon pour la fête de l'Assomption de la sainte Vierge, 338. — Méditation pour la veille de l'Assomption de la sainte Vierge, 341.

SERMON pour le jour du Scapulaire (*inédit*), 362.

SERMONS DE VÊTURES ET DE PROFESSIONS RELIGIEUSES.

SERMON pour la vêture de mademoiselle de Bouillon de Château-Thierry, 372.

PREMIER SERMON pour la vêture d'une nouvelle catholique, 391. — Second Sermon pour la vêture d'une nouvelle catholique, 403.

PREMIER SERMON pour la vêture d'une postulante Bernardine, 419. — Fin du Sermon précédent autrement traitée, 442. — Second Sermon pour la vêture d'une postulante Bernardine, 445.

SERMON pour la vêture de Marie-Thérèse-Henriette de la Vieuville, 455.

SERMON pour la profession de Madeleine-Angélique de Beauvais, 470.

SERMON pour une profession, prêché le jour de l'Epiphanie, 486.

SERMON pour une profession, prêché le jour de l'Exaltation de la sainte Croix, 508.

SERMON pour une profession. Sur la Virginité, 525.

SERMON pour la profession de Marie-Anne de Saint-François de Bailly, 541. — Seconde conclusion du Sermon précédent, 553.

REMARQUES HISTORIQUES sur madame de la Vallière, 557.

SERMON pour la profession de madame de la Vallière, 563.

REMARQUES HISTORIQUES relative à l'ouverture de l'Assemblée générale du clergé de France, 582

SERMON prêché à l'ouverture de l'assemblée générale du clergé de France sur l'Unité de l'Eglise, 588.

VOLUME XII.

PANÉGYRIQUES.

PANÉGYRIQUE de saint André, apôtre. Sur la vocation à la foi, 1.
PANÉGYRIQUE de saint Jean, apôtre, 19.
PANÉGYRIQUE de saint Thomas de Cantorbéry, 37.
PANÉGYRIQUE de saint Sulpice, 57.
PANÉGYRIQUE de saint François de Sales, 70
PANÉGYRIQUE de saint Pierre Nolasque, 88.
PREMIER PANÉGYRIQUE de saint Joseph, 104. — Second Panégyrique de saint Joseph, 133.
PANÉGYRIQUE de saint Benoît, 154.
PREMIER PANÉGYRIQUE de saint François de Paule, 166. — Second Panégyrique de saint François de Paule, 192.
PANÉGYRIQUE de l'apôtre saint Pierre, 215.
PANÉGYRIQUE de l'apôtre saint Paul, 224. — Précis d'un Panégyrique de saint Paul, 248.
PANÉGYRIQUE de saint Victor. La gloire du martyre, 251.
PRÉCIS D'UN PANÉGYRIQUE pour la fête de saint Jacques, 275.
PANÉGYRIQUE de saint Bernard. La science de la croix, 279.
PREMIER PANÉGYRIQUE de saint Gorgon. Le monde vaincu, 306. — Second Panégyrique de saint Gorgon. Le monde vaincu, 316.
PANÉGYRIQUE pour la fête des Anges gardiens, 331.
PANÉGYRIQUE de saint François d'Assise. Insensé selon le monde, juge selon l'Evangile, 353. — Exorde pour un Panégyrique de saint François d'Assise, 379.
PANÉGYRIQUE de sainte Thérèse. La vie du ciel sur la terre, 382. — Seconde allocution pour le Panégyrique de sainte Thérèse, 405.
PANÉGYRIQUE de sainte Catherine. La science et son légitime usage, 406.
— Seconde péroraison pour le Panégyrique de sainte Catherine, 428.

ORAISONS FUNÈBRES.

REMARQUES HISTORIQUES sur Henriette de France, 435.
ORAISON FUNÈBRE de Henriette-Marie de France, 440.
REMARQUES HISTORIQUES sur Henriette d'Angleterre, 467.
ORAISON FUNÈBRE de Henriette-Anne d'Angleterre, 474.
REMARQUES HISTORIQUES sur Marie-Thérèse d'Autriche, 499.
ORAISON FUNÈBRE de Marie-Thérèse d'Autriche, 505.

REMARQUES HISTORIQUES sur Gonzague de Clèves, 534.
ORAISON FUNÈBRE de Anne de Gonzague de Clèves, 539.
REMARQUES HISTORIQUES sur Michel Le Tellier, 568.
ORAISON FUNÈBRE de Michel Le Tellier, 573.
REMARQUES HISTORIQUES sur Louis de Bourbon, prince de Condé, 603.
ORAISON FUNÈBRE de Louis de Bourbon, prince de Condé. 611.
REMARQUES HISTORIQUES sur le père Bourgoing, 640.
ORAISON FUNÈBRE du révérend père Bourgoing, supérieur général de la Congrégation de l'Oratoire, 643.
REMARQUES HISTORIQUES sur Nicolas Cornet, 661.
ORAISON FUNÈBRE de messire Nicolas Cornet, grand maître du collège de Navarre, 666.
ORAISON FUNÈBRE de madame Yolande de Monterby, abbesse des religieuses Bernardines, 682.
REMARQUES HISTORIQUES sur Henri de Gornay, 689.
ORAISON FUNÈBRE de messire Henri de Gornay, 694.
DISCOURS de réception à l'Académie, 700.
RÉPONSE de M. Charpentier, directeur de l'Académie au Discours de Bossuet, 706.

VOLUME XIII.

REMARQUES HISTORIQUES, 1.
AVERTISSEMENS, approbations, lettres, brefs, etc., 1-50.
EXPOSITION de la doctrine de l'Eglise catholique sur les matières de controverse, 51.
LETTRES relatives à l'Exposition, 105.
FRAGMENS sur diverses matières de controverse. — Premier fragment : Du Culte qui est dû à Dieu, 121. — Second fragment : du Culte des images, 167. — Troisième fragment : De la satisfaction de Jésus-Christ, 186. — Quatrième fragment : Sur l'Eucharistie, 200. — Cinquième fragment : De la Tradition ou de la parole non écrite, 326.
RÉFUTATION du Catéchisme du sieur Paul Ferry, 355.
CONFÉRENCE avec M. Claude, sur la matière de l'Eglise, 499.
RÉFLEXIONS sur un écrit de M. Claude, 564.

VOLUME XIV.

HISTOIRE DES VARIATIONS DES ÉGLISES PROTESTANTES.

REMARQUES HISTORIQUES, 1.
PRÉFACE. Dessein de l'ouvrage, 1. — Livre I. Depuis 1517 jusqu'à l'an 1520, 18. — Livre II. Depuis 1520 jusqu'en 1529, 50. — Livre III,

en l'an 1530, 93. — Livre IV. Depuis 1530 jusqu'à 1537, 141. — Livre V. Réflexions générales sur les agitations de Mélanchthon et sur l'état de la Réforme, 173. — Livre VI. Depuis 1537 jusqu'à l'an 1546, 209. — Livre VII. Récit des variations et de la réforme d'Angleterre sous Henri VIII, depuis l'an 1529 jusqu'à 1547, et sous Edouard VI, depuis 1547 jusqu'à l'an 1553, avec la suite de l'histoire de Cranmer jusqu'à sa mort, 1556, 256. — Livre VIII. Depuis 1546 jusqu'à l'an 1561, 322. — Livre IX. En l'an 1561. Doctrine et caractère de Calvin, 356. — Livre X. Depuis 1558 jusqu'à 1570, 407. — Livre XI. Histoire abrégée des albigeois, des vaudois, des vicléfites et des hussites, 457. — Histoire des nouveaux manichéens, appelés les hérétiques de Toulouse et d'Albi, 461. — Histoire des vaudois, 495. — Histoire des Frères de Bohême, vulgairement et faussement appelés Vaudois, 539. — Histoire de Jean Viclef, Anglois, 541. — Histoire de Jean Hus et de ses disciples, 547. — Livre XII. Depuis 1571 jusqu'à 1579, et depuis 1603 jusqu'à 1615, 574. — Livre XIII. Doctrine sur l'Antechrist, et variations sur cette matière, depuis Luther jusqu'à nous, 598.

VOLUME XV.

HISTOIRE DES VARIATIONS DES ÉGLISES PROTESTANTES (*Suite*).

REMARQUES HISTORIQUES, 1.

Livre XIV. Depuis 1601 et dans tout le siècle où nous sommes, 1. — Livre XV. Variations sur l'article du Symbole : *Je crois l'Eglise catholique*. Fermeté inébranlable de l'Eglise romaine, 59. — Addition importante au livre XIV, 166.

AVERTISSEMENT aux protestans sur les lettres du ministre Jurieu contre l'Histoire des variations. — Premier avertissement, 181. — Second avertissement, 239. — Troisième avertissement, 278. — Eclaircissement sur le reproche de l'idolâtrie, 331. — Quatrième avertissement, 364. — Cinquième avertissement, 380.

DÉFENSE DE L'HISTOIRE DES VARIATIONS contre la réponse de M. Basnage, 489.

VOLUME XVI.

L'ANTIQUITE éclaircie sur l'immutabilité de l'Etre divin et sur l'égalité des trois Personnes. — L'état présent des controverses et de la religion protestante contre la sixième, septième et huitième lettre de M. Jurieu. — Sixième et dernier avertissement, 1.

PREMIÈRE PARTIE. — Que le ministre renverse ses propres principes, et le fondement de la foi par les variations qu'il introduit dans l'ancienne église, 7.

SECONDE PARTIE. — Que le ministre ne peut se défendre d'approuver la tolérance universelle, 102.

État présent des controverses et de la religion protestante. — Troisième et dernière partie du sixième avertissement contre M. Jurieu, 116.

Extraits de quelques lettres de M. Burnet, 238.

Dénombrement de quelques hérésies, 242.

Traité de la communion sous les deux espèces. — Première partie. La pratique et le sentiment de l'ancienne Eglise dès les premiers siècles, 245. — Seconde partie. Les principes sur lesquels sont appuyés les sentimens et la pratique de l'Eglise : que les prétendus réformés se servent de ces principes aussi bien que nous, 300.

La tradition défendue sur la matière de la communion sous une espèce. — Première partie. Que la tradition est nécessaire pour entendre le précepte de la communion sous une ou sous deux espèces, 372. — Seconde partie. Qu'il y a toujours eu dans l'Eglise chrétienne et catholique des exemples approuvés et une tradition constante de la communion sous une espèce, 418.

VOLUME XVII.

Explication de quelques difficultés sur les prières de la Messe à une nouvelle catholique, 1.

Instruction pastorale sur les promesses de l'Eglise, 83.

Seconde instruction pastorale sur les promesses de Jésus-Christ à son Eglise, ou Réponse aux objections d'un ministre contre la première instruction, 143. — Remarques sur le traité du ministre, et premièrement sur ce qu'il autorise le schisme, 189. — Remarques sur le fait de Paschase Radbert, où le ministre tâche de marquer une innovation positive, 204. — Remarques sur le fait des Grecs, 208. — Remarques sur l'histoire de l'arianisme, 211. — Réponse à diverses calomnies qu'on nous fait sur l'Ecriture et sur d'autres points, 230. — Conclusion et abrégé de tout ce discours, 240.

Lettre pastorale de Monseigneur l'évêque de Meaux aux nouveaux catholiques de son diocèse sur la communion pascale, 243.

Lettre à frère N, converti de la religion protestante à la religion catholique, sur l'adoration de la Croix, 275.

RÈGLEMENT du séminaire des filles de la Propagation de la foi, établies en la ville de Metz, 285.

RECUEIL de lettres et de pièces concernant un projet de réunion des protestans de France à l'Eglise catholique, 307.

RECUEIL de dissertations et de lettres concernant un projet de réunion des protestans d'Allemagne de la Confession d'Augsbourg, à l'Eglise catholique.— Regulæ circa christianorum omnium Ecclesiasticam reunionem, etc., 360.— Règles touchant la réunion générale des chrétiens, prescrites, etc., 375.

COGITATIONES privatæ de methodo reunionis ecclesiæ protestantium cum Ecclesia romano-catholica, etc., 394.

PROJET de réunion, composé par Molanus, abbé de Lokkum, etc., 432.

DE SCRIPTO cui est titulus : Cogitationes privatæ, etc., 458.

DECLARATIO fidei orthodoxæ, 499.

RÉFLEXIONS de M. l'évêque de Meaux sur l'écrit de M. Molanus, 548.

VOLUME XVIII.

REMARQUES HISTORIQUES, I.

DE PROFESSORIBUS Confessionis Augustanæ ad repetendam unitatem catholicam disponendis, I.

NOUVELLE EXPLICATION de la méthode qu'on doit suivre pour parvenir à la réunion des églises, 54 et 70. — Extraits de cette nouvelle explication, 58 et 74. — Résultat d'une controverse touchant l'Eucharistie, 92 et 95. — Jugement de l'évêque de Meaux sur le résultat, 99 et 101. — Sentence exécutoire rendue par les légats du concile de Bâle, 105 et 109. — Observations de Leibniz sur l'acte ci-dessus, 114 et 115.

RECUEIL de dissertations et de lettres contenant un projet de réunion des protestans d'Allemagne de la Confession d'Augsbourg à l'Eglise catholique, 117.

ORDONNANCE et instruction pastorale de Monseigneur l'évêque de Meaux sur les états d'oraison, 351.

INSTRUCTION sur les états d'oraison, où sont exposées les erreurs des faux mystiques de nos jours ; avec les actes de leur condamnation, 367. — Additions et corrections, 654. — Actes de la condamnation des quiétistes, 674. — Bulle d'Innocent XI contre Molinos 683. — Décrets de l'Inquisition, 701.

VOLUME XIX.

REMARQUES HISTORIQUES, I.
TRADITION des nouveaux mystiques, 1.
RÉPONSE aux difficultés de Madame de Maisonfort, 140.
RÉPONSE à une lettre de M. de Cambray, 149.
DIVERS écrits ou mémoires sur le livre intitulé : Explication des Maximes des Saints. Avertissement sur les écrits suivans et sur un nouveau livre de M. l'archevêque de Cambray imprimé à Bruxelles, 157.
PRÉFACE sur l'instruction pastorale donnée à Cambray le 15 septembre 1697, 179.
Premier écrit ou mémoire de M. l'évêque de Meaux à M. l'archevêque de Cambray. Avertissement, 351. — Réflexions sur le mémoire précédent, 371.
Second écrit ou mémoire de M. l'évêque de Meaux pour répondre à quelques lettres où l'état de la question est détourné, 373.
Troisième écrit ou mémoire de M. l'évêque de Meaux sur les passages de saint François de Sales, 390. Question importante si l'état d'une ame parfaite, qui se croit damnée, est autorisé par l'exemple et par la doctrine de saint François de Sales, ou par les XXXIV articles d'Issy. 402.
Quatrième écrit ou mémoire de M. l'évêque de Meaux sur les passages de l'Ecriture.
Cinquième écrit ou mémoire de M. l'évêque de Meaux : des trois états des justes, et des motifs de la charité, où sont donnés des principes pour l'intelligence des Pères, des scolastiques et des spirituels, 436.
SUMMA DOCTRINÆ libri cui titulus : Explication des Maximes des Saints, etc., deque consequentibus, ac defensionibus et explicationibus, 453.
SOMMAIRE de la doctrine du livre qui a pour titre : Explication des Maximes des Saints, etc., des conséquences qui s'ensuivent; des défenses et des explications qui ont été données, 471.
DECLARATIO illustrissimorum ac reverendissimorum Ecclesiæ principum, etc., circa librum cui titulus est : Explication des Maximes des Saints, 495.
DECLARATION des sentimens de Messeigneurs Louis-Antoine de Noailles, archevêque de Paris; Jacques-Benigne Bossuet, évêque de Meaux; Paul de Godet des Marais, évêque de Chartres sur le livre qui a pour titre : Explication des Maximes des Saints, 508.
RÉPONSE à quatre lettres de M. l'archevêque de Cambray, 524.

De nova quæstione. Tractatus tres. I Mystici in tuto. — II Schola in tuto. — III Quietismus redivivus, 583.

Mystici in tuto, sive de S. Theresia, de B. Joanne a Cruce, aliisque piis mysticis vindicandis, 584.

Schola in tuto, sive de notione charitatis et amore puro, 656.

Quæstiuncula de actibus a charitate imperatis, scholæ in tuto ad calcem inserenda, 772.

VOLUME XX.

Remarques historiques, I.

Quietismus redivivus, cum admonitione prævia, de summa quæstionis, ac de variis libri (Cameracensis) defensoribus. 1 et 13.

Relation sur le quiétisme, 85.

Remarques sur la réponse de M. l'archevêque de Cambray à la relation sur le quiétisme, 171.

Réponse d'un théologien à la première lettre de M. l'archevêque de Cambray à M. l'évêque de Chartres, 317.

Réponse aux préjugés décisifs pour M. l'archevêque de Cambray, 356.

Les passages éclaircis, ou Réponse au livre intitulé : Les principales propositions du livre des Maximes des Saints, justifiées par des expressions plus fortes des saints auteurs, avec un avertissement sur les signatures des docteurs et sur les dernières lettres de M. l'archevêque de Cambray à l'auteur, 371.

Réflexions ou dernier éclaircissement sur la réponse de Monseigneur l'archevêque de Cambray aux remarques de M. de Meaux, 432.

Mandement de Monseigneur l'évêque de Meaux pour la publication de la constitution de notre saint Père le Pape Innocent XII portant condamnation et prohibition du livre intitulé : *Explication des Maximes des Saints sur la vie intérieure*, etc., 472.

Relation des actes et délibérations concernant la constitution en forme de bref de notre saint Père le Pape Innocent XII, etc. Extrait du procès-verbal. Lettre en latin et en françois de Monseigneur l'archevêque de Cambray. Condamnation du livre, etc. Mandement de Monseigneur l'archevêque de Cambray. Déclaration du roi, 480 à 510.

Mémoire de ce qui est à corriger dans la nouvelle Bibliothèque de auteurs ecclésiastiques de M. Dupin, 514.

Remarques sur l'Histoire des conciles d'Ephèse et de Chalcédoine de M. Dupin, 544.

Remarques sur le livre intitulé : *La mystique cité de Dieu*, 620.

VOLUME XXI.

CLERI GALLICANI de Ecclesiastica potestate declaratio die 19 martii 1682, 1.
GALLIA ORTHODOXA sive Vindiciæ Scholæ Parisiensis totius cleri Gallicani adversus nonnullos. De causis et fundamentis hujus operis prævia et theologica dissertatio, 7.

DEFENSIO DECLARATIONIS CLERI GALLICANI
DE ECCLESIASTICA POTESTATE.

PARS PRIMA. — Qua de imperii in temporalibus suprema potestate disseritur. Liber primus. Sectio prima. Ex statu quæstionis reique novitate, deponendorum regum directa et indirecta potestas confutatur, ad caput primum gallicanæ declarationis, 131. — Liber secundus, quo Patrum testimonia et exempla afferuntur usque ad Gregorium VII.— Liber tertius, quo a Gregorii VI tempore, res extra concilia œcumenica gestæ referuntur; ad caput primum gallicanæ declarationis, 388. — Liber quartus, quo a Gregorii VII temporibus res in conciliis œcumenicis gestæ referuntur : ad caput primum gallicanæ declarationis, 475.
PARS SECUNDA. — In qua de conciliis Constantiensi et Basileensi, et consectaneis agitur. Liber quintus, de concilio Constantiensi : ad caput secundum gallicanæ declarationis, 548. — Liber sextus, de Basileensi, aliisque secutis synodis ac gestis, quibus Constantiensia decreta confirmantur, 663.

VOLUME XXII.

DEFENSIO DECLARATIONIS CLERI GALLICANI
DE ECCLESIASTICA POTESTATE (*Sequentia*).

PARS TERTIA. — De Parisiensibus sententia ab ipsa christianitatis origine repetenda. Liber septimus, conciliorum generalium traditio, 1. —Liber octavus, solvuntur objectiones quædam, ac præsertim illa quæ ex conciliorum confirmatione petitur : ad caput quartum gallicanæ declarationis, 104. — Liber nonus, de quæstionibus præsertim fidei, extra concilia generalia per consensum Ecclesiæ definitis, 161. — Liber decimus , quo probatur convenire cum declaratione gallicana hæc : quod Romana Sedes fidesque nunquam defectura sit; et quod prima Sedes non judicatur a quoquam, 259. — Liber undecimus, de pontificiæ potestatis usu per canones moderando ad caput tertium gallicanæ declarationis, 359.

COROLLARIUM quod doctrina nostra primatus Romanus non obscuratur, sed illustratur et confirmatur, 419.

APPENDIX ad defensionem Declarationis cleri gallicani, in qua probatur declarationem gallicanam ab omni censura esse liberam, et eam Romani Pontificis auctoritati nihil nocere. Liber primus, id probatur ex professione fidei, et doctorum catholicorum nobiscum sententium auctoritate, 485. — Liber secundus, quod declaratio gallicana ab omni censura sit immunis, probatur ex auctoribus Parisiensium sententiæ adversantibus, 527. — Liber tertius, quod declaratio gallicana ab omni censura immunis sit ex ipso statu quæstionis demonstratur, 568.

SANCTI Eusebii Romani presbyteri ac martyris acta referuntur, 614.

MÉMOIRE de Monseigneur Bénigne Bossuet, évêque de Meaux, présenté au roi contre le livre intitulé : *De Romani Pontificis auctoritate*, etc., par dom frère Jean-Thomas de Roccaberti, 617.

EPISTOLA cleri gallicani Parisiis congregati, anno 1682, ad sanctissimum DD. nostrum Innocentium papam XI, 631.

INNOCENTII XI ad clerum gallicanum Responsa, 643.

EPISTOLA cleri gallicani, anno 1682, in comitiis generalibus congregati ad omnes prælatos per Gallias consistentes et universum clerum, 649.

EPISTOLA conventus cleri gallicani, anni 1682, ad omnes prælatos Ecclesiæ gallicanæ, 671.

DECRETUM de morali disciplina quod erat à clero gallicano publicandum in comitiis generalibus, anni 1682, 675, — Pars prima decreti, continens damnandas propositiones, 678. — Pars secunda decreti, continens doctrinam oppositam damnandis propositionibus, 692.

CENSURA et declaratio conventus generalis cleri gallicani congregati in palatio regio San-Germano, anno 1700, in materia fidei et morum, 721.

MANDATUM Illustrissimi ac Reverendissimi DD. Episcopi Meldensis ad censuram ac declarationem conventus cleri gallicani, anni 1700, promulgandam in synodo diœcesana, die 1 septemb., anni 1701, 737.

CENSURA et declaratio conventus generalis cleri gallicani congregati in palatio regio San-Germano, anno 1700, in materia fidei et morum, 740. — Censura propositionum, 744.

DECLARATIO de dilectione Dei in Pœnitentiæ sacramento requisita, 771.

CARDINALES, Archiepiscopi, Episcopi, aliique ecclesiastici viri, permissione regiâ, in regio palatio San-Germano congregati, cardinalibus, archiepiscopis, episcopis, et universo clero per Gallias consistenti, salutem in Christo, 775.

RÈGLEMENT pour les religieux qui demandent l'autorisation de prêcher et d'administrer les sacremens dans les diocèses, décrété par l'assemblée du clergé, en 1700, 779.

VOLUME XXIII.

REMARQUES HISTORIQUES, I.

DE INSTITUTIONE Ludovici Delphini ad Innocentium XI, 1.

INSTRUCTION de Monseigneur le Dauphin au Pape Innocent XI, 15. — Bref du Pape Innocent XI, 30, 31.

DE LA CONNOISSANCE DE DIEU ET DE SOI-MÊME, 33.

LOGIQUE. Livre I. De l'entendement, 250. — Livre II. Seconde opération de l'esprit, 340. — Livre III. Troisième opération de l'esprit, 381.

TRAITÉ du Libre arbitre, 426.

POLITIQUE sacrée tirée des propres paroles de l'Ecriture sainte. Avant-propos, 477. — Livre I. Des principes de la société parmi les hommes, 479. — Livre II. De l'autorité, que la royale et l'héréditaire est la plus propre au gouvernement, 515. — Livre III. Où l'on commence à expliquer la nature et les propriétés de l'autorité royale, 532. — Livre IV. Suite des caractères de la royauté, 558. — Livre V. Quatrième et dernier caractère de l'autorité royale, 579.

VOLUME XXIV.

REMARQUES HISTORIQUES, I.

POLITIQUE tirée des propres paroles de l'Ecriture sainte (suite). Livre VI. Les devoirs des sujets envers le prince, établis par la doctrine précédente, 1. — Livre VII. Des devoirs particuliers de la royauté, 26. — Livre VIII. Suite des devoirs particuliers de la royauté. De la justice, 100. — Livre IX. Des secours de la royauté, des armes; les richesses ou les finances; les conseils, 129. — Livre X et dernier. Suite des secours de la royauté. Les richesses ou les finances; les conseils; les inconvéniens et les tentations qui accompagnent la royauté, les remèdes qu'on doit y apporter, 189.

DISCOURS sur l'histoire universelle, pour expliquer la suite de la religion et les changemens des empires, 260.

VOLUME XXV.

HISTOIRE DE FRANCE, DIVISÉE EN XVII LIVRES.

Remarques historiques, 1.

Livre Premier. Pharamond. Clodion le Chevelu. Mérovée. Childéric I. Clovis I. Thierri; Childebert I; Clotaire I; Clodomir; Chilperic; Chérebert; Gontran; Sigebert. Clotaire II. Dagobert I. Sigebert; Clovis II. Clotaire III. Childéric II. Thierri III, Dagobert II. Pepin, maire du Palais. Clovis III; Childebert III. Dagobert III. Daniel ou Chilpéric II. Thierri IV, dit de Chelles. Childéric III, 1 à 17.

Livre II. Pepin le Bref. Charles I, dit Charlemagne. Louis I. Lothaire, empereur; Louis de Germanie; Charles II, dit le Chauve, empereur, Louis II, dit le Bègue, 18 à 35.

Livre III. Louis III et Carloman; Charles III, dit le Gros. Eudes. Charles IV, dit le Simple. Robert. Raoul. Louis IV, dit d'Outremer. Lothaire. Louis V, dit le Fainéant, 35 à 43.

Livre IV. Hugues Capet. Robert. Henri I. Philippe I. Louis VI, dit le Gros. Louis VII, dit le Jeune. Philippe II. Louis VIII, 44 à 65.

Livre V. Saint Louis IX, 66.

Livre VI. Philippe III, dit le Hardi. Philippe IV, dit le Bel. Louis X, dit le Hutin. Jean I. Philippe V, dit le Long. Charles IV dit le Bel, 85 à 96.

Livre VII. Philippe VI, de Valois. Jean II, 98 à 107.

Livre VIII. Charles V, dit le Sage, 114.

Livre IX. Charles VI, 128.

Livre X. Suite du règne de Charles VI, 143.

Livre XI, Charles VI, 172.

Livre XII. Louis XI, 194.

Livre XIII. Charles VIII, 243.

Livre XIV. Louis XII, 276.

Livre XV. François Ier, 310.

Livre XVI. Henri II. François II, 444 à 479

Livre XVII. Charles IX, 499.

VOLUME XXVI.

MÉLANGES ET LETTRES DIVERSES.

Instruction à Monseigneur le Dauphin pour sa première communion, 1. — Preuves de l'existence de Dieu par les créatures, 13. —

Exhortation à l'amour de la vertu, 14-19. — Extraits de la morale d'Aristote, 23. — Sentences choisies, 33. — Grammaire latine et maximes de César, 41. — Invocatio animæ laborantis, 43. — Fable latine, 44.

Poésies. Le saint amour ou endroits choisis du Cantique des cantiques, 46. — L'amour insatiable, 70. — Les trois amantes, 72. — La parfaite amante, Marie, mère de Dieu, 85.

Traduction poétique de quelques psaumes, 90. — Hymne pour le jour de l'Ascension, 102. — Prière d'un pécheur pénitent, 103. — Ceci est mon corps, ceci est mon sang, 104.

Sur le style et la lecture des écrivains et des Pères de l'Eglise, 107.

Les trois Magdeleines, 114.

Remarques historiques, 117.

Lettres diverses, 119. — Instruction donnée à Louis XIV. Quelle est la dévotion d'un roi, 187.

De l'autorité des jugemens ecclésiastiques où sont notés les auteurs des schismes et des hérésies, 238.

Réponse de Bossuet à une consultation de Jacques II, roi d'Angleterre, 471.

Epistola ad sanctissimum D. D. Innocentium Papam XII contra librum cui titulus : *Nodus prædestinationis dissolutus, auctore Cœlestino S. R. E. presbytero cardinali Sfondrato,* 519.

VOLUME XXVII.

LETTRES DIVERSES ET DE DIRECTION.

Bossuet au P. Caffaro au sujet de la comédie, 1.
Maximes et réflexions sur la comédie, 20.

LETTRES DE PIÉTÉ ET DE DIRECTION.

Lettres à une demoiselle de Metz, 294.
Remarques historiques, 316.
Lettres à Madame de Maisonfort, 318.
Lettres à Madame Cornuau, dite en religion sœur Bénigne, 410.

VOLUME XXVIII.

Remarques historiques, 1.
Lettres à Madame d'Albert de Luynes, religieuse de l'abbaye de Jouarre, 1.
Lettres à l'abbesse et aux religieuses de l'abbaye de Jouarre, 300.

LETTRES à des religieuses de différens monastères, le plus grand nombre à Madame de Béringhen, abbesse de Farmoutiers, 423 à 541.
LETTRES sur l'affaire du quiétisme. — De quietismo refutato, 554 et 562.

VOLUME XXIX.

LETTRES sur l'affaire du quiétisme (suite), 1.
LETTRE du sieur Robert, curé de la ville de Seurre, à une religieuse onverse de Sainte-Claire, dudit Seurre, sa pénitente, 587. — Prône fait et prononcé par ledit sieur Robert, 587. — Sentence contre maître Philibert Robert, 592. — Arrêt de la Cour du Parlement de Dijon contre Philibert Robert, 593.

VOLUME XXX.

LETTRES sur l'affaire du quiétisme (suite et fin), 1.
LETTRES écrites à Bossuet par diverses personnes, 486.
MÉMOIRE pour l'université de Douai, 570.
NOUVELLES LETTRES de Bossuet, 582.
CLEF de la correspondance sur le quiétisme.

VOLUME XXXI.

DISSERTATIUNCULÆ IV adversus probabilitatem. — I. De dubio in negotio salutis, 1. — De opinione minus probabili, ac simul minus tuta, 6. — III. De conscientia, 14. — IV. De prudentia, 17.
TRAITÉ de l'usure, 21.
MÉMOIRES au sujet de l'impression des ouvrages de doctrine composés par les évêques. — Extrait des lettres du chancelier de Pontchartrain, 60. — Mémoire de Bossuet au chancelier, 64. — Ier Mémoire présenté à Sa Majesté, 67. — IIe Mémoire ou requête au roi présentée par M. l'évêque de Meaux, 71. — IIIe Mémoire sur la censure d'un docteur, à laquelle on voudroit assujettir les évêques, 78. — IVe Mémoire sur les ordonnances des évêques, 86. — Ve Mémoire sur les règlements de l'imprimerie, 91.

TABLE GÉNÉRALE

DES MATIÈRES.

Nota. Les chiffres romains indiquent le volume, les chiffres arabes indiquent les pages. Ces mots *et suiv.* veulent dire que la même matière est traitée dans les pages suivantes.

A

ABANDON. *Discours sur l'acte d'abandon à Dieu.* Ses caractères, ses conditions et ses effets, tome vii, page 533; xxvii, 535. Cet abandon est la mort du péché, vii, 541 *et suiv.* Avantage du parfait abandon, vii, 544; xxviii, 21, 35, 36, 45, 194, 234, 334. Il faut s'abandonner à la divine bonté, xxvii, 519, 522, 533, 535, 537, 538, 619, 657; xxviii, 47, 103, 136, 196, 198, 199, 271, 272, 341. Dans cet abandon est toute la piété, xxviii, 448. Comment il faut faire les actes, xxvii, 470. Exemple d'abandon et d'acquiescement à la volonté divine en Jésus-Christ, vi, 597 *et suiv.* C'est un principe de foi que Dieu n'abandonne que ceux qui l'abandonnent les premiers, iii, 340. Ce que c'est que d'être laissé à soi-même, dans saint Pierre et les justes qui tombent, iii, 333 *et suiv.* En quoi consiste l'abandon du chrétien, xviii, 363, 624 *et suiv.* Abandon des quiétistes, jusqu'où il va, xviii, 437 *et suiv.* Illusion d'appliquer à l'abandon l'abnégation commandée par Jésus-Christ, xix, 431, 486. Réfutation de cette interprétation, xix, 433. Contradictions qui s'ensuivent, xix, 434. Absurdité du renoncement au bonheur, enseigné par Fénelon, xix, 729, 730. *Voy.* ACQUIESCEMENT, DÉSESPOIR, INDIFFÉRENCE, SACRIFICE.

ABDÉRAME, gouverneur des Sarrasins d'Espagne, s'empare de l'Aquitaine : il est battu par Charles-Martel, xxv, 16.

ABEL, figure de Jésus-Christ, vii, 141, 142.

ABLANCOURT (Perrot d'). Ses traductions de Tacite, de Lucien, de Thucydide et autres ouvrages estimés par Bossuet, XXVI, 140.

ABLUTION (l') que les vaudois rejetoient dans le baptême, n'étoit pas l'eau dont on se servoit pour baptiser, mais le vin qu'on donnoit aux enfans baptisés. Pourquoi on appeloit ce vin *ablution*, XIV, 514.

ABNÉGATION de soi-même, comment elle se fait. *Voy.* RENONCEMENT.

ABONDANCE (l') est une sorte d'épreuve, X, 469. Quelles sont les vues de Dieu dans cette épreuve, X, 476.

Les grands princes, s'ils n'y prennent beaucoup garde, tombent facilement dans la paresse et dans une espèce de langueur; c'est l'abondance où ils naissent, XXVI, 15. Les biens nécessaires, non-seulement pour la vie, mais pour le plaisir et pour la grandeur, se présentent dans une abondance qui ne laisse pas même à désirer ce qu'il y a de superflu, *ibid.*

ABRAHAM, sa vocation : troisième époque de l'histoire, XXIV, 268. Il a toujours été célèbre dans l'Orient, XXIV, 384. Il mène avec sa famille la vie pastorale, XXIV, 269, 385. Dieu lui promet la terre de Chanaan pour sa postérité et qu'en lui toutes les nations seront bénies, VII, 148; XXIV, 268, 384, 385. A quelles épreuves Dieu expose sa foi, en lui commandant d'immoler son fils, XXIV, 385. La circoncision lui est ordonnée en signe d'alliance, VII, 152 *et suiv.* Il donne à Melchisédech la dîme du butin pris sur l'ennemi, VII, 154, 155. Il sert lui-même les pauvres ; son exemple proposé aux riches, VIII, 434; IX, 558.

ABSOLUTION sacramentale. Elle est reconnue, ainsi que les autres parties du sacrement de Pénitence, par les luthériens, XIV, 126, 127, 128. Henri VIII l'avoit conservée en Angleterre, et les évêques de ce royaume dressèrent, sous son autorité, une confession de foi, entièrement conforme aux sentimens de l'Eglise, XIV, 278. A qui faut-il refuser l'absolution, XXII, 638. La juridiction est-elle nécessaire au prêtre pour absoudre, XXII, 764. Soumission qu'on doit avoir quand elle est refusée, V, 118 *et suiv.* Elle est le commencement du travail de la pénitence ; crime de ceux qui la profanent, VIII, 511.

ABSTINENCE (l') des viandes, retenue en Angleterre par Edouard VI, justifie l'Eglise romaine des reproches des protestans à ce sujet, XIV, 306 *et suiv.* Sur l'abstinence des samedis après Noël, XXVIII, 12 Cas où on peut rompre les abstinences de l'Eglise, XXVIII, 110, 314, 383. A quel âge les enfans y sont-ils obligés, XXVIII, 366.

ABUS (les) qui donnent occasion aux révoltes des hérétiques, loin d'être approuvés par l'Eglise, en sont au contraire plus condamnés que par les hérétiques eux-mêmes. Les Saints qui s'y opposoient le plus, comme saint Bernard, n'en sont pas moins soumis aux supérieurs légitimes, même mauvais, XIV, 536. 537. *Voy.* APPEL.

ACACE, patriarche de Constantinople. Son nom est ôté des Diptyques; le pape Gélase s'oppose à l'empereur Anastase, qui veut le faire rétablir, xxii, 277.

ACCIDENT (l'). Porphyre définit l'accident ce qui peut être présent ou absent, sans que le sujet périsse, xxiii, 306.

ACCOMPLISSEMENT (l') de la loi, avoué dans l'Apologie de la Confession d'Augsbourg, au même sens que dans l'Eglise, xiv, 114; et dans la Confession de Strasbourg, xiv, 122.

ACHAB, roi d'Israël. Dieu, après avoir supporté ses impiétés, le punit pour avoir répandu le sang de Naboth, xxiii, 550. Il craignoit la vérité en faisant semblant de vouloir la savoir, xxiii, 610. Son injustice et celle de sa femme Jézabel dans l'affaire de Naboth, xxiv, 106. Il périt misérablement, xxiv, 92, 276.

ACQUIESCEMENT de l'ame à sa réprobation, enseigné par les nouveaux mystiques, xix, 360, 403, *et suiv.* 410, 414; xx, 19, 21. Rejeté par les Articles d'Issy, xix, 514, 406, 407. Comment et pourquoi, xix, 406. Jamais cet acquiescement ne fut dans saint François de Sales, xix, 412. Combien il est contraire à sa doctrine, xix, 407, 408. Cet acquiescement est une tentation, xix, 410, 411, 412. M. de Cambray établit cet acquiescement dans son *Instruction pastorale*, xix, 189, 192 *et suiv.* Conviction par lui-même de son erreur sur ce point, xix, 329 *et suiv.* Il se plaint à tort qu'on ait altéré son texte, quand on lui reproche d'admettre certaines tentations sur ce sujet, xx, 317 *et suiv. Voy.* Abandon, Désespoir, Indifférence, Sacrifice.

ACTES. Différence entre le premier mouvement et l'acte délibéré, xxvii, 487.

ACTE continu des quiétistes, rétabli par les adoucissemens des nouveaux mystiques, xix, 152 *et suiv.* 517 *et suiv.*; xx, 59. En quoi il consiste, xviii, 394.

ACTES directs et réfléchis au sujet de l'Oraison, xviii, 457, 458, 469. Doctrine des nouveaux mystiques sur ces actes, xviii, 457. Quels sont les actes du cœur, xviii, 472; xxviii, 41, 156. Erreurs des nouveaux mystiques, d'attribuer généralement à imperfection la perception de ces actes, xxviii, 200 *et suiv.* Mérite des actes, xxviii, 200, 393. Usage des actes directs et réfléchis chez les nouveaux mystiques comme chez les quiétistes, xix, 360, 361; xx, 60, 61, 62. Réfutés par leurs dangereuses conséquences, xix, 473; xx, 22 *et suiv.* A quelle puissance de l'ame ils appartiennent, xix, 190, 191, 228, *et suiv.*, 336. Contradictions et erreurs sur ce point, xix, 192, 224, 228, 229, 238, 267, 268. Conviction d'erreurs par l'auteur même, xix, 328. Véritable fanatisme, xix, 626.

ACTES de foi explicite : comment nécessaires, xviii, 416 *et suiv.*

ACTES de foi, d'espérance et de charité d'un chrétien qui va mourir, vii, 611.

ACTIONS, comment discerner chacune d'elles, ce qui est du corps et ce qui vient de l'ame, xxiii, 168. Actions mauvaises, leurs causes, xxiii, 474. Règle pour bien faire ses actions, xxvii, 489. Dans les grandes actions, il faut songer uniquement à bien faire, et laisser venir la gloire après la vertu, xii, 616. Quelles sont celles que Jésus-Christ louera au dernier jour, xii, 631. Peut-on faire des actions d'où il arrive que le prochain soit trompé? xxviii, 268.

ADAM est placé dans le Paradis et nomme tous les animaux, vii, 84 *et suiv.* Il reçoit un commandement de Dieu, vii, 90, 91. C'est la défense de manger de l'arbre de la science du bien et du mal, vii, 100. Sa tentation et sa chute, vii, 103 *et suiv.* Elle consiste principalement dans son orgueil, vii, 443 *et suiv.* Il s'aperçoit de sa nudité, vii, 104. Enormité de son péché, vii, 106. Il redoute la puissance de Dieu, et augmente son crime en cherchant des excuses, vii, 107, 108. Son supplice, savoir: le travail, les habits et les injures de l'air, la décision de Dieu, la mort du corps, le danger de la mort éternelle, le péché originel de tous ses descendans, vii, 112; xxiv, 373. Il avoit la science du bien et du mal, xi, 466, 467. Il a été trompé par sa liberté, xi, 426. Il est la figure de Jésus-Christ, vii, 140, 141. Ce que figuroit son sommeil, viii, 211. Adam étoit selon les calvinistes, dans une nécessité inévitable de pécher, et son péché étoit ordonné de Dieu, xv, 2, 3. Ses enfans avoient, de Dieu même, une dispense légitime d'épouser leurs sœurs dans ce commandement: *Croissez et multipliez*, xv, 369. Adam ou la création, première époque de l'histoire ancienne, xxiv, 264.

Notre-Seigneur a voulu être le fils d'Adam, afin que sa bienheureuse naissance sanctifiât éternellement la race d'Adam, que la contagion du péché avoit infectée, xi, 366.

ADÉLAÏDE de Savoie, duchesse de Bourgogne. Son arrivée en France; portrait que Bossuet fait de cette princesse, xxix, 40. Il est nommé son premier aumônier, xxvi, 532; xxvii, 466. Il assiste à son mariage, xxvii, 502. Eloges qu'il donne à cette princesse, xxx, 472.

ADORATION. En quoi elle consiste, xiii, 555. Adoration en esprit et en vérité, xxvii, 501. Quel est le propre et le principe de l'adoration religieuse, ix, 256. Pureté d'intention, recueillement, ferveur; trois qualités principales de l'adoration spirituelle, ix, 265. *Voy.* CULTE. L'adoration de Jésus-Christ dans l'Eucharistie est rejetée par Mélanchthon et par un grand nombre de luthériens, xiv, 223. Luther après beaucoup de variations, avoue cette adoration nécessaire, xiv, 147. C'étoit une conséquence nécessaire de la présence réelle qu'il admettoit, xiv, 147 *et suiv.* Elle est défendue par Edouard VI, puis permise par Elisabeth, xiv, 410 *et suiv.* Les calvinistes changent l'adoration de Jésus-Christ, xiv, 411, Ils tolèrent dans les luthériens, les actes intérieurs de l'adoration et rejettent les extérieurs, *ibid.*

ADRETS (le baron des) exhorté par Calvin à empêcher les pillages, xiv, 427. Ses cruautés et ses exploits avec ses troupes protestantes, xiv, 430; xxv, 523, 524. Il se fait catholique et inquiète les protestans dans le Dauphiné, xxv, 528.

ADRIEN I, pape, reconnoît pour empereur Constantin, fils d'hérétiques, xxi, 328. Le septième concile examine ses lettres sur les images, xxii, 328. Il répond aux livres *Carolins*, sans taxer les François d'hérésie, xxii, 80.

ADRIEN II menace Charles le Chauve d'excommunication. Réponse d'Hincmar, xxi, 338. Ce qu'il dit de la condamnation du pape Honorius, xxii, 65, 66. Sa lettre au huitième concile y est approuvée, xxii, 80.

ADRIEN IV adjuge à saint Pierre et à l'Eglise romaine toutes les îles où le christianisme a pénétré, xxi, 137, 444. Ses démêlés avec l'empereur Frédéric I, xxi, 142 *et suiv.*

ADRIEN VI croit que le Pape peut errer. Il fait imprimer son livre à Rome durant son pontificat, xxi, 36 *et suiv.*; xxii, 64. Respect des docteurs de Louvain pour ce pape, *ibid.* Il traite Célestin III d'hérétique, à cause d'une décrétale, xxii, 246.

ADRIEN, empereur, ses bonnes et ses mauvaises qualités; il adopte Antonin le Pieux, xxiv, 330. Il élève des temples à Jésus-Christ, xxiv, 528.

ADULTÈRE. Conduite étonnante de Jésus envers la femme adultère, ix, 272 *et suiv.* Image de l'ame adultère dans Ezéchiel, ix, 289, 290.

ÆGIDIUS ou GILLON, élu roi par les François en la place de Childéric I, est chassé du trône par l'intrigue de Guyeman, xxv, 3.

AÉRIUS enseignoit que les prières pour les morts sont inutiles. Les luthériens disent qu'ils ne soutiennent point Aérius, dont ils suivent la doctrine dans la pratique, xiv, 132.

AÉTIUS, général des Romains, enlève aux François une partie des Gaules. Fait avec eux un traité de paix, xxv, 2. Il est tué par les ordres de Valentinien III, *ibid.*

AFFAIRES. Nous n'en avons qu'une, elle doit se passer entre Dieu et nous, xii, 680, 681. L'intérêt et l'injustice mêlés dans les affaires du monde, xii, 643.

AFFECTION. Il n'y eut jamais d'affection pareille à celle de la sainte Vierge pour son divin Fils, puisque nous y voyons concourir ensemble la nature la plus tendre et la grace la plus véhémente, xi, 343.

AFFLICTIONS. Leur nature, x, 453. Trois manières de les surmonter, ix, 509. Leur utilité, ix, 609. Destinées à faire exalter la miséricorde et la bonté de Dieu, x, 458. Sont la voie royale par laquelle Jésus-Christ a marché, x, 469. *Voy.* SOUFFRANCES.

AFFRANCHIS. On changeoit d'habit autrefois à ceux qu'on affranchissoit; on fait de même aujourd'hui à ceux qu'on affranchit de l'esclavage du monde, xi, 441.

AGAPET (S.), pape. Sa fermeté à l'égard d'Anthime, patriarche de Constantinople, hérétique, xxii, 442, 443.

AGATHON (S.), pape. Ses lettres à l'empereur Constantin Pogonat, approuvées par le sixième concile après l'examen, xxi, 82; xxii, 59 et *note*. Ce que dit ce Pape de la fidélité de ses prédécesseurs à garder la foi, xxii, 69 *et suiv.*

AGÉSILAS, roi de Lacédémone, avec une petite armée, fait trembler les Perses dans l'Asie Mineure, xxiv, 612. Agésilas amusoit et trompoit les Perses par les bruits qu'il faisoit courir, xxiv, 422.

AGGÉE, prophète, annonce la gloire du second temple, xxiv, 430.

AGNEAU sans tache, immolé dès l'origine du monde; ce qu'il représente, viii, 410.

AGNÈS. Bossuet envoie à Madame de Béringhen la permission d'aller aux eaux pour la mère de Sainte-Agnès qui étoit malade et pour la mère de Saint-Alexis, xxviii, 438.

AGONIE. Réflexions sur l'agonie de Jésus-Christ, vii, 594. Admirable fermeté du Fils de Dieu dans son agonie et ses plus grandes douleurs, ix, 512, 513. En quoi l'agonie de Jésus-Christ a-t-elle été si différente de celle des hommes, x, 83. Dans les prières des agonisans l'Église achève de nous enfanter à la vie céleste, xii, 635.

AGREDA (Marie d'). Le père général des Jacobins est trop habile et de trop bon sens pour ne pas trouver ridicule le livre de la mère Agreda, quand même elle n'auroit pas fait Dieu scotiste, xxix, 6. Le nonce a fait quelques efforts pour empêcher le cours de la censure de la Faculté de Sorbonne contre cet ouvrage, *ibid.* Rapport que doivent faire les commissaires sur la mère d'Agreda, propositions qu'ils doivent qualifier, xxix, 7. *Voy.* MARIE d'Agréda.

AGUESSEAU (Henri-François d'), avocat-général. Son réquisitoire pour l'enregistrement du Bref contre le livre des *Maximes des saints*, xxx, 475.

UIRRE (Joseph Saens d'), bénédictin, puis cardinal, écrit contre la *Déclaration de* 1682, xxi, 8, avance à tort qu'Adrien VI s'est rétracté, xxi, 43, 44. Rapporte le décret de l'Inquisition d'Espagne contre la *Déclaration*, et dit qu'on doit s'abstenir de censure tant que le saint Siége n'a pas prononcé, xxi, 122. Ce qu'il pense des décrets des sess. iv et v du concile de Constance, xxi, 552, 553. Son ouvrage est défendu par le conseil d'Espagne, xxvi, 341. Bossuet déplore que la guerre l'empêche de se procurer sa collection des *Conciles d'Espagne,* xxvi, 501. Eloge qu'il donne à sa *Synopse,* que ce cardinal lui avoit envoyée, xxvi, 502. Respect qu'il a pour sa dignité unie à la piété et à l'érudition, xxvi, 503. Les travaux excessifs du cardinal avoient ruiné sa santé, xxvi, 504, 508. Bossuet lui recommande son neveu, xxvi, 509, 533. Estime que ce cardinal faisoit de l'*Histoire des Variations* et des écrits de Bossuet, xxvi, 508. Ce prélat l'instruit de la conclusion de la paix, xxvi, 530, 533. Le cardinal lui témoigne sa satisfaction de son *Instruction sur les états d'oraison*, xxix, 133. Bossuet le remercie de son approbation, et lui montre le danger du quiétisme, xxix, 152. Il le remercie de ses Prolégomènes contre les nouveaux ariens, de ses bontés pour son neveu, et l'instruit des motifs qui l'ont porté à écrire contre la nouvelle oraison, xxix, 372. Vœu de ce cardinal sur le livre de Fénelon. xxx, 122. Propos qu'on lui prête au sujet de la conduite de Bossuet dans cette affaire, xxx, 348. Bossuet se justifie auprès de lui, et lui témoigne le désir de reprendre leur correspondance, xxx, 363, 373.

AILLY (Pierre d'), cardinal, évêque de Cambray, est la lumière du concile de Constance, xxi, 633; xxii, 477. Son opinion sur la formule de publication des décrets des conciles, xxi, 634. Soutient l'indéfectibilité du saint Siége et la faillibilité des papes, xxii, 284 et suiv., 485 *et suiv*. Il désire la réformation, non de la doctrine de l'Eglise, qu'il croit pure, mais des abus et des mœurs, xiv, 19, 20. Il croit que, pour y parvenir, il faut rétablir l'autorité du Pape, ou en choisir un que toute l'Eglise reconnoisse pour chef; au lieu que Luther faisoit dépendre la réformation de la destruction de la papauté, xiv, 21.

ALARIC, roi des Goths, prend Rome, ii, 388, 389, 390

ALBANI. *Voy.* CLÉMENT XI.

ALBERT de Brandebourg, grand-maître de l'ordre Teutonique, se réforme à la luthérienne, se marie et se fait une souveraineté héréditaire, xiv, 327.

ALBERT de Luynes (Marie-Henriette-Thérèse d'), religieuse de Jouarre, puis de Torci; lettres que Bossuet lui écrit, xxviii, 1 à 299. Il avoit prêché à sa profession, xxvii, 1. La console de la mort de son père, xxviii, 6. Grace que Dieu lui a faite en la mettant sous la conduite de son évêque, xxviii, 19. Il lui défend de consulter d'autres que lui dans ses doutes, xxviii, 50. Conduite qu'elle doit tenir dans les affaires de Jouarre, xxviii, 71, 72, 85. Avis divers qu'il lui donne sur l'état de son ame, xxviii, 147, 151, 155, 156, 157, 163, 169, 179, 181, 183, 189, 192, 194, 201, 215, 217, 219, 225, 235, 241, 243, 246, 247, 251, 254, 266, 272, 275, 279, 281, 290, 294, 297. *Voy.* PEINES. Il s'offre à Dieu pour elle, xxviii, 204. Elle quitte Jouarre pour aller à Torci. xxviii, 283. Sa mort et son épitaphe, xxviii, 299. Eloge que fait Bossuet de cette religieuse, xxvii, 442; xxviii, 399. *Voy.* LUYNES.

ALBIGEOIS (les), les vaudois, Wiclef, Jean Hus et tous ceux que les protestans reconnoissent pour leurs ancêtres, vouloient parvenir à la réformation par la rupture, xiv, 22, 23. Les calvinistes se déshonorent en prenant pour leurs prédécesseurs les albigeois, qui ne peuvent remonter plus haut que Pierre de Bruis, au onzième siècle, xiv, 458. Léger, l'un de leurs barbes ou pasteurs, leur donne une grande antiquité; et Bèze met leur origine à l'an 120 de Jésus-Christ, ce qui est démontré faux, xiv, 459. Ils sont purs manichéens, xiv, 460, 461. Les hérétiques toulousains, combattus par saint Bernard, étoient manichéens. Ils avoient pour chef Pierre de Bruis et son disciple Henri. Pierre le Vénérable les nomme pétrobusiens, xiv, 477 *et suiv.* Ermangard réfuta leurs erreurs dans son traité contre les vaudois, xiv, 482. Aléanus, moine de Cîteaux, fait un traité contre les manichéens de Montpellier, qui sont les albigeois, et contre les vaudois qu'il distingue des premiers, xiv, 483. René, de l'ordre des Frères prêcheurs, auparavant de la secte des manichéens d'Italie, distingue les vaudois des albigeois, xiv, 486. Il fait le dénombrement des églises manichéennes, parmi lesquelles il comprend celles des albigeois et fait voir qu'ils venoient de Bulgarie, 486, 487. Matthieu Pâris leur donne la même origine et dit que leur pape est en Bulgarie, xiv, 487 *et suiv.* Leur extérieur modeste, leur profonde hypocrisie, selon Ernevin et saint Bernard, xiv, 488. Ce saint détaille, l'infamie de leur doctrine et de leurs mœurs; en quoi ils sont semblables aux manichéens combattus par saint Augustin, xiv, 489. Exposition de leur doctrine, xiv, 492. Leur manichéisme est démontré, xiv, 491, 492. Pierre le Vénérable ne connoissoit que quelques-unes de leurs erreurs. Saint Bernard en étoit mieux instruit, xiv, 491. Pourquoi les albigeois sont nommés ariens dans le concile de Lombez. *Voy.* LOMBEZ. Par quelle autorité les terres de ces hérétiques furent données au premier occupant, xxi, 482, 483.

ALBRET (Jean d'), roi de Navarre. On n'a pas de preuve de sa déposition par Jules II, xxi, 469.

ALBRET (Jeanne d'), fille du précédent, citée à Rome pour hérésie, xxi, 469. Elle abandonne son pays qu'elle ne pouvoit défendre, xxv, 582. Elle amène son fils à l'armée des protestans, xxv, 590. Sa mort, xxv, 617.

ALEMAND (Louis), cardinal, archevêque d'Arles, préside le concile de Bâle, après la seconde translation, xxi, 687. Sa sainteté, xxi, 558. Il est mis au nombre des bienheureux par Clément VII, quoiqu'il n'ait rien rétracté de ce qu'il avoit fait à Bâle, xxi, 58 *et suiv.* 712.

ALEXANDRE (saint) d'Alexandrie soutient l'immutabilité du Fils de Dieu, qu'il dit être parfait; ce qui réfute l'imputation d'erreur sur ce point, faite par Jurieu aux Pères des trois premiers siècles, xvi, 58, 59. Il rejette formellement les deux naissances du Verbe avant l'Incarnation, admises par les ariens, et dont Jurieu inculpe les mêmes Pères, xvi, 60, 61.

ALEXANDRE II, pape, cite à Rome l'empereur Henri IV, pour crime de simonie, xxi, 348.

ALEXANDRE III excommunie Frédéric I, le dépose et le regarde cependant comme empereur, xxi, 444 *et suiv.* Il lui défend de remporter des victoires, xxi, 164. Convoque le troisième concile de Latran, xxii, 87. Erreur de ce pontife en expliquant un passage de l'Ecriture, xxii, 242. Il annule les décrets de ses prédécesseurs sur le mariage, xxii, 244.

ALEXANDRE V, élu pape à Pise confirme ce concile, xxi, 577.

ALEXANDRE VI, pape, ses vices, xxv, 252. Il met tout en œuvre pour s'opposer à la conquête des Deux-Siciles par les François, xxv, 253 *et suiv.* Il donne aux princes chrétiens les terres des infidèles, xxi, 179 *et suiv.* Il ordonne des levées de deniers; appel au concile à ce sujet, xxi, 739, 740. Sa mort tragique, xxv, 287.

ALEXANDRE VII condamne les censures de la Sorbonne contre Vernant et Guiménius, xxi, 756 *et suiv.*

ALEXANDRE VIII fait une protestation qui n'a pas été publiée, contre la *Déclaration* du clergé, xxi, 17, 18.

ALEXANDRE d'Hiéraple, nestorien entêté, traité de catholique par l'abbé Dupin, xx, 613 *et suiv.* Quelle étoit son obstination dans son sentiment, malgré le décret du concile d'Ephèse, xx, 616 *et suiv.*

ALEXANDRE le Grand. Ses victoires sur les Grecs et sur Darius, xiv, 304, 305, 613. Il est changé à l'égard des Juifs qu'il avoit résolu de punir, à la vue du souverain Pontife, xxiv, 305. Il fait son entrée dans Babylone avec un éclat qu'on n'avoit jamais vu, xxiv, 613. Sa mort, xxiv, 614, 615. Ses généraux se partagent son empire, xxiv, 305, 615. Comment l'Ecriture parle de sa vie et de sa mort, viii, 131. La rapidité de ses conquêtes est annoncée par le prophète Daniel, xii, 613; xxiv, 425. Par une fatalité inconcevable, il doit entrer dans tous les éloges, xxiv, 635. Combien misérable avec toute sa gloire, xi, 570. Dieu le punit en lui en donnant plus qu'il n'en désiroit, vii, 452, 453.

ALEXANDRE SÉVÈRE, empereur. Sous lui, Artaxerxe rétablit l'empire des Perses, xxiv, 332, 333. Il honore Jésus-Christ et vouloit le mettre au nombre des Dieux, xxiv, 525, 528.

ALGER. Bombardement de cette ville, xii, 513.

ALLELUIA, Amen. Expressions de la joie des bienheureux dans le ciel, viii, 55 *et suiv.*; x, 153.

ALLIANCE. Caractères de la nouvelle alliance, viii, 405. C'est une alliance de grace et de miséricorde, ix, 84. Deux sortes d'alliance que les pécheurs ont contractées avec Dieu, l'une dans le baptême,

l'autre dans la pénitence, ix, 223. Caractères et effets de ces deu
liances, ix, 223, 224. Caractères distinctifs de l'ancienne et de la n
velle alliance, x, 301.

ALMAIN (Jacques), docteur de Paris, défend la supériorité du concile sur le Pape, xxi, 21. Est chargé avec Major, de réfuter le livre de Cajetan. *Voy.* ce mot xxi, 740.

ALVAREZ (Baltasar), jésuite. Ses sentimens au sujet de l'oraison passive ou de quiétude, xviii, 525 *et suiv.*, 530, 531, 532, 533; xix, 594. Ses désirs du ciel, xix, 596.

AMANTES (les trois), poésies. Première amante, la pécheresse; xxvi, 70 *et suiv.* Deuxième amante, Marie, sœur de Lazare, aux pieds de Jésus à Béthanie, xxvi, 73. La même amante se plaint au Sauveur de la mort de son frère, xxvi. 75. La même amante répand ses parfums sur la tête et sur les pieds de Jésus, xxvi, 77. Troisième amante, Marie Magdeleine, de qui Jésus avoit chassé sept démons, accompagne la sainte Vierge jusqu'à la croix, avec Marie, sœur de sa mère et femme de Cléophas, xxvi, 82. La même amante cherche Jésus dans le tombeau, voit deux anges et le voit lui-même, xxvi, 84. La parfaite amante, Marie, mère de Dieu, xxvi, 85.

AMBASSADEUR. Jésus-Christ, ambassadeur du Père éternel, pour venir négocier la paix avec les hommes, x, 204. Combien la personne d'un ambassadeur est sacrée et inviolable, x, 205. Manière indigne dont l'ambassadeur de Dieu a été traité, x, 205, 206.

AMBITIEUX. Iniquité des moyens qu'il emploie pour se distinguer dans le monde, ix, 327. L'homme simple et droit en trouve peu qui lui conviennent, ix, 328. Désir de faire du bien, appât ordinaire de l'ambitieux, ix, 328, 348. Grandeur et chute de l'ambitieux dans une belle allégorie du prophète Ezéchiel, ix, 313, 314, 329. Les ambitieux n'ont aucun moyen de se distinguer, xii, 482. Ils sont incapables de règles, xii, 377.

AMBITION. Son caractère, x, 617: xii, 63, 77, 78. Comment Jésus-Christ nous append à la réprimer, ix, 316, 317. Quelle est la distinction à laquelle doive aspirer une ambition chrétienne, ix, 326. E principal de l'ambition, x, 149. Ambition de deux apôtres réprim xii, 275 *et siuv.* Dangereux expédiens qu'elle fait trouver, xii, 377.

AMBOISE (Georges d') est fait cardinal, xxv, 277. Légat *à latere* dans toute la France, xxv, 281. Il est porté à favoriser le Pape, pour parvenir à la papauté, xxv, 283. Son ambition et sa simplicité sont la risée de l'Europe, xxv, 287. Sa mort, ses qualités, xxv, 299.

AMBOISE (la conjuration d') est le commencement des troubles excités en France par les calvinistes, xiv, 421. Qui, à l'exemple des autres hérétiques, se lassèrent de faire parade de leur patience, e prirent les armes par maxime de religion. Bèze en convient xiv

422 *et suiv.* L'exécution d'Anne du Bourg et autres calvinistes, fut l'occasion de cette conjuration. On en donne quatre preuves démonstratives, xɪv, 438, 439. Elle fut découverte par deux huguenots, que Bèze accuse pour cela de déloyauté, xɪv, 439 *et suiv.* Desseins des conjurés, xɪv, 425. Le ministre Basnage cherche à prouver que la conjuration ne fut pas tramée par les calvinistes. Castelnau les inculpe de ce crime. xv, 511, 512. La conjuration approuvée comme dogme et par délibération de la Réforme; témoignage de Bèze et autres, xv, 516, 517.

AMBROISE (S.) reconnu pour saint par le ministre Jurieu, quoiqu'il ait été, selon lui, non-seulement adorateur de l'idole, mais encore qu'il ait érigé l'idole dans la maison de Dieu, et que le diable ait abusé de lui pour le faire servir d'organe à l'impiété, xv, 286. Ce saint prouve que les rois ne dépendent que de Dieu, xxɪ, 254, 255. Il résiste à l'impératrice Justine : distingue les fonctions de deux puissances, xxɪ, 287; xxɪv, 18, 344. Il soumet Théodose à la pénitence publique, xxɪ, 289 *et suiv*; xxɪv, 345. Saint Ambroise ne reçut pas la communion sous les deux espèces dans sa dernière maladie, xvɪ, 251. Vaines subtilités des protestans pour prouver le contraire, xvɪ, 251, 252. Belle peinture que fait ce saint d'un amour ardent, ɪ, 322 *in comm.*. Son commentaire sur le *Cantique des cantiques*, ɪ, 575. Nous avons tout en Jésus-Christ suivant ce Père, ɪ, 608, 678. Ce qu'il pensoit des discours qui font rire, xxvɪɪ, 69, 70.

AME. Sa définition, xxɪɪɪ, 518. Comment nous la connaissons : ses opérations, xxɪɪɪ, 34, 35. Ses propriétés et sa différence d'avec le corps, xxɪɪɪ, 110. Elle lui est naturellement unie, xxɪɪɪ, 111. Effets de cette union, et deux genres d'opérations dans l'ame; les opérations sensitives et les intellectuelles, xxɪɪɪ, 111, 244. De quoi l'ame est instruite par les sensations, et usage qu'elle en fait, xxɪɪɪ, 127, 517, 518. Les mouvemens du corps assujettis aux actions de l'ame, xxɪɪɪ, 145, 166, 167. L'ame s'attache à la vérité, et la voit toujours la même, xxɪɪɪ, 150. Besoin qu'elle a des images sensibles, xxɪɪɪ, 158. Comment elle peut tenir les passions en sujétion, xxɪɪɪ, 162. Pourquoi nous connoissons beaucoup plus de choses de notre ame que de notre corps, xxɪɪɪ, 173. Combien l'ame désire être heureuse, xxɪɪɪ, 177, 246. La connoissance d'elle-même lui sert pour s'élever à son auteur, xxɪɪɪ, 187. Elle se sent capable de l'aimer, et sent dès là qu'elle est faite pour lui, xxɪɪɪ, 193. Elle connoît sa nature en sachant qu'elle est faite à l'image de Dieu, xxɪɪɪ, 193. Elle entend la vérité, et reçoit en elle une impression divine, qui la rend conforme à Dieu, xxɪɪɪ, 195. La volonté droite achève dans l'ame l'image de Dieu. xxɪɪɪ, 197. L'ame attentive à Dieu se connoît supérieure au corps et que c'est par punition qu'elle en est devenue captive, xxɪɪɪ, 199. Elle a l'idée d'une vie immortelle, xxiii, 245. Comment le désir de cette vie s'élève et se fortifie en elle, xxiii, 246. En connoissant et en aimant Dieu, elle s'unit à lui, xxiii, 248. La nature de l'ame est la source de son bonheur, xxvii, 478. *Voy.* Attention, Corps, Homme, Volonté. Manière admirable dont Dieu crée l'ame, xxiii, 371. Erreur des philosophes sur sa nature, xxiv, 459. Notre ame est l'image de Dieu, vi, 158, 159; viii, 76, 81. Elle doit se rendre semblable à lui, vi, 159, 160. Punition des corrupteurs de l'image de Dieu, vi, 162. L'ame est immortelle, vi, 166; viii, 76, 81; xxvii, 479. Elle est capable d'être unie à Dieu, quoiqu'il soit infiniment au-dessus d'elle, x, 108. Elle est dans le dernier ordre des substances intelligentes, viii, 76. Force et secrète vertu de l'ame, ix, 368. Ses foiblesses incompréhensibles, ix, 369. Combien elle doit s'anéantir pour approcher de Dieu, xi, 223, 224. Deux sortes de vie dans l'ame, selon saint Augustin, x, 108, 481. Chute de l'ame qui veut trouver en elle-même sa félicité, xi, 566, 567. Misère où elle tombe quand elle s'abandonne aux plaisirs des sens, x, 568. Comment, touchée de Dieu, elle revient à lui, et s'y attache sans réserve, x, 573, 574. Excellence de l'ame, xxviii, 550. Créée à l'image de Dieu elle ne doit respirer que pour lui, xxviii, 550, 552. Doit chercher à lui plaire, xxviii, 183. Comparée à une plante qui croît dans la maison du Seigneur, xxviii, 243. Ame sèche et aride, semblable à un arbre pendant l'hiver, xxviii, 542, 543. D'où vient qu'elle souffre dans l'opération où Dieu la délecte, xxviii, 263. Sur certains états où Dieu la met pour l'attirer, xxviii, 274. Comment ses sentimens lui sont cachés ou aperçus; quelles en sont les causes, xviii, 467, 468. Etat de l'ame dans l'oraison passive, xviii, 523, 524. Selon les nouveaux mystiques, l'ame peut être divisée d'avec elle-même, xix, 361, 454, 473. Suites de cette séparation, xix, 505, 520, 521. Erreur de supposer une ame sainte incapable d'entendre la raison et la parole de Dieu, xix, 402, 403. Erreur de faire croire à une ame que Dieu veut la donner sans perdre son amour, xix, 452, 504, 505. Avec quel zèle il faut prendre soin des ames dont on est chargé; s'en charger difficilement, i, 467. Union des ames saintes avec Jésus-Christ dans le *Cantique des cantiques*, i, 569, 577, 578, 608. Desseins de Dieu à l'égard des ames; ce qu'elles doivent faire dans les différens états par où elles passent, xxvii, 449, 450, 451. Avantage de travailler pour les ames, xxviii, 358.

Amédée VIII, duc de Savoie, fait Pape par le concile de Bâle, sous le nom de Félix V: abdique la papauté, et meurt en odeur de sainteté, sans rétractation, xxi, 60, 61. Sa retraite à Ripaille avant son élection, xxi, 704 *et note.* Après son abdication il est fait cardinal et légat du saint Siége, xxi, 710 *et suiv.*

Ami. Estime que nous devons faire d'un véritable ami, ix, 243. Combien il est rare, ix, 245. Quels sont nos véritables amis, ix, 414. Caractère d'un faux ami, x, 629; xxiv, 234. Usage des amis, *ibid.*

AMIOT (Jacques) est envoyé au concile de Trente par Henri II. Objet de sa commission, xxv, 452.

AMISSIBILITÉ (l') de la justice, avouée dans la Confession d'Augsbourg, et la nécessité du baptême; les calvinistes ont varié sur ces deux points, à l'exemple des anabaptistes, xiv, 119, 120. L'amissibilité pareillement admise par les calvinistes de France, xiv, 195. Et par les Anglois sous Elisabeth, xiv, 419.

AMITIÉ. Sur quoi elle repose, ix, 219. Est un nom saint par lui-même, viii, 499. Quel doit être le motif et le principe de notre amitié, x, 66. Force et douceur de l'amitié, xi, 252. Amitié des gens du monde, ix, 242. Vraie et fausse amitié, x, 619. Amitiés particulières, pestes de l'état religieux, x, 514.

AMMIEN-MARCELLIN, en voyant les fureurs des hérétiques, disoit que les bêtes féroces n'étoient pas aussi acharnées contre elles-mêmes que les chrétiens l'étoient entre eux, xxvi, 504.

AMOUR. Ce que l'on entend par ce nom, xi, 324, 325. Le propre de l'amour est de tendre à l'union la plus intime et la plus parfaite, x, 574. Force de l'amour de deux époux; il surpasse celui des pères et mères pour leurs enfans, x, 577. L'amour est le moteur de toutes les inclinations, x, 151. L'amour véritable tend à l'adoration, xi, 325. Dans son origine, l'amour n'est dû qu'à Dieu, xi, 324. En quoi consiste l'amour de Dieu, xxvi, 588. A quoi oblige le précepte de l'amour de Dieu, v, 96, 97, 403. C'est le grand commandement de la loi, vi, 168, 169. Explication de ce précepte, v, 410; vi, 172, 174; xxii, 664, 665. Il s'étend à tous les temps et à tous les lieux, vi, 174, 175. Motifs et nécessité d'aimer Dieu, vi, 176, 177, 178; xxii, 695. Réflexions sur notre amour pour Dieu, vi, 181, 182. Attraits de l'amour divin, vi, 183, 184. L'amour doit toujours croître, vi, 185, 186. Pratique de la charité dans l'Oraison Dominicale, vi, 187, 188. Le véritable amour de Dieu consiste dans l'observation de ses commandemens, x, 523, 557 *et suiv.* Il donne à l'âme une joie parfaite, x, 523, 524. Du commencement de l'amour de Dieu requi, pour être justifié, v, 410, 411; xxii, 732, 733. Ce que c'est qu'aimer Dieu comme source de toute justice, v, 411. Doctrine du concile de Trente sur cette matière, v, 475 *et suivantes.* L'assemblée du clergé de 1700 censure plusieurs propositions sur l'amour de Dieu, xxii, 748. L'amour de concupiscence ne peut préparer à la justice, ix, 214, 358, 359. La Confession d'Augsbourg soutient cette maxime avancée par Luther, qu'*on est justifié avant d'avoir la moindre étincelle de l'amour de Dieu*, xiv, 125. L'amour est l'unique instrument de la victoire de Jésus-Christ sur les cœurs,

VIII, 338, 339. Amour immense du Père éternel, principe de notre adoption, IX, 518, 519. Différence de l'amour que Dieu témoigne au juste fidèle, et au pécheur converti, XII, 516. Amour que Jésus-Christ nous témoigne dans le mystère de l'Incarnation, XI, 131, 132. Dans celui de l'Eucharistie, X, 306, 307. Amour que nous devons à Dieu comme à notre père, X, 304. Amour, le principe de la joie des bienheureux, X, 153. Le saint amour doit être la loi des héritiers du Nouveau Testament, X, 303. Précepte de l'amour de Dieu, fondement nécessaire de celui de l'amour du prochain, IX, 239. Amour du pécheur réconcilié; quelle en doit être la mesure, VIII, 387, 388. Amour de Marie, né du concours de la grace et de la nature, XI, 325 *et suiv.* Amour éternel de Dieu au-dessus de tout, XVIII, 386. Ne peut être perpétuel qu'en l'autre vie, XVIII, 398 *et suiv.* C'est un acte d'amour parfait de désirer son salut, XVIII, 430, 545, 546 *et suiv.* Et aussi la béatitude, XVIII, 645, 646 *et suiv.* Toute la vie chrétienne tend au pur et parfait amour, XVIII, 652, 653 *et suiv.* Excès de l'amour dans les suppositions impossibles, XVIII, 577, 578. Tel l'amour de Job dans ses épreuves, XVIII, 620, 621. Si l'amour de Dieu ôte la contrition, XVIII, 449, 450. Passage de Hugues de saint Victor, sur l'amour désintéressé, XVIII, 671. Du désir de l'amour divin, XXVII, 294. Ses caractères, XXVII, 301, 302, 459; XXVIII, 225, 256. Ses effets, XXVIII, 340, 386, 401. Sa confiance doit y être jointe, XXVIII, 27. Mérite de l'amour et ses différents états, XXVIII, 234, 245, 269. Comment tout est amour, XXVII, 495, 496. Quel est l'amour de préférence, XXVIII, 31. Se laisser consumer par l'amour, XXVIII, 201. Comment pousser l'amour à bout, XXVII, 510, 511. Motifs que les Psaumes fournissent de l'amour de Dieu et du prochain, I, 21, 22 *et suiv.* Amour des ennemis, I, 23 *et suiv.* Belle peinture d'un amour ardent, I, 327, 328. *Voy.* CHARITÉ. L'amour de Dieu et du prochain est le fondement de la société, XXIII, 479, 480. Quel est l'amour que les peuples doivent au prince, XXIV, 3, 4.

AMOUR NATUREL. Illusion des mystiques sur cet amour, XIX, 171, 172, 173. Définition de cet amour, XIX, 182, 183. Abus de le nommer délibéré, ni bon ni mauvais, XIX, 183, 184. Il est incompatible avec l'amour pur, XIX, 184, 185. Abus d'en faire la différence des imparfaits et des parfaits, XIX, 185, 186. Cet amour ne se trouve ni dans l'Écriture ni dans les prières de l'Eglise, ni dans les Pères, XIX, 323, 324, 339, 340. C'est un langage nouveau inconnu aux Pères et aux scholastiques, XIX, 233, 234. A saint Thomas et à Estius, XIX, 235, 236. A Denis le Chartreux, XIX, 337, 342, 344, 345. Réfutation de cet amour par ses conséquences dangereuses, fausses et erronées, XIX, 232, 235, 636. Abus de chercher cet amour dans le Catéchisme du concile de Trente, 603 *et suiv.*; XIX, 245 *et suiv.* Explication des termes du

Catéchisme, xix, 247, 248. Erreurs sur ce sujet démontrées et réfutées, xix, 248 *et suiv.* Aucun théologien, en parlant du motif de l'espérance, n'a songé à cet amour, xix, 250, 251. Non plus que saint Augustin, xix, 259. Saint Anselme, xix, 261 *et suiv.* Saint Bernard, xix, 263 *et suiv.* Et Albert le Grand, xix, 269. Propriétés données à l'amour naturel, sans autorité de l'Ecriture, xix, 271 *et suiv.*, 340. Erreur de faire servir l'amour naturel de principe aux actes surnaturels, xix, 276 *et suiv.* Excès de cette erreur, xix, 279 *et suiv.* Réfutation, xix, 281. Erreur d'ôter à Jésus-Christ les effets de l'amour naturel, xix, 282. Sa réfutation, xix, 284 *et suiv.* Cette doctrine tend à étendre le désir surnaturel du salut, xix, 287. Saint François de Sales cité à faux pour cet amour, xix, 298 *et suiv.* Du sacrifice absolu de l'amour naturel, xix, 554 *et suiv.* Du silence de l'Ecriture sur cet amour, xix, 575. Inutilité de cet amour, xix, 576, 580. M. de Cambray le cherche en vain dans sainte Thérèse, xix, 638 *et suiv.* Dans l'Imitation de Notre-Seigneur Jésus-Christ, xix, 650, 651, 652, 653 *et suiv.* Dans Denis le Chartreux et saint Bonaventure, xix, 751 *et suiv.* Témoignage d'Albert le Grand, xix, 766. Argument de raison, xix, 43, 44. Cet amour est condamné par les Articles d'Issy, xx, 304, 305.

AMOUR PROFANE. Son désordre et sa bassesse, xxvii, 303. Il a toujours la sensualité pour fond, x, 348. La comédie ne le purifie pas, elle l'excite, xxvii, 6, 7. Il ne faut point souffrir qu'on parle d'amour aux jeunes gens, de peur d'exciter en eux un désir déjà trop fort, xxvi, 33.

AMOUR-PROPRE. Son caractère, son déguisement, ses noms, ix, 427, 428. Ses effets, xxvii, 294. Se fourre partout, xxviii, 237. Ses artifices, xxviii, 267, 268. Comment le faire mourir, xxvii, 531; xxviii, 542. L'amour-propre est la racine de l'orgueil, vii, 436, 437. Opposition de l'amour de Dieu et de l'amour-propre, x, 438, 439. Combien l'amour-propre rend l'homme foible, x, 440, 441. Il faut lui opposer le pur amour de Dieu, x, 481, 482. Le désir de voir Dieu n'est pas un acte de l'amour-propre, xxvii, 577. Comment l'amour-propre est entretenu dans l'oraison par les réflexions, xviii, 463. Quel désir du ciel peut naître de l'amour-propre, xviii, 595. Il s'entretient par les spiritualités outrées, xviii, 607. Retours de l'amour-propre blamés par les saints, xviii, 463.

AMOUR PUR. Erreur de mettre la perfection chrétienne dans un prétendu pur amour, xix, 355 *et suiv.* Qui n'est appuyé sur aucun passage de l'Ecriture, xix, 428. En quoi consiste le pur amour, xix, 462, 482. Il n'exclut pas le désir du ciel, xix, 477, 478. La récompense proposée à tous les justes, même aux plus parfaits, pour accroître leur amour, xix, 377, 417, 419, 461, 481. Exemples d'Abraham, de Moïse, de David et des saints, xix, 421, 422 *et suiv*. Décret du concile de Trente, doctrine de l'Ecole sur la nature et les motifs de l'amour, xix, 380, 381. Vaines objections tirées de David et de Daniel, xix, 428. Du sens nécessaire de l'Evangile, xix, 429. De la mort à nous-mêmes, xix, 430. Du précepte de l'abnégation, xix, 431, 432. Erreur des nouveaux mystiques sur ce pur amour, xix, 384, 385, 386. Selon eux il doit faire cesser les désirs de la béatitude, xix, 160, 161. Un pareil amour est une illusion, xix, 165, 426, 427. Leurs subtilités et leurs déguisemens, xix, 387 *et suiv*. Passages de saint François de Sales tronqués ou falsifiés, sur le désintéressement de l'amour, xix, 391 *et suiv*. Sur l'amour des vertus, xix, 399. Vraie pratique du parfait amour, xix, 443. En quel sens on dit qu'il faut aimer Dieu sans rapport à nous, xix, 444, 445. Difficultés tirées des spirituels, xix, 447 *et suiv*. Motifs de l'amour pur, xix, 424, *et suiv*. Etablis par cinq vérités, xix, 451, 452. Illusion d'admettre la récompense comme objet de la charité, et de la rejeter comme motif, xix, 379, 380. L'amour pur des mystiques devient impie au sens proposé, xix, 180, 716 *et suiv*. Comment le véritable amour est en soi désintéressé, xix, 203 *et suiv*. En quel sens le pur amour exclut toute autre chose que lui-même, xix, 300. Erreur luthérienne de dire que c'est un péché d'aimer Dieu pour la récompense, xix, 253 *et suiv*. Que signifient les propositions impossibles de l'amour pur, xix, 556, 641. Passage de l'âme au pur amour, xix, 628 *et suiv*. Texte de sainte Thérèse mal interprété sur le pur amour, xix, 643, 644. Que signifient ces paroles : Il faut aimer Dieu pour lui-même et non point pour nous? xix, 690, 691, 762, 763. Passages des Pères et des théologiens qui l'expliquent, xix, 692, 693. Importance de cette question, xix, 690. Ce qu'exige l'amour que nous nous devons à nous-mêmes, xix, 699. *et suiv*. Ce que pensoit saint Bernard de l'amour de Dieu, en tant que notre bien, xix, 713. *et suiv*. Erreurs de M. de Cambray sur l'amour justifiant et l'amour parfait, xix, 716. Selon lui la plupart des justes ne peuvent atteindre à l'amour pur, xix, 720 *et suiv*. L'amour pur, inconnu de saint Augustin, au sens des nouveaux mystiques, xix, 756. Inconnu de saint Thomas et de saint Bonaventure, xix, 757 *et suiv*. Equivoques de M. de Cambray sur le pur amour, définitions, xx, 35 *et suiv*. Erreurs évidentes, xx, 36. Condamnées par l'Apôtre et par le concile de Trente, xx, 36, 37. Nouvelles explications de l'amour pur, contraires au langage des saints Pères, à la sécurité des saints, et à l'enseignement des scolastiques, xx, 40 *et suiv*. 46 *et suiv*. La volonté de Dieu est-elle pour les parfaits le seul motif d'aimer? xx, 49. L'amour pur des mystiques, bien différent du vrai amour pur de l'Ecole, xx, 310. Suites affreuses de leur faux amour pur, xx, 311,

Principe et texte de l'Ecriture contraires à cet amour pur, xx, 311, 312. Vains argumens de M. de Cambray en faveur de cet amour pur, tirés des disputes soutenues en Sorbonne et des thèmes donnés au Dauphin par M. de Meaux, xx, 314, 315, 316. Ce qu'il faut savoir du pur amour. En quoi il consiste, xxvii, 490, 491.

AMOUR insatiable (Poésie), xxvi, 70 et suiv.

AMOUR (Poésie). Le saint amour, ou endroits choisis du Cantique des cantiques, avec des Réflexions morales pour les bien entendre xxvi, 46 et suiv. Remarqués sur ces poésies. Ibid.

AMSDORF (Nicolas) consacré évêque par Luther, qui n'était que prêtr xiv, 40.

ANABAPTISTES. Leur origine. D'eux sont nés les Indépendans, xii, 453. Luther, qui prêchoit sans mission et sans miracle, trouve mauvais que les anabaptistes fassent la même chose. xiv, 41. Ils se joignent aux paysans révoltés Voy. Paysans. Les anabaptistes avoient enseigné, avant Calvin, plusieurs erreurs qu'il a enseignées depuis, xiv, 359.

ANARCHIE. Maux qui en résultent, xxiii, 495.

ANASTASE (S.) pape; condamne les origénistes, après Théophile, triarche d'Alexandrie, xxii, 182, 183.

ANASTASE, empereur, persécute les catholiques. Baronius dit qu'il fut excommunié dans un concile par le pape Symmaque; on le traita toujours comme empereur, xv, 507; xxi, 297 et suiv.

ANASTASE le Bibliothécaire justifie la conduite du pape Grégoire II, xxi, 317 et suiv. Il rapporte la condamnation du pape Honorius et fait néanmoins son apologie, xxii, 63 et suiv.

ANCUS-MARTIUS, roi de Rome, bâtit la ville d'Ostie, xxiv, 284. Il établit des cérémonies sacrées pour la guerre, xxiv, 635, 642.

ANDELOT (d'), frère de Coligny, est envoyé par les protestans en Allemagne, pour solliciter du secours. Il amène un renfort considérable, xxv, 534. Il est accusé du meurtre du duc de Guise, xxv, 543.

ANDRÉ (S.). Panégyrique de cet Apôtre, xii, 1 et suiv. Il amène saint Pierre à Jésus-Christ, vii, 383; xii, 11, 12. Peuples qu'il soumet à l'Evangile. Ibid. Combien il aimoit la croix, xii, 16. Voy. Apotres.

ANÉANTISSEMENT (l') de Dieu pour l'homme; exige l'anéantissement de l'homme pour Dieu, vi, 179. Combien l'ame doit s'anéantir pour s'approcher de Dieu, xi, 224, 225. Jusqu'où s'étend l'anéantissement des quiétistes, xviii, 424, 425, 438, 439.

ANGÈLE (la B.) de Foligny, exemple des excès de l'amour dans les suppositions impossibles, xviii, 582; xx, 395. Les mystiques ne peuvent s'en autoriser, xx, 396.

ANGÉLI (Jean d') frère mineur; exagère l'autorité du Pape; il est censuré par la Faculté de Paris, xxi, 739.

ANGES. Leur création, vii, 61. Leur chute, vii, 64, 65. Persévérance et béatitude des saints anges, leur ministère, ii, 337; vii, 67 *et suiv*. Sept d'entre eux versent les coupes de la colère de Dieu, ii, 504 *et suiv*. Leur intercession établie contre les protestans, ii, 413 *et suiv*. Bel ordre qui règne entre eux, xi, 591. Quels soins ils prennent des hommes, xii, 343, 344. Présentent à Dieu nos besoins et nos prières, xii, 345. Lui portent aussi nos crimes, xii, 349. Leur joie quand nous sommes renouvelés par la pénitence, x, 370 *et suiv*. Effets de leur charité; bonheur de leur vie, xii, 431. Pourquoi on emploie le ministère des anges dans l'oblation du saint sacrifice, xvii, 57, 58. Origine du faux culte qu'on leur a rendu, il est condamné par les Pères et les conciles, xii, 127 *et suiv*.

ANGES-GARDIENS. Sermon pour leur fête. *Voy*. ANGES, xii, 431 *et suiv*.

ANGLETERRE. Troubles violens qu'elle éprouve, xxv, 153 *et suiv*., 182, 183, 186, 189, 207, 453. Ses changemens depuis qu'elle a abandonné l'unité catholique, xii, 450 *et suiv*. Sa prétendue réformation commencée par Henri VIII, également rejetée des catholiques et des protestans. Ce que fait ce prince pour établir sa réformation, xiv, 257, 258. L'Eglise d'Angleterre fait schisme avec toute l'Eglise en se donnant pour chef son roi, et en réglant sa doctrine indépendamment du reste de l'Eglise. Combien elle s'écarte en ce point de l'ancienne Eglise, xiv, 293, 294. Les lois ecclésiastiques d'Angleterre faites sous Cranmer, permettent en plusieurs cas, la dissolution des mariages, et d'en contracter d'autres du vivant des deux époux, xvi, 185.

ANGLOIS (les), peuples saxons, occupent la Grande-Bretagne et lui donnent leur nom, xxiv, 347. Leur conversion, xxiv, 352, 354.

ANGLICANS. Leurs diverses confessions de foi; quand elles ont été faites, xxx, 513 *et suiv*. Elles diffèrent entre elles en plusieurs points, xxx, 516, 517 *et suiv*. Leur doctrine sur le chef de l'église anglicane est pleine de contradictions, xiv, 284.

ANIMAUX. Pourquoi les hommes veulent leur donner du raisonnement, xxiii, 204. Dieu ordonne et règle tout en eux, comme dans les plantes, xxiii, 207, 208. En quoi les animaux sont semblables à l'homme, xxiii, 209, 210. Apprennent-ils? xxiii, 216, 217. On peut leur accorder des sensations, xxiii, 220, 221. Ce que c'est que les dresser, xxii, 221. Ils n'inventent rien, xxiii, 227. N'ont point la réflexion, xxiii, 231. Ni la liberté, xxiii, 232. Combien la sagesse de Dieu paroît dans les animaux, xxiii, 233. Ils sont soumis à l'homme et n'ont pas même le premier degré du raisonnement, xxiii, 234. La ressemblance des organes ne prouve rien, xxiii, 235. Ce que c'est que l'instinct qu'on attribue aux animaux, est-ce un sentiment, ou un mouvement purement mécanique? xxiii, 236. Inconvéniens de la première opinion, xxiii, 237. Comment on en sort, xxiii, 239. Comment la seconde opinion se tire d'affaire, xxiii, 242. *Voy.* Corps, Homme.

ANNATES. Leur origine, xxi, 683, *note.* Le concile de Bâle les défend; ce qui s'ensuit, xxi, 680 *et suiv.*

ANNE, mère de Samuel, i, 14. Son cantique. Explication, i, 388.

ANNE la prophétesse; digne témoin de Jésus-Christ, pourquoi, vii, 324.

ANNE d'Autriche, reine de France, mère de Louis XIV. Son éloge, ix, 37; xi, 286, 485. Sa préparation à la mort, xii, 529. *Voy.* Discours.

ANNÉES. Elles se poussent successivement, comme des flots, xii, 476, 695.

ANNIBAL passe en Espagne avec son père, xxiv, 310, 311. Il remplace Asdrubal, xxiv, 311, 312. Il ne peut soutenir Carthage, attaquée par Scipion, xxiv, 622. Il échappe aux Romains par le poison, xxiv, 314.

ANNONCIATION de la sainte Vierge: élévation sur ce mystère, vii, 198 *et suiv.* Trois vertus principales que la sainte Vierge y fait paroître, vii, 204, 205. Sermons pour cette fête, xi, 131 *et suiv. Voy.* Incarnation, Marie, Verbe.

ANSE (concile d'). Les évêques françois y déclarent nul un privilége obtenu du Pape, xxi, 369, 370.

ANSELME (S.), archevêque de Cantorbéri, s'oppose aux rois d'Angleterre, sans parler de déposition. Ses lettres à Waleran, partisan de l'empereur Henri IV, xxi, 427 *et suiv.* Il a le premier défini la béatitude par une vue d'intérêt, xviii, 647, 648.

ANTECHRIST (l') est désigné dans l'*Apocalypse*, ii, 562, 564, 598 *et suiv.* Ce qu'on en peut dire de certain, iii, 99 *et suiv.* Prédiction de saint Paul mal expliquée et mal entendue par les protestans, iii, 84 *et suiv.*, 301, 302. La prostituée de Babylone de l'*Apocalypse* ne désigne pas l'Antechrist, iii, 190, 191. Ses caractères, iii, 295, 296. Sa persécution, iii, 297, 298. Sa séduction, iii, 300, 301. Le Turc et le Pape, selon Luther, sont deux antechrists, xiv, 44, 45. Le synode de Gap décide, comme article de foi, que le Pape est l'Antechrist, xiv, 579. Tous les papes, depuis saint Grégoire, ou même depuis saint Léon, sont, selon les protestans, des antechrits, xiv, 599.

ANTHIME. *Voy.* Agapet.

ANTIOCHE (le concile d') accepte l'exposition de la foi du pape Damase, xxii, 106.

ANTIOCHUS l'illustre entreprend de ruiner le temple et toute la nation juive, xxiv, 314, 435, Quel étoit son dessein en persécutant les Juifs, xxiv, 24. Son orgueil sans bornes, xxiv, 244. Il meurt d'une manière affreuse, xxiii, 548; xxiv, 250, 251, 315, 435, 436.

ANTIOCHUS Sidètes est reconnu roi de Syrie, xxiv, 316. Ses succès contre les Parthes; xxiv, 317. Il assiége et réduit à l'extrémité Jérusalem, qui est délivrée d'une manière admirable, xxiv, 436, 437. Il périt avec son armée, xxiv, 318, 319.

ANTOINE (S.) s'explique l'oraison non aperçue, xviii, 463, 464.

ANTONIN (S.), archevêque de Florence, croit que le concile ne peut imposer des lois au Pape, ni le Pape en faire de contraires au concile, xxii, 438. Son sentiment sur l'infaillibilité du Pape discuté, xxii, 535 *et suiv.*,. Ses sentimens sur la comédie, xxvii, 54, 55. Sa délicatesse alloit si loin qu'il ne permettoit même pas d'entendre le chant des femmes, xxvii, 56, 57.

APATHIE. Comment elle se trouve dans les parfaits, xviii, 498. Ce que les anciens en ont pensé, xviii, 502, 503.

APOCALYPSE. Merveilles de ce divin livre, ii, 300 *et suiv*. Explication morale d'après saint Augustin, ii, 303. Sens littéral et prophétique d'après le texte et la tradition, ii, 305, 306. Chute de Rome et de son empire annoncée, ii, 307, 308. Réfutation du système des protestans, ii, 308, 309. La prostituée de l'*Apocalypse* n'est pas une épouse infidèle ni l'Eglise corrompue, ii, 314, 315. Docteurs catholiques et protestans qui regardent l'Apocalypse comme accomplie, ii, 302, 315. La fin du monde n'est pas le seul objet de l'Apocalypse, ii, 317, 318. Plusieurs sens peuvent être à la fois l'objet de la prophétie, ii, 319, 320. Il n'est pas nécessaire que les prophéties soient entendues lorsqu'elles s'accomplissent, ii, 322. L'intelligence des prophéties dépend de l'esprit de Dieu qui dispense ses lumières avec une profonde sagesse, ii, 324. Pourquoi les saints Pères ont usé de tant de réserve dans l'interprétation de l'Apocalypse, ii, 328. La tradition ne peut aider dans cette interprétation, ii, 332, 333. Abus que les protestans font de ce livre, ii, 334, 335. Doctrine de ce livre sur le ministère des anges, ii, 336, 337. Sur la puissance des saints, ii, 340. Des martyrs, ii, 341. Sur l'efficace de la prière, ii, 342. Sur la connoissance que Dieu leur donne de ce qui arrive dans l'Eglise, ii, 343, 344. Des visions de saint Jean, ii, 345, 346. Division de l'Apocalypse en trois parties, ii, 350. Explication détaillée du premier chapitre, qui est comme l'exorde, ii, 351. Première partie, les Avertissemens, ii, 358. Seconde partie, les Prédictions. Remarques pour bien les entendre, ii, 370, 371. Histoire des événemens depuis saint Jean jusqu'à la prise de Rome par Alaric, ii, 377, 378. Application de ces remarques et de cette histoire au chap. iv *et suiv*, jusqu'au chap. xx, ii, 392, 393. Objection des protestans, ii, 545, 546 *et suiv*. Quels sont les mille ans, ii, 557. Troisième partie, les Promesses, ii, 576 *et suiv*. Abrégé de toute l'Apocalypse, ii, 585 *et suiv*. Satan vaincu est le sujet de ce livre, ii. 599.

Interprétation absurde que les protestans font de l'Apocalyse, III, 1 *et suiv*. Babylone ne désigne point l'Eglise, ni la bête, ni le Pape, III, 12, 13. Vaines objections des ministres, III, 15, 21. Leurs illusions, contradictions et absurdités continuelles, III, 22, 23, 24. Démonstration que la destruction de la prostituée est une chose accomplie, III, 119, 120. Que l'Eglise romaine est la vraie Eglise, III, 121, 122. Que la Babylone, la Bête et la Prostituée ne peut être une église corrompue, III, 123, 124. Que les ministres ne peuvent expliquer les quarante-deux mois de la persécution, III, 126 *et suiv*. Que leur système se dément de tous côtés, est l'ouvrage de la haine, et les conduit à des extrémités pitoyables, III, 140 *et suiv*. En quel temps saint Jean a écrit l'Apocalypse, III, 236, 237. Plusieurs événemens qu'il prédit, devoient bientôt arriver, III, 192, 193. Les nombres de l'Apocalypse sont des nombres mystérieux qui ne doivent pas se prendre à la rigueur, III, 198 *et suiv*. Bossuet prouve que son explication s'accorde avec le texte de l'histoire, et répond aux objections de Verensfels, III, 236 *et suiv*. L'Apocalypse est rejetée par Luther, XIV, 509. Jurieu et les autres calvinistes se contrarient les uns les autres, et se contredisent eux-mêmes dans leurs explications apocalyptiques, XIV, 620. Mède trouve l'Anglois dans l'endroit de l'Apocalypse où Jurieu trouve le François, XIV, 621 *et suiv*. Séditieuse explication de l'Apocalypse. La Réforme croit y voir que Rome est la Babylone qu'il faut exterminer, XV, 386. Remarques de l'abbé de Langeron sur le Commentaire de Bossuet sur l'Apocalypse, XXX, 529, 530 *et suiv*. Réflexions de l'abbé de Fénelon sur le chapitre IX de ce livre, XXX, 531, 532. Remarques de l'abbé Desmahis, XXX, 933. *Voy*. BÊTE.

APOLOGIE (l') de la Confession d'Augsbourg, faite par Melanchthon, est approuvée de tout le luthéranisme, XIV, 95. Elle met saint Bernard, saint Dominique et saint François parmi les saints Pères qui se croyoient justifiés par la foi, et non par les œuvres ; et condamne les moines, leurs successeurs, comme se croyant justifiés par les œuvres sans la foi, XIV, 118, 119.

APOTRES. Soin que Jésus prend d'eux, VI, 483. Ils font de plus grands miracles que Jésus-Christ, VI, 519, 520. Sont persécutés, haïs d'une haine de religion, VI. 571. Ils s'affligent de l'absence de Jésus, VI, 574. Effets que produit dans les apôtres la descente du Saint-Esprit, XXIV, 468. Ils tiennent le concile de Jérusalem, XXIV, 328. Combien étonnante leur entreprise, X, 327 ; XII, 20. Leurs victoires, X, 328, 329. Caractère et témoignage des apôtres, X, 343, 344. Leur doctrine et les moyens qu'ils emploient pour l'établir, XII, 20. Les dons extraordinaires, tels que celui des miracles, et leur sainteté ne doivent pas nécessairement passer à chacun de leurs successeurs, en vertu de la promesse : *Je suis avec vous*. Abus que les protestans font de ces dons particuliers et passagers, pour contester à l'Eglise sa visibilité, sa sainteté, son infaillibilité, xvii, 164, 174, 175. Les apôtres sont annoncés dans le Psaume xliv, 1, 158. Ils prouvent la divinité de Jésus-Christ, non-seulement par les miracles, mais aussi par les prophéties, i, 409, 410. Ils appliquent à Jésus-Christ beaucoup de passages des Psaumes, pour prouver sa divinité, sa résurrection, etc. i, 418, 419, 420, 423, 437, 439 *et suiv.* Les apôtres ont toujours été de bons citoyens, xxiii, 511, 512. Ils recommandent d'obéir aux princes, xxiv, 8, 9. Ils donnent pour marque de la vraie Eglise, son antiquité, xxiv, 33. Ce qu'on doit savoir des Apôtres et des Evangélistes pour sanctifier leurs fêtes, v, 194, 195.

APPEL du Pape au concile général. Il n'en est point parlé dans la *Déclaration du clergé*; en quel sens on peut le condamner, xxii, 319. L'appel ne doit avoir lieu que dans les cas extraordinaires où toute l'Eglise est bouleversée, la doctrine est odieuse, xxii, 383. On impute à tort aux docteurs de Paris que le recours au concile soit toujours nécessaire, xxii, 597. En quel sens les appels ont été condamnés par le pape Gélase, xxii, 321 *et suiv.* Pierre de Lune, schismatique, condamne le premier les appels au concile, sa bulle révoquée à Constance, xxi, 325. On objecte à tort une bulle de Martin V, xxi, 326. Bulles de Pie II et de Jules II pour défendre les appels, xxii, 330 *et suiv.* Exemples d'appels en différens temps, xxi, 573 *et suiv.*; xxii, 222, 253, 322, 323.

APPELS comme d'abus; leur origine, xxii, 413.

APPÉTIT *Voy.* VOLONTÉ.

APPLICATION. Combien elle est nécessaire à un prince; maux qui résultent de sa négligence, xxiii, 477.

ARAGONNOIS. Comment on les reçoit au concile de Constance, xxi, 619 *et suiv.*

ARBOUZE (la mère d') réformatrice du Val-de-Grâce. Son éloge, xxviii, 431.

ARC (Jeanne d') dite la Pucelle d'Orléans; récit de ses actions, xxv, 174 *et suiv.* Sa mort, xxv, 176.

ARCADE, empereur, excommunié par Innocent I, la pièce qui contient cette excommunication est supposée, xxi, 294 et note.

ARCHE (l') et les autres sacremens de l'ancien peuple, figures des choses célestes ou de l'Eglise, i, 30 *et suiv.* De quoi l'arche d'alliance étoit encore la figure, vii, 170, 171. Comment elle représentoit le Sauveur, x, 264.

ARGENT. Si vous prêtez de l'argent à mon pauvre peuple qui demeure au milieu de vous, dit le Seigneur, vous ne lui serez point un créancier rigoureux, et ne l'opprimerez point par des usures, xxxi, 1.

Vous ne prêterez point à usure à votre frère, ni votre argent, ni votre grain, etc., afin que le Seigneur bénisse votre travail, *ibid.*

ARIENS. Combien ils ont varié dans leurs différentes confessions de foi, xiv, 1, 2. Leurs erreurs sur le culte dû à Dieu, xiii, 125. *Voy.* Idolatrie. Ils étoient en petit nombre en comparaison des catholiques, même sous le règne de Constance, xxi, 275. Il est plus aisé, selon Jurieu, de se sauver dans leur secte que dans l'Eglise catholique, xv, 304, 305. Ce ministre accusé par ses confrères d'enseigner le pur arianisme, xvi, 6. Jurieu fait arianiser les Pères des trois premiers siècles, et le concile de Nicée, xvi, 61. Les ariens et les sociniens n'ont jamais rien dit de si extravagant que ce ministre fait dire aux anciens Pères, xvi, 88, 89. L'Eglise, quoi qu'en dise Basnage, ne varia jamais du temps de l'arianisme; elle persista toujours dans la même doctrine; elle conserva son étendue par toute la terre et ne cessa de reprocher aux ariens leur nouveauté, xvii, 213.

ARISTOTE. Sentiment de ce philosophe sur le théâtre. Il n'y admet point la jeunesse pour y voir ni les comédies, ni les tragédies, xxvii, 45. Extraits de la *Morale* d'Aristote, xxvi, 23 *et suiv.* Selon Aristote la reconnoissance est la chose qui vieillit le moins, l'espérance est le rêve d'un homme éveillé, *ibid.* Aristote, disciple de Platon et précepteur d'Alexandre, chef des péripatéticiens, xxiv, 313. On demandoit à Aristote ce que c'est que la prudence : La prudence est, dit-il, l'habitude de se comporter avec la véritable raison, relativement aux choses qui sont bonnes ou mauvaises pour l'homme, xxxi, 18. Le même philosophe répondit en une autre occasion que la bonté pour l'intellect pratique, c'est le vrai conforme à la volonté droite, *ibid.*

ARIUS. Combien son hérésie éprouve d'obstacles de la part de saint Athanase et de saint Hilaire, xi, 610.

ARMÉES, ARMES, *Voy.* Guerre.

ARMÉNIENS (les), sujets de la Perse, se donnent aux Romains. Basnage les cite pour autoriser les révoltes contre les souverains; sont-ils condamnés par la loi de Dieu? xv, 507 *et suiv.*

ARMINIUS (Jacques) combat les calvinistes par d'autres excès; il établit le pur pélagianisme et favorise les sociniens, xv, 8. Gomar, rigoureux calviniste, s'oppose à lui. Les églises calviniennes forment deux partis opposés, sous les noms de remontrans et de contre-remontrans, xv, 9, 10. *Voy.* Remontrans. Arminius préfère les sentimens que saint Augustin a rétractés à ceux qu'il a soutenus. iv, 210, 211.

ARNAUD de Bresse trouve des erreurs dans les dogmes de l'Eglise, qu'il entreprend de réformer. Saint Bernard s'y oppose, xiv, 21. *Voy.* Bernard (S.).

ARNAULD (Antoine), docteur de Sorbonne, réfute la lettre de M. Spon sur l'*Antiquité de la religion*, xxvi, 275. Estime que fait Bossuet de cette réfutation, xxvi, 276. Il compose l'*Apologie des catholiques* contre Jurieu, xx, 541, 542; xxvi, 289. Il donne le *Traité des vraies et fausses Idées*, contre Malebranche, xxvi, 321. Bossuet souhaitoit que ces ouvrages se répandissent, pour le bien de l'Eglise, xxvi, 322. A la demande du prélat, il travaille à une réfutation du *Traité de la Nature et de la Grace*, du P. Malebranche, xxvi, 321, 325. Plusieurs gens doctes, éblouis du savoir de ce docteur, s'en servoient pour rabaisser l'autorité des jugemens de l'Eglise, xxvi, 238, *et suiv*. Arnauld félicite Bossuet du dessein qu'il avoit d'écrire pour la défense de saint Augustin contre Richard Simon et lui demande son jugement sur divers écrits, xxx, 549.

ARNOUL de Carinthie, empereur d'Allemagne, de la race de Charlemagne, est élu roi de Germanie après la déposition de Charles le Gros, xxv, 37. Arnoul est sacré empereur par le pape Formose, *ibid*. Sa mort, *ibid*.

ARNOUL (S.), évêque de Metz, père d'Ansegise, maire du palais, et tige des rois de la seconde race, xxi, 356 *et suiv*.

ARNOUL, évêque de Lisieux, témoigne que l'empire d'Allemagne dépend de l'Eglise romaine, xxi, 496, 497.

ARTICLES fondamentaux selon les calvinistes. Toutes leurs disputes avec les luthériens ne leur paraissent pas être sur des points fondamentaux, au lieu que celles qu'ils ont avec les catholiques roulent sur ces points, x, 49, 50. Absurdités avancées par Jurieu, au sujet des articles fondamentaux et non fondamentaux, xv, 312, 313. Les sociniens demandent aux réformés qu'on leur fasse voir par l'Ecriture quels sont ces articles. Jurieu avoue qu'il ne le peut, xvi, 141. Trois caractères qu'il propose pour les distinguer : inutilité des deux premiers, extravagance du troisième, xvi, 141, 142. Jurieu veut encore qu'on distingue les articles fondamentaux par leur liaison avec la fin de la religion. Sa foiblesse sur ce point contre les sociniens. La preuve se détruit d'elle-même, xv, 325. La doctrine de la grace et de la présence réelle, sur laquelle les calvinistes et les luthériens pensent différemment, fait tomber toutes les preuves de Jurieu sur les articles fondamentaux. Sa chicane à ce sujet détruite, xv, 48, 49. Sur quoi est fondé le prétendu goût des articles fondamentaux. Absurdités de Jurieu, xvi, 159. C'est se moquer du genre humain, de vouloir qu'il croie par goût la Trinité et l'Incarnation, xvi, 160. On peut admettre la distinction d'articles fondamentaux et non fondamentaux, mais dans un sens bien différent de Jurieu, xviii, 261 *et suiv*.

ARTS. Quels furent les premiers : Noé les conserve, xxiv, 265, 266. En quoi les arts diffèrent des sciences, xxiii, 65, 66. Quels sont les principaux, xxiii, 66, 67. Leur fécondité, vii, 39. A quoi ils tendent, x, 629.

ASAPH, un des auteurs des Psaumes, i, 49, 50. Est-il l'auteur de ceux qui portent son nom ? i, 215, 216, 217.

ASCENSION de Notre-Seigneur. Explication du mystère de cette fête, v, 172, 173. Triomphe de Jésus-Christ en ce jour, x, 263. Pourquoi Jésus-Christ rend ses disciples témoins de son Ascension, x, 283. Ce que comprend ce mystère, xxvii, 528; xxviii, 179.

ASSASSINATS commis dans la Réforme, avec autorisation par les ministres : exemples, l'assassinat du duc de Guise et plusieurs autres, xv, 541.

ASSEMBLÉES de charité. Sermons ou Exhortations que Bossuet y a prêchés, viii, 1, 70; ix, 550; x, 468.
Assemblée du clergé de France de 1682, xxi et xxii.

ASSOMPTION de Marie. Sermons pour cette fête, xi, 304 *et suiv.* Combien glorieuse et réjouissante pour les esprits célestes, xi, 311 *et suiv.* Sermon pour la veille de l'Assomption de la sainte Vierge, xi, 341. La solennité de l'Assomption comprend trois choses fort importantes : sa mort, sa glorieuse résurrection, la magnificence de son triomphe, *ibid.*

ASSUÉRUS, roi de Perse. Sa foiblesse fait pitié, xxiii, 572.

ASSYRIENS. On a très-peu de choses certaines touchant leur premier empire, xxiv, 290, 291, 292, 596. Sémiramis l'augmente, xxiv, 596. Sa chute, xxiv, 280. Leur second empire, *ibid.* Ils détruisent le royaume d'Israël, xxiv, 280, 281. Justin ne parle point du second royaume des Assyriens, ni de ces fameux rois d'Assyrie et de Babylone, si célèbres dans l'Histoire sainte, xxiv, 286. *Voy.* BABYLONE, NINIVE.

ATHALIE usurpe le royaume de Juda : sa mort, xxiv, 278. L'exemple de sa déposition prouve-t-il l'autorité du Pape sur le temporel ? xxi, 141, 210.

ATHANASE (S.), patriarche d'Alexandrie, fait par ses longues souffrances l'admiration de l'Eglise, xxiv, 341. Il excommunie un gouverneur, xxi, 241. Déclare qu'on doit obéir à l'empereur Constance, quoiqu'il persécutât les catholiques, xxi, 282. Belle lettre de ce Père sur l'usage qu'on peut faire des Psaumes, i, 59, 60. Il prouve la divinité de Jésus-Christ par ce texte : *Je vous ai engendré aujourd'hui*, i, 416, 417. Il prouve aux ariens la nouveauté de leur doctrine, et que la foi du concile de Nicée étoit celle dans laquelle les martyrs avoient versé leur sang, xv, 237. Sa sublime théologie sur l'unité de Dieu, dont les trois personnes se rapportent à un seul principe, xvi, 42. Sentiment de saint Athanase sur la cause de l'idolâtrie, xxvii,

241, 242. Selon lui, avoir plusieurs Dieux, c'est n'en avoir point; et ainsi l'idolâtrie étant partout, il y avoit partout une espèce d'athéisme, xxiii, 242, 243.

ATHÉES. Il y en a de diverses sortes; combien insensés, i, 8; viii, 94, 119. *Voy.* INCRÉDULES.

ATHÉNAGORE et les anciens Pères calomniés par Jurieu, comme ne croyant pas Dieu immuable; justifiés par les propres paroles d'Athénagore; et non-seulement par les catholiques, mais même par les plus savans protestans, xv, 210. Il est attaqué par Jurieu comme enseignant deux nativités du Verbe. On le justifie par ses propres paroles que ce ministre falsifie, xvi, 69. Son dessein étoit de prouver aux païens que les chrétiens ne sont pas des athées, comme les païens le supposoient, xvi, 72, 73.

ATHÉNIENS. Leur ville fondée par Cécrops, xxiv, 270. Thésée forme leur gouvernement, xxiv, 273. Ils abolissent la royauté et créent des archontes, xxiv, 274, 275, 279, 282. Ils répandent leurs colonies dans l'Asie, xxiv, 273. Pisistrate s'empare de l'autorité parmi eux, xxiv, 285. Ils chassent Hipparque son fils, et éteignent la tyrannie, xxiv, 295. Ils battent les Perses à Marathon, xxiv, 296. Ils font la guerre aux Lacédémoniens qui, sous la conduite de Lysandre, prennent Athènes, xxiv, 303. Sont battus à Chéronée par Philippe, xxiv, 304. Caractère des Athéniens, xxiv, 610.

ATTENTION. Sa nature. Ses effets immédiats sur le cerveau, xxiii, 156, 157. Son effet sur les passions, xxiii, 162. Combien l'attention est nécessaire aux princes, xxiii, 611.

ATTILA, roi des Huns, le plus affreux de tous les hommes, désole l'univers avec une armée immense, xxiv, 347, 348. Quel coup il frappa sur l'empire romain, ii, 500. Le pape saint Léon se fait respecter par ce roi barbare et païen, xxiv, 348.

ATTON, évêque de Verceil, prouve qu'on doit l'obéissance même aux méchans princes, xxi, 341, 342.

ATTRAIT. Il faut suivre celui que Dieu donne, xxviii, 126, 131, 149, 196, 223, 224, 232, 233, 243, 252, 265, 443. Le distinguer du consentement, xxiii, 285.

ATTRIBUTS divins. Doctrine des quiétistes sur ce sujet, xviii, 412. Doctrine de saint Clément d'Alexandrie, xviii, 413. Ces attributs proposés dans le Symbole pour être crus distinctement, xviii, 415.

ATTRITION. Sa nature et sa vertu, v, 427. *Voy.* CONTRITION.

AUBERTIN (Edme), ministre protestant, dit faussement que Claude Seyssel, archevêque de Turin, qui détaille et combat les erreurs des vaudois, n'avoit osé attaquer leur opinion contraire à la transsubstantiation et à la présence réelle. Ils pensoient comme l'Église sur ces deux points, xiv, 508.

AUGSBOURG. *Voy.* AUSBOURG.

AUGUSTE gagne la bataille d'Actium, et se rend maître de tout l'empire, xxiv, 324, 325, 647. Auguste acheva son règne avec beaucoup de gloire, xxiv, 325.

AUGUSTIN (S.) éclaire l'Eglise par ses écrits, et confond les hérétiques, xxiv, 346. En écoutant avec plaisir l'éloquence de saint Ambroise, il remporte la semence des scrupules qui produisirent ensuite sa conversion, xxvi, 387. Eloge de ce saint; combien dur étoit son esclavage dans la liberté des enfans du monde. Dieu le convertit, xi, 429, 430. Doctrine de ce Père sur la grace développée dans l'*Avertissement sur le livre des Réflexions morales*, iii, 312 *et suiv.* Saint Augustin est accusé d'être novateur par Grotius, par Richard Simon et ensuite par l'abbé Dupin, iii, 492; iv, 3, 6, 7, 240, 241; xx, 534. On le justifie de cette accusation, iii, 494, 495, 496, 499; iv, 3, 6 *et suiv.* Malignité de Richard Simon contre ce saint Docteur, iii, 553, 554. Il est accusé d'erreur sur la nécessité de l'Eucharistie et sur le péché originel, iv, 17, 18. Justifié, iv, 18, 21, 24, 25. Insulté par Richard Simon, iv, 150, 161 *et suiv.* Son amour pour l'Ecriture sainte, iv, 154, 155 *et suiv.* Usage admirable qu'il en fait, iv, 155 *et suiv.* Caractère de ce Père, iv, 162, 163. Son autorité sur la matière de la grace, iii, 498 *et suiv.* S'opposer à ce saint Docteur sur la matière de la grace, c'est s'opposer à l'Eglise, iv, 176. Il est chargé de la cause de l'Eglise contre les pélagiens, iv, 177. Démonstration qu'il n'a défendu que l'ancienne et véritable doctrine, iv, 178, 179. Il est vénéré de l'Orient comme de l'Occident, et invité en particulier au concile d'Ephèse, iv, 183, 184. Sa pénétration et son autorité, iv, 185. Le pape Célestin prononce qu'Augustin est le défenseur de l'ancienne doctrine, iv, 187, 188. Raisons de ce jugement, iv, 189. Quatre papes et quatre conciles ont prononcé la même chose, iv, 190. Toute l'Eglise a toujours pensé ainsi, iv, 193, 194, 195, 196. Tradition constante de tout l'Occident en faveur de l'autorité de ce saint Docteur, iv, 198. Injustice de Richard Simon, qui préfère les sentimens que ce Père a rétractés à ceux qu'il a toujours soutenus, iv, 206, 207. Usage qu'a fait saint Augustin de l'autorité des Pères qui l'ont précédé, iv, 218. Quoi qu'en dise Grotius, saint Augustin tenoit la même doctrine sur la grace avant sa dispute avec les pélagiens, iv, 215, 216. Il la tenoit après sa conversion, et avant l'examen de la question, iv, 216, 217. La preuve en est au livre de ses *Confessions*, iv, 219, 220. Dans ses premières lettres et ses premiers écrits, iv, 221. Il tombe dans l'erreur sur la gratuité de la grace, en commençant à approfondir la question, iv, 224. Il en sort bientôt, ii, 226, 227. Se reprend lui-même dans ses *Rétractations*, iv, 229. Et devient capable de défendre la vraie doctrine, iv 230. Ses changemens ne font qu'augmenter son autorité, IV, 233. Nouveaux témoignages des auteurs catholiques en faveur de saint Augustin, IV. 234. Témoignages remarquables de plusieurs savans Jésuites, IV, 236. Accusations odieuses de Richard Simon, IV, 240, 243, 247, Force de la logique de saint Augustin contre Julien d'Eclane, IV, 249. Avantages qu'il a tirés du texte grec contre son adversaire, IV, 250, 251. Ainsi que des Pères et commentateurs grecs, IV, 258. Ce Père n'a enseigné sur le péché originel que la doctrine de toute l'Eglise, IV, 262, 263. Il a admis dans le sein de l'Eglise, une grace efficace, IV, 372, 373, 416. N'a point fait Dieu l'auteur du péché, IV, 414, 415. Tradition constante de sa doctrine sur la prédestination, IV, 430. Conciliation de sa doctrine avec celle des anciens. IV, 482, 483.

Saint Augustin soutient sur la justification, contre les pélagiens, la même doctrine que nous soutenons contre les protestans, XIII, 404. Il enseigne que les péchés étoient détruits dans les justes, bien qu'il n'y ait point de justes qui ne soient pécheurs, XIII, 407. Il soutient en plusieurs endroits que la régénération en Jésus-Christ nous justifie, XIII, 411. Que la foi est le principe de notre justification, XIII, 414, 419, 420. Que la convoitise dans les justes ne détruit pas la sainteté, XIII, 427, 430. Sa doctrine sur le mérite des œuvres, XIII, 434. Les réformés le citent en faveur de la justice imputative, qu'il n'a ni connue, ni enseignée. Mélanchthon traite d'imagination la doctrine de ce Père sur la justification du pécheur, XIV, 199. Ce saint docteur n'a pas innové dans le culte qu'il faut rendre aux saints, comme le lui reproche Daillé, XIII, 55. Il enseigne qu'en offrant le sacrifice sur le corps des saints, ce n'étoit pas à eux qu'on l'offroit, ni lorsqu'on en faisoit mémoire au milieu des saints mystères, on ne prioit pas pour eux, mais on les conjuroit de prier pour nous, XIII, 57. Il range les manichéens parmi les gentils, et expose une partie de leur doctrine, XIII, 124. Règle qu'il donne pour connoître les véritables traditions, XIII, 331. Jurieu falsifie un passage de ce Père, pour lui faire dire que l'Eglise apprend de nouvelles vérités, XV, 200. Saint Augustin prouve au contraire, contre les pélagiens, que la foi de l'Eglise n'a jamais varié, XV, 223. Saint Augustin est contraire à la contemplation perpétuelle, XVIII, 398, 642, 643. Quelle est selon lui la règle de la volonté de Dieu, XVIII, 446. Sa doctrine sur la persévérance; qu'il faut la demander pour l'obtenir, XVIII, 488 *et suiv.* Sur les effets de la grace, XVIII, 490. 627. Il n'a pas connu l'oraison passive, XVIII, 539 *et suiv.* Ce qu'il dit du parfait abandon, XVIII, 625. Son sentiment sur l'amour pur, XVIII, 660 *et suiv.* Sur les suppositions impossibles, XVIII, 667. Effort qu'il admet comme nécessaire dans l'opération du libre arbitre, XVIII, 627, 641. Sa doctrine sur le *Pater*, XVIII, 655. Quels sont, selon lui, les devoirs de la charité et de la justice, xviii, 665 *et suiv*. Quatre principes de ce saint docteur sur la béatitude en tant que motif de nos actions, xix, 735. Sommaire de sa doctrine sur la béatitude en général, xix, 755. Il n'a point connu le pur amour, au sens des nouveaux mystiques, xix, 756.

Réflexions de saint Augustin sur la chute de Rome, ii, 389, 540. Ce Père pose pour principe, que jamais les sujets ne sont en droit de prendre les armes contre leur souverain; et que, s'ils en sont persécutés injustement, ils n'ont point d'autre parti à prendre que de souffrir, xv, 312. Il prouve que les chrétiens doivent obéir même aux méchans princes : exemple de Julien, xxi, 276, 277. Ce qu'il pense de la contestation du pape saint Etienne avec saint Cyprien, xxi, 88, 89. On examine le passage de ce Père : *La cause est finie*, xxii, 163, 164. Ce qu'on lui prête sur le pape Zozime n'est pas exact, xxii, 232 et note. Saint Augustin avoit cru d'abord qu'il ne falloit pas contraindre les donatistes : ce qui le fit changer de sentiment, xxvii, 186. *Voy*. Donatistes.

En quoi consiste la véritable psalmodie, selon ce Père, i, 60. Quel en est le meilleur usage, i, 62. Il mettoit en doute s'il falloit laisser dans les églises un chant harmonieux, de peur d'affoiblir par là la vigueur des ames, xxvii, 49, 50. En quoi il fait consister le vrai bonheur des rois, xxiv, 258.

AUGUSTIN (S.) moine, envoyé par saint Grégoire le Grand, convertit l'Angleterre, xxiv, 352.

AUMONE. Sa nécessité et son mérite, vi, 276; ix, 550 *et suiv.;* 560 *et suiv.* xxii, 701. Refus de faire l'aumône, crime capital, ix, 77, 78. Efficacité de l'aumône, ix, 84, 85. Combien il est doux de faire l'aumône, ix, 557, 558. Qu'il faut retrancher de ses convoitises pour faire l'aumône, ix, 559. Motif de faire l'aumône, en considérant Jésus-Christ dans les pauvres, ix, 561 *et suiv*. Vices à éviter touchant l'aumône, x, 614. *Voy*. Pauvres, Riches.

AURÉLIEN, empereur, triomphe de Zénobie, xxiv, 335. Sa colère lui cause la mort, *ibid*.

AUSBOURG ou AUGSBOURG. (Diète d') tenue par l'empereur Charles V. Les protestans y donnent différentes confessions de foi, xiv, 93 *et suiv*. *Voy*. Confessions de foi. La confession de foi des luthériens et des zuingliens est présentée à Charles-Quint dans la ville d'Augsbourg, xxv, 385.

AUSTÉRITÉS. Elles sont salutaires, xi, 436. Combien on doit en user modérément, xxvii, 445, 451, 489, 499, 536, 538, 565, 586, 610; xxviii, 324. Préférer la mortification du cœur, xxviii, 327. Se contenter de celles de la règle, xxviii, 332, 360. Consulter le confesseur là-dessus, xxviii, 464.

AUTEURS. Louanges que le monde donne aux grands auteurs ; comment Dieu les récompense et les punit tout ensemble, vii, 452, 453. Les auteurs profanes n'ont point de goût à qui connoît Jésus-Christ, xxvii, 595.

AUTORITÉ. La première qui ait été exercée parmi les hommes est l'autorité paternelle, xxiii, 517. Caractères essentiels de l'autorité royale, xxiii, 532 *et suiv. Voy.* GOUVERNEMENT, PRINCE, ROIS.

AUTORITÉ DE L'ÉGLISE (l'), établie par Jésus-Christ pour nous transmettre les Ecritures, nous apprendre leur sens véritable, décider toutes les questions épineuses, d'une manière irrévocable, infaillible, xiii, 97. Sentimens des protestans sur l'autorité de l'Eglise; leurs variations sur ce point de doctrine, xiii, 99. Déclaration du synode de Charenton et autres sur cette matière, *ibid et suiv*. L'assujettissement à l'autorité de l'Eglise est le vrai remède aux absurdités où l'on se jette, en suivant son propre esprit, xvii, 119. Soumission à l'autorité de l'Eglise exigée par les protestans comme par les catholiques, xiii, 518, 519. Preuves tirées de leurs consistoires et de leurs synodes, xiii, 519, 520, *et suiv*. Doctrine des protestans sur l'autorité de l'Eglise, xiii, 527. Elle ne peut être soutenue, sans qu'on en conclue qu'un particulier peut mieux juger de la foi que l'Eglise universelle, xiii, 533. L'autorité de l'Eglise, rejetée dans la spéculation par les protestans, est reconnue dans la pratique. Nouvelle preuve qu'on en apporte, xiii, 564. Vaines subtilités qu'ils allèguent pour fronder la conséquence qu'on en tire, xiii, 564, 565. L'autorité du saint Siége et de l'épiscopat établie par Jésus-Christ, reconnue par toutes les Eglises, enseignée par les saints Pères, nécessaire pour l'unité, xiii, 103, 104. *Voy.* EGLISE, PAPE.

AUTORITÉ (de l') *des jugemens ecclésiastiques, où sont notés les auteurs des schismes et des hérésies*; dessein de Bossuet en composant cet ouvrage. Comment il a disparu, xxvi, 238 et note. *Voy.* EGLISE, JANSÉNISME.

AUTRICHE. Caractère de cette maison, xii, 509.

AUXILIUS, prêtre de Rome, dit qu'on ne doit pas obéir aux ordres injustes des papes, xxii, 221 *et suiv*.

AVARE. Pour n'être point avare, il ne suffit pas de n'avoir point d'ambition pour le superflu, il ne faut point d'empressement pour le nécessaire; autrement le superflu même prend le visage du nécessaire, à cause de l'instabilité des choses humaines, qui fait qu'il nous paroît qu'on ne peut jamais avoir assez d'appui, ix, 300.

AVARICE (l'). Passion détestable, x, 64. Ses effets, xi, 569. Il faut la déraciner, vi, 48. Par quel moyen, vi, 52. Les richesses ne la guérissent point, ix, 181. L'avarice amasse de tous côtés, ix, 300. Pour ne point sacrifier à l'avarice, il faut se résoudre une fois à ne pas craindre la pauvreté, à n'avoir point d'empressement pour le nécessaire, *ibid*

Plusieurs sortes d'avarice, vi, 55, 56. L'avarice est une idolâtrie, x, 615.

AVENT. Ce que c'est que ce saint temps, v, 149 et suiv. Sermons pour le temps de l'Avent, viii, 92 à 241.

AVERTISSEMENS aux protestans sur les lettres du ministre Jurieu; contre l'*Histoire des variations*. Premier avertissement, xv, 181 et suiv. Deuxième avertissement, xv, 239. Troisième avertissement, xv, 278. Quatrième avertissement, xv, 364. Cinquième avertissement, xv, 380. Sixième avertissement, xvi, 1 et suiv.

AVEUGLEMENT. Comment représenté dans l'Ecriture, viii, 233. Notre aveuglement aussi grand que celui des Juifs, x, 88, 89.

AVIS AUX RÉFUGIÉS. L'auteur de cet ouvrage, quoique protestant, montre les égaremens où la réforme s'est jetée, en attaquant la majesté des rois et la tranquillité des Etats, xv, 569, 570.

AZPILCUETA (Martin), appelé aussi *Navarrus*, ne décide rien sur la supériorité du Pape ou du concile, xxi, 22; xxii, 489.

B

BABEL (tour de). C'est l'ouvrage de l'orgueil, vii, 146. Dieu y frappe le genre humain par la confusion des langues, xxiv, 266, 380.

BABYLONE fondée par Nemrod, xxiv 267. Son royaume établi par Bélésis, xxiv, 281. Sa puissance s'augmente sous Nabopolassar, xxiv, 284. Elle est prise par Cyrus, xxiv, 285, 421, 601. Beauté de cette ville; caractère de ses peuples, xx, 578, 579. Babylone représente Rome dans l'Apocalypse, ii, 307, 308. Sa chute dans l'Apocalypse est celle de Rome sous Alaric, iii, 82. Caractère des deux cités, Babylone et Jérusalem, viii, 417, 418.

BAGOT (Jean) jésuite. Son livre sur le droit des évêques, dénoncé à l'assemblée du clergé de 1655, il se rétracte, xxii, 136, 137.

BAJAZET, empereur des Turcs, porte la guerre en Hongrie, défait les François, xxv, 150. Discours impies de ce prince. Sa triste fin, xxv, 152.

BALE. Cette ville désignée pour la tenue d'un concile général, xxi, 661 *et suivantes*. Les premières sessions de ce concile sont légitimes, de même l'aveu de Bellarmin, etc., xxi, 54 *et suiv.* Quel est le sens de ses décrets sur le temporel, xxi, 503. Il renouvela les décrets de la quatrième et cinquième session du concile de Constance, xxi, 564, 664. Histoire du premier différend entre le Pape Eugène IV et le concile, xxi, 663 *et suiv.* Le clergé de France ne défend pas les dernières sessions du concile, xxi, 687. Pourquoi il n'est plus regardé comme œcuménique depuis la session vingt-cinquième, xxi, 703 *et suiv.* Il est transféré à Lausanne et se dissout, xxi, 708 *et suiv. Voy.* EUGÈNE IV, AMÉDÉE.

Le concile de Bâle accorde quatre articles aux Calixtins, xiv, 550, 551. Comment il parvint à réunir les Bohémiens séparés de l'Eglise, xvii, 490. Sa condescendance, xvii, 543 *et suiv.*, 596. Sentence exécutoriale des légats du concile au sujet du traité conclu avec les Bohémiens, xviii, 105, 110. Explication de ce fait, xviii, 158, 207. *Voy.* CONFESSION DE FOI.

BALTASAR, roi de Babylone, périt au milieu d'une fête, en punition de ses profanations, xxiv, 249, 250, 421.

BALUE (Jean de la) porte au parlement les lettres du Pape relatives à l'abolition de la Pragmatique-Sanction, xxv, 203. Il est fait évêque d'Evreux et cardinal, *ibid.* Trahit son maitre, et est enfermé dans une cage de fer, xxv, 206.

BAPTÊME. En quoi il consiste, et ses cérémonies, v, 19, 103. Ses effets, viii, 146, 509, 510; xii, 63. En quoi il diffère de la pénitence, viii, 491. Le baptême nous donne un droit réel sur le corps de Jésus-Christ. Conséquence, viii, 80. Combien peu de chrétiens ont conservé l'innocence du baptême, viii, 509, 510. Belle cérémonie que l'on observoit dans l'ancienne Eglise, au baptême des chrétiens, x, 485. Le baptême de saint Jean et celui de Jésus : en quoi ils diffèrent, vii, 354 *et suiv.* Elévations sur le baptême de Jésus, vii, 359 *et suiv.*

Le baptême est de nécessité absolue pour les enfans, qui ne peuvent y suppléer, iv, 18, 19; xiii, 71. Les seuls calvinistes ne reconnoissent pas cette vérité, *ibid.* Dieu a-t-il une volonté réelle de sauver les enfans qui meurent sans baptême ? iv, 348. Leur damnation, aussi bien que la prédestination de ceux qui meurent baptisés, ne vient que des secrets jugemens de Dieu, iv, 351. *Voy.* SFONDRATE. La tradition seule prouve que le baptême est valide, donné par infusion, xvi, 365 *et suiv.* Donné aux petits enfans, ou par des hérétiques ou par des infidèles, xvi, 366 *et suiv.* Ce sacrement opère *ex opere operato*, xvii, 510.

Zuingle attaque la nécessité du baptême, sans lequel il croit que le mal originel, qu'il dit n'être pas péché, est ôté dans les hommes par la mort de Jésus-Christ, xiv, 68, 69. Selon lui, ce qu'on appelle péché originel ne damne personne; le baptême n'ôte aucun péché, et ne donne aucune grace, xiv, 70, 71. Il force tous les passages de l'Ecriture, pour en conclure que le baptême est seulement le signe du sang de Jésus-Christ, xiv, 71. 72. Il méprise tout ce que disent les Pères sur le baptême, et ne daigne pas même les consulter, xiv, 71. Les luthériens admettent la nécessité du baptême pour être fait enfant de Dieu, xiv, 110. Ce que la Confession d'Augsbourg enseigne clairement, xiv, 121.

Selon Calvin et les calvinistes, le baptême n'est pas nécessaire au salut, xiv, 358. Il est la source de la grace, et ne l'opère pas. Les enfans des fidèles naissent dans la justice. Calvin appuie ce nouveau dogme d'un passage de l'Ecriture, mal entendu, xiv, 359. Il suit de cette doctrine, jointe à celle de l'inamissibilité de la justice, que toute la postérité d'un fidèle est prédestinée, xiv, 360. Etranges contradictions des calvinistes sur ce point, xiv, 361. Les calvinistes en recevant la Confession d'Augsbourg admettent la nécessité du baptême, xiv, 395. Le baptême inutile, selon les manichéens, xiv, 468. Les vaudois en méprisent les cérémonies, xiv, 513. Les Frères de Bohême rebaptisoient tous ceux qui venoient à eux, xiv, 553.

Les remontrans ou arminiens nient la nécessité du baptême, xv, 11, 12. Le synode de Dordrecht approuve ce point de leur doctrine, xv, 16, 17. Les protestans admettent, comme l'Eglise catholique, le baptême par infusion introduit par la coutume, sans décision de l'Eglise, quoiqu'il ne soit pas plus établi dans l'Ecriture que la communion sous une espèce, xv, 148. Ils contredisent leurs propres principes, en recevant la forme du baptême usitée dans l'Eglise catholique, xvii, 127, 128.

BARCOCHÉBAS excite les Juifs à la révolte, ii, 378; iii, 241 *et suiv*.

BARNEVELD (Jean), ennemi du prince d'Orange, prend parti pour Arminius et les remontrans ou calvinistes pélagiens contre les gomaristes, xv, 9.

BARONIUS (César), cardinal. Ses tergiversations quand il s'agit de défendre les prétentions ultramontaines, xxvi, 306. Il déploroit la renaissance des semi-pélagiens, sous prétexte de s'opposer à Luther, xxvii, 220. Son opinion de la falsification des Actes du sixième concile réfutée, xxi, 77; xxii, 62 *et suiv*. Sa dispute avec Bellarmin sur la lettre de saint Léon, examinée au concile de Chalcédoine, xxi, 81; xxii, 43. Il avance à tort que Grégoire II déposa Léon l'Isaurien, xxi, 309, 310. Ce qu'il dit sur la translation de l'empire, des François aux Allemands, xxi, 377 *et suiv*.

BARTHÉLEMY (Massacre de la Saint-). Récit des scènes d'horreurs qui s'y passèrent, xxv, 424 *et suiv*. Elles se renouvellent dans quelques provinces du royaume, xxv, 428 *et suiv*.

BARTHÉLEMY des Martyrs, archevêque de Brague; Bossuet estimoit sa *Vie* publiée sous le nom des religieux du noviciat des Frères Prêcheurs, xxvi, 109.

BASILE (S.) le Grand. Combien, selon lui, la vie chrétienne doit être sérieuse, xxvii, 72. Ce qu'il entend par les paroles inutiles dont on rendra compte au jugement, xxvii, 73. Ce Saint est outragé par Lupus, xxi, 85, 86. Ce qu'il dit de la réception d'un décret du Pape, *ibid.* Son opinion sur la validité du baptême des hérétiques, **xxi**, 492 *et suiv.*

BASINE, femme du roi de Thuringe, épouse Childéric, du vivant de son premier mari, xxv, 3.

BASNAGE (Jacques) ministre protestant, fertile en injures, xvi, 1 *et suiv.* Il tâche vainement de justifier les synodes de la Réforme, d'avoir approuvé les révoltes, xv, 528 *et suiv.* Il cite à faux de Thou et la Popelinière, au sujet des révoltes des calvinistes des vallées du Piémont contre le duc de Savoie, xv, 531 *et suiv.* Il ne cherche qu'à éblouir les lecteurs, et falsifie les faits, xv, 532, 533. Il justifie mal l'électeur de Saxe et le landgrave de Hesse de la guerre entreprise en conséquence de la ligue de Smalcalde, xv, 555. Il accuse sans preuve l'auteur d'avoir tronqué un passage de Mélanchthon, que lui-même falsifie, xv, 559 *et suiv.* Il prouve ce qu'on ne lui conteste pas, et dissimule ce qu'on lui conteste, xv, 560, 561. Il impute à l'Eglise de prétendre dispenser des lois de Dieu, xv, 577. Il blâme Jurieu de trouver, à l'occasion de l'affaire du landgrave de Hesse, des nécessités contre l'Evangile, xv, 379. Il entreprend de réfuter la première *Instruction pastorale sur les promesses faites à l'Eglise.* Sa témérité de contester à Jésus-Christ d'avoir pu donner, en six lignes, un remède à toutes les erreurs, xv, 480, 481. Il enseigne que l'Eglise peut être livrée à la puissance de l'enfer, pendant que Jésus-Christ est avec elle, xvii, 155. Il accuse l'auteur d'appliquer la promesse aux seuls pasteurs de l'Eglise latine, xvii, 157. Il élude la force de ces paroles : *Je suis avec vous*, xvii, 158. Ses absurdités grossières et sans nombre au sujet de l'Eglise, qu'il suppose pouvoir être invisible. Il corrompt les paroles de Jésus-Christ, xvii, 171, 172. Il réduit à rien les promesses de Jésus-Christ, en bornant sa présence aux consolations intérieures qu'il donne aux saints, xvii, 174. Il ose même faire Jésus-Christ schismatique et novateur, et dire que tous les caractères donnés par les catholiques à l'Eglise, manquoient à Jésus-Christ, xvii, 180. Il compare les commencemens de Calvin à ceux de Jésus-Christ, xvii, 181, 182. Il autorise les schismes. *Voy.* Schisme. Il avance une multitude de faits étrangers à la question, et laisse à l'écart ceux qui seuls sont importants au salut, xvii, 190, 212. Il entreprend de prouver qu'il y a eu des innovations dans l'Eglise, et demeure court dans sa preuve, xvii, 190, 193. Sur le dogme de la visibilité et de l'étendue de l'Eglise, il oppose à saint Augustin saint Athanase, saint Hilaire et saint Grégoire de Nazianze, qui disent la même chose que ce saint docteur, xvii, 224. Maxime trompeuse et illusoire de Basnage, que la promesse de Jésus-Christ doit s'expliquer par l'événement et non par la clarté des paroles et la véracité de celui qui promet, xvii, 230 *et suiv.* Ses chicanes sur son père. Le prince avoit demandé à Bossuet un curé pour l'Eglise de Chantilly. Le prélat lui en indique un dans le diocèse de Poitiers, xxvi, 338.

Sa tendre sollicitude pour ramener au bercail de l'Eglise ceux d'entre ses diocésains que l'hérésie en avoit éloignés, xxvi, 352, 368, 369. Eloge que font de lui les protestans, xxvi, 352 *et note*. Il donne son avis au duc de Noailles, sur un projet de réunion proposé par deux ministres, xvii, 356, 357. Sa réponse aux calomnies des protestans contre l'*Exposition*. *Voy.* EXPOSITION. En écrivant contre eux Bossuet s'attend à des plaintes et à des récriminations de leur part. Il montre d'avance combien elles sont vaines, xiv, 14, 15. Jurieu l'accable des injures les plus atroces, xvi, 3, 4, 5. Le traite de *fripon* et de *fourbe*, pour l'avoir renvoyé au P. Petau et à Bullus, afin d'apprendre d'eux les sentimens des anciens Pères, xv, 28. Il accuse souvent le prélat de ne pas croire ce qu'il dit ; et soutient que son zèle pour la défense des mystères de la religion, n'est qu'une comédie, xvi, 113. Il l'accuse d'avoir nié, dans son *Catéchisme*, l'obligation d'aimer Dieu, xv, 267, 268. Basnage entreprend de réfuter la première *Instruction de Bossuet sur les promesses*, et commence par lui dire que la vieillesse a affoibli son esprit. Le prélat méprise ses injures et celles de Jurieu, xvii, 145, 146. Réflexions de Bossuet sur les écrits de Molanus, xvii, 458 *et suiv.*, 499, 548. Ses lettres à Leibniz et à Madame de Brinon sur le même sujet, xviii, 121, 141. Son mémoire sur l'autorité du concile de Trente, xviii, 184. *Voy.* LEIBNIZ, MOLANUS, PROTESTANS. Bossuet approuve une déclaration demandée à Jacques II, roi d'Angleterre, par ses sujets hérétiques, par laquelle ce prince promettoit de protéger l'Eglise anglicane, et de la maintenir dans ses droits, au cas qu'il remontât sur le trône, xxvi, 473. Il écrit au cardinal de Janson pour avoir l'avis du Pape à ce sujet, xxvi, 471. Preuves sur lesquelles Bossuet établit son sentiment, *ibid.* Il n'est pas prouvé qu'il ait changé d'opinion, xxvi, 475, 476.

Bossuet intente un procès à l'abbesse de Jouarre, pour la faire rentrer sous sa juridiction : pièces concernant cette affaire, v, 495 *et suiv.* Il visite cette abbaye, et y fait diverses ordonnances, afin d'y rétablir le bon ordre, v, 575 *et suiv.*

Il est prié par le duc de Chevreuse de se charger d'examiner les livres et la doctrine de Madame Guyon, xviii, 534, 562 ; xx, 87. Il prononce que le genre d'oraison de cette dame appartenoit au quiétisme, xxviii, 555, 563. Ce qu'il reprenoit dans ses écrits, xxviii, 556, 564. Madame de Maintenon consulte Bossuet sur le quiétisme, *ibid.* Madame Guyon se soumet à l'évêque de Meaux, qui lui donne une attestation de sa soumission, xxviii, 558, 567. Conférences d'Issy : part qu'y eut Bossuet, xx, 103, 104 ; xxviii, 556, 564. Il est choisi par Fénelon pour le sacrer, xxviii, 558, 567. Il demande à l'archevêque de Cambray d'approuver son livre des *Etats d'oraison*, xxviii, 559, 568. Fénelon, après avoir gardé le livre quelque temps, refuse son approbation, xx, 112; xxviii, 559, 568, 625 *et suiv*. Motifs que Bossuet donne de ce refus, xxviii, 559, 568 *et suiv*. Bossuet est informé que Fénelon prépare le livre des *Maximes des Saints*, xx, 130, 131; xxviii, 560, 569. Il tâche de le faire détourner de le publier, xxviii, 560, 570. Il déclare que, s'il ne condamne pas Madame Guyon, il est réduit à écrire contre lui, xxix, 48. Pureté des motifs qui faisoient agir Bossuet, xxviii, 560, 570; xxix, 66. Ce qu'il écrit à diverses personnes touchant le livre des *Maximes*, lors de sa publication, xxix, 50, 51, 52, 53, 58, 59, 69. Erreurs qu'il y reprend, xxix, 66. Sa compassion pour l'auteur, xxix, 59, 69, 433. Ce qui l'oblige à parler, xix, 352, 369 *et suiv*.; xxix, 73, 74. Fénelon ne voulant point conférer avec lui, Bossuet presse M. de Noailles de se déclarer, xxix, 102, 103. Il expose sa conduite dans l'affaire du quiétisme, et répond aux reproches qu'on lui faisoit, xxviii, 283, 289, 291, 293, 295. Son désintéressement dans cette affaire, xxvii, 432, 433, 634, 644. Ce qu'il craignoit pour l'Eglise, xxvii, 624. Il se justifie du reproche d'ignorance dans les voies intérieures, xxviii, 287. Il se plaint des procédés de Fénelon à son égard, xxix, 122. Il dresse la *Déclaration* des trois évêques, xix, 495 *et suiv*. Il publie le *Summa doctrinæ*, xix, 453; xxix, 130, 133. Et divers autres ouvrages sur cette affaire, xxix, 24, 28 *et suiv*. Il envoie à Rome un avis sur l'oraison, pour être adressé aux confesseurs, et qu'il désiroit faire approuver, xxix, 71, 72. Plan d'un ouvrage qu'il préparoit pour faire suite à son *Instruction sur les Etats d'oraison*, xxx, 129. Il fait quelques avances auprès de Fénelon après la condamnation de son livre, xxx, 348, 366, 372.

Pour tout le reste de l'affaire du quiétisme, voy. BOUILLON, FÉNELON, GUYON.

Bossuet est nommé conseiller d'Etat, xxix, 103. Puis premier aumônier de la duchesse de Bourgogne, xxvi, 532; xxix, 202. Il assiste en cette qualité au mariage du duc de Bourgogne, dont il décrit la cérémonie, xxix, 238.

Il est nommé chef de la commission pour la morale de l'assemblée du clergé de 1700. Ses rapports à l'assemblée, xxii, 721 *et suivantes*. Son mandement pour publier la *Censure* de cette assemblée, xxii, 737. Il attaque la prétention qu'avoit le chancelier de Pontchartrain de faire examiner par un censeur les mandemens et les ouvrages de doctrine des évêques; ses mémoires au roi, au chancelier et au cardinal de Noailles sur cette affaire, xxxi, 60 *et suiv* Voy. CLERGÉ, RÉGULIERS.

Bossuet est consulté par M. Lamoignon de Basville, intendant de Languedoc, et par les évêques de cette province, sur la conduite à tenir envers les protestans nouvellement convertis. Ses lettres et mémoires à ce sujet, xxvii, 81, 82, 94, 95, 99, 111, 141. *Voy.* Basville, Convertis (nouveaux).

Il présente un placet au roi pour le supplier de lui donner son neveu pour coadjuteur, xxvii, 285. Il prie le cardinal de Noailles d'appuyer sa demande, xxviii, 284. Sa lettre à son neveu pour lui témoigner la peine qu'il ressent de ne pouvoir, la dernière année de sa vie, conférer avec ses curés, et tenir son synode, xxvii, 293. Il demande le secours de leurs prières, *ibid.*

Malgré ses occupations, il se livre avec zèle à la conduite des ames, xxvii, 422, 428, 429, 436, 464, 561, 562, 583, 592, 604. Combien il étoit expérimenté, xxvii, 424, 429, 431, 434, 436, 446, 604, 616. Avec quelle piété il remplissoit cette fonction, xxvii, 427. Quelles étoient ses dispositions dans cette conduite, xxviii, 52, 53, 67, 69, 70, 85, 94, 99, 197, 226, 237, 238, 241, 247, 258, 292, 320, 387. Il attendoit tout de Dieu, xxvii, 432, 433, 437 *et suiv.*, 491, 492, 504. Ses lettres aux religieuses de Jouarre dans le temps de ses démêlés avec leur abbesse, xxviii, 300 *et suiv. Voy.* Jouarre, Lorraine, Rohan-Soubise. Ses lettres aux religieuses de divers monastères, xxviii, 423 *et suiv.* Il leur promet la même affection que son prédécesseur, *ibid.* Attention qu'il avoit aux règles des communautés, xxviii, 451, 452, 453, 457. *Voy.* Farmoutiers, Religieuses, Silence.

Témoignages du respect et de l'amour de Bossuet pour le Pape et l'Eglise romaine, xx, 12, 504, 508; xxii, 458; xxvi, 254; xxix, 321; xxx, 462. *Voy.* Eglise romaine, Pape, etc. Ses sentimens touchant les dignités, xxviii, 252, 255; xxix, 140. Son humilité, xxvi, 167, 256, 258; xxvii, 423, 426, 432, 624; xxviii, 215, 230, 247, 439. Sa douceur, xxvii, 427. Son détachement et sa mortification, xxvii, 434, 435. Son amour pour Dieu, xxvii, 433. Sa résignation à la volonté de Dieu, à la mort de son frère, xxx, 232, 233, 241. Combien il lui étoit attaché, xxx, 262. Sa patience et sa résignation dans la maladie, xxvii, 283. Son amour pour la prière, xxvii, 435. Il demande des prières pour lui, xxvi, 179, 302, 458; xxvii, 495, 496, 505, 615, 616, 622, 724, 727. Pour l'anniversaire de son sacre, xxviii, 202. Il étoit peu régulier en fait de visites; ses raisons pour n'en point faire, xxviii, 276. Il faisoit des vers : pourquoi, xxviii, 281.

Bossuet compose ses notes sur les *Psaumes* à la Cour; il les adresse à son clergé, i, 8, 9. But qu'il s'est proposé dans ce travail, et auteurs qu'il a suivis, i, 54, 55; xxvi, 458. Pourquoi ses notes sur les *Proverbes* sont courtes, i, 450. Quelques-unes plus étendues, i, 451. Sa préface sur l'*Ecclésiaste*, i, 520. Son commentaire sur le *Cantique des cantiques*, I, 569. A quels auteurs il s'est attaché, I, 574. Sa préface et ses notes sur la *Sagesse*, II, 1 *et suiv.* Sur l'*Ecclésiastique*, II, 44 *et suiv.*

Il est l'auteur de la *Défense de la Déclaration du clergé*, quoi qu'on ait dit au contraire. Son but dans cet ouvrage, XXI, 5 *et suiv.* Il n'entreprend point d'y défendre la *Déclaration*, mais la doctrine de l'école de Paris, XXI, 18. Ses dispositions en composant cet ouvrage, XXVIII, 672, 673. Il excuse les théologiens qui pensent autrement que lui sur cette matière, XXI, 62.

Combien Bossuet goûtoit peu le système de Malebranche, XXVI, 395, 396. Le succès des nouveaux systèmes de philosophie lui faisoit peur : pourquoi, XXVI, 398, 399. *Voy.* MALEBRANCHE.

Discours de Bossuet à l'Académie françoise le jour de sa réception, XII, 700. Réponse de M. Charpentier, XII, 706.

Eloges donnés à Bossuet et à ses ouvrages par des personnages illustres ou des savans, XXVI, 191, 192, 193, 202, 279, 280, 289, 320, 356, 357, 358, 364, 365, 402, 403, 503, 507, 508; XXIX, 32, 98, 132, 133, 177, 231, 492, 493, 580; XXX, 127, 128, 321, 372, 373, 394, 422, 423, 471, 529, 537, 578. *Voy.* BOUILLON, DURAS, ESTRÉES, HARLAY, JANSÉNISME, NEERCASSEL, NOAILLES, PERTH, PORT-ROYAL, RANCÉ, SIMON, TRONSON.

BOSSUET (Jacques-Bénigne), abbé de Savigny, neveu de l'évêque de Meaux : voyage en Italie, où il est bien accueilli du grand-duc de Toscane, XXIX, 1, 2, 3. Il arrive à Rome, XXIX, 4. Bossuet lui marque comment il doit se conduire dans cette ville, XXIX, 5. L'engage à fréquenter le cardinal Casanate, XXIX, 11. Quelles connoissances il doit chercher à se faire, XXIX, 42, 43. L'abbé Bossuet présente au Pape l'*Instruction sur les États d'oraison*, XXIX, 74, 75. Le roi approuve que cet abbé demeure à Rome pour l'affaire du livre des *Maximes*, XXIX, 126, 127. Avis que Bossuet lui donne sur la conduite qu'il doit tenir en cette circonstance, XXIX, 139. Il donne à son oncle des détails sur ce qui se passe à Rome dans cette affaire, XXIX, 156. Il désire être chargé à Rome des affaires du prince de Conti, nommé roi de Pologne, XXIX, 162, 163, 175. Il souhaite d'être conclaviste de quelque cardinal françois, en cas de mort du Pape, XXIX, 170, 174. Ses démarches pour accélérer l'affaire du livre des *Maximes*, XXIX, 227, 228, 234, 241, 270, 377, 390, 391, 417, 454, 472, 520, 534; XXX, 88, 89, 98, 113, 323. Audiences qu'il a du Pape à ce sujet, XXIX, 354, 355, 375, 424, 472, 473, 476, 554, 557; XXX, 87, 138, 165, 166, 204, 330, 376, 389, 396, 397, 417. Il remet au cardinal de Bouillon un mémoire sur les demandes qu'il avoit faites au Pape, XXIX, 574 *et suiv.* Bruits répandus d'une aventure arrivée à l'abbé Bossuet, XXIX, 289, 305, 309. Cet abbé se justifie, XXIX, 317, 324, 333, 353, 362. Le cardinal de Noailles en parle à la Cour pour détruire les mauvaises impressions, xxix, 358, 359, 363, 379. Madame de Maintenon mande à Bossuet que le roi est persuadé que son neveu est innocent, xxix, 371. Vues ambitieuses de l'abbé Bossuet pour l'élévation de son oncle, xxix, 401. Son emportement contre Fénelon, qu'il appelle *bête féroce*, xxx, 113. *Voy.* BOUILLON, CHANTERAC, FÉNELON.

Bossuet lui annonce la mort de son père, frère du prélat, et le console de cette perte, xxx, 232, 241, 279, 291. M. de Noailles lui écrit à ce sujet, xxx. 233. Ses démêlés avec le cardinal de Bouillon au sujet d'un courrier que cet abbé avoit envoyé en France, xxx, 368. Il désire obtenir un indult pour les bénéfices de son abbaye, xxx, 353, 446, 453, 464. Le prince de Monaco promet d'agir à ce sujet, xxx, 471, 472. L'abbé Bossuet prend congé du Pape, xxx, 464, 465. Il part de Rome et est bien accueilli à Florence, xxx, 466, 467. Puis à Bologne et à Modène, xxx, 471, 472. *Voy. l'article précédent.*

BOSSUET (Antoine, frère de l'évêque de Meaux), écrit au Grand Condé pour lui marquer qu'il vient de quitter M. de Cordemoy à l'agonie. Il remercie le prince de ses bontés, xxvi, 331, 332. Il exprime dans une autre lettre au même prince combien lui est reconnoissante toute la famille de Cordemoy. Il remercie le prince du bon accueil dont il a honoré ses fils, xxvi, 332.

BOUHOURS (Dominique), jésuite. Sa mort, xxvii, 267. Il étoit des amis de Bossuet : ce prélat n'approuvoit pas ses expressions affectées, surtout dans la traduction du Nouveau Testament, xxvii, 269. Bossuet complimente le P. Bouhours de son histoire de Pierre d'Aubusson, grand-maître de Rhodes, xxvi, 198. Cette histoire a servi d'un doux entretien au prélat pendant sa maladie, *ibid.*

BOUILLON (Emmanuel-Théodore de la Tour d'Auvergne, cardinal de) est nommé ambassadeur à Rome, xxix, 50, 51. Il obtient pour son neveu la coadjutorerie de l'abbaye de Cluny, et en instruit Bossuet, xxix, 177. Il fait l'éloge de l'*Instruction sur les Etats d'oraison*, et demande à Bossuet ses remarques sur le livre des *Maximes*, xxix, 69. Il se déclare en faveur de ce livre, xxix, 85.

Le cardinal arrive à Rome, xxix, 100. Son but est de tirer en longueur l'affaire du livre des *Maximes*, xxix, 159. Ses efforts en faveur de ce livre, xxix, 171. Il écrit à l'abbé de Fleury, pour qu'il en fasse part à Bossuet, qu'il ne se mêle de rien, xxix, 208, 217. Il est mécontent du séjour de l'abbé Bossuet à Rome, xxix, 179. Il évite de lui parler de l'affaire des *Maximes*, xxix, 219. Bossuet se plaint que ce cardinal veut faire passer cette affaire pour une querelle entre lui et Fénelon, xxix, 221 *et suiv.* Ce que les abbés Bossuet et Phelippeaux mandent sur les discours et la conduite de cette

Eminence, xxix, 241, 277, 282, 315, 316, 331, 347, 375, 420, 431, 437, 454, 455, 475, 488, 489, 495, 542, 553, 573, 584; xxx, 96, 97, 101, 102, 103, 122, 123, 133, 134, 152, 173, 174, 196, 206, 207, 228, 235, 246, 255, 266, 267, 275, 281, 282, 286, 331, 332, 355, 379, 390, 391, 419, 427.

Le cardinal écrit à Bossuet qu'il ne soupçonne ni sa droiture ni ses intentions dans cette affaire, xxix, 275. Il veut faire précipiter le jugement, xxix, 393 *et note*. Soin qu'il mettoit à examiner l'affaire, xxx, 36, 37. L'abbé Bossuet vouloit qu'on empêchât le cardinal de voter, xxx, 81, 82, 101. Avis donné au roi pour empêcher les effets de la mauvaise volonté du cardinal, xxx, 128, 158. Conjectures que l'abbé Bossuet formoit sur son vœu, xxx, 139. Louis XIV lui écrit fortement à ce sujet, xxx, 172. Effet de cette lettre, xxx, 186. Le cardinal n'invite pas Bossuet au festin de Sainte-Luce, ce qui étonne beaucoup, xxx, 220, 222, 240. Altercation entre le cardinal de Bouillon et le cardinal Panciatici, au sujet d'une grace que ce dernier ne vouloit pas accorder, xxx, 241. Affront sensible qu'il reçoit, xxx, 246, 247. Sa lettre à Bossuet sur la mort du frère du prélat, xxx, 264. Il est fâché que l'abbé Bossuet eût envoyé un courrier à son oncle pour le prévenir au sujet du projet des canons, xxx, 334, 335, 338, 368. Il écrit à Bossuet pour lui en témoigner son mécontentement, xxx, 405. Bossuet justifie son neveu, et sa propre conduite dans l'affaire du quiétisme, xxx, 406, 407. Procédés violens du cardinal à l'égard du gentilhomme que l'abbé Bossuet avoit envoyé en courrier, xxx, 437. Cet abbé va s'expliquer avec le cardinal, xxx, 438, 439. Mémoire de Bossuet à Louis XIV, pour justifier la conduite de son neveu dans cette circonstance, xxx, 454. Affaire d'éclat du cardinal avec l'ambassadeur de l'empereur, xxx, 442. Mécontentement du Pape contre le cardinal à cette occasion, xxx, 447, 453. Il lui accorde enfin audience, xxx, 460.

Bossuet avoit composé pour le cardinal de Bouillon un petit écrit intitulé : Sur le Style et la lecture des écrivains et des Pères de l'Eglise pour former un orateur, xxvi, 107. M. de la Tour d'Auvergne n'avoit que vingt-six ans quand il fut élevé parmi les princes de l'Eglise et devint le cardinal de Bouillon, *ibid., note*.

BOUILLON (mademoiselle de), religieuse carmélite. Sermon prononcé à sa vêture, xi, 372 *et suiv.*

BOULEN (Anne de), maîtresse, puis femme de Henri VIII, roi d'Angleterre, favorise le luthéranisme, et se lie avec Cranmer, xiv, 261. Ses mœurs déréglées ; son mariage cassé par Cranmer ; sa mort sur un échafaud, xiv, 272 *et suiv.*

BOURBON (Antoine de), roi de Navarre, dispute la régence du royaume de France, pendant la minorité de Charles IX, xxv, 501. Les protestans jettent les yeux sur lui pour le mettre à la tête de leur parti. Son irrésolution fait échouer leurs projets. Le colloque de Poissy le dégoûte des calvinistes ; il s'unit avec les chefs du parti catholique, xxv, 514. Sa mort, xxv, 534.

BOURBON (Charles, duc de), est fait connétable, xxv, 310. S'empare par adresse du château de Milan, xxv, 318. Les injustices qu'il éprouve l'engagent à se jeter dans le parti de l'empereur, xxv, 337. La principale espérance des ennemis de la France repose sur lui, xxv, 343. Désespéré du mauvais état de ses affaires, il tente de se rendre maître de Naples, xxv, 369, 370. Il s'attache ses troupes par l'espérance du pillage; il conduit son armée contre Rome, sa mort, xxv, 371.

BOURDALOUE (Louis), jésuite. Sur un sermon qu'il avoit prêché, xxviii, 192, 193, 194.

BOURG (Anne du). Son exécution occasionne la conjuration d'Amboise, xiv, 438. Il prédit avant sa mort que le président Minard ne sera pas de ses juges; ce président est assassiné, comme plusieurs conseillers l'auroient été, s'ils étoient venus au palais, *ibid.*

BOURGOGNE. *Voy.* Jean sans peur, Louis XI.

BOURGOGNE (madame la duchesse de). Bossuet est nommé son premier aumônier, xxvi, 532; xxix, 202. Il assiste en cette qualité au mariage du duc de Bourgogne, dont il décrit la cérémonie, xxix, 238 *et suiv.*

BOURGOING (François), supérieur de la congrégation de l'Oratoire. Notice sur sa vie, xii, 641, 642. Son oraison funèbre, xii, 643 *et suiv.* Son esprit d'oraison, xii, 648. Toujours en action malgré ses infirmités, xii, 656.

BOURRET (M.) docteur de Sorbonne, approbateur de la version du *Nouveau Testament* de Richard Simon, étoit digne d'estime, xxvii, 266. Il étoit capable et bien intentionné; mais il avoit été trop facile et n'avoit pas pensé à son approbation avant de la donner, xxvii, 267. Son estime pour Bossuet, xxvii, 273.

BRACHET (Théophile) de la Milletière. Son livre intitulé le *Pacifique véritable,* censuré par la faculté de Théologie de Paris, xxi, 108.

BRANDEBOURG (Albert de) fait avec furie la guerre aux catholiques, xxv, 551. Il est abandonné par l'empereur à la chambre de Spire, xxv, 458.

BRENTIUS (Jean) dresse la Confession de foi de Wirtemberg. *Voy.* Confession de foi.

BRÉVIAIRE. Attention qui est nécessaire pour le réciter, xxvii, 632. Diverses décisions sur sa récitation, xxviii, 37, 70, 177, 272, 278, 410, 458. Cas où il faut le recommencer, xxviii, 55, 56, 60, 145, 192.

L'assemblée de 1700 censure plusieurs propositions sur cette matière, xxii, 763.

BRIAS (Jacques-Théodore de), archevêque de Cambray, adopte la déclaration du clergé, non comme décision de foi, mais comme opinion, xxi, 13.

BRINON (Madame de). Elle reçoit diverses lettres de Leibniz, xviii, 117, 125, 138, 161, 225, et de Bossuet, xviii, 121, touchant la réunion des protestans d'Allemagne à l'Eglise. Elle écrit à Bossuet et travaille au grand ouvrage de la réunion, xviii, 151, 162, 182, 228, 241, 244.

BRISSAC (le maréchal de), un des plus estimés capitaines de son temps, xxv, 531. Il obtient divers commandemens dans les armées. *Voy.* FRANÇOIS I, HENRI II et CHARLES IX.

BROUE (Pierre de la), évêque de Mirepoix. Il témoigne à Bossuet son mécontentement de l'abbé Dupin, xxvi, 470, 471. Bossuet lui propose ses difficultés, et lui demande ses avis sur la conduite qu'on devoit tenir à l'égard des protestans convertis, xxvi, 534; xxvii, 94. Observations de l'évêque de Mirepoix sur le sentiment de Bossuet; il expose les raisons qui l'empêchent de le suivre, et lui donne des détails sur la conduite des convertis, xxvii, 82, 92, 94, 158. Bossuet désire pouvoir conférer avec lui sur Madame Guyon, lui parle de ses ouvrages sur le quiétisme et de ceux de Fénelon, et lui détaille les progrès de l'affaire, xxviii, 643, 646, 648, 672; xxix, 24, 25, 53, 54, 60, 61, 68, 90, 122, 148, 153, 281, 443, 503, 562; xxx, 127, 262, 409. Il lui envoie l'Instruction de M. de Noailles sur la grace, et lui en demande son avis, xxix, 24. Détails sur une contestation de l'évêque de Mirepoix, avec l'évêque d'Alais, sur la députation aux Etats, xxvii, 92, 98, 108, 281; xxix, 562. Bossuet donne à M. de la Broue des avis sur un ouvrage auquel ce prélat travailloit, xxvii, 274. Il lui parle des siens, xxvii, 283, 286; xxviii, 646, 683. Il lui fait part des difficultés qui s'opposoient à la translation de l'évêché de Mirepoix à Mazerettes, xxx, 508. *Voy.* MONTGAILLARD.

BRUEYS (David-Augustin), protestant converti. Avis que Bossuet lui donne sur un de ses ouvrages, xxvi, 319.

BRUIS (Pierre de) veut réformer les dogmes de l'Eglise, qu'il dit être tombée dans l'erreur. Saint Bernard s'y oppose, xiv, 20.

BRUNEHAUT, reine de France, femme de Sigebert, xxv, 6. Elle protége la mission de saint Augustin en Angleterre, xxiv, 352. Sa mort malheureuse, xxv, 8. Sa mémoire est déchirée, xxiv, 356.

BRUNON, archevêque de Trèves, reconnoît tous les droits de la souveraineté dans l'empereur Henri IV, déposé par le Pape, qui n'exige pas que ce prélat renonce à l'obéissance du prince, xxi, 405.

BUCER (Martin), de jacobin se fait protestant, et se marie jusqu'à trois fois; ce qui, dans la Réforme, paroissoit honorable, xiv, 20, *et* 21 *suiv.* Sa Confession de foi, appelée de Strasbourg ou des quatre villes. *Voy.* CONFESSION DE FOI. Son esprit pliant, plus fertile en distinctions et en équivoques que celui des plus raffinés scolastiques. Il justifie la doctrine de l'Eglise sur les mérites des Saints, xiv, 124. Il négocie de la doctrine avec Luther, pour accélérer la ligue protestante retardée par la dispute sacramentaire, xiv, 145. Il a recours aux équivoques et avoue une présence qu'il appelle *substantielle-spirituelle*, xiv, 147. Il se joue des mots, en admettant une présence réelle sacramentale. xiv, 151. Après son accord avec Luther, il fait revenir les quatre villes à la croyance de la présence réelle, xiv, 189, 190. Ce qui ne l'empêche pas de souscrire à une confession de foi de Calvin, toute pleine des idées des sacramentaires. Il trouve à toutes les difficultés des dénouemens merveilleux, xiv, 165. Il fait une nouvelle confession de foi, où il embrouille tout. Ses subtilités préparent la voie à celles de Calvin, xiv, 146, 147. Il s'oppose en vain aux articles contre la transsubstantiation, et établit la présence réelle. Il autorise deux actes contradictoires. Sa mort, xiv, 326, 327. Il justifie l'Eglise catholique sur le culte des saints et leur intercession, xv, 354, 355. Bucer est le premier auteur qui ait prétendu que l'usure n'étoit pas défendue dans la loi nouvelle, xxii, 13.

BUCHANAN (George), excite les protestans d'Ecosse à la révolte contre leur reine Marie Stuart. Fanatisme de Buchanan et de Jean Knox, xv, 552 *et suiv.* Basnage ose dire, après Buchanan, que les premiers chrétiens se croyoient obligés de prier pour les empereurs persécuteurs, dans le même sens qu'on est obligé de prier pour les voleurs. Illusion de ce discours, xv, 397.

BULLES. Celles que donne le Pape pour instituer les évêques, ne prouvent pas que la juridiction vienne de lui, xxii, 142, 143.

BULLUS (George), savant protestant anglois, prouve, contre les principes de Jurieu, l'infaillibilité du concile de Nicée; ce qu'il dit de ce concile doit être dit de tous les autres, xv, 125. Il défend les Pères des trois premiers siècles des erreurs sur la Trinité et sur l'Incarnation, que Jurieu leur impute, xxi, 710, 711. Il prouve par les paroles de la promesse de Jésus-Christ, que l'infaillibilité est donnée au corps des pasteurs de l'Eglise, xvii, 148, 149. Il venge les Pères des premiers siècles des erreurs qu'on leur impute, et donne le dénouement de quelques-unes de leurs expressions, xvi, 81, 82. Il oppose aux sociniens l'autorité infaillible du concile de Nicée, xvi, 171, 172.

BURCHARD, évêque de Vormes, a fait au dixième siècle une collection de canons. Il y prouve que les rois ne dépendent que de Dieu, xxi, 342.

BURNET (Gilbert), évêque de Salisbury, publie un écrit de Luther à

Bucer, dans lequel Luther consent à supporter les zuingliens. Il traduit infidèlement quelques endroits de cet écrit, xiv, 234, 235. Il écrit l'histoire de la réformation anglicane, accuse Sanderus, historien catholique, d'inventer des faits atroces contre les réformés, et loue excessivement la sagesse des réformateurs anglois, xiv, 257. Ses héros ne sont pas toujours d'honnêtes gens, *ibid.* Il compare la faute de Cranmer, qui, par la crainte de la mort, abjura deux fois sa doctrine, à celle de saint Pierre, xiv, 313, 314. Il est peu sûr dans la narration des faits, xiv, 315, 316. Ce qu'il dit du concile de Trente, sur la foi de Fra-Paolo, ne mérite aucune créance, xiv, 392, 393. *Voy.* FRA-PAOLO. Il suit de faux plans de religion, et donne de fausses dates aux pratiques des catholiques qu'il méprise, xiv, 317. Il cite Gerson, comme ayant dit qu'on peut se passer du Pape, à cause de son livre *de Auferibilitate Papæ*, xiv. 318. Il tombe dans une erreur grossière sur le célibat des ecclésiastiques et le Pontificat romain, xiv, 319. Il dit faussement que les prêtres anglois, qui se marièrent sous Edouard, n'avoient pas fait vœu de chasteté, xiv, 320, 321. Il soutient contre toute raison, que les Anglois, qui, sous Edouard VI, avoient condamné la présence réelle, ne varièrent pas sous Elisabeth, en déclarant qu'il étoit indifférent de la croire ou de ne pas la croire, xiv, 413, 414. Il fait des bévues grossières, et montre beaucoup d'ignorance des affaires de France, et prend pour lois du royaume les prétextes dont les calvinistes couvroient leur révolte, xiv, 431, 432. Il se rétracte sur ce qu'il avoit avancé faussement de la régence du roi de Navarre; mais non d'avoir approuvé, sur ce fondement, les révoltes des protestans, xv, 546, 547. Il approuve, comme Chillingworth, l'indifférence des religions, xvii, 185, 186. Il est forcé d'avouer, ainsi que Jurieu, Basnage et les autres, l'instabilité des églises protestantes, xv, 518, 519. Histoire abrégée de ce ministre et extrait de ses lettres à M. Papin, au sujet de son livre *de la Foi réduite à ses justes bornes*, dans lesquelles il approuve l'indifférence des religions et la tolérance de toutes les sectes chrétiennes, xvi, 238 *et suiv.*

C

CADALOUS, évêque de Parme, fait antipape par l'empereur Henri IV Il est abandonné par ses partisans. xxi, 346 et *note.*

CAFFARO (le Père), théatin. Lettre de Bossuet à ce religieux, sur une dissertation touchant la comédie, publiée sous son nom, xxvii, 1 *et suiv.* Il s'excuse auprès du prélat, lui fait connoître comment cette lettre lui a été attribuée, et la malignité de ceux qui s'étoient prévalus d'un écrit qui n'étoit pas destiné à voir le jour, xxvii, 17, 18.

Pour l'édification du public et pour l'amour de la vérité, il s'offre de faire une lettre dans laquelle il explique ses sentimens sur cette matière, xxvii, 18, 19. *Voy.* Comédie.

CAILLY (Pierre), curé du diocèse de Bayeux Jugement que Bossuet porte de son livre sur l'Eucharistie; il en écrit à son évêque, de concert avec le cardinal de Noailles, xxvii, 206.

CAIN fait voir au monde la première action tragique. Sa punition, xxiv, 264.

CAJETAN ou THOMAS DE VIO, cardinal. Son livre *de la Comparaison du Pape et du concile*, réfuté par ordre de la Faculté de Paris, xxi, 740. Il croit que le Pape peut être schismatique en trois manières, xxi, 32, 33. Il soutient l'infaillibilité du pape, xxii, 538 *et suiv.*; Et sa supériorité sur le concile, xxii, 577 *et suiv.*

CALIXTE (George), célèbre luthérien, met dans la communion de l'Eglise universelle, toutes les sectes, sans en excepter l'Eglise romaine, xv, 88, 89.

CALIXTINS, secte d'hérétiques de Bohême, qui reconnoissent Jean Hus pour leur auteur, xiv, 550, 551. *Voy.* Roquesane. On les appelle calixtins, parce qu'ils croient le calice absolument nécessaire, xiv, 551. Le concile de Bâle leur accorde quatre articles. Ils sont disposés à reconnoître le Pape; l'ambition de Roquesane les en empêche, xiv, 552, 553. Les protestans ne peuvent s'autoriser de la condescendance du concile de Bâle envers eux, xviii, 158. *Voy.* Bohémiens.

CALOMNIES contre l'Eglise, dans la Confession d'Augsbourg, sur la justification gratuite et le mérite des œuvres, xiv, 108, 109. La Confession, ainsi que son Apologie, avoue, comme l'Eglise, que les bonnes œuvres sont méritoires, xiv, 111, 112. Autres calomnies sur l'accomplissement de la loi, avouée dans l'Apologie au même sens que dans l'Eglise, xiv, 114, 115. On lui impute faussement de croire que les bonnes œuvres méritent par elles-mêmes la rémission des péchés, et de ne pas croire la médiation de Jésus-Christ nécessaire, xiv, 115, 116. Autres calomnies sur les images et l'invocation des saints, xiv, 134, 135. Le décret du synode de Charenton convainc les calvinistes d'avoir calomnié les catholiques comme *mangeurs de chaire humaine*, xv, 45, 46.

CALVAIRE (le) est l'école de la conduite que nous avons à tenir au milieu de nos souffrances, ix, 597. Diversité terrible dans les trois hommes que nous y voyons, x, 452. *Voy.* Croix.

CALVIN (Jean), second chef de la Réforme, publie son livre de l'*Institution*, xxv, 308. Portrait de cet hérésiarque, *ibid.* Il s'élève au-dessus de Luther, et donne un nouveau tour à la doctrine réformée. Son esprit, xix 356. Sa secte fait de grands progrès en France, xxv, 448. Il rend Genève aussi célèbre que Vitemberg. Son orgueil insupportable, xiv, 387. Parallèle de Luther et de Calvin, xiv, 389. Calvin réfute solidement la consubstantiation luthérienne et montre que les transsubstantiateurs entendent mieux le sens littéral, xiv, 81. Il accuse Luther d'avoir élevé l'idolâtrie dans le temple de Dieu, pour avoir appelé l'Eucharistie le *Sacrement adorable*, xiv, 229. Il désapprouve les équivoques en matière de foi, et condamne les formules de foi très-ambiguës de Mélanchthon et de Bucer, xiv, 160. Cependant il fait avec les calvinistes divers personnages au sujet de la Confession d'Augsbourg, dont il parle avec respect en public, et avec mépris avec ses amis, xiv, 405, 406. Il ne peut s'accorder avec Mélanchthon sur les deux articles de la prédestination et de l'Eucharistie, xiv, 341. Il reproche aux luthériens du synode d'Iène, de faire plus valoir l'Eglise que les papistes mêmes, xiv, 343, 344. Il connive à la conjuration d'Amboise, dont il se justifie mollement après le coup manqué, xiv, 426, 427. Il autorise les guerres civiles et les révoltes entre les catholiques et les calvinistes, xv, 519, 520; xxv, 516, 517. Ces derniers commettent des désordres inouïs, xxv, 522. Calvin détruit le libre arbitre, et fait Dieu auteur du péché, xv, 396. *Voy.* Libre arbitre, Péché. Sa doctrine sur la certitude du salut, xiv, 356, 357. *Voy.* Salut. Sur l'inamissibilité de la justice et la non-nécessité du baptême pour être sauvé, xiv, 357, 358. *Voy.* Baptême, Justice imputative. Il prétend que tous les pécheurs sont séparés du sacré troupeau et de la communion de l'Eglise, x, 375. Il raisonne mieux que Luther, et s'égare davantage, xiv, 359. Il s'élève, sur l'Eucharistie, contre ce chef de la Réforme et contre Zuingle. Sa doctrine, xiv, 360. Sa mort, xiv, 447.

CALVINISTES. Ils mettent les vaudois et les albigeois au nombre de leurs prédécesseurs, xiv, 459. *Voy.* Vaudois. Ils ne peuvent autoriser leur doctrine de celle des vaudois, qui ne pensoient pas comme eux sur l'Eucharistie, ni produire aucun auteur qui parle des erreurs vaudoises, comme ayant quelque rapport à la doctrine calvinienne, xiv, 447, 448. A l'exemple des anabaptistes, ils nient la nécessité du baptême et l'amissibilité de la justice, xiv, 118, 119. Les calvinistes haïs des autres protestans, comme fiers, inquiets et séditieux. Leurs progrès en France, xv, 160, 161. Ils veulent contraindre les papistes, par taxes et autres violences, à embrasser la Réforme, xv, 385. Les calvinistes et les luthériens, dans leurs nouveaux dogmes, n'ont pas plus de succession et d'antiquité que les sociniens, xv, 527, 528. Ils sont contraints d'avouer que l'Eglise romaine est vraie Eglise, et qu'on peut s'y sauver, xv, 443. Ils sont convaincus par les luthériens, de faire Dieu auteur du péché, xv, 248. Ils tolèrent dans les luthériens l'erreur qui nie la nécessité d'aimer Dieu, xv, 270, 271. Ils ne peuvent dire que les erreurs luthériennes ne les regardent pas. Elles

les regardent en ce qu'ils les tolèrent toutes, sans en excepter les plus monstrueuses, xv, 68. Ils approuvent les confessions de foi des luthériens, comme n'ayant rien de contraire aux points fondamentaux, xiv, 5, 6. Ils s'unissent avec les luthériens, quoiqu'ils ne tiennent pas la même doctrine sur l'Eucharistie, xiii, 376. Conséquence qu'en tire Bossuet, xiii, 377 *et suiv.* Ils se sont établis en se séparant des autres églises, sans s'unir à aucune, xiii, 550, 551, 593, 632. Ils se condamnent eux-mêmes, lorsqu'en niant dans la spéculation l'infaillibilité de l'Eglise, ils sont forcés de l'admettre dans la pratique, xiii, 533, 564 *et suiv.* Ils se condamnent, lorsque forcés par les conséquences de leur doctrine, ils sont forcés d'avouer qu'un particulier ignorant peut mieux entendre l'Ecriture que l'Eglise, xiii, 550, 579. Ils se condamnent en laissant leurs propres enfans dans les incertitudes d'une foi humaine, xiii, 578, 587. Ils se condamnent en avouant que, pour s'établir, ils ont rompu avec toutes les Eglises, xiii, 551, 593. Ils se condamnent enfin en se voyant forcés à reconnoître la visibilité de l'Eglise, et en admettant néanmoins une corruption générale dans le ministère, xiii, 612 *et suiv. Voy.* EGLISE, PROTESTANS, RÉFORMÉS.

CAMBYSE, roi de Perse, fils de Cyrus, s'empare de l'Egypte, xxiv, 294, 595. Conseils que lui donne le roi d'Ethiopie; son armée périt par sa folie, xxiv, 579. Il corrompt les mœurs des Perses, xxiv, 601. Sachez, Cambyse, disoit Cyrus mourant à Cambyse son fils, sachez que ce n'est point ce sceptre d'or qui vous conservera le royaume, mais que des amis fidèles sont le vrai sceptre d'un roi, xxvi, 33.

CAMÉRARIUS (Joachim), ami de Mélanchthon, qui lui écrit pour excuser Luther sur son mariage, xiv, 61, 62. Il écrit l'histoire des Frères de Bohême, et dit qu'ils désavouoient ceux qui les appeloient vaudois. Il fait tout ce qu'il peut pour excuser leur ignorance, xiv, 539 *et suiv.*

CAMERON (Jean), célèbre ministre écossais, enseigne une grace universelle. Toute l'Académie de Saumur adopte sa doctrine, xv, 51, 52.

CAMILLE prend Véies. Sa générosité lui gagne les Falisques. Il rétablit les affaires de Rome, xxiv, 303.

CAMPIONI (François-Marie), examinateur du clergé à Rome, traduit en italien l'*Instruction sur les Etats d'oraison*, xxix, 580. Compose une dissertation sur la nécessité d'un amour de Dieu commencé pour les sacremens des morts, xxix, 581. Attaques livrées à cette dissertation, xxx, 40. Approbation qu'y donne Bossuet, xxx, 372. Lettres de ce Père au prélat pour le féliciter du jugement du saint Siége en sa faveur dans l'affaire du quiétisme, xxx, 321, 372.

CAMUS (Pierre), évêque de Belley, auteur confus, suivant Bossuet, et dont la théologie est peu précise, xxx, 38.

CAMUS (Etienne le) évêque de Grenoble et cardinal. Estime que Bossuet faisoit de ses lumières, xxvi, 153. Il est adjoint à Bossuet pour l'examen du livre *de la Perpétuité de la foi*, *ibid.* Il contribue à affermir Madame de la Vallière dans sa résolution de quitter le monde, xxvi, 162. Mécontentement que certaines gens témoignoient de sa promotion au cardinalat, xxvi, 381. Sa lettre sur la conduite de Madame Guyon dans son diocèse, xxviii, 636. Il improuve le livre de Fénelon, xxix, 72. Félicite Bossuet de sa nomination à la place de conseiller d'Etat, et lui témoigne l'estime qu'il faisoit de son livre *sur les Etats d'oraison*, xxix, 98. Il fait l'éloge de son zèle contre les nouveautés, et de ses ouvrages contre le quiétisme, xxix, 231. Extrait d'une lettre de ce prélat sur la conduite de Madame Guyon, xxviii, 636.

CANA. Noces de Cana; leurs circonstances mystérieuses, viii, 396. Vin des noces de Cana : de quoi il était la figure, viii, 398.

CANON (le) des Ecritures étoit différent dans les différentes Eglises, aux premiers siècles, sans qu'il y eût schisme, xxii, 566, 567. *Voy.* Ecriture.

CANONS des conciles généraux, confirmés ou infirmés par le saint Siége, xxii, 121 *et suiv.* Les canons sont observés religieusement dans l'Eglise romaine, xi, 626; xxii, 362. Cette Eglise gardienne des canons comme de son propre bien, xxii, 384. Origine des canons, xxiii, 385.

CANTIQUES. Les Hébreux célèbrent par des cantiques les merveilles de Dieu à leur égard, i, 13. Leur exécution, i, 272. Les cantiques ont le même but que les psaumes, i, 378.

Cantiques de l'Ancien Testament : ceux de Moïse, i, 378, 380, 381. Celui de Debbora, i, 384, 385. Cantique d'Anne, mère de Samuel, i, 388. Ceux d'Isaïe, i, 389, 390. Celui d'Ezéchias, i, 393. Celui des trois enfans de Babylone, i, 394. Celui de Jonas, i, 397. Celui d'Habacuc, i, 398. Celui de Judith, i, 400.

Cantiques du Nouveau Testament : celui de Marie, i, 403 *et suiv.* Celui de Zacharie, i, 405. Celui de Siméon, i, 407. Quel est le but de ces trois cantiques, i, 408.

CANTIQUE des cantiques. L'union de Jésus-Christ avec l'Eglise et avec les ames saintes, figurée dans ce livre sous l'emblème de l'amour conjugal, i, 569, 570, 577. Ce livre est une églogue ou un drame, divisé en sept jours; personnages qui y sont introduits, i, 572, 573. Par qui et dans quelle disposition ce Cantique doit être lu, i, 574, 575. Qui sont ceux qui l'ont interprété, i, 575. Ce livre ne respire qu'un amour céleste; et cependant, parce qu'il y est représenté sous la figure d'un amour humain, on en défendoit la lecture à la jeunesse, xxvii, 15, 49.

CANUS (Melchior), évêque des Canaries. Règles qu'il donne pour accepter les décrets des Papes, xxi, 389. Quelle est selon lui la force des qualifications théologiques, xxii, 560 *et suiv.* Ce qu'il pense de l'autorité des Scolastiques, xxi, 524; xxii, 559.

CAPET (Hugues) est appelé au trône de France, xxv, 43. Il défait Charles, duc de Lorraine, et le fait prisonnier à Laon, xxv, 45. *Voy.* Hugues Capet.

CAPITON (Wolfang), collègue de Bucer dans le ministère de Strasbourg, reconnoît la licence effrénée des peuples dans la Réforme, et le tort qu'a fait à l'Eglise la véhémence inconsidérée avec laquelle on a rejeté le Pape, xiv, 178, 179.

CARACALLA, empereur. Sa cruauté, xxiv, 331.

CARACCIOLI (le cardinal), archevêque de Naples, a le premier découvert les quiétistes, xviii, 609. Sa lettre à Innocent XI, 393.

CARÊME. Son institution : comment il faut le passer, v, 161; x, 987. L'intention de l'Eglise en l'établissant, x, 106. L'abbé Dupin affoiblit la tradition sur cette pratique, xx, 526.

CARLOMAN, fils de Charles-Martel. Ses victoires sur différens peuples. Dégoûté du monde, il se retire dans un monastère, xxv, 17.

CARLOMAN, fils de Louis II, roi de Neustrie, réunit sous sa domination la France entière, par la mort de son frère, xxv, 36. Sa mort, *ibid.*

CARLOSTAD (André-Rodolphe). Luther l'appeloit son *vénérable* précepteur, malgré son caractère brutal. Il attaque Luther et la réalité, xiv, 60, 61. Il soutient que Jésus-Christ, en disant : *Ceci est mon corps,* ne vouloit que se montrer lui-même assis à table, xiv, 60, 61. Il renverse les images à Vitemberg, de sa propre autorité; ôte l'élévation du saint Sacrement et les messes basses, et rétablit la communion sous les deux espèces, xix, 60 *et suiv.*

CARMÉLITES. Exhortation aux Carmélites pour se renouveler tous les jours, et attendre en elles le règne de Jésus-Christ, x, 161. Leur vie pénitente, xi, 386, 387; xii, 19.

CARNAVAL. Licence effrénée de ce temps, viii, 463, 489. Quelle doit être la conduite des vrais chrétiens pendant ces jours, v, 160.

CAROLINS (les livres). Ce que c'étoit, xxii, 79.

CARROUGE (Jean), se bat en duel contre Jacques le Gris, xxv, 139. Le sujet de ce combat est remarquable, *ibid.*

CARTHAGE. Sa fondation, xxiv, 277. Sa puissance lors de la première guerre Punique, xxiv, 309. Elle est obligée de payer tribut aux Romains, xxiv, 310. Elle leur est assujettie; neuvième époque de l'histoire ancienne, xxiv, 314. Sa destruction, 84, xxiv, 317.

CARUS, empereur, réprime les Barbares et fait trembler l'Orient. Il meurt d'un coup de foudre, xxiv, 336.

CASANATE (Jérôme), cardinal, approuve l'*Instruction pastorale* de M. de Noailles sur la grace, xxix, 32, 42. Sa conduite dans l'affaire du quiétisme, xxix, 419, 490, 513, 543, 570; xxx, 116, 123, 136, 137, 189 195. Il n'est pas content de la censure des docteurs de Sorbonne sur le livre des *Maximes*, xxx, 226. Manière dont il devoit tourner son vœu, xxx, 244. On veut l'exclure de la rédaction du Bref, xxx, 277. 283. Il est un des rédacteurs, xxx, 278, 282. Il est charmé qu'on soit content en France de la décision, xxx, 392. Il propose une nouvelle rédaction du Bref adressé à Fénelon après sa soumission, xxx, 432. Il est mécontent des termes qu'avoient employés les évêques dans leur acceptation, xxx, 392. *Voy.* FÉNELON.

CASSEL (Conférence de), où les luthériens de Rintel s'accordent avec les calvinistes de Marpourg, en restant chacun dans leur sentiment sur la fraction du pain de l'Eucharistie. Ils pourroient faire un semblable accord avec les catholiques sur la communion sous une seule espèce, xv, 50.

CASSIEN n'a pas connu l'acte perpétuel des quiétistes, xviii, 507, 508. Il enseigne la demande du salut, xviii, 505, 506.

CASTELNAU (Michel de), dans ses mémoires, fait les protestans de France auteurs de la conjuration d'Amboise, et dément partout Basnage, xv, 511.

CASTRO (Alphonse de), franciscain, défend la doctrine gallicane, xxi, 36; xxii, 491.

CATARES (les) ou *Purs*, parmi les manichéens, étoient les plus parfaits d'entre eux, ils les distinguoient des simples croyans dont la perfection étoit beaucoup moindre et le nombre presque infini, xiv, 533. *Voy.* CROYANS.

CATÉCHISME *du diocèse de Meaux*, v, 6 *et suiv*. Avertissement aux curés et aux fidèles, v, 3 *et suiv*. Catéchisme pour ceux qui commencent, v, i. Catéchisme qui se doit faire dans l'Eglise et dans l'école, v, 16. Catéchisme pour ceux qui sont plus avancés, v, 32 *et suiv*. Pour ceux que l'on prépare à la première communion. Doctrine chrétienne, v, 43 *et suiv*. Sur les commandemens de Dieu et de l'Eglise, v, 89 *et suiv*. Catéchisme des fêtes et observances de l'Eglise, v, 139 *et suiv*.

CATÉCHISME de Paul Ferry. *Voy.* ce nom.

CATÉGORIES. Les dix catégories ou prédicamens d'Aristote, xxiii, 314 *et suiv*.

CATHERINE (Sainte). Panégyrique de cette sainte, xii, 406 *et suiv*. Sa science, xii, 407, 412. Mépris qu'elle fait de son rang et de sa noblesse pour se couvrir tout entière des opprobres de Jésus-Christ, xii, 416. Elle confond les raisonnemens de la philosophie, xii, 422.

CATHERINE (Sainte) de Gênes ; ses vertus, xxvii, 190. Tout est admirable en elle, mais non pas imitable, xxvii, 600. Sa vie est pleine de choses extraordinaires, xxviii, 264. Goût de Dieu qu'elle trouve mauvais, xxviii, 269. Sa doctrine sur ce que Dieu opère dans l'ame, xxvii, 614, 615. Cette sainte est un exemple des excès de l'amour par les suppositions impossibles, xviii, 583, 586.

CATHERINE D'ARAGON, veuve d'Artus, frère aîné de Henri VIII, roi d'Angleterre, épouse ce prince en secondes noces. Son mariage déclaré nul par Cranmer, xiv, 263. *Voy.* CRANMER. DIVORCE. Sa mort et ses vertus, xiv, 269.

CATHOLIQUES. Sentimens que doit leur donner la lecture de l'*Histoire des Variations*, xiv, 75, 76. La même démonstration et les mêmes principes qui font chrétien rendent catholique. La différence entre le catholique et l'hérétique est que le premier n'a point d'opinion, et suit avec une pleine confiance le sentiment de l'Eglise, au lieu que l'hérétique se plaît à avoir des opinions particulières, xvii, 105, 106, 112. Les zuingliens prouvent à Luther que les catholiques entendent mieux que lui le sens littéral de l'institution de l'Eucharistie, xiv, 80, 81. Tout un synode établit la même vérité en Pologne, xiv, 82. Le sens catholique est visiblement le plus naturel, et qui présente une doctrine plus suivie, xiv, 84, 85. Les divisions des protestans sur cet article important justifient la croyance catholique, xiv, 158, 159. On pose l'état de la question sur ces paroles : *Ceci est mon corps*, et sur celles-ci : *Faites ceci en mémoire de moi*, expressions vagues, xiv. 372.

La foi des nouvelles Catholiques les expose à la pauvreté, x, 470, 471. Exhortation à la charité en leur faveur, x, 471. Les mauvais catholiques comparés avec les hérétiques, ix, 289, 367.

CAUSES qui, selon saint Augustin, peuvent être finies sans concile, et Causes qui demandent un concile, xxii, 165 *et suiv.*

CÉCILIEN. *Voy.* MELCHIADE.

CÉLESTIN (S.), pape, prononce contre Nestorius son jugement soumis au concile des apôtres comme le modèle des autres, xxii, 434.

CÉLESTIN III. Sa décrétale pour annuler un mariage, rejetée par deux Papes, xxii, 245, 246.

CÉLESTIUS. *Voy.* PÉLAGE.

CÉLIBAT (le) méprisé par Luther et les autres réformateurs, xiv, 60, 61 De seize mille ecclésiastiques dont le clergé d'Angleterre étoit composé sous Edouard VI, les trois quarts renoncent au célibat, xiv, 309. Les prêtres des frères de Bohême retiennent le célibat, xiv, 562, 563. Passage de saint Paul sur cette matière, dénaturé par Richard Simon, iii, 562.

CELLOT (Louis), jésuite. Son livre *de la Hiérarchie ecclésiastique*, censuré par la faculté de Paris, xxi, 749.

CELSE, quoique ennemi des chrétiens, n'a pas nié les miracles de Jésus-Christ, xxiv, 526, 527. Pourquoi il se railloit des chrétiens, xii, 91.

CÈNE. Méditations sur ce qui se passa dans le Cénacle, vi, 318 *et suiv.* *Voy.* EUCHARISTIE.

Dans le colloque de Poissy, Bèze fait frémir tous les assistans par son discours impie sur la Cène, xiv, 398, 399. Explication des calvinistes, à Poissy, sur la Cène, xix, 399. La Cène des Suisses et des zuingliens sans substance, Jésus-Christ n'y étant présent qu'en vertu, xiv, 452. Les zuingliens de Pologne reprochent aux sociniens d'avoir une cène vide, quoique la leur ne soit pas mieux remplie, xiv, 555. Plusieurs églises de France veulent changer l'article de la Cène dans la Confession de foi, xiv, 574.

CENSURE de l'assemblée du clergé de France de 1700, sur la foi et les mœurs, xxii, 740 *et suiv.*

CENTENIER de l'Evangile, image de la préparation à l'Eucharistie, viii, 412.

CÉRÉMONIES de l'Eglise. Elles sont toutes conservées en Angleterre sous Henri VIII, xiv, 405. Disputes des luthériens au sujet des cérémonies qu'ils appellent indifférentes. Mélanchthon veut qu'on les retienne, et d'autres qu'on les abroge, xiv, 330. Calvin les abolit et prétend par là s'attacher plus purement à la doctrine de l'Ecriture, xiv, 387. Les vaudois rejettent avec mépris les plus anciennes cérémonies du baptême, xiv, 514. Injustes reproches des protestans au sujet des cérémonies de l'Eglise, et sur le service en langue latine, xvii, 260 *et suiv.*

CERVEAU. A quoi il est destiné, xxiii, 87. L'ame s'en sert par le besoin qu'elle a des images sensibles, xxiii, 158, 159. Comment affecté dans la folie, etc., xxiii, 164 *et suiv. Voy.* ATTENTION, IMAGINATION.

CÉSAIRE (S.), frère de saint Grégoire de Naziance, est médecin de Julien l'Apostat sans communiquer à son impiété, xxi, 240, 241.

CÉSAR (Jules) dompte les Gaules, défait Pompée à Pharsale, et est rereconnu maître à Rome, xxiv, 323, 646. Il est tué, xxiv, 323. Maximes tirées des Commentaires de César, xxvi, 42.

Le Sauveur consulté par les Juifs si on doit payer le tribut à César, vi, 153, 154. Sa réponse, vi, 155, 156. Pourquoi les Césars ne pouvoient être chrétiens, xi, 605.

CEVOLI (Nicolas) ou Saretto, auteur d'un livre contre la *Déclaration*, soutient le pouvoir indirect du Pape sur le temporel, xxi, 133. Ses jures contre les évêques de France,

IR. Le péché cause de son altération, viii, 158. Elle changera de nature, et deviendra un je ne sais quoi, qui n'a plus de nom dans aucune langue, vi,ii, 80; ix, 363; xii, 485. Elle doit être détruite pour être renouvelée, xi, 315. *Voy.* Corps.

CHAIRE de saint Pierre. Elle est le dépôt inviolable de sa foi, et la source primitive et invariable des traditions chrétiennes, 152, xxix, 373. Ce qu'on entend par les décisions, xxix, 374.

CHALCÉDOINE (concile de), quatrième général. Dioscore, patriarche d'Alexandrie, y est déposé, xxii, 35. La lettre de saint Léon à Flavien examinée et approuvée, xxi, 80, 81; xxii, 37 *et suiv.* Troubles qui suivirent ce concile, xxii, 184 *et suiv.* Ce concile veut que les canons prévalent sur les décrets de l'empereur qui y étoient contraires, xxiv, 73. L'autorité que le concile de Chalcédoine reconnoît dans le Pape, méconnue par l'abbé Dupin, xx, 550, 551. Irrévérence de cet auteur envers ce concile, xxi, 578. *Voy.* Conciles.

CHALDÉENS (les) furent les premiers observateurs des astres, xxiv, 267.

CHANANÉENS. Dieu ordonne aux Israélites de leur faire la guerre pour punir leur impiété qu'il avoit supportée avec une longue patience, xxiv, 129 *et suiv.*

CHANDIEU (Antoine), ministre de Paris, nommé depuis Sadael, trame avec la Renaudie la conjuration d'Amboise, xv, 515.

CHANSONS d'amour. On doit les bannir de l'éducation des filles, xxviii, 257, 387.

CHANT. L'Eglise d'Alexandrie y souffroit à peine de foibles inflexions, de peur d'affoiblir la vigueur de l'ame par la douceur du chant, xxvii, 16, 49. La musique introduite bien tard dans le chant de l'Eglise, xxvi, 49. Le chant latin est conservé dans la messe luthérienne, xiv, 129, 130. *Voy.* Augustin (saint).

CHANTAL (la B. mère de). Ses désirs, jusqu'où approuvés, xviii, 563. Quelle étoit son oraison, xviii, 563, 564, 565.

CHANTERAC (G. de la Cropte de), vicaire général de Cambray, xix, 373. Sa lettre à Madame de Ponchat[1], où il fait l'éloge du livre et de la personne de Fénelon, xxix, 140. Jugement que Bossuet porte de cette lettre, xix, 137; 189. L'abbé de Chanterac est envoyé Rome par Fénelon pour son affaire, xxix, 127, 150. L'abbé Bossuet promet de lui donner un espion, xxix, 147. Son arrivée à Rome : compte que l'abbé Bossuet rend de ses discours et de ses démarches, xxix, 156 *et suiv.*, 168, 169, 170, 171, 173, 194, 216, 228, 239, 242, 273, 278, 308, 361, 381, 383, 405, 453, 470, 511, 521, 544, 548, 571; xxx, 118, 156, 335, 427.

C'est ainsi qu'il faut lire partout : Ponthac, qu'on a mis quelquefois, est une erreur.

CHAPELET. Ce que c'est, comment on doit le dire, v, 17, 18.
CHAPELLES, n'y pas entrer sans rendre à Dieu, à genoux, une adoration sérieuse, xi, 75 *note*.
CHAPITRES (les trois): ce que c'est : leur condamnation, xx, 46 *et suiv*.
CHARENTON (synode de), où l'on reçoit les luthériens à la communion. Différence de ce qu'on fit alors, et de ce qu'on vouloit faire à Francfort et à Sainte-Foi, pour unir les deux sectes dans une même confession de foi, xiv, 587, 588. Les calvinistes montrent partout un esprit d'instabilité, xiv, 588, 589. Ce synode ne trouve aucune idolâtrie dans le culte des luthériens, quoiqu'ils admettent la présence réelle, xv, 44. Ce décret met un grand changement dans les controverses, convainc les calvinistes de calomnies contre l'Eglise romaine, et rend vain le principal sujet de leur rupture, xv, 45. Les calvinistes tournent la haine des peuples contre la transsubstantiation, et soutiennent, contre Calvin, que Jésus-Christ n'est pas adorable partout où il est, xv, 46. Le décret tolère, dans les luthériens, l'adoration intérieure, et condamne l'extérieure. Frivole réponse des calvinistes, xv. 47, 48. Les disputes vives des calvinistes avec les luthériens, sur la prédestination, cessent, par le décret de Charenton, d'être de l'essence de la religion, xv, 48, 49. Ce synode approuve celui de Dordrecht, et regarde la certitude du salut, comme le point principal de sa doctrine, xv, 37, 38.
CHARGES. Conditions nécessaires pour les désirer légitimement, dans quel cas ce désir n'est pas permis, ix, 310.
CHARITÉ. Ce que c'est, xii, 243. Son excellence, x, 307. Couvre la multitude des péchés, ix, 85. A quoi elle nous oblige, x, 393. Quel en est l'esprit et quels en doivent être les effets, ix, 551 ; x, 604. Erreur d'attribuer à la cupidité tout ce qui ne vient pas de la charité, xix, 215. La charité désintéressée, également commandée à tous, xix, 243, 244. Beau caractère de la charité parfaite, xix, 246, 247, 263 *et suiv*. En quel sens l'amour ne tire point ses forces de l'espérance, xix, 268. Erreur d'admettre une charité naturelle contre la surnaturelle, xix, 346 *et suiv*. Différence de la charité d'avec l'espérance, xix, 561, 700 *et suiv*. Motifs de la charité proposés dans l'Evangile, xix, 563, 564. Et vraiment inséparables, xix, 564, 565. La béatitude est sa fin dernière, xix, 673 *et suiv*. Objection de M. de Cambray, xix, 675. Autorité de saint Thomas éludée, xix, 677. Autorité de saint Bonaventure, xix, 678, 679. Réponse de M. de Cambray, réfutée par le même saint Bonaventure, xix, 680. La charité et le désir de l'union avec Dieu ou de la béatitude sont inséparables, xix, 676. La vraie charité préfère-t-elle Dieu à soi-même, xix, 681, 709 *et suiv*. Quel est l'objet de la charité, xix, 684 *et suiv*. Définition de la charité d'après saint Augustin, xix, 696 *et suiv*. De la jouissance de Dieu d'après le

même Père, xix, 897. La charité est-elle mercenaire comme l'espérance, xix, 701. L'amour de charité distingué de l'amour de gratitude, xix, 703. L'amour d'amitié entre Dieu et l'homme, xix, 710, 711, 763. Que penser de cette question : Aimeroit-on autant Dieu, si notre amour ne pouvoit lui être connu? xix, 722. Combien la vision intuitive augmente l'amour, xix, 733. Explication radicale de la définition de la charité, xix, 741, 742. *Question particulière sur les actes commandés par la charité*, xix, 772 et suiv. La charité renferme toutes les vertus, xxviii, 289, 290. Les motifs de la charité sont répandus partout dans les Psaumes, i, 21 *et suiv.* Charité immense de Dieu le Père envers nous, ix, 537. Manière dont la charité influe sur les bonnes œuvres pour les rendre méritoires, xxvi, 440. Combien la charité pour les malades est agréable à Dieu, xxvii, 601. *Voy.* Amour.

Charité fraternelle. Son étendue, vi, 31, 32; vii, 574. Comment Dieu punit les haines ou les paroles injurieuses envers le prochain, xi, 23, 24. Obligation de se réconcilier, vi, 26 *et suiv.* La charité du prochain, est le second commandement de la loi, vi, 168, 169. Belles réflexions sur ce précepte, vi, 179, 180. Nouvelle intimation de ce commandement par Jésus-Christ après la Cène, x, 486. La croix nous apprend à aimer nos frères, vi, 562, 563. Nouveaux motifs de cet amour fraternel, vi, 563. Jésus-Christ l'a demandé pour nous à son Père après la Cène, vi, 622, 623, 640, 641, 645. Cette charité est le caractère du christianisme, vi, 646. C'est l'orgueil qui l'éteint dans nos cœurs, vi, 648. La charité fraternelle est une dette que nous nous devons les uns aux autres, viii, 514. Comment Jésus-Christ l'établit, ix, 236, 237. Combien sont coupables ceux qui en rompent les liens sacrés, x, 368. Nécessité de la charité envers le prochain, xxii, 699, 700. L'assemblée du clergé de 1700 censure plusieurs propositions relatives à cette vertu, xxii, 778.

CHARLAS, prêtre françois, réfugié à Rome à cause des affaires de la *Régale*, cité sous le nom d'*Anonyme*, auteur du *Traité des libertés de l'Eglise gallicane.* On le réfute, xxi, 41, 42, 88, 89, 104, 108, 147, 472, 526 *et suiv.*, 552; xxii, 139, 143 *et suiv.* 406 *et suiv.* 440, 568. Il tronque un texte d'Innocent III, xxii, 281, 282. Bossuet engage son neveu à se servir de lui dans l'affaire du quiétisme, xxix, 151 et note. Sa mort, xxix, 382.

CHARLES I dit CHARLEMAGNE, réunit à son domaine le royaume de Carloman, son frère; ses victoires, xxv, 20. Il soutient avec autant de courage que de piété la qualité de protecteur de l'Eglise romaine, xxiv, 360, 361. Il est déclaré patrice de Rome, roi des François et des Lombards, puis peu après empereur d'Occident, xxv, 21. Il est sacré en cette qualité par le Pape Léon III, xxi, 370; xxiv, 364, 649. L'Eglise romaine lui doit ses richesses, mais il ne fit point payer le denier de saint Pierre, xxi, 270. Il consulte Adrien I, au sujet de l'hérésie d'Elipand, xxii, 198 *et suiv.* Sa conduite respectueuse dans cette affaire, xxiv, 72, 73. *Voy.* Carolins. Charlemagne tâche d'assurer la couronne à ses enfans, en les faisant couronner de son vivant, xxv, 21. Sa conduite généreuse envers les Papes, xxv, 22, 23. Il déclare la guerre aux Saxons, dans le dessein d'établir la religion parmi eux, xxv, 24. Sa sévérité à leur égard, xxv, 25. Considération que lui attirent de la part des princes infidèles, ses hauts exploits, xxv, 26. Des malheurs et des chagrins domestiques troublent une longue suite de prospérités, xxv, 27. Ses admirables qualités, *ibid.*

CHARLES BORROMÉE (S.), archevêque de Milan, a travaillé à rétablir l'esprit ecclésiastique, xii, 76. On allègue ce saint comme ayant eu dessein de corriger la comédie; il ne cesse d'en inspirer le dégoût, en l'appelant *un reste de la gentilité*, xxvii, 76, 77. Ce saint archevêque montre que les derniers siècles avoient des évêques comparables à ceux des premiers temps, xxv, 560.

CHARLES-MARTEL est fait prince d'Austrasie, succède à son père Pepin Héristel, se faisant élire maire du palais en Neustrie, xxiv, 316; xxv, 12, 141. Il va réduire les Saxons après avoir pacifié la France dont il s'est rendu maître absolu, xxiv, 357; xxv, 14. Il assiste le pape Grégoire II, xxiv, 357, 358. Il est invité par Grégoire III à secourir Rome contre les Lombards, xxi, 324. Charles-Martel défait les Sarrasins devant Tours. Il est fait duc des François. Sa mort, xxv, 17.

CHARLES II dit le CHAUVE, s'unit à son frère Louis, roi de Germanie, contre Lothaire, et bientôt après à Lothaire contre Louis, xxv, 31 *et suiv.* Il est élu empereur par les Romains, xxi, 374, 375; xxv, 33. La dignité impériale lui est confirmée au concile de Rome, xxi, 415, 416. Son attention à profiter des circonstances pour agrandir ses Etats, xxv, 33. Sa mort. Jugement sur son règne, xxv, 34. Objection tirée d'un rescrit de Charles le Chauve contre l'archevêque de Sens, en faveur du droit sur le temporel, xxi, 382, 383.

CHARLES III dit le GROS. Des actions honteuses ternissent l'éclat de ses bonnes dispositions. Son royaume lui est ôté par les seigneurs, et il meurt dans la plus affreuse misère, xxv, 26, 27.

CHARLES IV, dit le SIMPLE, éprouve la révolte de ses sujets. Chassé du trône, il le recouvre bientôt après; il meurt misérablement, victime de la fourberie de ses ennemis, xxv, 38.

CHARLES IV, dit le BEL, gouverne son royaume avec beaucoup de prudence et de vertu, xxv, 96, 97. Reproches qu'il semble mériter, *ibid.*

CHARLES V, dit le SAGE, est régent du royaume pendant la captivité du roi Jean, xxv, 110. Il balance à recevoir les conditions imposées pour la liberté du roi, xxv, 112. Il prend les plus sages mesures pour recouvrer les provinces cédées aux Anglois; leur déclare la guerre; ses moyens pour en assurer le succès, xxv, 117 *et suiv*. Il fixe la majorité des rois de France à quatorze ans, xxv, 121. Il poursuit avec vigueur ses projets, xxv, 122. Instruit de sa prochaine mort, il met ordre aux affaires de sa conscience et de son Etat, xxv, 127. Regrets que sa mort cause aux François. Grands biens que la France reçoit de son administration, xxv, 127, 128. Il obtient de ses ennemis cet éloge, que jamais roi n'avoit fait de si grandes choses. xxv, 120.

CHARLES VI. Troubles arrivés dans plusieurs royaumes sous son règne; quelles en furent les différentes causes, xxv, 130. Il donne du secours au comte de Flandre contre ses sujets révoltés, xxv, 132. Châtimens qu'il exerce contre ses sujets qui s'étoient soulevés, xxv, 136. Il épouse la fille du roi de Bavière, xxv, 138. Veut porter la guerre en Angleterre; ses préparatifs deviennent inutiles, xxv, 138. Il s'occupe du soulagement des maux qui pèsent sur le peuple, xxv, 144. Reçoit l'hommage du comté de Foix, *ibid*. Triste accident qui lui fait perdre la raison, xxv, 147, 148. Sa santé étant rétablie, il envoie des secours en Hongrie contre les Turcs; s'occupe de mettre fin au schisme qui désole l'Eglise, xxv, 152. La foiblesse de sa raison livre le royaume au déchirement des factions, xxv, 153 *et suiv*. Il déshérite son fils, et déclare le roi d'Angleterre régent du royaume, xxv, 153 *et suiv*. Mort de ce prince. Cris douloureux que les bons François entendent à ses funérailles, xxv, 172.

CHARLES VII. N'étant encore que Dauphin, il est déclaré par son père déchu du droit à la couronne de France, xxv, 170. Il monte sur le trône; triste état de la France dans ces conjonctures, xxv, 172. Devenu roi de France, il est médiateur de la paix entre le concile de Bâle et le pape Nicolas V, xxi, 708. Moyens presque miraculeux par lesquels il relève ses affaires, xxv, 174 *et suiv*. Il fait la paix avec le duc de Bourgogne; se rend maître de Paris, xxv, 179. Son autorité, rétablie par le succès de ses armes, est presque ruinée par les divisions domestiques, *ibid*. Il impose la taille, xxv, 180. Continue avec succès la guerre contre les Anglois, *ibid. et suiv*. Réflexions sur la rapidité de ses conquêtes et sur ses causes, xxv, 185. Chagrins que lui donne la conduite de son fils. Sa mort, xxv, 194.

CHARLES VIII. Division des princes au commencement de son règne, xxv, 243. Elles donnent lieu à quelques petites guerres, xxv, 244 *et suiv*. Il consulte la Faculté de théologie de Paris sur les moyens d'assembler le concile général, xxi, 739. Il épouse Anne de Bretagne, xxv, 250. S'occupe de la conquête de Naples, xxv, 251. Etat de l'Italie en ce temps-là, xxv, 252. Crainte que la nouvelle de son expédition répand dans les esprits sages, xxv, 255. Embarras où il se trouve, xxv, 256. Ses succès lui attirent de nouveaux ennemis, xxv, 258, 263 *et suiv.* Ses revers, xxv, 269. 270. Il repasse en France, où il reçoit la nouvelle de la défection des principales villes d'Italie, xxv, 271. Le mauvais état des affaires se fait sentir de plus en plus, xxv, 273. Il perd tout ce qu'il avoit acquis par les armes en Italie, xxv, 274. Il s'occupe d'y porter de nouveau la guerre. Il meurt pendant les préparatifs, xxv, 275.

CHARLES IX. Intrigues causées par sa minorité, xxv, 500, 501, Le besoin de remédier aux maux du royaume lui fait assembler les Etats généraux, xxv, 502. Il est declaré majeur avant l'âge requis par les lois, xxv, 547. Le commencement de son règne décèle sa dissimulation et sa rigidité, xxv, 548 *et suiv.* Diverses mesures qu'il prend pour détruire la religion protestante, xxv, 554, 555. Triste état des affaires du royaume, xxv, 584. Il est obligé de fuir de Meaux à Paris, avec toute sa Cour, pour se sauver de la fureur des protestans révoltés, xv, 526, 527. Son mariage avec Isabelle, seconde fille de l'empereur Maximilien, xxv, 609. Il forme le projet de la Saint-Barthélemy, xxv, 613. Tout cruel qu'il étoit, il entre avec regret dans ce dessein. On lui en cache l'étendue et l'atrocité, xxv, 619. Profonde dissimulation de ce prince dans l'accomplissement de ses projets, xxv, 621. Les remords qu'il éprouve au moment de l'exécution sont étouffés par les remontrances de sa mère, xxv, 623. Il tire lui-même sur les protestans, par les fenêtres du Louvre, xxv, 625. Il déclare au parlement les motifs qui l'avoient engagé au massacre de ses sujets, xxv, 626. Horreur qu'il inspire à tous les gens de bien, xxv, 627. La guerre se continue plus furieuse que jamais, xxv, 629. Il s'assure des étrangers, *ibid.* Il tombe malade, xxv, 637. Soupçons qu'il a été empoisonné, *ibid.* Le gouvernement s'affoiblit avec sa santé, xxv, 641. Extrême embarras qu'il éprouve, *ibid.* Il déclare sa mère régente du royaume, xxv, 645. Mort horrible de ce prince, *ibid.*

CHARLES-QUINT, empereur. Il entre en guerre avec François Ier, roi de France, contre lequel il soutient ses droits à l'empire, xxv, 321. Il l'emporte sur son compétiteur, *ibid.* Ses ménagemens pour Luther mettent en feu toute l'Allemagne, xxv, 323. Il convoque la diète d'Augsbourg en 1530, où les confessions de foi lui sont présentées, xiv, 93, 94. Il fait réfuter la Confession luthérienne, dite d'Augsbourg, xiv, 95. Il établit une espèce de ligue défensive avec tous les Etats catholiques contre la nouvelle religion, xiv, 141, 142. Maître de la personne de François Ier, il lui propose, pour recouvrer sa liberté, des conditions tyranniques, que son prisonnier refuse avec hauteur, xxv, 358. Sa conduite pleine de dissimulation et de fausseté, xxv, 372. Il entreprend de purger les mers des pirates turcs, et il attaque le corsaire Barberousse, xxv, 398. Il amuse François Ier par de belles paroles, tandis qu'il fait des préparatifs pour la guerre, xxv, 400. Sa téméraire confiance de réduire la France, xxv, 409. Il est obligé de sortir de ce royaume, n'emportant que la honte d'avoir fait bien du bruit, sans réussir en rien, xxv, 414. Embarras qu'il éprouve dans sa retraite, xxv, 417. Il obtient le passage de ses armées par la France pour aller soumettre les Gantois, xxv, 422. Il prend les armes pour mettre à la raison les rebelles de la ligue de Smalcalde, xiv, 324. Il remporte la victoire et fait prisonniers l'électeur de Saxe et le landgrave de Hesse, xiv, 324. Il fait en sorte de rompre l'alliance de François Ier avec divers Etats, xxv, 423. Il élude les promesses qu'il a faites, xxv, 424. Il échoue dans son entreprise contre Alger, xxv, 427. Il fait avec le roi d'Angleterre un traité par lequel ils devoient se partager la France, xxv, 436. Il songe à réduire les protestans, xxv, 441. Malgré quelques revers, sa prudence, sa bonne fortune, ses grandes forces, sa milice si aguerrie, semblent lui promettre un heureux succès, xxv, 443, 445. Il donne à l'univers un grand spectacle en abdiquant les couronnes impériale et royale, xxv, 464. Son *interim*. *Voy.* ce mot. Il meurt dans sa retraite de Saint-Just, après y avoir passé deux ans en grande tranquillité, occupé de la mort et de son salut, xxv, 474.

CHARLES Ier, roi d'Angleterre; son caractère, xii, 449, 450. Il est mis à mort par ses sujets, *ibid.*

CHARLES II, roi d'Angleterre, rétabli sur le trône, par quels moyens, xii, 464.

CHARLES-GUSTAVE, roi de Suède. Ses succès et sa fin, xii, 544, 545.

CHASTETÉ. Ses avantages, xii, 62. Combien elle est délicate, vi, 27, xi, 384, 385. Elle est la gardienne de nos corps, temples du Saint-Esprit, x, 133, 134, 155, 156. Ornement immortel, céleste préservatif contre la corruption, viii, 80. L'Assemblée de 1700 censure quelques propositions sur cette matière, xxii, 752. *Voy.* PURETÉ.

CHATILLON (le cardinal de) suit les opinions de Calvin. Il fait la Cène à la mode des calvinistes, xxv, 508. Il se marie, et retient son évêché de Beauvais, xxv, 539. Il est cité à Rome pour y répondre sur le crime de l'hérésie et de son mariage. Il passe en Angleterre, avec la commission d'y ménager l'alliance de la reine Elisabeth avec les protestans, xxv, 612. Il meurt empoisonné, *ibid.*

CHÉREBERT, roi de Paris, laisse par sa mort son royaume à Chilpéric, xxv, 7.

CHEVREUSE (le duc de). *Voy.* BOSSUET, FÉNELON, GUYON.

CHICANE (la) est ennemie de la justice, xxiv, 127.

CHIGI (Sigismond), cardinal, approuve le livre de l'*Exposition*, xiii, 35. Il a le dessein de le faire traduire en italien, xxvi, 150, 155.

CHILDEBERT Ier, fils de Clovis, obtient Paris pour son partage, xxv, 6. Il consent au meurtre de ses neveux, dont il partage la succession avec Clotaire son frère, leur meurtrier, *ibid.*

CHILDEBERT II, roi d'Austrasie, laisse deux fils, Théodebert, roi d'Austrasie, et Théodoric, roi de Bourgogne, xxv, 8.

CHILDEBERT III, succède à Clovis III son frère, xxv, 12.

CHILDERIC I, roi de France, pousse ses conquêtes dans les Gaules. Il est chassé par les François et rétabli par les soins de Guyeman, son confident. Ses qualités et ses vices, xxv, 3.

CHILDERIC II. Loi qu'il porte touchant les maires du palais, rendue inutile. Il meurt assassiné, xxv, 11.

CHILDERIC III, le dernier des rois Fainéans, est mis sur le trône par les fils de Charles-Martel, et abandonné de ses sujets, xxv, 17. Il est déposé, dit-on, par le pape Zacharie, xxi, 154. *Voy.* ZACHARIE.

CHILLINGWORTH (Guillaume), célèbre protestant anglois, prêche l'indifférence des religions, et met au nombre des chrétiens tous ceux qui croient implicitement les vérités, même les Mahométans, les Juifs, les déistes et les athées, xvi, 216, 217. Il démontre qu'il faut être ou catholique, ou indifférent, xvi, 219. Il réduit les articles fondamentaux qui suffisent au salut, à croire l'Ecriture et à tâcher de la croire en son vrai sens, xvi, 220, 221. Son livre est applaudi par les théologiens d'Oxford, xvi, 222, 223.

CHILPERIC I, roi de Soissons, épouse Frédégonde. Ses démêlés avec Sigebert. Il est tué en revenant de la chasse, xxv, 6, 7.

CHILPERIC II est mis sur le trône par Reinfroi. Vaincu par Charles-Martel, il s'enfuit en Aquitaine, d'où Charles le rappelle pour lui donner le royaume de Neustrie, xxv, 13. Sa mort, *ibid.*

CHŒUR. Obligations pour les religieuses d'y assister, xxviii, 385, 386. 418. On peut en sortir pour des affaires sans recommencer l'office, xxviii, 406.

CHRÉTIEN. Son caractère tracé dans les huit béatitudes, vi, 477.

Le chrétien est un homme renouvelé qui ne peut exister sans la charité, viii, 408. Il se conduit par l'autorité de la foi, ix, 90, 91. Combien il méprise la vie et tout ce qui la concerne, ix, 296. Quel est l'état d'un chrétien : d'où part-il et où doit-il arriver? x, 248. Comment un chrétien doit sanctifier sa journée, v, 44, 45 *et suiv.* Tout tourne à bien au chrétien, s'il se tourne à Dieu, xxvi, 160. Vrai caractère d'un chrétien, xii, 599. Les chrétiens sont nés des blessures de Jésus-Christ, ix, 604. Sont de pauvres bannis, relégués de leur patrie, viii, 414. Sont les vrais habitans de Jérusalem et les héritiers des promesses faites à la Synagogue, viii, 161. Combien les premiers chrétiens méprisoient les biens du monde, x, 326. Ils sont toujours persécutés depuis Domitien sans faire jamais la moindre sédition, xxiv, 429. Marc-Aurèle écrit au sénat en leur faveur, xxiv, 332. La persécution recommence, xxiv, 332. Ils sont persécutés plus violemment que jamais sous Dioclétien, xxiv, 338. Ils lassent les persécuteurs par leur patience, xxiv, 339, 340. Ils sortent de Jérusalem avant qu'elle fût assiégée, xxiv, 495. Leur soumission et leur respect pour les princes persécuteurs, xxiv, 15, 16, 522. Leur fidélité envers la patrie, xxiii, 511, 512. Les calomnies des païens pour les rendre odieux, xxiv, 523. On les condamne sans aucune formalité de justice, xii, 268, 312, 322. Crimes qu'on leur reprochoit, xii, 311, 321. Les institutions des chrétiens recherchées à leur source, prouvent la vérité de la religion, xii, 348.

CHRÉTIEN INTÉRIEUR. *Voy.* BERNIÈRES.

CHRISTIANISME. Son esprit dont nous devons être revêtus, ix, 194; x, 318. Il a réformé le genre humain par la pureté de sa morale; preuve de sa divinité, viii, 186. Son extravagance plus forte que la plus sublime philosophie, x, 440.

CHRONOLOGIE. Son utilité, xxiv, 261. Il ne faut point entrer dans ses minuties, xxiv, 364. La supputation de l'hébreu et celle des Septante indifférentes en elles-mêmes, xxiv, 365.

CHRYSOSTOME (S. Jean) est travesti en nestorien par Richard Simon, iv, 128. En protecteur de Mopsueste et de Nestorius, iv, 130, 131. Combien il étoit éloigné de ces sentimens, iv, 131 *et suiv.* Il n'a jamais admis deux personnes en Jésus-Christ, iv, 133, 134. Richard Simon a choisi à dessein une leçon fautive, iv, 136. Et en effet, si le saint docteur eût ainsi pensé, les nestoriens se seroient appuyés de son autorité, iv, 137. Mais la leçon même que choisit Richard Simon ne s'accorde pas avec le langage de Nestorius, iv, 139 *et suiv.* Rabaissé par Richard Simon, et loué ensuite en haine de saint Augustin, iv, 150, 151. Mis par le même Richard Simon au nombre des pélagiens, iv, 171, 172. Il a cru le dogme du péché originel, iv, 287, 288. Il fut même un des principaux canaux de la tradition de ce dogme dans l'Eglise grecque, iv, 290, 291. Passage de ce saint docteur objecté à saint Augustin, iv, 322. Vrai sens de ce passage découvert, iv, 323, 324. Pourquoi saint Chrysostome n'a point parlé ici du péché originel, iv, 325, 326. Il en parle clairement ailleurs, iv, 328 *et suiv.* Il s'embarrasse un peu dans cette question, iv, 329 *et suiv.* Pourquoi il ne donnoit le nom de péché qu'au péché actuel, iv, 331, 332. Il n'a rien de commun avec les pélagiens, iv, 333. Et n'a point dit qu'on puisse être puni sans être coupable, iv, 334, 335. Pourquoi sa doctrine n'est pas aussi liée que celle de saint Augustin, quoique la même dans le fond, iv, 338 *et suiv.*

Ce saint docteur distingue dans les rois la puissance de l'abus qu'ils en font, xxi, 191. Sa doctrine sur la soumission aux puissances séculières, xxi, 545, 546. Il apprend aux peuples, dans ses homélies, à n'opposer que la prière aux persécutions les plus injustes, xv, 436, 437. Passages de ce saint objectés à tort par Charlas, xxii, 143, 144. Il est déposé par Théophile d'Alexandrie au conciliabule *du Chêne*. Il appelle au Pape, xxii, 191 *et suiv*.

CHYTRÉ (David), ubiquitaire, cherche à se défaire de Mélanchthon, xix, 341, 343.

CIBO (Alderan), cardinal. Bossuet le remercie de l'approbation qu'il a donnée à son *Exposition*; loue son zèle et ses utiles travaux pour la gloire de l'Eglise, xxvi, 253. Ce cardinal l'instruit de la bienveillance et de l'estime qu'avoit pour lui le souverain Pontife, xxvi, 259. Il présente au pape Innocent XI la lettre dans laquelle Bossuet rend compte à ce pontife de l'éducation du Dauphin, xxvi, 253. Témoigne au prélat avec quel plaisir Sa Sainteté avoit lu cette lettre, et quel fruit le Pontife se promettoit de ses ouvrages en faveur de la religion, xxvi, 264. Son désir d'obliger Bossuet, *ibid*. Ce cardinal dénonce aux évêques, par une lettre circulaire, les erreurs des quiétistes, xviii, 251, 676, 677.

CICÉRON ruine par son éloquence le parti de Catilina, xxiv, 323.

CIEL. Séjour de la miséricorde, viii, 62. On ne peut y entrer que par un pur effet de la grace et de la bonté de Dieu, viii, 62, 63. Jésus-Christ y est monté, nous y entrerons par lui, x, 264 *et suiv*. *Voy*. Paradis, Saints.

CIRCONCISION (la) est donnée à Abraham. Ce qu'elle représentoit, vii, 130, 131. Circoncision du Sauveur, vi, 279. Explication de ce mystère, v, 152, 153. Sa grandeur, viii, 298, 299 *et suiv*. Sermons pour la fête de la Circoncision, vii, 298 *et suiv*. En quoi consiste la circoncision du cœur, xxvii, 599, 600.

CITÉ de Dieu. Sa politique directement opposée à celle du siècle : pourquoi, viii, 425. Deux cités diverses, mêlées de corps et séparées de cœur ; quels en sont les citoyens, x, 204 ; xii, 61.

CITÉ MYSTIQUE. *Voy*. MARIE D'AGREDA.

CLAIRVAUX. Respect dont étoient saisis ceux qui alloient dans cette maison, en voyant la vie édifiante des religieux sous saint Bernard, xii, 300.

CLAUDE (Jean). Conférence de Bossuet avec ce ministre, sur la matière de l'Eglise, xiii, 499. Il accepte la conférence, puis il refuse de s'y rendre, xiii, 521, 522. Honnêtetés qui précèdent la conférence, xiii, 527. Embarras où il se trouve pour expliquer l'autorité des synodes, dont les protestans ne reconnoissent pas l'infaillibilité, xiii, 528. Pour prouver que l'autorité de l'Eglise n'est pas infaillible, il objecte le concile de

Rimini, et la Synagogue qui condamna Jésus-Christ, xiii, 535. Réponse à ces objections, xiii, 536. Il est forcé d'avouer qu'un particulier peut mieux entendre l'Ecriture que l'Eglise, xiii, 533, 564. Il convient qu'un chrétien se trouve dans un moment où il est obligé de douter si l'Ecriture est inspirée, xiii, 550, 579. Il répond par un petit écrit à la relation de Bossuet, xiii, 563 *et suiv.* Réflexions de Bossuet sur cet écrit, xiii, 564. Vaine subtilité qu'il emploie pour montrer qu'il ne reconnoît ni dans la spéculation, ni dans la pratique l'autorité infaillible de l'Eglise, xiii, 565.

Ce ministre excuse mal tout ce qui se fit à Francfort et à Sainte-Foi, pour réunir les calvinistes aux luthériens, en se servant d'expressions équivoques, xiv, 587. Il désapprouve l'église de Genève d'avoir ajouté deux articles à la confession de foi, xv, 56, 57. Il élude la difficulté qu'on lui fait sur l'embarras des synodes de Gap et de la Rochelle, à trouver l'Eglise invisible, xv, 75, 76. Il avoue sa visibilité, sans recourir, comme les autres, aux vaudois, albigeois, etc., mais il se jette inévitablement dans des contradictions, xv, 79, 80. Il ne veut pas avouer, quoique ce soit une conséquence de ses principes, que, par rapport au salut, tout est en son entier dans l'Eglise romaine. Différences frivoles qu'il met entre nous et nos pères, xv, 82. Il soutient qu'on pouvoit être dans la communion romaine, sans communiquer à ses dogmes et à ses pratiques, xv, 83, 84. Il varie sur ce qu'il avoit dit de la visibilité de l'Eglise, et revient à l'Eglise invisible, xv, 86, 87. Il ne sauve dans l'Eglise romaine, avant la Réforme, que les hypocrites qui demeuroient dans son sein, sans y croire, xv, 295.

CLÉLIE. Les Romains vantent Clélie et ses compagnes, dont la hardiesse à traverser le fleuve étonna et intimida le camp de Porsenna, xxiv, 163, 295.

CLÉMENCE (la) compagne de la justice, est la joie du genre humain, xxiv, 120. Elle est la gloire d'un règne, xxiv, 121. Elle doit accompagner la victoire, *ibid.* Dans les actions de clémence, il est souvent convenable de laisser quelque reste de punition, xxiv, 123.

CLÉMENT (S.) d'Alexandrie. Sur les attributs divins, xviii, 413. Son *Gnostique* ou Chrétien parfait et ses demandes, xviii, 491; xix, 2. Sa doctrine sur l'oraison perpétuelle, xviii, 513. Ses suppositions impossibles pour exprimer l'excès de l'amour, xviii, 579. De sa sagesse, xix, 1, 2, 3. Excès qu'on lui attribue, xix, 4, 5. Examen des passages de cet auteur dont ont voulu profiter les nouveaux mystiques, xix, 12, 17 jusqu'à 139. Sa Gnose est-elle l'état passif des mystiques, xix, 71 *et suiv.* *Voy.* GNOSE. Ce saint confond les novateurs par la date de leur origine, et prouve que leur doctrine est inconstante et variable, parce qu'ils quittent la source de la vérité qui est l'Eglise, xvii, 110, 111. Il est mis par Jurieu au nombre de ceux qui enseignoient la double nativité du Verbe. On le réfute par les propres paroles de ce Père, xvi, 77, 78.

CLÉMENT V, pape, prétend avoir le droit d'établir en Italie des vicaires de l'Empire, xxi, 391, 466. Il annulle ce qui avoit été fait par Boniface VIII contre Philippe le Bel, xxi, 452, 453. Il confirme la décrétale de Nicolas III sur la pauvreté de Jésus-Christ, xxii, 248.

CLÉMENT VII, pape, fait servir à la polique et à ses intérêts les affaires de la religion, xxv, 380, 381. Il exhorte Henri VIII, roi d'Angleterre, à reprendre sa femme légitime, Catherine d'Aragon : il l'excommunie, xiv, 285; xxii, 223. Sa précipitation cause la séparation de l'Angleterre de l'Eglise romaine, xxv, 394. Les protestans d'Allemagne approuvent la dispense de Jules II et la sentence de Clément VII, xiv, 288. Raisons de la décision de Clément VII, xiv, 290. Ce pape croit le concile général nécessaire pour détruire l'hérésie de Luther, xiv, 293. Clément VII meurt au milieu de ses desseins ambitieux, xxv, 396.

CLÉMENT VIII, pape, absout des censures Henri IV, roi de France, sans parler de le réhabiliter à la couronne, xxi, 473 *et suiv.*

CLÉMENT IX, pape, auparavant cardinal Albani. Il est membre de la congrégation chargée de prononcer sur le livre des *Maximes*. L'abbé Bossuet le dénigre tant qu'il peut, xxix, 299, 300, 375. Craintes qu'inspire à Bossuet et à son neveu l'attachement du cardinal pour Fénelon, xxx, 168, 193, 218, 225, 331, 332, 415. Son vœu sur le livre, xxx, 147. Avis qu'il donne à l'abbé Bossuet pour faire accélérer la conclusion, 127. On n'auroit pas voulu qu'il fût chargé de la rédaction du Bref, xxx, 226, 237, 242. Elle lui est confiée, xxx, 277. Il rédige le Bref adressé à Fénelon après sa soumission, xxx, 432.

CLÉMENT XI. Bossuet le félicite sur son élévation au pontificat, xxii, 199, 201. Réponse du Pape, xxvii, 203. Lettres de Bossuet à ce Pontife, pour lui retracer les vertus de saint Vincent de Paul, et demande sa canonisation, xxvii, 275.

CLÉMENTINES : ce que c'étoit que ces lettres; le concile de Bâle les abolit, xxi, 680 *et note.*

CLERGÉ (le) est établi pour la lumière du monde, pourquoi il a des priviléges et un certain éclat, xii, 55, 56. Le clergé de France, assemblé en 1655, oblige le P. Bagot à reconnoître que les évêques tiennent immédiatement de Jésus-Christ leur juridiction, xxii, 136, 137.

Bossuet voyoit dans l'assemblée de 1682 certaines dispositions qui le faisoient bien espérer de cette assemblée, xxvi, 321. Lettres des évêques au pape Innocent XI, en lui rendant compte de leurs opérations, xxii, 631 *et suiv.* Réponses du Pape, xxii, 643. Lettre circulaire de l'Assemblée, pour se justifier contre le Bref d'Innocent XI, xxii, 649 *et suiv*. Seconde lettre à tous les évêques de France, xxii, 671. Décret de morale projeté dans cette assemblée, dont la première partie renferme plusieurs propositions à condamner, xxii, 675 *et suivantes*. Et la seconde contient la saine doctrine, xxii, 692 *et suiv*.

Assemblée de 1700. Extraits des procès-verbaux, xxii, 721 *et suiv*. Censure de plusieurs propositions contraires à la foi et aux mœurs, xxii, 740 *et suiv*. Lettre du clergé en envoyant cette censure à tous les évêques de France, xxii, 775 *et suiv*. Lettres et règlemens de cette assemblée touchant les réguliers, xxii, 779. *Voy*. BOSSUET.

CLÈVES (Anne de), quatrième femme de Henri VIII, roi d'Angleterre, est décapitée pour ses infamies, bientôt après son mariage, xiv, 277, xxv, 2.

CLOCHE (Antonin), général des dominicains, est un des examinateurs du livre de Sfondrate, **xxix**, 82. Il félicite Bossuet sur les services qu'il avoit rendus à l'Eglise dans l'affaire du quiétisme, xxx, 422. Il avoit été toujours contraire au livre de Fénelon, *ibid*.

CLISSON (Olivier) est désigné connétable par Charles V, xxv, 127. Il est fait prisonnier du duc de Bretagne par trahison, xxv, 141. Rendu à la liberté, il demande au roi la réparation de cet outrage. En butte à la jalousie il est banni du royaume, et privé de sa charge, xxv, 147 *et suiv*. Il va au secours de la Hongrie menacée par Bajazet, est fait prisonnier avec les principaux Seigneurs de sa suite. Sa mort, xxv, 151.

CLODION le CHEVELU. Ses conquêtes. Sa mort, xxv, 2. Aétius avoit défendu les Gaules contre Pharamond et Clodion le Chevelu, xxiv, 347.

CLODOMIR, fils de Clovis et roi d'Orléans est tué à la guerre contre les Bourguignons. Mort malheureuse de ses enfans, xxv, 6.

CLOTAIRE I. Fils de Clovis, et roi de Soissons, égorge les enfans de son frère Clodomir, dont il envahit le royaume, xxv, 5, 6. Il soumet par la force son fils, qui s'étoit révolté contre lui, et il le fait brûler avec sa femme et ses enfans, xxv, 6. Sa pénitence et sa mort, *ibid*.

CLOTAIRE II, fils de Chilpéric, recueille la succession de tous ses parens, et règne ainsi sur toute la France. Sa cruauté envers les enfans de Childebert, xxv, 7, 8. Il gouverne son royaume mieux qu'il ne l'avoit acquis, *ibid*.

CLOTAIRE III, fils de Clovis II, meurt sans laisser de postérité. Sa mort donne lieu à quelques différends, xxv, 10.

CLOTILDE (sainte) Ses précieuses qualités. Elle épouse Clovis, roi des François. Ses efforts pour attirer son époux à la religion catholique, xxv, 4, 5.

CLOTURE. Combien une religieuse doit l'aimer, xxviii, 373, 374. Raisons qui en dispensent, xxviii, 582.

CLOVIS I, roi de France. Quels furent les exercices de sa jeunesse, xxv, 3. Il défie à une bataille Syagrius. Celui-ci est défait et livré à Clovis qui le fait mourir. Conquêtes de Clovis, xxv, 4. Il recherche et obtient la main de Clotilde. Avantages qui doivent résulter de ce mariage pour le roi et pour la nation, xxv, 4, 5. Il fait vœu d'embrasser le christianisme, s'il sort victorieux d'un combat qu'il alloit livrer, xxv, 5. il gagne cette bataille à Tolbiac: il est baptisé à Reims avec ses François, par saint Remi le jour de Noël, xxiv, 349; xxv, 5. Clovis fait la guerre à Alaric, roi des Visigoths, et le tue de sa main, xxv, 5. Il établit à Paris le siége de son empire, xxv, 6. Le bruit de ses exploits engage l'empereur Anastase à le nommer consul, xxv, 5. Les revers qu'il essuya le rendirent barbare sur la fin de sa vie, xxv, 6.

CLOVIS II, fils de Dagobert, réunit l'Austrasie à la France, xxv, 9.

CLOVIS III, meurt apèrs un régne de quatre ans, xxv, 12.

CŒUR. C'est le cœur que Dieu demande, xxvi, 180. Quand on a engagé son cœur à la créature, il est malaisé de se retirer d'un si malheureux engagement, *ibid*. Malice profonde du cœur humain. Quel besoin nous avons que Dieu crée en nous un cœur pur, x, 353 *et suiv*. La dureté du cœur est la cause la plus juste de la damnation éternelle, ix, 84.

COLÈRE. Ce que c'est, viii, 518, 519. Colère de Dieu tempérée sur la terre, à cause des gens de bien, viii, 423, 424. La colère est une passion indigne d'un prince, ennemi de la justice, xxiv, 127.

COLIGNY (Gaspard de), amiral de France, n'auroit point approuvé la conjuration d'Amboise, qu'on eut soin de lui cacher, xiv, 427. Il forme le parti protestant et se met à la tête des rebelles dans les premières guerres civiles, xiv, 428, 429; xxv, 486. Il est soupçonné d'avoir eu part à l'assassinat du duc de Guise, xiv, 443. Ce qui le rendit extraordinairement odieux, xxv, 546. Ses ressources et son grand cœur relèvent le parti des protestans abattu par la mort de Condé, xxv, 591. Vives inquiétudes qu'il éprouve, xxv, 595. Tout autre y eût succombé, mais c'étoit dans ces rencontres que son courage se relevoit le plus, xxv, 596. Après la bataille de Moncontour, sa seule fermeté empêche le parti de se désespérer, et les restes de l'armée de se rendre au roi, xxv, 601. Sa fierté lui fait refuser les conditions avantageuses et la trève que le roi demande, xxv, 605. Admiration que cause sa conduite, xxv, 606. La reine qui le croit invincible dans la guerre, ne trouve plus le moyen de le perdre que par la paix, *ibid*. Avantage que cette paix procure aux protestans, xxv, 607. Il est attiré à la cour par les propositions favorables de Charles IX, xxv, 614. Son entrevue avec ce prince, *ibid*. Assassiné par son ordre, il demande à lui révéler un secret important pour l'Etat, xxv, 620. Sa mort, xxv, 624.

COLIGNY (Odet de), cardinal de Chatillon. Son apostasie, et arrêt du parlement rendu contre lui, xxvi, 294, 295.

COLLECTES et Oraisons des dimanches et principales fêtes de l'année, traduites par Bossuet, v, 233 *et suiv.* Collectes des fêtes de la sainte Vierge et des principales fêtes des Saints, v, 244 *et suiv.*

COLLOQUE de Poissy, assemblé par la reine Catherine de Médicis entre les catholiques et les protestans, xiv, 395, 396 ; xxv, 511 *et suiv.* Son ouverture; circonstances qui l'accompagnèrent, xxv, 612. Calvin n'y vient pas, et y envoie Bèze. On y traite les points de l'Eglise et de la Cène, xiv, 395, 396. Le cardinal de Lorraine fait une harangue éloquente que Bèze s'offre de réfuter sur-le-champ. Ce dernier présente une Confession de foi; il nie d'avoir dit que Jésus-Christ n'étoit pas plus dans la Cène que dans la boue, et le répète en termes équivalens, xiv, 398. Il explique d'une manière confuse l'article de la Cène ; les catholiques s'opposent à ses équivoques, xiv, 399, 400. Claude d'Espense ne peut leur persuader de réformer cet article, et les prélats expliquent nettement la doctrine catholique, xiv, 401, 402. Montluc, évêque de Valence, fait de vains discours sur la réformation des mœurs, xiv, 402, 403. *Voy.* MONTLUC. On propose aux calvinistes l'article de la Cène de la Confession d'Augsbourg, qu'ils refusent de signer. Ils reçoivent tout le reste de cette Confession, en quoi ils renoncent à beaucoup de points importans de leur doctrine, x, 403, 404.

COLLOREDO (Léandre), prêtre de l'Oratoire de saint Philippe de Néri, créé cardinal par le pape Innocent XI, puis nommé grand pénitencier, mort en 1707. Il avoit refusé le chapeau de cardinal, mais il fut contraint de l'accepter, xxvi, 337.

COLOMB (Christophe) découvre le nouveau monde, et le soumet au roi d'Espagne, xxv, 250.

COMBEFIS (le Père), dominicain, réfute Baronius et Bellarmin du sujet de la falsification des actes du sixième concile, xxii, 67.

COMÉDIE. La dissertation pour la défendre, attribuée à un religieux, donne occasion à Bossuet d'écrire sur cette matière, xxvii, 20. A quoi on peut réduire la question, xxvii, 21. La comédie d'aujourd'hui est-elle aussi honnête qu'on le prétend, *ibid.* Son but de flatter les passions, xxvii, 3, 23. Combien la pudeur y est offensée, xxvii, 5, 36. Est-il vrai que la comédie purifie l'amour en le faisant aboutir au mariage, xxvii, 6, 27. Crimes publics et cachés dans la comédie ; la concupiscence y est répandue dans tous les sens, xxvii, 8, 30, 31. On doit craindre le scandale qu'on donne en allant à la comédie, xxvii, 35. Peut-on alléguer les lois en faveur de la comédie. xxvii, 10, ix, 37. Autorité des Pères sur cette matière, xxvii, 12, 38, 39. Peut-on excuser les laïques qui vont à la comédie, sous prétexte des canons qui la défendent spécialement aux ecclésiastiques, *ibid*. Sentimens des anciens philosophes sur le théâtre, xxvii, 13, 42, 45. Peut-on s'autoriser du silence de l'Ecriture, xxvii, 14, 47, 48. Doctrine de saint Thomas sur ce sujet, xxvii, 50, 51. Abus qu'on en fait, xxvii, 60. Sentiment de saint Antonin, xxvii, 56, 57. Ce que prescrivent les jésuites sur les pièces de collége, xxvii, 74, 75. Il est impossible de réformer le théâtre *ibid*. Combien ce genre de plaisirs est improuvé par l'Eglise, xxvii, 77. Elle prive les comédiens de la sépulture et des sacremens, elle les regarde comme des pécheurs publics et des personnes infâmes, xxvii, 12, 38. *Voy.* CAFFARO.

COMINES (Philippe de). Témoignage que cet historien rend à saint François de Paule, xii, 188.

COMMANDEMENS de Dieu, v, 9 *et suiv.*, 89 *et suiv.* Ceux de l'Eglise, v, 14 *et suiv.*, 91 *et suiv.* Les commandemens de Dieu ne sont pas impossibles, iii, 320 *et suiv.*

COMMANDER. Un homme né pour commander aux autres hommes, doit éviter, sur toutes choses, de ne savoir pas, c'est-à-dire d'être mal instruit, xxvi, 34.

COMMUNION. Ce qu'on y reçoit, et comment on doit la recevoir, v, 128 *et suiv.* Ce qu'il faut faire avant la communion, v, 131, 192, 333, 334, 340, 343. Dans la communion, v, 132, 336, 337. Après la communion, v, 133, 134, 338, 344, 345. Prières pour la communion, v, 340 *et suiv.* Quelle préparation elle requiert, vi, 148, 149. Quelle pureté est nécessaire, vi, 333 *et suiv.* Par la communion, le fidèle est consommé en un avec Jésus-Christ, vi, 366, 367. Jésus-Christ s'y fait notre nourriture aussi bien que notre victime, vi, 373, 374. Désir insatiable qu'il faut avoir de la communion, vi, 382, 383. Crime de la communion indigne, vi, 415, 416. Qui sont ceux qui communient indignement, vi, 418; vii, 571. La communion est la préparation à la mort de Jésus-Christ, vi, 419, 420. Elle donne la persévérance, vi, 421. S'éprouver soi-même, vi, 422. La communion est la force de l'ame et du corps, vi, 427, 428. Elle suffit sous une seule espèce, vi, 436, 437. Il faut communier au moins en esprit, vi, 457, 458. De l'action de graces, vi, 460, 461. La communion est l'action la plus sainte et la plus importante du christianisme, x, 91. Le soutien de l'ame au sein de la détresse, xi, 330. Nécessité d'une sainte épreuve pour s'en approcher dignement, x, 90, 91. Abus déplorable que les chrétiens de nos jours font de la communion, x, 113. Dispositions pour faire une sainte communion, xi, 301, 302. Avis divers sur la communion et la préparation qu'on doit y apporter, xxvii, 464, 510, 517, 527, 587.

590, 595, 614, 615. Combien elle est utile dans les sécheresses, xxvii, 606, 607. Règles pour la fréquentation de ce sacrement, xxviii, 117, 118, 279, 392, 395, 411, 412, 414, 416, 476, 486. Désir de la communion de tous les jours, xxviii, 386. Goût de la communion, xxviii, 96, 142. La fréquente communion soutien de l'ame, xxviii, 322. Elle est le remède des tentations, xxviii, 394. Il ne faut pas omettre légèrement la communion, xxviii, 111, 151, 193, 286, 417. Cas où un confesseur peut priver les religieuses de la communion, xxviii, 431, 476. Comment en souffrir la privation, xxvii, 626. Il faut faire communier souvent les enfans, suivant leurs progrès dans la vertu, xxviii, 384. En quoi consiste la communion spirituelle, xxvii, 468, 512, 608.

Traité de la communion sous les deux espèces, xvi, 245 *et suiv*. Pratique et sentimens de l'Eglise dès les premiers siècles. L'institution de l'Eucharistie et l'autorité de saint Paul concourent à favoriser le sentiment qui soutient la communion valide sous une espèce, xvi, 246. Il est d'ailleurs appuyé sur quatre coutumes authentiques de l'Eglise, xvi, 247. D'abord la communion des malades, xvi, 247. L'exemple de Sérapion, xvi, 248, 249. De saint Ambroise, xvi, 249, 251. Autorité de plusieurs conciles et auteurs ecclésiastiques, xvi, 257. Vaines subtilités de plusieurs ministres pour les expliquer, xvi, 247, 251, 263. Seconde coutume, la communion des enfans : autorité de saint Cyprien, xvi, 266. Aveu d'un ministre, xvi, 272, 273. Autorité des Pères et des conciles, xvi, 274. Coutume de faire consumer à de petits enfans les restes du saint sacrifice, xvi, 276. Troisième exemple : la communion dans les maisons, xvi, 277. Tertullien et saint Cyprien parlent de la coutume d'emporter et de prendre chez soi le corps du Sauveur, xvi, 277, 278. Les exemples qu'apportent les protestans pour prouver le contraire, ou pour démontrer qu'on emportoit les deux espèces, ne prouvent rien, xvi, 281, 282. Quatrième coutume, la communion publique. Autorité de saint Léon, de saint Gélase, xvi, 285. Les protestans ne peuvent y répondre, xvi, 286. La communion sous une seule espèce a toujours été reçue dans l'Eglise et ne divise pas le mystère, comme le prouve la messe du Vendredi saint et celle des Présanctifiés, xvi, 288, 289. La pratique de l'Eglise, dans la communion sous une seule espèce, est fondée sur la pratique ancienne, xvi, 298 ; et sur des principes que les protestans ne peuvent nier, xvi, 300. *Voy*. Sacrement. La communion sous une seule espèce s'est établie sans contradiction, xvi, 330. Elle est une suite nécessaire de notre croyance sur la présence réelle, xvi, 344, 345. Aveu de Jurieu, *ibid*.

La tradition défendue sur cette matière, xvi, 365 *et suiv*. Nécessité d'avoir recours à la tradition en pareille matière. Premier argument tiré du baptême, xvi, 382 *et suiv*. Second argument tiré de l'Eucharistie, où les protestans n'observent point tout ce que Jésus-Christ a fait, xvi, 388 *et suiv.* Absurdités des protestans qui rejettent la communion sous une espèce, xvi, 402 *et suiv.* Comment cette communion s'est établie dans l'Eglise sans contradiction, xvi, 418. Equité du décret du concile de Constance à ce sujet, xvi, 424. Vaines chicanes des défenseurs de la communion sous les deux espèces, xvi, 430. Combien Luther et les premiers réformateurs les méprisoient, xvi, 433. La communion sous une ou sous deux espèces reconnue indifférente dans la confession d'Augsbourg, xvi, 435 *et suiv.* Jugée égale dès la première antiquité, xvi, 438 *et suiv.* La communion se faisoit sous la seule espèce du pain, par les particuliers dans leurs maisons, xvi, 443 *et suiv.* Par les solitaires dans leurs déserts, xvi, 445 *et suiv.* Par tous les fidèles dans les temps de persécution, xvi, 450, 451. Preuves tirées de Tertullien et de l'histoire de saint Satyre, xvi, 452. De saint Optat et de Jean Mosch, xvi, 454. Du Sacramentaire de Reims et du cardinal Humbert, xvi, 455. Des actes de saint Tharsice et des martyrs de Nicomédie, xvi, 456. De sainte Eudoxe, xvi, 458. La seule espèce du pain étoit réservée pour les malades, xvi, 458, 459, 474. Exemple de la communion de saint Ambroise mourant, xvi, 480 *et suiv.* Les passages qui nomment le corps seul, ne désignent point en même temps le sang, xvi, 486, 487. Antiquité de la réserve de l'Eucharistie sous l'espèce du pain, xvi, 489, 490. Preuve manifeste au neuvième siècle, xvi, 492, 493. Usage des colombes d'or et d'argent pour ce sujet, xvi, 495, 496. Examen d'un canon du deuxième concile de Tours sur cette matière, xvi, 502, 503. Opposition entre les premiers chrétiens et les protestans, xvi, 113, 514. Réponses aux objections des ministres contre la réserve de l'Eucharistie, xvi, 524, 525. Jamais on n'a réservé l'espèce du vin, xvi, 528, 529. Réponses aux objections des adversaires, xvi, 538 *et suiv.* Examen des passages de Baronius qu'ils objectent, xvi, 540, 541. De quelques autres endroits, xvi, 545, 546. Des Sacramentaires du P. Ménard, xvi, 548, 549. D'un canon d'un concile de Tours, xvi, 553. Communion des enfans sous la seule espèce du vin; chicanes des ministres contre la vérité de ce fait, xvi, 561 *et suiv.* Contre l'autorité de Jobius, qui en atteste la certitude pour l'Eglise grecque, xvi, 571. Communion donnée sous la seule espèce du pain aux enfans plus âgés, xvi, 589. Sous une seule des deux espèces dans l'office public de l'Eglise, xvi, 596. Preuves tirées des décrets de saint Léon et de saint Gélase pour l'Eglise d'Occident, xvi, 597. De saint Chrysostome et de l'usage de l'Eglise de Jérusalem pour l'Eglise d'Orient, xvi, 604, 605. Nouvelle preuve tirée de l'office des Présanctifiés, xvi, 609, 610, 627, 628. Divers passages des Pères, qui prouvent l'antiquité de la communion sous une espèce, et qu'on croyoit y recevoir Jésus-Christ tout entier, xxvi, 373, 374. Extraits d'anciens Pontificaux touchant la communion sous une seule espèce, xxx, 502, 504, 506, 507.

On n'a toujours communié le Vendredi saint que sous une espèce, 604, 608 *et suiv.* La communion sous les deux espèces n'est pas nécessaire pour recevoir tout ce qui est essentiel à ce sacrement. En réduisant les fidèles à une seule espèce, l'Eglise a voulu empêcher les irrévérences ; les protestans eux-mêmes ont jugé que les deux espèces n'étoient pas essentielles à la communion, xiii, 94, 95. La communion sous les deux espèces rétablie par Carlostad. *Voy.* Carlostad. La communion sous une espèce ou deux espèces paroît indifférente à Luther, xiv, 57. Il excuse, ainsi que Mélanchthon, ceux qui ne reçoivent qu'une espèce, xiv, 137, 138. L'ancienne Eglise regardoit comme indifférente la communion sous une ou sous deux espèces, xiv, 464. Jean Hus vouloit la communion sous les deux espèces, ainsi que les calixtins, auxquels le concile de Bâle l'accorda, xiv, 547, 548, 549, 550, 551. On démontre que la communion sous une seule espèce est suffisante, xv, 50, 51 ; xvii, 270, 271. Elle avoit été établie par la coutume, avant la décision du concile de Constance, xv, 148. Les protestans voudroient réduire aujourd'hui toute la controverse à la communion sous les deux espèces, xvii, 122, 123. *Voy.* Eucharistie. Raisons qu'ils allèguent pour communier sous les deux espèces, xvii, 396, 434, 435, 461. On les réfute, xvii, 516, 569 ; xviii, 27.

COMMUNION DES SAINTS. Explication de ce dogme, v, 53 *et suiv.*

COMPACTUM. Ce mot, célèbre dans l'histoire de Bohême, signifie les quatre articles réglés par le concile de Bâle, dont les calixtins furent d'accord, xiv, 550.

COMPARAISONS. Il faut suppléer plusieurs choses à celles du livre des *Proverbes*, i, 453. Comparaisons tirées des choses humaines, employées par les saints Pères sur la génération du Fils de Dieu, xvi, 44, 45. Les Pères, en faisant ces comparaisons, présupposoient que Dieu étoit un pur esprit, xvi, 48, 49. La comparaison du soleil et de de son rayon, pour marquer la génération du Fils, est de saint Paul qui établit expressément l'égalité des personnes divines, xvi, 52. Le caractère de comparaison qui se trouve dans les passages dont Jurieu abuse, ne lui permettoit pas de les prendre au pied de la lettre, xvi, 82. Les comparaisons des Pères tirées des opérations de notre ame, par rapport à la génération du Verbe, montre qu'ils parloient dans un sens métaphorique, xvi, 83. Jurieu avoue qu'on ne peut les entendre sans avoir recours au sens figuré, comme toutes leurs locutions y déterminent, xvi, 86.

COMPASSION de la sainte Vierge. Deux sermons pour cette fête, ix, 499, 522. *Voy.* Marie.

COMPENSATION d'erreurs proposée par Jurieu, entre es luthériens et les calvinistes, et la tolérance mutuelle, xv, 378, 379. Jurieu demande aux luthériens de passer aux calvinistes leur particularisme, à condition que ceux-ci toléreront toutes les erreurs reprochées aux luthériens, xv, 4, 5. Pour conclure l'accord, il propose de rendre les princes juges souverains des disputes, xv, 5.

COMPLIMENS. *Voy.* DISCOURS.

CONCEPTION de la sainte Vierge. La question de l'Immaculée Conception très-délicate, xi, 3, 20, 21. N'est point comprise dans les articles de foi, xi, 13, 30. Objection tirée des paroles de l'Apôtre contre l'Immaculée Conception, xi, 5, 21. Sentimens et conduite de la Faculté de théologie de Paris sur ce point, xi, 14; xxvii, 260, 261, 262, 263.

CONCILES. Pourquoi on assemble les conciles généraux, xxii, 7, 19, 153, 164. Ils sont infaillibles, xxii, 550. Ils examinent les décrets de Paris, xxi, 85; xxii, 84. Leur supériorité sur les papes, xxi, 572, 573, 640 *et suivantes*. Ils doivent être assemblés par l'autorité des Papes, xxx, 194. Ne peuvent le juger, xxii, 315, 316. *Voy.* BALE, CONSTANCE, EUGÈNE IV, PAPE. Par qui les conciles étoient convoqués dans les premiers siècles, et manière dont on les tenoit, xxiv, 362. Objections tirées de saint Augustin contre leur infaillibilité, xvii, 525, 526; xviii, 40. Passages de la tradition sur le même sujet, xvii, 528, 583 *et suiv.* Quand un concile est-il œcuménique ? xvii, 528. Si, en admettant l'autorité de l'Eglise, on peut sans hérésie rejeter certain concile en particulier, xvii, 538, 604. Ce que pensoit Molanus de l'autorité des conciles œcuméniques, xviii, 58, 74, 75. On ne peut mettre en suspens l'autorité des anciens conciles jusqu'à ce qu'il en fût tenu un nouveau comme le vouloient les protestans, pour opérer plus facilement la réunion, xvii, 485, 593. On n'arriveroit à ce concile qu'en foulant aux pieds les précédens; dès lors il n'auroit pas plus d'autorité, xvii, 593 *et suiv.* Le corps des luthériens se soumet au jugement du concile général dans la Confession d'Augsbourg, xiv, 139. Autorité des conciles reconnue par les synodes de Dordrecht et de Delpht, xv, 34, 35. L'infaillibilité des conciles généraux est une suite de l'infaillibilité de l'Eglise universelle, xv, 123. Jurieu dit que le mystère de la Trinité étoit informe au concile de Nicée, et jusqu'à celui de Constantinople : que le mystère de l'Incarnation étoit informe aux conciles de Constantinople et d'Ephèse, et ne fut formé qu'à celui de Chalcédoine, xv, 205. Celui de Chalcédoine, celui d'Ephèse, et ainsi des autres, en remontant jusqu'à l'origine du christianisme, ne firent que confirmer la foi des précédens conciles, xv, 215, 216. La manière des conciles, pour prouver la nouveauté des hérétiques, est de se récrier contre leur doctrine, comme on fait contre des choses inouïes, et de dire qu'ils changent ce qu'on croyoit avant eux, xv, 216, 217, 218.

Les conciles particuliers ne peuvent juger le Pape, xxii, 311, 312; xxii, 312 *et suiv.* Ils ne prétendent pas, comme l'église anglicane, avoir une autorité indépendante de l'Eglise universelle, dont au contraire leurs décrets tirent toute leur force, xiv, 293.

CONCILE PLÉNIER. *Voy.* ARLES, NICÉE.

CONCOMITANCE (la), ou la présence de Jésus-Christ tout entier sous chacune des deux espèces, est établie par Henri VIII, roi d'Angleterre, et dans la Confession luthérienne de Virtemberg, xiv, 355.

CONCORDE (le livre de la) publié en 1579, est le dernier dans lequel les luthériens en corps aient fait des décisions sur la foi, xiv, 278, 332.

CONCUBINES. On appeloit autrefois de ce nom les femmes légitimes, qu'on épousoit avec moins de solennité. Basnage abuse de l'équivoque de ce mot, pour imposer aux premiers siècles de l'Eglise d'avoir approuvé l'usage des concubines, ou femmes de mauvaise vie, xv, 583.

CONCUPISCENCE. Ce que c'est, et combien on en distingue, v, 100, 101. Elle est regardée par les Pères comme le moyen par lequel se transmet le péché originel, iv, 304 *et suiv.* Comme une preuve et une suite de ce péché, iv, 311, 312. La connoître, c'est connoître le fond du péché originel, iv, 335, 336. Comment elle est expliquée par saint Chrysostome, iv, 337, 338. Sa malignité se répand dans l'homme tout entier, et pénètre jusqu'à la moelle des os, xxvii, 33. Combien le théâtre contribue à l'enflammer, xxvii, 34. Concupiscence de la chair; ce que c'est, vii, 414. Misères et passions dont elle est la source, vii, 415, 416. Elle est répandue dans tous les sens, vii, 421, 422. Et notre chair est une chair de péché, vii, 422, 423. D'où vient en nous cette concupiscence, vii, 423, 424. Concupiscence des yeux, et d'abord la curiosité, vii, 427. En second lieu, l'amour des richesses et du luxe, vii, 430, 431. Troisième espèce de concupiscence, dite l'orgueil de la vie, vii, 435, 436. L'amour-propre en est la racine, vii, 436, 437. *Voy.* AMOUR-PROPRE, GLOIRE, ORGUEIL. Naissance des trois concupiscences, dans la chute de nos premiers parens, vii, 463, 464. La vérité de cette histoire constante par ses effets, vii, 467, 468. Les trois concupiscences, principe de toute la corruption originelle, vii, 470, 471. Jésus-Christ leur oppose trois saints désirs, vii, 475, 476. Obligation qu'a le chrétien de combattre la concupiscence, x, 487. Ce combat est perpétuel, xviii, 498, 504. Le *motus primo-primus* est-il un péché? xvii, 416, 445, 446, 471. La concupiscence, c'est-à-dire l'amour des plaisirs, est toujours changeante, parce que toute son ardeur languit et meurt dans la continuité, et que c'est le changement qui la fait revivre, ix, 205.

CONDÉ (Louis de Bourbon, prince de). Le mauvais état de ses affaires, et surtout sa jalousie contre la maison de Guise, font craindre qu'il ne se mette à la tête des protestans, xxv, 480. Il est attiré à la Cour, et retenu prisonnier, xxv, 497. A la veille d'être condamné, il ne montre pas la moindre crainte, xxv, 498. Il refuse de sortir de prison qu'il ne soit justifié, xxv, 510. Il se déclare ouvertement chef des huguenots et s'empare d'Orléans, xiv, 422; xxv, 520, 521. Il mande l'amiral de Coligny, et prend les armes, requis et supplié par les protestans, xiv, 433 *et suiv.* Il étoit complice de la conjuration d'Amboise, xv, 582, 583. Il veut assembler les Etats en son nom, xv, 513. Il entretient des pratiques avec Catherine de Médicis, xv, 524. Ses liaisons avec les huguenots, xv, 544. Raisons qu'il emploie pour fortifier son parti, xxv, 522. Proposition insidieuse qui lui est faite de sortir du royaume, xxv, 526. Il se met en campagne. Le pillage d'une seule ville fait régner la licence dans son armée, xxv, 527. Le Traité qu'il fait avec l'Angleterre, rend son parti odieux à tout le royaume, xxv, 531. Suite de revers qu'il éprouve, xxv, 531, 532. Il est fait prisonnier, xxv, 538. Il consent à un traité de paix, xxv, 545. Ses débauches peu convenables au chef du parti qui se disoit réformé, xxv, 546. Sur l'appréhension des maux qui menacent son parti, il tente de se saisir de la personne du roi, xxv, 567. Il recommence la guerre, xxv, 568. Il se fortifie de l'alliance des princes allemands, xxv, 573. Il perd la bataille de Jarnac et la vie, xxv, 589. Réflexions sur sa conduite, xxv, 590.

CONDÉ (Henri, prince de) représente à Louis XIII le danger de la doctrine qui donne au Pape puissance sur le temporel, xxi, 140.

CONDÉ (Louis de Bourbon, dit le Grand Condé). Notice sur sa vie, xii, 603 *et suiv.* Son oraison funèbre, xii, 611 *et suiv.* Ne seroit rien avec toute sa gloire, si la piété n'avoit comme consacré ses autres vertus, xii, 612. Ses exploits, xii, 613, 614. Parallèle de ce prince avec le vicomte de Turenne, xii, 627. Avec quels sentimens de la plus vive piété il se prépare à la mort, xii, 634, 635. Derniers momens de sa vie, xii; 637. *Voy.* Discours. Bossuet recommande au Grand Condé un de ses parens qui avoit un procès contre les principaux habitans de sa ville, xxvi, 311. Il lui envoie son livre intitulé *Conférence avec M. Claude*, xxvi, 312. Il le remercie d'un livre que ce prince lui avoit envoyé, xxvi, 318. Le Grand Condé écrit à Bossuet qu'il est fort inquiet sur la maladie de M. de Cordemoy. Il partage la douleur de Bossuet causée par la mort de l'abbé de Vares et de l'abbé de Saint-Luc, xxvi, 330. Lettres d'Antoine Bossuet au Grand Condé, dans lesquelles il remercie le prince des bienfaits que sa famille en reçoit, xxvi, 331, 332.

CONDESCENDANCE chrétienne. Quels en sont les lois, ix, 435.

CONDREN (Charles de), général de l'Oratoire. Son éloge, xii, 630.

CONFÉRENCE *avec M. Claude*, ministre de Charenton, sur la matière de l'Eglise, xiii, 499 *et suiv.* La conversion de mademoiselle de Duras fut le motif de cette conférence. Bossuet s'est vu forcé de la publier. Mauvaise foi de M. Claude dans ce qu'il en a écrit. Défi que lui fait Bossuet, xiii, 504, 505. Il refusa d'abord de s'y rendre, xiii, 521, 522. Honnêtetés qui précédèrent la conférence, xiii, 527. Bossuet se proposa de faire avouer qu'un simple particulier entendoit mieux la parole de Dieu que toute l'Eglise ensemble, et qu'il y avoit un moment où un chrétien étoit obligé de douter si l'Ecriture est inspirée de Dieu, xiii, 522, 533, 550, 564, 579, 580. *Voy.* CLAUDE.

CONFÉRENCE du diable avec Luther, auquel il persuade d'abolir les messes privées, xiv, 153.

CONFESSEUR. Qualités d'un bon confesseur, xxviii, 490. Il tient la place de Jésus-Christ, xxviii, 432. C'est ainsi qu'on doit l'envisager, xxvii, 654. Comment il doit se conduire pour ménager les intérêts de Dieu, ix, 444. Quelle est la prudence que le concile de Trente recommande aux confesseurs, ix, 447. Un confesseur peut priver les religieuses de la communion, xxviii, 477. Conduite qu'il doit tenir à l'égard des personnes dont il suspecte les dispositions, xxviii, 11. Réserves dont on doit user, pour déclarer ses peines, à l'égard d'un confesseur qui ne connoîtroit pas à fond le pénitent, xxvii, 456, 459, 514.

CONFESSION (la) avec l'absolution sacramentale est conservée par les luthériens, xiv, 126, 127; xvii, 571; xviii, 31. Les vaudois reconnoissoient la nécessité de la confession, xiv, 511. Règles pour se bien confesser, xxvii, 597, 605. Endroits de l'Ecriture pour se préparer à la confession, xxviii, 297. La confession des péchés véniels est utile, xxviii, 303. Quelle grace on reçoit dans la confession lorsqu'on a la contrition parfaite, xxviii, 382. Il ne faut pas s'inquiéter des péchés oubliés dans les confessions, xxviii, 319; ne point revenir sur les confessions passées, xxvii, 529, 531, 532, 539; xxviii, 35, 47, 125, 135, 327, 353, 356, 376, 381, 385. De l'omission de certains péchés dans la confession, xxviii, 376. Ce doit être un exercice d'humilité et d'amour, xxviii, 140. Que penser de ceux qui se confessent avec présomption, xxviii, 401, 402. De la confession faite à des prêtres qui n'auroient pas les cas réservés, xxviii, 46. A quel temps est déterminée la confession annuelle, xxviii, 21. Divers cas touchant la confession, xxvii, 486, 487, 595, 609; xxviii, 192, 214, 231, 277, 316, 319, 362, 363, 392, 397, 403, 404, 414, 415,

419. L'assemblée du clergé de 1700 censure plusieurs propositions sur cette matière, 7-384.

CONFESSION DE SAINT PIERRE. On appelle ainsi le lieu où reposent les reliques de cet apôtre, xxii, 270.

CONFESSIONS DE FOI des protestans. On en imprime un recueil à Genève, xiv, 5, 6. Celles des luthériens, xiv, 7, 8. Celles des calvinistes, xiv, 7, 8. Les protestans ont honte de la multitude de leurs confessions de foi. Vains prétextes dont ils se couvrent, xiv, 8, 9. Leurs variations dans celles qu'ils présentèrent à la diète d'Augsbourg. Mélanchthon dresse celle appelée d'Augsbourg, adoptée par tous les luthériens, xiv, 93, 94, 95. Changemens que les protestans y ont faits, et comment ils s'en justifient, xxx, 492. Bucer en dresse une autre appelée de Strasbourg ou des quatre villes, où il soutient le sens figuré, xiv, 94, 95. La confession d'Augsbourg réfutée par les catholiques. Mélanchthon en fait l'apologie, que tous les luthériens adoptent dans l'assemblée de Smalcalde, xiv, 95, 96. L'article de la Cène couché en quatre façons différentes dans quatre éditions authentiques de la confession. Une de ces façons pourroit être souscrite par les catholiques, xiv, 96, 97. Les luthériens, dans l'assemblée de Naümbourg, ne peuvent convenir à laquelle de ces quatre éditions ils doivent se tenir, xiv, 345. L'électeur Palatin embrasse la doctrine zuinglienne qu'il croit voir dans la confession d'Augsbourg, xiv, 346. Cinquième façon d'expliquer la Cène dans l'Apologie, xiv, 98. Les sacramentaires ne varient pas moins que les luthériens dans leurs confessions de foi, xiv, 100. Ambiguïtés de celle de Strasbourg, que les catholiques et les luthériens peuvent expliquer dans leur sens, xiv, 100, 101. Celle de Zuingle ou de Zurich est nette et précise contre la présence réelle, ainsi qu'une autre de Zuingle adressée à François Ier, xiv, 103, 104. La Confession d'Augsbourg rétracte ce que Luther avoit dit sur la justification, le libre arbitre, et la volonté de Dieu, qu'il faisoit auteur du péché, xiv, 107. Les luthériens varient, dans le livre de la *Concorde*, sur ce qu'ils avoient dit dans la Confession d'Augsbourg, touchant le mérite des bonnes œuvres, xiv, 113, 114. Première Confession de Bâle, où l'on admet la présence sacramentale par la foi, et non réelle, xiv, 152, 153. Seconde Confession de Bâle, où l'on adoucit la première, xiv, 155, 156. Trois ou quatre confessions de foi contradictoires, reçues par Bucer et ceux de Strasbourg, xiv, 326. Confessions de foi Saxonique et de Virtemberg, dressées à l'occasion de l'*Intérim*, l'une par Mélanchthon, l'autre par Brentius, xiv, 331, 332. Contradiction de ces confessions entre elles, xiv, 532. Autre Confession de foi dressée à Francfort, où l'on varie encore sur l'article de l'Eucharistie, xiv, 340. Confessions de foi Helvétiques. On en compte cinq, depuis celle de Zuingle jusqu'à cell qui fut faite un peu après la mort de Calvin : quelle en est la doctrine, xiv, 445 *et suiv.* Confession de foi Polonaise, faite trois ans après avoir souscrit la cinquième helvétique. On y condamne les catholiques et les luthériens comme *mangeurs de chair humaine.* On y établit l'ubiquité, xiv, 454, 455. Trois ou quatre Confessions de foi, et divers actes des calvinistes, contradictoires les uns aux autres, xiv, 391, 392. Ils avouent tous les articles de la confession d'Augsbourg, dont plusieurs sont contraires à leurs créances, xiv, 393. La confession de foi calvinienne exclut l'Eglise romaine du titre de vraie Eglise, parce que la pure vérité de Dieu en est bannie et les sacremens y sont corrompus, xv, 95. Jurieu adoucit cette assertion en notre faveur. *Voy.* Jurieu. La Confession de foi n'a plus d'autorité parmi les ministres, qui changent le langage et les idées anciennes de la Réforme, xv, 96. Toutes ces diverses confessions de foi des protestans marquent la désunion du parti, xiv, 581.

CONFIANCE (la) en Jésus-Christ, fondement du salut. Admise aujourd'hui par les catholiques comme autrefois par leurs pères, xiii, 382, 383, 390, 391. Exposition de la doctrine catholique sur cette matière, xiii, 452. La confiance doit être unie avec l'amour, xxviii, 27. Elle est une source de paix, xxviii, 35, 36. Passages de l'Ecriture sur la confiance, xxviii, 57. C'est un moyen de vaincre les tentations à l'heure de la mort, xxviii, 65. L'avoir à chaque moment pour la trouver à la mort, xxviii, 71. Quelle doit être celle du chrétien à la mort, x, 610; xxvii, 649. Que faire pour l'avoir alors, xxvii, 659. *Voy.* Abandon, Peines.

CONFIRMATION (la) pratiquée par les apôtres, retenue dans toutes les Eglises, n'a pu être rejetée sous prétexte que le Saint-Esprit ne descend pas visiblement, xiii, 72. Elle est un sacrement, quoi qu'en disent les protestans, xvii, 268, 269. Quel en est ministre, xxviii, 83. La confirmation, sous la réforme anglicane, n'a plus été qu'un catéchisme pour faire renouveler les promesses du Baptême. On en ôte le Saint-Chrême, xiv, 305. Les vaudois admettoient ce sacrement, xiv, 513. En quoi consiste ce sacrement, v, 22, 23. La meilleure disposition pour le recevoir, xxviii, 266. Elle doit être reçue avant la communion, xxviii, 381.

CONFIRMATION des conciles; en quel sens on doit entendre que les Papes confirment les conciles généraux, xxi, 627.

CONFORMITÉ (la) à la volonté de Dieu est le meilleur remède à nos maux, xxviii, 534, 236. *Voy.* Abandon.

CONJURATION d'Amboise. *Voy.* Amboise.

CONNOISSANCE (*de la*) *de Dieu et de soi-même.* Ouvrage composé pour l'éducation du Dauphin, xxiii, 33 *et suiv.* La connoissance de Dieu est la plus certaine de celles que nous avons par raisonnement, xxiii, 448. La connoissance de soi-même est la science la plus nécessaire, ix, 244; xi. 483.

CONQUÉRANS. Dieu les fait, et pourquoi, xii. 613, 629. Leur caractère, xii, 618. Vanités de leurs pensées, xii, 481. Dieu les confond en leur donnant la gloire des hommes. xii, 630. Caractère des conquérans ambitieux tracé par le Saint-Esprit, xxiv, 136. Leur châtiment rigoureux, xxiv, 138. Sanglante dérision des conquérans par le prophète Isaïe, xxiv, 143.

CONQUETE. Origine de ce droit, xxiii, 521. Son ancienneté attestée par l'Ecriture, xxiii, 529. Pour rendre ce droit incontestable, la possession paisible doit y être jointe, xxiii. 531. Les conquêtes ambitieuses sont un injuste motif de faire la guerre, xxiv, 155. Elles produisent plus de larmes qu'elles ne font naître de lauriers, viii, 312. Les conquêtes de Jésus comparées avec celles des Alexandre et des Césars, *ibid.*

CONSCIENCE (la) témoin véritable, ami fidèle et incorruptible, viii, 231. Il n'est jamais permis d'agir contre sa conscience, ne fût-elle que probable, sans être certaine, xxxi, 14 *et suiv.* Cette maxime : *Que le magistrat ne peut rien sur la conscience,* souvent répétée par Basnage et Jurieu, est combattue par la pratique dans les Etats réformés, xv, 493.

CONSÉCRATION. Elle a toujours consisté dans les paroles, et non point dans le mélange du vin avec le sacré corps, xvi, 650, 651. Témoignage d'Amalarius et de l'abbé Rupert, xvi, 653. Absurdités d'un ministre protestant qui fait consister la consécration du vin dans le *Pater* et autres prières de l'office du Vendredi saint, xvi, 661, 663. La consécration du calice, comme celle du pain, se fait par les paroles de Jésus-Christ, xvi, 671. Vertu de ces paroles, xvii, 29. Force de cette parole : *Faites ceci en mémoire de moi,* xvii, 35 *et suiv.* Les liturgies grecques et latines conviennent même aujourd'hui sur l'essentiel de la consécration, xvii, 70, 71. Explication du langage de l'Eglise dans les sacremens, xvii, 73, 74. 75. Application de cette doctrine à la liturgie des Grecs, xvii, 76, 77. Preuve que la consécration se consomme par le récit des paroles de Notre-Seigneur, xvii, 77, 78. Nouvelles preuves de quelques liturgies de l'Eglise latine, xvii, 79, 80. *Voy.* EUCHARISTIE.

CONSEILLER. Celui du prince doit avoir passé par beaucoup d'épreuves, xxiv, 209. Les bons succès souvent dus à un sage conseiller, xxiv, 214. Sa première qualité est d'être homme de bien, xxiv, 217. *Voy.* MINISTRE.

CONSEILS. Combien nécessaire aux princes, xxiv, 614. Ils doivent être réduits à peu de personnes, xxiv, 617. Le secret en est l'ame, xxiv,

605, 618. Conseils des rois de Perse, par qui dirigés, xxiv, 206. Le conseil doit être choisi avec discrétion, xxiv, 208. Le prince, après l'avoir choisi et éprouvé avec soin, ne doit pas s'y livrer, xxiv, 208, 209. Suite funeste des conseils des jeunes gens qui ne sont pas rompus aux affaires, xxiv, 210. Le fort du conseil est de s'attacher à déconcerter l'ennemi, xxiv, 234. Conseil de religion auprès des anciens rois, xxiv, 236.

CONSTANCE. Sa nécessité dans la vie religieuse, xxvii, 640. En quoi elle consiste, xxvii, 655.

CONSTANCE (concile de). Motifs de sa convocation, ce qui s'y passa dans les premières sessions, xxi, 587 *et suiv.* Il prend dès son ouverture le titre de concile œcuménique, xxi, 50 *et suiv.* Il fut reconnu tel par les catholiques dès son ouverture, xxi, 131. Décrets des quatrième et cinquième sessions, xxi. 550. 551, Difficultés ds Schelstrate sur plusieurs sessions de ce concile, xxi, 558 *et suiv.*, 570 *et suiv.* Ce concile n'a point calomnié Wiclef, en lui imputant cette proposition : *Dieu est obligé au diable*, xiv, 543, 544. Il décida pour la communion sous une espèce, parce qu'il en trouva la coutume établie depuis plusieurs siècles, sans contradiction, xv, 148. *Voy.* Grégoire XII, Hus, Jean XXIII, Martin V, Wiclef.

CONSTANCE, empereur, fils de Constantin, se livre aux ariens, xxiv. 341. Il défait les Sarmates et les Perses, et meurt, xxiv, 341, 342. Ses violences contre les catholiques. On ne lui refuse pas l'obéissance, xxi, 278 *et suiv.* S'est-il converti à la mort? xxi, 285.

CONSTANT, empereur d'Orient, publie un édit en faveur des monothélites ; fait périr le pape saint Martin, qui l'avoit condamné, xxiv, 355. Il pille Rome et l'Italie. Sa mort, *ibid.*

CONSTANTIN, fils de Constantius-Chlorus, s'échappe des mains de Galérius, qui étoit jaloux de sa gloire, xxiv, 337. Il succède à son père, xxiv, 338. Il fait mourir Maximien, et marche à Rome, *ibid.* Il défait Maxence et embrasse le christianisme (onzième époque), xxiv, 339. Il est choisi de Dieu pour donner la paix à l'Eglise et la faire triompher, ii, 385. il assemble le concile de Nicée, xxiv, 339, 340. Il bâtit Constantinople, *ibid.* Sa mort, xxiv, 340, 341.

CONSTANTIN Copronyme, empereur d'Orient, remplit Constantinople de supplices, xxiv, 358, 359. Il fait la guerre aux images, et persécute les catholiques, xxiv, 359, 360.

CONSTANTIN Pogonat, empereur d'Orient, fait tenir le sixième concile général, xxiv, 355.

CONSTANTINOPLE bâtie par Constantin qui y établit le siége de l'empire, xxiv, 340. Premier concile de Constantinople, second œcuménique, son objet, xxii, 16. Comment son œcuménicité fut reconnue, xxii, 112. Second concile, cinquième général. *Voy.* Chapitres, Vigile. Le troisième concile, sixième général, approuve les lettres du pape Agathon après les avoir examinées, xxi, 82; xxii, 58, 59. En quel sens il demande la confirmation au Pape, xxii, 17, *Voy.* Baronius, Honorius. Le quatrième concile, huitième général, examine les lettres du pape Adrien II, xxii, 82, 83. Il lui demande de confirmer ses décrets, en quel sens, xxii, 118. *Voy.* Photius.

CONSTANTINOPLE. Translation de l'empire de Constantinople entre les mains des François, xxv, 62 *et suiv.* Cette ville tombe au pouvoir des Turcs. *Voy.* Mahomet II.

CONSTANTIUS-CHLORUS, empereur, rend les Gaules heureuses, xxiv, Il est un des sept empereurs au nom desquels s'exerça la dernière persécution, ii, 470, 471.

CONSUBSTANTIATION (la) de Luther est bien réfutée par Bèze, Calvin, et tout un synode de Zuingliens, xiv, 81, 82.

CONSULS. Ils sont établis à Rome, xxiv, 295. Le sénat veut rétablir leur puissance à la mort de Caligula ; les soldats l'en empêchent, xxiv, 647.

CONTEMPLATIFS. Les plus parfaits, selon Cassien, font avec David de continuelles demandes, xviii, 505.

CONTEMPLATION. Les attributs divins proposés comme son objet, xviii, 415. Si celui de la présence de Dieu est plus utile que les autres à la contemplation, xviii, 418 419. Etat de l'ame dans la pure contemplation, xviii, 471, 472. Elle ne peut être perpétuelle, xviii, 509, 510. De la contemplation par négation du simple regard amoureux et de l'exclusion des attributs, xix, 22, 23. *Voy.* Gnose. Habitude de la contemplation éternelle et inaltérable, xix, 27, 28. Erreur de dire qu'elle exclut les mystères et la vue de Jésus-Christ, xix, 361, 362, 363. Contradictions sur la vocation à la contemplation, xix, 495, 504, 508, 519. Foi explicite en Jésus-Christ toujours nécessaire, xix, 217. Erreurs sur la contemplation parfaite et imparfaite, xix, 221, 222, 334, 335. La contemplation changée en fanatisme par les nouveaux mystiques, xix, 628. De la contemplation de Jésus-Christ et des perfections divines, xix, 630, 633 ; xx, 55. Vaines défaites de M. de Cambray, xix, 634. Sentiment de sainte Thérèse et de saint Jean-de-la-Croix, xix, 635, 636. De Molinos et de Madame Guyon, xx, 53, 54. Il ne faut pas séparer Jésus-Christ dans l'exercice de la contemplation, xxviii, 328.

CONTERANUS (le cardinal), légat du Pape à la conférence de Ratisbonne, dit, sur l'*Interim* de Charles V, que cette affaire doit être renvoyée au Pape, xiv, 325.

CONTI (la princesse de). Anne Marie Martinozzi, nièce du cardinal Mazarin. Son oraison funèbre prononcée à Saint-André des Arts par M. de Roquette évêque d'Autun, xxvi, 157, 158. *note.* Bossuet écrit que cette oraison funèbre est une pièce pleine de piété et d'éloquence, estimée et approuvée à la Cour, *ibid.*

CONTINENCE (la) perpétuelle est jugée impossible par Luther, xiv, 46, 128, 129. *Voy.* Chasteté.

CONTRADICTION des Juifs contre Jésus-Christ, vii, 310, 311. Des chrétiens même contre sa personne sacrée, vii, 314. Sur le mystère de la grace, vii, 316. D'où naissent ces contradictions, vii, 312. L'autorité de l'Eglise en donne la solution, vii, 317. L'humilité résout les difficultés, vii, 318, 319. Contradictions dans l'Eglise par les péchés des fidèles, vii, 319, 320. Ces contradictions découvrent le secret des cœurs, vii, 321 *et suiv.*

CONTRITION. Sa nature et ses qualités, v, 108, 109. De l'attrition, v, 110, 111. Conditions que demande l'acte de contrition nécessaire au sacrement de pénitence, etc., xxviii, 54. Les quiétistes, par leurs maximes, éteignent la contrition ainsi que la componction, xviii, 449, 450. *Voy.* Amour, Pénitence.

CONTROVERSE. *Fragments sur diverses matières de controverse,* en réponse aux écrits contre le livre de l'*Exposition,* xiii, 121 *et suiv.* Etat présent des controverses sur la grace entre les luthériens et les calvinistes, xv, 47, 48. La controverse se réduit, pour les simples, à bien connoître l'Eglise; ce qu'ils peuvent faire en comprenant six lignes de l'Evangile, qui renferment toutes les promesses faites à l'Eglise, xvii, 141. Utilité des écrits dans les controverses qui s'élèvent dans l'Eglise, xix, 157 *et suiv.*

CONVERSATIONS. De celles qui ont pour objet les défauts du prochain, xxviii, 270.

CONVERSION. Combien il est dangereux de la différer, viii, 102; ix, 68, 178, 179; x, 216, 594, 595. Motifs d'une prompte conversion, 594, xii, 497, 660. Grace extraordinaire qu'il faut pour opérer la conversion à la mort, ix, 185, 186. Qualités de la conversion des mourans; quelle en est souvent la cause, ix, 186, 187. Pourquoi l'Apôtre ne parle-t-il que de mort et de sépulture, quand il veut dépeindre la conversion du pécheur, x, 97. Marques d'une vraie conversion, x, 150, 151, 594, 595. Gloire qui revient à Dieu de la conversion des pécheurs, x, 370. *Voy.* Pénitence.

CONVERTIS (protestans nouveaux.) Il falloit les mettre sur le pied de s'instruire et d'écouter la parole de Dieu; sans quoi ils n'auroient jamais été bons catholiques, xxvii, 110. Les voies d'exhortation et de douceur faisant souvent plus d'effet que tous les autres moyens, Louis XIV vouloit qu'on les employât préférablement, xxvii, 114. Conduite de l'Eglise à leur égard dès les premiers temps, xxvii, 119, 120. Pour bien connoître ce qu'il y avoit à faire à l'égard des nouveaux convertis, il falloit commencer par avoir une idée exacte des dispositions où ils se trouvaient, xxvii, 123. Les uns étoient éloignés par leurs inclinations de suivre notre religion ; les autres demandoient à y être déterminés par quelque espèce de contrainte, qui les mit à couvert contre une fausse honte qui les retenoit, xxvii, 124. Mesures qu'il étoit convenable de prendre pour les attirer tous également, xxvii, 125 *et suiv.* Si on ne leur demandoit rien, ils demeureroient abandonnés à eux-mêmes, dans une espèce de langueur, sans culte, sans religion, xxvii, 138. Un grand nombre d'entre eux étoient fatigués de vivre sans religion ; mais ils étoient arrêtés par une mauvaise honte, par le mauvais exemple de quelque esprit malin, xxvii, 139. L'expérience faisoit voir qu'ils profitoient plus à un sermon, qui se faisoit tous les dimanches à la messe, qu'à des exhortations vaines et ennuyeuses ; et que tout cet appareil de religion qu'on y voyoit, les désabusoit plus que tout ce qu'on pouvoit leur représenter, xxvii, 152. Ils sortoient de leur erreur comme le Lazare sortit du tombeau, encore liés des impressions qui leur restent de leurs premiers préjugés, ne voyant la lumière du jour qu'à demi, et n'étant capables de rien par eux-mêmes, xxvii, 174. Ils appartenoient tous à l'Eglise par leur abjuration ou par leur baptême ; elle ne les regarde pas comme des ennemis déclarés, mais comme des enfans indisciplinés qu'elle est en droit de revendiquer, xxvii, 187, 188. Conduite que le roi désiroit que les évêques tinssent à leur égard, xxvii, 114. Comment doit-on agir à l'égard de ceux qui ne reviennent pas sincèrement à l'Eglise, par rapport à la messe et aux sacremens, xxvi, 392. Par rapport aux parrains et marraines, et à la sépulture, xxvi, 393, 394.

CONVOITISE. Elle est toujours en guerre avec la charité, x, 488. Elle ne détruit pas la sainteté dans les justes, xiii, 357, 426. Belle doctrine de l'Apôtre, expliquée par saint Augustin sur cette matière, xiii, 427.

CORCELLES (Thomas de), député au concile de Bâle, xxi, 559. Chargé par Charles VII de travailler à la réconciliation du concile avec le pape Nicolas V, xxi, 709. Il établit l'indépendance de l'autorité royale, en même temps que la supériorité du concile sur le Pape, xxi, 758 *et suiv.*

CORDEMOY (l'abbé de). Géraud de Cordemoy, placé par Bossuet auprès du Dauphin en qualité de lecteur et qui fut de l'Académie françoise, xxvi, 330, *note.* Lettre de Condé à Bossuet par laquelle le prince lui exprime ses vives inquiétudes sur la maladie de M. de Cordemoy, *ibid.* Lettre d'Antoine Bossuet touchant la maladie et la mort de M. l'abbé de Cordemoy, xxvi, 331, 332, 333. Lettre de l'abbé Fleury à Bossuet, sur sa mort et sur ses ouvrages, xxi, 490.

CORIOLAN réduit Rome à l'extrémité, xxiv, 295, 626.

CORNET (Nicolas), grand maître du collége de Navarre ; notice sur sa vie, xii, 661. Son oraison funèbre, xii, 666 *et suiv.* Innocence de sa vie, xii, 673. Service très-important qu'il a rendu à l'église, dans le temps de nos dissensions, xii, 674, 676. Son mépris pour les dignités, xii, 677 *et suiv.*

CORNUAU (Marie-Dumoutiers, veuve). Elle envoie au cardinal de Noailles une copie des lettres de Bossuet, qui l'avoit conduite pendant vingt-quatre ans, xxvii, 417 *et suiv.* Ses sentimens d'humilité, xxvii, 417, 422. Soin qu'elle prit de copier ces lettres correctement, xxvii, 418, 424. Elle fait connoître la manière dont Bossuet conduisoit les ames, xxvii, 423, 424. Lettres de Bossuet à cette dame, xxvii, 440 *et suiv.* Elle entre à Jouarre, xxvii, 510. Pratiques de piété que lui enseigne Bossuet pour remercier Dieu de cette grace, *ibid.* Il la félicite de la réception qu'on lui a faite, xxvii, 512. Et lui donne des avis pour sa conduite, xxvii, 516, 523. Il l'engage à retourner à son ancienne communauté et l'anime à la confiance, xxvii, 513. Elle rend compte à Bossuet d'une vision qu'elle avoit eue, xxvii, 540 *et suiv.* Elle lui expose ses peines, xxvii, 555. Il lui donne des avis pour son fils, xxvii, 592, 616, 617. Son union avec Madame d'Albert, xxvii, 612, 615. Elle entre à Torcy, xxvii, 617. Combien Bossuet lui étoit affectionné, xxvi, 620, 626, 628, 630, 631, 648. Il combat ses désirs d'embrasser une règle plus austère, xxvii, 628, 630, 634. Avis pour sa retraite avant sa profession, xxvii, 631, 632. Précis du sermon qu'il avoit prêché à sa profession, xxvii, 635. Il lui envoie l'épitaphe qu'il a faite pour Madame d'Albert, xxviii, 299.

CORPS. Ses organes, ses mouvemens, xxiii, 78. Sa formation, xxiii, 102. Description de ses parties extérieures, xxiii, 78 *et suiv.* Ses parties intérieures, et premièrement celles qui sont enfermées dans la poitrine, xxiii, 81. Les parties qui sont au-dessous de la poitrine, xxiii, 84. Les passages qui conduisent à ces parties, xxiii, 86. Le cerveau et les organes des sens, xxiii, 87. Les os, xxiii, 90. Les artères, les veines et les nerfs, xxiii, 91. Le sang et les esprits, xxiii, 95. Le sommeil, la veille et la nourriture, xxiii, 98. Le cœur et le cerveau sont les maîtresses parties, xxiii, 102. La santé, la maladie, la mort et les passions par rapport au corps, xxiii, 104. Correspondance de toutes les parties du corps, xxiii, 108, 109. Leurs propriétés, xxiii, 110. Secours mutuel qu'elles se prêtent, xxiii, 111. Union de l'ame et du corps; effets de cette union, xxiii, 112. Les mouvements du corps produisent les sensations, xxiii, 113. De quels objets viennent ces mouvements, xxiii, 116. Les nerfs ébranlés causent les sensations, xxiii, 117. Les sensations instruisent l'ame de ce qu'elle doit rechercher ou fuir pour la conservation du corps, xxiii, 123. Le corps est assujetti à l'ame, dans les opérations intellectuelles, xxiii,

145 *et suiv.* Il est l'instrument de l'ame, xxiii, 167, 186. Il nous est moins connu que notre ame, xxiii, 171, 186. C'est un ouvrage d'un dessein profond et admirable, xxiii, 179. Dieu rendra à l'ame son corps immortel, xxiii, 248. *Voy.* Entendement, Imagination, Passions, Volonté.

Providence singulière de Dieu dans l'anatomie du corps humain, ix, 301, 302. Le corps ne laissera à la terre que sa mortalité, viii, 80. Corps de Jésus-Christ, modèle de notre résurrection, viii, 79. Comment Dieu entre dès ici-bas en possession de nos corps, x, 114. Conséquences en faveur de la résurrection des corps, x, 115. Comment nos corps deviennent les temples du Saint-Esprit, x, 130, 131. De quelle sorte l'Esprit-Saint remplit nos corps, x, 131, 132. Nos corps masse de boue, parée d'un léger ornement à cause de l'ame qui y demeure, x, 630; xii, 298. Comme notre corps est l'ouvrage de Dieu, il se charge de l'entretenir comme un édifice qu'il a bâti ix, 297. En flattant nos corps, nous accroissons la proie de la mort, nous lui engraissons sa victime, x, 630, 531; xii, 657. *Voy.* Chair.

CORRECTION fraternelle (la) est un devoir, ix, 503, 504. Manière de la faire, xxviii. 371. Elle doit être quelquefois sévère, suivant les paroles de l'Apôtre : *Increpa illos duré*, ix, 432.

CORRUPTION. Elle est un obstacle à la justice, xxiv, 125.

COUET (l'abbé), soupçonné d'être l'auteur du Cas de conscience, signe une rétractation, xxx, 589.

COULEAU (M.), docteur de Sorbonne, auteur de l'ouvrage intitulé : *Judicium unius*, etc., xxvii, 221. Ce livre étoit fait pour appuyer l'indifférence des religions, xxvii, 222. Il autorisoit ce sentiment en faisant les hommes, de quelque religion qu'ils soient, capables du salut, *ibid.* Il s'attache particulièrement à justifier les anciens Perses, comme ayant connu le vrai Dieu, et même le Messie. Preuve qu'il en apporte, xxviii, 222, 223. Il étoit nécessaire de s'opposer à ces nouveautés, si l'on ne vouloit donner cours à l'indifférence des religions, xxvi, 226. On ne devoit pas se flatter sur l'impertinence de l'auteur, parce que, tout ignorant qu'il étoit, il se donnoit un air de savoir, qui éblouissoit tous les esprits médiocres, *ibid.* Utilités que Bossuet se promettoit d'une réfutation de cet ouvrage, xxvii, 238.

COUPE (la) est accordée aux calixtins par le concile de Bâle, xiv, 550.

COUR (la), partie la plus dangereuse du monde, xii, 62, 63. Séjour de trouble et de confusion, viii, 165, 166. Peinture de la Cour, xii, 181, 206, 545. Vie de la Cour, ix, 382, 383. Combien la flatterie de la Cour est délicate et dangereuse, ix, 413. Si la conversion est possible à la cour, et si l'on y peut goûter les douceurs célestes, question embarrassante, ix, 464. Faveurs trompeuses et amitiés inconstantes de la Cour, x, 65.

COUTUMES. Elles tiennent lieu de lois, xxiv; 111. Les coutumes ecclésiastiques ont force de canons, si elles sont reçues par l'Eglise universelle, xxii, 387. Ce que le clergé de France entend par ce mot, xxii, 388.

CRAINTE (la), passion servile, x, 577. Comment la définit le concile de Trente, x, 302. Il faut craindre les jugemens de Dieu avant d'être porté à la confiance, viii, 132. La crainte de l'enfer ou du jugement est bonne, et prépare l'ame à la charité, iii, 353, *et suiv*. L'amour parfait bannit la crainte, iii, 574. La crainte de Dieu, dans un prince, est le vrai contre-poids de la puissance, xxiii, 578.

CRAMAUD (Simon de), patriarche d'Alexandrie, archevêque de Reims, et cardinal, préside l'assemblée du clergé, pour travailler à l'extinction du grand schisme, xxi, 570. Rainaldi l'accuse de wicléfisme xxi, 571, 582.

CRANMER (Thomas), archevêque de Cantorbéry, le héros du ministre Burnet, suit pendant la vie de Henri VIII la doctrine de l'Eglise romaine, xiv, 259. Il se lie avec Anne de Boulen, et favorise en secret le luthéranisme, xiv, 261. Le roi l'envoie à Rome solliciter son divorce. Il est fait prisonnier du Pape, revient par l'Allemagne, où, quoique prêtre, il épouse la sœur d'Osiandre, et tient son mariage caché, dans la crainte de Henri, xiv, 262. Il est fait archevêque de Cantorbéry, reçoit des bulles, fait serment au Pape, contre lequel il proteste en secret; dit la messe pendant trente ans sans y croire, et fait des prêtres, xiv, 262, 263. Il procède à l'affaire du divorce, déclare nul le mariage du roi, xiv, 264. Il fait la visite de sa province, avec la permission du roi, xiv, 268. Il casse son mariage avec Anne de Boulen, xiv, 269. Il souscrit plusieurs fois les décisions de foi conformes à la doctrine de l'Eglise catholique, dressées par le roi, xiv, 274, 275. Il casse le mariage du roi avec Anne de Clèves, xix, 276. Son hypocrisie, ses souplesses. Il fait un écrit pour établir tout le ministère ecclésiastique sur une simple délégation du roi. Sa doctrine honteuse sur l'autorité de l'Eglise durant les persécutions, xiv, 280, 281. L'autorité ecclésiastique du roi est le seul dogme de Henri VIII, que Cranmer conserve dans la Réforme sous Edouard VI, et sur lequel lui et l'Eglise anglicane n'ont point varié, xiv, 282. Il supprime dans le culte ce qui lui déplaît, avant que d'examiner la doctrine, xiv, 306. *Voy*. EUCHARISTIE. Il signe, quoique évêque, l'arrêt de mort du duc de Sommerset, condamné sans avoir été entendu, xiv, 310, 311. Il signe la disposition d'Édouard VI, pour changer l'ordre de la succession à la couronne, et inspire la révolte contre la reine Marie, *ibid*. Il est mis dans la tour de Londres pour crime d'État, et déposé pour hérésie par l'autorité de la reine, déclaré hérétique après l'aveu des faits qu'on lui imputoit; condamné à mort pour ses hérésies, comme lui-même en avoit condamné plusieurs, xiv, 312, 313. Il abjure deux fois la Réforme avant son supplice ; sa mort honteuse, *ibid.*

CROSSET (Jean), jésuite. Les protestans opposoient son livre sur la dévotion à la sainte Vierge, à celui de l'*Exposition*, xxvi, 285. M. de Castorie souhaitoit que la Sorbonne censurât cet ouvrage, afin de lui ôter toute autorité, xxvi, 286.

CRASSUS entreprend la guerre contre les Parthes ; elle est funeste à lui et à sa patrie, xxiv, 322.

CRÉATION (la) de l'univers n'ajoute rien à la grandeur ni à la félicité de Dieu, vii, 45, 46. Dieu dans la création n'a eu besoin ni de matière préexistante, ni de lieu, ni de temps, vii, 47, 48, 49. Efficacité et liberté du commandement divin, vii, 51. Les six jours, vii, 53. Actes de foi et d'amour sur toutes ces choses, vii, 54, 55. Ordre des ouvrages de Dieu, vii, 56, 57. Assistance de la sagesse divine, vii, 58, 59. *Voy.* ANGES, HOMMES. Jurieu abuse du terme de création, employé par quelques anciens Pères, en parlant du Verbe, pour exprimer sa manifestation à l'extérieur et par ses ouvrages, xvi, 72, 73.

CRÉATION (la) du monde; première époque de l'histoire ancienne, xxiv, 264, 370.

CRÉATURES. Toute créature a un instinct pour se conserver, viii, 241. Chacune des créatures a ses caractères propres, avec ses qualités et ses excellences, ix, 4, 5. D'où les créatures sont plus ou moins parfaites, ix, 5, 6. Elles ont pour origine le néant, ix, 6, 7. Il faut louer Dieu dans toutes et pour toutes, en faisant un bon usage d'elles toutes, xxvii, 447, 448. Comment s'en détacher, xxvii, 570, 590, 608, 622, 644, 645. Les catholiques n'égalent aucune créature à Dieu, xiii, 121, 122. *Voy.* CULTE. Preuves de l'existence de Dieu par les créatures, xxv, 13.

CRÈCHE. Le Fils de Dieu dans la crèche nous montre, par son abaissement, qu'il n'est rien de plus méprisable que ce qui fait l'admiration des hommes, viii, 258.

CRÉDULITÉ. Une foi pieuse efface la faute d'une téméraire crédulité, et Marie répare, en croyant à Dieu, ce qu'Eve a gâté en croyant au diable, xxvi, 368.

CRELLIUS (Jean), socinien, a corrompu le Nouveau Testament, iii, 385, 386. Loué par Richard Simon, iii, 392, 393. Son pélagianisme, iii, 443, 444. Il réduit la grace à la faveur des hommes, iii, 551. Autre erreur sur le Saint-Esprit, iii, 553. Faux raisonnement de Crellius contre la divinité de Jésus-Christ, iv, 76. Loué par Richard

Simon, IV, 81, 82. Ses interprétations recommandées par le même, IV, 88, 89.

CRIMES. Pourquoi les crimes les plus hardis sont ordinairement plus heureux que les vertus les plus renommées, X, 225. L'homme porte en lui le germe de tous les crimes, VIII, 353. Il faut condamner les crimes publics et scandaleux; bien loin qu'il nous soit défendu de les condamner, il nous est commandé de les reprendre et d'aller quelquefois en les reprenant jusqu'à la dureté et à la rigueur, IX, 278.

CROISADES (les) sont entreprises par les princes à la sollicitation des papes, XXI, 484 *et suiv.* Combien elles étoient justes, XXI, 514.

CROIX. Premier sermon pour le jour de l'Exaltation de la Sainte-Croix, X, 429. Second sermon pour le même jour, X, 451. Précis d'un sermon pour la même fête, 466. Le mystère de la Croix prédit par Jésus-Christ et non compris par les apôtres. Combien on craint de suivre Jésus-Christ à la Croix, VI, 69. Vertu de la Croix, VI, 117, 118. L'amour nous apprend à la porter, VI, 556, 557. La Croix est le chef-d'œuvre de l'amour de Jésus, VI, 559, 560. La tristesse du chrétien se changera en joie, VI, 590, 591. Il faut souffrir, se faire violence, VI, 591, 592. Combien la sagesse divine s'est montrée à découvert dans le mystère de la Croix à ceux à qui la foi a donné des yeux, X, 75. Adorer le mystère de la Croix pour le comprendre, *ibid.* Dégoût et mépris que la Croix de Jésus-Christ doit nous inspirer pour tous les plaisirs et toutes les vanités du monde, IX, 543. Combien il étoit difficile de rendre la Croix vénérable, X, 429 *et suiv.* Croix, supplice le plus effroyable, X, 430. L'exécration des hommes et la malédiction de Dieu jointes ensemble dans le supplice de la Croix, X, 431. Croix, gloire des chrétiens, X, 433. Conquêtes de la Croix, X, 440 *et suiv.* Sa vaste domination, X, 441, 442. Miracles opérés par la Croix, X, 443. Quel motif a porté le Sauveur à mourir pour nous sur la Croix, X, 445. Tous les attraits de la grace renfermés dans la Croix, X, 466. Mystères des trois croix, IX, 598. *Voy.* MARIE. Nous devons à la Croix un culte, même extérieur, XVII, 277. En quel sens on peut dire qu'on l'adore, XVII, 281. Temps et circonstances remarquables où fut découverte la Croix du Sauveur, VIII, 320. *Voy.* SOUFFRANCES.

Explication du signe de la Croix, V, 4, 5. Ce signe est retenu par la réforme anglicane dans le Baptême, la Confirmation et la consécration de l'Eucharistie; puis retranché de la Confirmation et de la consécration, XIV, 305. Résignation qu'on doit avoir dans les croix, XXVIII, 322, 323, 354, 381. Manière de les porter, XXVIII, 171, 204, 205. *Voy.* CRUCIFIX.

CROMWEL (Thomas), vice-gérant de Henri VIII au spirituel, quoique laïque, suit, pendant le règne de ce prince, la doctrine de l'Eglise romaine, xiv, 259. Il est le visiteur général de tous les couvens privilégiés. En qualité de vicaire général, il ordonne aux prêtres de dire tous les jours la messe, et aux moines d'observer leurs trois vœux, quoiqu'il fût zuinglien ou luthérien, xiv, 267. Il souscrit plusieurs fois à la doctrine catholique, décidée par le roi Henri VIII, xiv, 275. Il est condamné à mort par le Parlement, comme hérétique, et sans être entendu, xiv, 276.

CROMWEL (Olivier), tyran d'Angleterre; son portrait, xii, 455 *et suiv.*

CROMWELISME (le) rétabli par les maximes de Jurieu contre l'indépendance des rois, xv, 483, 484.

CROYANS (les) des manichéens n'étoient pas admis à tous les mystères de la secte, xiv, 535.

CRUCIFIX (culte du) approuvé par Luther, comme un monument de piété, xiv, 137. Elisabeth, reine d'Angleterre, retient le crucifix dans sa chapelle, quoiqu'on l'ôte de toutes les églises, xiv, 409. Aversion des anciens et des nouveaux manichéens pour le crucifix, xiv, 466.

CULTE que nous devons à Dieu, ix, 254; x, 580, 581. Deux conditions pour rendre à Dieu un culte agréable, ix, 255. Quelle espèce de culte nous rendons ordinairement à Dieu dans nos prières, ix, 260 *et suiv.* L'Eglise catholique est le seul temple où l'on rende à Dieu un culte véritable, ix, 263. Comment cela, ix, 264 *et suiv.* Quelles dispositions doivent accompagner le culte que nous rendons à Dieu, ix, 265. Combien les nôtres sont défectueuses, x, 266 *et suiv.* Le culte religieux se termine à Dieu seul, xiii, 53, 54, 122. Le culte que les catholiques rendent à Dieu n'est pas le même que celui qu'ils rendent aux saints, xiii, 133. Culte intérieur et extérieur, xiii, 134, 135. Injustice des protestans dans les reproches qu'ils font aux catholiques au sujet du culte. Vaines objections sur le mot *divus*, sur les génuflexions, etc., vii, 142, 143. Sommaire de la doctrine catholique sur le culte dû à Dieu et aux saints, vii, 164, 165. Zèle et piété de David pour tout ce qui appartenoit au culte de Dieu, i, 27, 28. Soin que les grands princes en ont eu, xxiv, 62.

CUPIDITÉ. Ses piéges, ses remèdes, x, 615, 616. *Voy.* AVARICE, RICHES.

CURÉS. Leur juridiction est subordonnée à celle des évêques, xxii, 138.

CURIOSITÉ (la) sur son état dans cette vie, est dangereuse, xxviii, 117. *Voy.* CONCUPISCENCE.

CUSA (Nicolas de), cardinal, rangé par Bellarmin au nombre des défenseurs de la doctrine des François, xxi, 34; xxii, 491.

CYNEAS, ambassadeur de Pyrrhus. Cet ancien admirateur de la vieille Rome s'étonnoit d'avoir vu dans cette ville maîtresse autant de rois que de sénateurs, viii, 312.

CYPRIEN (saint) assure qu'on ne donnoit la communion aux enfans que sous une espèce, xvi, 266, 267, 561 *et suiv.* Embarras des ministres pour expliquer le passage cité, xvi, 668. Dans le même livre il parle de la coutume d'emporter et de prendre dans les maisons le pain sacré, xvi, 675, 676. Ce saint docteur enseigne à demander la persévérance dans le *Pater*, xviii, 489. Sa doctrine sur l'abandon, xviii, 624. Beaux passages de saint Cyprien en faveur de l'unité de l'Eglise, xvii, 247, 248. Il ne croit pas le Pape infaillible. Sa dispute avec le pape saint Etienne, xxii, 169, 170. *Voy.* REBAPTISATION. Ce saint est calomnié par Jurieu, comme n'entendant pas la doctrine de la satisfaction de Jésus-Christ, xv, 211. Ce saint prouve que tout schismatique et hérétique est nouveau, vient troubler l'Eglise dans sa possession, fait bande à part, se sépare de la tige, xvii, 106.

CYRILLE (saint), patriarche d'Alexandrie, s'oppose à Nestorius. Sa doctrine célébrée par toute la terre, xxiv, 346, 347. Il instruit le pape saint Célestin de l'hérésie de Nestorius ; exécute ses ordres au concile d'Ephèse, xxii, 14 *et suiv.* Ses *Anathématismes* condamnés par les Orientaux ; l'affaire s'accommode, xxi, 626, 627. Erreurs de l'abbé Dupin sur sa présidence dans le concile d'Ephèse au nom du Pape, xx, 553 *et suiv.* Ce saint rend suspect, grièvement accusé et faiblement défendu par M. Dupin, xx, 563, 565, 566, 570. Erreur mal imputée, xx, 582. Ecrits contre Nestorius trouvés peu estimables et peu convaincans par M. Dupin, xx, 589, 590. Ce qu'il pense de ses *douze Chapitres*, xx, 593, 596. Subtilités et ambiguïtés qu'il leur objecte à tort, xx, 698, 699. Fausse imputation faite à saint Cyrille d'être convenu lui-même d'avoir excédé, xx, 600, 601. Ses *douze Chapitres* approuvés par le concile, xx, 601, 602. Ce qu'il faut penser de son expression : *Unam naturam incarnatam*, xx, 605 *et suiv.*

CYRUS, roi de Perse, ses exploits ; il prend Babylone, xxiv, 285, 421, 600. Il joint le royaume des Perses à celui des Mèdes, xxiv, 285, 286, 600. Il ordonne de rétablir le temple de Jérusalem : huitième époque de l'histoire ancienne, xxiv, 293, 421. Sa mort racontée diversement par les historiens, xxiv, 286. Dieu s'étoit servi de ce prince pour faire en faveur de son peuple ce que les prophètes en avoient prédit, xxvii, 224. Il est croyable qu'il n'a jamais eu le véritable culte, *ibid.*

CYRUS (le jeune) se révolte contre Artaxerxe-Mnémon, son frère. Sa défaite et sa mort, xxiv, 303, 612.

CYRUS, patriarche d'Alexandrie, enseigne le monothélisme ; condamné au sixième concile, xxii, 51, 52.

CZENGER, ville de Pologne, où les zuingliens tiennent un synode, dans lequel ils prouvent que la consubstantiation luthérienne est insoutenable et contraire au sens littéral, xiv, 82.

D

DAGOBERT I. Contrariétés de sa conduite. Il bâtit le monastère de Saint-Denis, xxv, 8, 9.

DAGOBERT II est envoyé en Irlande par la perfidie de Grimoalde. Il en est rappelé et mis sur le trône, xxvi, 10, 11.

DAGOBERT III lève une armée à la sollicitation des seigneurs du royaume, avec laquelle il défait les Austrasiens. Sa victoire ne lui fut d'aucun fruit, xxv, 11.

DAILLÉ (Jean), ministre protestant, assure que les catholiques tiennent toutes ses créances, mais qu'il ne tient pas toutes leurs opinions; conséquence qu'en tire Bossuet, xiii, 52. Erreur de ce ministre, qui accuse les Pères du quatrième siècle d'avoir innové touchant l'objet du culte religieux, xiii, 54, 55. Il impute aux catholiques d'adorer les saints, xiii, 133, 134. Ce ministre justifie, par ce qu'il dit de la connoissance des anges, le culte que l'Église catholique rend aux saints, xv, 343. Il réfute l'erreur de Jurieu sur la médiation de Jésus-Christ, et montre combien cette médiation est différente de l'intercession des saints, xv, 348. Sa doctrine sur les articles fondamentaux, xiii, 376.

DAMIEN (le bienheureux Pierre), cardinal, distingue les droits des deux puissances, xxi, 344, 345, 486, 487.

DAMNATION. On ne peut consentir à la sienne, xxvii, 451, 452. Pourquoi, xviii, 448, 449.

DAMNÉS (les) ne satisfont pas; mais Dieu satisfait lui-même à sa justice en les punissant en toute rigueur, xxvi, 408. Le péché n'est puni en eux, ni infiniment, ni selon toute la capacité qu'ils ont de souffrir, xxvi, 413, 414. Jésus-Christ n'a pas souffert en faveur des hommes damnés, ni uni ses satisfactions à la leur; mais Dieu prend occasion de la satisfaction infinie de Jésus-Christ pour les péchés de tous les hommes, de remettre aux damnés quelque chose des justes châtimens qui leur sont dus, xxvi, 418, 419. *Voy.* SFONDRATE.

DANIEL apprend, par révélation, les septante fameuses semaines, xxiv, 286, 425. Où doit-on en placer le commencement? xxiv, 297. Où commence la dernière semaine? xxiv, 326.

DARIUS fils d'Hystaspe, roi des Perses. Au commencement de son règne, le temple est achevé, xxiv, 294. Il attaque les Grecs, xxiv, 294. Malgré ses efforts il ne peut venir à bout de redresser tout à fait les Perses, xxiv, 602.

DAUPHIN. Instruction à Mgr le Dauphin pour sa première communion, xxvi, 1. Le prélat lui fait considérer la première communion comme le fondement d'une nouvelle vie pour le chrétien, *ibid.* Qu'après

cela il faut commencer à vivre comme un homme qui a reçu Jésus-Christ, et qui a été admis au plus saint de tous les mystères, *ibid.*
DAUVET. *Voy.* Pie II.
DAVID, vainqueur de Goliath, monte sur le trône : il est grand roi, grand conquérant, grand prophète, XXIV, 274, 275. Il établit à Jérusalem le siége de la royauté et celui de la religion. XXIV, 406. Il s'oublie pour un peu de temps; répare sa faute par la pénitence et est comblé de biens, XXIV, 414. Il est tombé par la soustraction d'une grace efficace, IV, 423. Sa chute lui fait oublier Dieu, IX, 48, 49, 205. Il prononce sa sentence sans y penser, IX, 388; X, 353. Il désigne Salomon pour son successeur, XXI, 199 *et suiv.* Avis important qu'il lui donne en mourant, IX, 252, 648.

Reconnoissance de David envers Dieu, X, 476. Ce prince connoissoit le sérieux de la religion, XXIII, 497. Ses soins pour le culte de Dieu, XXIV, 67, 68. Sa piété, XXIV, 93. Il amasse des matériaux pour bâtir un temple à Dieu, XXIV, 404. Dieu ne veut point qu'il le bâtisse, parce qu'il avoit fait la guerre, XXIV, 95, 96. Zèle de David pour le chant et la musique sacrée, I, 7. Il célèbre dans les Psaumes toutes les merveilles de l'histoire sainte, I, 13. En parlant des choses de la vie présente, il avoit en vue la vie future, I, 19, 20. On y voit éclater son amour pour Dieu, I, 21, 22. Pour ses ennemis, *ibid. et suiv.* Son zèle et sa piété pour l'Arche et les choses sacrées, I, 27, 28. *Voy.* PSAUMES, VIE FUTURE.

Bonté de David pour son peuple, XXIII, 546. Sa clémence envers Nabal, XXIII, 547. Sa douceur, XXIII, 554. Dieu punit sévèrement son péché, XXIII, 578; XXIV, 248. Sa sagesse dans les circonstances difficiles, XXIII, 584. Il connoissoit bien les hommes, XXIII, 597. Il écoutoit les conseils, XXIII, 616. Haïssoit les fourbes et les médisans, XXIII, 624. Sa conduite avec Saül modèle de sagesse, XXIII, 631. Sa générosité admirable envers ce prince, VIII. 522. Sa magnanimité et ses vertus royales, XXIII, 645, 646. Sa magnificence, XXIII, 649. Il pleure la mort de Saül, quoique méchant, XXIV, 6. Il avoit épargné la vie de ce prince, XXI, 204; XXIV, 7, 11, 12. Sa conduite ne favorise pas la rébellion, XXIV, 20, 21. Juste motif de la guerre entre David et Isboseth, fils de Saül, XXIV, 147. Conduite de David dans la guerre civile d'Absalon et de Séba, XXIV, 151, 152. Il réprime Adonias son fils, qui vouloit profiter de sa vieillesse pour se faire roi, 522, 561; XXIV, 187, 213. Il est repris dans l'Ecriture à cause de son indulgence pour ses enfans, XXIV, 87. Humilité de David, XXIV, 255. Sa conduite particulière, et son attention à remplir ses devoirs, XXIV, 257. L'exemple de David cité par Jurieu, pour prouver la légitimité des guerres civiles, XV, 429, 430. Le royaume de Judas passe légitimement aux Asmonéens ou Machabées, parce que la famille de David en étoit exclue par le fait et par le droit de prescription depuis Sédécias, xv, 451, 452.

Prophéties de David touchant le Messie, vii, 179. Il a chanté avec une magnificence que rien n'égalera jamais, xxiv, 409. Ses Psaumes condamnent les quiétistes, xviii, 355, 356, 398, 399, 414, 432, 442, 452, 453, 460, 461, 462, 463, 472, 473, 479, 480, 546, 624, 625, 629.

DÉBORA ou DEBBORA (prophétesse). Sous les ordres de Barac et de Debbora la prophétesse se donna la sanglante bataille ou l'armée de Sisara fut taillée en pièces, xxiv, 162. Debbora chanta la défaite de Sisara par une ode dont le ton sublime surpasse celui de la lyre de Pindare et d'Alcée i, 14; xxiv, 162. Son explication, i, 384, 385. *Voy.* Femmes.

DÈCE, empereur, persécute les chrétiens avec violence, xxiv, 334.

DÉCISIONS (les) de foi sont réservées à l'autorité royale par la déclaration des évêques anglois, xx, 418. Les évêques françois du colloque de Poissy expliquent simplement et en peu de mots toute la doctrine catholique sur l'Eucharistie, xiv, 402. Les décisions de l'Eglise se réduisent toujours à un fait précis et notoire : Que croyoit-on quand tel ou tel hérétique est venu? xvii, 117. Les contestations des hérétiques font que l'Eglise explique plus clairement les vérités, *ibid.*

DÉCLARATION de MM. de Noailles, Bossuet et Godet des Marais, contre l'*Explication des maximes des Saints*, xix, 495 *et suiv.* Nécessité de cette *Déclaration*, xx, 152. Modération dont ont usé les trois prélats, xx, 160.

DÉCLARATION *du clergé de France* en 1682, xxi, 7; xxii, 1: ce n'est pas une décision de foi, xxi, 18; xxii, 462, 463. En quoi elle a pu déplaire au Pape, xxi, 17. Bossuet n'entreprend pas de la soutenir, xxi, 18. Elle s'accorde avec la doctrine de l'indéfectibilité du saint Siége, et avec cette maxime, que le premier Siége n'est jugé par personne, xxii, 259 *et suiv.* Elle relève la dignité du saint Siége et accable les hérétiques, 421.

DÉCRÉTALES. Leur autorité selon Gratien, xxi, 73, 74. Sont reçues après examen, xxii, 203 *et suiv.* Pourquoi mises au nombre des canons, xxii, 385.

DÉCRETS (les) des papes, contraires aux canons, sont nuls, xxii, 383. Les évêques de France acceptent les décrets des papes par voie de jugement, xxii, 300, 301 *et suiv.*

DÉFAUTS. Combien il importe d'étudier les siens; ce qui nous en empêche, xi, 481, 482. Manière de recevoir les avis qu'on nous donne sur nos défauts, xxvii, 623, 624. Les combattre sans cesse, xxvii, 630.

DÉFIANCE (la) est fille de la lâcheté et mère de la dissension, ix, 283.

DÉLAISSEMENS. Soumission qu'on doit y pratiquer, xxvii, 530.

DÉLECTATION CÉLESTE. Erreur des quiétistes qui s'en détachent comme d'un obstacle à l'amour de Dieu, xxviii, 288, 289.

DELECTATION VICTORIEUSE. *Voy.* LIBERTÉ.

DELPHT (le synode de) prétend fermer la bouche aux remontrans, en leur opposant l'autorité du Saint-Esprit, promise aux conciles, ce qui étoit revenir à la doctrine catholique, xv, 35.

DELUGE. Dieu extermine toute chair dans ses eaux, xxiv, 264, 265, 266, 378. La tradition s'en trouve par toute la terre, xxiv, 265. Changement qu'il opère dans toute la nature, xxiv, 377. Dieu y donne des marques de sa bonté, vii, 143. Il promet de ne plus envoyer le déluge, vii, 144.

DEMANDES. Principes des quiétistes sur leur suppression, xviii, 358. Fondement de celles qu'on doit faire à Dieu pour soi et pour les autres dans l'oraison; erreur des nouveaux mystiques, xviii, 445. Quelle est la source de la suppression des demandes, xviii, 482. Les prières de l'Eglise convainquent d'erreur ceux qui croient que les demandes sont intéressées, xviii, 487. Les plus parfaits ne cessent de demander avec David, etc., xviii, 500.

DÉMÉTRIUS-NICATOR, roi de Syrie, défait Balas qui avoit usurpé son royaume, xxiv, 316, 317. Il est fait prisonnier par les Parthes, *ibid.* Il rentre dans son royaume, xxiv, 318. Il périt par les ordres de Cléopâtre, sa femme, xxiv, 318, 319.

DÉMONS. Leur existence reconnue par toutes les nations de la terre, ix, 1, 2 *et suiv.* Leur arrogance, cause de leur chute, ix, 10, 11 *et suiv.* Pouvoir du démon, vi, 469 *et suiv.*; vii, 371. Ses artifices pour tenter Eve, xxiv, 374. Combien il est acharné à notre perte, ix, 13, 14 *et suiv.*, 19, 20, 27, 28. Force du jeûne contre ses attaques, ix, 34 *et suiv.* Les démons sont nécessairement cruels et moqueurs, x, 34, 35. Leur rage contre Jésus-Christ dans sa passion, x, 415 *et suiv.* Pompes et œuvres du démon, viii, 146, 147.

DENIER de la veuve. Quel fut son prix, vi, 221.

DENIS (S.) l'aréopagite; des livres attribués à ce saint, que les mystiques ont pris pour modèle, xviii, 384. C'est de là qu'est venue l'oraison passive, xviii, 518, 519. Quelles étoient les traditions secrètes dont il parle, xix, 109. Ce secret regardoit les païens seuls et non pas les fidèles, xix, 111, 131.

DENIS le Chartreux. Sa doctrine sur l'autorité de l'Eglise, du concile général et du Pape, xxii, 492.

DENIS (le Père), capucin, auteur du *Via pacis*, ou moyen de réunir les protestans à l'Eglise, xviii, 155, 164, 167.

DENIS le Tyran. Traitement que fit Denis le Tyran au fils de Dion, pendant qu'il l'eut en sa puissance, xxvi, 18, 22.

DÉPOT. C'est une chose sacrée, xii, 102, 106. Le secret est un dépôt *ibid.*

DÉPRAVATION de la nature humaine, xxviii. 104, 105.

DÉRISION. Ce que c'est; ses funestes effets, x, 52, 53. Dernier excès de l'orgueil, xii, 551. Dérision maladroite des incrédules contre la religion, viii, 181.

DESCARTES (René). Ses principes mal entendus, source de plus d'une hérésie, xxvi, 396. Etant allé trop vite dans les affirmations, et n'ayant pas assez distingué le certain de l'incertain, il n'avoit pas obtenu son but, xxvi, 485, 486. Il avoit toujours craint d'être noté par l'Eglise, et on lui voyoit prendre sur cela des précautions dont quelques-unes allèrent jusqu'à l'excès, xxvii, 217, 218. Bossuet s'oppose à la publication de deux lettres qu'il avoit écrites sur la transsubstantiation et que le prélat jugeoit opposées à la doctrine de l'Eglise, *ibid.* En quoi consistoit l'opinion de Descartes sur cette matière, xxx, 559, 560. Sous le nom de philosophie de Descartes, Bossuet voyoit un grand combat se préparer contre l'Eglise, xxvi, 397.

DÉSESPOIR. Erreur de faire consentir une ame sainte à la tentation du désespoir) xix, 403. De la mettre dans un état de déraison et de blasphème, xix, 404. Combien cet état est contraire aux Articles d'Issy, xix, 405. A l'exemple et à la doctrine de saint François de Sales, xix, 407. Le désespoir est une tentation qu'il faut faire détester aux ames scrupuleuses, xix, 409. M. de Cambray convaincu d'avoir enseigné le désespoir, xix, 188. *Voy.* Abandon, Acquiescement, Indifférence, Sacrifice.

DÉSIRS. Dieu en donne dont il ne veut pas l'accomplissement, xxvii, 476, 522; xxviii, 264, 352, 472. *Voy.* Demandes.

DES MAHIS (Marin Groteste, seigneur), envoie à Bossuet des notes sur l'*Apocalypse,* xxx, 533. Lui marque les atteintes portées à la morale par les sociniens, xxx, 534.

DÉSORDRES. Quelle est la cause de ceux qui règnent dans l'univers, xi, 382.

D'ESPENCE (Claude), docteur de Sorbonne. Son éloge, xxii, 468. Il tâche, par quelques additions, de rendre les propositions calvinistes sur l'Eucharistie recevables; les ministres rejettent ses additions, xiv, 401.

DÉTACHEMENT (le) consiste à ne point se confier en ses richesses, vi, 52, 53. Mourir à tout et à soi-même, vi, 109, 110, 111, 165. Regarder la vie comme un passage, vi, 321. Régler ses désirs et son activité excessive, vii, 470. Se haïr soi-même, vii, 495, 496. Le détachement admirablement pratiqué par saint Joseph, xii, 123.

DETTES. Abus commun d'acquitter fidèlement certaines sortes de dettes et d'oublier tout à fait les autres, ix, 642.

DE VERT (Claude), trésorier de Cluny, envoie à Bossuet des extraits de divers anciens Cérémoniaux, etc., sur la communion sous une seule espèce, xxx, 504 *et suiv.*

DEVINS et ASTROLOGUES, condamnés par Dieu ; vanité de leurs pronostics, xxiii, 637. Malheur aux princes qui les consultent, xxiii, 638. Ils ne doivent pas les souffrir, xxiv, 76.

DÉVOTION. De la vraie dévotion, x, 612. Dévotion à la sainte Vierge : Jésus-Christ en est le principe, xi, 43, 44. Fausses dévotions qui déshonorent le christianisme, xi, 58. Que la plupart des hommes sont aveugles dans leurs dévotions, xi, 60. Fausses dévotions envers Marie, xi, 118. Pratiques ordinaires de dévotion, v, 346, 347. En quoi consiste la dévotion d'un roi, xxvi, 187, 188. Nature et effets de la dévotion sensible, xix, 289. Fausses idées là-dessus, xix, 349.

DEZ (Jean), jésuite, étoit ami de Bossuet, xxix, 73. Dez compose à Rome un livre contre Baïus, on le défère au Saint-Office, xxix, 145, 181, 215, 230, 237, 249. L'abbé Bossuet le croit favorable au livre des *Maximes*, xxix, 157, 183. Ce Père le nie, xxix, 354. L'abbé Bossuet le soupçonne d'être auteur d'un ouvrage en faveur de Fénelon, xxix, 243, 249, 254. Manière indécente dont cet abbé parle du P. Dez, xxix, 420, 432.

DICTATUS PAPÆ. Ce que c'est, xxi, 403.

DIDIUS-JULIANUS achète l'Empire mis à l'encan par l'armée. Sa mort. xxiv, 331.

DIDON fonde Carthage. xxiv, 277.

DIEU. Sa nature et ses attributs, v, 43, 44 *et suiv.* Son être, viii, 3, 4. Sa perfection, vii, 4, 5. Sa béatitude, vii, 6. Son unité, vii, 7. Sa prescience et sa providence, vii, 8. Sa toute-puissante protection, vii, 10. Sa bonté envers les siens, vii, 13. Envers les pécheurs pénitens, vii, 16, 17. Sa sainteté, vi, 657 ; vii, 12, 21. Sa justice, vi, 660. Sa fécondité, vii, 24, 25. La création de l'univers n'ajoute rien à sa grandeur ni à son bonheur, vii, 45, 46. Dieu seul nous suffit, vii, 48. Combien le Dieu que l'Ecriture nous propose est au-dessus de cette cause première que les philosophes ont connue, xxiv, 368. Il se fait connoître à Moïse, xxiv, 391, 392.

Dieu, nom vénérable qu'on ne doit jamais prononcer sans tremblement, viii, 202. Ses perfections, ix, 258, 259. Eternel, immuable, ix, 362. Comment nous devons juger des choses qui nous paroissent dites de lui dans les Ecritures d'une manière peu digne de sa grandeur, ix, 259. En quel sens Dieu est bon, ix, 225. Il est jaloux, xi, 501 *et suiv.* Est impénétrable, inaccessible, unique, viii, 263. Quoi qu'il fasse, ne peut obtenir que le titre de bienfaiteur, viii, 20, 21, 328. Remplit le ciel et la terre, viii, 397. Se communique aux créatures intelligentes, viii, 397, 398. Premier principe et moteur universel, x,

151, 152. En lui tout est action, tout est vie, xii, 565. Rien n'arrête le cours de ses desseins, xii, 456. Dieu, Père de Jésus-Christ par nature et le nôtre par adoption, x, 247. Sa bonté et sa justice, x, 603. Combien il aime à pardonner, x, 604. Dieu ne conserve sa grandeur et sa majesté que dans l'unité seule, xi, 49, 51. Quelle idée les païens s'étoient formée de Dieu, xi, 51, 52. Quel est le Dieu que nous adorons, xi, 50. Impossible de le définir, xi, 393 *et suiv*. Est une nourriture admirable, viii, 398. Culte que nous devons à Dieu, ix, 128; x, 580. Doctrine des catholiques sur sa majesté, xiii, 121 *et suiv*. *Voy*. CULTE.

Dieu s'aime nécessairement et invinciblement lui-même, 37-396, xxvi, 411. N'agit que par sa volonté, et sa volonté n'est que son amour, *ibid*. — Ce n'est pas connoître Dieu que de ne pas connoître la création, et d'assujettir la Divinité à ne rien faire que d'une manière, xxvii, 244. Dieu est digne d'être aimé pour lui-même, quand il ne serait pas notre bien, xix, 560, 561. Combien la vision intuitive augmentera l'amour, xix, 732, 733. Dieu est notre fin dernière, xix, 740. Ses dons sont sans repentance, viii, 390. La meilleure profession, le meilleur emploi, et enfin la meilleure vie et la plus heureuse est celle qui nous donne le moyen de mieux considérer et connoître Dieu, et au contraire, ce qui empêche de connoître et de servir Dieu est mauvais, xxvi, 37.

Dieu se fait connoître dans la création de l'ame et du corps, et dans leur union, xxiii, 175 *et suiv*. Il est la vérité éternelle, objet de l'entendement humain, xxiii, 188, 247. Il possède la plénitude de l'être, xxiii, 191. Il est la vérité et la source de l'intelligence, xxiii, 192, 247. La raison première et universelle, qui a tout tiré du néant, qui ordonne tout, xxiii, 207. Comment il agit dans les plantes et dans les animaux, xxiii, 205. Ses promesses et ses châtimens pour l'éternité, xxiii, 247. Il gouverne notre liberté, xxiii, 433. C'est ce qui rend raison de sa prescience, xxiii, 437. Il ne faut pas s'étonner s'il se réserve des secrets qu'il ne veut pas communiquer, xxiii, 454. Dieu, selon la doctrine de Luther, est auteur de tous les crimes, xiv, 64. L'amour de Dieu non nécessaire pour la justification, selon la Confession d'Augsbourg, xiv, 124. Wiclef attaque la liberté, la bonté et la puissance de Dieu, xiv, 541. Les calvinistes font Dieu auteur du péché, xv, 1, 2. *Voy*. LIBERTÉ.

Dieu est moteur des cœurs : l'invoquer sous ce nom, xxvii, 536; xxviii, 71, 76. Disposition pour aller à lui, xxvii, 573. Allier sa justice avec sa miséricorde, xxvii, 465. Sa bonté nous soutient dans nos foiblesses, xxvii, 607. On doit l'aimer comme le seul vrai bien, xxvii, 639. Hors de lui tout est néant, xxvii, 650, 651, 658. Amour de préférence qu'on doit à Dieu, xxviii, 31. Bonheur d'aller à lui, xxviii, 236. Obligation de le chercher sans retour sur soi, xxviii, 122. Pourquoi il se cache aux ames qu'il attire, xxviii, 123. Peut-on toujours être occupé de lui, xxviii, 145. S'unir à lui comme à la souveraine vérité; ce qu'on doit faire pour y parvenir, xxviii, 181. Ce qui se passe ici-bas, n'est que l'écorce de son ouvrage, xxviii, 217. Comment il faut l'écouter, xxviii, 355.

Dieu instruit lui-même les rois dans l'Ecriture, et leur apprend à bien gouverner, xxiii, 477. Il est la fin de tous les hommes, xxiii, 479. Leur Père, xxiii, 480. Il est le vrai roi, xxiii, 515. Il a exercé visiblement par lui-même l'autorité sur les hommes, xxiii, 518. Avec quelle rigueur il traite les princes coupables, xxiii, 578; xxiv, 248. Ce qu'on fait pour lui de plus magnifique est toujours au-dessous de sa grandeur, xxiv, 62, 63. C'est lui qui fait les rois et qui établit les maisons régnantes, xxiv, 84. Il inspire l'obéissance aux peuples et il y laisse répandre un esprit de soulèvement, xxiv, 85, 86. Il décide de la fortune des Etats, xxiv, 88. Nulle puissance ne peut échapper de ses mains, xxiv, 92. Il est le juge des juges et préside aux jugemens, xxiv, 100, 101. C'est lui qui donne la justice aux rois, xxiv, 102. Il forme les princes guerriers, xxiv, 129. Il donne un commandement exprès aux Israélites de faire la guerre. *Ibid.* Il leur ordonne d'épargner les peuples qui leur étoient unis par les liens du sang, xxiv, 131. Il faisoit la guerre pour eux d'une façon extraordinaire et miraculeuse, xxiv, 158. Il vouloit néanmoins qu'ils s'aguérissent, xxiv, 161. Il n'aime pas la guerre, xxiv, 163, 164. Jugement de Dieu sur l'Empire romain, xxiv, 571. Il tient en sa main tous les royaumes et tous les cœurs, xxiv, 641.

DIGNITÉS. Ce qu'en pensoit Bossuet, xxviii, 252, 253, 255.

DIMANCHE. Son institution, v, 142, 143. Manière de le sanctifier, ainsi que les fêtes, v, 143, 144, 148; xxii, 704 *et suiv.* Obligation de les sanctifier, xxii, 749. Censure de quelques propositions relatives à l'obligation d'entendre la messe, xxii, 759 *et suivantes.* On profane le dimanche ainsi que les fêtes en assistant à la comédie, xxvii, 58, 63. En quoi doit consister le repos de ce saint jour, xxvii, 64 *et suiv.* Projet de déclaration du roi sur l'observation des dimanches et fêtes, xxvii, 134.

DIOCLÉTIEN, parvenu à l'empire, choisit Maximien pour collègue, xxiv, 336. Galérius le force d'abdiquer, xxiv, 337. Sa mort, xxiv, 338. Ce prince disoit qu'il étoit difficile de bien gouverner, parce que le prince est trompé par ceux qui l'entourent, xxiii, 621. Il persécute les chrétiens, ii, 442, 447, 462, 469 *et suiv.* Désigné par le nom de *la Bête*, ii, 491 *et suiv.* 590, 591 *et suiv.*; iii, 277. Ses caractères, iii, 250, 251. Son triple renouvellement, iii, 256, 257, 258. Exécutée par sept empereurs, iii, 260, 261 *et suiv.*

DIOSCORE, patriarche d'Alexandrie. Ses violences au brigandage d'Ephèse, xxii, 34, 113 *et suiv.* Il est déposé au concile de Chalcédoine, xxii, 35. Condamné pour avoir anathématisé saint Léon, xxii, 312.

DIRECTEURS. Chacun d'eux se fait une méthode d'oraison, xviii, 368. Combien la science leur est nécessaire, xviii, 370. Ne doivent pas trop donner à l'expérience, xviii, 372. Doivent se conduire par le Saint-Esprit, xviii, 632. Ce sont des laboureurs spirituels, qui doivent attendre le fruit avec patience, xii, 650. Les directeurs des ames sont établis par le Saint-Esprit dispensateurs d'une grace qui se diversifie en plusieurs manières, xx, 467. Le fidèle directeur des ames, dont tout le travail est d'accommoder la conduite à l'opération de Dieu, la doit changer selon ses ordres. *Ibid.*

DIROIS (François), docteur de Sorbonne, théologien du cardinal d'Estrées à Rome. Lettres de Bossuet à cet abbé sur une traduction italienne de l'*Exposition*, et autres affaires, xxvi, 150, 155, 156, 157, 159, 171, 191, 199. Bossuet le consulte sur les ouvrages d'Holstenius, xxvi, 155. Le prie de l'aider à obtenir le *gratis* de ses bulles, xxvi, 277. Lui demande ses vues sur les objets qui doivent occuper l'assemblée de 1682, xxvi, 282. Lui parle des matières qu'on y traitoit, xxvi, 288, 294, 297, 208, 390, 303, 306. Cet abbé envoie à Bossuet un projet de défense de la *Déclaration*, xxvi, 347.

DISCIPLINE (la) ecclésiastique méprisée par les protestans, qui avouent qu'il n'y a pas une Eglise parmi eux, qui ait la discipline, qu'elle est ruinée parmi eux, et que chacun, dans la Réforme, peut croire à sa fantaisie, xiv, 178, 179. Toute discipline renversée par la Réforme; le déisme et d'autres monstres de la doctrine sortis de son sein, xiv, 202, 203. La discipline de l'Eglise est variable, xxii, 390. Antiquité de la discipline de l'Eglise de France, xxii, 392. L'ancienne discipline interdisoit aux pénitens tous les exercices qui dissipent l'esprit, xxvi, 60, 61. Dans les causes où il ne s'agit pas seulement du salut de quelques particuliers, mais où l'on doit ramener des peuples entiers, il faut relâcher quelque chose de la discipline, afin d'apporter des remèdes convenables à de plus grands maux, xxvii, 160.

DISCOURS prononcé par Bossuet, à sa réception à l'Académie françoise, xii, 700.

DISCOURS au roi : sur les misères publiques, etc., ix, 199, 639; x, 1, 74, 162, 193; xi, 262; xii, 406. A la reine, x, 262, 351, 352; xi, 107, 388. A la reine mère, xi, 389; xii, 69, 107, 131, 151, 405. A la reine d'Angleterre, xi, 221, 484. Au grand Condé, alors appelé M. le Prince, viii, 361, *en note*, ix, 575, *en note*; x, 219; xi, 101.

DISCOURS sur la Vie cachée en Dieu, vii, 394 *et suiv.*

DISCOURS sur *l'Histoire universelle*, pour expliquer la suite de la religion et les changemens des empires, xxiv, 260 *et suiv.*

DISCUSSION (la) de l'Ecriture impossible aux simples, de l'aveu de Jurieu, quoique ce soit un des grands principes de la réforme, xvi, 132, 133.

DISPENSES. Le Pape peut les accorder, avec une autorité souveraine, xxii, 399. Ce qu'on entend par dispenses *sans cause*, xxii, 401 *et suiv.* Règles à suivre sur cette matière, xxviii, 373.

DISSERTATIUNCULÆ IV adversus probabilitatem. Dissertatiuncula prima: de dubio in negotio salutis, xxxi, 1. Dissertatiuncula secunda: de opinione minus probabili ac simul minus tuta, xxxi, 4. Dissertatiuncula tertia : de conscientia, xxxi, 14. Dissertatiuncula quarta : de prudentia, xxxi, 17.

DISSIPATION. D'où nous vient l'amour de la dissipation, xi, 461, 462. Ses dangers, xi, 378.

DISTRACTIONS. Ne point s'en inquiéter, si elles sont involontaires, xxvii, 572, 587. La distraction est un mouvement vague et incertain de l'esprit, qui passe d'un objet à un autre, sans en considérer aucun, xxii, 55.

DIVISION parmi les luthériens, au sujet de la réalité, xiv, 55. Les divisions parmi les hérétiques et les schismatiques sont sans remède, parce qu'ils détruisent l'autorité de l'Eglise. Ils ne peuvent avoir de paix entre eux qu'en tolérant réciproquement les erreurs, xvii, 98.

DIVORCE. L'abbé Dupin, coupable d'avoir voulu altérer la tradition sur ce point, xx, 527. *Voy.* HENRI VIII.

DOCTEURS juifs. Leur caractère, vi, 207, 208. Leurs vices, vi, 219. Les *væ*, ou les malheurs prononcés contre eux par Jésus-Christ, vi, 210, 211, 220. Docteurs juifs conducteurs aveugles et insensés, vii, 212, 213, 214. Sépulcres blanchis, vii, 215. Persécuteurs des prophètes, vii, 216.

DOCTRINE chrétienne. Combien elle est certaine; la bonne foi et la simplicité sont les grands docteurs pour régler notre conscience au sujet des doutes qui pourroient s'élever sur elle, ix, 406, comment la doctrine de l'Evangile a été fondée, viii, 180, 181, 182.

DOMINIQUE DE LA SAINTE-TRINITÉ, carme déchaussé. Son sentiment sur l'infaillibilité du Pape, xxii, 553 *et suiv.*

DOMINIS (Marc-Antoine de). Son livre de la *République chrétienne*, plein des erreurs de Luther, censuré par la Faculté de Paris, xxi, 748 *et suiv.* Il est un des premiers protestans qui aient parlé en faveur de l'indifférence des religions, xv, 88.

DOMITIEN, empereur, persécute les chrétiens, xxiv, 329. Sa mort, xxiv, 330.

DONATISTES. Ils furent très-puissans dans l'Afrique ; ils y érigèrent autel contre autel, et le schisme devint si considérable, qu'il n'étoit pas encore éteint au sixième siècle, xxvii, 184. Ils croyoient faussement que l'on offroit sur l'autel autre chose que ce que Jésus-Christ avoit ordonné; et que les prêtres catholiques n'avoient pas un pouvoir légitime pour l'offrir, puisqu'ils n'étoient pas dans l'Eglise, xxvii, 187. Lois des empereurs pour punir sévèrement les donatistes, xxi, 480, 481. Condescendance des évêques d'Afrique envers ces hérétiques, imitées par le concile de Constance, xxi, 493 *et suiv.*

DORDRECHT (le synode de) tenu pour œcuménique dans la réforme, ratifie le décret de Delpht. Vaines chicanes de Basnage, sur les termes employés à Delpht, xvi, 170, 171. Il s'agissoit de la dispute d'Arminius et de Gomar, ou des remontrans et contre-remontrans. *Voy.* Arminius, Remontrans. Ce synode réduit la dispute à cinq chefs, xv, 218, 219. Les remontrans critiquent l'inconstance de la doctrine de Calvin sur la prédestination; déclarent que la grace efficace n'est pas irrésistible; que Dieu donne à tous ceux à qui l'Evangile est prêché, une grace suffisante; que la justice pouvant se perdre, on n'est pas assuré de son salut, et qu'il n'y a point, de la part de Dieu, d'élection absolue, et de préférence gratuite pour les élus, xv, 10, 11. Le synode décide que Dieu donne la vraie foi aux seuls élus, que les enfans des fidèles naissent dans l'alliance, et sont sauvés indépendamment du baptême; qu'on est assuré de son salut; que la grace suffisante des Arminiens est le pur pélagianisme; que la grace agit dans nous, sans nous; que le fidèle sait et sent qu'il est justifié; que la justice est inamissible, etc., xv, 16, 17. Qu'on n'en peut déchoir, même un instant, au milieu des plus grands crimes; que les fidèles ne peuvent perdre *totalement* la foi et la grace, ou demeurer *finalement* dans le péché, parce qu'ils sont certains de leur salut et de leur persévérance. L'incertitude sur ce point seroit une tentation, xv, 20. Contradiction du synode, qui dit que l'homme justifié peut se rendre coupable de mort, xv, 22. Le synode est ferme sur ces trois points : la certitude absolue de la prédestination, l'impossibilité de déchoir finalement de la foi et de la grace, et la certitude de conserver, dans le crime, la grace justifiante et la vraie foi. On ne peut l'excuser de tous ces excès, qui furent admis d'un consentement unanime, xv, 21, 22. Ce synode décide qu'on peut retoucher les Confessions de foi, et pourtant obliger les remontrans à souscrire ces Confessions sans y croire, xv, 36. Les docteurs calvinistes se relâchent sur le décret de Dordrecht et adoucissent les dogmes de l'inamissibilité de la justice et de la certitude du salut, pour se rapprocher des luthériens, xv, 40, 41. Ce synode épargne les excès des anciens réformateurs, et même ceux des remontrans sur plusieurs points, qui attaquoient la préscience de Dieu, faisoient

Dieu corporel, etc., 403, xv, 43. Ce synode décide, contre les remontrans, que Jésus-Christ est avec les pasteurs assemblés de son Église, xvii, 148, 149.

DUAI. L'évêque d'Arras demande à Bossuet ses bons offices pour rétablir l'ordre et la paix dans l'Université de cette ville, xxx, 569. Mémoire pour cette Université, dans lequel on signale les désordres à en bannir, xxx, 570 *et suiv.*

DOUCEUR. Son excellence, vii, 494. Ses avantages, xxviii, 7. Cette vertu est le caractère propre de la piété chrétienne, vii, 227. Combien la douceur et l'humilité sont nécessaires aux religieuses, xxviii, 493, 501. Nécessité de la douceur dans le gouvernement, xxiii, 553. Un prince doit user de la douceur plutôt que de la force, pour détruire les fausses religions dans son État, xxiv, 43.

DOULEUR. Quand accompagne-t-elle les opérations des sens, xxiii, 37. Sa définition, xxiii, 37, 38. Instruit l'ame de ce qui est utile au corps, xxiii, 130. Douleur véritable, douleur trompeuse, ix, 486. Où doit naître la douleur de la pénitence, *ibid.* Douleur qui couvre nos péchés, ix, 487. Comparée avec une mer agitée, ix, 510, 511. Douleur de Jésus-Christ dans sa passion, x, 7, 8, 57.

DOUTE. Sa définition, xxiii, 61. Ses diverses espèces, xxiii, 63, 64. Caractère du doute, ix, 411. Comment résoudre les doutes sur la foi, xxvii, 572.

DRIÈDE (Jean), docteur de Louvain, suit le sentiment d'Adrien VI sur la faillibilité du Pape, xxi, 46. Son sentiment sur l'indéfectibilité de la foi de Pierre, xxii, 509 *et suiv.*

DROIT du roi. Jurieu falsifie l'Écriture pour éluder ce que Samuel dit être le droit du roi, xv, 453, 454. Le droit royal, parmi les Hébreux, étoit tel que Samuel le décrit; et les rois de leur première monarchie étoient indépendans de toute autre puissance que de celle de Dieu, xv, 455. Les rois Asmonéens ou Machabéens furent également indépendans, comme le peuple même le reconnut, en ne se réservant aucun degré de puissance, pas même le pouvoir que Jurieu prétend appartenir à tout peuple, de changer le gouvernement dans un besoin, xv, 459.

DROITURE. En quoi elle consiste, xxvi, 170.

DRUIDES (les), les augures, etc., cités mal à propos pour prouver l'autorité des papes sur le temporel, xxi, 193.

DUBOIS (Nicolas), professeur à Louvain; sa réponse sur le sentiment d'Adrien VI, touchant la faillibilité du Pape, xxi, 40, 41; xxii, 501.
Il nie que le pouvoir sur le temporel soit soutenu par aucun théologien, xxi, 132. Sa méprise sur les décrets du concile de Constance, xxi, 551. Il veut qu'on envoie des courriers pour s'assurer du con-

sentement de l'Eglise, xxii, 162. Il accuse Gerson d'avarice, xxii, 478, 479.

DU BOURDIEU, ministre protestant, dresse un projet de réunion des catholiques et des protestans, qu'il envoie au duc de Noailles. Ce projet est communiqué à Bossuet, xvii, 353 *et suiv.*

DUELS. Leur injustice, ix, 144. Leur barbarie, ix, 653. Zèle de Louis XIV pour les réprimer, *ibid.* Propositions sur le duel, condamnées par l'assemblée de 1700, xxii, 752.

DUMOULIN, ministre célèbre, fait une prédiction pour l'an 1689, iii, 105. Elle est démontrée fausse et son raisonnement insoutenable, iii, 109, 110 *et suiv.* Sa contradiction sur les douze cent soixante jours de l'Apocalypse, iii, 51, 52. Son système sur l'Antechrist, iii, 92, 93. Sur le Pape, auquel il applique les caractères de la seconde bête de l'Apocalypse, iii, 106, 107.

DUPIN (Louis-Ellies), docteur de Sorbonne. Erreurs contenues dans sa *Bibliothèque des auteurs ecclésiastiques*, xx, 514 *et suiv.* Sur le péché originel, *ibid.* Sur le purgatoire, xx, 516. Sur les livres canoniques, xx, 517. Sur l'éternité des peines, xx, 519. Sur la vénération des saints et de leurs reliques, xx, 522. Sur l'adoration de la Croix, xx, 523. Sur la grace, *ibid. et suiv.* Sur le Pape et les évêques, xx, 524. Le divorce, xx, 527. Le célibat des clercs, xx, 528. Critique téméraire de M. Dupin, sur plusieurs saints Pères, xx, 528, 529. Sur saint Augustin surtout, xx, 534 *et suiv.* Altérations et omissions affectées pour détruire la supériorité du Pape, établie dans la procédure du concile d'Ephèse, xx, 544 *et suiv.* Erreurs sur la présidence au concile, afin d'en dépouiller le Pape, xx, 553, 557 *et suivantes.* Outrageantes objections contre le concile même, et ses Pères les plus respectables, xx, 560, 561, 575, 576. Irrévérence envers le concile II de Nicée et le concile de Chalcédoine, xx, 578. Erreurs sur les dogmes, xx, 579. Proposition de foi que M. Dupin taxe d'excès, xx, 587, 588. Ecrits de saint Cyrille contre Nestorius, qu'il trouve peu estimables et peu convaincans, xx, 589. Son sentiment sur les *douze Chapitres*, xx, 596. Subtilité et ambiguïté qu'il leur objecte à tort, xx, 598. Ils ont été approuvés par le concile d'Ephèse, xx, 601. Erreurs de M. Dupin à ce sujet, xx, 603 *et suiv.* Sa pente à excuser Nestorius et ses partisans, xx, 609, 610, 611 *et suiv.*

Fénelon écrit à Bossuet en faveur de Dupin, et lui fait part des sollicitations de Racine à ce sujet, xxx, 537. Les docteurs Pirot et Gerbois intercèdent en sa faveur, et instruisent Bossuet de ses dispositions, xxx, 547, 553. Lettre de M. Dupin à Bossuet, xxx, 548.

DUPUY (Pierre), auteur du *Traité des libertés de l'église gallicane*. Ce livre est rejeté par les évêques, xxii, 408.

DUPUY (M.), théologal de Luçon, avoit avancé en chaire des propositions erronées, xxvii, 208. En quel sens Bossuet les jugeoit dignes de condamnation, *ibid*. Détail qu'il donne au prélat, de l'affaire qui lui avoit été intentée par son évêque, xxvii, 210. Avis que lui donne Bossuet, xxvii, 215 *et suiv*.

DUPRAT (Antoine), cardinal archevêque de Sens, tient un concile contre les erreurs de Luther. Sa doctrine conforme à celle de l'Ecole de Paris, xxi, 742.

DURAND (Guillaume), évêque de Mende, compose un livre pour préparer à la célébration du concile général de Vienne. Ses principes sont ceux de l'Ecole de Paris, xxi, 69, 70; xxii, 96, 97.

DURAND, théologien scolastique. Ses erreurs sur la transsubstantiation, xxx, 559.

DURAS (Mademoiselle de) invite Bossuet à se rendre chez elle pour conférer avec M. Claude, sur la matière de l'Eglise, xiii, 499, 506. Dans un entretien qui précéda, Bossuet lui fit entendre que les ministres ne professoient pas de bonne foi l'article du Symbole : *Je crois l'Eglise*, etc. Définition de ce mot *Eglise*, xiii, 507. Diverses significations de ce mot, xiii, 507, 508, 509. Mademoiselle de Duras et M. Coton objectent à Bossuet l'exemple du peuple de Dieu qui avoit abandonné son culte et sa loi, xiii, 521, 522. Réponse de Bossuet, xiii, 522, 523. Elle demande après la conférence de plus grandes explications, xiii, 550. Et enfin convaincue, elle promet d'abjurer, xiii, 562. *Voy*. CONFÉRENCE.

DUVAL (André), docteur de Paris, introduit en Sorbonne une nouvelle doctrine sur la puissance ecclésiastique. Il ne note pas le sentiment contraire, xxi, 26, 27, 28; xxii, 551. Il est très-estimé à Rome, xxii, 431. Selon lui le Pape ne peut pas tout ce qu'il veut dans l'Eglise, xxii, 438. Il croit que l'Eglise peut déposer un Pape qui deviendroit hérétique, xxii, 588. Il explique le sens du décret de Florence sur l'autorité du Pape, xxii, 470 *et suiv*.

E

EAU BÉNITE. Ce que c'est, v, 146. Prières pour sa bénédiction, v, 217.

EBBON, archevêque de Reims, favorise la révolte des enfans de Louis le Débonnaire : il est déposé, xxi, 335, 336.

EBROIN, maire du palais, sous Clovis II, élève sur le trône Thierry. Il est pris et renfermé dans un couvent, xxv, 10, 11. Il en sort. Moyen qu'il prend pour soumettre Thierry à ses volontés, *ibid*. Il est tué par Hermenfroy, xxv, 12.

ECBERT, célèbre théologien catholique, se trouve à la conférence de Ratisbonne, où il rejette le livre de l'*Interim*, xiv, 325.

ECCLÉSIASTE. Sommaire de ce que contient ce livre, i, 520 *et suiv*. En quel temps il a été composé, i, 521 *et suiv*. Opinion vulgaire de Grotius sur l'auteur de ce livre, i, 523. Versions de ce livre, i, 524, 525. Combien la lecture en est utile, i. 3.

ECCLÉSIASTIQUE. Ce livre a été écrit en hébreu. De son titre, ii, 44. L'original est perdu, *ibid*. De l'auteur de ce livre, *ibid*. De l'époque où il a été écrit, ii, 45. En quel temps a-t-il été traduit en grec, ii, 50. Par qui, *ibid*. De la version latine, ii, 51. Nouvelle version faite sur le grec, ii, 51, 52. But de ce livre, ii, 52. En quoi il diffère des *Proverbes* et de la *Sagesse*, *ibid*. Sa division, ii, 52, 53. Autorité canonique de ce livre, reconnue dès l'antiquité pour décider les questions de foi, ii, 53. Pourquoi on l'a attribué à Salomon, ii, 54. L'auteur de ce livre étoit convaincu qu'il parloit par esprit prophétique, *ibid*. Il a connu la divinité de Jésus-Christ. ii, 229, 230.

ECCLÉSIASTIQUES. Pourquoi on les choisit dans un âge tendre, pour les former comme de jeunes plantes, xii, 430. Quelle doit être leur conduite s'ils veulent se rendre vénérables aux yeux du monde, xii, 65. Esprit de gémissement nécessaire aux ecclésiastiques, xii, 67. Ecclésiastiques mondains, xii, 67. Triste fin qui les attend, *ibid*.

ECHANGES. Quelle est leur raison et leur origine, x, 627.

ÉCRITS (*divers*) ou *Mémoires* sur le livre des *Maximes des Saints*, xix, 351 *et suiv*.

ECRITURE SAINTE, i, 3, 4 *et suiv*. Le plus ancien livre, *ibid*. Combien elle l'emporte sur les histoires profanes, xxiv, 367. Merveilleux rapport, et consentement parfait de livres saints entre eux, xxiv, 538, 539. Preuves de leur authenticité, xxiv, 539, 540. Les difficultés qu'on forme contre l'Ecriture sont aisées à vaincre par les hommes de bon sens et de bonne foi, xxiv, 548. Combien peu elles sont fondées, xxiv, 549. Il est impossible que les livres saints se soient perdus, ou qu'ils aient été supposés, xxiv, 543, 558, 559. La doctrine chrétienne nous est révélée dans ces saints livres, v, 78, 79.

L'autorité de l'Eglise est nécessaire pour entendre l'Ecriture sainte, xiii, 579. Claude est forcé d'avouer qu'il y a un moment où un chrétien ne peut pas faire un acte de foi surnaturelle sur l'Ecriture, xiii, 580. Les protestans, les luthériens et calvinistes s'accordent à dire que toutes les disputes doivent être finies par elle, parce qu'elle est claire; et cependant ils disputent sans fin sur ce passage : *Ceci est mon corps*, xiv, 89. Ces paroles : *Buvez-en tous*, ne peuvent être bien entendues sans consulter la tradition : l'Ecriture n'est donc pas aussi claire à tout le monde que les protestans le disent, xiv, 288. Toutes les sectes séparées de l'Eglise catholique fondent leur doctrine contradictoire sur l'évidence de l'Ecriture, xiv, 567. La foible constitution de la Réforme oblige les ministres à changer leur dogme de la nécessité de l'Ecriture. Claude et Jurieu conviennent qu'on peut former sa foi, sans avoir lu l'Ecriture, xv, 129. Fanatisme de la Réforme sur le témoignage qu'on croyoit avoir du Saint-Esprit pour le discernement des livres de l'Ecriture, xv, 131. L'Ecriture, Jésus-Christ même et les apôtres, sont sans autorité, suivant les principes établis par Jurieu, xv, 204, 205. Les Ecritures, selon Tertullien, sont adressées à l'Eglise déjà subsistante. Il faut les recevoir d'elle, et leur interprétation, xvii, 109. Les plus simples d'entre les protestans se glorifient sans fondement d'entendre l'Ecriture, xvii, 131, 132. Abus et fausses interprétations de l'Ecriture parmi les protestans, xvii, 135. Utilité de l'Ecriture reconnue dans l'Eglise catholique. Les protestans la calomnient, quand ils disent qu'elle la croit inutile ou même dangereuse, xvii, 231. Quand on veut entendre l'Ecriture par son propre esprit, il n'est point d'erreur où l'on ne tombe, xvii, 235. Sur certains points principaux, elle est évidente par elle-même, iv, 57, 58. Richard Simon en affoiblit l'autorité, iv, 36, 37, 49, 50. Amour de saint Augustin pour les saints livres, iv, 155. Fruits de cet amour, iv, 155, 156. Quel ordre on doit suivre dans les livres de l'Ecriture, pour en rendre la lecture profitable aux religieuses et aux autres fidèles, i, 3, 4. Usage que les apôtres ont fait de l'Ecriture pour prouver la divinité de Jésus-Christ, i, 409, 410. Citer l'Ecriture, en n'alléguant que ce qui ne sert de rien à la matière, c'est un des artifices de l'erreur, xxvi, 399.

L'Ecriture sainte joint ordinairement la droiture du cœur avec la simplicité des mœurs, i, 460. Elle est le trésor de la vérité, xxvi, 456. Les livres saints sont des lettres envoyées du ciel aux chrétiens pour les consoler dans leur exil, viii, 414, 415. Les Ecritures prophétiques sont insipides et pleines de folie, du moins en quelques endroits, si on n'y trouve pas Jésus-Christ, viii, 403. Excellente méthode pour les entendre, viii, 445, 454. L'étude des Ecritures, véritable exercice des prêtres, ix, 590. Dieu y parle à chacun selon ses besoins, xi. 316. Exemples d'amour pour sa patrie, que l'on y trouve, xxiii, 505, 506. Elle n'insinue en aucun endroit le pouvoir de l'Eglise sur le temporel, xxi, 215 *et suiv.*

Usage que Bossuet faisoit de l'Ecriture pour la direction des ames; xxvii, 440, 444, 446, 449, 455, 460, 461, 470, 471, 502, 511, 531, 532, 570, 580, 590, 591, 602, 609, 634. Quel respect il inspiroit au Dauphin pour l'Ecriture sainte; comment il la lui apprenoit, xxiii, 3, 4, 17, 18.

L'Ecriture sainte ne doit être publiée en langue vulgaire qu'avec précaution, III, 305 *et suiv*. Règle pour l'interpréter, III, 415, 424. La connoissance des langues et de la critique ne suffit pas, III, 425. Des manuscrits et des leçons diveres, III, 429. Dans l'interprétation de l'Ecriture il faut éviter les nouveautés et les singularités, III, 470. Suivre le sens le plus généralement admis, III, 472. Bossuet faisoit peu de cas des commentateurs protestans sur l'Ecriture, excepté Grotius et Drusius, XXVI, 458. Il se propose pour modèle, dans ses notes, Jansénius sur les Evangiles, XXVI, 468. Explication de plusieurs difficultés de l'Ecriture, XXVII, 460 *et suiv*. 507, 508. Dans la primitive Eglise, les laïques et les femmes mêmes consultoient les évêques et les docteurs sur les difficultés de l'Ecriture, II, 235.

Les livres tenus pour apocryphes par les protestans, ont toujours été reconnus comme canoniques dans l'Eglise, XVIII, 252 *et suiv*. Objections de Leibniz, XVIII, 270, 271, 278, 292, 293. Justification du décret du concile de Trente touchant le canon des Ecritures, et réfutation des objections de Leibniz, XVIII, 329, 330. Preuve de l'authenticité des livres deutérocanoniques, XXX, 529. L'abbé Dupin coupable d'avoir voulu détruire la tradition de l'Eglise sur plusieurs livres canoniques, XX, 517, 518. *Voy*. TESTAMENT.

EDOUARD III, roi d'Angleterre, forme des prétentions sur le royaume de France, XXV, 97. Rend hommage à Philippe de Valois, XXV, 98. Lui déclare la guerre, attire dans son parti différens princes, XXV, 99 *et suiv*. Gagne les batailles de l'Ecluse et de Crécy, pénètre dans la Bretagne et la Normandie, se rend maître de Calais, XXV, 100, 106.

EDOUARD VI, roi d'Angleterre, succède à Henri VIII. La Réforme se fait sous son nom. *Voy*. RÉFORMATION ANGLICANE. Education qu'on lui donne pour lui inspirer la haine des images, XIV, 308.

EDOUARD de Bavière, prince palatin, réfugié en France, se convertit; épouse Anne de Gonzague, XII, 544.

ÉDUCATION. *Voy*. Louis Dauphin.

EGALITÉ. Tous les hommes égaux par leur nature; la vanité humaine ne peut souffrir cette égalité, XII, 694. Efforts qu'ils font pour s'agrandir, XII, 696.

EGALITÉ des personnes divines. Jurieu impute aux Pères des trois premiers siècles, de les faire inégales en perfections et en opérations, XVI, 31, 32. Les mots *engendré par le conseil et la volonté du Père*, ne détruisent point l'égalité, non plus que le nom de *ministre* attribué au Fils. Les Pères en se servant de ces expressions, en ont exclu toute idée d'imperfection, XVI, 36, 37.

EGINHARD, auteur de la *Vie de Charlemagne*, rapporte la consultation des François au pape Zacharie, XXI, 358.

EGLISE. Définition de ce mot : ses diverses significations, XIII, 507, 508. Quelles sont les notes de la vraie Eglise, V, 68. L'Eglise, dès sa naissance, est persécutée par Néron, XXIV, 329. Elle remplit toute la terre, XXIV, 332, 334. Ses martyrs et ses docteurs au second siècle, XXIV, 332. Elle n'est point ébranlée par les hérésies, XXIV, 333, 335, 533. Constantin lui donne la paix, XXIV, 339, 340. Elle est persécutée en Perse. XXIV, 340. Tout l'Empire s'émeut contre elle, XXIV, 468. Maux qu'elle souffre de la violence des hérétiques, XXIV, 340, 341. Elle se soutient malgré les princes qui protégent l'hérésie, XXIV, 479. Elle conserve un caractère d'autorité que les sectes n'eurent jamais. XXIV, 533, 534. Elles les confond toutes par sa succession invariable depuis l'origine du monde, XXIV, 565, 566, 567. Elle est comparée à un édifice d'une éternelle durée, XXII, 261. Jésus-Christ promet à l'Eglise, pour le temps, l'universalité des temps et celle des lieux ; ce qu'on prouve par les paroles même de la promesse, XVII, 83, 84. Toutes les controverses sont résolues par ce seul principe, que la vérité domine toujours dans l'Eglise, XVII, 229. Les hérétiques sont mis par Jésus-Christ au rang des païens, parce qu'ils croient que la vérité cesse dans l'Eglise, XVII, 105. Témérité de Basnage, qui ne veut pas croire que Jésus-Christ ait pu donner en six lignes, un remède à toutes les erreurs, XVII, 146, 147. L'Eglise s'étend de Jérusalem par tout le monde de proche en proche, XVII, 85. Les passages de l'Evangile, où il est parlé du petit troupeau, et de la voie étroite qui n'est fréquentée que par le petit nombre, ne sont pas contraires à l'étendue de l'Eglise, XVII, 112. L'Eglise ne renferme pas seulement des saints, XVII, 88. Elle est composée des bons et des méchans, III, 358.

L'Eglise est une et apostolique, XVII, 247, 248. Les protestans qui l'accusent d'idolâtrie, blasphèment contre Jésus-Christ et ses promesses, XVII, 263, 264, 267, 268. Sentiment d'un célèbre protestant sur son infaillibilité, XVII, 525 ; XVIII, 41, 208, 209. On ne peut pas changer ses décrets sur la foi, XVIII, 272. Elle ne peut rien céder sur les dogmes, XVIII, 323 ; XX, 168. Elle est attentive à s'opposer à toute nouveauté, XVIII, 397 ; à bien prendre les principes des hérétiques pour les condamner par là, XVIII. 304, 305.

L'Eglise demeure ferme dans sa doctrine sans variation. Ce qu'on croit dans toute l'Eglise a toujours été cru, XV, 183, 345 ; XVII, 245, 246. Sa constance à soutenir invariablement les mêmes dogmes. Exemples dans la question mue par Bérenger de la présence réelle. Conduite de l'Eglise envers les novateurs. Elle condamne Bérenger et lui oppose, dès le commencement, le changement de substance, comme la croyance de toute l'Eglise et de tous les chrétiens, XV, 140, 141. L'hérésie de Bérenger terrassée sans qu'il fût besoin de concile général, xv, 144. Décisions uniformes et simples du grand concile de Latran contre l'erreur opposée à la transsubstantiation, *ibid*. Netteté des décisions de l'Eglise. Sa modération dans la décision des dogmes, à ne donner pour certain que ce qui l'est en effet, xv, 158, 159. L'Eglise est invariable dans ses décisions. Sa doctrine est toujours la même, et partout, parce que la vérité venue de Dieu a d'abord toute sa perfection, xv, 183; xvi, 3, 4. L'Eglise ne peut être vaincue par l'erreur, quelque violente que soit l'attaque, xiv, 88. La promesse de Jésus-Christ d'être toujours avec elle, la soutient, et le principe posé par la Réforme, que Jésus-Christ l'a délaissée, est insoutenable, *ibid*. Malgré les secousses des hérésies, elle est toujours dans la même situation, xv, 154. 155. Les faits qu'on oppose à la promesse sont inutiles; la parole de Jésus-Christ suffit, xvii, 227, 228. L'autorité de l'Eglise est absolument nécessaire dans les matières de la foi, xv, 150. Elle décide si bien les questions, du premier coup, qu'elle n'est jamais obligée d'y revenir, et de changer ses décisions, xiv, 287. Claude et Jurieu, forcés de reconnoître la visibilité de l'Eglise et la perpétuité de son ministère, ne peuvent se dispenser d'avouer qu'avant la Réforme, les élus se sauvoient dans sa communion, et sous le ministère romain, xv, 78, 79, 160, 306, 307. Les Eglises quoique éloignées les unes des autres, ne font qu'une seule Eglise catholique par l'unité de la doctrine et des sacremens, xv, 101. C'est sans preuve que les ministres restreignent son infaillibilité dans la décision des dogmes, xv, 122. Les promesses sont formelles en faveur de son infaillibilité, et Jurieu ne peut la nier sans se contredire, xv, 123. Se soumettre à l'Eglise ce n'est pas se soumettre aux hommes, mais à Dieu, xv, 316. La succession et la perpétuité de l'Eglise attestée par les promesses de Jésus-Christ forment un des douze articles fondamentaux du Symbole des apôtres, xvii, 96. Cette question : *Où étoit l'Eglise avant la Réforme?* est une question qui regarde le fond de la foi, xv, 306, 307. Elle embarrasse Jurieu et tous les docteurs réformés. Ses ennemis abattus à ses pieds sont forcés de la reconnoître et contraints de la reconnoître visible, xv, 304; l'Eglise invisible des protestans étant une chimère, ils ne peuvent trouver que l'Eglise catholique, xv, 307. La visibilité de l'Eglise, composée de pasteurs et de peuples, démontrée par les paroles de la promesse, ainsi que son gouvernement, xvii, 149, 150. L'Eglise doit toujours durer, au lieu que la Synagogue devoit finir, xvii, 161. Explication des promesses, tirée des paroles mêmes de Jésus-Christ, comparée avec celle des ministres, xvii, 175. Absurdité d'un ministre, qui soutient que ces mots, *usque ad consummationem sæculi*, expriment non la fin du monde, mais la fin du siècle où vivoient les apôtres; et que ceux-ci *portæ inferi*, signifient la mort, et prouvent simplement qu'on ressuscitera, XVII, 168, 169. L'Eglise n'étoit pas moins visible pendant les persécutions qu'elle l'est pendant la paix, XVII, 183. Elle l'étoit pendant la persécution de Valens et de Constance; les saints docteurs et saint Athanase, trois ans après la mort de Constance, la disoient répandue par toute la terre, XVII, 213. Les protestans n'osent rejeter l'autorité de l'Eglise catholique et romaine dans la Confession d'Augsbourg. Luther même, quatre ans après cette confession, reconnoissoit la vraie Eglise dans sa communion, XIV, 135. L'Eglise est sainte parce qu'elle prêche toujours la sainteté, et qu'elle renferme tous les saints dans son sein. Basnage raisonne pitoyablement, en disant qu'il faudroit au moins que tous les pasteurs fussent saints, pour pouvoir dire que l'Eglise est sainte, XVII, 168, 169. L'Eglise étoit très-forte, très-puissante, et néanmoins très-soumise aux puissances légitimes sous Constance, sous Julien l'Apostat, sous Valens et sous Justine; en Afrique, sous la tyrannie des Vandales; en Perse, sous Sapor; parmi les Goths, sous Athanaric, XV, 400. L'Eglise catholique accusée par Jurieu de nier l'obligation d'aimer Dieu, condamne ceux qui tiennent cette doctrine, XV, 271. L'Eglise ancienne sous Jurieu, n'avoit qu'une théologie imparfaite; elle ignoroit les mystères de la Trinité, de l'Incarnation, XV, 199. Elle étoit la plus malheureuse et la plus mal instruite de toutes les sociétés, XV, 200, 201. Selon ce ministre, la foi du peuple demeuroit pure, pendant que celle de tous les docteurs étoit corrompue, XVI, 107. L'Eglise catholique s'oppose, par sa constitution, à l'indifférence des religions; elle est intolérante de toute les sectes, et ne peut, comme la Réforme les admettre, XVI, 128, 233. Jurieu, pour combattre les points fondamentaux, rappelle la Réforme à l'autorité de l'Eglise catholique, et dit que ce que les chrétiens ont cru et croient encore, est fondamental, XVI, 162. L'Eglise avoue qu'il y a quelques articles principaux de la foi qu'il n'est pas permis d'ignorer; mais elle ne dit pas, comme dans la Réforme, qu'il soit permis de nier les autres points également révélés, XVI, 169.

L'Eglise est visible; aveux des protestans, XIII, 508, 596, 605. Leurs erreurs sur la visibilité et l'infaillibilité de l'Eglise, XIII, 509. Quoique notre doctrine sur l'Eglise diffère beaucoup de celle des protestans, dans la pratique, ils exigent la soumission à ce qu'elle décide; preuves qu'on en apporte, XIII, 518, 533, 563, 564. L'Eglise nous met en main les Ecritures, XIII, 583, et c'est en nous soumettant à son autorité que nous commençons à croire, XIII, 581, 589. Conséquence de cette doctrine, XIII, 608. L'autorité et l'unité de l'Eglise attaquées par Richard Simon, IV, 60, 61. Etablie par un beau passage de saint Chrysostome, IV, 61, 62. Par Bossuet, dans un écrit à Mademoiselle de Duras, IV, 63, 64. Elle croit la même chose dans tous les temps et dans tous les lieux, IV, 286. Elle croit que c'est approuver l'erreur que de ne pas s'y opposer, XXII, 461.

L'Eglise est le corps de Jésus-Christ, VIII, 532. Son épouse, VIII, 400. Comment elle est en même temps le corps et l'épouse de Jésus-Christ, XXVII, 310. Son union avec Jésus-Christ figurée dans le *Cantique des Cantiques*, I, 569, 577, 578. Elle est mère et nourrice tout ensemble, XI, 617. Mère de tous les fidèles par son unité, XII, 652, 653. Sa fécondité, XXVII, 311. Elle est toujours jeune et toujours nouvelle, VIII, 506. Comment Jésus-Christ l'a formée, XI, 406. Combien elle diffère de la Synagogue sous le rapport des promesses, VIII, 428. Avantages de l'Eglise au-dessus des sectes séparées, VIII, 409. Elle est la cité où Dieu habite : son origine est céleste, II, 369. C'est une cité dont toutes les pierres sont vivantes, XII, 526. Un édifice tiré du néant, œuvre d'une main toute-puissante, XII, 9. C'est la ville des pauvres bâtie par Jésus-Christ, VIII, 427, 429. Le seul véritable temple où Dieu soit adoré en vérité : pourquoi ? IX, 263. Circonstances frappantes de son établissement, XII, 5. Elle a toujours été sur la terre, VIII, 537. Elle a été étendue, sans être divisée; n'a jamais été interrompue, XI, 407, 408. Elle a toujours été visible, XI, 411, 412. L'Eglise persécutée en naissant par les tyrans et par les chrétiens, X, 239, 240. Elle est persécutée, parce qu'elle faisoit profession de la vérité, VIII, 536. Toujours visible pendant les persécutions, II, 350. Dans sa naissance, elle obéit aux princes persécuteurs, XXI, 223. Puis à Julien et aux princes hérétiques comme aux catholiques, XXI, 273, 774, 330. L'Eglise est étrangère sur la terre, où elle vient recueillir les enfans de Dieu, XII, 42, 592. On ne cesse d'entreprendre sur ses droits, *ibid*. Glaive que Dieu lui a mis en main, XII, 591, 592. L'Eglise figurée dans la personne des Israélites, XI, 588. L'Eglise est inspirée de Dieu, VIII, 328. Comment Dieu lui a donné le caractère de l'immortalité, X, 177, 179. Combien l'Eglise a travaillé pour l'autorité des rois, IX, 629. Grande et mémorable destinée de l'Eglise, IX, 626, 627. Service qu'elle exige des rois, IX, 627, 628. Elle ne relève point de la puissance des hommes, XII, 42. Elle est le plus solide appui des trônes, *ibid*. La loi est le dépôt, le trésor et le fondement de l'Eglise, afin que Jésus-Christ règne, IX, 629, 630. L'autorité de l'Eglise, frein de la licence, IX, 630; XII, 551. Excès où le mépris de cette autorité a poussé les hommes, XII, 451. L'amour de l'Eglise renferme la condamnation de toutes les erreurs, X, 585. Double unité dans l'Eglise ; l'une extérieure, l'autre invisible et spirituelle, X, 376. Les méchans sont dans l'Eglise, comme une paille est dans le froment, X, 375. L'Eglise de la terre unie à celle du ciel par la charité, XI, 408, 409. Travaux de

Louis XIV pour l'Eglise, xi, 624. L'Eglise catholique seule supérieure au saint Siége, xi, 620. Autorité de l'Eglise d'Occident, xii, 531.

Autorité des jugemens de l'Eglise : elle a toujours exigé que les fidèles passassent des actes qui marquassent leur consentement et leur approbation expresse à ces jugemens, avec une persuasion entière et absolue dans l'intérieur, xxvi, 238, 239. Elle a exercé ce droit dès l'origine du christianisme. Faits qui le démontrent, xxvi, 240, 248. L'Eglise en prononçant ces jugemens agit par le commandement du Saint-Esprit, xxvi, 243. Maximes et faits qui prouvent que l'Eglise n'attend pas l'aveu des hérétiques pour les condamner, xxvi, 245. L'Eglise est la plus foible société du monde, si les chrétiens ne reconnoissent pas en elle une autorité vivante et parlante, quand ils ne sont pas d'accord sur le sens de l'Ecriture, xxvi, 371. *Voy.* Autorité, Babylone, Conciles, Evêques, Pape, Pierre, Port-Royal, Unité, etc.

ÉGLISE CHINOISE. Basnage, qui conteste à Jésus-Christ l'antiquité de son Eglise, l'accorde à une Eglise chinoise. Portrait de cette Eglise prétendue, xvii, 182.

EGLISE GALLICANE. Science, force et vertus de cette Eglise, x, 184. Sa beauté, xi, 589. Fondée par les évêques que saint Pierre et ses successeurs ont envoyés, xi, 631. Sa gloire au second siècle, xxiv, 332. Opposée à l'arianisme, xi, 610, 611. Renouvelée par les exemples et les miracles de saint Martin, *ibid.* Son respect pour le saint Siége, qu'elle imprima dans le cœur de Clovis et des François, xi, 612. Elle hésite à recevoir le septième concile, xxiv, 362. Sa conduite toujours uniforme, xi, 626. Son zèle pour ses libertés, xi, 628. *Voy.* Libertés. Cette Eglise croit que les évêques reçoivent immédiatement de Jésus-Christ leur puissance, xxii, 137. L'Eglise gallicane très-bien réglée, xxii, 451 *et suiv.*

EGLISE JUDAIQUE. Différence des promesses qui lui sont faites, de celles que Jésus-Christ fait à son Eglise. L'une par sa constitution, devoit finir, et l'autre ne point finir, xvii, 160, 161. Basnage accuse Jésus-Christ et les apotres de s'en être séparés. On démontre le contraire, xvii, 182. Cette Eglise a toujours été visible avant sa réprobation, même du temps de Jésus-Christ, xvii, 161. Sa visibilité dans le royaume d'Israël, du temps d'Elie, xvii, 202.

EGLISE ROMAINE. Sa primauté et sa foi, vi, 479, 480. Sa grandeur, xi, 590, 620. Les hérésies n'ont pu y prendre racine. Sa foi toujours celle de l'Eglise, xi, 590, 591. La chaire romaine; combien célébrée par les Pères, xi, 601 *et suiv.* Eglises enfantées par celle de Rome, xi, 604 *et suiv.* Oracle prononcé par saint Irénée, en faveur de l'Eglise romaine, xi, 609. Elle doit être consultée dans tous les doutes, *ibid.*

Les évêques de France se règlent sur elle pour la foi et la discipline, xi, 612. Amour de Charlemagne pour cette Eglise, xi, 613. Ce qu'il fait pour sa grandeur, elle lui doit son indépendance, xi, 615, 616. Son autorité défendue par saint Bernard, xi, 617. D'où viennent l'affection et le respect de l'Eglise de France pour l'Eglise romaine; combien nous devons tenir à son unité, xi, 630, 631. Aveuglement des royaumes qui s'en sont séparés, xi, 629. Ce n'est pas un petit honneur à cette Eglise que le trône le plus ancien et le plus auguste de l'univers ait été toujours le plus soumis et le plus libéral envers le saint Siége, xxvi, 255, 258. Au milieu des pensées humaines, l'œuvre de Dieu s'accomplit, et la foi romaine, révérée dans tous les siècles, subsiste, xxvi, 506.

Le ministre Ferry avoue qu'on pouvoit se sauver dans l'Eglise romaine avant l'an 1543. Conclusion qu'en tire Bossuet, xiii, 364 *et suiv.* Ce n'est pas à la seule Eglise de Rome que convient le titre de Catholique : pourquoi on le lui donne, xiii, 366. Si l'on pouvoit se sauver en l'Eglise romaine en 1543, on le peut encore ; on le démontre en prouvant que nous n'avons pas varié dans notre doctrine, ni les protestans dans leurs fausses imputations, xiii, 367, 368, 373, 374. Il n'y a aucune différence entre la doctrine des anciens catholiques et la nôtre, xiii, 375, 387. Sa doctrine sur la rédemption du genre humain, xiii, 394. Sur la justification, xiii, 396. Elle relève la gloire de Jésus-Christ, xiii, 409. Sa doctrine sur la justification par les œuvres, xiii, 423. On ne peut se sauver hors de cette Eglise, xiii, 454, 455. Ni s'en séparer sans être schismatique, *ibid.* Elle a toujours été la véritable Eglise, xiii, 456, 457. Elle est le centre de l'unité catholique, xiii, 471. Elle est infaillible. Ce n'est que dans son unité que se trouve la vérité, xiii, 476. L'Eglise romaine reconnue véritable par Grotius, iii, 503. L'Eglise catholique, dès qu'une erreur paroît, ne manque pas d'y opposer tout aussitôt une déclaration claire et pleine de la vérité révélée de Dieu pour trancher le nœud de la difficulté, xxii, 461. L'Eglise romaine est la source de l'unité épiscopale et de la communion ecclésiastique, xxii, 605.

En quel sens l'Eglise de Rome persévère invariablement dans la foi, xxii, 69, 70 *et suiv.* Son indéfectibilité reconnue par les anciens scolastiques, xxii, 37, 38. En quel sens elle a une autorité souveraine, xxii, 124 *et suiv.* Son exactitude à observer les canons et à les faire observer aux autres, xxi, 677 *et suiv.* Les églises d'Afrique, de France, d'Espagne et autres, ordonnoient autrefois leurs évêques sans recourir à Rome, xxii, 142, 143.

EGLISES PROTESTANTES. La cause de leurs variations est de n'avoir pas connu l'autorité de l'Eglise catholique, xv, 59, 60. La Confession d'Augsbourg reconnoît la visibilité de l'Eglise, xv, 61. L'apologie de la Confession d'Augsbourg confirme le dogme de la visibilité de l'Eglise. Elle contredit par là les reproches d'idolâtrie et de sacrilége que les réformateurs faisoient sans cesse à l'Eglise romaine, xv, 63, 64. La perpétuelle visibilité de l'Eglise confirmée de nouveau dans les articles de Smalcalde et dans les confessions de foi Saxonique, de Virtemberg, de Bohême, de Strasbourg, de Bâle, etc., xv, 65, 66. Les protestans ont recours à une Eglise invisible, parce que de l'aveu de Jurieu, ils n'en pouvoient trouver une visible dans leur croyance, xv, 68, 69. La Confession de Belgique s'exprime comme les autres sur la visibilité, mais se prépare une échappatoire ; l'Anglicane est pleine d'équivoques, et celle d'Ecosse de contradictions, xv, 68, 69, 70. La Confession de foi calvinienne suppose toujours l'Eglise visible. Elle exclut l'Eglise romaine du titre de vraie Eglise, et élude la question : Où étoit l'Eglise avant la réforme? xv, 72, 73. Différens synodes proposent de retoucher les articles omis dans la Confession, et se déterminent à la fin à ne pas traiter davantage la matière de l'Eglise, xv, 74, 75. Les argumens des réformateurs contre l'autorité de l'Eglise, sont résolus par les ministres eux-mêmes, xv, 161, 162. Les réformés n'ont pour eux ni l'Eglise visible, ni l'Eglise invisible, puisqu'ils ne peuvent nommer, non sept mille hommes cachés, mais même un seul qui pensât comme eux, et qu'ils sont convaincus d'avoir innové contre toute l'Eglise et contre eux-mêmes, xvii, 202, 203. Les synodes de Gap et de la Rochelle, embarrassés de ce que l'Eglise invisible avait été oubliée dans la Confession de foi calvinienne, xv, 74, 75.

ÉGYPTIENS. Leur commencement, xxiv, 267. Ils s'établissent dans la Grèce, xxiv, 270, 271. Ils reçoivent les Grecs dans leur pays, xxiv, 282. Ils étoient graves et sérieux, xxiv, 579. Leur principale occupation étoit l'étude des lois et de la sagesse, xxiv, 580. Leurs mœurs, xxiv, 580, 581. Leur industrie et leurs grands édifices, xxiv, 585, 586. Leurs conquêtes sous Sésostris, xxiv, 593. Ils sont assujettis par Sabacon, xxiv, 594. Et par Cambyse, xxiv, 595. Leur histoire est incertaine jusqu'à Psammétique, xxiv, 293.

ÉGYPTIENS, Grecs et Romains ; leur aveuglement avant la venue de Jésus-Christ, x, 439.

EKARD, dominicain. Ses erreurs, fort approchantes du quiétisme, condamnées par Jean XXII, xxx, 76.

ÉLÉVATION (l') de l'Eucharistie ôtée par Carlostad à Vitemberg, et retenue par Luther, en dépit de Carlostad, xiv, 56, 57, 127, 128, 129. Détruite, et pourtant jugée irrépréhensible par Luther, xiv, 218, 219.

ÉLÉVATIONS à Dieu sur tous les mystères de la religion chrétienne, volume vii, 1 à 393.

ÉLIPAND, évêque de Tolède, fait Jésus-Christ fils adoptif de Dieu; sa condamnation, xxii, 198 *et suiv.*

ÉLISABETH, mère de saint Jean-Baptiste. Son cri et son humble étonnement à la vue de la sainte Vierge, vii, 239, 240; xi, 107. Ce que représentoit sa vieillesse, xi, 234.

ÉLISABETH, reine d'Angleterre, est déterminée par son intérêt à embrasser la religion protestante, xxv, 474. Elle envoie du secours aux protestans de France, xxv, 595. Elisabeth a du scrupule de prendre le titre de chef de l'Eglise anglicane, xiv, 282, 283. *Voy.* BIENS, RÉFORMATION ANGLICANE.

ÉLOQUENCE (l') ne doit paroître dans les discours chrétiens qu'à la suite de la sagesse, ix, 113, 114. Caractère de l'éloquence chrétienne, xii, 648, 649. *Voy.* PRÉDICATEURS.

ÉLUS, prédestinés. A quelle marque on les reconnoît, ii, 368, 407, 408. Leur petit nombre rappelé souvent dans l'Evangile, vi, 151. Ils sont entre les mains de Jésus-Christ, vi, 325, 326. Ils sont tirés du monde par le Père, vi, 611, 612. Sauvés et instruits par le Fils, vi, 609, 610, 612. Comment le Père les donne au Fils, vi, 614. Jésus prie pour eux, vi, 617, 621. Et demande la charité, vi, 622, 640. Il leur fait part de sa gloire, vi, 647, 648. Il veut qu'ils soient consommés en un, vi, 649. Et qu'ils partagent sa gloire dans le ciel, vi, 650. Ils sont aimés de Dieu en Jésus-Christ, vi, 655, 656. Les élus, déjà séparés dans la prédestination éternelle, même au milieu de la contagion du siècle, viii, 423. Avec quel ordre Dieu procède dans le renouvellement de ses élus, x, 120, 121. Leur force se perfectionne dans l'infirmité, x, 129, 158. Dieu remue le ciel et la terre pour les enfanter et les sauver, xii, 489. Comment ils sont dans l'Eglise, xxvii, 307. Les élus, de l'aveu de Claude et de Jurieu, se sauvoient, avant la Réforme, dans la communion de l'Eglise romaine, xv, 11, 12. Les élus font partie des appelés. Fausse doctrine de Basnage, qui fait, des élus, le lien de l'Eglise, et le moyen de faire durer le ministère; en quoi il contredit saint Paul, xv, 547, 548. Il trouve, dans la promesse, la durée de l'Eglise par les élus, qui n'y est pas; et n'y trouve pas cette durée par les pasteurs, qui y est, xv, 406. *Voy.* PRÉDESTINÉS.

EMPEREURS. Conduite qu'ils ont tenue à l'égard des nouveaux convertis dans les premiers siècles, xxvii, 117. Les lois qu'ils ont portées à leur sujet, sont les sources où l'on doit connoître quel étoit leur pouvoir, et jusqu'où ils avoient été, xxvii, 117, 118.

EMPIRES. Leurs révolutions sont réglées par la Providence, xxiv, 570 *et suiv.* Ces révolutions ont des causes que les princes doivent étudier, xxiv, 575, 576. Cause des mutations des empires, xii, 449. Les empires et les monarchies, présent de peu d'importance aux yeux de Dieu, viii, 171.

L'Empire est transféré des Grecs aux François et à Charlemagne, par les Romains, et non par les Papes, xxi, 364 *et suiv*. Il est transféré des François aux Allemands par la même autorité, xxi, 376. Sur quel fondement les Papes croyoient avoir un droit sur l'Empire et les empereurs d'Allemagne, xxi, 495 *et suiv*, *Voy*. Sacerdoce.

EMPLOIS. Comment on s'y engage, x, 633. Illusion de l'élévation aux emplois relevés, xxviii, 213, 214.

ENDURCISSEMENT dans le péché. Ce que c'est, iv, 404, 405. Il est la peine des péchés précédens, iv, 405, 406. C'est de la part de Dieu plus qu'une simple permission du péché; pourquoi? iv, 407. Comment? iv, 404.

ENFANCE. Caractères particuliers du mystère de la sainte Enfance de Jésus-Christ, viii, 294.

ENFANS. Avec quelle sorte d'égalité la nature a partagé l'amour des enfans entre le père et la mère : qui sont ceux qui manquent d'amour pour leurs enfans, ix, 528, 529; xi, 342. Les enfans conçoivent beaucoup de choses qu'ils ne savent pas nommer, et ils retiennent beaucoup de mots dont ils n'apprennent le sens que par l'usage, xxiii, 253. Il faut faire en sorte que les enfans se réjouissent de bien faire, et ne trouvent rien de plus agréable que de juger sainement de toutes choses, xxvi, 36. Les enfans des fidèles naissent dans la grace, que le baptême ne fait que sceller en eux, selon Calvin : ce qui emporte la prédestination de toute la postérité d'un fidèle, xiv, 358, 359, 360. Le synode de Dordrecht décide que tous les enfans des fidèles sont saints et sauvés, xv, 30. Enfans morts sans baptême. *Voy*. Sfondrate.

Enfans de Babylone (les trois). Leur cantique expliqué, i, 394.

ENFANTEMENT. Quel est le sens de saint Jean, dans cet enfantement douloureux qu'il attribue à la sainte Vierge, xi, 171, 172. Deux enfantemens en Marie, xi, 358.

ENFER. En quoi il consiste, viii, 211; x, 378. Caractère propre de l'enfer : deux sortes de feux dans les divines Ecritures; l'un qui purifie, l'autre qui consume; d'où leur vient cette différence, ix, 614, 615. Comment Job nous le représente, x, 277, 278. *Voy*. Peine.

ENGHIEN (François de Bourbon, duc d'), gagne la bataille de Cérisoles, xxv, 433 *et suiv*. Mort malheureuse de ce jeune prince. Ses grandes qualités le rendoient également cher aux François et aux étrangers, xxv, 442.

ENNEMIS. Comment nous devons nous comporter à leur égard, viii, 521. Prier pour nos ennemis, viii, 526, 529. Pardon des ennemis, x, 609. Trois sortes d'ennemis auxquels le pécheur a mérité d'être livré par son crime, x, 3, 4.

ENNODIUS, diacre, puis évêque de Pavie, publie l'apologie du pape Symmaque, xxii, 314.

ENTENDEMENT. Sa définition, ses opérations, xxiii, 49, 50. Actes de l'entendement joints aux sensations; comment on les distingue, xxiii, 53. En quoi l'entendement diffère de l'imagination, xxiii, 56. Comment ils s'aident et s'embarrassent mutuellement, xxiii, 57, 58. Actes particuliers de l'intelligence, xxiii, 57, 58. Combien l'homme doit la cultiver. En quoi consiste sa perfection, xxiii, 68. Sa perfection au-dessus des sens, xxiii, 72, 73. L'intelligence n'est attachée par elle-même à aucun organe, ni à aucun mouvement du corps, xxiii, 148. Elle en dépend par accident, xxiii, 151. Elle a pour objet des vérités éternelles, xxiii, 187, 244. Ce que c'est qu'un bon entendement et ses avantages, viii, 447.

ENVIE. Sa nature et ses effets, ix, 353. La plus noire, la plus basse de toutes les passions; première cause de toutes les indignités qu'on fit souffrir à Jésus-Christ, x, 79. Elle est la passion la plus juste et la plus injuste, x, 349.

EPAMINONDAS, Thébain, se signale par son équité, par ses victoires, xxiv, 304.

EPHÈSE (concile d'), troisième général. Il examine l'affaire de Nestorius, déjà condamné par le pape saint Célestin, xxi, 80; xxii, 17, 18 et suiv. Il ne demande pas la confirmation de ses décrets, xxii, 112. Il tient les pélagiens pour hérétiques, comme déjà jugés par le Pape, xxii, 168, 169. L'histoire de ce concile est défigurée par l'abbé Dupin, pour affoiblir l'autorité du Pape, xx, 544, 545; à qui il refuse la présidence des conciles, xx, 553; ensuite pour insulter le concile même, xx, 560. Fausses idées que Dupin donne de ce concile, xx, 562. Saint Cyrille rendu suspect, xx, 563. Saint Flavien accusé dans ses intentions, xx, 564. Objections entassées, xx, 565. Réponses décisives omises, xx, 568. Déguisement en faveur des partisans de Nestorius, xx, 573. Outrageantes objections contre le concile demeurées sans réponse, xx, 575 et suiv. Les *Douze chapitres* de saint Cyrille approuvés par le concile, xx, 601. Ce concile, selon Jurieu, établit l'idolâtrie dans l'Eglise, en nommant la sainte Vierge, mère de Dieu, xvi, 172. *Voy.* JURIEU.

Le *brigandage d'Ephèse*, annulé comme tenu sans le pape saint Léon, xxi, 108; xxii, 113. *Voy.* DIOSCORE.

ÉPICURIENS. Leur doctrine contre la Providence, x, 221.

ÉPIPHANIE. Explication du mystère de cette fête, v, 153. Elévations sur ce mystère, vii, 280, 281. Pensées pieuses sur le même sujet, x, 582. C'est la fête de la foi, xxvii, 501. Sermons pour cette fête, viii, 396, 409, 412, 414.

ÉPISCOPAT. Son unité, xi, 599 et suiv. En quoi consiste sa dignité, xii,

653. Il est tout entier dans le plus grand péril, lorsque le chef des évêques est attaqué, xii, 612. En quel sens il vient de Pierre; témoignages des Pères, xxii, 133 *et suiv.*

EPISCOPIUS (Simon), professeur en théologie à Leyde, paroît à la tête des arminiens ou remontrans, au synode de Dordrecht, xv, 17. Il engage les arminiens dans le socinianisme, iii, 479, 480. Il regarde les prophéties comme des allégories, iii, 485. En rejetant la preuve des prophéties, il ne fait que répéter ce qu'ont dit les marcionites, iv, 121. Et se mettre en opposition avec les chrétiens de la primitive Eglise, iv, 122 *et suiv.* C'est un interprète infidèle du Nouveau Testament, iii, 387, 405.

ÉPOQUE. Ce que signifie ce mot, xxiv, 262. Division de l'histoire ancienne en douze époques, xxiv, 263.

ÉPOUX. Comment Jésus-Christ est l'époux des vierges; à quelles conditions, x, 314. Manières admirables dont le céleste époux tourmente les ames, xxvii, 502. Comment il s'unit avec elles, xxvii, 612. Son avénement dans les ames, xxvii, 522. Comment lui plaire, xxvii, 523. Manière de l'attendre, xxvii, 552. N'avoir d'autres vues que de lui plaire, xxvii, 628, 643, 644, 657, 658. Etat de l'épouse qui soupire après le divin époux, xxvii, 494. Epouse de Jésus-Christ, ce qu'elle lui apporte en dot, xxvii, 538.

ÉPREUVES (les) dans la vie spirituelle, expliquées en la personne de Job, xviii, 620, 621. Par David, xviii, 623. Erreurs sur leur durée et leur usage, xix, 219. Funestes conséquences qui s'ensuivent, xx, 22, 23. L'épreuve produit l'espérance, selon saint Paul, x, 316, 317. Deux genres d'épreuves: l'épreuve de la pauvreté, l'épreuve de l'abondance, *ibid.* Epreuves de l'eau, du fer chaud, etc., appelées autrefois *le jugement de Dieu,* xxi, 381.

EQUIVOQUES (les) en matière de foi sont de l'esprit de la nouvelle reforme, xiv, 159. Equivoques de Bucer et des sacramentaires sur l'Eucharistie, xiv, 147, 149, 150, 156. Equivoques des calvinistes au colloque de Poissy sur le même sujet, xiv, 398. Sentimens de Pierre Martyr, Florentin, sur ces équivoques, xiv, 401. Equivoques des manichéens d'Allemagne, xiv, 473, 474.

ERASME objecte à Luther le consentement de tous les Pères sur le libre arbitre, xiv, 46, 47. Il est choqué des emportemens de ce réformateur, dont il peint le caractère, xiv, 54. Luther tâche de l'attirer à son parti par des flatteries basses. Erasme écrit contre le livre du *Serf-arbitre* de Luther, xiv, 64. Il se moque des mariages des ministres réformés, et de celui de Luther, xiv, 64, 72, 73. Il exhortoit les réformés à commencer par s'accorder entre eux, avant de vouloir faire la loi aux autres, xiv, 89. Selon lui, le monde opiniâtre et endurci avoit besoin d'un maître aussi rude que Luther pour le corriger. Son témoignage sur le déréglement des mœurs des prétendus réformés, xiv, 182, 183. Audacieuse critique d'Erasme sur saint Augustin, soutenue par Richard Simon, iv, 109.

ERMANGARD appelle Vaudois toutes les sectes séparées de Rome depuis le onzième siècle, et même les albigeois ou manichéens, xiv, 482.

ERREURS. Plus elles viennent de haut, plus le coup qui doit les frapper doit être fort, xxvi, 519.

ESAU est supplanté par Jacob, xxiv, 269, 388. Il est le père des Iduméens, xxiv, 269. Quel est le sens de ce passage qu'Esaü est haï de Dieu, tandis que Jacob en est aimé, iii, 487, 488, 460, 461.

ESDRAS réforme les abus en Judée, xxiv, 299. Met en ordre les livres saints, xxiv, 299, 424. Il est impossible qu'il en soit l'auteur, xxiv, 545.

ESPAGNE. Elle obéit aux Carthaginois, xxiv, 310, 311. Les Romains la soumettent, xxiv, 311. Les Vandales s'y répandent, xxiv, 345. Les Goths s'y établissent, xxiv, 345, 346. Les débauches du roi Rodrigue la font livrer aux Maures, qui y persécutent l'Eglise, xxiv, 356. Pélage remporte sur eux une victoire signalée, et fonde un nouveau royaume, xxiv, 357. Alphonse le Catholique l'augmente par ses victoires, xxiv, 358. Alphonse le Chaste affranchit l'Espagne d'un infâme tribut, et signale sa valeur, xxiv, 363.

ESPÈCES. *Voy.* COMMUNION.

ESPERANCE. En quoi consiste cette vertu, v, 81. Définition de l'espérance chrétienne, xxviii, 289, 290. Sa nécessité, xxii, 695. Elle est autant d'obligation que la foi, xxvii, 580. Elle doit être notre guide, xxviii, 225, 226, 351. Toujours espérer en Dieu, xxvii, 463.

L'espérance supprimée par les quiétistes, xviii, 428, 429. Point de perfection qui exclue cette vertu, xix, 86, 87, 463, 483. Ce n'est pas être mercenaire que de s'exciter par le motif de la récompense xix, 458, 477, 478. L'espérance détruite par les nouveaux mystiques, xix, 382, 496, 510; xx, 44, 45. L'espérance regarde Dieu comme un bien absent, la charité comme présent, xix, 546. Elle est toujours intéressée, xix, 204. La vue de la récompense constitue son essence, et est également proposée à tous, xix, 640, 641. C'est un vice de se proposer la récompense comme fin dernière, xix, 246, 247; xx, 30, 31. L'espérance chrétienne doit être rapportée à la gloire de Dieu, xix, 244, 248. Abus de supposer à l'espérance chrétienne un autre motif que celui de la récompense, xix, 250, 251. Pourquoi on dit qu'il est permis d'agir pour la récompense, xix, 253. Sylvius fait une obligation d'agir en cette vue, xix, 255. La perfection consiste à rapporter la récompense à la gloire de Dieu, xix, 256. Aimer Dieu comme récompense, c'est l'aimer pour l'amour de lui-même, xix,

266, 267. Erreur d'admettre une espérance naturelle, outre la surnaturelle, xix, 268, 276; xx, 32, 33. Différence de l'espérance d'avec la charité, xix, 541, 700, 701, 704. Est-il vrai que l'espérance soit imparfaite de sa nature, xix, 704, 705. Passages de saint Chrysostome et de saint Ambroise, sur les désirs du salut, mal entendus, xix, 744. L'espérance ne peut être suppléée par la charité, xx, 2. Fénelon appelle l'espérance une vertu surnaturelle, et la désavoue ensuite pour telle, xx, 321. Il est permis d'agir en vue de la récompense, xx, 324. Erreur de M. de Cambray à ce sujet, bien réfutée, xx, 327. Le nouveau système de ce prélat va à renverser toute la théologie, xx, 330, 331.

Les Psaumes fournissent des motifs de cette vertu, I, 19, 20. L'espérance est l'adoucissement de nos maux, la preuve de nos besoins, VIII, 487, 488. Elle peut rester après la perte de la vie; en quel sens, VIII, 212. Espérance de la joie de l'immortalité bienheureuse; consolation que Dieu donne à ses serviteurs qui souffrent, x, 237. Espérance du siècle, XII, 388. En quoi elle diffère de celle des enfans de Dieu, XII, 389. De toutes les passions la plus charmante, XII, 289.

ESPRIT. Ses trois opérations, XXIII, 61. Combien les passions dérèglent ses jugemens, XXIII, 69, 70. *Voy.* AME, ENTENDEMENT.

L'esprit de Jésus-Christ est un esprit vigoureux qui se nourrit de douleurs et fait ses délices des afflictions, IX, 601. Quelle est la cause de cette affliction dont parle l'Apôtre, IX, 477 *et suiv.* Esprit séducteur; son pouvoir sur l'homme, IX, 480, *et suiv.* Esprit de force; premier caractère des hommes spirituels, x, 340. Esprit de force et de charité, x, 319. Esprit du christianisme, x, 319, 340, 341. Esprit du monde, combien il est opposé à la charité, x, 604.

ESPRIT SAINT. Sa divinité, III, 579, 580. Sa procession du Père et du Fils, VII, 33, 34. Il est le véritable consolateur, VI, 525. Ses opérations dans les saintes ames, VI, 527. Il est leur maître intérieur, VI, 535. Il convainc le monde d'incrédulité, d'injustice et d'iniquité dans son jugement, VI, 575, 579, 580. Il enseigne toute vérité, VI, 581. Il est égal au Fils par ses œuvres, par sa science, par son origine, VI, 583, 584, 585. Il est vrai Dieu, VI, 668. Merveilles opérées par le Saint-Esprit dans l'Eglise naissante, V, 176. Son opération perpétuelle dans l'Eglise, V, 177. Acte de foi envers le Saint-Esprit, V, 178. Manière de recevoir les dons du Saint-Esprit, XXVIII, 359. Comment il nous enseigne au dedans, XXVIII, 370. Pourquoi les églises grecque et latine, par leurs liturgies, attribuent au Saint-Esprit le changement du pain et du vin dans le saint sacrifice, XVII, 8 *et suiv.*

ESPRITS (beaux) : leur commerce de louanges; leur vanité, IX, 141, 142. Portrait d'un bel esprit, d'un philosophe, VII, 449. Comment

Dieu récompense et punit tout ensemble la gloire du bel esprit, vii, 453.

ESTRÉES (César d'), cardinal, offre de revoir lui-même la traduction italienne de l'*Exposition*, xxvi, 150. Bossuet lui fait connoître des difficultés qu'on avoit proposées sur quelques endroits de son sermon prononcé à l'ouverture de l'Assemblée de 1682 ; les motifs qui l'ont dirigé ; et combien les Romains seroient peu fondés à s'en plaindre, xxvi, 290.

ETAT. Il faut le servir comme le prince l'entend, xxiv, 1, 2. Les ennemis publics seuls séparent l'intérêt du prince de l'intérêt de l'Etat, xxiv, 2, 3. Il n'y a jamais eu d'État sans religion, xxiv, 31. Un Etat florissant est riche en or et en argent, xxiv, 192. *Voy.* Empires, Religion.

ÉTAT religieux. Devoirs de la vie religieuse. Ses obligations, x, 526, 529. Conférence sur la perfection de la vie religieuse, x, 537. *Voy.* Chasteté, Silence, Religieuses.

ETATS-GÉNÉRAUX de 1614. Article du Tiers-État touchant la puissance de l'Eglise sur le temporel ; le clergé et la noblesse s'y opposent, xxi, 511, 512.

ÉTERNITÉ (l') digne objet du cœur de l'homme, ix 315 ; xii, 580, 601. Les vérités de l'éternité sont bien établies, xii, 497. Éternité de la peine du péché, x, 601, 602. Elle est fondée en justice, xxvi, 527, 528. Saint Justin et saint Irénée faussement allégués par l'abbé Dupin contre ce dogme, xx, 519, 520. *Voy.* Péché, Peine, Temps.

ETHIOPIENS. Leur caractère ; force de leurs corps : conseil que leur roi donne à Cambyse, xxiv, 577 *et suiv.* Les Ethiopiens, qui ajoutent la circoncision aux sacremens de l'Eglise, sont sauvés par le ministre Jurieu, xv, 94.

ETIENNE (S.), premier martyr ; comment il a été vengé de Saul, son ennemi, viii, 528.

ETIENNE (S.), pape. Sa dispute avec saint Cyprien, au sujet du baptême des hérétiques, xxii, 169, 170, 171. Il est accusé injustement par l'abbé Dupin, xx, 530, 531.

ETIENNE II, pape, sacre Pépin, Bertrude et leurs fils pour régner sur la France, xxv, 19. Appelle à son secours Pépin contre Astolphe, roi des Lombards, xxv, 20. Le pape Etienne II fait des réponses inexactes à plusieurs consultations, xxii, 238, 239, 594.

ETIENNE III a recours à Pépin, roi de France, contre les Lombards ; et obéit en même temps à Constantin Copronyme, xxi, 327, 328.

ETIENNE VII, intrus, fait jeter dans le Tibre le cadavre du pape Formose, xxii, 221.

ETIENNE, évêque d'Hilberstat, et autres, dans le onzième siècle, croient qu'un roi excommunié est par là même déposé, xxi, 399.

ÊTRE. Il y a quelque chose qui est éternellement, xxiii, 189. *Voy.* Dieu.

EUCHARISTIE. En quoi consiste ce sacrement, et comment il faut le recevoir, v, 16, 125, 331 *et suiv.* Pourquoi institué, v, 332. Figuré par Melchisédech, vii, 152. C'est le mémorial de la mort du Sauveur, vi, 353; x, 91. Son institution, vi, 362. Fruit de l'Eucharistie, vi, 365. Elle est le gage de la rémission des péchés, vi, 370. Jésus-Christ avoit promis de nous donner, sa chair et son sang, vi, 376. La foi donne l'intelligence de ce mystère, vi, 379. Vie éternelle fruit de l'Eucharistie, vi, 380. Désir insatiable de l'Eucharistie, vi, 382. Présence réelle du corps et du sang de Jésus-Christ dans l'Eucharistie, vi, 385, 386, 389, 391, 396, 397. Scandale des disciples, vi, 398. Quel en est le sujet, vi, 399. Incrédulité des Capharnaïtes, vi, 403 et même de plusieurs disciples, vi, 408. Sommaire de la doctrine de l'Eucharistie, vi, 424. Ce sacrement est la force de l'ame et du corps, vi, 427. Le viatique des mourans, vi, 428 *et suiv.* Figure de la joie du banquet éternel, vi, 431 *et suiv.* En quoi semblable à l'ancienne Pâque, vi, 434 *et suiv.* En quoi elle nous apprend à sanctifier la nourriture du corps, vi, 435. Adoration, exposition, réserve de l'Eucharistie, vi, 440. L'Eucharistie considérée comme sacrifice, vi, 443. Simplicité et grandeur de ce sacrifice, vi, 447. L'Eucharistie est le sang du nouveau Testament, vi, 453 *et suiv.* Le nouveau Testament même, vi, 454.

Nécessité de l'Eucharistie, iv, 21. Nécessité non absolue, iv, 22, 23, 26, 27, 28. Mais seulement de précepte, iv, 29. Pourquoi les Pères n'ont pas toujours exprimé cette distinction, iv, 30, 31. Le chapitre vi de saint Jean doit s'entendre de l'Eucharistie, iv, 33, 34. Rapports de l'Eucharistie avec la parole de Dieu, ix, 114. Dans ce mystère tous nos sens nous trompent, x, 97, 98. Combien Jésus-Christ est admirable dans l'Eucharistie, xxvii, 501. Ses dispositions dans ce sacrement, xxviii, 259. Ce qu'il y opère, xxvii, 510, 525. L'Eucharistie est la chose sainte des chrétiens, vii, 572. C'est une grace qui confond, xxvii, 466. Quelle est sa vertu, xxvii, 510. La fréquentation de ce sacrement doit être réglée par l'obéissance, xxvii, 517. Dispositions où l'on doit être en présence du saint Sacrement, xxvii, 587. Instruction sur la fête du saint Sacrement, v, 180.

La présence réelle est solidement établie par les paroles de l'institution; mieux encore par l'intention du Sauveur dans l'institution de ce mystère, xiii, 74. Ces paroles, *Ceci est mon corps*, ne peuvent être entendues dans un sens figuré; doctrine des calvinistes sur la réalité; changemens qu'ils y ont faits. Combien elle est inintelligible, xiii, 76, 77. L'Eucharistie est la controverse la plus importante entre les catholiques et les protestans. Aveux des luthériens et des calvinistes sur ce sujet : conséquences qu'en tire Bossuet, XIII, 92, 93. Dans tous les mystères, et surtout dans celui de l'Eucharistie, on doit imposer silence au sens humain pour n'écouter que Dieu, XIII, 202, 203. La doctrine des réformés favorise les sociniens, XIII, 204, 205. Abus de ces paroles : *Tout est consommé*, XIII, 212. La doctrine de l'Eglise sur l'Eucharistie est plus conforme à l'Ecriture, celle des réformés plus accommodée aux sens, XIII, 216. Embarras où se trouvent les protestans pour expliquer leur doctrine, XIII, 219. La force de la vérité les contraint à user d'expressions qui nous favorisent, XIII, 227. La doctrine de l'Eucharistie ne fait pas Dieu trompeur, XIII, 256. Si Jésus-Christ est réellement présent, il doit être adoré. Discussions sur le sens littéral et figuré, XIII, 300. Vaines objections d'un auteur anonyme contre ce qu'avoit dit Bossuet dans l'*Exposition* : il développe ce qu'il avoit déjà énoncé ailleurs, XIII, 305 *et suiv.* L'institution de l'Eucharistie est un gage de l'amour du Sauveur, XIII, 318. Tout ce que les protestans nous objectent sur ce point favorise le socinianisme, et tend à détruire tous les mystères, XIII, 321. Comment il faut traduire ces paroles de l'institution : *Hoc est corpus meum*, III, 524.

Ce que Luther pensoit de l'Eucharistie, XIV, 51, 52. Ce qu'on en a toujours cru dans l'Eglise, *ibid.* Comment les noms de *pain* et de *vin* peuvent entrer dans l'Eucharistie après la consécration. Deux règles tirées de l'Ecriture, XIV, 84. Pourquoi on se sert du mot de *substance* dans l'Eucharistie, XIV, 105. Comment l'oblation de l'Eucharistie profite à tout le monde, XIV, 132, 133. Equivoques des sacramentaires sur l'Eucharistie, XIV, 155, 157, 158. Comment la présence du corps de Jésus-Christ en l'Eucharistie est spirituelle, XIV, 148. S'il faut admettre une présence locale dans l'Eucharistie, XIV, 149. Comment l'Eucharistie est un signe, XIV, 150. Si la présence du corps de Jésus-Christ est durable dans l'Eucharistie, XIV, 161, 162. Doctrine de l'Eglise catholique sur l'Eucharistie, confirmée par Henri VIII, XIV, 273, 278. Ce que les Suisses ou les zuingliens croient de l'Eucharistie, XIV, 452. Eucharistie particulière et abominable des manichéens, XIV, 467, 468. Jean Hus a cru sur l'Eucharistie, tout ce que croit l'Eglise romaine, XIV, 547 *et suiv.* Les calvinistes entraînés dans les principes sociniens par leur opinion sur l'Eucharistie, XVI, 136. Doctrine de la présence réelle dans l'Eucharistie. Peut-on dire que les luthériens ne la croient pas nécessaire, XVI, 151 *et suiv.*

La forme de ce sacrement changée par les protestans, XVI, 396 *et suiv.* La tradition seule nous en indique le ministre, XVI, 399. Réserve de l'Eucharistie sous la seule espèce du pain, XVI, 443. Il étoit d'usage de la donner à tous les malades, quoique les vies des saints n'en disent souvent rien, xvi, 557, 558. Même aux petits enfans, sous la seule espèce du vin, xvi. 561. Cependant ce sacrement n'a jamais été cru nécessaire de nécessité de moyen, xvi, 583 *et suiv*. Comment dans ce saint sacrifice Jésus-Christ est divisé et ne l'est pas. xvii, 13. Comment il s'offre tous les jours sur nos autels, xvii, 16, 17. L'Eucharistie est ensemble un sacrement et un sacrifice, xvii, 32 *et suiv*. L'adoration lui est due, xvii, 40, 41. Preuves tirées de la liturgie grecque et du sacrifice des présanctifiés, xvii, 41, 42. Des prières adressées à Jésus-Christ présent, xvii, 44, 45. Des passages de saint Ambroise et de saint Augustin, xvii, 48, 49. De l'Ordre romain et des anciens sacramentaires, xvii, 50, 51. L'adoration inséparable de la foi de la présence réelle, xvii, 45, 46. L'adoration extérieure reconnue dans l'Eglise grecque par les ministres mêmes, xvii, 47. A quel moment se faisoit l'adoration dans l'ancienne Eglise, xvii, 52. Le signe et la vérité joints ensemble dans l'Eucharistie, xvii, 67.

L'Eucharistie est reconnue comme sacrifice par un protestant même, xvii, 407, 439, 440. De l'adoration qui lui est due, xvii, 421, 449, 479, 514, 566, 567; xviii, 25. Présence réelle hors l'usage reconnue par plusieurs protestans. xvii, 513, 565. Résultat d'une controverse entre quelques religieux et Molanus, sur l'Eucharistie, xvii, 564, 565. Jugement de Bossuet sur ce résultat, xvii, 571, 572. *Voy.* COMMUNION, MESSE, PRÉSENCE RÉELLE.

EUDAMIDAS, philosophe de Corinthe, ne laissant pas en mourant de quoi entretenir sa famille, s'avisa de léguer, par son testament, le soin de sa femme et de ses enfans au plus intime de ses amis, xi, 346, 362.

EUDES, duc d'Aquitaine, appelle à son secours les Sarrasins contre Charles-Martel, xxv, 16. Il est obligé d'implorer le secours de ce dernier contre Abdérame, qui s'étoit emparé de ses Etats, *ibid*.

EUDES (le comte), fils de Robert le Fort, est élu roi des François. Il partage avec Charles, fils de Louis le Bègue, son royaume, xxv, 38. En mourant il le lui rend en son entier, *ibid*.

EUGENE III, pape, disciple de saint Bernard, qui lui adresse son traité *de la Considération*, pour l'instruire touchant le gouvernement de l'Eglise, et sa conduite particulière, xxi, 433, 434.

EUGÈNE IV. Différends de ce pape avec le concile de Bâle, xxi, 663, *et suiv*.. Il est déposé à Bâle; la plus grande partie de l'Eglise continue à lui obéir, xxi, 702 *et suiv*. Il reconnoît que dans les questions qui peuvent troubler considérablement l'Eglise, on doit s'en tenir à la décision du concile, plutôt qu'à celle du Pape, xxii, 529. Sa mort, xxi, 708.

EUSTACHE DE SAINT-PIERRE se dévoue à la mort pour le salut de

Calais, sa patrie, xxv, 105. La reine d'Angleterre intercède pour lui et le sauve avec ses cinq compagnons, *ibid.*

EUTRAPÉLIE. Ce qu'Aristote et saint Thomas ont entendu par ce mot, xxvii, 67. Aristote combattu par saint Chrysostome, xxvii, 69, 70.

EUTYCHÈS. Son hérésie, xxiv, 346. Condamné par saint Flavien, son évêque, il appelle au pape saint Léon, *ibid.* Il est condamné au concile de Chalcédoine, xxiv, 346. Ses sectateurs mis par Jurieu au nombre des sociétés vivantes, quoiqu'ils ruinent le fondement de la foi, xv, 280. *Voy.* CHALCÉDOINE, LÉON.

EVANGILE. C'est la loi ancienne expliquée, viii, 403, 411. Combien est salutaire la sévérité de l'Evangile, ix, 199, 200. Force et vigueur de ses préceptes, viii, 457. Voie des passions, plus pénible que celle de l'Evangile, viii, 459. Comment les chrétiens écoutent l'Evangile, ix, 251. L'Evangile acquiert une grande autorité dans la condamnation du Sauveur, ix, 565. Il apprend aux chrétiens à être modestes, tranquilles, respectueux envers les puissances, à donner leur sang, et non à répandre celui des autres, xiv, 49. La prédication de l'Evangile par toute la terre prouvée par les promesses, xvii, 149, 150. Il ne faut ni diminuer ni surcharger le joug de l'Evangile, xii, 670.

EVE. Sa création, vii, 87, 88. Le démon prend la figure du serpent pour la séduire, vii, 96, 97. Il l'attaque avant Adam, vii, 98, 99. Il s'adresse à elle comme à la plus foible, xxiv, 374. Comment il s'y prend, vii, 100, 101. Réponse d'Eve, réplique de Satan, vii, 101, 102. Eve succombe, *ibid.* Elle augmente son crime en cherchant des excuses, vii, 109, 110. Son supplice, vii, 111. Dieu lui fait voir le supplice de son ennemi vaincu, et lui promet un sauveur, xxiv, 374, 375. Eve commence l'ouvrage de notre corruption, 248, xi, 168, 188. Rapports qui se trouvent entre Eve et Marie, vii, 140; ix, 539, 540; xi, 168, 188, 348, 358.

ÉVÊQUES. Ils sont institués en la personne des apôtres, xxii, 31, 32. Soumis au Pape de droit divin, ils sont d'un ordre égal au sien, xxii, 137 *et suiv.*; 262, 263. Ils sont seuls membres nécessaires des conciles, xxii, 399. Mystère de l'unité ecclésiastique en leurs personnes, xii, 652, 653. Ils ont le pouvoir de corriger les hérétiques, xxii, 164, 165. Leur crédit dans les affaires temporelles dès les premiers siècles, xxi, 433. Sur quoi est fondé leur pouvoir de juger la doctrine, xxvi, 294. Distinction à faire entre ce pouvoir et la puissance de juger leurs confrères en première instance, xxvi, 295 *et suiv.* L'autorité des évêques est méprisée par les protestans, xiv, 177. Mélanchthon veut qu'on reconnoisse les évêques, xiv, 194. Ceux qui fondèrent les églises des Gaules furent envoyés par saint Pierre et par ses successeurs, xi, 609. Les évêques d'Angleterre souscrivent aux décisions de Henri VIII, xiv, 273, 274. Ils prennent de nouvelles commissions d'Edouard VI, xiv, 298. Ils n'ont aucune part aux affaires de la religion, xiv, 299. Leur fermeté pour ne vouloir pas souscrire à la primauté d'Elisabeth, xiv, 415, 416. Les décisions de foi réservées à l'autorité royale par les évêques protestans d'Angleterre, xiv, 12. Le titre d'évêque universel est rejeté par saint Grégoire le Grand, xiv, 296, Quel soin doit mettre le prince à bien choisir les évêques, xxiv, 75, 76. *Voy.* Eglise, Episcopat, Pape.

EXAMEN. Les protestans ont été forcés d'avouer que chaque particulier pouvoit examiner après la décision de toute l'Eglise, des apôtres, et même de Jésus-Christ, xii, 574, 575. *Voy.* Claude, Conférence. Les Catholiques n'examinent plus après que l'Eglise a parlé : pourquoi, xiii, 578, 579.

EXAMEN de conscience; quel il doit être. Les moyens de le bien faire, v, 327.

EXCIDIO (de) Babylonis apud sanctum Joannem, demonstrationes adversus Samuelem Verensfelsum, iii, 1 *et suiv.*

EXCOMMUNICATION. Sa définition selon les synodes protestans, et selon le bon sens. Autre qu'en donne Jurieu, xv, 97. Effets de l'excommunication : en quoi consiste la loi d'éviter les excommuniés, xxi, 232, 233. Cette défense n'est que de droit ecclésiastique, xxi, 249, 250. L'excommunication n'ôte pas les droits civils, xxi, 151, 152, 251 *et suiv.*

Excommunications portées contre celles qui entrent dans les monastères de filles, xxviii, 88.

EXEMPTIONS des monastères, modérées par les conciles de Vienne et de Trente, v, 525 *et suiv.*

EXERCICE *journalier* pour faire en esprit de foi toutes ses actions, vii, 509 *et suiv.* Exercice pour entendre la sainte messe, vii, 526.

EXORCISMES. Pourquoi l'Eglise exorcise les eaux baptismales, ix, 11.

EXPÉRIENCE (l') nous fait connoître que nous sommes libres, xxiii, 427. Utilité de l'expérience dans le gouvernement, xxiii, 625. Les expériences sont dangereuses et sujettes à illusion en matière d'oraison, xviii, 368. Il en faut juger par la règle de la foi, xix, 196, 197. *Voy.* Directeurs.

EXPLICATION de la prophétie d'Isaïe, sur l'enfantement de la sainte Vierge et du Psaume xxi, ii, 241. *Voy.* Isaïe, Psaumes.

EXPOSITION de la doctrine catholique sur les matières de controverse, xiii, 1 *et suiv.* Les protestans espéroient que ce livre seroit censuré, comme contenant une doctrine contraire à celle des papistes; Bossuet leur répond en faisant connoître les nombreuses approbations et les traductions diverses de son livre, xiii, 6 *et suiv.* Il promet d'exposer les vrais sentimens de l'Eglise, de les puiser dans le concile de Trente, où l'Eglise a décidé les matières qu'il traite, xiii, 11, 12. De ne parler que des matières qui ont fait le sujet de leur rupture, et enfin de ne rien dire qui ne soit approuvé dans l'Eglise, xiii, 21, 22. Approbations données à l'*Exposition* par les évêques de France, par les cardinaux et autres étrangers, xiii, 34 *et suiv.* Le pape Innocent XI l'approuve par deux brefs, xiii, 44, 45 *et suiv.* Dessein de ce traité, xiii, 51, 52. Le but de l'auteur est d'éclaircir les points controversés avec les protestans, et de leur donner une idée exacte de la croyance des catholiques, xiii, 104; xxvi, 257. Bossuet conclut le traité, en établissant que, pour se réunir, il ne s'agit que de s'entendre et de déposer tout préjugé; et que pour attaquer son traité, il faudroit prouver qu'il n'a pas fidèlement exposé la doctrine de l'Eglise, xiii, 104, 105. Remarque sur le livre de l'*Exposition*. L'auteur réfute les protestans, qui prétendoient que son livre avoit eu une première édition portée à la Sorbonne, qui y avoit fait des changemens, et envoyée à Rome pour être examinée, xiii, 105, 106. Lettres sur le livre de l'*Exposition*. Bossuet y résout plusieurs difficultés qui lui sont proposées au sujet de son ouvrage, *ibid.* Il ne donne pour dogme de foi, dans ce livre, que ce qui est reçu comme tel par tous les catholiques, xxi, 119; xxii, 603. En parlant de la puissance du Pape, il se borne aux points dont tous les catholiques sont d'accord, xxi, 119. Ce livre contribue à convertir beaucoup d'hérétiques, xxi, 121, 437. Pourquoi Bossuet parle avantageusement de ce livre, quoiqu'il en fût l'auteur, xxi, 120; xxii, 603. En exhortant les hérétiques à la paix, Bossuet voulut éviter de jeter parmi les catholiques des semences de division, xxvi, 196. Calomnies des protestans contre cet ouvrage, xxvi, 197. Eclaircissement donné par Bossuet sur quelques endroits de cet ouvrage. *Voy.* NÉERCASSEL. Raisons qui portoient Bossuet à ne pas permettre qu'on y fît des changemens, xxvi, 196. Traduction hollandaise que M. de Castorie en fit faire, xxvi, 197. Il est traduit en anglois, xxvi, 157. Traduction latine projetée à Rome, et exécutée par l'abbé Fleury avec beaucoup de soin, xxvi, 201, 202. L'approbation que le saint Siége avoit donnée de cet ouvrage, ôtoit aux protestans l'occasion de s'élever contre, xxvi, 253. La pureté de la doctrine que le prélat avoit enseignée dans cet excellent ouvrage, avoit attiré plus d'ames à Dieu que les plus beaux sermons, xxvii, 103. *Voy.* DIROIS.

EXTRÊME-ONCTION. Rien ne manque à cette cérémonie pour être un sacrement; il soulage l'ame et le corps, xiii, 73. Vertu de ce sacrement, xii, 493. Pieux sentimens pour le recevoir avec fruit, vii, 614.

ÉZÉCHIAS, roi de Juda : son cantique expliqué, i, 393.

ÉZÉCHIEL, cité au sujet du transport prophétique, xviii, 463.

F

FABLES. Bossuet ne les aimoit pas; il trouvoit un grand creux dans ces fictions de l'esprit humain, et dans ces productions de sa vanité, xxvi, 456.

FABLE latine pour le Dauphin, *in locutuleios*, xxvi, 44. Note de l'abbé Ledieu sur cette fable, *ibid.*

FACULTÉ de Théologie de Paris. Son éloge, xii, 671. Cette faculté ne recevoit personne qui n'eût juré de tenir ses décrets, et nommément la doctrine de l'immaculée Conception, xxvii, 262. Son intention n'est pas cependant d'obliger personne à la prêcher et à l'enseigner positivement, xxvii, 265. Sa censure de Sanctarelli, xxi, 142, 143. Ses articles sur l'indépendance de la puissance royale, xxi, 145; xxii, 599 *et suiv.* Autres censures touchant l'Eglise et le Pape, xxi, 731 *et suiv.* Ses articles contre Luther, xxii, 464, 465.

FACUNDUS. *Voy.* HORMISDAS.

FAGET, ministre de la Rochelle, chassé par les habitants, xv, 539.

FALCONI (le P. Jean). Ses erreurs au sujet de l'oraison, etc., xviii, 394, 596. Il est condamné à Rome, xviii, 701, 702. *Voy.* QUIÉTISME.

FANATISME. La passiveté et l'inspiration des nouveaux mystiques est un pur fanatisme, xix, 164, 476, 477. Donner pour règle d'agir l'instinct et la grace actuelle, c'est introduire le fanatisme, xix, 226, 330, 331 *et suiv.*, 626; xx, 62, 64 *et suiv.*

FAREL. *Voy.* BÈZE.

FARMOUTIERS. Eloge de ce monastère, xii, 542. Lettre de Bossuet aux religieuses de cette abbaye. Il fait l'éloge de leur abbesse, les exhorte à la paix, à l'obéissance, xxviii, 427 *et suiv.* Il les console de la mort de leur abbesse, xxviii, 434, 435. Ses diverses affaires dans cette maison, xxviii, 443, 452, 453, 502 *et suiv.*, 535, 536 *et suiv.*

FAUTES. Combien il est difficile d'en éviter toutes les occasions, xxvii, 624. S'humilier de celles qu'il n'est pas nécessaire de confesser, xxviii, 113. Elles ne doivent pas faire perdre courage, xxviii, 326, 327. Comment en profiter pour avancer dans la vertu, xxviii, 323.

FAYDIT (Pierre), après avoir composé des ouvrages licencieux, écrit contre la Trinité; on l'enferme à Saint-Lazare, xxvi, 510, 511.

FÉCIAUX, établis chez les Romains : beauté de cette institution, xxiv, 635.

FÉCONDITÉ. Deux sortes de fécondité; celle de la nature, et celle de la charité, xi, 169, 351.

FÉLICITÉ. Tout le monde y aspire, viii, 52. Où elle se trouve véritablement, viii, 53. La félicité des enfans du siècle est un commencement de supplice et de vengeance, x, 231. Erreur du monde sur la félicité, x, 234.

FEMMES. Pourquoi on les exclut des sciences, xii, 419. Avantage pour l'Etat de les exclure de la succession au trône, xxiii, 528. Les femmes, dans le peuple de Dieu, ont excellé en courage, et ont fait des actes étonnans; témoins Jahel, Debbora, Judith, xxiv, 161. Belle peinture de la femme forte, 519. Extravagance des femmes dans leurs habillemens, ix, 309. Leur passion dominante, xii, 418. Il se faut, disoit Cyrus, approcher des belles femmes avec plus de crainte que du feu. Car le feu ne brûle que ceux qui le touchent, au lieu qu'elles brûlent même ceux qui ne font que les regarder, xxvi, 33. Ceux qui regardent et conversent familièrement avec les belles personnes, sont plus hardis que ceux qui se jettent dans les périls ou au milieu des précipices, xxvi, 34. Les femmes ne montoient pas sur le théâtre chez les anciens. xxvii, 30, 31.

FÉNELON (François Salignac de la Mothe), archevêque de Cambrai. Joie que Bossuet ressent de sa nomination à la place de précepteur du duc de Bourgogne, xxx, 588. Fait des observations à Bossuet sur le mémoire de ce prélat contre Dupin, xxx, 537, 538. Lui témoigne le désir de le voir à Versailles, xxx, 540. Lui parle des affaires de Jouarre, xxx, 540, 541.

Fénelon lié avec Madame Guyon, xx, 100 *et suiv.* Il soumet ses écrits sur l'oraison au jugement de MM. Bossuet, de Noailles et Tronson, xx, 102. Sa soumission et son obéissance pour eux, xx, 104. Il déclare à Bossuet qu'il ne veut se régler, touchant la spiritualité, que d'après lui, et se soumet aveuglément à ses décisions, xxviii, 624, 625, 626, 627, 630. Il le prie de retrancher d'un des Articles d'Issy, une assertion qu'il ne croit pas pouvoir souscrire, xxviii, 632. Lui parle de quelques passages des mystiques dont il s'autorisoit, et de l'excitation qu'il excluoit dans l'état de quiétude, xxviii, 633. Il est nommé archevêque de Cambray, xx, 108. Admis aux conférences d'Issy, il signe les trente-quatre articles, xx, 109. Il écrit à Bossuet au sujet de son affaire avec l'archevêque de Reims, et de ses démarches pour obtenir ses bulles pour Cambray, xxviii, 634, 635. Il choisit Bossuet pour son consécrateur : protestations qu'il lui fit avant son sacre, xx, 110; xxviii, 558, 568. Il continue à soutenir Madame Guyon et sa doctrine, xx, 112, 113. Comment il s'en excuse, xx, 115. Son attachement aux livres et à la doctrine de cette dame, xx, 135 *et suiv.*, 212, 295. Ses entrevues avec elle, xx, 221, 231. Il connoissoit ses visions, xx, 223. Comment il l'excusoit, xx, 224. Il fait dépendre sa réputation de celle de cette dame, xx, 245, 246. Sa lettre à Bossuet au sujet d'un sermon qu'il avoit prêché aux Carmélites, et dans lequel on l'accusoit d'avoir avancé des propositions téméraires, xxviii, 669, 670. Le remercie de sa réponse au sujet du sermon ; lui témoigne sa révérence pour sa doctrine, et le félicite de ce qu'il a été nommé conservateur des priviléges de l'Université, xxviii, 671. Ses raisons pour remettre à un autre temps l'examen de l'*Instruction sur les états d'oraison*, que Bossuet désiroit qu'il approuvât, xxviii, 674. Il refuse d'approuver ce livre, et charge le duc de Chevreuse d'en dire la raison à Bossuet, xxviii, 559 ; xxix, 13, 14. Il adresse à Madame de Maintenon un mémoire où il expose les raisons qui l'ont empêché de donner son approbation. Madame de Maintenon communique ce mémoire à l'évêque de Chartres, et Bossuet l'insère dans sa *Relation sur le quiétisme*, xx, 115. Fénelon tâche de rassurer Bossuet à son égard et de justifier son refus, xxix, 33. Il reproche à un de ses anciens amis d'avoir pris parti contre lui et justifie ses sentimens et sa conduite, xxix, 35, 43. Bossuet déclare que si Fénelon ne condamne pas Madame Guyon, il est réduit à écrire contre lui : sa lettre est envoyée à Fénelon, xxix, 47.

Celui-ci cache à Bossuet son livre des *Maximes des saints* : pourquoi, xx, 248, 249, 296 ; xxviii, 559, 569. Ce livre paroît, xx, 141 ; xxviii, 560, 570. Soulèvement général contre sa nouvelle doctrine, xx, 142 ; xxviii, 560, 570 ; xxix, 54, 69. Jugement qu'en portent différentes personnes, xxix, 72, 90, 115, 116, 182, 185. Explications nouvelles données tous les jours par Fénelon pour le justifier, xx, 151. Conférences amiables proposées à Fénelon, xx, 268. Conditions de ces conférences, xx, 271. Il les refuse, xx, 158 ; xxix, 99, 100, 103, 111. Efforts faits par Bossuet pour le ramener, xxviii, 288, 289. Fénelon soumet son livre au Pape, xx, 488, 491 ; xxix, 86. Bref en réponse à la lettre, xxix, 102 *et note*. Conférences tenues entre MM. Bossuet, de Noailles, et Godet des Marais, sur le livre des *Maximes*, xxix, 83, 84, 85, 88, 89. Nécessité pour les trois évêques de le dénoncer, xxix, 94, 95. Leur décision finale contre ce livre, xxix, 96. Elle est portée au roi, xxix, 99.

Fénelon envoie à Bossuet vingt articles sur sa doctrine. Réponse de Bossuet, xxix, 105. Louis XIV demande au Pape de prononcer sur le livre de Fénelon, xxix, 117. Réponse de Sa Sainteté au roi, xxix, 117, 118, 119. L'abbé Bossuet reçoit ordre de se retirer de son diocèse ; en partant, il remet au nonce une protestation, xxix, 123, 131, 142. *Sa lettre à un ami* (le duc de Beauvilliers) en quittant la Cour, xxix, 127, 128. Ce que Bossuet pensoit de cette lettre, xxix, 126. Il y fait une réponse, xix, 149 ; xxix, 130, 131. Les trois évêques publient leur *Déclaration sur le livre des Maximes*, xix, 495, 508. Bossuet publie le *Summa doctrinæ*, pour suppléer à la *Déclaration*, xix, 453, 471 ; xxix, 130, 131, 136. Justice et nécessité de ces deux pièces, xx, 156, 160. Conséquences pernicieuses, selon Bossuet, qui suivent du livre des *Maximes*, xix, 456, 475. Effets que produisoit à Rome la lettre du roi au Pape, la déclaration et la Lettre de Fénelon à un ami, xxix, 146. Les trois évêques se portent comme témoins et appelés en garantie, non comme dénonciateurs, xxix, 148. Ce que contient une seconde lettre de Fénelon, xxix, 150, 240. Il accuse Bossuet de cabale, xxix, 152. Examinateurs de son livre nommés à Rome. Ce qu'en écrivent Bossuet, son neveu et l'abbé Phelippeaux, xxix, 154, 160, 165, 175, 192, 210, 215, 220, 228, 236, 242, 259, 264, 280, 281, 286, 290, 292, 294, 303, 308, 323, 368, 421, 422; xxx, 110, 221, 222. On a le projet de mettre seulement le livre à l'*Index*, xxix, 178. Détails sur ce qui s'est passé dans les assemblées des examinateurs, relativement à cette affaire, xxix, 194, 197, 253, 254, 258, 281, 299, 300, 330, 347, 348, 356, 360, 361, 384, 388, 390, 391, 399, 404, 405, 415, 425, 429, 437, 442, 452, 454, 468, 469, 489, 501, 509, 518, 552, 577, 583; xxx, 7, 8, 14, 17. Fénelon publie une instruction pastorale pour expliquer sa doctrine. Ce qu'en pense Bossuet, xxix, 598. Relation latine de l'affaire que ce dernier envoie à Rome, où il en raconte l'origine et le progrès, xxix, 265, 590. Le Pape se le fait lire, 41, xxix, 359. Le cardinal de Noailles publie son *Instruction contre les faux mystiques*, xxix, 217. Bossuet montre qu'elle est dirigée contre Fénelon, xxix, 223, 232.

Démarches de l'abbé Bossuet auprès du grand-duc de Toscane, pour empêcher que son agent à Rome ne favorisât le livre de Fénelon, xxix, 162; xxx, 104. La traduction latine des *Maximes des Saints* paroît à Rome; ce qu'en écrit l'abbé Bossuet, xxix, 245; 268, 272, 314. On nomme deux nouveaux examinateurs, xxix, 269. Le Pape prépose deux cardinaux pour assister aux conférences : avantages qu'on espéroit de cette mesure, xxix, 297, 299, 318. Louis XIV donne un mémoire pour accélérer le jugement du livre de Fénelon, xxix, 312. Effet qu'il produit à Rome, xxix, 334, 335. Bossuet publie ses *divers Écrits contre les Maximes des Saints*, xix, 157. Il y réduit la doctrine du livre à quatre points, xix, 158, 159. Pourquoi il est forcé de s'élever contre, xix, 352. Abrégé des principales difficultés qu'il y trouve, xix, 355. Il donne sa *Préface sur l'instruction pastorale* de Fénelon, xix, 179. Utilité qu'il espéroit de ces ouvrages, xxix, 336. Ce qu'on en mande de Rome, xxix, 349, 352. Fénelon répond à la *Déclaration des évêques*, et à l'*Instruction* de M. de Noailles, etc., xxix, 336, 338, 339, 348, 350. Variations des diverses éditions de ces écrits, xxix, 381, 384, 388, 390, 402, 411. On presse l'affaire à Rome, xxix, 356. Les protestans s'intéressent à Fénelon, xxix, 385. Mémoire de Bossuet pour prouver qu'on ne devoit pas se contenter d'une prohibition générale, mais qu'il falloit censurer les propositions, xxix, 395. Il envoie à Rome copie du mémoire de Fénelon à Madame de

Maintenon, où il justifie ses liaisons avec Madame Guyon et son refus de condamner ses livres, xxix, 410. Il publie ses traités latins: *Mystici in tuto*, etc., xxix, 412. Raisons de ne pas abréger l'affaire avant la fin de l'examen, xxix, 417. Bossuet donne sa *Réponse aux quatre lettres* de Fénelon, xix, 524; xxix, 422. Il publie presque en même temps *Mystici in tuto*, et *Scola in tuto*, qu'il avoit envoyés à Rome d'avance, xix, 583 *et suiv.*, 591; xxix, 412, 424. Et peu après, le *Quietismus redivivus*, xx, 1; xxix, 537. Dans ces ouvrages, Bossuet accuse Fénelon de contradictions, xix, 524, 603; de s'écarter du sentiment des vrais mystiques, xix, 604, 611; d'en faire des téméraires et des fanatiques, xix, 600, 601; de défendre et d'imputer aux saints une hérésie, xix, 619; xx, 17; d'erreur sur l'espérance et le désir du salut, xix, 611, 612; de fausses imputations, xix, 705. Autres erreurs capitales qu'il y découvre, xix, 769. Les défenseurs du livre ne s'accordent pas avec l'auteur, xx, 3. Vaines raisons par lesquelles ils voudroient empêcher sa condamnation, xx, 5 *et suiv.* Rapprochement de la doctrine de ce livre avec celle de Molinos, sur le sacrifice du salut, xx, 15. Sur le sacrifice absolu et les actes réfléchis, xx, 22. Sur les vertus, xx, 28. Sur les divers amours, xix, 716; xx, 30, 46. Sur la contemplation, xx, 53. Sur les actes directs et réfléchis, xx, 60. Quatre erreurs ajoutées au quiétisme par Fénelon, xx, 51. Bossuet publie la *Relation sur le quiétisme*, xx, 85; xxix, 427, 443, 449, 465. Effet que produit cette *Relation*, xxix, 481, 484, 503, 508, 509, 510, 513, 523. On renvoie plusieurs des amis de Fénelon attachés à l'éducation des princes, xxix, 435, 439. On lui ôte la place de précepteur, xxix, 445, 446; xxx, 210. Projet présenté aux consulteurs pour abréger l'examen du livre des *Maximes*, avec les propositions censurables, xxix, 457 *et suiv.* Projet d'une défense générale du livre, xxix, 505 *et note.* Divers faits relatifs aux ouvrages que Fénelon composoit pour sa défense et sur la manière dont il les faisoit imprimer et parvenir à Rome, xxix, 529 *et suiv.* Bossuet fait traduire en italien sa *Relation*, xxix, 531. Estime qu'on fait de cette traduction en Italie, xxx, 104. Fénelon répond à cet ouvrage, *ibid.* Il donne différentes éditions de sa *Réponse;* ce qu'en disoit Bossuet, xxviii, 294; xxix, 550, 562, 579; xxx, 15, 16, 28. On la tient secrète à Rome, xxix, 556. On la distribue ensuite, xxix, 571. Bossuet publie ses *Remarques* sur cette *Réponse*, xxx, 37, 60. Fénelon accuse Bossuet d'avoir altéré son texte, violé le secret de la confession et des lettres missives, xx, 177, 179, 180, 297. Il veut tirer avantage de la condescendance de Bossuet envers lui, xx, 203. Il l'accuse d'ignorance dans les voies mystiques, xx, 228. Bossuet, dans ses *Remarques*, se justifie de ces accusations, *ibid.* Il reproche à Fénelon d'avoir fait de fausses imputations sur sa conduite après la publication du livre des *Maximes*, xx, 263, la restriction qu'il oppose à sa soumission aux décrets de l'Eglise, xx, 281. Ses subtilités pour se justifier lui et Madame Guyon, xx, 279, 282 *et suiv.* Bossuet accusé de cabale, xx, 392 *et suiv.* Objecte à Fénelon ses contradictions et ses faux raisonnemens, xx, 300. Son impuissance pour se justifier, xx, 302. Fénelon répond qu'il s'est servi d'un argment *ad hominem*, xx, 335, 336. Il publie une *Réponse* à l'archevêque de Paris, et la tient secrète, xxix, 526, 534, 544, 555. Ce qu'en pense Bossuet, xxix, 539. Ce qu'en dit M. de Noailles, xxix, 541. Ordres donnés par le Pape pour accélérer; efforts du cardinal de Bouillon pour y mettre obstacle, xxix, 517. Les cardinaux se déterminent à étudier la matière, pour faire cesser le partage des examinateurs, xxix, 544. Ce qui se passe dans leurs congrégations, xxx, 19, 24, 32, 80, 99, 114, 123, 124, 133, 145, 163, 174, 176, 191, 200, 202, 203, 214, 223, 224, 236, 245, 254, 255, 266, 271, 272, 274, 282, 287, 298, 305.

Bossuet publie un nouvel écrit: *De actibus a charitate imperatis*, xix, 772; xxix, 579; xxx, 28. Ordre donné par Bossuet à son neveu, pour remettre au Pape et aux cardinaux ses *Remarques sur la Réponse* de Fénelon à sa *Relation*, xxx, 49. Il demande à M. de Noailles la *Censure* des docteurs de Sorbonne contre le livre des *Maximes*, xxx, 58. A quoi servoit cette pièce, xxx, 57, 58, 59, 77, 120. Texte de la censure, xxx, 61. L'abbé Pirot en est l'auteur, xxx, 94, 95. Impressions défavorables qu'on veut donner de cette pièce à Rome, xxx, 97. Effet qu'elle y produit, xxx, 109, 116, 129, 131. Liberté avec laquelle elle a été signée, xxx, 160, 210, 213, 214, 243. Pourquoi on ne l'a pas faite plus forte, xxx, 253. Mécontentement du Pape au sujet de Fénelon, xxx, 87, 88. Efforts de cet archevêque pour avoir quelque chose en sa faveur des Universités étrangères, xxx, 99, 261. Il répond avec célérité aux *Remarques* de Bossuet, xxx, 111. Nécessité de réfuter cette *Réponse*, suivant l'abbé Bossuet, et emportement auquel il se livre à cette occasion contre Fénelon, xxx, 112. Le roi ordonne au cardinal de Bouillon de veiller à ce qu'on n'insérât rien de contraire à nos maximes dans la Bulle contre Fénelon, xxx, 137. Lettre de ce prince au Pape pour se plaindre des retards apportés à la décision, xxx, 170. Il écrit pour le même sujet au cardinal de Bouillon, xxx, 171. Thèse soutenue à Douai en faveur de la doctrine de Fénelon, xxx, 186. Ce prélat publie de nouveaux écrits pour sa défense, xxx, 168, 169, 198, 203, 211, 241. On veut faire condamner Bossuet à Rome sur plusieurs points, xxx, 197. Il répond, sous le nom d'un théologien, à une lettre de Fénelon à l'évêque de Chartres, xx, 317; xxx, 211. Puis il donne sa *Réponse* aux *Préjugés décisifs pour* M. de Cambray, xx, 356, xxx, 223. Fénelon écrit au Pape, xxx, 226. Il publie deux lettres à Bossuet sur la censure des docteurs de Sorbonne, et l'accuse d'avoir extorqué les signatures, xx, 371 ; xxx, 249, 250. Bossuet fait paroître ses *Passages éclaircis*, avec un *Avertissement* sur les signatures des docteurs, xx, 371, 382; xxx, 230, 279, 292. Il adresse à son neveu un *mémoire sur la récrimination*, touchant les points sur lesquels on vouloit le faire condamner à Rome, xxx, 231. Les cardinaux Albani, Ferrari et Noris sont chargés de rédiger la Bulle contre Fénelon, xxx, 277. On leur adjoint le cardinal Casanate, xxx, 278. Manière dont on espéroit que ce décret seroit tourné, xxx, 282. Le cardinal Casanate ayant été exclu momentanément de la rédaction, on fait des changemens au décret, xxx, 286. Ce cardinal s'y oppose, *ibid*. Le Pape recommande de ménager la personne de Fénelon, xxx, 288. On propose un *Projet de Canons* dans lesquels on établiroit la saine doctrine sur la spiritualité, sans parler du livre des *Maximes*. L'abbé Bossuet parle au Pape contre cette mesure, xxx, 294. La congrégation des cardinaux rejette ce projet, xxx, 298. Détails sur cette affaire, xxx, 304, 305, 309, 310, 314, 315, 318, 349 *et suiv*.

Mémoire dressé par Bossuet, et envoyé à Rome par le roi, contre ce projet, xxx, 313, 319. La condamnation du livre est dressée et envoyée aux cardinaux ; ce qu'en apprend l'abbé Bossuet, xxx, 299, 302, 307. Texte du Bref qui condamne le livre des *Maximes*, xx, 472, 496. Circonstances qui ont accompagné et suivi ce jugement, et difficultés qu'il a fallu surmonter pour l'obtenir, xxx, 323, 341, 355. Effet que produit en France le Bref contre le livre de Fénelon, xxx, 336, 337, 347. Bossuet en témoigne sa satisfaction, xxx, 335, 346. Bref du Pape pour annoncer au roi le jugement de l'affaire, xx, 501, 502. Les ducs de Beauvilliers et de Chevreuse vont porter à l'archevêché leur exemplaire du livre des *Maximes*, xxx, 348. Lettre de Fénelon au Pape lorsqu'il eut appris la condamnation de son livre, xxx, 357. Cette lettre est lue à la congrégation des cardinaux, xxx, 399, 413. Ce que Bossuet pense de cette lettre, xxx, 434. L'abbé Bossuet met tout en œuvre pour faire supprimer le Bref que le Pape devoit adresser à Fénelon, xxx, 413, 414, 425. Lettre de Fénelon à l'évêque d'Arras, où il lui annonce sa soumission absolue, et la prochaine publication de son Mandement, xxx, 358. Mandement de l'archevêque de Cambray par lequel il se soumet à la condamnation prononcée par le saint Siége, xx, 400. Sa lettre au Pape en lui envoyant ce Mandement, xxx, 359. Bref d'Innocent XII en réponse aux lettres de Fénelon, xxx, 460. Démarches de l'abbé Bossuet au sujet de la seconde lettre de Fénelon, et du Bref en réponse, xxx, 432. Bossuet juge inutile de demander une Bulle au lieu de Bref, xxx, 361, 364, 374. On ne veut point faire non plus ce changement à Rome, xxx, 401, 402, 411. Ce que Bossuet pense de la soumission de Fénelon, **xxx**, 364, 365, 366, 371, 372, 386, 409, 424, 428, 429. De sa lettre à l'évêque d'Arras, **xxx**, 275. Et du Bref du Pape à Fénelon, **xxx**, 450, 451. Joie que témoigne le Pape de ce qu'on étoit content de son jugement, **xxx**, 449, 463.

Mémoire présenté au roi au sujet des assemblées provinciales pour l'acceptation du Bref, **xxx**, 384. Manière dont on devoit procéder dans cette affaire, **xxx**, 393, 402, 423. Lettre du roi aux archevêques à ce sujet, **xx**, 505, 506. Compte que l'abbé Bossuet en rend au Pape, **xx**, 531. Ce qui se passa dans l'assemblée provinciale de Cambray, **xx**, 545, 550. Quelques cardinaux approuvent d'abord ce qui se fait en France pour la réception du Bref, **xx**, 544, 547. On n'est pas content à Rome de la forme qu'on avoit suivie, **xx**, 557. Ce qu'on y pense du procès-verbal de Cambray, **xx**, 562, 563. Efforts de l'abbé Bossuet pour faire condamner les explications et les écrits publiés par Fénelon pour sa défense, **xx**, 549. Mandement de Bossuet pour la publication du Bref qui condamne le livre des *Maximes*, **xx**, 472 *et suiv.* Il est approuvé à Rome, **xxx**, 474. On y est très-mécontent du réquisitoire de M. d'Aguesseau pour l'enregistrement du Bref au Parlement, **xxx**, 474 *et suiv.* Texte de ce réquisitoire, **xxx**, 475. Relation des actes et délibérations concernant le Bref du Pape qui condamne le livre des *Maximes*, faite par Bossuet à l'assemblée du clergé de 1700, **xx**, 480 *et suiv.* Déclaration du roi qui ordonne l'exécution de cette constitution, **xx**, 510, 511. Mandement de Fénelon pour publier ce bref, **xxx**, 481.

Réflexions de Fénelon sur le chapitre ix de l'*Apocalypse*, **xxx**, 530. Sentiment de Bossuet sur le *Télémaque*, **xxx**, 429. *Voy.* BOSSUET, BOUILLON, CASANATE, CLÉMENT XI, GUYON, LA COMBE, TRONSON, etc.

FERDINAND I, empereur, chasse de la Saxe les Bohémiens révoltés, **xiv**, 563.

FERDINAND, dit le Catholique, roi d'Espagne, s'empare de la Navarre, en vertu d'un décret du pape; Charles-Quint et Philippe II en ont du scrupule, **xxi**, 469.

FERMETÉ. Elle est essentielle au prince, **xxii**, 570, 571. Il y a une fausse fermeté; ses suites funestes, **xxiii**, 575. La véritable fermeté est le fruit de la sagesse, **xxiii**, 583. Elle est nécessaire à la justice contre l'iniquité qui domine dans le monde, **xxiv**, 61.

FERRAND, diacre. *Voy.* HORMISDAS.

FERRARE (concile de), assemblé par Eugène IV, se dit une continuation de celui de Bâle. Sa translation à Florence, **xxi**, 687 *et suiv.*

FERRIER (Arnaud du), ambassadeur de France au concile de Trente, y déclare la doctrine de France, de la supériorité du concile sur le Pape, **xxii**, 467.

FERRY (Paul), ministre protestant. Bossuet lui demande une conférence, xvii, 307. Il traite avec lui du projet de réunion des deux Eglises, xvii, 307 et suiv., 314, 315. Ferry répond à Bossuet, xvii, 330; et à Théodore Maimbourg sur le même sujet, xvii, 334. Il fait le récit de ce qui s'étoit passé au sujet du projet de réunion, xvii, 347, et de différens faits qui y ont rapport, xvii, 350.

Ce ministre publie un *Catéchisme*. Sa mauvaise foi ou son ignorance, d'attribuer aux catholiques de donner des adjoints à Jésus-Christ en la rédemption, de reconnoître le Pape pour époux de l'Eglise, *secluso Christo*, d'introduire tous les ans de nouvelles religions, de ne pas croire de bonne foi que Jésus-Christ soit mort pour eux, xiii, 358 *et suiv*. *Voy.* EGLISE ROMAINE, RÉFUTATION.

FERTÉ-SOUS-JOUARRE (la), communauté établie dans cette ville. Lettres de Bossuet à ce sujet, xxviii, 439 *et suiv*. Etablissement de madame de Beauveau pour supérieure, xxviii, 480 *et suiv*. Sur l'union de cette communauté avec celle de madame de Miramion, xxviii, 498 *et suiv*.

FÊTES. Instruction familière sur les fêtes de l'Eglise, v, 149 *et suiv*. Sur les fêtes des saints, v, 181 *et suiv*. Ordonnance de Bossuet touchant la sanctification des fêtes, v, 461 *et suiv*. Les fêtes, et même celles des saints, sont admises dans la réforme anglicane, xiv, 306. Les frères de Bohême conservent des fêtes abolies par les luthériens, xiv, 562. *Voy.* DIMANCHE.

FIDÈLES. Les premiers fidèles estimoient moins que de la fange toutes les pompes du monde, viii, 30. Tous les fidèles représentés dans saint Jean l'Evangéliste, ix, 526; xi, 360. Les fidèles doivent seconder le zèle de leurs pasteurs à combattre les hérésies, par de douces insinuations auprès des errans, par la prière, et par de bons exemples, xvii, 106.

FIGUIER stérile de l'Evangile : de quoi il est la figure, vi, 124; vii, 576; viii, 219.

FIGURES : de l'Eglise en la personne d'Eve, vii, 139. De Jésus-Christ et de Marie dans Adam et Eve, iv, 140. De Jésus-Christ dans Abel, iv, 141. De l'Eucharistie dans le sacrifice de Melchisédech, iv, 152. Du ciel dans la terre promise, iv, 154. Des persécutions de l'Eglise dans la captivité d'Egypte, iv, 158. De Jésus-Christ dans Moïse, iv, 160. La mer Rouge, la manne, l'eau du rocher, la colonne de nuée, le serpent d'airain, l'arche d'alliance, les sacrifices, autant de figures des choses à venir, iv, 164, 166, 170, 171, 172, 173. Figures de Jésus-Christ dans Jérémie, vi, 286 *et suiv*. Dans Jonas, vi, 310 *et suiv*.

FIGURÉ. *Voy.* SENS.

FILLES. Ce qu'on doit leur faire apprendre, xxviii, 257. L'infirmité de leur sexe les a consacrées à la modestie, et demande la retraite d'une maison bien réglée, xxvii, 9, 10, 31. Quelle mère, tant soit peu honnête, n'aimeroit pas mieux voir sa fille dans le tombeau que sur le théâtre? *ibid.*

FILS DE DIEU. Lorsque nous trouvons dans la vie ou dans la conduite du Fils de Dieu quelque contrariété apparente, le Saint-Esprit nous avertit qu'il cache quelque grand secret sous cette obscurité mystérieuse, et il nous invite de le rechercher sous sa conduite, IX, 336. *Voy.* JÉSUS-CHRIST.

FIN DU MONDE. Réflexions sur les circonstances qui l'accompagneront, VI, 235, 236 *et suiv.*, 247, 249, 250, 251, 253 *et suiv.* Rien de plus certain; le jour en est inconnu, VI, 237, 238. Instructions à recueillir de ces réflexions, VI, 257, 258, 259. *Voy.* JUGEMENT DERNIER.

FINESSES. Le prince doit éviter les mauvaises, XXIII, 630. Modèle de la finesse dans la conduite de Saül avec David, XXIII, 631 *et suiv.*

FIRMILIEN (S.), évêque de Césarée en Cappadoce, est favorable à la rebaptisation; il s'oppose au décret du pape saint Etienne, XXI, 492.

FISCHER (Jean), évêque de Rochester, l'un des plus grands hommes d'Angleterre, mis à mort pour n'avoir pas voulu reconnoître la primauté ecclésiastique du roi, XIV, 265, 266.

FISCHER (Jean), ou le Pêcheur, connu sous le nom de *Piscator*, soutient que la justice de Jésus-Christ, qui nous est imputée, n'est pas celle qu'il avoit pratiquée pendant sa vie, mais celle qu'il avoit subie par sa mort. Sa doctrine détestée et condamnée dans quatre synodes, XIV, 588 *et suiv.*

FLANDRE. Cette province est déchirée par des factions. Quelle en fut la cause, XXV, 124 *et suiv.*, 129 *et suiv.*, 138, 363 *et suiv.*

FLATTERIE. Combien la flatterie de la Cour est délicate et dangereuse, IX, 413.

FLATTEURS. Combien ils sont à craindre et difficiles à éviter, IX, 247. Les flatteurs sont incapables d'être amis; ils veulent être ou maîtres ou esclaves, XXVI, 35. Nos passions, notre amour-propre, flatteurs intérieurs qui autorisent les autres, IX, 247, 248, 413. Remède, IX, 414. Les princes ont des ennemis contre lesquels ils n'ont jamais tiré l'épée : ce sont les flatteurs, X, 622. *Voy.* PRINCE.

FLAVIEN (S.), patriarche de Constantinople, condamne Eutychès et envoie la procédure à saint Léon, XXII, 32 *et suiv.*, 165.

FLÉCHIER (Esprit), évêque de Nîmes. Ses réflexions sur un écrit de Bossuet, touchant la conduite à tenir envers les nouveaux convertis, XXVII, 167.

FLEURY (André-Hercule de), évêque de Fréjus. M. d'Aquin, son prédécesseur, qui s'étoit démis, s'oppose à son sacre. Bossuet, consulté par Louis XIV, déclare qu'on peut passer outre, XXVII, 86 *et suiv.* Il remercie Bossuet de son *Instruction* contre Richard Simon, dont il fait l'éloge, XXX, 578.

FLEURY (l'abbé Claude) traduit avec beaucoup de soin le livre de l'*Exposition*, xxvi, 201. Ses lettres à Bossuet sur la mort de deux amis du prélat, xxx, 486, 490. Il est reçu à l'Académie françoise à la place de La Bruyère, xxix, 9. Il est conservé dans sa place de sous-précepteur des princes, lorsqu'on renvoya les amis de Fénelon, parce que Bossuet répondit de lui, xxix, 444, 466.

FLORENCE (concile de). Eugène IV y annulle ce qui a été fait à Bâ depuis la translation, xxi, 689 *et suiv.* Les Grecs y disent que l'union ne peut être faite que dans le concile général; que l'Eglise assemblée ne peut errer, xxi, 693; xxii, 93. Son décret sur l'autorité du Pape; ce concile a-t-il annulé par là les décrets de celui de Constance? xxi, 214 *et suiv.*; xxii, 428, 470 *et suiv.*

FOETUS ou embryon; sa formation, xxiii, 103.

FOI. Sa définition, x, 471; xii, 517. Ses diverses espèces; leur définition, xxiii, 64, 65. Nécessité de la foi, v, 51, 53; xxii, 694. La foi ne varie jamais, xvii, 384, 416 *et suiv.* Combien il est dangereux de prétendre qu'on puisse changer les décrets de l'Eglise sur la foi, xviii, 272. Objections contre l'immobilité de la foi, xviii, 273. Le consentement unanime et perpétuel de l'Eglise forme la règle des vérités de foi, xvii, 458. La foi est fondée sur la parole de Dieu, et non sur le raisonnement humain, iv, 68, 69, 70. Elle est toujours la même, iv, 203, 217. C'est un recueil des vérités saintes qui surpassent notre intelligence, et qui nous fait unir ce que notre intelligence ne peut unir, xv, 253. Notre foi est affermie par les miracles de Jésus-Christ, et par l'accomplissement visible et perpétuel de ses prédictions et de ses promesses, xvii, 105, 106. La foi a été soutenue par les miracles et par les martyrs, x, 471. Elle est le fondement de l'édifice de la vie spirituelle, ix, 100 *et suiv.* Elle exige des œuvres, *ibid.* La raison lui est subordonnée, ix, 102. Heureux effets de la foi en Jésus-Christ, viii, 475. Transportée de l'Orient au Nord, et du Nord en d'autres climats, x, 180, 181. Dépôt, trésor, fondement de l'Eglise, ix, 612, 613. Le dépôt de la foi est le plus précieux qu'un roi ait reçu de ses ancêtres, ix, 628. Comment la foi ne connoît point de nécessités, x, 331.

Effets de la foi, xxviii, 211, 212. Elle doit nous soutenir dans nos maux, xxviii, 16. C'est la voie la plus sûre, xxviii, 120. En quoi consiste la foi nue, xxviii, 137, 141, 197, 205. Elle doit être notre guide ici-bas, xxvii, 527. Elle est le fondement de l'oraison, xxvii, 566. Toute espèce d'oraison doit être fondée sur la foi, xxviii, 208, 209, 359. Le don de foi n'est pas donné à tous, iii, 344 *et suiv.* Les princes ne sont pas juges de la foi, iii, 505, 506. Entre les articles de foi, les uns sont nécessaires au salut, les autres ne le sont pas, xvii, 471.

L'assemblée de 1700 censure plusieurs propositions relatives à la foi, XXII, 746 *et suiv.*

La foi trouve dans les Psaumes un ferme appui, I, 12, 18. Elle donne l'intelligence de ces saints cantiques, I, 54. Il faut plonger toutes ses lumières dans l'obscurité de la foi, XXVIII, 207, 208. Combien sont honorables à l'Eglise les souffrances endurées pour la foi, X, 473. La foi de l'Eglise induit nécessairement l'esprit de sainteté dans sa communion, X, 434. *Voy.* EGLISE. Déplorable état d'une ame qui a perdu la foi, XII, 552, 553 *et suiv.* Exercice pour faire en esprit de foi toutes ses actions, VII, 509, 510 *et suiv.* Si la foi seule justifie, XVII, 413, 443, 444, 464, 473, 474, 505. Certitude de la foi justifiante, XVII, 506; XVIII, 17. Efficace de cette foi, XVII, 355; XVIII, 16. La foi justifiante inamissible de Calvin est habituelle, suivant ses disciples, et reste dans l'homme, quoique plongé dans le crime, XV, 27. *Voy.* SALUT.

Faire voyager la foi, c'est faire régner Dieu; faire régner un homme sans loi, c'est faire régner une bête farouche, XXVI, 36.

FOI SOLIDE, inventée par Bucer, dans une seconde Confession de foi, où il confirme que les indignes reçoivent réellement le corps du Seigneur; ce que c'est que cette foi, XIV, 222.

FOI SPÉCIALE. La confession d'Augsbourg ne lève pas les difficultés sur ce point, XIV, 120. *Voy.* LUTHER.

FOIBLESSE. Maux qu'elle cause quand le prince s'y laisse entraîner, XXIII, 567 *et suiv.* Comment remédier à nos foiblesses, XXVII, 615. Avantages à en tirer, XXVIII, 359, 361. Foiblesse d'une ame épuisée par l'attache à la créature, IX, 472. Ce qui fait tomber les royaumes héréditaires, c'est quand il y naît des princes foibles que les peuples méprisent XXVI, 36.

FOIX. *Voy.* GASTON.

FOLIE. En quoi elle consiste : sa différence d'avec le délire, XXIII, 164. Combien elle est naturelle à l'orgueil, X, 353.

FONDAMENTAUX. *Voy.* ARTICLES.

FORMOSE, pape, transféré du siége de Porto. Procès fait à sa mémoire; ses ordinations annulées; troubles à ce sujet, XXII, 221 *et suiv.*, 365.

FORMULE (la) *Regnante Jesu Christo*, dont on s'est servi pour la date des actes, ne prouve pas que les rois étoient déposés, XXI, 423, 424. Les formules imprécatoires ne prouvent pas la puissance de l'Eglise sur le temporel, XXI, 304, 305. La formule par laquelle on publie les décrets des conciles au nom du Pape, *avec l'approbation du saint concile*, ne déroge pas à leur autorité, XXI, 634 *et suiv.*

FORMULE HELVÉTIQUE, où l'on décide que le texte hébreu est exempt de toute faute de copiste. Les savans du parti s'en moquent, XV, 53.

FORTUNE. Elle n'a aucune part dans le gouvernement des choses humaines, **xxiv**, 89. Quel est le présent le plus cher et le plus précieux de la fortune, **ix**, 318, 319. Combien elle est trompeuse, **ix**, 324, 328. Exemples de ses désordres, **ix**, 325. Loin de nous donner la puissance elle ne nous laisse pas même la liberté, *ibid*. Combien sont aveugles ceux qui courent après la fortune, **xi**, 214, 220. Malédictions des grandes fortunes, **x**, 477.

FOULQUES de Neuilly reçoit du pape Innocent II, l'ordre de prêcher la croisade, **xv**, 62.

FOULQUES, archevêque de Reims. Sa lettre au roi Charles le Simple, qu'il menace d'excommunication, ne prouve pas le pouvoir de l'Eglise sur le temporel, **xxi**, 340.

FRACTION du pain de l'Eucharistie. Les calvinistes de Marpourg et les luthériens de Rintel se tolèrent mutuellement, dans la conférence de Cassel, quoique les uns croient la fraction essentielle à l'intégrité du sacrement, et les autres non essentielle, **xv**, 50.

FRANCE. Sa constitution monarchique est la meilleure et la plus conforme à celle que Dieu a établie, **xxiii**, 528. Antiquité de la maison de France, **xii**, 477, 509, 510. Pureté de la foi de ses rois, toujours enfans de l'Eglise, **ix**, 627, 628; **xi**, 622; **xii**, 444. Eloge donné par saint Grégoire à la couronne de France, **ix**, 627; **xi**, 612.

Les peuples voisins disent eux-mêmes qu'il n'est point de royaume où la religion soit plus florissante, le clergé plus savant, le sacerdoce plus saint, la discipline monastique plus chaste et plus sévère, sa doctrine et les mœurs plus pures, l'étude des Ecritures, et des antiquités plus animée de zèle et d'ardeur, **xxii**, 451.

FRANCFORT (concile de). Les évêques de France et d'Allemagne y rejettent, en présence des légats du Pape, le septième concile, **xxii**, 79 *et suiv*. On y condamne l'hérésie d'Elipand, **xxii**, 198 *et suiv*.

Assemblée de Francfort dans laquelle on dresse une nouvelle formule de foi sur l'Eucharistie, contraire à la Confession d'Augsbourg, **xiv**, 340. Autre assemblée de tout le parti du sens figuré, où l'on tâche de convenir d'une Confession de foi commune, et d'y comprendre les luthériens. On se sert de termes qui exténuent la présence réelle, **xiv**, 581. Le synode de Sainte-Foi consent à la nouvelle Confession de foi, et donne pouvoir à quatre députés et à M. de Turenne, de régler sur la foi ce qui leur plairoit, **xiv**, 585. Ces deux synodes ne peuvent s'accorder ni avec les luthériens, ni même entre eux. *ibid*.

FRANCISCAINS. Leurs disputes, au sujet de la règle de saint François, donnent lieu à plusieurs bulles contradictoires des Papes, **xxi**, 62, 63 *et suiv*.; **xxii**, 246 *et suiv*.

FRANÇOIS I, roi de France, poursuit les projets de Louis XII contre l'Italie, **xxv**, 310. Ses négociations à cet effet, *ibid*. Le besoin d'argent l'engage à vendre les charges de judicature, xxv, 312. Il s'avance vers l'Italie, passe les Alpes, fait un accord avec les Suisses; leur infidélité à leurs promesses le rend inutile, xxv, 314. Gagne contre eux la bataille de Marignan, *ibid.* Fait son entrée dans Milan; conclut le Concordat avec le Pape, xxv, 316 *et suiv.* Causes des longs démêlés qu'il devoit avoir avec Charles-Quint, xxv, 320, 322. Il arme contre ce prince, xxv, 324. Ses affaires se dérangent en Italie, xxv, 326. Attaqué par cent endroits différens, il soutient la partie avec des succès mêlés de quelques revers, xxv, 327 *et suiv.* Embarras qu'il éprouve à la nouvelle de la défection du connétable de Bourbon, xxv, 341. Il fait passer une armée en Italie, et se trouve en grand péril dans plusieurs parties de la France, xxv, 344. Il se détermine à passer lui-même en Italie, xxv, 347. Sa confiance lui fait perdre la bataille de Pavie et la liberté, xxv, 354. Consternation que ce malheur répand en France; mesures qu'on prend pour garantir le royaume des dangers qui le menacent, xxv, 356. Rendu à la liberté, ce prince proteste contre les conditions injustes qui lui étoient imposées, et forme une nouvelle ligue contre l'empereur, xxv, 365, 372. De nouvelles tentatives en Italie, à la fin malheureuses, xxv, 378. Il est réduit, moins par le malheur de ses affaires que par le désir de revoir ses enfans laissés en otage à la cour d'Espagne, d'abandonner ses alliés, xxv, 381, 382. Il se joint au roi d'Angleterre et aux princes luthériens contre l'empereur, xxv, 386. S'oppose avec vigueur aux progrès de l'hérésie de Luther en France, xxv, 397. Il est engagé dans une nouvelle guerre contre l'empereur, xxv, 399 *et suiv.* Chagrin qu'il éprouve, xxv, 411. Sages mesures qu'il prend pour s'opposer aux entreprises de ses ennemis contre la France, xxv, 412. Il prend un parti qu'on n'auroit pas attendu de son courage, xxv, 418. Les plaintes qu'il porte contre l'empereur n'ayant pas été écoutées, il lui déclare la guerre. Il reprend le dessein d'exciter les Turcs contre ce prince, xxv, 430. Il soutient la guerre contre l'empereur, et le roi d'Angleterre, xxv, 436. La paix avec l'empereur lui fait tourner ses projets contre l'Angleterre, xxv, 439. Des nouvelles affligeantes altèrent sa santé, xxv, 443. Il meurt après un règne de trente-trois ans. Jugement sur ce prince, *ibid.*

FRANÇOIS II. Tout ce qui fait appréhender de grands troubles dans un Etat, se trouve ensemble sous son règne, xxv, 479. Sa mort à l'âge de dix-huit ans, xxv, 499.

FRANÇOIS (d'Assise S.). Son panégyrique, xii, 353. Son esprit de mortification et de pauvreté, xii, 359, 361, 369. Son ardent désir pour le martyre, xii, 372. Ses prédications en Asie, en Afrique, *ibid.* Combien il étoit humble, xii, 373. Son institut approuvé par Innocent III, pour opposer de vrais pauvres aux faux pauvres de Lyon, xiv, 502.

FRANÇOIS DE PAULE (S.). Son panégyrique, xii, 197, 166. Sa vie austère, xii, 199 *et suiv*. Solitaire au milieu de la Cour, xii, 206, 182. Sa vie pénitente, xii, 176 *et suiv*. Combien il méprisoit les honneurs, xii, 180. Parallèle de ce saint et de Louis XI, xii, 182 *et suiv*. Son ardent amour pour Dieu, xii, 185.

FRANÇOIS DE SALES (S.). Panégyrique de ce saint évêque, xii, 70 *et suiv*. La science, l'autorité, la conduite des ames lui ont donné beaucoup d'éclat dans le monde, xii, 72 *et suiv*. Où il avoit pris cette science lumineuse et tout à la fois ardente, avec laquelle il savoit également persuader et convertir, xii, 74. Parallèle de saint François de Sales et de saint Charles Borromée, xii, 75, 76. Combien il méprisa le monde, xii, 81, 82. Sa douceur, xii, 83. Sa patience, xii, 84. Sa tendre compassion pour les pécheurs, *ibid* et 85. Sa miséricordieuse condescendance pour les ramener au bercail, xii, 86.

Ce saint combat les retours de l'amour-propre, xviii, 463. Il approuve les réflexions dans l'oraison, xviii, 464. Comment il explique la continuité des actes, xviii, 516. Il appelle l'oraison passive, *de simple remise en Dieu*, xviii, 519. Sa doctrine sur l'oraison est celle de tous les bons mystiques; on l'expose au long, xviii, 542 *et suiv*.; 664 *et suiv*. Moyen décisif pour bien entendre les livres de sain François de Sales sur l'amour de Dieu, xix, 174 *et suiv*. Belle règle qu'il donne, xix, 398. Jamais il ne fut dans une persuasion invincible de sa réprobation, xix, 407, 411, 412. Combien cet état est contraire à sa doctrine, xix, 408, 409. Il n'a point exclu les désirs du salut, xix, 200. Diverses éditions de ses *Entretiens*; quelles sont les bonnes? xix, 200, 301 *et suiv*. Son autorité sur le dogme poussée trop loin, xix, 295 *et suiv*. Ses *Opuscules*, xix, 303. Qu'étoit-ce que la résolution qu'on lui attribue et la réponse de mort empreinte en lui-même, xix, 551, 552 *et suiv*.; xx, 19, 20. Passage de ce saint mal interprété sur la résignation, xix, 648 *et suiv*. Des mystiques ne peuvent s'autoriser de la pieuse exagération où le porta son amour, xx, 398 *et suiv*. Mot de ce saint sur la volonté de Dieu, xxviii, 196, 197, 266.

FRANCS (les) élèvent Pharamond à la royauté et commencent la monarchie de France, xxiv, 345. Ils s'établissent solidement dans les Gaules, sous Mérovée, xxiv, 347.

FRA-PAOLO, protestant habillé en moine; preuve tirée de Burnet, xiv, 317. Il travaille à introduire l'hérésie dans l'Etat de Venise, xxi, 509; xxii, 475 *et note*.

FRATRICELLES. Nom qu'on donnoit aux Franciscains révoltés contre Jean XXII. Ils appellent au concile, xxii, 248 *et suiv*.

FRÉDÉGONDE épouse Chilpéric. Ses cruautés. Elle gouverne le royaume pendant la minorité de son fils, xxv, 6, 7. Cette reine ambitieuse met toute la France en combustion et ne cesse d'exciter des guerres cruelles entre les rois françois, xxiv, 351.

FRÉDÉRIC I, empereur. Ses démêlés avec les Papes, xxi, 442 *et suiv.*

FRÉDÉRIC II confirme les décrets du concile de Latran, qui prononçoient des peines temporelles contre les hérétiques, xxi, 479. Ce prince est excommunié et déposé par Grégoire IX; on le reconnoît toujours comme empereur, xx, 248; xxi, 488 *et suiv.*

FRÉDÉRIC, duc d'Autriche, usurpe les biens de l'évêché de Trente : Monitoire du concile de Constance à ce sujet, xxi, 500, 501. Il protége Jean XXIII après son évasion, xxi, 588.

FRONDE. Peinture des troubles de la fronde, xii, 546.

FULGENCE (saint). Combien son autorité a toujours été révérée, iv, 193.

FURSTEMBERG (Ferdinand de), évêque et prince de Paderborn. Portrait de ce prélat, xxvi, 173, 174. Lettre que Bossuet lui écrit au sujet de son livre des *Monumens de Paderborn*, *ibid.* Combien les poésies de ce prélat sont dignes de sa sagesse, en les consacrant à porter les esprits à la véritable piété, *ibid.*

G

GABRIEL (l'ange) annonce la conception de saint Jean, vii, 192, 193. Celle de Jésus-Christ, vii, 198, 199.

GALÉRIUS est fait César par Dioclétien, xxix, 337. Il force ce prince d'abdiquer, *ibid.* Jaloux de Constantin, il l'expose au péril, *ibid.* Il fait Licinius empereur, xxiv, 338. Contraint Dioclétien à persécuter les chrétiens, *ibid.* Sa cruauté, xxiv, 339. Sa mort misérable, *ibid.* Sa persécution est prédite dans l'Apocalypse, ii, 465 *et suiv.*

GAP (le synode de) déteste la doctrine de Piscator, xiv, 588. Ce synode déclare le Pape Antechrist. Fondement de son décret, xiv, 598 *et suiv.* Embarras d'un synode de Gap sur ce que l'Eglise invisible avoit été oubliée dans la Confession de foi, xv, 74. Sa décision mémorable sur la vocation extraordinaire, xv, 76.

GASTON de Foix, duc de Nemours, reçoit le commandement des armées françoises en Italie, xxv, 303. Ses succès; sa mort, xxv, 304 *et suiv.*

GASTON PHŒBUS, comte de Foix, est visité par Charles VI, attiré par sa grande réputation, xxv, 144. Malheurs qu'il éprouve dans sa famille, xxv, 145.

GAUCELIN, évêque de Lodève, découvre dans le concile de Lombez, toutes les erreurs manichéennes des Albigeois, xiv, 478.

GEBHARD, archevêque de Salzbourg : sa lettre à Herman de Metz sur l'empereur Henri IV, xxi, 397.

GÉDÉON abat les Madianites, xxiv, 272. Son exemple cité, pour prouver que cette parole : *Je suis avec vous*, marque une protection assurée et invincible. Mauvaises réponses de Basnage, xvii, 158, 159.

GÉLASE (S.), pape. Sa doctrine sur l'indépendance des deux puissances, xxi, 256 *et suiv*. Il refuse d'obéir à une loi injuste d'Odoacre, xxi, 296. Sa lettre aux évêques de Dardanie, où il relève l'autorité du Saint-Siége, xxii, 186, 187. Il défend d'appeler du Pape au concile, en quel sens, xxii, 321. Comment on doit accorder des dispenses, suivant ce pape, xxii, 406. Il s'oppose à l'empereur Anastase, au sujet d'Acace, xxii, 277 *et suiv*.

LEGENDRE (M. le), intendant de Montauban, rend compte à Bossuet de la conduite qu'il a tenue à l'égard des nouveaux convertis, xxvii, 103. Fruits qu'il a recueillis de ses soins, *ibid*.

GÉNÉALOGIE royale de Jésus-Christ par saint Matthieu, vii, 228 *et suiv*. Par saint Luc, vii, 364.

GÉNÉRAL. Ses qualités, xxiv, 171. Il apaise de braves gens en les louant, xxiv, 173. Il accoutume le soldat à mépriser l'ennemi, *ibid*. Diligence et précaution dont il doit user dans les expéditions, *ibid*. *Voy*. GUERRE, PRINCE. Le général doit supporter, plus que tous les autres, le soleil, le froid et tous les travaux. Par là il gagne ses soldats, il les encourage, et au fond il a moins de peine qu'eux, parce que la gloire le soutient, xxvi, 33.

GENÈVE (l'Eglise de) et celle de Zurich s'accordent sur ces deux points contradictoires : que le baptême n'a son effet qu'à l'égard des prédestinés, et qu'il ne l'a pas toujours, même à l'égard des prédestinés, xiv, 361. Cette église, conjointement avec les Suisses, ajoute deux articles à la Confession de foi, sur l'imputation du péché d'Adam, et sur l'ordre des décrets divins touchant l'envoi de Jésus-Christ et le décret d'élection. Plaintes à ce sujet du ministre Claude, xiv, 53, 54.

GENTILS. Leur conversion prédite, xxiv, 410, 412, 430, 513. Elle s'accomplit, xxiv, 469, 513. L'endurcissement des Juifs sert à leur salut, xxiv, 471. Dieu s'est servi du mystère de la Croix pour les convertir, xxiv, 314 *et suiv*. Leur conversion qui concourt avec la désolation des Juifs, et la prédication de l'Evangile, suivant les prophéties, preuve de la vérité de la religion, xxiv, 462. Les gentils n'ont commencé à connoître Dieu et le Verbe que quand Jésus-Christ a paru, xxvii, 245. Leurs sages, avec leurs discours magnifiques, n'avoient pu attirer personne à la doctrine des bonnes mœurs et de l'immortalité de l'ame, *ibid*.

GEORGES, duc de Saxe, aussi contraire aux luthériens que son parent l'électeur leur étoit favorable, est haï de Luther, qui prophétise contre lui, et qui tâche de persuader d'accomplir ses prophéties à coups d'épée, xiv, 90, 91.

GÉRARD (André-Jean), docteur luthérien, explique dans un sens catholique ce qu'on avoit dit obscurément de la certitude du salut dans le livre de la *Concorde*, xiv, 354, 355. Enseigne, contre les principes de sa secte, la certitude calvinienne du salut, xv, 172. Il prouve que Calvin et les calvinistes font Dieu auteur du péché, xv, 248.

GERBAIS (Jean), docteur de Sorbonne, sollicite Bossuet en faveur de l'abbé Dupin, xxx, 542, 547.

GERMAIN (S.), patriarche de Constantinople, obéit, ainsi que l'Eglise d'Orient, aux empereurs iconoclastes persécuteurs, xxi, 321, 330.

GERSON (Jean), ou Charlier, chancelier de l'Université de Paris. Son éloge et sa sainte mort à Lyon, xxii, 477. Il croit les papes faillibles et l'Eglise romaine indéfectible, xxii, 286, *et suiv.*, 486, 487. Il prêche au concile de Constance, et appuie les décrets des quatrième et cinquième sessions, xxi, 562 *et suiv.*, 643. Il désire la réformation des mœurs et non de la doctrine, xiv, 19. Il est mal allégué par Burnet. *Voy.* BURNET.

Sentiment de Gerson sur les expériences dans l'oraison, xviii, 369. Sur les exagérations des mystiques, xviii, 385. Ce qu'il dit de ceux qui imputent à Dieu leurs péchés, xviii, 453. De l'oraison de quiétude, xix, 596, 597.

Bossuet accuse Gerson d'avoir mal parlé, et de n'avoir pas suivi l'ancienne tradition, xxvi, 295. En quoi, *ibid.*, *note*. Sa doctrine touchant les décisions des évêques, xxx, 555. Du livre intitulé l'*Esprit de Gerson* et de son auteur, xxviii, 82. Gerson a prononcé l'oraison funèbre du duc d'Orléans, xxv, 165.

GIORI (M.), prélat romain, se donne beaucoup de mouvement auprès du Pape et des cardinaux, dans l'affaire des *Maximes des saints*, xxix, 267, 294, 304, 360, 392, 559, 586 ; xxx, 103, 334. Bossuet lui écrit pour l'en remercier, xxix, 306, 307.

GLOIRE. En quoi consiste celle de Dieu, x, 432. Combien la gloire de Jésus-Christ est différente de celle des grands du monde; exemple d'Alexandre, viii, 131. Artifices de la vaine gloire, ix, 579. Celle qui vient de Dieu doit seule être désirée, ix, 581, 582. La gloire du monde est ce que le Fils de Dieu a le plus combattu, xi, 487. Toutes les vertus corrompues par la gloire, xi, 476. Rien de plus misérable et de plus pauvre que la gloire, xi, 570.

Combien elle est à craindre pour un chrétien, xii, 495. La gloire du monde dissipée, viii, 261. Sa vanité, vii, 397. Dieu punit l'homme qui en est avide en la lui donnant, vii, 452. Malheur de ceux qui font le bien en vue d'acquérir de la gloire, vii, 454; ou qui sont pleins d'estime pour eux-mêmes, vii, 455. La foi préserve le chrétien de ce malheur, vii, 457.

La gloire des armes est un motif injuste de faire la guerre, xxiv, 139, 140. Elle est anéantie par deux paroles de Jésus-Christ, xxiv, 144. La gloire préférée à la vie de Judas Machabée, xxiv, 165. L'amour de la gloire plus dangereux que celui de la beauté même, xxvii, 4.

GNOSE, GNOSTIQUE. Idée générale de la Gnose, xix, 2, 3. Fausse Gnose, *ibid.* Vraie Gnose, xix, 6. Les mystiques la font consister dans une habitude d'amour et de contemplation, xix, 12. Dans une habitude de charité pure et désintéressée, xix, 15. Dans une contemplation permanente, xix, 17. Le gnostique fait toujours de nouveaux efforts, xix, 19, 20. Il n'exclut pas un raisonnement discursif, xix, 20, 21. De l'immutabilité du gnostique de saint Clément, xix, 24. De son entendre perpétuel? xix, 28. Des nécessités qu'il lui attribue, *ibid.* Sa Gnose est un état d'impassibilité, xix, 31. Exclut-elle les pratiques ordinaires? xix, 40, 41. Les demandes du gnostique sont-elles passives, xix, 43. Le parfait gnostique fait-il des demandes? xix, 46. Passage de saint Clément qui prouve l'affirmative, xix, 47. Y a-t-il dans saint Clément un état supérieur à la Gnose? xix, 50. L'action de graces en lui exclut-elle sa demande? xix, 58. Du gnostique actif, xix, 42, 44, 61, 62. S'il peut demander les biens temporels, xix, 63. Désirer les biens éternels et la persévérance, xix, 64, 65. Faire des actes d'espérance, xix, 66. La Gnose de saint Clément est-elle l'état passif des mystiques? xix, 71. Du gnostique déifié, xix, 79. S'il voit Dieu face à face, et est rassasié, xix, 83. Conséquence de la doctrine des mystiques, xix, 89. Leur prétendu gnostique a le don de prophétie, xix, 92. La Gnose est un état apostolique, xix, 96. Sûreté de la voie gnostique, xix, 99. Tradition secrète dont on voudroit s'autoriser, xix, 102, 103. Du secret qu'on doit garder sur la Gnose, xix, 130. *Voy.* CLÉMENT d'Alexandrie.

GODEFROY de Bouillon obtient le commandement de deux armées envoyées contre les Sarrazins, xxv, 48. Ses victoires, *ibid.* Elu roi de Jérusalem, il refuse d'être couronné en roi, où son maître avoit été couronné d'épines, *ibid.* Il étoit seul capable de soutenir les affaires des chrétiens de la Palestine, xxv, 49.

GODET DES MARAIS (Paul de), évêque de Chartres, approuve l'*Instruction sur les états d'oraison*, xviii, 378. Il condamne les livres de Madame Guyon, xviii, 633. Bossuet lui écrit sur le livre des *Maximes*, xxix, 53. M. Tronson le remercie de lui avoir communiqué la lettre de Bossuet, où il l'accuse de ménagement, xxix, 57. Il lui fait part des dispositions de Fénelon à l'égard des explications qu'on lui demandoit, xxix, 64, 65. L'évêque de Chartres se réunit à M. de Noailles et à

Bossuet pour l'examen du livre des *Maximes*, xxix, 83, 84. Il signe la déclaration des trois évêques contre ce livre, xxix, 125. Il dément les faux bruits de son changement à l'égard du livre, xxix, 414. Bossuet, sous le nom d'un théologien, répond à une lettre de Fénelon contre ce prélat, xxx, 211, 241.

GOMAR (François) s'oppose à Arminius, et soutient le libre arbitre, l'inamissibilité de la justice, et, sur la certitude du salut, la pure doctrine de Calvin, xv, 9. *Voy.* REMONTRANS.

GONZAGUE, ANNE DE GONZAGUE DE CLÈVES, princesse palatine. Notice sur sa vie, xii, 537 *et suiv.* Son oraison funèbre, xii, 539. Avec quel soin sa jeunesse fut cultivée, xii, 541. Son amour pour les choses saintes, xii, 542. Son mariage avec le prince de Bavière, qu'elle ramène au sein de l'Eglise, xii, 544. Elle se laisse prendre à l'amour du monde, xii, 545 *et suiv.* Perd la foi, xii, 551, 552. Par quelle grace elle la recouvre, xii, 555. Elle se convertit, xii, 557, 558. Sa mort édifiante, xii, 565, 566.

GONZALEZ (Thyrsus), général des Jésuites, écrit contre le probabilisme, xxii, 730, 735. Son livre est loué par Bossuet, xxxi, 7. Il écrit contre la Déclaration de 1682, xxi, 10. On le réfute, xxi, 42, 58, 113 *et suiv.*, 592, 597, 638 *et suiv.*, 675.

GONZALVE, dit le Grand-Capitaine, reçoit le commandement des armées de Ferdinand en Italie, xxv, 273.

GORGON (S.). Panégyrique de ce saint, xii, 316. Il refuse de sacrifier aux idoles; son douloureux martyre, xii, 306, 313, 314, 324, 325.

GORGONIE (sainte). Ses vertus, x, 633 *et suiv.*

GORNAY (Henri de). Son oraison funèbre, xii, 694. Noblesse et antiquité de sa famille, xii, 698. Son esprit de mortification, xii, 699.

GOTESCALC. Prédestination du neuvième siècle; de quelle erreur on l'accusoit, iv, 5. Comment on le défendoit, iv, 193, 194.

GOUT (le) et sentiment de l'Ecriture, que Jurieu, Claude et d'autres ministres donnent aux simples comme une règle certaine pour l'entendre, est une illusion manifeste, xvi, 132, 133. C'est aussi par le goût qu'ils leur disent de distinguer les articles fondamentaux, xvi, 143. Jurieu prétend connoître la Trinité, l'Incarnation, l'Ascension de Jésus-Christ par le goût, xvi, 160. Le goût et le sentiment où Jurieu réduit la Réforme, est un aveu de son impuissance à montrer les points fondamentaux par la parole de Dieu, xvi, 155.

GOUVERNEMENT. Son autorité peut seule mettre un frein aux passions, et établir l'union parmi les hommes, xxiii, 491. Ses avantages pour les particuliers, xxiii, 492. Il rend les Etats immortels, xxiii, 495. A besoin de lois pour sa perfection, xxiii, 496. Origine du gouvernement royal, xxiii, 519, 520. Autres formes de gouvernement, xxiii, 522. On doit s'attacher à celle qu'on trouve établie dans son pays,

XXIII, 529. Le gouvernement doit être doux, XXIII, 553. C'est un ouvrage de raison et d'intelligence, XXIII, 579, 580. Il doit être fondé sur la religion, XXIV, 29. Ce que c'est que le gouvernement absolu, XXIV, 105. Dans le gouvernement légitime les personnes sont libres, et la propriété des biens est inviolable, XXIV, 106. Le gouvernement civil est parfait en lui-même dans les choses de son ressort, XXI, 192 *et suiv.* Ceux qui gouvernent les États doivent être semblables aux lois, qui sont portées au châtiment non par la colère, mais par l'équité, XXVI, 34. *Voy.* ETAT, MONARCHIE, PRINCE, RELIGION.

Jésus-Christ n'a point établi le gouvernement de l'Eglise sur la forme des gouvernemens humains, XXII, 338. Il est soumis, suivant Gerson, à la volonté raisonnable du Pape, XXII, 389. En quoi il consiste, XXII, 419 *et suiv.* Le sentiment des François, sur cette matière, ne diffère qu'en apparence de celui de leurs adversaires, XXII, 437, 438 *et suiv.* C'est une monarchie, selon Gerson, XXII, 572. Forme de l'ancien gouvernement de l'Eglise pendant les persécutions, XXI, 95. *Voy.* EGLISE.

GRACE. En quoi elle consiste, X, 496. Sa gratuité, XXII, 722, 723. Sa nécessité, V, 82; X, 497. Son efficace et son influence continuelle, VII, 343. Notre libre arbitre doit y coopérer, XVII, 507, 508; XVIII, 78. Impuissance de l'homme sans la grace, XXVIII, 90. La grace ne nous quitte jamais la première, IX, 281. Son efficacité, IX, 282. Quel est le propre de la grace, XI, 260, 241. Elle est accordée à tous, VIII, 364. Il faut y être fidèle, XXVII, 618. Celui qui est fidèle à la grace peut s'élever à la perfection, malgré les obstacles les plus invincibles, XII, 539 *et suiv.* La grace sanctifiante ne devoit être donnée qu'une fois dans la première intention de Dieu, VIII, 502; X, 117. Trois principales opérations de la grace, XI, 44, 45, 80. La grace, don propre de l'Evangile, VIII, 404. Force de la grace pour surmonter l'habitude, IX, 66. Ses effets sont peu connus, *ibid.* Comment la grace nous fait faire le bien, XXVIII, 546. Conserver la justice est une opération de la grace, VI, 150, 151. Opposition de la nature et de la grace, X, 613. La grace de la rémission des péchés est le fruit principal du sang du Nouveau Testament, IX, 90. La grace du baptême remet tous les péchés, VIII, 370. Grace qui opère dans la pénitence; sa nature, sa force, IX, 434, 438. On peut perdre la grace recouvrée, et même la recouvrer plusieurs fois dans le sacrement de pénitence, X, 186. La grace de la vocation des pécheurs figurée dans la soudaine illumination du saint Précurseur, XI, 44, 45. La grace doit prévenir ceux qui se destinent au sacerdoce, XI, 241. La grace nous est distribuée par Marie, XI, 226. Manière dont Dieu distribue ses graces, XXVIII, 110. Quelles sont celles qu'on doit souhaiter préférablement, XXVIII, 164, 231. Ne pas réfléchir sur leur nature, XXVIII, 169, 170, 174, 175. Peut-on demander d'en être privé de peur d'en abuser, xxviii, 382, 396. Les graces de Dieu ne périssent point; leurs effets contre les cœurs ingrats, viii, 152.

Dieu a attaché à certains moyens extérieurs et de fait, la grace nécessaire à produire la foi, xv, 132. La grace universelle, enseignée à Saumur par Cameron, divise en France les calvinistes; le magistrat décide la question, xv, 51. La nécessité de la grace n'est pas, selon Jurieu, un article fondamental, xvi, 157. Quoiqu'il n'y ait rien qu'on doive mieux sentir que son impuissance à faire le bien sans elle, et le besoin qu'on en a, xvi, 161.

On peut résister à la grace, iii, 310, 311. Elle ne nécessite pas, quoiqu'on ne puisse résister à la volonté de Dieu, iii, 312. C'est un mystère impénétrable, iii, 317, 318. Différence de la grace dans l'état de nature pure, et dans l'état de nature tombée, iii, 319. Divers pouvoirs en divers justes, iii, 321. Pouvoir qui est le parfait vouloir, iii, 325. Explication du texte *Nisi Pater traxerit eum*. Ce que c'est que d'être laissé à soi-même, iii, 333. Sans la grace, l'homme ne peut rien pour le ciel, iii, 350, 351. Le mystère de la grace revient à toutes les pages de l'Ecriture, et il faut prendre garde de s'égarer en le méditant, iii, 361, 362. Extrait de l'Instruction pastorale de M. de Noailles sur la grace, iii, 364 *et suiv*. Celui qui aura reçu plus de graces, rendra un compte plus rigoureux, iii, 520. Le terme *grace* ne signifie point, dans l'Ecriture, la faveur des hommes, iii, 551.

Il y a une grace efficace, iv, 366, 367. On le prouve par les prières de l'Eglise, iv, 369, 270, 371 : par les liturgies grecques, iv, 374, 375 ; par la liturgie attribuée à saint Jean Chrysostome, iv, 376, 380; par l'Oraison dominicale, iv, 384; par l'explication qu'ont faite les deux dernières demandes de saint Augustin, et l'Eglise, d'après saint Cyprien, Tertullien, etc., iv, 385 *et suiv*. L'Ecriture nous présente la prière comme un fruit de la grace efficace, iv, 389, 390. Les prières de l'Eglise nous en donnent la même idée, iv, 392, 393. Grace efficace reconnue des pélagiens mêmes, iv, 395 ; prouvée encore par la prière de Jésus-Christ pour saint Pierre, iv, 397; par une prière du concile de Selgenstad, iv, 398. Deux démonstrations nouvelles par la permission du péché de la part de Dieu, iv, 416 *et suiv*. Comment Dieu a soustrait sa grace efficace à saint Pierre, iv, 419, 421, 424, 426, 427. Réflexion sur cette conduite de Dieu, iv, 428. Nul cœur humain ne résiste à la volonté de Dieu, iv, 430. Sans la grace efficace, le chrétien ne peut rien pour son salut, iv, 431. Gratuité de cette grace, iv, 432. Préférence gratuite dans sa distribution, iv, 436, 437, 440. Ceux à qui Dieu ne donne pas ces graces de choix n'ont point à se plaindre, iv, 446. Prières des martyrs et de plusieurs autres saints pour demander la grace efficace, iv, 452, 453, 454,

456, 458. Hymnes de Synésius et de Clément d'Alexandrie ; prières d'Origène, où se trouve la doctrine de saint Augustin sur la grace efficace, iv, 460, 462, 465. Prières de saint Grégoire de Nazianze, du vénérable Guillaume, iv, 473. La toute-puissance de cette grâce démontrée par Origène, iv, 469, 470. Cette grace efficace est encore prévenante, iv, 471. En quel sens on peut dire que la grace est donnée à ceux qui en sont dignes, iv, 477. En quel sens saint Augustin a condamné la proposition de Pélage : *La grace est donnée aux dignes*, iv, 480. En quel sens on prévient Dieu et on en est prévenu, iv, 481, 482.

La doctrine de saint Augustin sur la grace est celle de l'Eglise, iv, 176. Celle des siècles précédens, iv, 178, 179, 185, 189. Contestations de Fauste de Riez sur la grace ; quatres papes prononcent en faveur de saint Augustin, iv, 189 *et suiv*. Contestations de Gotescalc ; et on s'en rapporte encore à saint Augustin, iv, 193. Les propres paroles de ce saint docteur employées par le concile de Trente contre Luther et Calvin, iv, 194. Beaux passages de saint Augustin sur la nécessité de la grace, iv, 216, 217, 219, 221. L'abbé Dupin coupable d'avoir voulu obscurcir la tradition sur la nécessité de la grace, xx, 623. D'avoir accusé saint Augustin d'innovation sur la matière de la grace, xx, 535 *et suiv*.

La grace doit être demandée par tout chrétien, xviii, 445, 446. Erreur de dire qu'il n'est jamais permis de prévenir la grace, xix, 359, 360, 455, 473, 501, 516. Que la grace actuelle soit la règle d'agir, xix, 225, 330. Ce que c'est que cette grace actuelle, xix, 613, 614. Le propre effort pour prévenir Dieu n'est pas dans un demi-pélagianisme, xix, 227, 625. Erreur de dire que tout ce qui vient de la grace n'a rien d'imparfait, xix, 238, 239, 276, 345.

Précis de la doctrine de l'Eglise sur la matière de la grace, v, 466 *et suiv*. Censure de plusieurs propositions contraires à cette doctrine, xxii, 745.

GRACQUES (les) excitent des troubles à Rome, xxiv, 319. Tibérius est tué par Scipion Nasica, *ibid*. Caius, son frère veut le venger, et périt comme lui, xxiv, 321.

GRAMMAIRE LATINE. Observations sur la Grammaire latine, xxvi, 41 *et note*.

GRANDEUR. Tous les hommes nés pour la grandeur, ix, 138. En quoi consiste la véritable grandeur de la nature raisonnable, *ibid*. Moyens de sanctifier la grandeur par un bon usage, ix, 339. Elle réside dans le maintien de la justice, ix, 344. Vin de la grandeur, ix, 347. Vanité des grandeurs du monde, xii, 498, 696. Combien elles sont méprisables, considérées entre les mains des impies, ix, 174. Toutes ont leur foible, grand en puissance, petit en courage ; grand courage et petit esprit; grand esprit dans un corps infirme, qui empêche ses fonctions, XI, 199.

GRANDS. Ils sont pleins d'intérêt et de passions, IX, 342. Ne remarquent en l'homme de bien que son inutilité, *ibid*. Ils doivent protéger l'innocence, *ibid*. Obligés d'imiter Dieu, dont ils sont l'image, IX, 344, 345. Funeste idée que les grands se forment de la puissance; maux qui en résultent, IX, 346. Ils doivent surtout chercher la vérité, IX, 648. S'efforcent inutilement de cacher les foiblesses de la nature, XI, 85 *et suiv*. S'imaginent que tout leur est dû, X, 622. Dieu qui les punit dans les enfers, leur a donné la gloire ici-bas, XII, 630. Les grands du monde regardent avec dédain les affaires de la religion, XXIV, 49. Ils craignent de l'approfondir, XXIV, 50. Ils la prennent pour une folie, *ibid*. Le respect humain leur ferme la bouche, XXIV, 52.

GRATIEN, empereur. Sa valeur et sa piété; il est tué par Maxime, XXIV, 343.

GRATIEN, canoniste. Quel il étoit, XX, 432. Les pièces qu'il a insérées dans son *Décret* n'ont pas l'autorité de canons, XXI, 402. Il est mis, par Melchior Canus, au nombre de ceux qui croient le Pape faillible, XX, 73; XXII, 480 *et suiv*. Il dit le premier que les Papes ne sont pas obligés d'obéir aux canons, XXII, 367.

GRAVINA (l'abbé). Eloges que Bossuet donne à son éloquence, XXVI, 518. Il le remercie de l'accueil qu'il a fait à son neveu, et lui recommande l'abbé Phelippeaux, *ibid*.

GRÈCE. Des colonies de divers peuples y bâtissent des villes, XXIV, 270, 271, 272. Ses jeux Olympiques contribuent à la polir, XXIV, 279. Ses sept Sages, XXIV, 285. Elle est assujettie par Philippe et par Alexandre, XXIV, 305, 306. Ses philosophes et leurs sectes, XXIV, 312. Sa politique ferme; son amour pour la liberté, XXIV, 605. Son excellente police, XXIV, 606. Ses philosophes lui donnent de bonnes règles de mœurs, XXIV, 608. La Perse, avec des armées immenses, se trouve foible contre elle, XXIV, 609. Combien la Grèce étoit aveugle sur la religion, XXIV, 442. *Voy*. IDOLATRIE.

GRECS. Ils réduisent Troie en cendres, XXIV, 274. Etablissent des colonies en Asie, *ibid*.; en Italie et en Sicile, XXIV, 282. Ils ignoroient les antiquités, et se soucioient peu de la vérité dans leurs histoires, XXIV, 287. Attaqués par Xerxès, ils le battent à Salamine, à Platée, et à Mycale, XXIV, 296, 297. Caractère des Grecs, XXIV, 605. Admirable retraite de dix mille Grecs, XXIV, 304, 612. Ignorance des Grecs sur le mouvement de la terre, tandis que les Hébreux le connoissent, I, 529. *Voy*. GRÈCE.

L'Eglise condamne l'erreur des Grecs sur la primauté du Pape, XXI, 402. Leur réunion à l'Eglise au second concile de Lyon. XXII, 88 *et suiv*. *Voy*. FLORENCE. Les Grecs ont innové, en cessant de reconnoître la primauté du Pape, que leurs pères reconnoissoient dans les conciles généraux qu'ils ont tenus avec l'Église romaine, xvii, 208, 209. Basnage soutient que les actes des conciles ne prouvent pas la soumission aux Papes, et la communion avec eux. On le réfute, xvii, 209, 210. Les Grecs, de l'aveu de la Réforme, ont tort contre les Latins, xvii, 210, 211. Comment les Grecs ont été admis dans l'Eglise après leur schisme, xviii, 122, 123.

GRÉGOIRE DE NAZIANZE (S.). Sa doctrine sur les deux puissances, xxi, 263. Ses discours contre Julien, xxi, 273, 274. Portrait qu'il fait de Valens, xxi, 286.

GRÉGOIRE DE TOURS (S.), déclare que les rois ne doivent compte de leurs actions qu'à Dieu, xxi, 255.

GRÉGOIRE LE GRAND (S.), Pape, élevé malgré lui sur la chaire de saint Pierre, donne un parfait modèle du gouvernement ecclésiastique, xxiv, 352. Ce saint Pape révère, comme les quatre Evangiles, les quatre conciles tenus avant lui, xxii, 85; xxvi, 213. Il reçoit aussi la condamnation tant des personnes que des erreurs faites par le cinquième concile, xxvi, 213.

Saint Grégoire publie un édit de l'empereur Maurice, quoique injuste, xxi, 302. Sa doctrine sur la juridiction des évêques, xxi, 619, 620. Sa rigueur contre les infracteurs des canons, xxii, 442 *et suiv.* Sa condescendance pour Théodelinde, reine des Lombards, xxi, 627. Son *Pastoral*, chef-d'œuvre de prudence, xii, 78. Eloge qu'il fait des rois de France, ix, 628; xi, 612. Le privilége de saint Médard de Soissons qu'on attribuoit à saint Grégoire paroît supposé, xxi, 303.

GRÉGOIRE II, pape, envoie saint Boniface prêcher l'Evangile en Allemagne, xxiv, 357. Il s'oppose au renversement des images, et en même temps aux ennemis de l'empire, xxiv, 358. Il excommunie Léon l'Isaurien, xxi, 231. Il s'oppose à ceux qui se révoltoient contre ce prince, xxi, 308, 309. Témoignage de Paul, diacre, et d'Anastase à ce sujet, xxi, 317, 367. Il donne, selon Gratien, une réponse contraire à l'Evangile, xxi, 74; xxii, 237. Sa réponse, qui permet à un mari, dont la femme ne peut, à cause de ses infirmités, souffrir le commerce conjugal, d'en prendre une autre, est tout à fait différente de celle par laquelle Luther permet la polygamie au landgrave de Hesse, xv, 578 *et suiv.*

GRÉGOIRE III obéit aux empereurs iconoclastes; ses deux légations à Charles-Martel, xxi, 322, 323 *et suiv.*

GRÉGOIRE V excommunie Robert, roi de France, à cause d'un mariage incestueux, xxi, 343.

GRÉGOIRE VII. Son caractère, xx, 169. Il s'arroge le premier l'autorité sur le temporel, et dépose l'empereur Henri IV, xxi, 149 *et suiv.* Il s'attribue les droits sur l'Angleterre, l'Espagne, la Sardaigne, la

Hongrie et autres Etats, xxi, 169 *et suiv.* Histoire de la première déposition de Henri IV, xxi, 383 *et suiv.* Ce Pape cite mal à propos saint Ambroise, qui mit Théodose en pénitence, xxi, 289 *et suiv.*; et une fausse pièce attribuée à Innocent I, xxi, 294. Il est obligé de modérer sa loi sur l'excommunication, xxi, 245 *et suiv.* 400. Il assure que le saint Siège est exact observateur des canons, xxii. 373. Au commencement de son pontificat, il ne vouloit exercer que les droits de la puissance ecclésiastique, xxi, 348. Ses intentions étoient bonnes, et son nom a été inséré avec éloge dans le Martyrologe romain, xxi, 160.

GRÉGOIRE IX excommunie, puis dépose Frédéric II et offre la couronne impériale à Robert, frère de saint Louis, qui la refuse, xxi, 488 *et suiv.*

GRÉGOIRE X assemble le second concile de Lyon, xxii, 88 *et suiv.* *Voy.* LYON.

GRÉGOIRE XI révoque, à l'article de la mort, les erreurs contre la foi dans lesquelles il auroit pu tomber, xxi, 533, 534.

GRÉGOIRE XII ou Ange Corario, abandonné de ses partisans, assemble quelques évêques à Austria, sous le nom de concile œcuménique, xxi, 52. Il paroissoit mieux disposé que Pierre de Lune à abdiquer la papauté, xxi, 567. Il se réunit au concile de Constance, et se démet, xxi, 614, 615.

GRETSER (Jacques), jésuite, prouve que Bellarmin ne donne l'infaillibilité du Pape que comme opinion, xxi, 117.

GROPPER (le docte) fait tenir à Herman, archevêque de Cologne, de saints conciles pour la defense de l'ancienne foi et pour la réformation des mœurs, xiv, 323. Il se trouve à la conférence de Ratisbonne, xiv, 325.

GROTIUS (Hugues). *Dissertation sur sa doctrine et sa critique*, iii, 478, 479. Son attachement aux sociniens, iii, 437. Son interprétation sur le péché d'habitude, iii, 438, 439. Ce qu'il entend par le Fils de l'homme, *ibid.* Par ce passage : *Sine me nihil potestis facere*, iii, 440. Par les paroles oiseuses, iii, 440, 441. Il justifie l'usure, iii, 443. Il passe du calvinisme au semi-pélagianisme, iii, 478. Son penchant au socinianisme, iii, 480. Et de là son sentiment sur la divinité du Verbe, *ibid.* Sur l'immortalité de l'ame, iii, 481. Il critique témérairement les livres sacrés, iii, 482. En nie l'inspiration, iii, 483. Regarde les prophéties comme des allégories, iii, 485 *et suiv.* Il accuse saint Augustin d'être novateur et en contradiction avec les articles précédens, avec l'Eglise grecque et avec lui-même, iii, 493 *et suiv.* Ses progrès étonnans dans la doctrine catholique, iii, 501. Il se sépare de toute société, et justifie son indifférence par deux livres pleins d'erreurs,

III, 502. Sur la fin de sa vie il reconnoît la vérité de l'Eglise romaine, III, 503. Il fait les princes juges de la foi, III, 505 *et suiv.*

Grotius est préconisé par Richard Simon, IV, 111, 112. Qui emprunte de lui ses sentimens hérétiques, IV, 210, 211. Il accuse saint Augustin d'avoir varié dans sa croyance, IV, 215. Il est auteur d'une hérésie sur le péché originel, IV, 260, 261. Ses variations et ses incertitudes, IV, 357. Il a falsifié les prophéties, II, 243. Il prétend que les apôtres n'ont pas employé les prophéties comme argumens directs pour prouver que Jésus-Christ est le Messie, I, 409. On le réfute, I, 410 *et suiv.* Ses interprétations favorisent les sociniens, I, 412 *et suiv.* Il se rapproche de la doctrine catholique, I, 414 *et suiv.* Ce qu'il pense d'un passage du Psaume XLIV, qu'il élude ensuite, I, 427. Il détourne le sens de ces paroles : *Ecce in iniquitatibus*, etc., I, 430. On le réfute, *ibid. et suiv.* Opinion singulière de ce savant sur l'auteur de l'*Ecclésiaste*, I, 523. Il interprète dans un mauvais sens divers passages relatifs à la vie future, I, 566. Ses fausses conjectures sur plusieurs passages de l'*Ecclésiastique*, II, 45. Ses efforts pour détourner le sens d'un texte qui prouve la divinité de Jésus-Christ, II, 230. Sa bonne foi dans l'explication de l'*Apocalypse*, II, 334. Erreur de chronologie où il est tombé, II, 335. Son sentiment sur le règne de mille ans, II, 567. Il est opposé au dogme du pape Antechrist, II, 547 *et suiv.*; III, 501; XIV, 604. Il va contre ses propres principes, quand il permet à la partie affligée d'un Etat de se défendre contre le prince, excepté pour cause de religion, XV, 440. Réfutation des raisons qu'il allègue pour permettre l'usure, XXXI, 42, 45, 46 *et suiv.*

GUERRE. Ses justes motifs, XXIV, 129 *et suiv.* Dieu s'en sert pour châtier les peuples, XXIV, 130. Ses injustes motifs, XXIV, 135 *et suiv.* Désavantage à craindre quand on la fait sans sujet, XXIV, 141. On met Dieu de son côté quand on y met la justice, XXIV, 142. Guerres civiles; leurs motifs; règles qu'on y doit suivre, XXIV, 144, 145. Manière miraculeuse dont Dieu faisoit la guerre à son peuple, XXIV, 158. Avec les conditions requises, la guerre est non-seulement légitime, mais encore pieuse et sainte, XXIV, 163. Dieu néanmoins n'aime pas la guerre, XXIV, 163, 164. On doit faire la guerre équitablement, XXIV, 169. Cri militaire chez les Juifs avant le combat, XXIV, 170. Choix du soldat, XXIV, 171. L'accoutumer à mépriser l'ennemi, XXIV, 173. Diligence et précaution nécessaires dans les affaires de la guerre, XXIV, 174. Honneurs, distinctions et exercices militaires, XXIV, 176. Rien de plus beau, dans la guerre, que l'intelligence entre les chefs, XXIV, 178. Ne point combattre contre les ordres, XXIV, 180. Accoutumer l'armée à un même général, XXIV, 181. Connoître ses forces, XXIV, 185. Moyens de s'assurer des peuples vaincus, *ibid.* Combien la guerre est une chose horrible, X, 386, 629; XII, 360 361. *Voy.* GÉNÉRAL. Celui qui aime la guerre pour elle-même, et non pour la paix, est un meurtrier, xxvi, 37.

Guerres civiles et révoltes défendues par le christianisme, xv, 502. Approuvées par Calvin et les calvinistes sous Charles IX, xv, 519. Les synodes nationaux font un crime du repentir qu'avoient quelques-uns d'avoir pris les armes, xiv, 429. Celui d'Alais remercie M. de Châtillon de ce qu'il a fait par les armes, pour l'avancement du règne du Christ, *ibid.* Les guerres des protestans ne furent point de politique, mais de religion, xiv, 430 *et suiv.* Quoique Bèze eût fait parade de la patience des réformés, il provoqua lui-même la guerre civile, xiv, 434. Les guerres civiles, sous prétexte de religion, ont paru pour la première fois dans l'hérésie des donatistes, puis des manichéens, etc., xv, 382. Elles sont condamnées et ensuite approuvées par Luther et les luthériens. Les calvinistes les désapprouvent, puis les approuvent et remplissent la France de massacres, xv, 384, 385. Les réformés font de vains efforts pour persuader que leurs guerres n'étoient pas des guerres de religion. Elles étoient entreprises par des décrets des synodes, xiv, 620. La rébellion et la force étoient nécessaires aux protestans de France, selon Jurieu, et leurs guerres légitimes, xvi, 203.

GUESCLIN (Bertrand du) défait les Gascons, perd la bataille d'Auray, est fait deux fois prisonnier, xxv, 114, 115 *et suiv.* Il obtient la liberté par adresse, xxv, 116. Il est fait connétable, xxv, 119. Détruit insensiblement l'armée des Anglois, *ibid.* Il soumet le Poitou et la Bretagne, xxv, 121. Il meurt peu après, et il est enterré à Saint-Denis auprès des rois, xxv, 127.

GUI, archevêque de Vienne, depuis pape Calixte II, et son concile condamnent les Investitures; ils demandent à Paschal II la confirmation de leur décret, xxi, 423; xxii, 241. *Voy.* Henri V.

GUILLAUME de Malmesbury avance faussement qu'Urbain II, en excommuniant Philippe Ier, roi de France, défendit de le reconnoître pour roi, xxi, 422.

GUILLAUME le Conquérant se rend maître de l'Angleterre, xxv, 47. Cause de la guerre qu'il porte en France, *ibid.* Guillaume le Conquérant refuse de prêter le serment de fidélité à Grégoire VII, et lui paye le denier de saint Pierre, xxi, 171.

GUILLOU (François). La Faculté de Paris censure une proposition de sa thèse, touchant la juridiction des évêques, xxi, 750.

GUIMÉNIUS. *Voy.* Moya.

GUISE (François, duc de) se charge de défendre Metz contre l'empereur Charles-Quint, xxv, 457. Il fait autant louer son humilité qu'admirer sa valeur, *ibid.* Toute la France et le roi même, regardent ce prince comme leur unique espérance, xxv, 469. Il prend Calais en peu de jours, xxv, 470. Il s'empare de toutes les dignités de l'Etat, xxv, 481 *et suiv*. Haine qu'il s'attire de la part des François, xxv, 494 *et suiv*. Il obtient d'être déclaré lieutenant général du royaume, xxv, 488. Il reçoit le titre de *Conservateur de la patrie*, xxv, 491. Il sollicite la mort du roi de Navarre et du prince de Condé, xxv, 497. Il se réconcilie avec Condé, et attire à son parti le roi de Navarre, xxv, 414. Une de ses paroles devient pour les Huguenots le signal de la guerre, xxv, 517. Il est reçu dans Paris avec des honneurs qu'on ne rend qu'au souverain, xxv, 518. Il se retire de la Cour, pour obliger Condé à déposer les armes, xxv, 523 *et suiv*. Il commence la guerre contre les protestans, xxv, 527. Sa conduite ne donne pas moins de réputation aux armes du roi, que sa valeur, xxv, 529. Il conseille le siége de Rouen, qu'il prend de force, *ibid*. Gagne sur Condé la bataille de Dreux, et le fait prisonnier, xxv, 530. Paroles mémorables de ce prince, xxv, 541. Il meurt assassiné par Poltrot, et laisse en mourant un exemple mémorable de piété et de constance, xvi, 398 *et suiv*.; xxv, 542. La Réforme applaudit à ce meurtre, et les chefs avoient ou excité, ou autorisé le meurtrier, xvi, 398, 399. Haine que cet assassinat attire aux Huguenots, xxv, 543.

GUSTAVE, roi de Suède, dit le Grand, prédit par Mède, comme devant détruire le règne papal. Sa prophétie reconnue fausse, xiv, 620.

GUYON (Jeanne-Marie Bouvier de la Motte). Elle écrit sa vie; ce qu'elle y dit de ses oraisons et de sa plénitude de grace, xx, 92. Elle se donne pour prophétesse, et pour faire des miracles, xx, 94, 96; pour directrice des ames, xx, 95. Elle s'applique l'*Apocalypse*, xx, 96. Elle ne veut rien demander à Dieu, xx, 99; xxviii, 556, 563. Doctrine de son livre intitulé *Moyen court pour faire oraison*, xviii, 400 *et suiv*. Conséquences pernicieuses qu'on peut en déduire, xviii, 403. Il autorise le plus la suppression des demandes, xviii, 427. Etranges discours qu'on y trouve sur les réflexions, xviii, 458. Il est condamné à Rome, xviii, 702. Erreurs de son livre des *Torrens*, xviii, 408. Il est condamné par l'évêque de Chartres, xviii, 643. Elle annonce de grandes croix au P. La Combe, et lui rend compte d'un songe merveilleux qu'elle avoit eu, xxviii, 573. Elle instruit son frère des prétendus effets merveilleux que Dieu opéroit en elle et par elle, xxviii, 575. Ses sentimens sur l'abandon, xxx, 577. Ses erreurs sur le désir du salut, xx, 13, 14. Sur le sacrifice absolu et les actes réfléchis, xx, 22; sur les vertus, xx, 28; sur la contemplation, xx, 53.

M. de Harlay, archevêque de Paris, fait enfermer madame Guyon dans un monastère, et est content de sa soumission, xx, 485; xxviii, 556, 565. Comment Bossuet fut chargé d'examiner ses livres, xx, 90; xxviii, 555, 563. Elle écrit au prélat plusieurs lettres où elle lui témoigne sa soumission et lui explique sa doctrine, xxviii, 578,

579, 582, 584, 585, 586, 586, 587, 590, 591. Elle lui adresse un écrit sur les communications intérieures des purs esprits, xxviii, 581. Bossuet lui marque en détail ce qu'il pense de ses états et de ses écrits, lui en fait sentir l'illusion, xxviii, 592. Il combat ses maximes sur la prière et sur les actes réfléchis, xxviii, 594. Il travaille à la désabuser de ses erreurs, xxviii, 594, 595. Elle adresse à Madame de Maintenon un Mémoire pour la prier de lui faire donner des commissaires qui la jugeassent de sa vie et de ses mœurs, xxviii, 611, 616. Messieurs Bossuet, de Noailles et Tronson, sont choisis pour faire cet examen, xx, 102, 485; xxviii, 557, 566. Elle sollicite les trois examinateurs d'entrer dans l'examen de ses mœurs, et s'étend sur les préventions qu'on avoit, suivant elle, contre sa personne, xxviii, 615. Ses lettres à Bossuet pendant cet examen, xxviii, 608, 609, 620, 621. Elle lui écrit en partant pour le monastère de la Visitation de Meaux, xxviii, 629. Elle lui demande de la confesser, xxviii, 629, 630. Déclaration où elle proteste être innocente des abominations dont on l'accuse, xxviii, 635. Témoignages de M. d'Aranthon, évêque de Genève, sur madame Guyon, xx, 190, 191, 192; xxvii, 555, 563. Lettre du cardinal Le Camus sur la conduite de cette dame dans son diocèse, xxviii, 636. Le duc de Chevreuse demande au P. Richebraque, bénédictin, des éclaircissemens sur un fait de la lettre du cardinal, où ce religieux étoit cité comme s'étant rétracté au sujet de madame Guyon, xxviii, 638, 640. Madame Guyon lui écrit pour le même sujet, xxviii, 638. Réponse de D. Richebraque qui déclare n'avoir jamais entendu parler qu'en bien de la conduite de cette dame, xxviii, 638, 639, 641. Bossuet la trouvoit fort soumise dans sa retraite, xxviii, 643. Il désiroit consulter M. de la Broue sur la soumission à exiger d'elle; il la laisse communier, xxviii, 646. Il n'y avoit point de preuves contre elle à l'archevêché de Paris, xxviii, 648. Précautions que Bossuet prenoit à son égard, xxviii, 248, 253. Ce prélat publie son *Ordonnance sur les Etats d'Oraison*, où il condamne les livres de madame Guyon, xviii, 351, 365. Elle souscrit cette *Ordonnance* et les Articles d'Issy, xviii, 632. Elle condamne ses propres livres, et s'engage à ne plus écrire, répandre ses livres, diriger, etc., xx, 113; xxviii, 558, 567, 653; xxix, 25, 26. Texte des actes de soumission de madame Guyon, xxviii, 654. Bossuet accepte cette soumission, xxviii, 655, 656. Il lui donne un certificat où il déclare qu'il est satisfait de sa conduite; et la justifie des accusations portées contre ses mœurs, xxviii, 656. Attestation des religieuses de la Visitation de Meaux, donnée à madame Guyon lorsqu'elle quitta ce monastère, xxviii, 657. Ces mêmes religieuses lui écrivent pour lui témoigner leur estime, et se recommander à ses prières, xxviii, 658. Elle offre à Bossuet un tableau, xxviii, 649. Le prélat lui permet d'aller aux eaux, et l'engage à vivre fort retirée, sans se mêler de diriger, *ibid*. Elle justifie auprès de Bossuet la manière dont elle a quitté son diocèse, xxviii, 650. Elle recommence à dogmatiser, xx, 114. Ses liaisons avec le P. La Combe, xx, 148; xxx, 142. Lettres de ce religieux avec madame Guyon : il l'engage à venir le trouver; il lui marque les moyens qu'elle pourroit prendre pour cacher sa marche, et rester inconnue dans le lieu qu'il habitait, xxviii, 658, 659. Malgré son désir de la voir, il consent au délai de son voyage ; et lui parle de ses infirmités, et des remèdes qu'elle y trouveroit aux eaux des Pyrénées, xxviii, 662, 666. Il lui témoigne sa satisfaction de son *Apocalypse* et de ses explications de l'Ecriture, xxviii, 666. Bossuet dit qu'elle lui a menti, et qu'il faut la renfermer, xxviii, 673, 677. Lettre de M. Pirot à madame Guyon : il lui expose tout ce qu'elle doit faire pour sortir de ses erreurs, xxviii, 677. C'est de rétracter et supprimer ses écrits, xxviii, 681, 682. De n'entrer dans la direction de personne, xxviii, 683. De rompre tout commerce avec le P. La Combe, xxviii, 684. D'édifier le public autant qu'elle l'a mal édifié, xxviii, 688. Enfin de se remettre à M. l'archevêque de Paris de ce qu'elle aura à faire pour satisfaire le public, se soumettant aveuglément à tout ce qu'il lui marquera, xxviii, 689. Déclaration de cette dame faite dans les mains de M. de Noailles, sur ses sentimens, ses écrits et sa conduite, xxix, 19. Elle veut consulter M. Tronson avant de la signer, xxix, 22. D'après son avis, elle signe par principe de conscience la déclaration, *ibid*. Nouvelle déclaration qu'elle fait à l'archevêque de Paris ; elle y jure la plus parfaite soumission à ce qu'on lui avoit prescrit, xxix, 34. Dans sa relation sur l'affaire du livre des *Maximes* à l'assemblée de 1700, Bossuet la justifie sur ses mœurs, xx, 485. L'abbé de Saint-André, grand-vicaire de l'évêque de Meaux, la justifie également à ce sujet, xxviii, 555, 564. *Voy.* Bossuet, Fénelon, La Combe, Quiétisme, Tronson.

H

HABACUC. Cantique de ce prophète expliqué, i. 398. Il se dit à l'office du vendredi, *ibid*.

HABITS. La nécessité et la pudeur ont fait les premiers habits, ix, 495 ; xii, 369. Et pour orner ce corps mortel et cette boue colorée, presque toute la nature travaille, presque tous les métiers suent, presque tout le temps se consume et toutes les richesses s'épuisent, ix, 495. 496 *et suiv.*; xi, 440.

HABITUDES. Suite funeste de la mauvaise habitude, ix, 62 *et suiv*. En quoi elle consiste, IX, 444. Habitudes vicieuses : leur force, VIII, 374 *et suiv. Voy.* PÉCHÉ.

HAINE Quel est son principe, IX, 399, 400, 417, Haine de la vérité ; ses effets sur les Juifs, IX, 401. Naturel de la haine, IX, 402, 418. Funestes divisions qu'elle cause, X, 386. Elle efface le souvenir des bienfaits, X, 29, 30.

HAMMOND (Henri), protestant anglois ; est du nombre de ceux qui croient l'*Apocalypse* accomplie, II, 317, 318. Il ne veut pas que le Pape soit l'Antechrist, II, 335 ; III, 10.

HARLAY (François de), archevêque de Paris veut faire changer un mot dans le sermon de Bossuet sur l'*Unité de l'Eglise*, et y renonce ensuite, XXVI, 290. Fait enfermer madame Guyon dans un monastère et est content de sa soumission, XX, 90 ; XXVIII, 535, 563. Bossuet s'embarrasse peu de lui dans l'affaire du quiétisme, XXVIII, 643, 644.

HARPHIUS, auteur mystique ; ses exagérations, XVIII, 384 *et suiv.* ; XIX, 688.

HARTUVIN, de la secte des manichéens, permettoit le mariage parmi eux à un jeune garçon qui épousoit une jeune fille, et il vouloit qu'on fût vierge de part et d'autre, XIV, 473.

HAVRE DE GRACE (le) livré aux Anglois par les protestans révoltés, XV, 526.

HÉLÈNE, mère de Constantin, découvre la vraie croix dans les ruines de l'ancienne Jérusalem, XXIV, 340.

HÉLIOGABALD, empereur : ses infamies, XXIV, 331.

HENRI I, roi de France, est forcé par ses frères de se réfugier en Normandie, XXV, 46. Il soumet ses ennemis et règne assez paisiblement, XXV, 47. Sa mort, *ibid.*

HENRI II, roi de France. Intrigues de cour qui signalent le commencement de son règne, XXV, 444. Il en vient aux extrémités pour s'opposer aux progrès de la secte de Luther, XXV, 448 *et suiv.* Révolte de la Guyenne et des provinces voisines, *ibid.* Il soutient l'Ecosse contre les Anglois, et procure également les avantages de la France et ceux de ses alliés, XXV, 451. Il s'engage à la guerre contre l'empereur, XXV, 452. Ses conquêtes coûtent cher à la France, XXV, 455 *et suiv.* Il poursuit ses projets en Italie, XXV, 466, 467. Dans le pressant danger qui le menace, ce prince éprouve que rien ne peut égaler le zèle des François pour leur roi et pour leur patrie, XXV, 471, 474. Il prend deux grandes résolutions, XXV, 476. Le royaume n'ayant rien à craindre au dehors, il songe à prévenir les partis qui pouvoient se former au dedans, XXV, 477. Son premier acte de sévérité contre les protestans, *ibid.* Il ordonne à ses ambassadeurs au concile de Trente, de veiller au maintien des libertés de l'Eglise gallicane, XXII, 398. Ce prince veut expressément que les nouveaux convertis pratiquent comme ses autres sujets les exercices de l'Église, **xxvii**, 119, 120. Sa mort malheureuse remue toute la Cour et la remplit de sourdes pratiques, **xxv**, 477, 478. Jugement sur le règne et les qualités de ce prince. **xxv**, 479.

HENRI III, roi de France. Etant encore duc d'Anjou, il gagne tous les cœurs, **xxv**, 564. Cause de vives alarmes au parti protestant par son intrépidité, *ibid.* Ses discours obligeans et ses exemples soutiennent les soldats, **xxv**, 586. Il bat le prince de Condé à Jarnac, **xxv**, 589. Joie que cause cette victoire, *ibid.* Défait les Huguenots à Montcontour, **xxv**, 598. Fruits de cette victoire rendus inutiles, **xxv**, 600. Il croit avoir conquis assez de gloire, et ne songe plus qu'aux plaisirs, **xxv**, 609. Il est élu roi de Pologne, **xxv**, 633. Raisons qui lui font différer d'aller prendre possession de son royaume, **xxv**, 635. Son départ de la France enfle le courage des huguenots, **xxv**, 636. Il gagne le cœur de ses sujets, **xxv**, 638. Il perd insensiblement l'estime des grands seigneurs du royaume, **xxv**, 639. Charles IX avoit souvent dit que quand il seroit en place, le foible de ce prince paroîtroit, et qu'on verroit évanouir sa gloire, **xxv**, 465.

HENRI IV, roi de Navarre, puis de France, n'étant encore que prince de Navarre, sa vivacité donne beaucoup d'espérance, **xxv**, 548. Il est déclaré chef de l'armée protestante, **xxv**, 591. Il épouse la princesse Marguerite, **xxv**, 618. Il abjure la religion protestante, par crainte de la mort, **xxv**, 625. Roi de France il fait afficher à Rome son acte d'appel de la bulle de Sixte-Quint qui le déclaroit déchu, **xxi**, 470. Il est absous des censures sans qu'il soit fait mention de réhabilitation, **xxi**, 474. Il est médiateur entre le Pape et les Vénitiens, **xxi**, 509. Ce prince, par sa bonté, avoit trouvé le moyen de rendre ses peuples heureux, et de leur faire sentir et avouer leur bonheur, **xxvi**, 185. Amour des François pour sa mémoire. Leurs regrets de sa mort, *ibid.* S'il avoit ôté de sa vie la tache de l'impureté, sa gloire seroit parfaite, et il seroit le modèle des bons rois, **xxvi**, 186.

HENRI IV, empereur d'Allemagne, déposé et excommunié par Grégoire VII, **xxi**, 163 *et suiv.* Ses partisans taxés de schisme et d'hérésie, **xxi**, 403. Ce prince est toujours reconnu comme empereur, **xxi**, 405 *et suiv.* Il engage l'archevêque de Mayence à lever des dîmes, à condition d'en partager le produit, et fait confirmer cette exaction dans un concile, **xxi**, 348, 393. Il meurt à Liége; on l'enterre dans un monastère, d'où Paschal II le fait exhumer, **xxi**, 414.

HENRI V, fils du précédent, se révolte contre son père, et le fait prisonnier; suites de cette affaire, **xxi**, 411 *et suiv.* Ce prince renouvelle la querelle des investitures : il les obtient par violence du pape Paschal II, xxi, 424. Il est excommunié dans plusieurs conciles, et déposé par Calixte II, *ibid.*

HENRI VI fait arrêter Richard, roi d'Angleterre; il est excommunié, et non déposé par Célestin III, xxi, 446, 447.

HENRI II, roi d'Angleterre, attaque les droits de l'Eglise, xii, 43. Fai prisonnier saint Thomas de Cantorbéry, xii, 47. Honore son tombeau, xii, 54.

HENRI V, roi d'Angleterre, fait demande à Charles VI de toutes les terres que les Anglois avoient possédées en France, xxv, 163. Gagne contre les François la bataille d'Azincourt, *ibid.* Poursuit ses succès, est fait régent du royaume de France, et reconnu successeur de Charles VI, xxv, 169. Sa mort, xxv, 170.

HENRI VI se fait couronner roi de France, xxv, 177. Guerre malheureuse qu'il est obligé de soutenir contre le duc d'Yorck, xxv, 186. Il se retire en Ecosse, d'où il est ramené prisonnier pour la seconde fois, xxv, 196.

HENRI VIII, roi d'Angleterre, réfute le livre de la *Captivité* de Luther, qui lui répond avec emportement. Il veut se raccommoder avec ce prince, qui lui reproche la légèreté de son esprit, ses erreurs, et la honte de son mariage. Nouveaux emportemens de Luther contre lui, xiv, 53, 54. Henri épouse Catherine d'Aragon, veuve de son frère, sur la dispense de Jules II, et ne doute point pendant vingt ans de la validité de son mariage. Son amour pour Anne de Boulen devient le prétexte de son doute, xiv, 285. Il tente de faire dissoudre son mariage avec Catherine d'Aragon, xxv, 380. Les sujets de plaintes qu'il croit avoir contre le Pape lui rendent les luthériens moins odieux, xxv, 386. On attaque la dispense par des moyens de droit et de fait. Bucer et les protestans d'Allemagne croient la dispense légitime : Calvin et Zuingle la croient illégitime, xiv, 285. Henri gagne, par argent, quelques docteurs catholiques, dont la consultation, rapportée par Burnet, n'est pourtant pas certaine, xiv, 289. La décision du pape Clément VIII, contraire au divorce, est appuyée sur un fondement solide, xiv, 291. Conclusion que l'on prétend avoir été donnée par la Sorbonne, touchant le mariage de Henri VIII, xxx, 519, 520. Enfin il fait déclarer nul son mariage avec Catherine, xxv, 392. Ce prince, égaré par ses passions, ébranle l'autorité de l'Eglise, et met tout en péril, xii, 446. Il se déclare chef de l'église anglicane en haine du Pape, qui condamne son divorce avec Catherine d'Aragon et son mariage avec Anne de Boulen, xiv, 258. Il se sépare de l'Eglise catholique, xxv, 394, 395. Il fait souscrire, par tous les évêques, et mettre en pratique ce que Burnet appelle nos plus extravagantes corruptions, xiv, 258. Il épouse Anne de Boulen avant que son premier mariage ait été déclaré nul, xiv, 264 *et suiv.*; xxv, 392. Son schisme et ses cruautés pour le maintenir, brouillent tout son royaume, xxv, 417. Il se joint avec l'empereur contre la France, xxv, 442. Il fait mourir Thomas Morus et Fischer, pour n'avoir pas reconnu sa primauté ecclésiastique. Il devient sanguinaire, et tombe dans tous les excès des tyrans, depuis son divorce, xiv, 265, 266. Il aime Jeanne Seymour, et fait casser son mariage avec Anne de Boulen qui meurt sur un échafaud. Henri épouse sa maîtresse, xiv, 269, 270. En qualité de chef de l'église anglicane, il fait des décisions de foi conformes à la doctrine catholique et contraires à celle des protestans, xiv, 272 *et suiv.* Il épouse Anne de Clèves et devient amoureux de Catherine Howard, xiv, 276. Il fait mourir les catholiques qui nient sa suprématie, et les luthériens et les zuingliens qui s'opposent à ses six articles, xiv, 293. Sa mort, xxv, 442. On ignore si avant de mourir, il eut des remords de ses excès, xiv. 297. Jugement sur ce prince, xxv, 442. *Voy.* CRANMER.

HENRI, disciple de Bruys. *Voy.* ALBIGEOIS.

HENRIETTE de France, reine d'Angleterre. Notice sur sa vie, xii, 398. Son oraison funèbre, xii, 400 *et suiv.* Son courage au milieu des adversités, xii, 441, 462. Son éloge, xii, 442. Son caractère, xii, 442, 443. Attachement invincible de cette princesse à la religion de ses pères, *ibid.* Ses aumônes abondantes, xii, 447. Histoire de ses malheurs, xii, 457 *et suiv. Voy.* DISCOURS.

HENRIETTE-ANNE d'Angleterre, fille de la précédente. Notice sur sa vie, xii, 472 *et suiv.* Son oraison funèbre, xii, 474. Cette princesse est une leçon frappante que tout n'est que vanité dans le monde, xii, 475 *et suiv.* Ses belles qualités, xii, 477. Ses talents, xii, 478, 480. Désolation que sa mort jeta dans les cœurs, xii, 483. Sa résignation à la volonté de Dieu, xii, 493, 494.

HÉRACLIUS, empereur d'Orient, favorise les monothélites, xxiv, 354.

HÉRÉSIARQUES. Ils ne sont pas toujours sans religion, mais ils prennent toujours la religion de travers, xiv, 174.

HÉRÉSIE. Son caractère et celui de ses docteurs, selon saint Paul, est de se condamner par son propre jugement, et de mettre absurdités sur absurdités, xv, 181, 182. Elle varie perpétuellement dans ses Confessions de foi, xiv, 2; xv, 182, 183. Les hérésies ont un principe d'instabilité, parce qu'elles sont une production de l'esprit humain, xiv, 3. L'hérésie est une opinion particulière du petit nombre contre le grand, xv, 221. Les hérésies profitent à l'Église, qu'elles mettent dans la nécessité d'expliquer l'Ecriture avec plus de soin et d'exactitude, et d'éclaircir davantage les dogmes, xv, 223, 224; xvii, 119. La méthode de confondre les hérétiques par leur nouveauté et leur petit nombre, est ancienne et apostolique. Jurieu ne la suit pas contre les Sociniens, parce qu'elle l'auroit confondu lui-même, xv, 225 *et suiv.* Les hérésies et les schismes sont nécessaires pour qu'il ne manque rien aux épreuves où Jésus-Christ veut mettre les fidèles, xvii, 92, 93. Les hérésies toujours condamnées par les successeurs des apôtres, en vertu des promesses, xvii, 171. Dénombrement et description des hérésies dont il est parlé dans l'*Histoire des Variations* et dans les *Avertissemens aux Protestans*, xvi, 242 *et suiv.*

Hérésies judaïques contre la Trinité et l'Incarnation, détruites par saint Jean, ii, 380. Renouvelées dans la suite par Praxéas, Noétus, Sabellius, Paul de Samosate, etc., ii, 381 *et suiv.* Caractères des hérésies, ii, 423 *et suiv.*; iii, 244 *et suiv.* Elles sont figurées par les sauterelles, ii, 424 *et suiv.*; iii, 243. Passages de Tertullien et de saint Grégoire de Nazianze, ii, 426, 427. Victoire de l'Eglise sur les hérésies, ii, 426.

Sous combien de formes l'hérésie s'est montrée en Angleterre : ses funestes effets, xii, 453 *et suiv.* Ravages qu'a faits l'hérésie, x, 480. La curiosité est le principe des hérésies, viii, 538. Leur renversement, x, 181. Désordres visibles où sont tombés les pays où elles règnent, *ibid.* Louis XIV zélé pour les détruire, x, 147, 148 : xii, 595 *et suiv.*

HÉRÉTIQUES. Leur succès vient de l'appât de la nouveauté, xxvi, 398. Ils prétendent toujours qu'on ne les entend pas, xxvi, 399. Ils déchirent cruellement les entrailles de l'Eglise, xi, 405, 406. Ils marchent dans les ténèbres, xi, 406, 415. Leurs contradictions sur l'Eglise dans leurs Confessions de foi, xi, 408 *et suiv.* On les compare avec les mauvais catholiques, ix, 289, 357, 358.

Les hérétiques, en se multipliant et en se perpétuant, n'en sont pas moins du nombre de ceux qu'on convainc en remontant à leur origine, xvii, 93. 94. Les sectes d'hérétiques n'ayant pas un point fixe d'union, se séparent aisément les unes des autres, et quand elles se réunissent, elles ne le font qu'en apparence, xv, 566. En contredisant l'Eglise, ils lui donnent lieu, non d'apprendre de nouvelles vérités, mais de connoître plus à fond ce qu'elle croyoit déjà, xvii, 425. Les catholiques et les protestans s'accordent sur cette question : que la puissance publique a droit de punir les hérétiques. Luther et Calvin ont fait des livres pour le prouver, et Calvin en vint à la pratique contre Servet et Valentin Gentil, xv, 446. C'est à tort que, pour excuser leur séparation, les hérétiques disent que l'Eglise les persécute, xxvi, 371 *et suiv.* Les princes ont toujours porté des lois contre les hérétiques convertis, pour les obliger d'assister aux exercices de la religion, xxvii, 137 *et suiv. Voy.* CONVERTIS (nouveaux), PROTESTANS.

HÉRIBERT ou Etienne, chanoine d'Orléans et manichéen, condamné au feu sous le roi Robert, xiv, 470 *et suiv.*

HÉRIMANN, évêque de Metz, consulte Grégoire VII, sur l'excommunication. Réponse du Pape, xxi, 151, 152, 409.

HÉRISSON (le), image du pécheur, qui s'enveloppe dans ses excuses, viii, 122, 123.

HERMAN, archevêque de Cologne, établit la Réforme dans son diocèse. Son ignorance prodigieuse, xiv, 323.

HERMAN de Lorraine ou plutôt de Luxembourg, xxi, 417.

HERMANN-CONTRACT, moine de Richenaw, xxi, 344 *et note*.

HERMANT (Godefroi), chanoine de Beauvais. Bossuet le consulte sur ses ouvrages, et loue sa capacité, xxvi, 371.

HÉRODE, Iduméen, s'empare du royaume de Judée, où les Romains le maintiennent, xxiv, 324, 446. Sa jalousie et son hypocrisie. Sa politique trompée, vii, 289, 327. Sa mort, vii, 332.

HÉRODOTE, historien judicieux, xxiv, 287. Il commence à écrire : pourquoi il n'a pas parlé des Juifs, xxiv, 299.

HÉRULES (les) sont chassés de Rome par Théodoric, roi des Ostrogoths, xxiv, 349.

HÉROS. Qualités qui les font, xii, 612, 621. Héros sans humanité, n'ont pas les cœurs, xii, 620. Triste immortalité que nous leur donnons, xii, 638.

HESSE (Philippe, landgrave de) arme en faveur des luthériens, et désarme en se faisant payer de grosses sommes, xiv, 190. Il maintient, autant qu'il peut, la ligue de Vitemberg, xiv, 209, 210. Il oblige Luther à supprimer dans la messe l'élévation du saint Sacrement, xiv, 218. Il envoie Bucer à Luther pour lui demander la permission d'avoir deux femmes à la fois. Il promet les biens des monastères en cas qu'on la lui donne ; et menace en cas de refus, de s'adresser à l'empereur, et même au Pape, xiv, 211. Luther, Mélanchthon, Bucer et d'autres réformés, donnent cette dispense, xiv, 214. Pièces justificatives de l'histoire du second mariage du landgrave, xiv, 236 *et suiv*. Luther et les autres docteurs de ce prince ne veulent pas que le landgrave s'adresse à l'empereur, et demandent que le second mariage soit tenu secret. Ils ont recours aux équivoques pour cacher ce mariage, xiv, 215, 216. Les réformateurs donnent cette dispense contre leurs lumières et leur conscience, de l'aveu de Basnage, xv, 572. Il est faux qu'on leur ait arraché cette faute, qui montre l'étrange corruption des chefs de la Réforme. Rien ne la prouve mieux qu'un sermon scandaleux fait par Luther sur le mariage, où il permet la répudiation, xiv, 217 ; xv, 575, 576 *et suiv*. Basnage compare cette dispense pour la polygamie, à celle que Jules II accorda pour le mariage de Henri VIII avec la veuve de son frère, xv, 576.

HESHUSIUS, ministre luthérien, maltraité grossièrement par Calvin au sujet des pensées qu'il lui attribuoit sur l'Eucharistie, xiv, 379.

HEUREUX. Ce qu'il faut pour l'être, viii, 34. Deux choses rendent heureux : bien vouloir, et pouvoir ce qu'on veut, viii, 488 ; ix, 319. *Voy.* Bonheur.

HILAIRE (S.), évêque de Poitiers, écrit contre l'empereur Constance ; il déclare qu'on doit l'obéissance aux souverains, même impies, xxi, 278, 279. On l'accuse faussement d'avoir approuvé une des formules de Sirmium, xxii, 229.

HILAIRE, diacre, luciférien, a erré sur le sort des enfans morts sans baptême, iv, 165 *et suiv.* Sur le péché originel, iv, 168. Sur la grace, iv, 169. C'étoit un très-foible auteur, iv, 172 *et suiv.*

HINCMAR, archevêque de Reims, écrit à Charles le Chauve que les pontifes ont droit de punir les attentats des rois contre la puissance sacerdotale, xxi, 214, 215. Il refuse d'obéir à Adrien II, qui lui défendoit de communiquer avec Charles le Chauve, xxi, 243, 338. Dans le concile de Troyes, il promet obéissance au pape Jean VIII, suivant les canons, xxii, 202. Il réclame, dans le concile de Pontion, contre un ordre du même pape, contraire aux canons, xxii, 205.

HIPPOCRATE. C'est un beau mot d'Hippocrate, que la fortune es un nom qui, à vrai dire, ne signifie rien, xxiii, 371.

HIPPOLYTE (S.), évêque et martyr, allégué par Jurieu comme enseignant deux nativités du Verbe. Discussion d'un passage qu'il objecte, qui sert de dénouement à tous les autres, xvii, 66, 67.

HISTOIRE (l') conseillère des princes, xii, 479. Combien elle leur est utile, *ibid.* Il seroit honteux à tout honnête homme de l'ignorer, xxiv, 261. Difficulté d'accorder l'histoire profane avec l'histoire sainte, xxiv, 286. L'histoire sainte s'accorde avec elle-même, xxiv, 287. Cause de l'obscurité des anciennes histoires, la confusion des noms, xxiv, 291. Comment on doit tourner une histoire, pour la rendre plus croyable, xxviii, 101.

Histoire *des variations des églises protestantes*, tom. XIV et XV. Méthode qu'a suivie Bossuet en écrivant cette histoire, xviii, 142. — Défense *de l'Histoire des variations contre la Réponse de M. Basnage*, xv, 489.

Histoire mêlée ou *Miscella.* Ce que c'est, et qui en est l'auteur, xxi, 321.

Histoire sainte. Abrégé de cette histoire, pour les enfans, v, 32 *et suiv.*

HISTOIRE universelle (discours sur l'). Fruits qu'il en faut tirer, xxiii, 28.

HISTORIENS grecs (les), Théophane, Cédrenus et Zonare, accusent à tort Grégoire II de révolte, xxi, 308, 309 *et suiv.*

HOLOPHERNE, général des Assyriens, est mis à mort par Judith, xxiv,

162. La tête de ce fier général étoit réservée à une femme dont il croyoit s'être rendu le maître, xxiv, 163.

HOMÈRE et Hésiode. En quels temps ils florissoient. Ils nous représentent les mœurs antiques, xxxv, 277.

HOMICIDE. L'assemblée du clergé de 1700 censure plusieurs propositions relatives à ce crime, xxii, 749.

HOMME. Sa création, xxiv, 264. Dignité de sa nature, vii, 71. Merveilles de sa création, vii, 72, 74, 81; xxiv, 370. Son empire sur lui-même, vii, 76. C'est l'image de l'empire de Dieu sur l'univers, vii, 79. Noblesse de son ame, x, 30. Son immortalité, vii, 93. Première destination de l'homme, x, 145. Sa chute, xxiv, 374, 375. Changement funeste qu'elle opère en lui, xxiv, 375, 376. Il est condamné à la mort, *ibid.* L'homme avoit reçu, dans la sainteté de son origine, l'innocence, la paix et l'immortalité, x, 120. Comment il a perdu ces trois dons, *ibid.* et 138.

L'homme est une énigme à lui-même. Il ne connoît jamais certainement sa foi et les dispositions de son cœur, xiv, 31. La misère de l'homme est extrême, xi, 381; xxvii, 636. L'homme prodige de misère et de grandeur, xii, 475. Son néant, ix, 362, 372. Insuffisance de la philosophie pour remédier à sa misère, xi, 18, 19. Quel est l'objet et la nature de l'homme, xii, 475, 488. Combien il est méprisable, si on le regarde des yeux du corps, xii, 487. Il n'est point tel que Dieu l'a fait, i, 532. L'homme est un abîme, un amas confus de choses contraires, x, 36. Un animal brut ou un ange céleste, selon qu'il tourne ses inclinations, xi, 531. Quel est la plus noble qualité de l'homme, ix, 254. En quoi consiste sa perfection, x, 624, 625 *et suiv.* Rien de plus sociable, rien de plus discordant que l'homme, viii, 514. Rien de plus paisible, rien de plus farouche, ix, 236. L'homme honteux de sa petitesse, travaille à s'accroître : inutilité de ses efforts, ix, 139, 140, 315. Il est d'autant plus libre, qu'il est plus esclave de la justice, ii, 74.

Rien de mieux ordonné dans tout l'univers que ce qui touche l'homme, x, 224. C'est un ouvrage d'un grand dessein et d'une sagesse profonde, xxiii, 103 *et suiv.* Ce qui distingue l'homme des animaux, xxiii, 49, 50, 204 *et suiv.* Comment il peut se bien connoître lui-même, xxiii, 165, 166. Combien la réflexion lui est nécessaire pour cela, xxiii, 168. La connoissance de lui-même doit l'élever à son auteur, xxiii, 187. Il voit en Dieu toutes les vérités et les règles des mœurs, xxiii, 189, 190. Il se condamne quand il s'en écarte, *ibid.* L'imperfection de son intelligence lui fait connoître qu'il y a ailleurs une intelligence parfaite, xxiii, 191. Comment il peut parvenir à la connoissance du péché originel, xxiii, 199, 200. Combien il doit estimer et cultiver son ame, xxiii, 203. Pourquoi les hommes veulent donner du raisonnement aux animaux, **xxiii**, 204. En quoi ils sont semblables à l'homme, xxiii, 209, 210. En quoi ils diffèrent de lui quant au langage, xxiii, 223. Extrême différence de l'homme et de la bête, xxiii, 224, 234, 235. L'homme dompte les animaux même les plus forts et les plus rusés, xxiii, 234. Sa raison l'oblige à croire sa liberté, et la prescience de Dieu, quoiqu'il ne trouve pas le moyen de les accorder ensemble, xxiii, 440.

Rapport intime de l'homme avec Dieu, xii, 486. L'homme devenu le temple de Dieu par le baptême : dignité de ce temple, x, 147. Doit se revêtir de Jésus-Christ, xi, 306. Différence entre le vieil homme et l'homme renouvelé, ix, 94. Entre l'homme animal et l'homme spirituel, viii, 507. Homme sensuel, viii, 93. Les hommes sont égaux par la nature, xi, 122; xii, 694 *et suiv*. Tous confondus dans le gouffre de la mort, xi, 123.

L'homme invente ou perfectionne les arts, et s'assujettit toute la nature, xxiv, 267, 268. Affoiblissement de la constitution humaine après le déluge, xxiv, 379. Dispersion des hommes à Babel, xxiv, 380. Corruption du genre humain au temps de la vocation d'Abraham, xxiv, 384.

Les hommes sont faits pour vivre en société : pourquoi? xxiii, 479 *et suiv*. Leur amour pour la terre qui les a vus naître, xxiii, 489. Tout tend à la division parmi eux, à moins qu'ils n'aient un gouvernement, xxiii, 490, 491. Biens que leur procure le bon gouvernement, xxiii, 492. La division en peuples et en nations ne doit point altérer la société du genre humain, xxiii, 503. Les hommes sont les vraies richesses d'un royaume, xxiv, 200. Qui sont ceux qui doivent être éloignés des emplois publics, xxiv, 230. Caractère d'un homme d'État, xxiv, 235. Différence d'un homme d'esprit et d'un homme d'imagination, xxiv, 58. Homme de mémoire, xxiv, 59. L'homme de bien n'a rien à perdre à la mort, tandis qu'elle est pleine d'amertume pour le mondain, viii, 86. L'homme de bien peu considéré, par la raison qu'il ne peut se faire des amis que par sa vertu, x, 622. *Voy.* AME, CORPS, RAISON. Il ne faut pas s'imaginer que les hommes naissent fidèles, il les faut faire tels, et cela ne se fait point par la force, mais par la bonté, xxvi, 34.

HONGRIE. Les Etats de ce royaume, en 1548, demandent un concile général pour remédier aux maux de l'Eglise, xxii, 101 *et suiv*.

HONNEUR. Sa définition, son objet, ses abus, viii, 224; ix, 151 *et suiv*. Sa tyrannie nous rend les captifs de ceux dont nous voulons être honorés; danger de se laisser trop entraîner aux considérations de l'honneur, ix, 135. Il est difficile de définir l'estime qu'on en doit faire, ix, 136. En quoi il consiste, ix, 137. Tristes effets de l'honneur que nous mettons dans des choses vaines, *ibid*. L'honneur pare les vices des ornemens de la vertu, ix, 143. Il est changé en ignominie, ix, 145. Trois espèces d'honneur fondées sur l'erreur, ix, 152. En quel sens l'honneur peut être vrai ou faux en même temps, ix, 152, 153 *et suiv.* En quel sens l'honneur qu'on nous rend par erreur, pour de bonnes qualités que nous n'avons pas, est un avantage pour nous, ix, 153, 154 *et suiv.* L'honneur du monde autorise le vice, ix, 583. Il est représenté dans la grande statue de Nabuchodonosor, ix, 570. Ses trois crimes capitaux, ix, 570, 571 *et suiv.* Ses effets sur le pécheur, ix, 586 *et suiv.* Brièveté de son règne, ix, 588. Quel est le plus grand attentat de l'honneur du monde, *ibid. et suiv.* L'exemple de Jésus-Christ, combien propre à détromper les idolâtres de l'honneur du monde, ix, 593. Comment il est permis d'aspirer aux honneurs du monde, viii, 419.

HONORIUS, Pape, trompé par les artifices des monothélites, consent à un dangereux silence, xxiv, 354. Il ne peut être excusé d'erreur, xxi, 75 *et suiv.* Il approuve les écrits des monothélithes : sa condamnation par le sixième concile, xxi, 51, 52 *et suiv.*; xxii, 236; xxiv, 355, 356.

HONTE (la), juste peine du pécheur, viii, 118; ix, 487 *et suiv.* Première des passions de notre premier père : lui décèle la conspiration de toutes les autres, x, 98. Combien elle presse les consciences, et est utile au salut du pécheur, ix, 346 *et suiv.*

HOPITAL (Michel de l') est fait chancelier de France, xxv, 490. Détourne Catherine de Médicis de consentir à l'arrêt de mort contre le roi de Navarre et le prince de Condé, xxv, 498. Il veut qu'on use de douceur envers les protestans, xxv, 503. Sagesse de l'Hôpital; sa probité, son grand savoir sont nécessaires au roi, et servent à affermir son crédit, xxv, 547. Il s'occupe à faire des règlemens utiles au bien du royaume, xxv, 550. Desservi dans l'esprit du roi, il se retire des affaires. Sa mort, xxv, 580.

HOPITAL. Utilité d'un hôpital, ix, 555 *et suiv.* Spectacle de l'infirmité humaine qu'il nous présente. Ravage qu'y exerce la maladie, viii, 80; xi, 83.

HORMISDAS (S.), Pape. Instructions qu'il donne à ses légats à Constantinople, sur la manière dont ils doivent se comporter avec les évêques séparés de la communion, xxi, 243. Consulté par l'empereur Justinien sur la proposition des moines de Scythie, *Un de la Trinité a été crucifié :* ce qui se passa en cette occasion, xxii, 188 *et suiv.*, 235. Formulaire envoyé par ce Pape aux Eglises d'Orient au sujet de la condamnation d'Acace, xxii, 273. Comment, sous ce pontife, se fit la réconciliation des évêques orientaux avec le saint Siège, xvii, 488, 595.

HUET (Pierre-Daniel), évêque d'Avranches, et le Père Petau, vengés contre Jurieu, qui leur impute d'avoir fait arianiser les anciens Pères, xvi, 98, 99.

HUGUES le Grand reçoit en souveraineté le pays situé entre la Seine et la Loire, xxv, 37. Il fait et défait les rois à son gré. Sa puissance se soutient contre les efforts faits pour la détruire, xxv, 41, 42.

HUGUES (surnommé Capet), fils du précédent, surpasse son père en richesse et en puissance, xxv, 42. Sa victoire sur Othon, roi d'Allemagne, xxv, 43. Il est fait roi de France, à l'exclusion de Charles, frère de Lothaire, *ibid.* Observations sur l'élévation de Hugues Capet au trône, xxv, 44. Il soutient son autorité plutôt par adresse et par prudence, que par force et par empire, xxv, 45. Il meurt après dix ans de règne, *ibid.*

HUGUES de Saint-Victor. Ce qu'il étoit; ce qu'il dit sur la puissance royale, xxi, 439 *et suiv.* Beau passage de cet auteur sur l'amour désintéressé, xviii, 670, 671 *et suiv.*

HUISSEAU (d'), ministre de Saumur, prêche la tolérance de toutes les religions. Il est condamné par les synodes, xvi, 119.

HUMBERT, dauphin du Viennois, donne le Dauphiné au roi de France, xxv, 106.

HUMBERT (le cardinal). Sa dispute avec les Grecs au sujet de la communion sous une espèce, xvi, 455. Reproche qu'il faisoit aux Grecs sur leur manière d'administrer l'Eucharistie, xvi, 607.

HUMEUR. Elle est la source de toutes les maladies de nos ames, xxvii, 636. L'origine de cette humeur est le péché du premier père, *ibid.*

HUMILIATIONS. Moyen d'en profiter, xxvii, 684. Leur utilité, xxvii, 618.

HUMILITÉ. Son caractère, viii, 226; x, 129, 158, 159; xii, 678, 679. Heureux effets de l'humilité, x, 195. Voie pour y parvenir, xxviii, 543. Quel est le propre de l'humilité, xi, 317, 318 *et suiv.* Aucune grandeur véritable qui ne soit appuyée sur l'humilité, xi, 322. Combien Dieu aime l'humilité, et quel exemple il en donne en se faisant homme, xi, 182. Comment Jésus-Christ a converti l'ambition des apôtres en humilité, vi, 464, 468 *et suiv. Voy.* BOSSUET.

HUNS (les), peuples des Palus-Méotides, désolèrent tout l'univers avec une armée immense, sous la conduite d'Attila, leur roi, le plus affreux de tous les hommes, xxiv, 347.

HUS (Jean), disciple de Viclef, veut parvenir à la réformation par la rupture, xiv, 23. Il dit la messe, croit la transsubstantiation et tous les autres articles de l'Eglise romaine, excepté ceux de la communion sous les deux espèces, et de l'autorité du Pape, qu'il appelle l'Antechrist. Il pense, comme les vaudois, que l'autorité ecclésiastique, et même séculière, se perd par le péché. Son principal mérite, chez les protestans, est d'avoir beaucoup crié contre le Pape et l'Eglise romaine, xiv, 547 *et suiv.* Ses erreurs et celles de Jérôme de

Prague, condamnées au concile de Constance. Ils sont brûlés tous deux par sentence du juge laïque, et non du concile, xxi, 640, *note.*

HYMNE pour le jour de l'Ascension (poésie), xxvi, 102.

HYPOCRITES. Leur conduite, viii, 121; x, 635. Elle sera révélée au grand jour, viii, 122.

I

ICONOCLASTES. Commencement de leurs violences, xxiv, 357, 358. Leur conciliabule sous Constantin Copronyme, xxiv, 360. Ils persécutent les catholiques, *ibid.* Le septième concile condamne leur hérésie, xxiv, 361. Les protestans mettent ces hérétiques au nombre de leurs prédécesseurs, xiv, 458.

IDOLATRIE. Ses horreurs, vii, 133 *et suiv.* Outrage qu'elle fait à la divinité, x, 221; xi, 49 *et suiv.* Elle couvroit la terre de ténèbres avant la venue de Jésus-Christ, x, 439. L'idolâtrie spirituelle cause de l'idolâtrie matérielle, xii, 257 *et suiv.* L'idolâtrie adoroit tout, et le vrai Dieu comme les autres, xxvii, 224. L'homme ayant quitté par le péché la contemplation de la nature divine invisible, se plonge entièrement dans les sens, et s'abandonne à l'idolâtrie, xxvii, 242. Elle étoit répandue partout, *ibid. et suiv.* A quel excès elle étoit portée au temps de Moïse, xxiv, 393. Elle s'établit dans le royaume d'Israël, xxiv, 276, 416. Elle est la principale cause de la perte de ce royaume, x, 190, 191. Elle entraine quelquefois celui de Juda, xxiv, 417. Elle cesse en Judée après la captivité, xxiv, 432. Son prodigieux aveuglement avant la venue du Messie, xxiv, 441 *et suiv.*, 458. Dieu se sert du mystère de la croix pour la détruire, xxiv, 514 *et suiv.* Les sens, les passions et les intérêts combattoient pour l'idolâtrie, xxiv, 519 *et suiv.* Elle cherchoit à se parer de quelques raisons, xxiv, 523. A la fin elle se soutenoit par l'austérité apparente des philosophes, et leurs magnifiques paroles, xxiv, 532.

L'idolâtrie faussement attribuée aux catholiques. Parallèle entre la doctrine de l'Eglise romaine et celle des païens. Différence de la même croyance de celle des manichéens, ariens, etc., xiii, 122 *et suiv.* L'idolâtrie est née des erreurs touchant la nature de Dieu; on en conclut que les catholiques, qui n'errent pas sur cette matière, ne sont donc pas des idolâtres, xiii, 132. Quoique le peuple de Dieu se soit laissé aller à l'idolâtrie du temps d'Elie, de Manassès, etc., les protestans n'en peuvent rien conclure contre les catholiques, xiii, 522 *et suiv.*

L'idolâtrie attribuée par Jurieu à l'Eglise romaine, n'empêche pas, selon lui, qu'on ne s'y sauve. L'idolâtrie dont il accuse les Pères du quatrième siècle, ne les empêche pas non plus d'être saints, xv,

283 *et suiv.* L'idolâtrie et l'antichristianisme sont incompatibles avec le salut, xv, 303. L'Eglise ne peut, suivant la promesse, être livrée à l'idolâtrie, xvii, 159. L'aveu que fait Jurieu, que ce qui est cru de tous les chrétiens est une vérité fondamentale, et que le culte que l'Eglise rend aux saints étoit autrefois universel, démontre qu'il nous calomnie, en nous disant idolâtres, xv, 331, 332. Les définitions de l'idolâtrie et de l'invocation des saints démontrent que cette invocation ne peut être un honneur divin. Locutions de l'Ecriture. En quel sens on peut dire que les saints donnent, xv, 333. L'Eglise ne met la force des saints que dans leurs prières, xv, 334. Extravagance de Jurieu, qui veut qu'il soit moins permis de prier les saints dans la gloire que les fidèles sur la terre, xv, 338. On n'attribue rien de divin aux anges et aux saints, en leur attribuant la connoissance de nos prières, xv, 343. Jurieu calomnie l'Eglise, en l'accusant d'égaler les saints à Jésus-Christ, xv, 346 *et suiv.* On n'adresse point à Jésus-Christ, comme il le dit, cette prière : *Priez pour nous,* son intercession étant infiniment différente de celle des saints, xv, 351. Les ministres eux-mêmes avouent que l'Eglise catholique interprète différemment les mérites des saints et ceux de Jésus-Christ, xv, 354. La différence de la doctrine et du culte des païens et de la doctrine et du culte catholique est infinie; et Jurieu calomnie l'Eglise à ce sujet, xv, 355. Quelle étoit la source de l'idolâtrie. *Voyez* CULTE.

IDÉES. Leur définition, xxiii 251. L'idée peut être encore définie ce qui représente à l'entendement la vérité de l'objet entendu, xxiii, 252. Des termes et de leur liaison avec les idées, *ibid.* Division générale des idées, xxiii, 259, 262. Propriétés des idées, xxiii, 330 *et suiv.* Après les idées viennent les termes qui les signifient, xxiii, 234.

IDUMÉENS. Ils sortent d'Esaü, fils de Jacob, xxiv, 269. Ils sont conquis par Hyrcan, xxiv, 320.

IÈNE (synode d') en Saxe, tenu par les luthériens, où ils condamnent les zuingliens, qu'ils pressent par l'autorité de l'Eglise: en quoi ils démentent tous leurs principes, xiv, 344.

IGNACE de Loyola (S.) préfère le délai de la vision de Dieu à la jouissance présente, xix, 448.

IGNORANCE. En quoi elle consiste : sa différence d'avec l'erreur, xxiii, 64. Combien est grande l'ignorance de l'homme, xxiii, 70.

ILLUSION des expériences dans l'Oraison, xviii, 369, 370.

ILLYRICUS (Flaccus) ou Francowitz, et d'autres, se rendent, après la mort de Luther, aussi tyrans qu'il l'avoit été des églises luthériennes, xiv, 188. Il avoit été disciple de Mélanchthon, dont il devient jaloux, et qu'il veut perdre au sujet des cérémonies indifférentes. Il enseigne le dogme monstrueux de l'ubiquité, xiv, 330.

IMAGES. Du culte qu'on leur rend, xxviii, 67. Dispute sur ce culte en Orient et en France, xvii, 576 *et suiv*. Les catholiques ne les adorent pas, ne leur attribuent aucune vertu, ne s'en servent que pour élever leur esprit vers Dieu, et exciter en eux le souvenir des prototypes qu'elles représentent, xiii, 59, 60. Le culte des images fait le sujet d'une grande controverse avec les protestans. Doctrine de l'Eglise sur ce sujet; objection tirée du second précepte; erreurs des païens, xiii, 105 *et suiv*. L'Apologie de la Confession d'Augsbourg accuse l'Eglise de croire, comme les magiciens, qu'elles ont en elles une certaine vertu, xiv, 135. Carlostad les abat à Vitemberg. Luther trouve qu'empêcher le culte des images, c'est ôter la liberté chrétienne, xiv, 56 *et suiv*. Calomnies et ignorance des ministres protestans sur le culte que nous rendons aux images, xvii, 256 *et suiv*. Sentiment d'un célèbre protestant, xvii, 427, 434, 481, 521, 522. Il s'accorde avec le concile de Trente et le second de Nicée, xvii, 576; xviii, 35. Le culte des images a toujours été en usage dans l'Eglise, xviii, 206. *Voy*. CULTE, FRANCFORT, NICÉE.

IMAGINATION (l'). Sa définition, xxiii, 41. Sa nature, xxiii, 42 *et suiv*. En quoi elle diffère de l'entendement, xxiii, 56. Comment ils s'aident et s'embarrassent mutuellement, xxiii, 57. A quels mouvemens du corps est attachée l'imagination, xxiii, 63 *et suiv*.

IMMORTALITÉ. Les philosophes et les nations qui ne sont pas tout à fait brutes, en ont l'idée, xxiii, 245. L'immortalité, compagne inséparable de l'innocence, x, 166; xxiii, 245. Triple immortalité de Jésus-Christ, x, 167. D'où vient en nous le désir de l'immortalité, x, 172.

IMMUTABILITÉ (l') de Dieu, reconnue clairement dans les premiers siècles. Ignorance de Jurieu, dans la doctrine des Pères, xvi, 14, 18, 19. Ce dogme est marqué dans l'Ecriture, ainsi que l'immutabilité du Fils de Dieu; et la Confession de foi des protestans l'établit, xvi, 20, 21. Saint Athanase prouve aux ariens que le Fils de Dieu est immuable; ce qui renverse l'imputation calomnieuse faite par Jurieu au concile de Nicée, d'avoir fait naître deux fois le Fils de Dieu comme Dieu, et cru qu'il pouvoit croître en perfection, xvi, 56 *et suiv*. L'idée de l'immutabilité de Dieu est, selon ce ministre une idée d'aujourd'hui, qu'on ne peut prouver par l'Ecriture, xvi, 178.

IMPANATION. *Voy*. OSIANDRE. La doctrine de Luther y tend. Il admet un pain charnel et un vin sanglant, xiv, 88, 89.

IMPATIENCE. Son désordre, xxvii, 448.

IMPECCABILITÉ. Dernière grace, bonheur parfait, viii, 376, 378.

IMPÉNITENCE finale; comment on y tombe, ix, 178 *et suiv*. Rien de plus horrible, ix, 615 *et suiv*.

IMPIES. Idée qu'ils se forment de Dieu, viii, 348. Dieu les dissipera dans l'impétuosité de sa colère, comme la poudre est emportée par un tourbillon, VIII, 30. Leur nombre infini, VIII, 543. Conduite que doivent tenir les gens de bien obligés de vivre avec eux, VIII, 544. Prospérité des impies; commencement de la vengeance divine à leur égard, IX, 613; X, 460. Evénemens sanglans et tragiques que Dieu leur fait quelquefois éprouver, IX, 614. Ils commencent leur enfer dès ce monde, X, 461. Leur aveuglement, X, 584. Leur mort toujours précipitée, XII, 659. *Voy.* LIBERTINS.

IMPIÉTÉ. Comment elle fait des progrès, I, 81.

IMPOTS (les). Sont une source de richesses pour l'Etat, XXIV, 195. Le prince doit les modérer, XXIV, 196. *Voy.* TRIBUTS.

IMPRÉCATIONS. Celles qu'on trouve dans les Psaumes ne doivent point être prises à la lettre, I, 25 *et suiv.* Ce sont des prophéties, I, 26, 27.

IMPUDICITÉ. Estime qu'elle s'attire sous de certaines couleurs, IX, 144.

IMPUNITÉ. Le pécheur s'en flatte vainement, VIII, 205.

INCARNATION. Explication de ce mystère, V, 60 *et suiv.* Dieu y avoit préparé les hommes par ses apparitions aux patriarches, sous une forme humaine, VII, 186, 187 *et suiv.* Conception et naissance de Jésus-Christ, VII, 198 *et suiv.*, 260 *et suiv.* Ignorance des libertins au sujet de ce mystère, VIII, 250. Sa grandeur, XI, 133. Moyen dont Dieu se sert pour guérir notre orgueil, XI, 135 *et suiv.* Amour que Dieu témoigne à l'homme dans ce mystère, XI, 150 *et suiv.* Ce mystère étoit une illusion, selon les manichéens et les albigeois, XIV, 462. Erreurs de l'abbé Dupin sur la communication des idiômes, XX, 587; sur l'expression de saint Cyrille, *Unam naturam incarnatam*, XX, 605 *et suiv.* Sans doute Dieu pouvoit délivrer les hommes sans se faire homme, mais il lui a plu de se faire homme pour nous racheter, afin que cette même nature que le démon s'étoit asservie, remportât la victoire sur lui et sur ses audacieux compagnons, XXV, 365.

INCESTUEUX de Corinthe; pénitence qu'on lui impose; indulgence qui lui fut accordée, X, 258.

INCLINATION. Deux nous sont naturelles : l'une nous élève à Dieu, origine de la religion; l'autre nous lie avec nos semblables, principe de la société, VIII, 301. Les inclinations profondes changent difficilement, IX, 185.

INCRÉDULES. Ils n'ouvrent point les yeux à la lumière, VI, 120 *et suiv.* *Voy.* ATHÉES, IMPIES, LIBERTINS.

INDÉFECTIBILITÉ de la foi du saint Siége. On impute à tort aux docteurs de Paris de croire que le saint Siége ne soit pas indéfectible, IX, 500 *et suiv.* Preuves de l'indéfectibilité de l'Eglise romaine, XXII, 268 *et suiv.*, 347 *et suiv.*

INDÉPENDANS. Leur songe séditieux sur un prétendu règne du Christ, qui devoit anéantir la royauté, et égaler tous les hommes, XII, 455.

L'indépendantisme et plusieurs autres sectes de la réforme, tirent leur source de l'indifférence des religions. Les indépendans rejettent toutes les formules, tous les catéchismes, tous les symboles, même celui des apôtres, pour s'en tenir à la seule parole de Dieu, sans glose ni interprétations, xvi, 226 *et suiv*. Les indifférens et les indépendans font peu de cas des dogmes, et ne veulent que la doctrine des mœurs. Illusion de leurs maximes, xvi, 227 *et suiv*. Jurieu établit l'indépendantisme des Eglises, et confond le royaume de Jésus-Christ avec celui de Satan, xv, 164, 165.

INDIFFÉRENCE des religions. Les principes de Basnage y conduisent, et surtout ce qu'il avance pour innocenter le schisme, xvii, 203, 204. *Voy*. Réforme.

Indifférence pour le salut. Jusqu'où va celle des quiétistes, xviii, 437, 440, 448 *et suiv*., 482, 483. En quoi consiste la sainte indifférence selon saint François de Sales, xviii, 542, 543 *et suiv*. Distinction inutile entre l'indifférence et la résignation, xviii, 561 *et suiv*. L'indifférence ne peut avoir lieu dans les suppositions impossibles, xviii, 579 *et suiv*. Exagération sur cette matière, xviii, 591 *et suiv*. L'indifférence pour le salut est établie par M. de Cambray, xix, 472 *et suiv*., 450, 475; xx, 46 *et suiv*. Du consentement à la haine de Dieu et à la damnation, suite de ses principes, xix, 457, 475. Son embarras et ses contradictions dans l'explication de ses principes, xix, 466, 486. Passages tronqués ou falsifiés de saint François de Sales, dont on voudroit se prévaloir, xix, 392, 393, 394, 398. Vaines ressources de l'auteur, xix, 540. L'indifférence du salut établie dans le livre des *Maximes des Saints*, malgré les articles d'Issy, xx, 304. Quatre remarques à ce sujet, xx, 418 *et suiv*. *Voy*. Abandon, Acquiescement, Désespoir, Sacrifice.

Indifférence à l'égard des dons de Dieu; en quel sens Bossuet l'entend, xxviii, 229.

INDULGENCE. Celle qui est fausse, dans les princes, a des suites funestes, xxiv, 123.

INDULGENCES. Leur utilité, 123 *et suiv*., v, 393 *et suiv*. Il n'en faut point rechercher curieusement l'effet précis, v, 391 *et suiv*. Elles doivent nous porter à augmenter notre amour envers Dieu et le prochain, v, 395 *et suiv*. Elles sont fondées sur la grande indulgence de la mort de Jésus-Christ, xxviii, 354. L'Eglise a le pouvoir d'en accorder, xiii, 69. De la confession pour gagner les indulgences, xxviii, 109, 110.

INFAILLIBILITÉ. Jurieu, qui vouloit d'abord qu'on jugeât par le goût, quelles sont les vérités fondamentales veut ensuite qu'on compte les voix, et donne l'infaillibilité au grand nombre, xvi, 146 *et suiv*.

Infaillibilité du Pape. Selon les défenseurs de cette infaillibilité, elle n'est pas de foi, xxi, 128 *et suiv.*; xxii, 601. Formalités nécessaires, suivant les ultramontrains, pour que la décision du Pape soit infaillible, xxii, 355, 356. Le clergé de France n'a pas voulu prononcer sur cette question, xxii, 437.

INFIDÈLES. *Voy.* Sfondrate.

INGRATITUDE. Sa noirceur, viii, 387.

INIMITIÉS. Ce qui les produit, x, 396, 619.

INJURES. Le pardon des injures est un des remèdes les plus efficaces de nos fautes, ix, 249, 654. Le plus grand de tous les maux est de faire injure à quelqu'un. Il vaut mieux souffrir une injure que de la faire, xxvi, 35. Si c'est un plus grand mal de faire une injure que de la recevoir, la justice qui nous empêche d'en faire est un plus grand bien que la puissance qui nous empêche d'en recevoir, xxvi, 35.

INJUSTICE. L'injustice est toujours foible, parce qu'elle n'est jamais d'accord avec elle-même et ne peut unir ses forces, xxvi, 35.

INNOCENCE. Moyens de la conserver, xii, 517, 518.

INNOCENS (SS.) Leur massacre, vii, 330.

INNOCENT I (S.) Pape, prouve la nécessité de la grace par les prières de l'Église, xviii, 488.

INNOCENT III est choqué des singularités des vaudois qu'il condamne dans le grand concile de Latran, xiv, 502. Ce pontife met la France en interdit, dépose l'empereur Othon IV, puis Jean-Sans-Terre, roi d'Angleterre, xxi, 447 *et suiv.* Jean s'étant rendu tributaire du saint Siége, le Pape le protége, xxi, 449 *et suiv.* Ce Pape reconnoît que le concile lui est supérieur, xxii, 213.

INNOCENT IV. En quoi consiste, suivant lui, l'obéissance due au Pape, xxi, 103. Il dépose l'empereur Frédéric II au concile de Lyon, sans l'approbation du concile, xxi, 491, 492.

INNOCENT XI approuve le livre de l'*Exposition* par deux brefs, xiii, 44, 45. Conséquences que Bossuet tire de cette approbation, xxi, 119 *et suiv.* Ce Pape est par ses vertus le modèle de son troupeau, xxvi, 264, 265. Bossuet désire qu'un pontife si saint mette fin à tant d'opinions corrompues, dont les ennemis de l'Eglise tirent avantage, xxvi, 200. Le remercie de l'approbation qu'il a donnée à son *Exposition*; lui marque les raisons qui le portèrent à composer cet ouvrage; lui rend compte de sa manière d'élever le Dauphin, et fait les vœux les plus ardens pour l'Eglise et le souverain Pontife, xxvi, 254, 257 *et suiv.* Bref d'Innocent XI, en réponse à cette lettre, xxvi, 266. Belle lettre de Bossuet à ce pontife, sur l'éducation du Dauphin, xxiii, 1 *et suiv.* 15 *et suiv.* Bref du Pape pour témoigner au prélat sa satisfaction, xxiii, 30, 32. Sentimens de reconnoissance et vœux de Bossuet pour la conservation de ce pontife, xxvi, 267.

Il remet au prélat les droits pour les bulles de l'évêché de Meaux, XXVI, 284. Motifs honorables qui déterminent le Pape à lui accorder cette faveur, *ibid*. Réponse d'Innocent XI à la lettre du clergé de France qui lui rendoit compte de ses opérations sur la Régale, XXII, 643 *et suiv*.

Innocent XI censure les quiétistes, XVIII, 351. Sa censure des casuistes sur la foi explicite en Dieu, XVIII, 418. Combien fortes ses qualifications contre Molinos, XVIII, 609. Sa bulle rapportée au long, XVIII, 683 *et suiv*.

INNOCENT XII accommode le différend survenu à l'occasion de la *Déclaration* de 1682, sans faire de reproche aux François touchant la foi, XXI, 13. Lettre de cinq évêques de France à ce pontife, pour solliciter la condamnation d'un livre du cardinal Sfondrate sur la prédestination, XXVI, 519. Ils ne craignent pas que Sa Sainteté, quoiqu'elle eût élevé Sfondrate à une si haute dignité, à cause de ses qualités, fit grace à ses erreurs qui tendoient à affoiblir la foi, *ibid*. Ce pontife répond qu'il a renvoyé le livre de Sfondrate à l'examen de graves théologiens d'après lequel il portera son jugement, XXVI, 531. *Voy*. SFONDRATE.

Bref d'Innocent XII à Bossuet, sur son livre des *Etats d'oraison*, XVIII, 382. Son bref contre le livre des *Maximes des Saints*, XX, 472, 496 *et suiv*. Sa lettre au roi à ce sujet, XX, 501, 502 *et suiv*. Acceptation du bref dans toutes les provinces, XX, 508 *et suiv*. *Voy*. FÉNELON.

INQUISITION. Elle est établie dans les Pays-Bas et y cause des troubles fâcheux, XXV, 562 *et suiv*. Décrets de celle de Rome contre les quiétistes, XVIII, 680, 681, 701 *et suiv*. L'Inquisition d'Espagne condamne la *Déclaration* du clergé de France, comme erronée, XXI, 122 *et suiv*.

INSTINCT. Ce que c'est que celui qu'on attribue aux animaux, XXIII, 236 *et suiv*. *Vvy*. ANIMAUX.

INSTRUCTION (*de l'*) *de Mgr. le Dauphin*, fils de Louis XIV; Lettre *au Pape Innocent XI*: en latin et en françois, XXIII, 1 *et suiv*., 15 *et suiv*. *Voy*. LOUIS, Dauphin.

Instruction sur la lecture de l'Ecriture sainte, I, 3 *et suiv*.

Instruction sur le nouveau Testament de Trévoux, III, 385 *et suiv*. — *Seconde instruction sur les passages particuliers de cette version*, III, 515 *et suiv*.

Instruction sur les Etats d'oraison, où sont exposées les erreurs des faux mystiques, XVIII, 367 *et suiv*. Ce livre est traduit en italien. *Voy*. CAMPIONI.

Instructions sur les promesses de Jésus-Christ à son Eglise, pour montrer, par l'expresse parole de Dieu, que le même principe qui nous fait chrétiens, nous doit aussi faire catholiques. XVII, 83, 143.

INTELLIGENCE. Combien elle est nécessaire pour **gouverner**, XXIII, 579, 580. *Voy.* ENTENDEMENT.

INTENTION. Elle doit être pure, VI, 47 *et suiv*. Ce que c'est que l'intention *virtuelle*, et jusqu'à quand subsiste-t-elle, XXVIII, 38 *et suiv*. Quelle intention est requise dans le ministre pour la validité du sacrement, XVII, 409 *et suiv*., 441, 442, 472.

INTÉRÊT (l') contribue à unir les hommes entre eux, XXIII, 483. Exemple tiré du corps humain, XXIII, 484. L'intérêt, dieu du monde et de la cour, le plus ancien, le plus décrié et le plus inévitable de tous les trompeurs, trompe dès l'origine du monde, IX, 643. Fait toujours les flatteurs, IX, 649. Mobile de toutes les actions humaines, X, 618. Malignité de l'intérêt, qui rompt les amitiés les plus saintes, montrée dans la personne de Judas, IX, 650.

INTÉRÊT PROPRE. Sens que l'Ecole donne à ce mot, XIX, 180. Sa définition, XIX, 181. Son équivoque, XIX, 182; XX, 333, 342. M. de Cambray coupable de n'avoir pas défini ce terme équivoque, XIX, 186, 320, 321. Cette affectation est une illusion, XIX, 322. Ses principes le convainquent de prendre ce mot pour le salut, XIX, 187, 323, 324. Ainsi le prennent, Saint Anselme, XIX, 203; Saint Bernard, 204; Scot, *ibid*. Suarez, 205; Sylvius, 206; Saint Bonaventure, 207. Toute l'école fondée sur saint Paul, 208 et saint François de Sales, *ibid*. Variation de M. de Cambray sur ce point, XIX, 209 *et suiv*. 324 *et suiv*. Ses équivoques, XIX, 211, 212 *et suiv*. Rodriguez et le Père Surin ne parlent pas de cet intérêt, XIX, 307, 308. M. de Cambray convaincu d'entendre par là le salut, et d'en exiger le sacrifice, XIX, 528 *et suiv*.; XX, 16, 17, 44 *et suiv*.; 343, 344, 347. Impiété de cette doctrine, XIX, 348. *Voy*. ACTES, DEMANDES, INDIFFÉRENCE, SALUT.

INTERIM (le livre de l'), fait par ordre de Charles V, étoit un formulaire de doctrine, dans lequel on condamnoit toutes les erreurs luthériennes, en tolérant néanmoins le mariage des pasteurs et la communion sous les deux espèces. Il est blâmé à Rome, XIV, 324, 325. Conférences de Ratisbonne au sujet de ce livre, entre les catholiques et les protestans. On s'y concilie sur quelques articles, que les protestans acceptent en les expliquant. Dernière main mise à ce livre, qui n'a nul succès, *ibid. et suiv*.

INVESTITURES. Disputes à leur sujet, XXI, 424 *et suiv*., *et note*. *Voy*. HENRI V.

INVOCATIO *animæ morbis lethalibus laborantis*, XXVI, 43.

INVOCATION des saints. Les luthériens calomnient sur ce point l'Eglise catholique, XIV, 134. Henri VIII approuve l'invocation des saints, XIV, 273. *Voy*. SAINTS.

IRÈNE, impératrice, gouverne dans la minorité de Constantin, son fils, XXIV, 361. Elle fait tenir le septième concile général, *ibid*. Son fils périt par ses artifices : elle est reconnue seule impératrice, xxiv, 363.

IRÉNÉE (S.) Pourquoi, selon lui, l'Apocalypse surpasse toutes les anciennes prophéties, ii, 301. Il voit Rome et son empire dans l'Apocalypse, ii, 308 *et suiv.* Ce saint dit que Dieu a établi l'autorité royale pour le bien de la société, xxi, 161, 190. Il est critiqué témérairement par l'abbé Dupin, xx, 628.

IRÉNÉE (S.), évêque de Lyon, l'honneur des églises des Gaules qu'il a fondées par son sang et par sa doctrine parle ainsi de la sainte Vierge : Le genre humain, dit-il, condamné à mort par une vierge est sauvé par une vierge, xxvi, 364.

ISAAC. Dieu lui réitère les mêmes promesses qu'il avoit faites à Abraham son père, xxiv, 269, 387. Il est l'image de Jésus-Christ, viii, 402.

ISABELLE de France, reine d'Espagne, fille de Henri IV. Son éloge, xii, 510.

ISAÏE. Explication de sa prophétie sur l'enfantement de la sainte Vierge, ii, 233 *et suiv.* Première lettre, où l'on prouve que la naissance d'une Vierge est un caractère du Messie, ii, 234 *et suiv.* Deuxième lettre, où l'on explique comment ce caractère n'a eu force de preuve qu'après la mort du Sauveur, et on réfute plusieurs objections, ii, 246 *et suiv.* Troisième lettre où l'on explique à fond la prophétie, ii, 255 *et suiv.* Explication de la prophétie d'Isaïe sur l'enfantement de la sainte Vierge. Le Sauveur des hommes est le vrai Emmanuel, ii, 243. Plusieurs cantiques de ce prophète expliqués, i, 389, 390. Ce qu'il promettoit aux habitans de la Jérusalem céleste, viii, 38.

ISBOSETH, que Jurieu fait roi légitime des dix tribus, n'avoit aucun droit au royaume, qui appartenoit à David par élection divine, xxiii, 450.

ISIDORE (S.) de Péluse. Sa lettre sur les livres de Salomon, i, 435.

ISIDORE (S.) de Séville, prouve que les rois ne peuvent être punis que par Dieu, xxi, 253.

ISRAEL. Surnom donné à Jacob, xxiv, 269. On appelle de ce nom le royaume que Jéroboam forma des dix tribus révoltées, xxiv, 276, 301. Ses principaux rois, *ibid. et suiv.* Sa destruction, xxiv, 281. Ses peuples sont transportés à Ninive, et dispersés, *ibid.* et 301. *Voy.* Idolatrie, Jacob.

ISRAËLITES. Ils s'établissent en Egypte, xxiv, 270, 391. Leur multiplication excite la jalousie des Egyptiens, *ibid.* Ils sont délivrés par Moïse, xxiv, 271. *Voy.* Juifs, Moïse.

ISSY. Conférences qui y furent tenues entre MM. Bossuet, de Noailles, et Tronson, pour examiner les livres de madame Guyon, xx, 104;

xxviii, 557, 566. Fénelon y est admis, et signe les trente-quatre Articles qui y furent dressés sur l'Oraison, xx, 239; xxix, 264. Occasion, dessein et nécessité de ces Articles, xix, 496, 509 *et suiv*. Texte de ces Articles en françois, xviii, 357. En latin, xx, 66, 67. Ils sont expliqués, xviii, 613 *et suiv*. Combien ils sont opposés aux maximes des nouveaux mystiques, xix, 352, 406, 414, 498, 499, 513; xx, 18 *et suiv*. L'acte qui est marqué dans le trente-troisième, doit être fait avec précaution, xxvii, 576; xxviii, 239. *Voy*. FÉNELON.

ITALIQUE. Version ancienne des livres saints : celle des *Proverbes*, i, 450. Celle de l'*Ecclésiaste* : notre Vulgate est différente, i, 524.

IVES de Chartres. Demeure attaché à Philippe I, roi de France, excommunié pour ses crimes par plusieurs conciles, xxi, 419, 420 *et suiv*. Quelques passages tirés de son *Décret*, au sujet des rois, xxi, 430, 431 *et suiv*.

J

JACOB est béni par son père : il reçoit le nom d'Israël : est père des douze patriarches, xxiv, 269, 388. Il s'établit en Egypte, xxiv, 270. Sa prophétie touchant le Messie, *ibid*. et 387, 388. Elle s'accomplit de point en point, xxiv, 398.

JACOBATIUS (Christophe et Dominique), cardinaux : leurs sentimens sur l'infaillibilité du Pape et la supériorité du concile, xxi, 48; xxii, 540.

JACQUERIE (la). Faction de paysans qui désolent la France. Ils sont dissipés, xxv, 111 *et suiv*.

JACQUES (S.) le Majeur, apôtre. Sa demande ambitieuse à Jésus-Christ, vi, 72 *et suiv*. Précis d'un panégyrique de cet apôtre. Ses désirs ambitieux et ceux de saint Jean. Comment Jésus-Christ corrige leur erreur, xii, 275 *et suiv*.

JACQUES (S.) le Mineur, apôtre. Son Epître rejetée par Luther, sans aucun témoignage de l'antiquité, xiv, 128.

JACQUES I, roi d'Angleterre et d'Ecosse, regarde les calvinistes, ou puritains, comme les plus grands ennemis de la royauté, xiv, 387.

JACQUES II, roi d'Angleterre. Eloge que fait Bossuet de sa foi, de sa pénitence, et de sa résignation, xxvii, 282. Ce prince consulte Bossuet et la Sorbonne, sur la protection qu'il pouvoit accorder à l'Eglise anglicane, au cas qu'il fût rétabli sur le trône; et sur une déclaration qu'il avoit donnée à ce sujet, xxvi, 471 *et suiv*.

JAHEL, femme de Haber, perça de part en part les tempes de Sisara avec un clou, xxiv, 162.

JALOUSIE. Caractère de cette passion, xii, 145 *et suiv*. Elle fait voir la malignité du cœur humain, xxiii, 486. C'est un motif injuste de faire la guerre, xxiv, 139.

JANSÉNISME (le) imputé à tort au clergé de France, à cause de sa *Déclaration*, xx, 17. Ce clergé a accepté toutes les bulles des papes contre le jansénisme, xxi, 101; xxii, 301 *et suiv.*, 450. Ces constitutions sont exécutées avec vigueur; et on n'écouteroit pas les jansénistes, quand ils appelleroient à mille conciles, xxi, 102. Censure du clergé de France sur l'inobservation des constitutions d'Innocent X et d'Alexandre VII, contre les cinq propositions, xxii, 744 *et suiv.* *Voy.* Jansénius.

JANSÉNIUS (Corneille), évêque d'Ipres. Ses propositions, déjà condamnées par le concile de Trente, sont condamnées par le saint Siége, à la demande du clergé de France, v, 464 *et suiv.* Bossuet donne au maréchal de Bellefonds des avis sur la manière dont il doit se conduire à l'égard de son confesseur, relativement aux propositions de Jansénius, xxvi, 208. Il lui déclare son sentiment sur le fond, xxvi, 209. On ne peut tirer aucun préjugé de sa personne contre son livre, ni rien conclure de son livre contre sa personne, xxvi, 222. En condamnant Jansénius, on ne porte aucun préjudice à la doctrine de saint Augustin, xxvi, 242. Dans ses notes sur l'Ecriture, Bossuet se propose d'imiter Jansénius sur les Evangiles, dont la brièveté lui a toujours plu, xxvi, 469. *Voy.* Eglise, Jansénisme, Port-Royal.

JANSON (Toussaint de Forbin, cardinal de), évêque de Beauvais, ambassadeur à Rome, témoigne toutes sortes de bontés à l'abbé Bossuet, xxix, 4 *et suiv.* Reconnoissance que lui en a l'évêque de Meaux, xxix, 28, 59, 60, 94. Il revient en France, xix, 142. Estime qu'on lui portoit à Rome, xxix, 376; xxx, 237. *Voy.* La Chaise. Lettre de Bossuet au cardinal de Janson. Réponse à une consultation de Jacques II, roi d'Angleterre, xxvi, 471 *et suiv.*

JEAN-BAPTISTE (S.) tressaille dans le sein de sa mère, vii, 241. Il prépare les esprits à la venue du Sauveur, vii, 190, 214. D'abord par sa conception, vii, 191, 192. Qui est annoncée comme celle de Jésus-Christ par l'ange Gabriel, vii, 193. Ensuite par les circonstances de sa nativité, vii, 248. Par sa vie étonnante dans le désert, vii, 257. Par sa prédication, vii, 349. Il appelle les pécheurs à la pénitence, vii, 351. Au baptême, vii, 354. Et leur montre Jésus-Christ, vii, 356, 357, 358 *et suiv.* Humilité de saint Jean, vii, 377. Il appelle Jésus l'Agneau de Dieu, vii, 378, 379. Ses disciples le quittent pour suivre Jésus, vii, 382. Nouveau témoignage qu'il rend à Jésus, en l'appelant l'Epoux, vii, 386. Il sacrifie sa gloire à celle de Jésus, vii, 388. Il découvre un autre caractère du Messie : l'aveuglement des Juifs et des chrétiens infidèles, vii, 389. Il explique l'amour de Dieu pour son Fils, vii, 391. La peine de ceux qui ne croient pas à Jésus-

Christ, vii, 391, 392. Il est mis en prison par Hérode, vii, 393. Combien il lui étoit doux dans sa prison de penser à Jésus-Christ, viii, 275. Comment il prêche la pénitence, viii, 288. Il étoit destiné à faire désirer Jésus-Christ aux hommes, et à leur montrer la lumière, xi, 203, 228. Il est le point de réunion qui joint la Synagogue à l'Eglise, xi, 240. Instruction sur la fête de saint Jean-Baptiste, v, 192.

JEAN (S.), apôtre. Pourquoi fut-il conduit au pied de la croix, ix, 42. Il est la figure des fidèles persévérans, xi, 81 *et suiv*. Toute la société de l'Eglise recommandée à Marie dans la personne de S. Jean, xi, 348, 349. Panégyrique de cet apôtre : combien il étoit aimé de Jésus-Christ, xii, 19, 20, 21. Pourquoi le Sauveur l'aimoit si particulièrement, xii, 33, 34. Tous ses écrits ne tendent qu'à expliquer le cœur de Jésus, *ibid*. Comment il réfuta l'hérésiarque Cérinthe, xii, 563. Sublimité de sa théologie dans le premier chapitre de son Evangile, vii, 206, 207.

JEAN I (S.), pape, est contraint par Théodoric d'aller demander à l'empereur Justin de rendre les églises aux Ariens d'Orient. Ce pape, emprisonné par Théodoric, meurt de langueur, xxi, 294, 295.

JEAN II approuve la proposition des moines de Scythie, condamnée par son prédécesseur, xxii, 193.

JEAN VII, par pusillanimité, ne corrige pas le concile *in Trullo*, quoique l'empereur l'en priât, xxii, 235.

JEAN VIII, par complaisance pour l'empereur Basile, rétablit Photius, xxi, 339, 340 *et note*. Il tient le second concile de Troyes, et y établit la nécessité du consentement commun, xxii, 200 *et suiv*.

JEAN XI et JEAN XII, papes intrus et scandaleux, dans le dixième siècle, xxii, 219. Ce dernier déposé dans un concile de l'empereur Othon I, xxii, 223. Moyens de défense employés par Jean XII dans ce concile, xxii, 365 *et suiv*.

JEAN XVII est accusé de violer l'ordre canonique, par les évêques françois, à l'occasion de la consécration d'une église, xxii, 368.

JEAN XXII. Ses différends avec l'empereur Louis de Bavière, xxi, 466 *et suiv*. Ce pape reconnoît que les papes peuvent errer, xxi, 63; xxii, 248 *et suiv*. Ce qui se passa dans la dispute sur la pauvreté, entre Jean XXII et les Franciscains, xxii, 249. Profession de foi de ce pape au lit de la mort, xxii, 214 *et suiv*. Son erreur sur la vision béatifique : ce qui arriva à ce sujet, xxii, 255 *et suiv*.

JEAN XXIII convoque le concile de Constance ; assiste à son ouverture, et promet d'abdiquer s'il est nécessaire ; après cela, il s'enfuit secrètement, xxi, 588 *et suiv*. Il ratifie la déposition prononcée contre lui, xxi, 610 *et suiv*.

JEAN (S.), de Damas. Sa définition de la prière, xviii, 456.

JEAN (S.) de la Croix. Sa doctrine sur l'oraison passive, xviii, 524 *et suiv.* 639. Sur la suspension des puissances intellectuelles, xviii, 533 *et suiv*. Son oraison de quiétude, et ses hautes contemplations, xix, 589 *et suiv*. Belle doctrine de ce saint sur la suspension des puissances dans l'oraison, xix, 592. L'humanité de Jésus-Christ toujours présente à lui dans l'oraison, xix, 635. Beaux passages de ce saint sur le pur amour, xix, 646.

JEAN d'Antioche. Comment se fit la réunion de son parti avec l'Eglise, xvii, 487, 488, 594. Sa lettre à Nestorius, xx, 545. Pourquoi le concile d'Ephèse n'attendit pas son arrivée, xx, 570 *et suiv*. Cet évêque justifié et préconisé par l'abbé Dupin, xx, 611 *et suiv*.

JEAN DE JÉSUS MARIA (le P.), carme. Son témoignage sur les dons extraordinaires d'oraison, xix, 598.

JEAN, dit le Jeûneur, patriarche de Constantinople, prend le titre de Patriarche œcuménique. Les papes s'y opposent, xxii, 443.

JEAN HYRCAN soutient le siège de Jérusalem contre Antiochus, xxiv, 319, 438. Il le suit dans son expédition contre les Parthes; signale sa valeur, et fait respecter la religion judaïque, xxiv, 319, 320. Il renverse de fond en comble le temple de Garizim, xxiv, 320, 321. Il prend Samarie et meurt, *ibid*.

JEAN I, fils posthume de Louis X, roi de France, est reconnu roi par les pairs et les seigneurs et meurt après huit jours de règne, xxv, 95.

JEAN II, fils aîné de Philippe VI, roi de France, perd, par une téméraire confiance, la bataille de Poitiers, xxv, 108. Il est fait prisonnier, xxv, 109. Il achète sa liberté par la cession de plusieurs provinces, xxv, 113. Il repasse et meurt en Angleterre, **xxv**, 114. Parole admirable de ce prince, xxv, 115.

JEAN, dit Sans-Peur, duc de Bourgogne. Son caractère, xxv, 155. Il s'oppose au duc d'Orléans, xxv, 156. Le fait assassiner et veut justifier son attentat, xxv, 157 *et suiv*. Son accommodement, xxv, 158. Il est poursuivi de nouveau, xxv, 162. On lui fait la guerre, xxv, 163. Il veut se rendre maître des affaires, xxv, 166. Il entre à Paris, où il est assassiné, xxv, 169, 170.

JEAN-SANS-TERRE, roi d'Angleterre, déposé par Innocent III, se rend tributaire du saint Siége, xxi, 447.

JEANNE D'ALBRET, reine de Navarre, exerce d'horribles cruautés sur les prêtres et les religieux, xiv, 439.

JEPHTÉ ensanglante sa victoire par un sacrifice, xxiv, 273.

JÉRÉMIE. Figure de Jésus-Christ. Prédictions de ce prophète, vi, 286 *et suiv*. Ses souffrances, vi, 290, 291. Ses persécutions, *ibid*. On le met dans un cachot ténébreux, vi, 292. Sa patience, vi, 293, 294, 296. Il prie pour son peuple qui l'outrage, vi, 299, 301. Les Juifs même le reconnoissent pour leur intercesseur, vi, 302. Ses regrets de n'être au monde que pour annoncer des malheurs, vi, 305. Il prédit à son peuple sa délivrance, vi, 308 *et suiv.* Ce prophète déplore la mort du roi Sédécias, son persécuteur, xxiv, 5. Avec quel respect il parloit de ce prince, xxiv, 14. Jérémie nous donne, en sa personne, un exemple des motions du Saint-Esprit, xviii, 522.

JÉROBOAM, roi d'Israël, établit l'idolâtrie dans ses états, xxiv, 276. La source de son crime a été le schisme, et l'idolâtrie en a été la suite, xvii, 199.

JÉROME (S.) explique et traduit l'Ecriture sainte, xxiv, 344. Sa version des *Psaumes*, i, 46. Son commentaire, i, 54, 55. Sa préface sur les *Psaumes*, i, 63. Sa version des *Proverbes*, i, 453. Sa préface sur les livres de Salomon, i, 454. Passage remarquable de ce Père sur le dernier chapitre de l'*Ecclésiaste*, et la tradition des Juifs à ce sujet, i, 520, 521. Trois versions de l'*Ecclésiaste* faites par ce Père, dont l'une est notre *Vulgate*, i, 525. Quelle méthode il suivoit dans ses traductions, *ibid*. Son commentaire sur ce livre, i, 526. Sa préface sur le même livre, i, 527. Sa version faite pour sainte Paule, jointe à la *Vulgate*, i, 528 *et suiv.* Son estime pour le commentaire d'Origène sur le *Cantique des cantiques*, i, 575. Ce qu'il pense de l'auteur du livre de la *Sagesse*, ii, 1, 2. Il n'a point traduit ce livre, ni celui de l'*Ecclésiastique*, ii, 50. Traduction du Psaume xxi, d'après la version de saint Jérôme. ii, 269, 274 *et suiv.* Ce père pense que la Babylone de l'Apocalypse désigne Rome, ii, 309 *et suiv.* Il déplore éloquemment la ruine de cette ville, iii, 210. Autorité de ce grand homme sur les questions de la foi, iv, 302 *et suiv.* Son sentiment sur les plaisanteries et les discours qui font rire, xxvii, 69, 70. Il est l'objet de la critique de l'abbé Dupin, xx. 539.

JÉRUSALEM est prise par Josué, xxiv, 405. David y établit le siége de la royauté et de la religion, xxiv, 406. Elle est assiégée par Sennachérib, xxiv, 282. Prise par Nabuchodonosor, xxiv, 284. Rétablie par Néhémias, xxiv, 297, 298. Épargnée par Alexandre, xxiv, 306. Prise par Ptolémée, fils de Lagus, xxiv, 434. Assiégée par Antiochus Sidétès, et délivrée, xxiv, 310, 438.

Entrée triomphante de Jésus-Christ dans cette ville, vi, 91, 97 *et suiv.* Dernier séjour qu'y fit Jésus-Christ, x, 400, 401, 403, 404; xxiv, 359. Il pleure sur cette ville infortunée, xxiv, 481, 482. Il prédit ses malheurs, xxiv, 500. Sa tendre compassion pour elle, x, 401, 404. Deux siéges de Jérusalem prédits par Notre-Seigneur, vi, 229 *et suiv.* Réflexions sur les maux extrêmes de ces deux siéges, vi, 230, 231. Séduction qui devoit précéder, vi, 247. Autres maux et circonstances de cette terrible catastrophe, vi, 249, 251, 253 *et suiv.* Signes effrayans qui se manifestent contre Jérusalem après la mort de Jésus-Christ, xxiv, 481. Elle est prise et brûlée par les Romains, xxiv, 329, 484. Ruine de la ville et du temple, vi, 222; x, 116 *et suiv.* Marques particulières de cette ruine et de la fin du monde, vi, 225, 226. Déchirée par des factions horribles, cette ville offre une image de l'enfer, xxiv, 486. Sa ruine justifie de point en point l'accomplissement des prophéties de Jésus-Christ, x, 419; xxiv, 489. Combien Tite fut étonné des marques de la vengeance divine qu'il avoit reconnues dans la ruine de cette ville, x, 418. *Voy.* Tite.

Adrien rebâtit Jérusalem et en bannit les Juifs, xxiv, 330. Elle est prise par les Sarrasins, xxiv, 355.

Jérusalem, séjour des enfans de Dieu, opposée à Babylone où résident les méchans, x, 208. Elle est la figure de l'ame livrée au péché, vi, 99.

Le concile de Jérusalem, tenu par les apôtres, est le modèle des conciles futurs, xxii, 9, 10.

JÉSUITES. Leurs démêlés avec l'Université sont soumis au Parlement. Cette compagnie est reçue en France, comme ont coutume les établissemens extraordinaires, avec beaucoup de zèle d'un côté et beaucoup de contradiction de l'autre, xxv, 557. Éloge de leur société, viii, 360.

JÉSUS, fils de Sirach, auteur de l'*Ecclésiastique. Voy.* ce mot.

JÉSUS. Excellence de ce nom, viii, 299, 384, 388. Sa signification, viii, 328. Jésus compagnon des pauvres, viii, 166. Il se trouve dans tout l'Ancien Testament, viii, 400, 403. Sa conduite, ses mœurs, viii, 166 *et suiv. Voy.* Sauveur, Verbe.

JÉSUS-CHRIST, figuré avant sa venue par Adam, vii, 140, par Abel, vii, 141. Par Moïse, vii, 160. Par le serpent d'airain, vii, 168. Promis à Adam et aux patriarches, vii, 121, 147 *et suiv.* Indiqué par les prophéties, vii, 177 *et suiv.* Son règne, sa divinité, sa sainteté, annoncés par l'ange, vii, 200, 202. Son éternité décrite par saint Jean, vii, 206, 207, 219 *et suiv.* Il est la vie et la lumière de tous, vii, 211, 215. Il fait enfans de Dieu ceux qui le reçoivent, vii, 216, 217 *et suiv.* Son onction, vii, 223 *et suiv.* Sa généalogie royale, vii, 226 *et suiv.* Son sacerdoce, vii, 228. Il est le véritable Emmanuel, vii, 266. Sa nativité, vii, 260. Sa circoncision, vii, 279. Sa présentation au temple, vii, 295. Commencement de ses persécutions, vii, 326. Retour d'Égypte, vii, 332. Sa vie cachée, vii, 334. Son avancement, modèle du nôtre, vii, 345. Son baptême, v, 154; vii, 362, 363. Manifestation de sa divinité et de la sainte Trinité, vii, 367, 368. Son jeûne et sa tentation, vi, 365. Il se fait connoître aux noces de Cana, v, 155; vii, 385. Il baptise en même temps que saint Jean, vii, 386. Sa sagesse règle les lieux de sa prédication, vii, 393. Son sermon sur la montagne, vii, 1 *et suiv.* Il prédit sa Passion à ses apôtres, vi, 69. Il ressuscite Lazare, vi, 74. Il est oint trois fois par de pieuses femmes, vi, 87.

Son entrée triomphante à Jérusalem, v, 162; vi, 91. Raisons de ce triomphe, vi, 94. Toutes les circonstances en avoient été prédites, vi, 96. Caractère d'autorité dans ce triomphe, vi, 97. Caractère d'humiliation; jalousie des Pharisiens, vi, 105, 106, 107. Caractère de mort dans ce triomphe, vi, 107, 108. Son trouble au milieu même de son triomphe, vi, 112. Voix du ciel qui lui rend témoignage dans son triomphe, vi, 114. Il refuse de répondre aux Juifs superbes et incrédules, et répond aux esprits humbles et dociles, vi, 131. Il confond les docteurs de la loi par plusieurs paraboles, vi, 134, 135; les Pharisiens par sa réponse à la consultation sur le tribut dû à César, vi, 153, 154; les Sadducéens, par la solution de la question sur la femme qui a eu sept maris, vi, 163. Il prouve aux Juifs sa divinité et son sacerdoce par le Psaume cix, vi, 193 *et suiv.* Sa Passion figurée par les persécutions des anciens Juifs contre Jérémie, vi, 286 *et suiv.* Sa sépulture et sa résurrection figurées par Jonas dans le ventre de la baleine, vi, 310. Il est vrai Dieu et vrai homme, vi, 326. Dieu de Dieu, vi, 328. Sorti de Dieu, et devant retourner à Dieu, vi, 330, 331. Cependant il lave les pieds de ses disciples, vi, 332; et de Judas même, vi, 337. Le crime de ce traître jette son ame dans le trouble, x, 59 Quel étoit ce trouble? x, 61. Il étoit volontaire, x, 64. Et causé par l'horreur du péché, x, 62. Jésus désire de manger la Pâque avec nous, x, 67, 70. Il institue l'Eucharistie comme un mémorial de sa mort, x, 72, 73, 82. Il essaie de toucher Judas, x, 76.

Naissance de Jésus-Christ, dixième époque de l'histoire, xxiv, 447. Une étoile l'annonce aux Gentils, xxiv, 325. Il meurt à la fin de la soixante-dixième semaine, *ibid.* Les historiens ont parlé de l'éclipse arrivée à sa mort, xxiv, 327. Sa résurrection, xxiv, 328, 451, 452. Il monte aux cieux et envoie le Saint-Esprit, xxiv, 327. Il confirme, par ses miracles, les hauts mystères qu'il annonce, xxiv, 449. Il découvre l'hypocrisie des Pharisiens et des docteurs, xxiv, 450. Il dénonce à Jérusalem sa chute prochaine, xxiv, 451. Il est condamné parce qu'il se disoit le Christ, *ibid.* Sa mission est infiniment relevée au-dessus de celle de Moïse, xxiv, 458. La rémission des péchés au nom du Sauveur est une marque de sa venue, xxiv, 509. Son innocence, sa sainteté et ses miracles, reconnus par les Juifs et par les Païens, xxiv, 524. Il établit la liaison de trois faits: la désolation des Juifs, la conversion des Gentils, et la prédication de l'Evangile, qui ont concouru ensemble, et dans les prédictions des prophètes, et dans leur accomplissement; faits qui rendent sensible la vérité de la religion, xxiv, 562.

Jésus-Christ tire sa gloire de sa Passion même, vi, 485. Il est notre médiateur. Confiance que nous devons avoir en son intercession, vi,

497. Il est notre assurance et notre repos, vi, 501, 502. La voie, la vérité et la vie, vi, 503. Notre lumière, *ibid.* Nul ne vient à Dieu le Père que par lui, xi, 506, 507 *et suiv.* Dieu le Père est dans lui et lui dans le Père, vi, 510, 512. Jésus-Christ Verbe éternel, nous fait voir le Père, vi, 514. Et les œuvres du Père par ses miracles, vi, 517. Il rentre en sa gloire en retournant à son père, vi, 538. Il avoit prédit tout ce qui lui devoit arriver, vi, 541. Il se compare à la vigne, dont les fidèles sont les branches, et le Père céleste le vigneron, vi, 543, 546. La croix, mystère de son amour, vi, 559. Injuste haine du monde contre lui et contre ses disciples, vi, 567. Prière qu'il a adressée pour nous à son père après la Cène, vi, 599 *et suiv.* Son délaissement, vi, 596. Sa vie cachée, vii, 403, 404. Ferme foi en Jésus vrai Messie, vi, 664.

Preuves de la divinité de Jésus-Christ par le passage *Antequam Abraham fieret, ego sum*, iii, 348, 349, 540, 541. Par le nom de Fils de Dieu que l'Ecriture lui donne, iii, 406, 490. Objection réfutée par la doctrine des Pères, des cardinaux Tolet, Bellarmin et autres, iii, 411. Le Fils de l'homme désigne Jésus-Christ dans l'Evangile, iii, 453, 520. La tradition en offre une preuve incontestable, contre laquelle le sentiment de Tostat ne peut prévaloir, iii, 456. Si Jésus-Christ est appelé Dieu dans l'Evangile, c'est une preuve qu'il l'est, iii, 516. Comment il convient de traduire : *In principio erat Verbum*, iii, 533. Jésus-Christ antérieur à saint Jean, iii, 534, 535. Dieu de toute éternité, iii, 535, 538. Le prophète par excellence, *ibid.* C'est une erreur de distinguer ce qu'il a fait comme Messie de ce qu'il a fait comme Dieu, iii, 547. Ce qu'il faut entendre par ces mots de l'apôtre, *il est le premier né de toute créature*, iii, 568. Sa génération éternelle, iii, 571, 572. Richard Simon prétend que les Ariens, qui nient la divinité de Jésus-Christ, ne peuvent être convaincus par l'Ecriture, iv, 39. Faux raisonnement de cet auteur sur la prédestination de Jésus-Christ, iv, 74, 75 *et suiv.* Sa prédestination, modèle de la nôtre, iv, 451 *et suiv.* Marques auxquelles on peut reconnoître sa divinité, viii, 178.

Beauté de Jésus-Christ dans tous ses états, i, 156. Son règne annoncé dans le Psaume xliv, *ibid. et suiv.* Preuves de sa divinité, tirées des Psaumes, i, 415, 425, 432 *et suiv.* Sa résurrection prouvée par ces paroles du Psaume xv: *Providebam Dominum*, etc., i, 423 *et suiv.* Son délaissement exprimé dans le Psaume xxi, ii, 277 *et suiv.* Sa résurrection y est annoncée, ii, 285. Union de Jésus-Christ avec l'Eglise et avec les ames saintes, figurée dans le *Cantique des Cantiques*, sous l'emblème de l'amour conjugal, i, 569 *et suiv.*, 577 *et suiv.* Nous avons tout en lui, selon saint Ambroise, i, 608. Sa divinité prouvée par un texte de l'*Ecclésiastique*, ii, 229 *et suiv.*

Jésus-Christ apprend à ses disciples de tous les siècles, par ses discours et par ses exemples, ce qu'ils doivent à la puissance publique, xv, 397, 398. Il laisse prendre, dans le temps de sa Passion, des épées à deux de ses apôtres, non pour faire entendre, comme le prétend Jurieu, qu'on est en droit de se servir des armes contre la puissance légitime persécutrice, mais pour accomplir cette prophétie : *Il a été compté au nombre des scélérats*, xv, 417. Il a laissé la puissance des empereurs telle qu'elle étoit établie, xxi, 254. Il établit par sa doctrine et par son exemple, l'amour de la patrie, xii, 585; xxiii, 509 *et suiv*. Il décide qu'on doit le tribut au prince, xxiv, 10, 198, 199.

Pourquoi Jésus-Christ est venu sur la terre, x, 152. Il est venu au monde sans éclat extérieur, viii, 289, 290. Pourquoi il a voulu naître de parens illustres, xii, 697. Il est roi par naissance, par droit de conquête, par élection, ix, 619. Jésus-Christ, dans sa Passion, x, 12, 14, 15, 22, 31. Il est notre agent dans la Jérusalem céleste, x, 214. Médiateur général, et pontife universel pour offrir les vœux de toutes les créatures, x, 266, 277. Combien sa doctrine est admirable, vii, 578. Tout son Évangile renfermé dans ce mot : *Dieu a tant aimé le monde*, xii, 563. Tout nous vient par lui, vi, 595. Que devons-nous demander en son nom, vi, 594. La prière en son nom obtient tout, vi, 553; vii, 499. En quel esprit Jésus-Christ s'offre à son Père dans sa présentation au temple, xi, 245 *et suiv*. Manière de parler à Jésus enfant, xxviii, 561. Comment il s'abaisse pour venir à nous, xxvii, 613, 614. Comment il est notre époux, xxvii, 574. Il est l'époux des vierges : ce qu'il demande d'elles, xi, 489 *et suiv*., 512, 513 *et suiv*. L'époux des âmes dans l'oraison, x, 568 *et suiv*. En combien de manières il est admirable, xxvii, 295, 296, 501, 536. Effets que produit dans l'ame l'admiration de ses beautés, xxvii, 297 *et suiv*. Seul objet de notre amour, xxvii, 303 *et suiv*. Sur sa Transfiguration, xxviii, 250. Ses dispositions dans l'Eucharistie, xxviii, 259. Comment on lui fait la cour devant le saint Sacrement, xxvii, 474. Comment on doit le considérer dans l'oraison, xxvii, 567, 568. Dans la contemplation, xxviii, 330. Se cacher dans ses plaies, xxvii, 656. Indulgence de Jésus-Christ envers les pécheurs, v, 370. Excès de sa miséricorde envers eux, x, 406 *et suiv*. Punition exemplaire des Juifs qui l'avoient méprisée, x, 115, 116. Jésus n'a rien dit à la croix qui ne regarde tous les fidèles; c'est en la personne de saint Jean qu'il nous a tous légués à sa sainte Mère, xi, 363.

Il n'y eut dans Jésus-Christ aucun trouble involontaire, xix, 216, 505, 521, 567. Foi explicite en Jésus-Christ nécessaire en tout état, xix, 217, 218, 334. C'est le corps de la vie chrétienne, xix, 221. C'en est le commencement et la fin, xix, 222. Vue de Jésus-Christ soustraite par les nouveaux mystiques à l'oraison des ames parfaites, xix, 633. Vaines défaites, xix, 113. Sentiment de sainte Thérèse et de saint Jean de la Croix, xix, 114. Selon les nouveaux mystiques, l'ame parfaite perd de vue Jésus-Christ dans les épreuves, xx, 423, 424. Auteurs cités à faux sur cette matière, xx, 425, 426. *Voy.* JÉRUSALEM, SAUVEUR, VERBE.

JEU. Ses suites funestes, x, 91, 92. Dangers des jeux de hasard, xxviii, 258.

JEUNE. Doctrine de l'Ecriture et de l'Eglise sur le jeûne, xxvii, 58. Le jeûne a un caractère particulier dans le Nouveau Testament; il est une expression de la douleur de l'Eglise dans le temps qu'elle aura perdu son Epoux, xxvii, 59 *et suiv.* Essence et perfection du jeûne, xxvii, 565. Il y faut éviter l'ostentation, vi, 46, 47. Efficace du jeûne contre l'attaque des démons, ix, 16, 17. Il fortifie et engraisse l'ame, *ibid.* Quel est le jeûne que Dieu demande à son peuple, ix, 554. Pourquoi l'Eglise le prescrit, xii, 527.

JOAS, roi de Juda, encore au berceau, est dérobé à la fureur d'Athalie, xxiv, 277, 278. Joïada le fait reconnoître, *ibid.* Cérémonie de son sacre, ix, 620. Il est rétabli sur le trône de Juda par la fidélité du grand-prêtre, et non en vertu du sacerdoce, xxi, 210. Joas fait lapider le pontife Zacharie, fils de Joïada. Sa punition, xxiv, 278.

JOB. Le livre qui porte son nom a été écrit par Moïse, xxiv, 403. Il enseigne à reconnoître le néant de l'homme, le suprême empire de Dieu et sa sagesse infinie, *ibid.*

Tendresse de Job pour les misérables, x, 109; xxiii, 542. Soin qu'il avoit de tenir sa famille unie, xxiv, 240. Combien il craignoit de déplaire à Dieu, xii, 561. Sa conduite dans les épreuves, xviii, 621. Son amour poussé à l'excès, xviii, 622 *et suiv.* Les nouveaux mystiques ne peuvent en autoriser leurs erreurs, xix, 193, 194.

JOBIUS, auteur grec, atteste qu'on communioit les petits enfans sous la seule espèce du vin, xvi, 571 *et suiv.*

JOHNSTON, bénédictin, traduit l'*Exposition* en anglois; ses lettres à Bossuet sur les calomnies des protestans contre cet ouvrage, xiii, 110, 111.

JOIE. Caractère de la joie; sa source, x, 193. Joie de Dieu, x, 197. La véritable joie est retirée du monde depuis le péché, ix, 200, 201. Joie des sens, x, 199. Combien elle éloigne notre esprit de Dieu, ix, 204. Joie chrétienne, combien différente de celle du siècle, x, 107. Joie du monde, x, 253, 254. Joie raisonnable et juste, x, 220. Joie des élus, viii, 356, 357. Joies trompeuses des mondains, viii, 358, 359. Joies des bienheureux, viii, 206 *et suiv.* Joie des bienheureux et celle des chrétiens, xxviii, 20, 21. Joie du Saint-Esprit, xxviii, 22.

Celle qu'on doit avoir dans les humiliations, xxviii, 156. *Voy.* Plaisirs.

JONAS dans le ventre de la baleine : figure de Jésus-Christ, vi, 316 *et suiv.* Prédication de Jonas à Ninive; instructions que nous devons en tirer, vi, 312. Le cantique de ce prophète expliqué, i, 395.

JOSAPHAT, roi de Juda. Sous son règne fleurissent la piété, la justice et l'art militaire, xxiv, 269. Son habileté dans le gouvernement, xxiii, 607, 608. Son zèle pour instruire le peuple de la religion, xxiv, 47. Il distingue les droits du sacerdoce et du roi, xxiv, 71. Il remporte une victoire d'une manière miraculeuse, xxiv, 92. Il détruit l'idolâtrie dans ses Etats, xxiv, 242. Ce prince est le plus accompli des rois de Juda; comme il pratiqua parfaitement la divine leçon adressée à tous les rois de Juda, dans la cérémonie de leur sacre. Quels effets les prospérités produisirent sur son cœur, ix, 340 *et suiv.*

JOSEPH, fils de Jacob, est vendu par ses frères; son élévation, xxiv, 269, 270. Figure de Jésus-Christ, viii, 402.

JOSEPH (S.) est rassuré en songe contre ses soupçons, vii, 260 *et suiv.* Il devoit avoir part, avec Marie, aux persécutions de Jésus-Christ, vii, 329. Il prend soin de Marie et de l'enfant Jésus, vii, 267. Il est averti, par l'ange, de fuir en Egypte, vii, 327. Quel est le sens du mot *juste* dont l'Ecriture l'honore, iii, 433 *et suiv.* Panégyriques de saint Joseph, xii, 108, 133. Trois dépôts confiés à sa garde, xii, 109 *et suiv.* Ses vertus, xii, 111, 135. En quel sens il étoit le père de Jésus-Christ, xii, 122. Sa vie simple et cachée, xii, 143.

JOSIAS, roi de Juda. Son zèle pour la loi de Dieu, xxiv, 45, 47. Il est loué dans les livres saints, xxiv, 57. Il est tenté du désir de faire la guerre. Sa mort, xxiv, 140.

JOSUÉ. Sous sa conduite, la Terre-Sainte est conquise et partagée, xxiv, 272, 405. Il figure Jésus-Christ, vii, 176.

JOUARRE, abbaye de filles du diocèse de Meaux. Bossuet veut la remettre sous sa juridiction; détails sur cette affaire, xxviii, 1, 3, 4, 6, 7, 8, 9, 10, 14, 18, 25, 28, 30, 32, 33, 59, 65, 68, 70, 72, 73, 75, 76, 78, 83, 84, 85, 86, 107, 108, 111, 114, 117, 129, 148, 152, 153, 304, 325. Indécence de la conduite de la prieure dans les affaires de cette abbaye avec Bossuet; lettres qu'il lui écrit, xxviii, 300. Ses avis aux religieuses qui lui avoient rendu obéissance, sur les moyens à prendre pour ramener leurs sœurs, xxviii, 303.

Pièces concernant l'état de cette abbaye, v, 495 *et suiv.* Sa fondation, *ibid. et suiv.* Sa dépendance jusqu'à l'an 1216, v, 496, 497 *et suiv.* Vaines chicanes et prétentions des religieuses, v, 502 *et suiv.* Le cardinal romain autorise leur privilège sans pouvoir du Pape, ni confirmation du roi, v, 515 *et suiv.* Modération des exemptions par les conciles de Vienne et de Trente, v, 525 *et suiv.* Brefs apostoliques pour la visite du monastère de Jouarre, v, 530 *et suiv*. Mémoire de Bossuet contre l'abbesse, v, 535 *et suiv*. Contre la sentence arbitrale du cardinal romain, v, 550 *et suiv*. Procédure : deux raisons péremptoires, v, 565 *et suiv*. Arrêt du parlement qui déclare l'abbaye de Jouarre sujette à la juridiction épiscopale, v, 573. Procès-verbal de visite, v, 575 *et suiv*. Ordonnance de visite, v, 590 *et suiv*.

Difficultés au sujet de la réception des filles dans cette abbaye, xxviii, 161, 165 *et suiv*.; 168, 169, 170, 174, 175, 181, 182, 185, 186, 187, 188, 189, 228, 270, 336, 337, 356, 358, 389. Lettre de Fénelon à ce sujet, xxx, 541. Lettres de Bossuet aux religieuses de cette maison, xxx, 383 *et suiv*.

JUBILÉ. Méditations pour ce saint temps, v, 359 *et suiv*. Instructions à ce sujet, v, 398 *et suiv*. Qu'est-ce que le jubilé? *ibid*. Que faut-il faire pour le gagner? v, 400. Quel en est le fruit? v, 402 *et suiv*. Grandeur de la grace du jubilé, viii, 494 *et suiv*. Quel en doit être le fruit, viii, 512. Quelle est la peine et la douleur que relâche l'indulgence du jubilé; quelle est celle qu'elle augmente, x, 257. Grace abondante du jubilé, qui tient lieu d'un second baptême à ceux qui sont disposés dans le degré que Dieu sait, viii, 372. Comment s'y préparer, xxviii, 651.

JUDA, fils de Jacob. Le Messie devoit naître de sa race, xxiv, 269, 270, 389, 390. Le royaume de Juda demeure fidèle à la religion, xxiv, 276, 343. *Voy*. IDOLATRIE, ISRAEL.

JUDAS le Machabée; ses victoires, xxiv, 315, 316

JUDAS Iscariote. Son crime jette l'ame de Jésus-Christ dans le trouble, vi, 340 *et suiv*. Le Sauveur essaye de le toucher : ses paroles, vi, 357. Pacte et trahison de l'infidèle disciple, vi, 360 *et suiv*. Sa trahison découverte, vi, 462 *et suiv*. Malignité de l'intérêt montrée dans le crime de Judas, x, 64.

JUDE (S.), apôtre, trace le caractère de tous les hérétiques, qui se séparent eux-mêmes, xvii, 90.

JUDITH arrête, par la mort d'Holopherne, les victoires de Nabuchodonosor, xxiv, 283. Son cantique expliqué, i, 400, 401. *Voy*. FEMMES.

JUGEMENT. Sa définition; moyens de bien juger; causes des mauvais jugemens, xxiii, 68 *et suiv*.

Qualités du jugement que nous devons exercer contre nous-mêmes x, 505 *et suiv*. Règle que nous devons observer dans nos jugemens ix, 278; x, 610. Raison de se modérer dans ses jugemens, ix, 280 Jugemens de Dieu; il ne suffit pas de les craindre pour être justifié x, 261. Jugemens humains, ne point s'y arrêter, x, 609 *et suiv*. Juge ment sans miséricorde à celui qui ne fait point miséricorde, ix, 85.

JUGEMENT DERNIER. Le Fils de Dieu en a connu le jour, vi, 238. En quel sens il a pu dire qu'il ne le connoissoit pas, vi, 240, 241 *et suiv*.

Raisons profondes de la réserve mystérieuse du Sauveur, VI, 245 *et suiv.* Séduction générale, guerres, famines, pestes, tremblemens de terre qui doivent le précéder, VI, 247, 249 *et suiv.* Réflexions sur les autres circonstances, VI, 251, 253, 255 *et suiv.* Instructions à recueillir de ces réflexions, VI, 257, 258. Peinture du jugement dernier, VI, 272 *et suiv.* Séparation des bons et des méchans, VI, 273. Sentence du juge, VI, 275, 282, 284 *et suiv.* Pourquoi, dans les saintes Ecritures, le jugement dernier est-il toujours représenté par un acte de séparation, X, 227. Objet et nécessité du jugement universel, VIII, 119. Belle peinture du jugement d'un pécheur, XI, 600 *et suiv.*

JUGEMENT DISCRÉTIF. Ce que c'est, XXII, 528.

JUGEMENT TÉMÉRAIRE. L'Evangile le défend, VI, 56 *et suiv.*, 58. En quoi il consiste, IX, 277. Pour l'éviter, il faut se représenter la rigueur du jugement de Jésus-Christ, VII, 570, 571.

JUGES. Leurs devoirs; périls de leur charge, XII, 575 *et suiv.*

JUIFS. Ils sont châtiés à diverses fois, pour leurs rébellions contre Dieu, et rétablis ensuite, XXIV, 273. Leur royaume par l'union des Lévites avec Benjamin, subsiste sous le nom de royaume de Juda, XXIV, 414. Cyrus les rétablit à Jérusalem : huitième époque, XXIV, 293. Quand ont-ils changé leurs caractères d'écriture, XXIV, 300. Ils jouissent d'une longue paix, prédite par les prophètes, XXIV, 433, 434. Ils s'étendent parmi les Grecs, XXIV, 308. Sont persécutés par les rois de Syrie, XXIV, 316 *et suiv.*, 435, 436 *et suiv.* Ils s'agrandissent par des conquêtes sous Jean Hyrcan, XXIV, 320, 439. Deviennent tributaires des Romains, XXIV, 446, 447. Leur royaume passe des Asmonéens à Hérode Iduméen, *ibid.*

Incrédulité des Juifs après la mort de Lazare, VI, 82 *et suiv.* Ils préfèrent le témoignage de saint Jean à celui de Jésus-Christ, VI, 133. Ils sont confondus par le témoignage de saint Jean, VI, 134 *et suiv.* Aveuglement des Juifs de méconnoître le Christ, VI, 141. Leur injustice envers Jésus-Christ, VI, 156. Poussés par la vengeance divine, ils se révoltent contre les Romains qui les accablent, XXIV, 469. Les maux qu'ils endurent ne peuvent les empêcher de croire leurs faux prophètes, XXIV, 484. Leur châtiment est l'accomplissement des prédictions de Jésus-Christ, XXIV, 487. Ils se laissent séduire par les plus grossières impostures, XXIV, 499. Au changement de leur république, ils connoissent que le temps du Messie est arrivé, XXIV, 500. Ils sont prêts de renoncer à l'espérance du Messie, XXIV, 505. Ils sont la risée des peuples et l'objet de leur aversion, XXIV, 512. Leurs superstitions et leurs fausses doctrines, XXIV, 444. Ils connoissoient l'immortalité de l'ame, XXIV, 459. Ils se convertiront un jour, XXIV, 472 *et suiv.* En remontant à la source de leurs institutions, on trouve la vérité de la religion, XXIV, 554. Triste état des Juifs depuis la ruine de Jérusalem, II, 377 et suiv. Ils tâchent d'obscurcir les prophéties, II, 380, 413 et suiv. Leurs châtimens prédits dans l'*Apocalypse*, III, 238 et suiv. Leur aveuglement; en quelle manière nous les imitons, X, 89 et suiv. Leur incrédulité, IX, 566. Pourquoi ils ont crucifié Jésus-Christ, IX, 570, 571. Leur punition exemplaire, X, 116 et suiv. Trop malheureusement exaucés dans le vœu qu'ils énoncèrent en disant : *Que son sang soit sur nous*, X, 15, 16. Leur fausse politique dans la mort de Jésus-Christ figure de la politique du siècle; VI, 84, 85. Souvenir de Dieu en faveur de leurs misérables restes, *ibid*. Vocation des Juifs et des Gentils dans le corps de l'Eglise, XI, 604. Quelle idée les Juifs avoient du Messie, XII, 353. Ils en espèrent un autre, VIII, 259. Leurs contradictions au sujet de Jésus-Christ, VIII, 227. Ils se trompent sur sa royauté, VIII, 304, 306. Caractère des docteurs juifs, VI, 207.

Les Juifs obéissaient à leurs rois, même devenus idolâtres, XXI, 203 et suiv. Soumis ensuite aux Perses, aux Grecs, etc., ils n'ont pas cru que leurs pontifes pussent déposer les rois, XXI, 254. Ils prennent légitimement les armes contre les rois de Syrie, XV, 420 et suiv. Ils n'emploient que les gémissemens et les prières, et non les armes, contre les rois d'Egypte, et leurs rois impies et persécuteurs, XV, 427. *Voy*. MACHABÉES.

Les Juifs connoissoient le mouvement de la terre, I, 529. Ils n'avoient point de théâtres : leurs seuls spectacles pour se réjouir, étoient leurs fêtes, leurs sacrifices, leurs saintes cérémonies : ce peuple simple et innocent trouvoit son divertissement dans sa famille, XXVII, 49.

Les Juifs sont vivement persécutés sous le règne de Philippe V en France, XXV, 95, 96. Les Juifs qui ont été la proie des anciennes nations si célèbres dans les histoires, leur ont survécu; et Dieu en les conservant nous tient en attente de ce qu'il veut faire encore d'un peuple autrefois si favorisé, XXIV, 472. Leur endurcissement sert au salut des Gentils et leur donne cet avantage de trouver en des mains non suspectes les Ecritures qui ont prédit Jésus-Christ et ses mystères, *ibid*.

JULES II, pape, convoque le concile de Latran, XXII, 93, 99, par quel moyen Jules II obtient la papauté, XXV, 287. Sa conduite pour recouvrer quelques villes, XXV, 288, 292, 293 et suiv. Il prend lui-même les armes ; s'étant rendu maître d'une ville, il y entre par la brèche, XXV, 300. Chagrins qu'il éprouve, XXV, 302. Pressé par les François, il forme une ligue contre eux et s'occupe de rendre nul le projet de sa déposition, *ibid*. Sa conduite dans le concile de Latran, XXV, 306. Ses entreprises contre les droits temporels de la France, XXI, 505. Il y fait confirmer sa bulle contre ceux qui usurperoient le saint Siége par simonie, xxII, 109. Il défend l'appel du pape au concile, xxII, 332 *et suiv.* Ce pontife donne dispense à Henri VIII d'épouser la veuve de son frère. Ce prince attaque la dispense par des raisons de fait et de droit. Les protestans d'Allemagne sont favorables à cette dispense, xv, 179, 180. Il formoit les plus vastes desseins quand la mort l'arrêta, xxv, 307.

JULIEN Cesarini, cardinal, est nommé président du concile de Bâle : il en fait l'ouverture, xxI, 662. Il empêche le Pape de dissoudre le concile, et continue à le présider, xv, 230 *et suiv.* Il quitte Bâle, et se réunit au concile de Ferrare, xv, 376. Ce qu'il dit, dans le concile de Florence, sur l'autorité du Pape, xv, 533 *et suiv.* Ce cardinal représente à Eugène IV les désordres du clergé, surtout de celui d'Allemagne, et prédit que si on ne les corrige, il s'élèvera bientôt une hérésie pire que celle des Bohémiens, xIv, 19, 20.

JULIEN l'Apostat bat les Allemands : se révolte contre Constance, xxIv, 341. Son apostasie : nouveau genre de persécution qu'il fait souffrir à l'Eglise, II, 385; xxIv, 341. Il veut rétablir le temple de Jérusalem, le Ciel s'y oppose, xxIv, 496. Il met tout en œuvre pour détruire le christianisme, xxIv, 479. Il ne nie pas les miracles de Jésus-Christ, xxIv, 528. Sous lui l'idolâtrie ressuscite, III, 270 *et suiv.*; xxIv, 502, 510. Sa vanité, II, 478, 479. Il finit comme Antiochus, *ibid.* Il se fait adorer comme les anciens empereurs ; c'est ce que figuroit la guérison de l'image de la Bête, III, 273, 274 *et suiv.* Il fait revivre en lui Dioclétien, par ses lois et son impiété, III, 275 *et suiv.* Julien, ainsi que d'autres persécuteurs, sont reconnus empereurs par les chrétiens, qui leur obéissent quant au civil, xxI, 240 *et suiv.*; 273 *et suiv.* Ce prince fut tué, selon Basnage, par un soldat chrétien, en haine des maux que ce prince persécuteur faisoit souffrir à l'Eglise ; ce qui est démontré faux par les témoignages des historiens contemporains ecclésiastiques et païens, et par ceux des Pères, xv, 494.

JUREMENT. L'Evangile le défend, vI, 28, 29 *et suiv.*

JURIEU (Pierre), ministre protestant. Son égarement alloit jusqu'au prodige. Dieu ne le permettoit pas en vain, et vouloit qu'on le relevât, xxvI, 452. Il prétend que la fureur et la rage des protestans fortifient leur amour pour la vérité. Il justifie la conjuration d'Amboise et les guerres civiles des calvinistes, xIv, 430. Il se dédit d'avoir autrefois désapprouvé ces guerres, souffle l'esprit de révolte, et prophétise de nouvelles guerres, xv, 389 *et suiv.* Il avilit l'ancienne Eglise, dont il condamne les mœurs, et ajoute, après Buchanan, que si les chrétiens n'avoient pas pris les armes contre les persécuteurs, c'étoit par impuissance, et que l'obéissance n'étoit que de perfection et de conseil, xv, 397 *et suiv.* Buchanan et Jurieu y ajoutent que le précepte étoit accommodé au temps ; ce qu'on détruit par un seul mot de saint Paul, xv, 401. Etranges maximes de Jurieu contre la puissance publique. Il donne non-seulement aux peuples, mais même aux particuliers, le droit de résister par les armes au souverain ; soit pour la religion, soit pour toute autre cause, et pose pour principe, avec Viclef, qu'on ne doit rien aux princes qui ne rendent pas à Dieu ce qu'ils lui doivent, xv, 436, 437.

Jurieu abrége, autant qu'il peut, le temps de ses prétendues prophéties. Il avoue sa prévention dans la lecture des prophètes; prend pour guide Joseph Mède, qu'il abandonne ensuite, xiv, 605. Ses calculs apocalyptiques ne cadrent pas. Il les change pour avancer la ruine de l'Antechrist, xiv, 606. Il fait commencer l'antichristianisme à saint Léon, qu'il excuse, parce qu'il n'étoit qu'un Antechrist *commencé*, xiv, 609. Il ne commence pas l'antichristianisme à saint Basile, parce que l'événement démentiroit sa prophétie. Son calcul ridicule, xiv, 614. L'idolâtrie de saint Basile et des autres Pères du même temps, ne lui paroit pas antichrétienne pour des raisons absurdes, xiv, 615. Son système sur les sept rois de l'*Apocalypse*, confondu par les termes mêmes de la prophétie. Sa réponse frivole et son explication ridicule des dix autres rois, *ibid*. Il contredit Mède, qui prédit la ruine de l'empire du Turc. Jurieu prédit au contraire que le Turc va se joindre à la Réforme pour détruire l'empire papal, xiv, 620. Jurieu pose pour principe fondamental de la Réforme, que le Pape est l'Antechrist, iii, 5, 6; xiv, 602. Ses rêveries détruites par les savans Grotius et Hommond, qu'il appelle pour cela la honte de la Réforme et du nom chrétien. Exposition de sa doctrine sur ce point, xiv, 602, 613. Ses erreurs grossières sur les mille ans de l'*Apocalypse*, ii, 574. Il anime les rois contre l'Eglise romaine, iii, 3.

Jurieu convient de la visibilité de l'Eglise, et qu'au fond il n'y a nulle différence entre nos pères et nous, xv, 82. Pour venir au secours du ministre Claude, il établit qu'on se sauve dans toutes les communions, et même dans la romaine, xv, 87 *et suiv*. 278 *et suiv*. Toutes les sociétés chrétiennes, quoiqu'en schisme les unes avec les autres, sont, selon le ministre, du corps de l'Eglise. Il est contraint d'y mettre les Sociniens, xv, 89, 230 *et suiv*. Sa réponse illusoire, qu'il met les Sociniens dans l'Eglise, au même sens qu'il y met les Mahométans, *ibid*. Il sauve même les Ethiopiens, qui ajoutent la circoncision aux sacremens de l'Eglise, xv, 94. La confession de Jésus-Christ Messie et Rédempteur du genre humain, suffit pour être du corps de l'Eglise, et pour en avoir l'ame, il ne faut que retenir quelque chose de la bonne administration des sacremens, xv, 95. Ses idées sur l'excommunication, xv, 97. *Voy*. Excommunication.

Les Eglises, selon lui, ne sont liées que par des confédérations arbitraires : elles sont toutes indépendantes les unes des autres :

leur autorité et leur subordination entre elles dépend des princes, xv, 98, 99. Ce système est, de son propre aveu, contraire à la foi de tous les siècles, xv, 101. Il définit l'Eglise, le corps de ceux qui croient en Jésus-Christ le véritable Messie; corps divisé en un grand nombre de sectes : en quoi il contredit l'idée de l'Eglise donnée par lui-même en faisant le catéchisme, xv, 104, 230 *et suiv.*; xv, 205 *et suiv.* Dieu peut, selon lui, se conserver des élus dans des sectes très-corrompues, et même dans le socinianisme, xv, 232 *et suiv.* Tout se dément et se contredit dans ses écrits, xv, 233. Forcé d'avouer qu'on se sauve dans l'Eglise romaine, il nie de l'avoir dit : on le lui prouve par ses propres paroles; il répond par des injures, xv, 283 *et suiv.* Il croit éluder en disant qu'il ne sauve dans cette Eglise que les enfans baptisés : illusion de cette réponse, xv, 202 *et suiv.* Il dit ailleurs qu'on peut, sans scrupule, passer d'une secte à l'autre, sans courir risque de son salut, et avoue que c'est par politique que la réforme a cessé de dire qu'on pouvoit se sauver dans l'Eglise romaine, xv, 301 *et suiv.* Etant démontré, par l'aveu du ministre, qu'on peut se sauver dans l'Eglise romaine, il l'est aussi, que cette Eglise n'est ni idolâtre ni antichrétienne, xv, 162 *et suiv.*

Ce ministre a tous les caractères que saint Paul donne aux docteurs des hérésies. Il parle plus contre lui-même que contre qui que ce soit, xv, 181, 182. Il accuse l'Eglise des premiers siècles d'avoir varié dans la foi, qui ne s'est formée que par parcelles; en quoi il contredit Vincent de Lérins, xv, 184, 185. La doctrine de la Trinité étoit informe, selon lui, avant le concile de Nicée, ou même le premier de Constantinople, xv, 187, 188. Le Sabellianisme ne lui paroit pas une erreur fondamentale, xvi, 42, 43. *Voy.* Immutabilité. Les Pères, selon Jurieu, ignoroient les fondemens de la foi, et jusqu'à la Providence de Dieu, que les Platoniciens connoissoient par les lumières naturelles, xv, 194. Il ajoute que les Pères des premiers siècles ne s'attachoient pas beaucoup à la lecture de l'Ecriture sainte, xv, 198. Ce fut, selon lui, une témérité au concile d'Ephèse, d'appeler la sainte Vierge, Mère de Dieu; et c'est de là que la dévotion à la sainte Vierge, qu'il traite d'idolâtrie, a pris son origine, xv, 202. Dans la même lettre, il avance ces deux propositions contradictoires : Que l'ancienne Eglise a varié sur les mystères de la Trinité et de l'Incarnation, et qu'elle n'a jamais varié sur les parties essentielles de ces mystères, xv, 207. Son erreur sur la manière dont s'est formée la foi des mystères, confondue par le concile de Chalcédoine, xv, 215. Il fait admettre aux anciens Pères une double génération du Fils de Dieu; ce qu'il avoue contraire à l'immutabilité de Dieu, xvi, 44. Sa doctrine et ses imputations, pleines de blasphèmes. Il corrige ses erreurs par d'autres erreurs : ses chicanes sur le texte de l'Ecriture, qui prouve l'immutabilité, xvi, 16. Il fait Dieu muable dans ses manières d'être, et donne la main aux sociniens, xvi, 23. Il rejette la confession de foi des protestans, qui déclare le symbole de Nicée conforme à la parole de Dieu, en faisant admettre à ce concile différentes erreurs, xvi, 61. *Voy.* Nicée. Il se dédit de plusieurs absurdités et erreurs attribuées par lui aux Pères, et exige pourtant qu'on discute tous les passages qu'il en citoit pour les inculper de ces absurdités et de ces erreurs, xvi, 63, 64. Sa mauvaise foi, de n'excepter aucun ancien d'avoir enseigné la double nativité du Fils, et d'avouer pourtant que saint Cyprien et quelques autres ne l'ont pas enseignée. Son injustice d'exiger qu'on lui montre, dans les premiers siècles, la réfutation d'une chimère qu'il imagine, xvi, 76, 77. Il n'entend pas les Pères qu'il cite. Pour leur faire éviter certaines absurdités, il leur en fait dire de plus outrées, et sent lui-même que ses sentimens sont outrés, xvi, 94.

La succession que Jurieu donne à sa religion, lui est commune avec toutes les hérésies, xv, 95. Il dit le pour et le contre sur la visibilité de l'Eglise, xv, 111. Ses distinctions vaines entre les erreurs fondamentales et non fondamentales, détruites par ce seul mot de Jésus-Christ: *Je suis avec vous.* Selon lui, l'Eglise est plus visible par ses erreurs que par les vérités qu'elle enseigne, xv, 114 *et suiv.* Il avoue que le sentiment de l'Eglise est une règle certaine de la foi, et suffisante dans les matières les plus essentielles, xv, 117, 118. L'idée qu'il se forme de l'Eglise universelle, composée de toutes sortes de sectes, ne s'accorde pas avec l'idée que cette Eglise a d'elle-même; et il condamne sa propre Eglise par les caractères qu'il donne à l'Eglise universelle, xv, 119, 120. Un concile n'est universel, selon Jurieu, que quand il est composé de tous les ministres de l'Eglise, sans exception. Il donne aux rebelles à l'Eglise un pouvoir excessif, et ôte aux pasteurs assemblés le titre de juges dans les matières de foi : il condamne les souscriptions exigées par les conciles, et veut qu'on ne se soumette à leur autorité que sur les choses de discipline ou de peu de conséquence, xv, 123, 124. Il ose dire qu'il faut sacrifier la vérité à la paix, xv, 125. Il regarde les décisions du synode de Dordrect comme peu essentielles, et pense que le demi-pélagianisme ne damne personne : il fait agir ce synode plus par politique que par vérité, xv, 36, 37, 38. Il se dédit de l'infaillibilité qu'il accordoit au consentement de tous les chrétiens, et retombe dans le même embarras, en proposant pour règle infaillible le consentement des siècles passés, xvi, 165, 166. Erreurs où il tombe: 1° en donnant l'infaillibilité aux sociétés schismatiques et hérétiques; 2° en restreignant arbitrairement les promesses de Jésus-Christ et les vérités qu'il s'est engagé à conserver dans l'Eglise, xvi, 168.

Il attaque les fondemens donnés par Jésus-Christ à l'union des familles et au repos des empires, xv, 364. Il entreprend la défense du second mariage du landgrave de Hesse, et tâche de rendre le fait douteux, xv, 365. Ses principes absurdes sur l'affaire du landgrave. Ses raisonnemens sur les lois divines et sur celles du mariage, convaincus de fausseté, xv, 373. Il propose un accord avec les Luthériens. Conditions de cet accord, xv, 58 *et suiv.* Il est contraint d'abandonner la règle de l'Ecriture, pour former sa foi; parce qu'il est impossible de soutenir cet article capital de la réforme: qu'on connoit les livres canoniques par le témoignage intérieur du Saint-Esprit, xv, 315, 316. Ce ministre mène les protestans par degrés au socinianisme, xv, 231. Il fait même triompher le socinianisme, quoiqu'il tâche de se purger de ce reproche. On le prouve par ses propositions expresses et par ses propres excuses, xvi, 2, 3, 177. Ses emportemens contre l'auteur de l'*Histoire des Variations*, qu'il traite de calomniateur, xiv, 466. On le convainc de faire Dieu auteur du péché, aussi clairement que Luther, xv, 250. Il reconnoît les luthériens demi-pélagiens, et leur offre la tolérance, et de les admettre à la communion, xv 252. *Voy.* PÉLAGIANISME. Jurieu, Bochard, et autres ministres, croient qu'on peut tolérer les particuliers qui s'attribuent plus de capacité, pour entendre la saine doctrine, que toute l'Eglise, xv, 40. Tolérance étonnante qu'on a dans la réforme pour Jurieu et pour ses erreurs, xvi, 179. *Voy.* TOLÉRANCE.

Ce ministre fait l'inspiré, et est cru tel, xvi, 201 *et suiv.* Son silence sur diverses objections de l'*Histoire des Variations*, xvii, 193 *et suiv.* Il attribue l'idolâtrie à toute l'Eglise depuis le quatrième siècle, xvii, 179 *et suiv.* Il déprime même l'Eglise des trois premiers siècles, xvii, 182, 183. Ses contradictions et ses blasphèmes, xvii, 210, 222, 236, 241 *et suiv.* Sa réponse au texte de saint Paul qui prouve que la communion sous les deux espèces n'est pas nécessaire, xvi, 246. Réfutation de son histoire du retranchement de la coupe, xvi, 336. Il est forcé, pour éviter les conséquences de ses propres principes, de dire qu'en ne recevant que le pain, on ne participe pas au sacrement, xvi, 306.

JUSTES. Demeure de Jésus-Christ et de son Père dans l'ame des justes, vi, 528, 531 *et suiv.* Leurs chutes doivent les affermir dans l'humilité, vi, 534 *et suiv.* Quel est leur maître intérieur, *ibid.*, *et suiv.* Leur paix intérieure et imperturbable, vi, 536, 537. Ils sont les amis de Jésus, vi, 562 *et suiv.*, qui leur découvre tous ses secrets, vi, 565 *et suiv.* Ils peuvent tout demander en son nom, vi, 566. Comment la miséricorde les environne, x, 45. Ils sont purifiés par les mêmes afflictions qui consument les méchans, x, 238. Comment leur vie est accompagnée de péchés, x, 489. Les justes sont eux-mêmes la maison de Dieu, x, 376. Combien étroite la voie où marche le juste, xii, 445. Comment la grâce étoit donnée aux justes de l'Ancien Testament, x, 194. Ce qu'on entend par le sommeil des justes, xvii, 516, 517. Trois états des justes distingués par les Pères, xix, 436. Erreur d'appliquer cette distinction à l'état des nouveaux mystiques, xix, 437. Principe des Pères pour l'intelligence de ces états, xix, 438, 439. En particulier de saint Clément d'Alexandrie, xix, 439, 440. De saint Grégoire de Nazianze, xix, 440, 441. Différence de ces trois états entre eux, fondée sur ce principe, xix, 442 et suiv.

JUSTICE. C'est la véritable vertu des monarques; l'unique appui de la majesté, ix, 632, 633. Ses avantages, ses effets, ix, 637. Elle est la reine des vertus morales, ix, 638. D'où elle tire son origine, ix, 638, 655. Définition de la justice, ix, 639. Elle doit être ferme, ix, 640. Elle est établie pour entretenir la paix parmi les hommes, ix, 652 ; x, 201. Elle appartient à Dieu, et il la donne aux rois, xxiv, 102. Elle affermit leur trône, ibid. Toute puissance est sujette à la justice de Dieu, xix, 103. Les voies de la justice aisées à connoître, xxiv, 113. Vertus qui doivent l'accompagner, xxiv, 115. Combien la fermeté lui est nécessaire, ibid. Elle doit devenir plus sévère lorsque les crimes se multiplient, xxiv, 124. Obstacles à la justice, ibid. et suiv. Le chemin de la justice est droit et découvert, ix, 411. La justice dans un souverain demande de la fermeté et de l'égalité, x, 624. Elle passe du prince dans les magistrats, xii, 588. Elle est le principe de l'ordre, xi, 464. Abus qui corrompent son intégrité, xii, 577. La justice a pour ennemis, l'intérêt, la sollicitation violente, la corruption, x, 618. Le zèle pour la justice fait commettre des injustices énormes, x, 620.

La justice divine punira ceux qui méprisent sa bonté, x, 603. Elle est toujours en action contre le pécheur, viii, 213. Elle s'accorde avec la miséricorde : pourquoi le pécheur ne doit-il pas présumer, ix, 61 ; xii, 552. Quel est en nous l'objet de cette justice, ix, 476.

Excellence de la justice chrétienne au-dessus de celle des païens et des Juifs, vi, 20 et suiv. Chercher Dieu et sa justice, et comment, vi, 51 et suiv. D'où vient en nous la justice du christianisme, x, 297, 298. Bonheur de souffrir pour la justice, xxviii, 83, 84. Justice, vertu justificative de deux sortes, xiii, 416. Justice de la loi, ibid. Justice de la foi, xiii, 417. Imperfection de notre justice, à cause du combat de la convoitise, xiii, 429 et suiv. Comparaison de notre justice avec celle d'Adam, xiii, 431 et suiv. Voy. JUSTIFICATION.

JUSTICE INAMISSIBLE. Calvin ajoute ce dogme à celui de la justice imputative de Luther, sur les principes duquel sont fondées ses raisons, xiv, 358. Elle est rejetée dans la Confession de foi anglicane, xiv, 420. Impiété de la justice imputative, telle qu'elle est proposée par quatre synodes calvinistes. Elle tend à faire tous les hommes également justes, xiv, 591. Netteté et simplicité de la doctrine de l'Eglise sur les mérites de Jésus-Christ, xiv, 591, 592. Le synode de Dordrect et les théologiens anglois tombent dans une contradiction manifeste, en avouant qu'un fidèle, dont la justice est inamissible, seroit damné s'il mouroit dans le crime; et que pourtant la foi et la charité demeurent dans les plus grands criminels, xv, 27. Etrange doctrine des théologiens de Brême, sur la justice inamissible, xv, 423 et suiv. Basnage confond l'erreur calvinienne de l'inamissibilité de la justice, avec la doctrine de la persévérance des saints, et dit qu'on peut tout à la fois avoir une union éternelle avec Jésus-Christ et être dans le crime, xvii, 155. *Voy.* Amissibilité, Salut.

JUSTIFICATION. La doctrine catholique sur la justification a été le principal sujet de rupture avec les protestans. L'Eglise enseigne que nous sommes justifiés gratuitement par la miséricorde de Dieu, à cause de Jésus-Christ, xiii, 62 *et suiv.* Les protestans avouent qu'il ne falloit pas se séparer pour ce point; conséquence qu'en tire Bossuet, xiii, 67.

Doctrine de l'Eglise sur la justification, xiii, 396. Elle est gratuite, xiii, 397. Elle ne couvre pas seulement les péchés, mais elle les ôte, elle les détruit, xiii, 399. Les protestans ont perverti cette doctrine, xiii, 398. Les fondemens sur lesquels ils s'appuient pour la soutenir sont vains, xiii, 399. Ceux de l'Eglise catholique sur cette matière sont inébranlables, xiii, 402. Ils sont appuyés sur l'Ecriture et la tradition, *ibid. et suiv.* La justification n'est pas un acte du juge qui renvoie absous, mais un acte du Créateur qui régénère et renouvelle, xiii, 409 *et suiv.* La foi, le principe de notre justification, xiii, 414. Doctrine de l'Eglise sur la justification par les œuvres, xiii, 423. Sentimens des protestans sur la justification, xvii, 402, 436. Comment les péchés sont effacés, xvii, 411 *et suiv.*, 442, 473. Si la foi seule justifie, xvii, 413, 443, 464, 473, 474, 505. Si l'on peut être assuré de sa justification, xvii, 414, 444, 463, 473, 561. De la gratuité de la justification, xvii, 500, 549; xxviii, 10, 11.

La justification est une grace de Dieu, par laquelle, de pécheurs que nous étions, il nous rend justes, xiv, 24. Le concile de Trente ne fait que répéter, sur la justification, ce que les Pères et saint Augustin avoient autrefois décidé contre les Pélagiens, xv, 150, 151. Il faut avec la grace conserver, comme fait le concile, le libre arbitre et le mérite des œuvres. La vraie justice fait accomplir les commandemens de Dieu. Elle est toujours imparfaite ici-bas; mais Dieu accepte nos bonnes œuvres pour l'amour de Jésus-Christ, xv, 153. Selon les principes établis dans la Confession d'Augsbourg, l'incertitude de la justification, telle que les catholiques l'enseignent, ne doit causer aucun trouble, xiv, 121, 122. La confession de Strasbourg varie de celle d'Augsbourg, et explique la justification comme l'Eglise romaine, xiv, 122. La justice imputative de la Confession d'Augsbourg, bien entendue, n'exprime que la doctrine de l'Eglise, xiv, 117. Les protestans d'aujourd'hui regardent l'imputation comme un ouvrage hors de nous, en quoi ils varient des premiers réformateurs qui croyoient avec l'Eglise qu'elle est un ouvrage en nous, xiv, 118. L'apologie de la Confession d'Augsbourg représente la justice chrétienne comme la justice des œuvres et de la raison, comme la justice de la loi et la justice pharisaïque, xiv, 125, 126. Luther, par la justice imputée, donnoit tout à Jésus-Christ en ôtant tout à l'homme. l'Eglise donne à la grace tout ce que l'homme a de bien, et même le bon usage de son libre arbitre, xiv, 174, 175. *Voy.* LUTHER. La justice imputative de Luther et de Calvin est détruite par saint Cyprien, et par les textes de l'Ecriture, qui attribuent aux bonnes œuvres le rachat des péchés, xv, 211.

La justification représentée dans la personne des apôtres aux noces de Cana, xi, 46. La foi en est le principe, *ibid.* La crainte des jugemens de Dieu est insuffisante pour la justification, x, 261. *Voy.* AUGUSTIN (S.), FOI, ŒUVRES.

JUSTIN (S.) Passage de ce Père sur le règne de mille ans, falsifié par Joseph Mède, ii, 571. Preuve, par ce passage, que la croyance des Pères millénaires n'étoit que leur opinion particulière, et non la doctrine de l'Eglise, *ibid.*

Saint Justin critiqué témérairement par l'abbé Dupin, xx, 628.

JUSTIN ou Just (S.), martyr du temps de Dioclétien : circonstance de cette persécution marquée dans la passion de ce saint, ii, 490.

JUSTIN II, empereur, protége les Persarméniens révoltés, xxi, 536.

JUSTIN, historien, donne une idée juste de l'autorité royale, xxi, 161.

JUSTINE, impératrice, protége les Ariens, et persécute les catholiques : conduite de saint Ambroise, xxi, 287 *et suiv.*

JUSTINIEN, empereur. Son règne célèbre par les travaux de Tribonien sur le droit, et par les exploits de Bélisaire et de Narsès, xxiv, 350. Il fait tenir le cinquième concile général, xxiv, 351. Il consulte le pape Hormisdas, sur la proposition des moines de Scythie, xxii, 190. *et suiv. Voy.* HORMISDAS.

K

KELESISKI, cordonnier, se met à la tête des frères de Bohême, et leur fait un corps de doctrine, qu'on appelle *les Formes de Kelesiski*, xiv, 552.

KNOX (Jean), disciple de Calvin, et l'un des premiers réformés d'Ecosse, est complice de l'assassinat du cardinal Beton, et prêche la révolte, xv, 552 *et suiv.*

KOETLEZ (Mathurin Léni de) est nommé par Louis XIV à l'évêché de Poitiers : cette nomination est rétractée ; pourquoi, xxix, 393, 421.

KONISBERG (l'Université de) est troublée par la doctrine d'Osiandre sur la justification, xiv, 329. Quelques théologiens s'opposent avec vigueur à cette doctrine. L'un d'eux revient à l'Eglise catholique, voyant qu'il n'y a point d'autorité dans les églises protestantes xiv, 340.

L

LABOUREURS. Opprimer les laboureurs, c'est opprimer les nourriciers du peuple, xxvi, 35.

LA BRUYÈRE (Jean de). Amitié que Bossuet lui portoit, xxix, 1, 7, 9, 41.

LACÉDÉMONIENS. Lycurgue leur donne des lois, xxiv, 278. Leur vie dure et laborieuse. Comparaison de Lacédémone et d'Athènes, xxiv, 538. Léonidas, leur roi, avec trois cents hommes, tue vingt mille hommes à Xerxès, et périt, xxiv, 296. Ils s'emparent d'Athènes, et font la guerre aux Perses, xxiv, 303.

LA CHAISE (François de), jésuite, confesseur de Louis XIV. Il recommande, au nom du roi, au cardinal de Janson, ambassadeur à Rome, les intérêts de Fénelon. Mécontentement du roi, qui fait désavouer la lettre, xxix, 64 *et note.* Il désapprouve ensuite le livre, et le dit à Bossuet, xxix, 65. Il certifie la vérité d'un fait rapporté par Bossuet dans sa *Relation sur le Quiétisme*, xxix, 570 ; xxx, 39. Sa lettre à un évêque sur la condamnation des cérémonies chinoises sollicitée à Rome, xxvii, 280.

LA COMBE (François), barnabite. Son *Analysis Orationis mentalis*, condamnée, xvii, 365 ; xviii, 702. Sa doctrine sur l'oraison, xviii, 441 *et suiv.* Ses liaisons avec Madame Guyon, xx, 148. Il est enfermé au château de Lourde ; d'où il écrit à cette dame, xxviii, 658, 659, 660 *et note.* Sa déclaration à l'évêque de Tarbes, sur ses écrits et sa conduite, xxix, 340. Il est transféré à Vincennes, xxix, 403. Lettre de ce Père à Madame Guyon, où il fait l'aveu des fautes qu'ils avoient pu commettre ensemble, et l'exhorte à la pénitence, *ibid.* Il étoit alors en état de démence : sa mort, xxix, 404 *et note. Voy.* GUYON.

LACTANCE, son livre *de la Mort des persécuteurs*, combien utile pour l'explication de l'Apocalypse, ii, 336, 443 *et suiv.*

LAMBERT de Schafnabourg, historien, rapporte ce qui se passa entre le pape Alexandre II et l'empereur Henri IV, xxi, 348.

LAMI (François), bénédictin, auteur d'une démonstration au sujet de la satisfaction de Jésus-Christ, soumet son ouvrage au jugement de Bossuet, xxvi, 407, 408. Sa sensibilité aux censures du prélat; il se défend d'avoir les sentimens qu'il avoit condamnés, xxvi, 418. Il s'engage à envoyer à Bossuet de nouveaux éclaircissemens sur sa démonstration, xxvi, 420. Ses remarques sur les observations que le prélat avoit faites sur cette démonstration, xxvi, 421 *et suiv. Voy.* Damnés.

LAMOIGNON (Guillaume de), premier président du Parlement de Paris. Témoignage rendu à son mérite, xii, 587.

LAMOIGNON DE BASVILLE (M. de), intendant du Languedoc, souhaitoit pouvoir réformer ses idées sur celles de Bossuet, et apprendre d'un aussi grand maître ce qu'il devoit faire pour remplir sa vocation, xxvii, 110. Il propose ses doutes au prélat sur les nouveaux convertis, xxvii, 116. Il n'avoit rien plus à cœur que de ne point excéder les bornes du zèle qu'il devoit avoir pour remplir ses fonctions; sa confiance dans les lumières de Bossuet, xxvii, 139, 140. Lettre de Bossuet à M. de Basville sur cette question, si l'on peut contraindre les protestans d'assister à la messe, xxvii, 141 *et suiv.* Réponse de M. de Basville et ses réflexions, xxvii, 145, 146.

LANDGRAVE DE HESSE. *Voy.* Hesse.

LANGERON (l'abbé de). Ses observations sur le Commentaire de Bossuet sur l'*Apocalypse*, xxx, 400.

LANGEY (Guillaume de Belley, seigneur de) rend les services les plus importans à la France, par son habileté dans les négociations dont il étoit chargé, et par la sagesse de ses conseils. (*Voy.* le règne de François I). La pauvreté d'un serviteur si utile est une tache dans le règne de ce prince, xxv, 429.

LANGUE. C'est d'elle que viennent tous les péchés qui se commettent, x, 524. Ce que signifie le miracle du don des langues, x, 316 *et suiv.*

LANGUET (Hubert), ministre protestant, publie, sous le nom de Junius Brutus, un livre séditieux, où il entreprend de prouver que les peuples ont sur leurs rois la puissance souveraine. Cette doctrine a depuis été enseignée par Jurieu, xv, 558, 583.

LARMES. Sur le don des larmes, xxviii, 133, 134, 148, 170, 206, 231, 283, 284, 394.

LARRON (le bon) glorifie Jésus-Christ pendant que les siens l'abandonnent; imitons sa foi, x, 458 *et suiv.*

LA RUE (Charles de), jésuite, prêche un sermon sur saint Bernard, où il fait allusion à Fénelon et à Madame Guyon : les amis du prélat lui en savent mauvais gré, xxx, 23, 106, *note.* Sa lettre à Bossuet sur la conduite de l'évêque d'Alais à l'égard des Réunis de son diocèse, xxx, 556 *et suiv.* Il est envoyé par le roi à Montauban pour hâter le retour des protestans au sein de l'Eglise, xxvii, 104. Il enlève les cœurs avec une rapidité étonnante, et trouve le secret de gagner la confiance de tous les nouveaux convertis, *ibid.*

LATENAI (le P.), carme, est proposé pour examinateur du livre de Fénelon, xxix, 295. Sa nomination est suspendue, xxix, 301. Bossuet promet de le servir, xxix, 312. Mémoire de ce Père sur les sentimens et la conduite d'une dévote quiétiste, xxix, 366. Lettre de ce religieux à Bossuet, xxx, 157. Il mande à l'abbé Bossuet ce qu'on pensoit à Rome des procès-verbaux des assemblées de France sur le bref contre Fénelon, xxx, 474.

LATITUDINAIRES. *Voy.* TOLÉRANCE.

LATOME (Jacques), docteur de Louvain, fait l'éloge d'Adrien VI, xxi, 45. Ce qu'il dit de l'infaillibilité du Pape, et du concile de Constance, xxii, 504, 505.

LATRAN (conciles de). Celui qui fut tenu sous Paschal II, condamne les Investitures, et vient au secours du Pape, xxii, 240, 241. Quatre autres conciles de Latran : ce qui s'y fit, xxii, 86 *et suiv.* Les conciles de Latran sous Alexandre III et Innocent III, prononcent des peines temporelles contre les hérétiques, xxi, 475 *et suiv.* Les princes approuvent ces décrets, *ibid.* Celui qui se tint sous Innocent III note les vaudois, xiv, 502. Ce concile oppose le mot de *Transsubstantiation* aux erreurs contre la présence réelle. Simplicité des décisions de l'Eglise. Le concile de Trente décide comme celui de Latran, xv, 146.

Le concile de Latran sous Léon X, a-t-il abrogé les décrets de Constance? xxi, 723 *et suiv.*; xxii, 428. On y prouve la nécessité des conciles, xxii, 99. Ce concile est-il œcuménique? xxi, 724; xxii, 454, 455.

LAUREA (Laurent de), franciscain. Bossuet le remercie de l'approbation qu'il avoit donnée au livre de l'*Exposition*, xxvi, 253.

LAURENT (frère), carme-déchaussé, eut toujours à combattre des peines et des épreuves terribles, xix, 311. Les mystiques ne peuvent s'autoriser de ses pieuses exagérations, xx, 399 *et suiv.* Lettre publiée à ce sujet, xxix, 179.

LAZARE. Jésus-Christ le ressuscite, vi, 74 *et suiv.* Sa résurrection, figure du pécheur converti, vi, 78. Amitié de Jésus pour lui, modèle de la nôtre, vi, 79.

LECTURE de l'Ecriture sainte. Henri VIII, roi d'Angleterre, fait traduire la Bible en anglois, et en permet la lecture à tout le monde. Il est faux que la Réforme doive ses progrès à cette lecture, qu'on faisoit avant Henri VIII, dans des versions en langues vulgaires antérieures à la sienne, xiv, 290, 291. *Voy.* ECRITURE SAINTE.

LEGENDRE, intendant de Montauban. Sa lettre à Bossuet sur la conduite qu'il a tenue à l'égard des nouveaux convertis, et les fruits qu'il en a recueillis, xxvii, 103.

LÉGION *Thébaine* (la), étoit-elle la même que la *Fulminante?* Son martyre, xxi, 272.

LEIBNIZ (Guillaume-Godefroi) entre en correspondance avec Bossuet au sujet de la réunion des protestans à l'Eglise catholique. Question qu'il propose contre l'autorité des conciles. Solution de Bossuet, xvii, 538, 604. Lettres de Leibniz à Bossuet, touchant la réunion des protestans à l'Eglise, et réponses du prélat au philosophe, xviii, 139, 140 *et suiv.* Leibniz propose à Madame de Brinon, les moyens de concilier les esprits, xviii, 117 *et suiv.* Il tâche d'excuser de schisme les protestans, xviii, 130. Objections contre le concile de Trente, xviii, 144 *et suiv.* Fausses règles pour parvenir à la réunion, xviii, 148, 149. Condescendances dont il veut qu'on use envers les protestans, xviii, 153. Ses observations sur le traité conclu par le concile de Bâle avec les Bohémiens, xviii, 114, 115, 116, 161 *et suiv.* Caractère de ce philosophe, xviii, 163. Ses objections contre les décisions de l'Eglise, xviii, 172. Son peu de bonne foi, xviii, 182. 183. Sa réponse au mémoire de l'abbé Pirot sur l'autorité du concile de Trente, xviii, 184 *et suiv.*; au mémoire de Bossuet sur le même sujet, xviii, 218. 219. Obstacles qu'il trouvoit à la réunion, xviii, 225. Raisons du refus qu'il fait de reconnoître que le concile de Trente soit reçu en France pour règle de foi, xviii, 235. Il ne veut pas qu'on exige des protestans qu'ils reconnoissent l'œcuménicité de ce concile, xviii, 239. Il nie et combat la canonicité des livres de l'Ancien Testament, xviii, 270, 271, 278, 292. Ses vaines déclamations contre les décisions de l'Eglise, xviii, 314.

Lettres de Leibniz à Bossuet touchant l'essence des corps, xxvi, 483 *et suiv.* Jugement que porte le prélat des écrits du philosophe sur cette matière, xxvi, 490 *et suiv.*

LÉON le Grand (S.), Pape, condamne Eutychès, xxiv, 347. Il sauve Rome du pillage, xxiv, 348. Sa lettre à saint Flavien de Constantinople, approuvée par tout l'Occident, est examinée au concile de Chalcédoine, xxii, 33 *et suiv. Voy.* Chalcédoine, Dioscore, Ephèse, Flavien.

Ce saint, idolâtre, et chef des idolâtres, selon Jurieu, qui pourtant avoue que malgré son idolâtrie, il s'est sauvé, xv, 283. Il est critiqué témérairement par Dupin, xx, 530.

LÉON II (S.) condamne les monothélites et avec eux Honorius, xxii, 62, 63. Ses lettres à l'Empereur et aux évêques d'Espagne, xxii, 71, 75.

LÉON III (S.). **Concile assemblé pour le juger : les évêques refusent** d'être ses juges, xxii, 315 *et note*. Il ne se croyoit pas supérieur aux conciles, xxii, 362.

LÉON IV ordonne de réserver dans une boîte le corps de Notre-Seigneur pour les malades, xvi, 492 *et suiv.*

LÉON IX (S.) menace André, roi de Hongrie, d'excommunication, xxi, 344. Il dit que la foi de Pierre n'a jamais manqué, xxii, 179, 180.

LÉON X est fait Pape par la brigue des jeunes cardinaux, xxv, 307. Il se repent des conditions auxquelles il a fait la paix avec François I, xxv, 316. Il a avec ce roi une entrevue ; avantages qu'il en espère, xxv, 317. Il fait un traité avec lui contre l'empereur Charles-Quint, xxv, 323. Il cherche les occasions de le rompre, xxv, 327. Il se ligue avec les ennemis de François I, xxv, 330. Sa bulle contre Luther, xiv, 37, 38; ce qu'il y dit des appels, xxii, 334. A-t-il abrogé les décrets de Constance, xxi, 723 *et suiv.* Il condamne les décrets de Bâle faits après la translation, xxi, 725. Sa mort laisse les affaires de la ligue en mauvais état, xxv, 331.

LÉON l'Isaurien, empereur d'Orient, entreprend de renverser les images de Jésus-Christ et des saints, xxiv, 357. Il chasse de son siége saint Germain, patriarche de Constantinople, xxiv, 358. Il est menacé d'excommunication par Grégoire II et III, xxi, 242, 243, 307.

LE PELLETIER (Michel), évêque d'Angers. Bossuet se rappelle les exemples de vigilance et de prudence qu'il avoit admirés en lui, xxv, 499, 500.

LÉPORIUS, moine des Gaules, avance des erreurs sur l'Incarnation ; il se rétracte, xxx, 387 *et note.*

LÉPRE (la) est une image du péché, viii, 412, 413.

LÉPREUX. Ce que nous figure la guérison de celui de l'Evangile, xxx, 412. A quoi il étoit obligé, viii, 413.

LE ROI (Guillaume), abbé de Haute-Fontaine. Désir que Bossuet témoigne de le connoître autrement que par ses ouvrages, xxvi, 207. Sa dispute avec l'abbé de Rancé, sur le sujet des humiliations pratiquées à la Trappe, xxvi, 204. Il est détourné par Bossuet de rendre publique sa réponse à la lettre que l'abbé de Rancé avoit composée à ce sujet, xxv, 205.

LE TELLIER (Michel), chancelier. Notice sur sa vie. Son oraison funèbre xii, 573, 574. Idée qu'il avoit de la magistrature, xii, 576. Combien il étoit attaché à son devoir, xii, 577. Services qu'il rendit à la France durant les troubles de la régence, xii, 583 *et suiv.* Avec quel soin il rendoit la justice, xii, 689. Combien il fut utile à l'Eglise, xii, 502, 593 *et suiv..* Sa mort, xii, 598 *et suiv.*

LETELLIER (Charles-Maurice) archevêque de Reims, publie, au sujet des réguliers, une ordonnance que Bossuet n'approuve pas, xxix, 120. Il en donne une autre contre deux thèses sur la grace, soutenues chez les jésuites, xxix, 180 *et note*. Ce qu'en disent Bossuet et son neveu, xxix, 200, 213, 214, 218. Les jésuites publient une *Remontrance* sur cette ordonnance, xxix, 239, 260, 261. Ce que dit M. Le Tellier de cette remontrance, xxix, 250 *et note*. Le parlement est chargé de cette affaire, xxix, 274. Le premier président l'accommode, xxix, 279, 280, 281, 287. M. Le Tellier affirme un fait rapporté dans la *Relation sur le Quiétisme*, xxix, 570; xxx, 39. *Voy*. Louvois.

LETTRE. Ce que c'est dans saint Paul que *la lettre qui tue*, iii, 565 *et suiv*.; x, 288 *et suiv*.

LETTRE *de Bossuet à frère N., moine de l'abbaye de N., converti de la religion protestante à la religion catholique, sur l'adoration de la croix*, xvii, 275 *et suiv*.

LETTRE *pastorale aux nouveaux catholiques de son diocèse, sur la communion pascale*, xvii, 243 *et suiv*.

LETTRES DIVERSES *de Bossuet*, xxvi et xxv. *Lettres de piété et de direction*, xxvii et xxviii, *Lettres sur l'affaire du Quiétisme*, xxviii, xxix et xxx. *Voy*. la table précédente.

LÉVI. Cette tribu est consacrée à Dieu, qui lui donne en partage le soin des choses sacrées, xxiv 398, 399.

LIBÈRE, pape, donne des lettres de communion aux évêques de Macédoine, xxii, 17. Chute de ce pape, xxi, 279; xxii, 226 *et suiv*. Doutes à ce sujet, xxii, 226, *et note*, 227. Entretien de Libère avec l'empereur Constance. Basnage abuse des paroles de ce prince pour faire entendre que toute l'Eglise avoit adopté les dogmes ariens, et condamné saint Athanase : deux faits également faux, xvii, 216. La chute momentanée de Libère a été causée par la violence. Son retour à son devoir, de son propre mouvement, est durable. La chute d'un pape ne seroit pas la chute de l'Eglise, xvii, 217 *et suiv*.

LIBERTÉ. Sa définition, différence entre ce qui est permis, ce qui est volontaire, et ce qui est libre, xxiii, 426. Preuve que cette liberté est en nous, et que nous connoissons cela naturellement, xxiii, 427. Nous connoissons de même que Dieu gouverne notre liberté, et ordonne de nos actions, xxiii, 433. Difficultés pour concilier ensemble ces deux vérités, xxiii, 440 *et suiv*. Divers moyens pour les accorder; premier moyen : mettre dans le volontaire l'essence de la liberté, xxiii, 451, 452. Second moyen : la science moyenne ou conditionnée, xxiii, 455. Troisième moyen : la contempération et la suavité, ou la délectation victorieuse, xxiii, 456. Quatrième moyen : la prémotion et la prédétermination physique, xxiii, 459. Objections et réponses, xxiii, 466. Des principes posés, on déduit la différence des deux états de la nature innocente et corrompue, xxiii, 472.

On doit user raisonnablement de sa liberté, viii, 382. Le nom de liberté est tout à la fois doux et trompeur, xi, 267. Trois espèces de libertés, xi, 268. Quelle est la véritable, *ibid.* et xi, 271. Abus qu'on en fait, *ibid. et suiv.* Liberté du pécheur, xi, 272. L'amour de la liberté source du premier crime, xii, 160. Liberté des enfans de Dieu, xi, 424; xii, 162. Liberté déréglée : deux sortes, xi, 376. En quoi nous la faisons consister, xi, 397. Liberté imaginaire de ceux qui errent çà et là dans le monde, xi, 399, 449. Celle qui convient à l'homme est dépendante des lois, xi, 420. Epreuve que saint Augustin avoit faite de la liberté des pécheurs et de celle des enfans de Dieu, xi, 428. La multitude suit l'appât de la liberté, xii, 455. La liberté est une cause des inventions et des variétés de la vie humaine, xxiii, 232. *Voy.* LIBRE ARBITRE.

LIBERTÉS de l'Eglise de France : en quoi elles consistent, xi, 619 *et suiv.*; xxii, 374, 375 à 378, 390. La discipline de France conforme à celle de l'Eglise d'Afrique, sous saint Augustin, xxii, 392 *et suiv.* En quel sens nos libertés sont appelées priviléges : fausse idée qu'en donne de Marca, xxii, 395 *et suiv.* Définitions odieuses de ces libertés, données par Charlas, xxii, 406 *et suiv.* Obligé de parler de nos libertés dans son discours sur *l'unité de l'Eglise,* Bossuet se proposoit de le faire sans aucune diminution de la vraie grandeur du saint Siége, et de les expliquer de la manière que les entendent les évêques, et non de la manière que les entendent les magistrats, xxvi, 291.

Les libertés de l'Eglise gallicane souvent employées contre elle-même, xii, 593. *Voy.* DÉCLARATION, EGLISE GALLICANE.

LIBERTINS. Leur caractère, x, 170; xi, 631. D'où est née cette troupe de libertins qui s'élèvent si hautement contre les vérités de la religion, ix, 570. Quel est leur aveuglement, xii, 551. Combien est grande leur ignorance, xii, 552. Combien frivoles leurs raisonnemens contre l'établissement de la religion, xii, 8. Ils seront décrédités, parce qu'on tiendra tout dans l'indifférence, viii, 185. *Voy.* IMPIES.

LIBRE ARBITRE. Sa définition, xxiii, 74. Comment il s'exerce, *ibid. Traité du libre arbitre,* xxiii, 426 *et suiv.* Le libre arbitre n'est pas entièrement maître de lui-même, iv, 363 *et suiv.* Il n'est pas détruit par la grace efficace, iii, 314 *et suiv.,* 334 *et suiv.*; iv, 382 *et suiv.* 477. Cependant il est mû par elle, comme il plaît à Dieu, iv, 395 *et suiv.*

Luther fait un livre *du Serf-arbitre,* où il enseigne que les hommes et les anges n'ont point de liberté; que Dieu seul est libre; que tout arrive par nécessité ; que Dieu fait également en nous le bien et le mal, couronne des indignes, damne des innocens, xiv, 64 *et suiv.* Il rétracte, dans la Confession d'Augsbourg, ce qu'il avoit dit sur ce sujet, xiv, 107 *et suiv.* Doctrine des luthériens contradictoire sur le libre arbitre, xiv, 335, 336. Ils décident que la coopération de l'homme n'a point lieu dans la conversion, mais seulement dans les bonnes œuvres faites ensuite, xiv, 348. La doctrine catholique, que l'homme ne peut rien par ses propres forces, et que sa coopération vient de la grace, est claire et lumineuse, xiv, 349, 350. On tâche, dans le livre de la Concorde, de répondre à l'objection des libertins, qui disent que l'homme n'a rien à faire pour sa conversion, puisque Dieu y fait tout, et l'on tombe dans le semi-pélagianisme, xiv, 350 *et suiv.* La Confession d'Augsbourg explique le libre arbitre d'une manière qui sent le demi-pélagianisme, xiv, 107. Luther, Calvin, Bèze, et toute la Réforme, s'accordent, sous prétexte de s'opposer au pélagianisme dont ils accusent l'Église romaine, à détruire le libre arbitre, et admettent une fatalité semblable à celle des Stoïciens, xv, 1, 2.

Comment le libre arbitre agit dans l'oraison passive, xviii, 526 *et suiv.* Quels doivent être ses efforts dans l'abandon, xviii, 626, 627, 628. *Voy.* LIBERTÉ.

LICENCE (la) est mère de tous les excès, ix, 184.

LICINIUS, empereur, d'abord favorable aux chrétiens, ii, 522, 523 *et suiv.* Sa persécution légère en comparaison des autres, ii, 477. Courte, ii, 525. Est censée faire partie de la persécution de Dioclétien, iii, 289.

LIÈGE (l'église de). Lettre qu'elle écrit au pape au sujet de la déposition de l'empereur Henri IV, xxi, 411 *et suiv.*

LIGATURE ou suspension des puissances, dans l'oraison, mal entendue par les mystiques, xviii, 389. Elle appartient à l'état passif, et comment, xviii, 392 *et suiv.* Elle ne peut jamais être totale, xviii, 401 *et suiv.* Deux dispositions de cette suspension des puissances, xviii, 575, 576.

LIGUEURS (les) couvrent leur révolte du voile de la religion; ils se soumettent à Henri IV, après sa conversion, xxi, 471 *et suiv.*

LITANIES. Leur institution et leur fin, v, 269 *et suiv.* Comment on doit réciter les litanies du saint nom de Jésus, v, 321. Des litanies de la sainte Vierge et des titres qui lui sont donnés, v, 323, 325 *et suiv.* Il suffit de lire les litanies des Saints pour voir la fausseté des calomnies des protestans à ce sujet, xvii, 254 *et suiv.*

LITURGIE. Prière de la liturgie latine pour l'offertoire, xvii, 7, 8. De la liturgie grecque, *ibid.* Comment l'une et l'autre attribue au Saint-Esprit le changement du pain et du vin, xvii, 9 *et suiv.* Les liturgies des diverses églises prouvent que c'est Jésus-Christ même qui est la matière de l'oblation dans la sainte Messe, xvii, 11, 12, 13, 17 *et suiv.* Et sont par conséquent une preuve de sa présence réelle, xvii, 20. Pourquoi le saint sacrifice est appelé un sacrifice de pain, xvii, 22. De l'oblation préparatoire, *ibid.* De l'oblation parfaite, xvii, 23.

Bénédiction de l'Eucharistie, preuve du changement de substance, XVII, 24, 25. Antiquité des prières de la liturgie, bien antérieures à Paschase Radbert à qui les protestans attribuent l'invention du dogme de la présence réelle, XVII, 26 *et suiv.* Elles ne sont qu'une explication de l'Ecriture. Elles prouvent l'adoration due à l'Eucharistie, XVII, 28 *et suiv.* Des bénédictions qu'on fait sur l'Eucharistie avant et après la consécration, XVII, 65. Ce que veut dire le *Sursum corda* et le *Gratias agamus*, XVII, 68. Conformité des liturgies grecques et latines, XVII, 71 *et suiv.* Preuve de l'ancienneté de la liturgie grecque et de la foi du changement de substance dans la consécration XVII, 78. Eclaircissemens sur différens points de la liturgie grecque de la semaine sainte, XXX, 507.

La liturgie changée en Angleterre sous Edouard VI, par l'autorité du Parlement. Tous les restes d'antiquité retenus d'abord en sont effacés, XV, 408 *et suiv.* On fait, sous Elisabeth, des changemens essentiels dans la liturgie d'Edouard, XV, 413, 414.

LIVRES SAPIENTIAUX : Préfaces et notes de Bossuet sur ces livres. Tom. I et II.

LOCULEIOS (*in*), fable latine. Observations de l'abbé Ledieu sur cette fable, XXVI, 44, 45.

LOGIQUE (traité de). Deux sciences nécessaires à la vie humaine : la logique et la morale, XXIII, 249. Le mot *Logique* signifie raison ou dialectique, d'un mot grec qui signifie discourir, *ibid.* La morale règle les mœurs, *ibid.* La logique a pour objet de diriger l'entendement à la vertu, et la morale de porter la volonté à la vertu, *ibid.* La logique peut être définie *une science pratique par laquelle nous apprenons ce qu'il faut savoir pour être capable d'entendre la vérité,* XXIII, 250. Et la morale *une science pratique par laquelle nous apprenons ce qu'il faut savoir pour embrasser la vertu, ibid.* Employer la logique de Platon et d'Aristote, non pour la faire servir à de vaines disputes de mots, mais pour former le jugement par un raisonnement solide, XXIII, 25.

LOIS. Elles sont nécessaires dans un bon gouvernement, XXIII, 496. Leurs principes primitifs, *ibid.* Ordre dans les lois, XXIII, 497. Leurs caractères, *ibid.* La loi punit et récompense, XXIII, 498. Son autorité inviolable, *ibid.* Elle est réputée venir de Dieu, XXIII, 499. On ne peut changer les lois fondamentales : combien il est dangereux de changer sans nécessité celles qui ne le sont pas, XXIII, 500. Les princes sont soumis aux lois, XXIII, 562, 563. Ils doivent les savoir, XXIII, 593. Définition de la loi, XXIV, 110. Ses effets, XXIV, 111. Les louables coutumes tiennent lieu de lois, XXIV, 112.

Lois particulières que toutes les créatures vivantes et inanimées portent en elles-mêmes : secrets rapports que ces lois ont avec la loi éternelle : concours et unité qui résultent de ces rapports, ix, 422,, 423. La loi de l'équité naturelle nous est donnée avec la raison, *ibid*. Les lois humaines ne sont pas tenues à réprimer tous les maux, mais seulement ceux qui attaquent directement la société, xxvi, 11. On peut faire une loi pour une bonne fin, quand même on prévoit qu'il pourra en arriver quelque abus dans l'observation, xxvii, 129. Selon Bellarmin, le Pape peut établir ou abroger les lois malgré le prince, xxi, 138. *Voy.* SOUVERAINETÉ.

La loi ancienne donnée sur le mont Sinaï, vii, 169 *et suiv*. Pourquoi a-t-elle été écrite sur la pierre? x, 302. Et promulguée avec plus d'appareil que l'Evangile, x, 304, 305. Union de la loi avec l'Evangile, xi, 232. Différence entre la loi ancienne et la loi nouvelle, xi, 226. La loi judaïque montroit bien ce qu'il falloit faire, mais ne subvenoit pas à l'impuissance de notre nature, viii, 404 405. Loi de crainte, loi d'amour : leurs différens effets, viii, 406. Esprit de la loi nouvelle, viii, 408. Son caractère, x, 168. Jésus-Christ est la fin de la loi, x, 138. Combien l'étude de la loi de Dieu est prompte et facile, viii, 474. Paix de l'ame; effet de son observation, viii, 484. La loi de Dieu, toujours en opposition avec le pécheur : détruite par lui; le détruit à son tour, viii, 213. Quelle est la loi que l'Apôtre appelle une *lettre qui tue*, une *loi de mort*, x, 288. Cette question difficile est expliquée par saint Augustin, x, 289. Deux grands effets de la loi distingués par le même Père, viii, 300. Juste proportion des lois chrétiennes, viii, 188. Lois tyranniques que le monde nous a imposées, contre les obligations de notre baptême, x, 322.

Les lois des anciens empereurs chrétiens contre les hérétiques autorisent à les punir par des peines temporelles, xxi, 480 *et suiv*. Basnage dit qu'il n'y a point dans les Etats protestans de lois pénales contre les hérétiques, établies par le prince. On lui prouve le contraire, par l'exemple de l'Allemagne, de l'Angleterre, de la Suède, de la Hollande et de la Suisse, xv, 393 *et suiv*. Jurieu soutient que les princes n'ont droit d'employer l'épée que contre les malfaiteurs, et non contre les *mal-sentans* ou hérétiques; puis, par une étrange variation, il leur redonne ce droit, xvi, 189. *Voy.* HÉRÉTIQUES.

LOIS SALIQUES, ainsi nommées du nom des Saliens. Ce qu'elles régloient touchant les successions, xxv, 1. Elles furent corrigées par Clovis, en ce qui étoit contraire à la religion chrétienne, et rédigées en un seul corps sous le règne de ses fils, xxv, 5, 6.

LOMBARDS. Ils s'établissent en Italie, et font souffrir aux Romains des maux extrêmes, xxiv, 351. Ils s'emparent de Ravenne et menacent Rome, xxiv, 358. 359. Sont battus par Pepin, roi de France, xxiv, 360. Leur royaume détruit par Charlemagne, *ibid*.

LOMBEZ (concile de) assemblé contre les hérétiques toulousains ou albigeois, xiv, 478. Plusieurs y subissent interrogatoire. Gaucelin, évêque de Lodève, découvre toutes leurs erreurs manichéennes, *ibid.* Ces hérétiques appelés ariens par ce concile, à cause de leurs erreurs sur la Trinité, semblables à celles des anciens manichéens combattus par saint Augustin, xiv, 479.

LONDRES (concile de) contre Viclef. Le ministre la Roque fils lui attribue faussement une confession de foi, où la transsubstantiation est rejetée, xiv, 546. Synode tenu à Londres, où le clergé se déclare pour la suprématie d'Elisabeth, xiv, 415.

LORRAINE (Charles de), cardinal-archevêque de Reims, est employé dans diverses négociations, et occupe avec le duc de Guise les premières dignités de l'Etat. (*Voy.* les règnes de François II et Charles IX.) Il propose une conférence, par laquelle il espéroit ramener les protestans à l'amiable, xxv, 509. Les gens sages désapprouvèrent ce dessein, *ibid.* Il va au concile de Trente avec des desseins dignes d'un si grand prélat, xxv, 540. Son caractère; ce qu'il dit à Trente sur la juridiction des évêques et l'autorité du Pape, xxii, 467 *et suiv.* Ses acclamations à la dernière session du concile de Trente, xxii, 120. Il presse la tenue du colloque de Poissy, xiv, 395, 396. *Voy.* COLLOQUE.

LORRAINE (Henriette de) abbesse de Jouarre. Lettre de Bossuet à cette abbesse, sur l'obligation où elle est de rentrer dans son monastère, xxviii, 316. Sa mort, xxviii, 336. *Voy.* JOUARRE.

LOTHAIRE, roi d'Austrasie, est excommunié par Nicolas I: on ne parle pas de le déposer, xxi, 336 *et suiv.*

LOUANGES. Leur danger, vii, 397; 580. Elles sont le secours de la vertu, ix, 146. La modestie s'oppose à l'amour désordonné des louanges, ix, 147, 574.

LOUIS le Débonnaire, empereur et roi de France, associe son fils Lothaire à l'empire, xxv, 28. Moyen qu'il prend pour entretenir la concorde entre ses enfans, xxv, 29. Poursuivi par Lothaire révolté contre lui, il entre dans un monastère, qu'il quitte bientôt pour remonter sur le trône, *ibid.* Il avait été déposé par ses enfans révoltés : il est faux qu'il ait fallu le consentement du Pape pour le rétablir, xxi, 332 *et suiv.* Il assemble les évêques à Paris, au sujet des saintes images, xxii, 80, 81. Il meurt tandis qu'il est dans la malheureuse occupation de réduire ses enfans révoltés, xx, 29, 30.

LOUIS II, dit le Bègue, empereur. Sa lettre à Basile, empereur d'Orient, où il soutient ses droits à l'empire, xxi, 385 *et suiv.* Il meurt empoisonné après un règne de deux ans, xxv, 33.

LOUIS de Bavière, empereur. Sa querelle avec le pape Jean XXII, xxi, 466, 467 *et suiv.* Il protége les Fratricelles. *Voy.* ce mot.

LOUIS III est nommé et reconnu pour roi par les seigneurs, au détriment du véritable successeur de Louis II, xxv, 35. Il s'oppose aux Normands qu'il met en déroute. Sa mort, xx, 36.

LOUIS IV est appelé au trône par Hugues le Grand. Il tombe au pouvoir des Normands. Sa mort, xxv, 41, 42.

LOUIS V est reconnu roi par les grands de l'Etat, et meurt empoisonné après un règne fort court, xxv, 43, 44.

LOUIS VI, dit le Gros. Ses démêlés avec le roi d'Angleterre. Il soutient ses prétentions par les armes. Jugement sur ce prince. Sa mort, xxv, 50, 51.

LOUIS VII, dit le Jeune, affranchit les communes. Avantages qu'il en espère, xxv, 51. Il prend la résolution d'aller secourir les chrétiens de la Palestine, xxv, 52. Mauvais succès de son entreprise, *ibid*. Il répudie sa femme, *ibid*. Fâcheuses suites de cette répudiation. Ses qualités; sa mort, xxv, 53.

LOUIS VIII, roi de France, fils de Philippe-Auguste, soutient son droit sur l'Angleterre, sans le fonder sur la déposition de Jean-Sans-Terre, par le Pape, xxi, 449 *et note*. Louis VIII ordonne au roi d'Angleterre de quitter le pays qu'il possède en France. Ses conquêtes, ses belles qualités. Sa mort, xxv, 65 *et suiv*.

LOUIS IX (Saint) est mis sous la tutelle de Blanche, sa mère, xxv, 65. Preuve qu'il donne de son courage étant encore enfant, xxv, 66. Son horreur pour le péché. Son attention à maintenir le respect dû à la religion, et à rendre la justice, xxv, 69. Sa grande sagesse, sa douceur, sa fermeté, *ibid*. Il refuse l'offre qui est faite de l'empire à son frère Robert, xxi, 490, 491; xxv, 69. Paroles nobles qu'il prononce à ce sujet, *ibid*. Il reconnoît pour empereur Frédéric II, déposé par le Pape, xxi, 490. Obligé à la guerre, sa valeur inspire de la crainte à ses ennemis, et les réduit à la soumission, xxv, 71. Il fait vœu de porter les armes contre les Sarrasins, *ibid*. Ses premiers efforts sont couronnés des plus heureux succès. Son attention à en attribuer à Dieu toute la gloire, xxv, 72. Il se trouve réduit à la dernière extrémité par les divers fléaux qui affligent son armée, et il est obligé de se constituer prisonnier des Sarrasins, xxv, 74. Sa fermeté et sa résignation dans ses malheurs, *ibid*. Il retourne en France, il allie la pratique des vertus chrétiennes avec les devoirs et les convenances de la royauté, xxv, 77. Son zèle pour la religion, *ibid*. Franchise de sa politique, *ibid*. L'amour de la paix le porte à négocier avec le roi d'Angleterre, xxv, 78. Après avoir pourvu à la tranquillité de ses Etats, il porte la guerre en Afrique, *ibid*. Il recommande à son fils d'honorer l'Eglise, xxi, 85. *Voy*. PRAGMATIQUE. Sa mort, xxv, 78. Tableau des vertus de ce saint roi : préceptes admirables qu'il laisse à ses enfans, xxv, 79 *et suiv*.

Saint Louis est le modèle d'un roi parfait, xxiii, 8, 23. Vaillant, ferme, juste, magnifique, grand dans la paix et dans la guerre, il étoit aussi très-habile dans le gouvernement des affaires, *ibid.*

LOUIS X, dit le Hutin, meurt après deux ans de règne, xxv, 94, 95.

LOUIS XI, n'étant encore que Dauphin, se révolte contre son père, xxv, 179. Il rentre dans le devoir, xxv, 180. Il se retire auprès du duc de Bourgogne, xxv, 190. Commencement de son règne. Il songe à retirer les places cédées par divers traités, xxv, 196. Il excite le mécontentement de ses principaux seigneurs, xxv, 198. Moyens divers qu'il prend pour résister à ses ennemis, *ibid et suiv.* Obligé de consentir à des conditions peu favorables, il profite habilement des circonstances, xxv, 202 *et suiv.* Il est arrêté prisonnier par le duc de Bourgogne, xxv, 204. Il rachète sa liberté par un traité honteux. Declare la guerre à ce prince, xxv, 205 *et suiv.* Il est accusé d'avoir empoisonné son frère. Ses différentes négociations avec ses ennemis, xxv, 209 *et suiv.* Ses inquiétudes, xxv, 214. Il détourne par son adresse les maux qui le menacent, xxv, 215 *et suiv.* Il établit dans son royaume les postes, si utiles au bien public, xxv, 227. Il songe à se rendre maître de tous les Etats de la maison de Bourgogne, xxv, 228. Moyens qu'il emploie à cet effet, xxv, 229 *et suiv.* Il s'occupe d'abréger les formalités dans les procès, et à établir l'uniformité des poids et mesures dans son royaume, xxv, 235. Il donne à son fils de sages conseils, xxv, 236. Il attire auprès de lui saint François de Paule, espérant recouvrer la santé par ses prières, xxv, 239. Peinture de ce monarque et de sa cour, xii, 182 *et suiv.* Sa crainte de la mort, xii, 201. Circonstances intéressantes qui précédèrent sa mort, xxv, 241. Jugement sur ce prince, xxv, 242.

LOUIS XII, n'étant encore que duc d'Orléans, cherche à soulever le peuple contre Charles VII, xxv, 243. Se retire en Bretagne, xxv, 244. Est fait prisonnier, xxv, 247. Obtient le commandement de la flotte dans l'expédition d'Italie. *Voy.* Charles VIII. La mort du Dauphin lui ouvre le chemin du trône, xxv, 271. Parole mémorable de ce prince quand il y fut parvenu, xxv, 276. Il s'occupe du soulagement de ses peuples. Moyens qu'il met en œuvre, *ibid.* Il songe à recouvrer le royaume de Naples par échange avec le duché de Milan, xxv, 279. Obtient le royaume de Naples par échange avec le duché d'Anjou, xxv, 282. Difficultés qu'il éprouve au sujet de l'investiture de ce royaume, avec l'empereur, *ibid.* Différends plus considérables avec le roi d'Espagne, xxv, 283. Il forme une ligue avec les Vénitiens, xxv, 295 Obligé à la guerre contre le Pape, il tente tous les moyens d'y mettre fin, xxv, 302. Il perd en un moment tout ce qu'il avoit possédé en Italie, xxv, 305. Quelques provinces de France sont menacées, xxv, 308. Il se marie dans sa vieillesse, et meurt au milieu des pensées de guerre, xxv, 310. L'amour qu'il avoit pour son peuple lui mérite le nom de Père de la Patrie, de Bon Roi et de Père du Peuple, xxvi, 289, 310.

LOUIS XIV. Son éloge, ix, 37; xii, 462, 512, 595, 624, 704; xxiv, 570; Vœux pour sa prospérité, ix, 38. Sa patience dans une maladie, xii, 632. Ce prince étoit né avec un amour extrême pour la justice, avec une bonté et une douceur qui ne pouvoient être assez estimées, xxvi, 183. Dieu demandoit d'autant plus de lui qu'il travaillât sérieusement à soulager ses peuples, qu'il lui avoit donné toutes les qualités nécessaires pour exécuter un si beau dessein, xxvi, 186. Avis que Bossuet lui donne à ce sujet, xxvi, 184 *et suiv.* Lettre de Bossuet à ce monarque, sur sa séparation d'avec Madame de Montespan, xxvi, 180, 181. Instruction que Bossuet lui adresse sur ses devoirs; les obligations d'un roi réduites à celle d'aimer Dieu, xxvi, 187. En confiant à Bossuet l'éducation du Dauphin, le monarque lui recommanda de l'élever dans la crainte de Dieu, dans la révérence envers le saint Siége, et dans la foi que les rois ses ancêtres ont toujours embrassée, protégée et défendue, xxvi, 255, 257 *et suiv.* Sentimens profonds de religion dont ce prince étoit pénétré, et qu'il inculquoit au Dauphin, xxiv, 99, 100. Dans le haut point de gloire où le mettoit la paix donnée à l'Europe, plus encore que tant de victoires, ce prince étoit plus touché de la religion que de toute la grandeur qui l'environnoit, xxvi, 255, 258. Bref d'Innocent XII à Louis XIV, en lui envoyant le bref qui condamnoit les *Maximes des Saints*, xx, 501, 502 *et suiv.* Il en remercie le souverain Pontife par une lettre de sa propre main, xx, 488, 489 *et suiv.* Il écrit aux métropolitains une lettre circulaire à ce sujet, xx, 490, 493. Après l'acceptation de tous les évêques, il ordonne l'exécution du bref, xx, 510, 511. *Voy.* BOSSUET, DISCOURS. Magnifique éloge de Louis XIV, xxiii, 9, 23.

LOUIS, dauphin, fils de Louis XIV. Soin que ce monarque prit de l'éducation du jeune prince : il veut qu'on le forme de bonne heure au travail et à la vertu, xxiii, 1, 15. Règle de ses études, xxiii, 2, 16. La religion; quelle importance on mit à la lui inculquer; avec quel respect il l'étudioit, xxiii, 3, 17 *et suiv.* La grammaire, les auteurs latins et la géographie, xxiii, 5, 19 *et suiv.* L'histoire, et surtout celle de France, que le prince écrit lui-même, xxiii, 7, 22 *et suiv.* La philosophie, xxiii, 9, 24 *et suiv.* la logique, la rhétorique et la morale, xxiii, 10, 25. Les principes de la jurisprudence, xxiii, 10, 26. La physique, *ibid.* Les mathématiques, xxiii, 11, 27. Ouvrages composés pour recueillir le fruit des études, *ibid et suiv.* Ce prince devoit apprendre, par les exemples du roi, qu'il n'y a rien de plus grand ni de plus loyal, que de servir le Roi des rois, xxvii, 255, 258.

Bossuet voyoit en lui des commencemens de grandes graces, une simplicité, une droiture et un principe de bonté, xxvii, 154. Il se plaint de son inapplication, xxiv, 203. *Voy.* ADÉLAÏDE.

LOUIS, duc d'Orléans, frère de Charles VI; veut gouverner l'Etat; se brouille avec le duc de Bourgogne, xxv, 155. Il fait la guerre en Guyenne, xxv, 156. Il est assassiné, xxv, 157. *Voy.* JEAN dit SANS-PEUR.

LOUIS de Germanie, se ligue avec Charles le Chauve contre Lothaire, xxv, 30. Causes de leur désunion, xxv, 31.

LOUISE DE LA MISÉRICORDE, Madame de la Vallière; c'étoit le nom de religion qu'elle avoit pris en se faisant carmélite. Bossuet prie le maréchal de Bellefonds de remercier Dieu des miséricordes qu'il fait si abondamment à la sœur Louise de la Miséricorde, xxvi, 177. Dans une autre lettre Bossuet dit : Ma sœur Louise de la Miséricorde a enfin achevé son sacrifice; c'est un miracle de la grace, xxvi, 179.

LOUVAIN (la Faculté de). Son respect pour Adrien VI, xxii, 488. Elle ne croit pas qu'on puisse censurer cette proposition : *Le concile est au-dessus du Pape*, xxii, 503. Articles qu'elle dressa par ordre de Charles-Quint, xxii, 517. Les Lovanistes modernes embrassent sur l'autorité du Pape un sentiment outré, xxii, 555 *et suiv.* Emportemens de Luther contre les docteurs de Louvain, xiv, 245, 246, 247.

Lettre du recteur et de l'Université de cette ville, sur les divisions semées dans cette Université, qui devoient nécessairement causer sa ruine, xxvii, 247, 248. Ses théologiens les plus illustres chargés d'accusations vagues, et exclus sous ce prétexte, de leur charge, *ibid.* Requête, qu'ils présentent au roi très-chrétien, et qu'ils prient Bossuet d'appuyer par son crédit, *ibid.*

LOUVOIS (François-Michel le Tellier, marquis de). Son éloge, xii, 580.

LOUYTRE (Etienne), doyen de Nantes, en vertu d'un bref du Pape, suspend l'évêque de Léon de ses fonctions : ce qui s'ensuit, xxii, 448, 449.

LUC de Bruges. Son sentiment sur la divinité de Jésus-Christ, iii, 412.

LUCIFER, évêque de Cagliari, se sépare seul de l'Eglise, par un zèle outré, à cause qu'elle conservoit dans leurs sièges les évêques qui se repentoient de s'être laissé surprendre à Rimini, xvii, 220. Il dit que l'empereur Constance, hérétique, doit être chassé de l'Eglise, et en même temps qu'on doit lui obéir comme empereur, xxi, 213, 280 *et suiv.*

LUCIUS III, Pape, condamne les vaudois, xiv, 497.

LULLI (Jean-Baptiste), musicien. Ses airs ne servent qu'à insinuer les passions les plus décevantes, en les rendant plus agréables et plus vives, xxvii, 3, 22.

LUNE (la), quand le soleil l'éclaire, est la figure de l'ame dans laquelle Dieu répand sa lumière, vii, 482 *et suiv.*

LUPUS (Christianus) ou Wolf, de l'ordre des Augustins, réfute Baronius au sujet de la falsification des actes du sixième concile, xxi, 77. Il maltraite les évêques d'Afrique qui écrivirent au pape saint Célestin, xxii, 393 *et suiv.* Ce que Bossuet pense de cet auteur, xxii, 113, 558.

LUTHER (Martin), moine Augustin, se fait religieux de bonne foi, effrayé d'un coup de tonnerre dont il avoit pensé périr, xiv, 174. Il entre dans l'ordre des Augustins, xiv, 23. Il donne le branle à la nouvelle Réforme, qui le reconnoît pour chef des deux partis : ses bonnes et mauvaises qualités, *ibid.* La jalousie des Augustins contre les Jacobins, qui prêchoient les indulgences, le porte à prêcher contre l'abus des indulgences, et peu à peu contre les indulgences mêmes, xiv, 24. Il attaque la doctrine de l'Eglise sur la justification, par le nouveau dogme de l'imputation de la justice de Jésus-Christ, xiv, 24, 25. Selon lui, on est assuré de sa justification sans l'être de sa pénitence et de sa contrition, et l'on doit croire très-certainement qu'on est absous, quoi qu'il en soit de la contrition, *ibid.* Il faut croire que les péchés sont remis par la foi, sans s'inquiéter si cette foi est telle que Dieu la demande, de peur de faire dépendre la justification d'une chose qui peut être en nous, xiv, 27. Il admet ces deux propositions contradictoires : On est assuré de sa justification : La sécurité est à craindre, xiv, 29, 30. La foi *spéciale* enseignée par la Confession d'Augsbourg, laisse subsister toutes les difficultés, xiv, 119, 120. Luther, en adoptant l'article de cette confession sur la justification, rétracte tout ce qu'il avoit dit sur ce sujet et sur la volonté de Dieu, qu'il fait auteur du péché, xiv, 108. Il détruit le libre arbitre, et fait Dieu auteur du mal comme du bien, xv, 1, 2. *Voy.* LIBRE ARBITRE, PÉCHÉ. Jurieu le convainc de cette erreur, et rapporte ses propres paroles, où il dit que Dieu nous fait nécessairement damnables par sa volonté. Luther établit même ces blasphèmes, qu'il n'a jamais rétractés, comme dogmes capitaux, xv, 241. Jurieu a raison de dire que cette doctrine tend au manichéisme et à la ruine de toute religion, xxi, 255.

Luther cause de grands mouvemens en Allemagne, xxv, 323. Quelle en fut l'occasion, *ibid.* L'allemagne se voit menacée de guerres sanglantes par sa secte, xxv, 324.

Livre de Luther, *de la Captivité de Babylone,* où il éclate contre l'Eglise romaine; ébranle le dogme de la transsubstantiation, et est forcé d'admettre la réalité, xiv, 50, 51. Il croit avec Viclef que le pain demeure, et que le corps est ou *dans*, ou *avec*, ou *sous* le pain, et rejette pourtant l'impanation et l'invination d'Osiandre, *ibid*. La transsubstantiation et la consubstantiation lui paroissent indifférentes. Cependant il condamne la transsubstantiation avec anathème, puis permet de la croire, xiv, 53. Ses démêlés avec Carlostad. Il retient l'élévation de l'hostie *en dépit de Carlostad*, ainsi que la communion sous une seule espèce, xiv, 55 *et suiv*. Luther et Carlostad boivent à la santé l'un de l'autre, en se promettant de se faire bonne guerre, xiv, 59. Il écrit contre les Sacramentaires, se moque de Carlostad, qu'il accuse d'approuver les visions des anabaptistes, et soutient qu'il avoit eu tort d'abattre les images. Il traite Œcolampade avec assez de douceur, et s'emporte par pure jalousie contre Zuingle, qui prétendoit avoir prêché la Réforme avant lui ; d'où il conclut qu'eux ou lui sont ministres de Satan, xiv, 126, 127. Il prouve très-bien la présence réelle contre les zuingliens et autres sacramentaires, et résout solidement les objections. Sa vanité, de croire avoir mieux défendu le sens littéral que tous les papistes ensemble, xiv, 77. Il affoiblit et détruit ses preuves, en rejetant la transsubstantiation, xiv, 80. Il abolit les messes privées, en conséquence d'une conférence qu'il dit avoir eue avec le diable, xiv, 153. Dans l'accord fait avec Bucer, il convient, contre ses propres principes, que la présence de Jésus-Christ dans l'Eucharistie n'est pas durable, quand on la garde dans les tabernacles, ou qu'on la porte en procession, xiv, 161. Il fixe la présence réelle, depuis le *Pater*, qui dans la messe luthérienne, se dit incontinent après la consécration, jusqu'à ce que tout le monde ait communié, xiv, 283. Il avoue l'élévation de l'hostie irrépréhensible, et dit que s'il l'avoit ôtée, c'étoit *en dépit de la papauté*; et que s'il l'avoit retenue si long-temps, c'étoit *en dépit de Carlostad*, xiv, 229. Il varie sur l'adoration de l'Eucharistie, et décide enfin qu'elle est un sacrement adorable, *ibid*. Il soutient toute sa vie la présence réelle, même après avoir ôté l'élévation. Cependant il biaise souvent sur ce sujet, xiv, 225. Par complaisance pour le landgrave qui vouloit engager les Suisses dans la ligue de Smalcalde, il supprime dans la messe l'élévation du saint sacrement, xiv, 218. Sur le reproche qu'on lui fait, qu'il favorisoit par là les sacramentaires, il entre en fureur contre Zuingle et ses disciples, xiv, 219, 220.

Luther condamne la version de l'Ecriture faite par Léon de Juda, zuinglien, et veut qu'on n'en ait point d'autre que celle qu'il avoit faite en allemand, xiv, 219, 220. Il a toujours le diable à la bouche et dans ses écrits. Sa prière, dans laquelle il dit qu'il n'a jamais offensé le diable, le pape et le turc, xiv, 221. Ce qu'il en faut penser, xiii, 356.

Humilité apparente de Luther, qui se soumet au concile et au Pape. Il condamne la séparation des Bohémiens, et demande pardon d'avoir manqué de respect au Pape, xiv, 33. Cité à Rome, il appelle au Pape mieux informé, puis au concile. Il demande au Pape d'imposer silence aux deux partis, mais ne veut se rétracter sur rien, xiv, 35. Il entre en fureur contre le Pape après sa condamnation, le traite d'Antechrist, l'excommunie, et prenant le ton de prophète, défend de faire la guerre au Turc, jusqu'à ce que le nom du Pape soit effacé de dessous le ciel, xiv, 36, 37. Il ne veut comparoître à Rome qu'avec vingt mille hommes de pied et cinq mille chevaux; déclare qu'il approuve tout ce que le Pape condamne dans Jean Hus, et qu'il condamne tout ce qu'il approuve : qu'il n'a pas d'autre rétractation à donner. Il fait brûler les Décrétales à Vitemberg, et dit qu'il seroit bien à propos d'en faire autant au Pape même, xiv, 37, 38. Il est longtemps retenu par l'autorité de l'Eglise, qu'il secoue enfin, xiv, 39.

Luther prétend avoir une mission extraordinaire : en conséquence, quoique simple prêtre, il fait des prêtres et un évêque, xiv, 40. Il reproche à Muncer et aux anabaptistes de prêcher sans mission : leur demande des miracles pour prouver qu'ils en ont une : défend à ses disciples de prêcher sans la mission du pasteur, et donne pour preuve de sa mission son doctorat, ses miracles, qui ne sont autres que le succès de son entreprise et sa hardiesse à attaquer le Pape, xiv, 41 *et suiv.* Enflé de son savoir, quoique médiocre, il se vante d'être au-dessus de tous les Pères, xiv, 46. Il épouse une religieuse, et en est honteux. Son autorité est ébranlée par son mariage, et plus encore par la dispute sacramentaire, xiv, 62, 63. Son affliction de se voir méprisé dans un parti dont il vouloit être le seul chef, xiv, 87. Le mariage ne le rend pas moins emporté. Bon mot d'Erasme sur la manière aigre dont le réformateur répond à son livre *du franc arbitre,* xiv, 64.

Luther promet de détruire, sans armes, le Pape en un moment, xiv, 44, 45. Il s'applaudit de ce que ses prédications excitent des séditions, des violences, et font répandre du sang, xiv, 48, 49. Après avoir dit qu'il détruiroit la papauté sans faire de guerre et sans répandre de sang, il veut qu'on extermine les princes catholiques d'Allemagne, xiv, 90, 91. Il excite la ligue de Smalcalde à prendre les armes. Ses thèses furieuses contre le Pape, qu'il veut qu'on tue comme une bête féroce, ainsi que les rois et les empereurs qui le défendent, xiv, 322, 323. Luther et Calvin également blâmables ; l'un, d'avoir posé de faux principes; l'autre, d'en avoir tiré des conséquences erronées, xiv, 360. Luther prédit la chute prochaine de la papauté. Pour prouver que le Pape est l'Antechrist, il cite des textes de l'Ecriture qui montrent tout le contraire, xiv, 600, 601. Il décide, dans les articles de Smalcalde, que le Pape est l'Antechrist, *ibid*. Son personnage variable dans l'affaire des paysans révoltés. Il finit en disant qu'il faut les exterminer tous, sans même épargner ceux que la violence avoit entraînés dans la sédition, xiv, 59, 60. Il prêche avec ses disciples la révolte dans toute l'Allemagne, et approuve la guerre civile, xv, 554 *et suiv*. Comment Luther étoit auteur des révoltes des paysans et des anabaptistes, xv, 561 *et suiv*. Basnage l'en excuse mal, et défend encore plus mal son livre *de la Liberté chrétienne*, *ibid.*, xv, 565 *et suiv*. Luther permet de massacrer quelques ecclésiastiques, parce qu'il sait par prophétie, que le massacre ne s'étendra pas à tous, et que leur tyrannie tombera par le souffle de Dieu, xv, 566, 567.

Luther et les chefs du parti permettent la polygamie au landgrave de Hesse, xiv, 213, 214. *Voy.* Hesse. Il permet la répudiation dans un sermon scandaleux fait à Vitemberg, xiv, 217, 218. Bouffonneries plates et scandaleuses de Luther, xiv, 47. Sa tyrannie sur les siens, dans les matières de doctrine, étoit insupportables à Calvin, à Melanchthon, et à tous les autres chefs de la Réforme, xiv, 185. Sur la fin de ses jours, il devient plus furieux que jamais, et écrit d'une manière bouffonne et plate contre les docteurs de Louvain et contre les zuingliens. Sa mort, xiv, 232, 233 *et suiv*. Papier écrit à Bucer, publié par le ministre Burnet, dans lequel Luther consent de supporter les zuingliens, xiv, 234, 235.

LUTHÉRIENS. Ils sont honteux des emportemens de Luther, xiv, 54. Tout le corps des luthériens se soumet, dans la Confession d'Augsbourg, à la décision d'un concile général assemblé par le Pape, xiv, 139. Les luthériens de Pologne varient sur la doctrine de la présence réelle dans l'accord de Sandomir avec les zuingliens et les Bohémiens, xiv, 159. Les luthériens refusent de recevoir la Confession de foi de l'assemblée calvinienne de Francfort, malgré les lettres où les calvinistes appeloient Luther et Mélanchthon leurs maîtres, xiv, 586. Ils tiennent pour excommunié tout le parti sacramentaire, xv, 44. Les luthériens et les calvinistes s'accusent réciproquement, et se convainquent de faire Dieu auteur du péché et d'être devenus demi-pélagiens, xv, 255. *Voy.* Pélagianisme. Ils passent d'un excès à l'autre, et Jurieu le leur prouve, xv, 257, 258. Avis donné à Bossuet sur le dessein qu'il avoit de combattre en particulier les luthériens, la manière de le faire, et différens ouvrages propres à ce dessein, xxx, 498. *Voy.* Protestans.

LUXE. Ses excès, ix, 306 *et suiv.*, 560; x, 336. Le luxe et la débauche aveuglent les hommes dans la guerre, et les font périr, xxiv, 184. Le prince doit les bannir de son Etat, xxiv, 200, 201.

LUYNES (Marie-Louise de), religieuse de Jouarre, puis prieure de Torci, Ce que Bossuet pensoit des dispositions de Dieu sur elle, xxvIII, 173. 174. Son éducation et celle de sa sœur à Port-Royal avoient fait mauvaise impression sur Louis XIV, xxvIII, 216, 266. Lettres que Bossuet lui écrit, xxvIII, 317 *et suiv*. Il l'exhorte à accepter la supériorité du monastère de Villarseaux, xxvIII, 378. Sur le désir que Dieu lui donnoit de demeurer dans une vie privée, xxvIII, 379, 380. Elle va à Torci, xxvIII, 387. Bossuet la console de la mort de sa sœur, xxvIII, 399. Il l'engage à rester à Torci, xxvIII, 400. *Voy.* ALBERT.

LYON. Conciles généraux tenus dans cette ville : le premier, où Innocent IV dépose, par sa seule autorité, l'empereur Frédéric II, xxI, 491, 492 *et suiv*.

Le second est convoqué par Grégoire X ; les Grecs y sont reçus. Décret du concile sur l'autorité du Pape, xxII, 90 *et suiv*. Quel en est le sens, xxI, 73. Ce concile a-t-il autorisé les dispenses sans cause ? xxII, 402.

M

MABILLON (Jean), bénédictin. Témoignage de l'affection de Bossuet envers ce religieux, xxvI, 178. Le prélat étoit plein d'estime pour sa vertu, xxvI, 349. Il espéroit, de son amour pour l'étude, de nouvelles découvertes, toujours très-utiles pour confirmer la tradition et l'ancienne doctrine de la mère des Eglises, *ibid*. Lettre de ce religieux au prélat sur le rétablissement de la coupe en Angleterre, xxvI, 350. Il donne à Bossuet des détails tirés des anciens cérémoniaux, sur la communion du Vendredi saint, xxx, 507. Eclaircissemens qu'il lui fournit sur les temps de la persécution dans l'Occident, sous Dioclétien et ses successeurs, xxvI, 442. Le prélat étoit très-aise qu'il fût content des résolutions de l'assemblée du clergé à s'opposer aux nouveautés de toutes les sortes qui s'élevoient contre la science de Dieu, xxvII, 112. Il envoie au prélat les *Annales* de son ordre ; éloges que Bossuet donne à cet ouvrage, xxvII, 292.

MACAIRE, patriarche d'Antioche, s'appuie de l'autorité d'Honorius pour défendre le monothélisme, xxI, 76 ; xxII, 54, 55. Il est déposé, xxII, 117, 118.

MACÉDONIENS. Ces hérétiques sont condamnés au concile de Constantinople, deuxième général, xxIv, 243.

MACHABÉES. Amour de Mathatias, leur père, pour sa patrie, xxIII, 507. Il excite en mourant ses enfans à la servir au péril de leur vie, xxIv, 508. Les guerres que les Machabées entreprirent contre Antiochus et les autres rois de Syrie étoient légitimes et faites par une inspiration particulière, xv, 420, 421 *et suiv*.; xxI, 206 *et suiv*. Ces guerres n'autorisent point les révoltes, xxiv, 22, 23. Courage de Judas Machabée, xxiv, 165 ; et de Jonathas, son frère, xxiv, 166, 167. Leurs expéditions, xxiv, 179. Certitude des miracles faits en faveur des Machabées, xv, 423, 424. *Voy.* Simon.

MAGDEBOURG (les protestans de) soutiennent un siége contre l'empereur Charles V, et établissent, dans un livre, l'empire prétendu souverain des peuples sur leurs princes légitimes, ce qui depuis a été soutenu par Languet et par Jurieu, xv, 537.

MAGDELÈNE, modèle d'une vraie pénitence, ix, 451, 466, 481.

Sur les trois Magdelènes, ou s'il y a trois personnes que l'on confond sous le nom de Marie-Magdelène, xxvi, 114. Bossuet croit qu'il est plus conforme à l'Evangile de distinguer ces trois saintes, xxvi, *ibid.*

MAGES. Etoile qui leur apparoit, vii, 280, 281. Trois choses à y remarquer. xi, 495. Qui sont les mages ? vii, 282. D'où viennent-ils ? vii, 284. Quel fut leur nombre ? vii, 285. Les docteurs de la loi leur indiquent Bethléem, vii, 286 *et suiv.* Les mages adorent l'enfant Jésus, vii, 290. Ils retournent par une autre voie, vii, 293. Les mages adorèrent véritablement l'enfant Jésus, iii, 418 *et suiv.* C'est une tradition constante ; passage de saint Irénée à ce sujet, iii, 446. Preuve théologique, iii, 447. Preuve nouvelle tirée de la règle du concile de Trente, iii, 448, 449 *et suiv.* Passage d'Origène et de saint Grégoire, iii, 517 *et suiv.*

MAGISTRAT. Peinture d'un bon magistrat, xii, 590 *et suiv.* Dans la Réforme, le magistrat se fait pape. Il ordonne de la cène, suspend ou abolit la messe, donne la mission aux pasteurs. Luther la reçoit du prince pour faire la visite ecclésiastique, xiv, 179 *et suiv. Voy.* Prince.

MAHOMET s'érige en prophète parmi les Sarrasins, xxiv, 353. Sa religion fausse et tyrannique, xii, 95. Selon les sociniens, elle est meilleure et plus pure que l'Eglise chrétienne, xv, 237. Jurieu confirme ce blasphème, en disant que les Pères des trois premiers siècles préférèrent le platonisme à la doctrine des apôtres, *ibid.* Tableau de la religion qu'établit Mahomet. Ses succès, xxv, 13.

MAHOMET II s'empare de Constantinople et y établit le siége de son empire, xxv, 189. Il reçoit un échec devant Rhodes, xxv, 233.

MAIMBOURG (Théodore), deux fois apostat de la religion catholique, exhorte le ministre Ferry à s'occuper de la réunion des protestans à l'Eglise catholique, xvii, 323 *et suiv.* Ferry lui répond, xvii, 333, 334. Il l'exhorte une seconde fois à suivre le projet de réunion, xvii, 338.

MAINTENON (Françoise d'Aubigné, marquise de). Ses lettres à Bossuet dans l'affaire du quiétisme, xxix, 255, 371. Le pape Innocent XII questionne l'abbé Bossuet sur la liaison de cette dame avec Fénelon, xxx, 383. Estime que lui portoit ce pontife, xxx, 393. *Voy.* Fénelon.

MAIRES du palais (les) usurpent en France la puissance royale, et finissent par monter sur le trône, xxv, 356 *et suiv.*

MAISONFORT (Madame de). Lettres à Madame de Maisonfort, xxvii, 318. Demandes de Madame de Maisonfort et réponses de Bossuet, xxvii, 318 *et suiv.* Bossuet conseille à Madame de Maisonfort l'humilité et la lecture de ses lettres, xxvii, 353. Elle ne doit pas s'éloigner de Madame de Maintenon, dont il lui rappelle les bontés, xxvii, 371, 379. Il faut se souvenir qu'on s'est dévoué à la volonté de Dieu, xxvii, 380. Le prélat la reçoit dans son diocèse, xxvii, 382. Il l'entretient de son désir d'entrer aux Ursulines, xxvii, 404. Il lui inspire des sentimens de confiance en Dieu, xxvii, 409. Elle doit s'abandonner à la Providence, qui fait tout pour le mieux, xxvii, 408. Ses difficultés sur le quiétisme, et leur solution par Bossuet, xix, 140.

MAJESTÉ. En quoi elle consiste dans les princes, xxiii, 642 *et suiv.* La magnanimité, la magnificence et toutes les grandes vertus lui conviennent, xxiv, 645.

MAJOR (Jean), docteur de Paris, réfute avec Almain le livre de Cajetan, xxi, 740; xxii, 488. Son sentiment sur l'autorité du Pape et du concile, xxii, 523.

MAL. Sa définition; il a besoin d'un certain mélange de bien pour se soutenir. Exemple tiré des duels, ix, 143 *et suiv.* Deux espèces de maux : maux extrêmes, x, 229; maux qui affligent; maux qui plaisent, xi, 280 *et suiv.* Les maux sont une épreuve de Dieu, xxviii, 27. La patience en est le remède, xxviii, 216. Les accepter en pénitence, xxviii, 92. Pourquoi Dieu laisse dans ses serviteurs des désirs imparfaits du mal, ix, 483, 484.

MALACHIE, le dernier des prophètes : ses prédictions, xxiv, 430.

MALADIE. Ses avantages, xxviii, 13. Graces qui y sont attachées, xxvii, 245, 246, 602. *Voy.* Corps.

MALAGULA, dominicain, exclu de la Faculté de Paris pour avoir soutenu l'autorité du Pape sur le temporel, xxi, 145, 146.

MALAVAL (François), quiétiste. Sa témérité et son ignorance, xviii, 410, 412. Excès de son livre, xxviii, 239, 371, 372. Bossuet n'en conseille pas la lecture, xxviii, 142, 144. Il est condamné à Rome, xviii, 701; et par Bossuet, xvii, 365. *Voy.* Mystiques.

MALDONAT (Jean), jésuite. Explication nouvelle qu'il donne des paroles de l'ange à Marie; abus qu'en ont fait les sociniens et Richard Simon, iii, 404. Il la condamne lui-même, iii, 414. Elle n'a été suivie par personne, iii, 415, 416. Maldonat préféré injustement à saint Augustin même par Richard Simon, iv, 154. Rabaissé ensuite par le même, iv, 160 *et suiv.*

MALEBRANCHE (Nicolas), oratorien. Bossuet n'est pas satisfait de son *Traité de la Nature et de la Grace*, xxvi, 279, 321. Il loue sa modestie et ses intentions pures, xxvi, 279, 280. Sa lettre à un disciple de ce Père, xxvi, 395. Plus il est chrétien, plus Bossuet se sent éloigné des idées de Malebranche, xxvi, 396. Galimatias qu'il trouve dans ses explications, *ibid*. Il désire des entrevues avec ce Père, pour voir si on s'entend les uns les autres, xxvi, 397. Inconvéniens terribles pour la religion, qu'il voit naître de ses systèmes, *ibid*. Ses partisans apprennent aux laïques à mépriser la théologie, xxvi, 398. De là se forme un parti contre l'Eglise, qui doit faire trembler toute ame chrétienne, xxvi, 399. Une proposition du Père Malebranche sur la satisfaction de Jésus-Christ donne lieu à une dispute, xxvi, 407. *Voy*. ARNAULD, LAMI.

MALÉDICTION. Pourquoi Jésus-Christ s'est fait malédiction, x, 18, 19. Trois degrés de la malédiction de Dieu contre les pécheurs, *ibid*. Comment la malédiction de Dieu va pénétrant jusqu'au fond de l'ame de son fils, x, 20.

MALEZIEU (François de), chancelier de Dombes. Raisons qu'il allègue pour justifier le prince de Dombes d'avoir permis l'impression du Nouveau Testament de Richard Simon, xxvii, 256. Lettre que Bossuet lui écrit à cette occasion, xxvi, 251, 254.

MALIGNITÉ. Il y a en nous un fonds de malignité qui a gâté notre nature, et qui a mis dans nos cœurs la racine de tous les vices, ix, 323, 324; x, 78.

MANASSÈS, roi de Juda, quoique pénitent, est exclus de la sépulture royale, xxiv, 417. Sa persécution et le sang qu'il répandit dans Jérusalem, prouvent la visibilité de l'Eglise judaïque dans le temps de son plus grand obscurcissement, xvii, 163, 164.

MANDEMENT pour la publication de la Constitution d'Innocent XII, portant condamnation du livre des Maximes des Saints, xx, 472 *et suiv*. *Mandement pour publier la censure de l'assemblée du clergé de* 1700, xxii, 737 *et suiv*.

MANÈS, Perse de nation, avoit pris sa doctrine dans son pays; les manichéens, ses sectateurs, adoroient le soleil, xxvii, 228.

MANICHÉENS. Ils admettent deux premiers principes, l'un du bien, l'autre du mal : condamnent l'Ancien Testament, nient l'Incarnation, et soutiennent une infinité d'erreurs monstrueuses qu'ils tâchent d'autoriser par les pratiques de l'Eglise, xiv, 462. Cette secte avoit l'esprit de séduction, beaucoup d'hypocrisie, et une adresse inconcevable à se cacher sous la profession de la foi catholique, xiv, 463, 464. Lois rigoureuses des empereurs contre eux, xxi, 480. Malgré ces lois, qui les condamnoient au dernier supplice, ils se maintiennent surtout en Arménie par un nommé Paul, ce qui leur fait donner le nom de Pauliciens. Ils prennent les armes et font longtemps la guerre. Pierre de Sicile en fait l'histoire, et marque, ainsi que Cédrénus, leur aversion pour la croix, la sainte Vierge et l'Eucharistie. Ceux dont parlent ces deux historiens, traitent d'idolâtrie le culte des saints, comme les anciens manichéens réfutés par saint Augustin, xiv, 465, 466. Ceux d'Orléans attaquent avant Bérenger la présence réelle, xiv, 142. Ils s'étendent en Bulgarie, d'où ils prennent le nom de Bulgares et se répandent en Europe. On les découvre à Orléans sous le roi Robert, qui les condamne au feu. La même hérésie se trouve en Gascogne et à Toulouse, xiv, 467. Ceux d'Italie, nommés Catares ou Purs, sont l'origine de ceux de France, et venoient eux-mêmes de Bulgarie, xiv, 469. On tient contre eux des conciles à Tours et à Toulouse. On leur trouve les mêmes caractères qu'à ceux que saint Augustin a réfutés. Ils pénètrent jusqu'au fond de l'Allemagne, sont interrogés juridiquement et convaincus, xiv, 471 *et suiv.* Leurs variations sur le mariage, leur soin de se cacher, leurs équivoques, xiv, 473, 474. On en trouve autour de Soissons et à Agen, xiv, 480. Trente se réfugient en Angleterre. On les appelle Poplicains ou Publicains. On tient contre eux un concile à Oxford, où on les convainc, xiv, 481. Leurs différens noms, xiv, 488. Leurs églises nombreuses contiennent des provinces entières, xiv, 533. Saint Paul prédit pour les derniers temps les sectes manichéennes, dont il appelle la doctrine une doctrine de démons, xiv, 567. Pourquoi, de toutes les hérésies, le Saint-Esprit n'a prédit que le manichéisme, xiv, 568.

Erreurs des manichéens sur le culte dû à Dieu, xiii, 124 *et suiv. Voy.* IDOLATRIE. Leurs erreurs, et celles des Marcionites, sur la nature des démons, ix, 7, 8 *et suiv.* Sur la personne de Jésus-Christ, xii, 354.

MANNE. Elle figuroit Jésus-Christ, viii, 402, 403.

MAOZIM (le dieu), dont parle Daniel, est, selon les calvinistes, l'Eucharistie que les catholiques adorent. L'époque de cette prétendue idolâtrie est la même que celle de la messe, xiv, 606.

MARCA (Pierre de), archevêque de Paris. Jugement de Bossuet sur ce prélat, xxi, 24, 25. Il croit les appels au concile contraires à l'ancienne discipline, xxii, 320. Selon lui, la supériorité des conciles ne fait point partie de nos libertés, xxii. 321 *et suiv.* Ce qu'il dit des dispenses sans cause, xxii, 326. Sa critique sur quelques mots du décret d'union du concile de Florence, xxi, 697.

MARC-AURÈLE, empereur. Sa valeur, xxiv, 330. Touché du miracle de la légion foudroyante, il écrit au sénat en faveur des chrétiens, qu'il persécute ensuite, xxiv, 332.

MARCEL (S.), centurion chrétien, ne quitte le baudrier que parce qu'on exigeoit qu'il participât à l'idolâtrie, xxi, 272.

MARCELLIN. *Voy.* Sinuesse.

MARCIEN, empereur, convoque le concile de Chalcédoine, xxii, 34 *et suiv.* Il en reçoit les décisions avec le même respect que Constantin avoit témoigné pour la foi de Nicée, xxiv, 347.

MARCION, hérétique. En quoi il trouvoit inconséquent le Dieu de Moïse, xii, 208 *et suiv. Voy.* Manichéens.

MARCULPHE, moine français. Ses formules, xxi, 304.

MARIAGE. Jésus-Christ le réduit à sa forme primitive, xxiv, 389. Son indissolubilité, xxii, 707. Sa sainteté, xxvii, 537. Trois liens dans le mariage, xii, 208.

Le mariage, signe de l'union de Jésus-Christ avec son Eglise, est un véritable sacrement, xiii, 73. Instruction sur ce sacrement, v, 136 *et suiv.* Doctrine de l'Eglise sur le mariage chrétien, xv, 585 *et suiv.* Les mariages, selon Jurieu, peuvent être dissous dans plusieurs cas, inconnus à tout le christianisme avant la Réforme. L'Eglise ne permet les secondes noces qu'après la preuve constante de la mort d'une des parties, xv, 370, 371. Jurieu et toute la Réforme permettent, contre l'Evangile, de rompre des mariages, et de se remarier du vivant d'une des parties. Arrêt sur ce sujet de la cour de Hollande; pratique de l'Eglise de Genève, et lois de celle d'Angleterre sous Cranmer, xvi, 183 *et suiv.* Mariage des prêtres et des moines dans la Réforme; celui de Luther, xiv, 60, 61.

Toute la fidélité du mariage de Marie et de Joseph consistoit à garder la virginité, xii, 115, 116. Soin que le prince doit prendre des mariages pour le bien de son état, xxiv, 200, 201.

Ce que pensoit Bossuet de ceux entre oncle et nièce et entre cousins-germains, xxvi, 499. Lettre de M. de Noailles sur le même sujet, xxvi, 500. Ce que c'est que les mariages de théâtre, xxvii, 8, 9, 29.

MARIE. Sa prééminence sur tous les ordres des bienheureux, xi, 7, 8. De combien de lois générales elle a été exceptée, *ibid.* Quoique soumise à la corruption commune, elle en a été préservée, xi, 9, 22, 23, 25. Elle a été conçue sans péché : le concile de Trente n'a pas cru déroger à une règle universelle, en laissant à Dieu le pouvoir d'en excepter sa sainte Mère, xxvii, 265. Elle étoit mère du Fils de Dieu dès sa conception, xi, 12. Il l'aimoit comme sa mère, dès avant qu'il fût homme, xi, 13, 36, 37, 38. Elle est saluée par l'ange dans l'Annonciation, vii, 198. Elle conçoit et enfante le Messie, vii, 200. Sa virginité, vii, 201, 202, 262 *et suiv.* Son obéissance, vii, 204, 205. Ses autres vertus, vii, 205, 206. Quelle est la foi de l'Eglise sur la manière dont elle a conçu, ix, 528. Sa visite à sainte Elisabeth, vii, 227 *et suiv.* Sa paix dans le mystère de la Visitation, xi, 195, 196.

Cause de son exultation, xi, 229, 230. Son silence d'admiration à la crèche, vii, 276. Dans le temple, vii, 308, 309. Sa purification, vii, 297. Son obéissance et son esprit de sacrifice dans ce mystère, xi, 259. On lui annonce qu'un glaive de douleur percera son ame, vii, 321. Sa vie d'oraison, vii, 343. Son amour pour la pénitence et la vie cachée, xi, 384 *et suiv*. Grandeur de l'affliction de Marie au pied de la croix, ix, 500; x, 22, 23; xi, 358. Dessein de la Providence en l'associant à tout le mystère de la croix, ix, 500, 501. Pourquoi Marie s'approche de la croix, ix, 501. Sa tendresse pour son fils, ix, 528. Impétuosité de son amour pour lui, xi, 310, 344. C'est la cause de sa mort, xi, 311, 334. Ce qui porte à croire que Marie a dû recevoir l'immortalité par une résurrection anticipée, xi, 315 *et suiv*.

Pourquoi Marie a été déclarée mère de Dieu, contre Nestorius, ix, 536. En quelle manière elle a été associée à la génération éternelle du Verbe, ix, 537; xi, 353. Elle est laissée au monde après Jésus-Christ pour consoler l'Eglise, xi, 329. Son étroite alliance avec Jésus-Christ, principe des graces dont elle est remplie, xi, 75. Sa charité féconde instrument général des opérations de la grace, xi, 48. Ses perfections, xi, 75. Attributs qui lui sont donnés, xxviii, 62. Elle est donnée à tous les hommes en la personne du bien-aimé disciple, ix, 526. Comment elle nous a été donnée pour mère, xi, 271, 348. Puissance de son intercession, ix, 537. Vrais enfans de Marie, xi, 361. Elle est le modèle des personnes de son sexe, xi, 54. Elle doit être notre modèle dans les afflictions, xxviii, 463. A son exemple nous devons désirer Jésus-Christ, xi, 312. Fondement de la dévotion envers Marie, xi, 42 *et suiv*. Quand les anciens Pères nous enseignent que Marie est associée singulièrement au grand ouvrage du Fils de Dieu, ils ne ravissent pas pour cela la gloire du Sauveur, xxvi, 365.

Marie, seule de toutes les créatures, mue de Dieu dans tous les momens de sa vie, xviii, 533. Sa qualité de mère de Dieu est trop foiblement soutenue par l'abbé Dupin, xx, 584, 585 *et suiv*.

Le Cantique de Marie réunit la simplicité et la dignité, i, 403. Beautés de cet admirable Cantique, xi, 134, 229. Son explication, i, 403; vii, 242 *et suiv*. Silence admirable de Marie : impossibilité de la louer dignement, i, 403, 404, 405. Beaucoup de passages du *Cantique des Cantiques* lui sont applicables à la lettre, i, 608.

Instruction familière sur la Conception de Marie, v, 182; sur sa Nativité, 184; sur l'Annonciation, 185; sur sa Visitation, 187; sur sa purification, 187, 188; sur son Assomption, 190; sur sa présentation, 191. *Voy*. Dévotion, Nativité.

MARIE, sœur de Marthe et de Lazare, aux pieds de Jésus à Béthanie, xxvi, 73. La même amante se plaint au Sauveur de la mort de son frère, XXVI, 75. La même amante répand ses parfums sur la tête et sur les pieds de Jésus, XXVI, 77.

MARIE-MAGDELEINE, de qui Jésus avoit chassé sept démons, accompagne la sainte Vierge jusqu'à la croix, avec Marie, sœur de sa mère et femme de Cléophas, XXVI, 82. La même amante cherche Jésus dans son tombeau, voit deux anges et ensuite le voit lui-même, XXVI, 84.

MARIE, reine d'Angleterre, rétablit la religion catholique, XIV, 30. Elle fait arrêter Cranmer. *Voy.* CRANMER.

MARIE-STUART, reine d'Ecosse, s'attire la haine de ses sujets, XXV, 564. Elle est réduite à l'extrémité, XXV, 583.

MARIE d'Agréda, religieuse espagnole. Remarques de Bossuet sur son livre de *la mystique Cité de Dieu,* XX, 620 *et suiv.* La Sorbonne nomme des commissaires pour examiner ce livre, et on travaille à la censure, XXVIII, 675 *et suiv.*; XXIX, 6, 8, 10, 11, 12, 15, 16, 28, 30. Décret de l'Inquisition de Rome contre cet ouvrage, XXVIII, 675 *note*.

MARIE de l'Incarnation, Ursuline, se sert des suppositions impossibles pour prouver l'excès de son amour, XVIII, 584. Les mystiques voudroient en vain s'en autoriser, XIX, 198.

MARIE-THÉRÈSE d'Autriche, femme de Louis XIV. Notice sur sa vie. Son oraison funèbre, XII, 504, 505 *et suiv.* Combien sa vie étoit pure et sainte, XII, 507 *et suiv.* Ses vertus au milieu des grandeurs du monde, XII, 517. Son humilité sur le trône, XII, 519, 520. Haine qu'elle portoit au péché, XII, 521, 522. Son amour pour les pauvres, XII, 525, 526; pour la sainte Eucharistie, XII, 528. Comparaison de Marie-Thérèse avec Anne d'Autriche, XII, 529, 530. *Voy.* DISCOURS.

MARIN, pape, n'étoit point évêque quand il fut élu : son exemple n'autorise pas les translations, XXII, 364.

MARIUS, consul, bat les Teutons et les autres peuples du Nord, XXIV, 321, 322. Il réveille la jalousie du peuple, et s'élève par là aux plus grands honneurs, XXIV, 545.

MARPOURG (conférence de). Les luthériens et les sacramentaires y protestent contre le décret de Spire et prennent le nom de protestans. Ils s'accordent en apparence sur toutes les questions, excepté sur celle de l'Eucharistie. Luther refuse de traiter de frères les sacramentaires, et leur promet seulement la charité qu'on doit aux ennemis, XIV, 91 *et suiv.*

MARTÈNE (Edme) Bénédictin, envoie à Bossuet son livre de *Rits ecclésiastiques,* XXVII, 91. Le prélat en loue le dessein, et juge par le peu qu'il en avoit lu, que l'exécution n'en étoit pas moins heureuse, *ibid.*

MARTIN I (S.), Pape, condamne le monothélisme; est enlevé de Rome, et meurt en exil, XXI, 306; XXII, 57 *et suiv.*; XXIV, 354. Il écrit aux évêques des Gaules pour les prier de confirmer les décrets de son concile, xxii, 107.

MARTIN V, étant cardinal, signe avec les autres une déclaration que le Pape est soumis au concile, xxi, 612, 613. Il adhère aux premières sessions du concile de Constance, xxi, 51. En exécution des décrets de Constance, il convoque un concile, d'abord à Pavie, puis à Bâle, xxi, 598, 599. Il éteint les restes du schisme, xxi, 616 *et suiv.* A-t-il donné une Bulle qui défend d'appeler au concile? xxii, 326, 327. *Voyez* MUGNOS.

MARTYR. Signification de ce mot, xii, 328. Force de la grace dans les martyrs, xii, 310. Au milieu des tourmens ils déclarent qu'ils respectent les Empereurs, et leur doivent l'obéissance, xv, 391. Cette vérité est confirmée par les maximes et la pratique de l'Eglise persécutée, xv, 403 *et suiv.* Le martyre est un baptême, xii, 631.

MARTYR (Pierre), Moine marié appelé en Angleterre sous Edouard VI, dresse trois articles conformes à la doctrine zuinglienne contre la transsubstantiation, etc., xiv, 301. *Voy.* RÉFORMATION ANGLICANE. Il vouloit dans le colloque de Poissy, qu'on s'expliquât nettement, et déclaroit qu'il n'entendoit pas le mot de *substance* employé par les calvinistes, xiv, 401.

MASSON (Innocent le), prieur de la Grande-Chartreuse, loue les écrits de Bossuet sur le Quiétisme : combien cette erreur lui paroissoit pernicieuse, xxix, 393.

MASSOULIÉ (Antonin), dominicain, un des examinateurs du livre des *Maximes* à Rome, fait demander des instructions à Bossuet, xxix, 161. Compose un ouvrage contre les Quiétistes, xxix, 188 *et note.* Il écrit à ce prélat une lettre de félicitation sur les écrits qu'il avoit publiés dans cette affaire, xxx, 423.

MATIÈRE. De son essence, xviii, 155.

MAUDUIT (Michel), oratorien. Bossuet goûte sa traduction de Psaumes en vers, xxvi, 458, et approuve son *Analyse* sur le Nouveau Testament, xxvi, 459. Ce Père adresse au prélat un ouvrage qu'il avoit composé sur le Quiétisme ; sa modestie, xxx, 93 *et suiv.*

MAURES. Ils s'emparent de l'Espagne, xxiv, 356. Charles-Martel les défait, xxiv, 357. Les Maures sont chassés d'Espagne, xxv, 230.

MAURICE, empereur d'Orient ; ses victoires récompensées de l'Empire, xxiv, 351. Sa piété et sa mort cruelle, xxiv, 353.

MAURICE, prince d'Orange, soutient en Hollande les Gomaristes contre les Arminiens, xv, 9.

MAXENCE (Jean) réfute avec trop de chaleur la lettre du pape Hormisdas à Possessor, et justifie la proposition des moines de Scythie, xxii, 194, 195.

MAXIME (S.), abbé, son zèle et ses souffrances, xxiv, 354. Il obéit aux empereurs monothélites et meurt martyr, xxi, 306 *et note*.

MAXIME, tyran, prend les armes contre l'empereur Valentinien II, qui persécutoit les catholiques. Saint Ambroise et les catholiques continuent à obéir à Valentinien, xxi, 288 *et suiv*. Maxime s'empare de Rome, et rétablit le paganisme, xxiv, 343. Défait par Théodose, il est tué par ses soldats, *ibid*.

Un autre Maxime fait tuer Valentinien III, monte sur le trône, et contraint l'impératrice Eudoxe à l'épouser ; le peuple le déchire, xxiv, 348.

MAXIMES DES SAINTS (Explication des). Voy. FÉNELON.

MAXIMES *et Réflexions sur la Comédie*, xxvii, 20. Voy. COMÉDIE.

MAXIMIEN est fait empereur par Dioclétien, xxiv, 336. Son inconstance et sa persécution, ii, 476. Les caractères de la bête et du septième roi de l'Apocalypse lui conviennent bien, ii, 525 *et suiv*. Sa haine contre le christianisme, iii, 290, 291 *et suiv*. Galérius le force d'abdiquer, xxiv, 337. Il reprend la pourpre, xxiv, 338. Chassé de Rome par son fils, il veut tuer Constantin qui l'avoit reçu dans les Gaules, xxiv, 339. Il se donne la mort, *ibid*.

MAXIMILIEN I, empereur d'Allemagne, avoit épousé, avant d'être empereur, Marie de Bourgogne, héritière des états de Charles le Téméraire, xxv, 235. Il entre en France avec une grande armée et assiége Térouanne, où il perd considérablement de monde et ne peut achever le siège, xxv, 234. Il perd tout son crédit dans les Pays-Bas après la mort de sa femme, xxv, 236. Il est fait roi des Romains, xxv, 246. Il convoque une diète à Constance, où il éclate en paroles fulminantes contre Louis XII, roi de France, xxv, 293.

MAZARIN (Jules), cardinal. Son éloge, ix, 37; xii, 587.

MEAUX. Cérémonie pratiquée dans cette église le jour de Pâques, x, 198.

MÉCHANS. Ils sont en grand crédit sur la terre, tandis que les sages sont dans la bassesse, viii, 320. Plus on est méchant, plus on est malheureux ; le méchant qui réussit, devient plus méchant, par conséquent plus misérable, xxvi, 35.

MÈDE (Joseph), prophète, avant et comme Jurieu, trouve dans l'*Apocalypse* la ruine prochaine du règne papal, xiv, 620, 621, 622.

MÈDES. Ils se révoltent contre les Assyriens, xxiv, 280, 288. L'Ecriture unit toujours leur monarchie avec celle des Perses, xxiv, 290. Ils détruisent, sous la conduite de Cyrus, le second empire des Assyriens, xxiv, 600.

MÉDIATION de Jésus-Christ nécessaire, même après la justification, xiv, 117. Cette médiation, non comprise par Jurieu, bien entendue par le ministre Daillé, et parfaitement expliquée par saint Grégoire de

Nazianze et par les autres Pères, xv, 348 *et suiv.* La médiation des saints, combien différente de celle que les Platoniciens attribuoient aux démons, xv, 359. *Voy.* Jésus-Christ.

MÉDICIS (Catherine de), reine de France, croit devoir ménager les protestans, et tâche de se concilier leur affection, xxv, 492. La mort du roi François II, et les besoins de s'assurer la régence, la portent à favoriser les Guises, xxv, 500 *et suiv.* Régente du royaume sous Charles IX, elle tâche, dans la crainte de perdre son autorité, de se lier avec le prince de Condé, xiv, 433. Elle flotte de nouveau, selon les circonstances, entre les deux partis, xxv, 510. Reproches que sa conduite lui attire, xxv, 513. Embarras qu'elle éprouve, xxv, 519. Elle entre de bonne foi dans les desseins des Guises contre les huguenots, xxv, 530. Trois projets qu'elle médite, xxv, 547. Elle propose le massacre de la Saint-Barthélemi, et met fin aux irrésolutions de son fils, xxv, 619. Elle est accusée de l'avoir empoisonné, xxv, 637. Elle s'assure de la personne de ses principaux ennemis, xxv, 643.

MÉDISANCE. Sa définition, ix, 352 *et suiv.* Elle naît de la haine et de l'orgueil, ix, 353, 354. Effets de la médisance, ix, 355. Son remède, ix, 352. Procédés de la médisance, x, 601. Le silence du prince lui donne de l'empire, xii, 465. Il doit la réprimer, xxiii, 558, 559, 623.

MÉDITATIONS sur l'Evangile, vi entier. — *Méditation pour le temps du Jubilé,* v, 355 *et suiv.*

MÉLANCHTHON (Philippe), jeune professeur en grec, plus versé dans les belles lettres que dans la théologie, épris de la nouveauté et de la trompeuse apparence de la justice imputative, s'attache à Luther, xiv, 174, 175. Il parle de Luther comme d'un prophète, dans une lettre à Erasme, et excuse de son mieux son mariage avec une religieuse. xiv, 45, 61 *et suiv.* Il enseigne, après Luther, que Dieu n'est pas moins cause de la trahison de Judas que de la conversion de saint Paul, xiv, 65. Luther même le convainc de faire Dieu auteur du péché, et d'avoir dit que l'adultère de David et la trahison de Judas ne sont pas moins l'œuvre de Dieu que la conversion de saint Paul, xv, 240. Les divisions des protestans dans la dispute sacramentaire lui font craindre que la religion ne périsse, xiv, 87. Il compatit à l'affliction de Luther sur la diminution de son autorité, *ibid.* Il est auteur de la Confession d'Ausgbourg, où il se rapproche le plus qu'il peut des dogmes catholiques. Luther et d'autres l'empêchent d'adoucir beaucoup d'articles; et l'obligent de *changer souvent et d'accommoder à l'occasion sa propre confession,* xiv, 140. L'*Apologie* de cette Confession est aussi son ouvrage, xiv, 95. Il est troublé des projets de guerre formés par les protestans, xiv, 143. Il commence à douter de la présence réelle, lorsque Bucer et les sacramentaires s'en rapprochent, xiv, 165. La dispute du temps de Ratramne : Si le corps de Jésus-Christ dans l'Eucharistie est le même que dans les entrailles de la Vierge, le jette dans un grand embarras, xiv, 167.

Le caractère doux et modéré de Mélanchthon ne s'accorde pas avec le caractère emporté de Luther. L'arrogance de ce maître, les sectes impies qui s'élevoient sous le nom de Réformation, les guerres civiles et la querelle sacramentaire le jettent dans le trouble et dans l'affliction, et lui font reconnoître que les succès de Luther avoient leur source dans l'esprit d'indépendance; qu'en abolissant l'autorité des évêques, on établissoit une tyrannie plus dure, dont Luther étoit le chef, xiv, 176, 177. Il déplore les excès du parti, où le peuple décidoit à table des points de la religion, et songe à s'enfuir pour éviter la tyrannie de Luther : la crainte qu'il en a, et de ceux qui dominoient dans le parti, lui fait passer sa vie, sans jamais oser s'expliquer tout à fait sur la doctrine, xiv, 181, 186, 187. Après la mort de Luther, Illyric et d'autres se font tyrans des églises luthériennes, sans que Mélanchthon ose rien dire. Il cherche toute sa vie sa religion, xiv, 188, 189. Quarante ans après la mort de Luther, il cherche encore beaucoup d'articles de sa religion, et demande, malgré les nombreuses confessions de foi, une nouvelle formule pour la Cène, xiv, 191, 192. Ses incertitudes venoient de la constitution même de la Réforme, où nulle autorité ne pouvoit décider les questions. Il pensoit, avec beaucoup d'autres réformés, que l'autorité du Pape et des évêques étoit nécessaire à la police de l'Eglise et au maintien des dogmes, xiv, 192, 193 *et suiv.* Il étoit d'avis dans l'assemblée de Smalcalde, qu'on reconnût le concile convoqué par le Pape, xiv, 196. Il s'oppose vigoureusement à l'article dressé par Luther, où le Pape est déclaré l'Antechrist, et soutient que sa supériorité est un grand bien pour l'Eglise, xiv, 172, 173, 601. Il croit l'autorité du Pape de droit humain, et répète cent fois qu'il se soumet à l'Eglise, c'est-à-dire *aux gens de bien et aux gens doctes*, xiv, 198. On a pourtant lieu de présumer qu'il auroit reconnu l'autorité du Pape, telle que le concile de Trente l'a décidée, xv, 161.

Mélanchthon ne peut se déprendre du dogme de la justice imputative, quoiqu'il eût posé pour principe qu'on devoit suivre la doctrine des Pères, où ce dogme ne se trouve pas, xiv, 198, 199. Il pense que l'article de la justification est facile à concilier avec la doctrine de l'Eglise catholique, xv, 155. Il ne peut pourtant ni se contenter sur l'opinion de la justice imputative, ni se résoudre à la quitter. Il reconnoît une autorité légitime dans les évêques, et ne s'y soumet pas. Il prévoit les suites horribles du renversement de l'autorité de l'Eglise, xiv, 200 *et suiv.* Il connoît les promesses faites à l'Eglise, et ne s'y fie pas, xiv, 203. Les princes et les docteurs luthériens lui sont également insupportables, parce qu'ils s'occupoient plus de ligues que de religion, xiv, 205. Sa crédulité étoit telle, que le débordement du Tibre, l'enfantement d'une mule, et autres événemens semblables, lui font pronostiquer que la papauté va tomber. Il donne dans toutes les visions des astrologues, xiv, 205, 206. Il dissimule et biaise sur la présence réelle, et décide enfin que le corps n'est présent que dans celui qui reçoit l'Eucharistie, et non *avec, dans* ou *sous* les espèces, xiv, 228. Il dresse une nouvelle Confession de foi, appelée Saxonique. *Voy.* Confessions de foi. Il enseigne le demi-pélagianisme, xiv, 335. La doctrine de l'ubiquité le fait tourner vers les sacramentaires ; mais il ne peut s'accorder avec Calvin sur la prédestination et sur l'Eucharistie, xiv, 341. Il n'ose s'expliquer clairement, de peur d'augmenter les disputes parmi les protestans. Les ubiquitaires songent à se défaire de lui. Il ne trouve nulle part ni la paix ni la vérité, et meurt au milieu des incertitudes, xiv, 342 *et suiv*. Son mépris pour Viclef, xiv, 546.

Mélanchthon est invité par François Ier à une conférence avec les docteurs de Paris : interrogations que devoient faire ces docteurs sur la puissance ecclésiastique, xxi, 741.

MÉLANDER (Denys) pasteur et prédicateur du landgrave de Hesse, approuve, conjointement avec Luther, Mélanchthon et Bucer, le second mariage de ce prince, xv, 573.

MÉLANGE des bons et des méchans, xxvii, 308. Leur séparation se fait dans le siècle par les hérésies ; la dernière se fera à la fin des siècles, *ibid*.

MÉLANIE (sainte) quitte Rome par un secret pressentiment de sa ruine prochaine, ii, 311. Peinture de sa douleur après la désolation de sa famille, ix, 519.

MELCHIADE (S.), pape, juge l'affaire des donatistes, xxii, 180, 181.

MELCHISÉDECH. Il figuroit Jésus-Christ, x, 266. De quoi son sacrifice étoit la figure, vii, 152.

MELCHITES ou royalistes, nom que les eutychiens donnoient aux orthodoxes, parce qu'ils étoient protégés par les empereurs. Jurieu, par une ignorance grossière, en fait une secte, xv, 280.

MÉMOIRE. Ses diverses espèces, xxiii, 60.

Mémoire sur la *Bibliothèque ecclésiastique* de M. Dupin, xx, 514 *et suiv*.

Mémoires et lettres sur *l'impression des ouvrages de doctrine composés par les évêques*, xxxi, 60 *et suiv*.

MENNAS, patriarche de Constantinople, explique les droits du saint Siége, xxii, 419, 420.

MENSONGE. Censure de l'assemblée de 1700 sur certaines propositions relatives à ce péché, xxii, 756 *et suiv*.

MER Rouge. Ce que représentoit son passage, vii, 164. Cantique de

Moïse après le passage de la mer Rouge, *ibid*. En sortant de la mer Rouge, le peuple entra dans un désert affreux, vii, 165.

MERCI (François de), général allemand. Son éloge, xii, 616.

MÈRES. Affection que la nature leur inspire pour leurs enfans, ix, 504 et *suiv*.; xi, 75, *note*, 359.

MÉRITE. Quel en est le principe, xxviii, 244.

Doctrine de l'Eglise catholique sur le mérite des œuvres, xvii, 308, 501, 502, 551; xviii, 12. Propositions d'un protestant à ce sujet, xvii, 419, 448, 477, 478. Des mérites *ex condigno*, xvii, 504, 505; xviii, 15. Selon la Confession d'Augsbourg, les bonnes œuvres méritent des récompenses en cette vie et en l'autre, mais non la vie éternelle; ce qui est inintelligible. Quelle est la doctrine catholique. Les protestans ont ôté, dans le livre de la *Concorde*, les passages de la Confession d'Augsbourg qui autorisoient le mérite des œuvres, xiv, 112; xv, 8. *Voy*. ŒUVRES.

Les mérites des saints sont, de l'aveu des ministres, reconnus par l'Eglise catholique comme infiniment différens de ceux de Jésus-Christ, xv, 417.

MESSE. C'est un sacrifice, vi, 443. Simplicité et grandeur de ce sacrifice, vi, 447 *et suiv*. La victime, c'est l'Agneau qui est devant le trône de Dieu, vi, 258. Le Dieu mort sur la croix, vi, 449. La messe est la continuation de la Cène, vi, 457. Doctrine de l'Eglise sur le sacrifice de la messe, xiii, 87; xvii, 309. La messe n'anéantit pas le sacrifice de la croix, xiii, 89. L'Epître aux Hébreux ne prouve rien contre la croyance des catholiques, xiii, 89, 90 *et suiv*. Nouvelle explication de la doctrine de l'Eglise, xvii, 313, 341 *et suiv*. Aveu remarquable d'un protestant, xvii, 400, 404 *et suiv*., 439, 440 *et suiv*., 514, 666. Doctrine offerte aux protestans pour le projet de réunion, xviii, 25.

Explication de quelques difficultés sur les prières de la messe, à un nouveau catholique, xvii, 1. D'où vient et que signifie le mot de *messe*, xvii, 8. En combien de parties se divise la messe, xvii, 8. Oblation du pain et du vin, et prière de la liturgie latine, *ibid*. Prière de la liturgie grecque, xvii, 8. Pourquoi le saint sacrifice étoit appelé holocauste, xvii, 10. La vraie matière de l'oblation fut toujours le corps et le sang de Notre-Seigneur présent sur l'autel, xvii, 11, 12. C'est ce qu'explique clairement la liturgie, xvii, 12, 17. Le sacrifice de la messe est vraiment propitiatoire, xvii, 19. C'est un véritable sacrifice, xvii, 29. Le même que celui de la croix, xvii, 30. Simplicité de nos oblations; passage de Malachie et de saint Paul, xvii, 37. L'Eglise s'offre elle-même dans le sacrifice, xvii, 54, 55. Comment on demande à Dieu d'avoir notre oblation pour agréable, xvii, 56. Pourquoi on y emploie le ministère des anges, xvii, 57, 58.

Et l'intercession des saints, xvii, 61. Ce que c'est qu'offrir le sacrifice à l'honneur des saints, xvii, 63.

Manière de servir la messe, v, 18, 19 *et suiv.*, 212, 213 *et suiv.* Explication sur le saint sacrifice, v, 127, 210. De la messe paroissiale, v, 143, 144, 145. Manière de bien entendre la messe, v, 216, 217; vii, 526; xxviii, 96. A quel âge les enfans sont-ils obligés de l'entendre, xxviii, 172, 173. Pèche-t-on si on l'entend en péché mortel, xxviii, 401, 402.

La messe a toujours été comme un signe et un caractère de distinction entre le huguenot et le catholique : pourquoi, xxvii, 148. Elle est à l'égard des pécheurs pour lesquels on l'offre, une sorte de prière dans laquelle Jésus-Christ immolé s'offre à son Père et intercède pour eux, xxvii, 159.

La Confession d'Augsbourg conserve dans la messe presque toutes les cérémonies extérieures. Elle ne parle point de l'oblation, que Luther avoit supprimée, quoiqu'elle soit dans toutes les liturgies, xiv, 129, 130. Elle impute aux catholiques de croire que Jésus-Christ ayant satisfait par sa passion pour le péché originel, avoit institué la messe pour les péchés journaliers, mortels et véniels, xiv, 131; 132. Elle ôte du Canon la prière pour les morts, quoiqu'elle *n'empêche pas* de prier pour eux. Elle rejette l'erreur d'Aérius dans la spéculation, et l'admet dans la pratique, xiv, 132. Elle accuse calomnieusement les catholiques de croire que la messe justifie *ex opere operato*, sans aucune bonne disposition, xiv, 133. Dans la liturgie anglicane, on change tous les restes d'antiquité qu'on avoit d'abord conservés. On ôte de la messe tout ce qui pouvoit ressentir la transsubstantiation et la présence réelle. On retranche aussi la prière pour les morts, xiv, 303 *et suiv.* La messe appelée Gallicane, et les autres anciennes, sont au fond la même que la romaine, xiv, 304. *Voy.* Sacrifice.

Raisons des protestans pour rejeter les messes privées, xvii, 515, 516, 568. Usage des protestans là-dessus, xvii, 401, 402, 435, 462, 463; xviii, 26, 27.

MÉROVÉE, fils de Clodion, s'unit avec Aétius, et Théodoric, roi des Visigoths, contre Attila, xxv, 2. Il affermit sa domination dans la Germanie et la Belgique. Sa mort, xxv, 3.

MESSIE. Il est annoncé à Ève après sa chute, xxiv, 377. Dieu promet à Abraham qu'il naîtra de sa race, xxiv, 268, 386. Jacob, en mourant, découvre le temps où il devoit venir, xxiv, 270, 389. Moïse l'annonce aux Juifs, xxiv, 399. David l'a chanté dans ses Psaumes, xxiv, 409. Les autres prophètes prédisent ses merveilles, xxiv, 410, 429, 430 *et suiv.* Daniel annonce son règne et sa mort, xxiv, 426 *et suiv.* Sur quoi fondée l'attente que les Juifs avoient du Messie, xxiv, 439

Les rabbins connoissent le temps du Messie, xxiv, 500. Josèphe applique à Vespasien la prophétie de Jacob sur le Messie, xxiv, 502. Les Juifs avouent que tous les temps du Messie sont passés, et sont prêts à renoncer à son espérance, xxiv, 503 *et suiv*.

Le Messie annoncé par Isaïe, viii, 153. Sa prophétie prouve que le Messie devoit naître d'une vierge, ii, 244, 255 *et suiv*. Divers noms du Messie, viii, 163. Ses caractères, viii, 280, 281. Ils sont opposés à ceux que le Juif charnel s'est figurés, viii, 151 *et suiv*. Il devoit venir avec une puissance royale, viii, 303, 304. Ses bienfaits, viii, 153. Il est méconnu des Juifs aveugles, viii, 151. Envoyé pour évangéliser les pauvres, viii, 154. Il est la fin de la loi, et l'unique sujet de tous les oracles de Dieu, viii, 155. Sa compassion pour nos maux a fait tous ses miracles, *ibid*.

METZ. Mission faite dans cette ville par ordre de la reine mère, et sous la conduite de saint Vincent de Paul, xxvi, 121 *et suiv*. Eloge de cette ville, délivrée de ses ennemis par l'entremise de saint Bernard, xii, 303 *et suiv*. Fidélité du peuple de Metz pour nos rois, viii, 324. *Voy*. BOSSUET, VINCENT DE PAUL (Saint).

MIGNARD (Pierre), premier peintre du roi. Lettre que Bossuet lui écrit sur la mort de sa fille, xxvi, 270, 271.

MILLÉNAIRES. Règne de mille ans marqué dans l'Apocalypse ; en quoi il consiste, ii, 558, 559 *et suiv*.; iii, 302, *et suiv*. Réflexion sur l'opinion des millénaires, ii, 570, 571 *et suiv*.

MINARD (le président) est assassiné pour exécuter la prédiction d'Anne du Bourg, xv, 542.

MINISTÈRE. Les calvinistes de France disent qu'il a été interrompu dans l'Eglise, xv, 74. Le ministre Claude est forcé d'avouer qu'avant la Réforme, les élus se sauvoient sous le ministère romain, xv, 79.

MINISTRES. Le prince doit instruire les siens, xxiii, 607. Il ne doit pas s'abandonner à eux, xxiii, 629. Exemple d'un sage ministre, dans la personne de Joseph, xxiv, 198. Quels ministres sont remarqués auprès des anciens rois, xxiv, 202. Divers caractères des ministres ou conseillers: Samuel, Néhémias, Joab, Holopherne, Aman, xxiv, 218 *et suiv*. Leur faveur ne voit guère deux générations, xxiv, 236. Ce qu'un ministre peut faire de plus utile pour l'Etat, xii, 587. *Voy*. CONSEILLER.

MIRACLES. Ceux des apôtres plus grands que ceux de Jésus-Christ, vi, 519, 520 *et suiv*. Miracles sensibles, signes sacrés d'autres miracles spirituels, viii, 162, 163, 178. Basnage trouve la doctrine de Jésus-Christ dans ses promesses faites à l'Eglise, trop miraculeuse pour être crue, et admet lui-même un prodige étonnant et faux, xvii, 188.

MISÉRICORDE. Faire miséricorde pour obtenir miséricorde, viii, 2. Grandeur de la miséricorde de Dieu à l'égard des pécheurs, x, 405. Excès de la miséricorde qui prévient les pécheurs endurcis, xi, 40. Pourquoi la miséricorde nous prévient-elle, xi, 173.

MISSION. Luther prétend que la sienne est extraordinaire, xiv, 40. *Voy.* LUTHER, METZ.

MŒURS. Nous voyons en Dieu leurs règles invariables, xxiii, 189.

MOINES. Les anciens, et même les modernes, comme saint Bernard et saint François, mis par la Confession d'Augsbourg au nombre des saints. Variation des protestans d'aujourd'hui à ce sujet, xiv, 118.

MOISE. Dieu le délivre des eaux du Nil, et le fait tomber entre les mains de la fille de Pharaon, xxiv, 270. A quarante ans, il quitte la cour, et se retire en Arabie, xxiv, 270, 271. Dieu l'envoie pour délivrer son peuple de l'Egypte, et lui donne la loi écrite (quatrième époque), xxiv, 271, 392. Il construit le tabernacle, et règle toute la religion des Juifs, xxiv, 398. Il confirme la venue du Messie, vii, 178; xxiv, 399. Il a recueilli dans la Genèse les anciennes traditions du genre humain, xxiv, 394, 395. En mourant il laisse aux Israélites toute leur histoire, xxiv, 272. Il a écrit le livre de Job, xxiv, 402 *et suiv.* Sa conformité avec Jésus-Christ, xxiv, 403, 404.

Moïse est montré au peuple juif comme son Libérateur, vii, 158 *et suiv.* Figure de la divinité de Jésus-Christ, vii, 159, 160 *et suiv.* Ce qu'il nous apprend de Dieu Créateur, viii, 35. En quel sens il a demandé d'être effacé du livre de vie, xix, 542, 724, 725, 727 *et suiv.*

Moïse est un exemple que le prince se doit tout au peuple qu'il gouverne, xxiii, 540. Ingratitude des Juifs envers lui, xxiii, 546.

Moïse, le premier des poëtes et leur modèle; ses deux cantiques, i, 13, 14. Leur explication, i, 309, 312. Est-il auteur de Psaumes? i, 49, 50, 262.

MOLANUS (Gérard Walther), abbé de Lokkum, est choisi par les protestans pour conférer avec les catholiques, du projet de réunion. Il compose dix règles à ce sujet, xvii, 360 *et suiv.*, 375 *et suiv.* Il envoie un second plan sous le titre de *Cogitationes privatæ*, xvii, 394, 432. Difficultés importantes levées par lui, xvii, 538 *et suiv.* Résultat d'une controverse touchant l'Eucharistie, qu'il avoit eue avec quelques religieux, xviii, 92, 94.

MOLIÈRE (Jean-Baptiste Pocquelin de). Ses comédies sont pleines d'impiétés et d'infamies, et des équivoques les plus grossières, xxvii, 2, 6, 7, 26, 27. Il reçut sur la scène les atteintes de la mort, et passa des plaisanteries du théâtre, au tribunal de celui qui a dit : *Malheur à vous qui riez*, xxvii, 27.

MOLINISME. Jurieu prétend qu'il est un pélagianisme tout pur et tout cru, toléré par l'Eglise romaine. Différence essentielle entre le molinisme et le pélagianisme, xv, 265.

MOLINOS (Michel), prêtre espagnol, avoit acquis la réputation d'un très-grand directeur, xxvi, 349. Il est arrêté et mis dans les prisons de l'Inquisition de Rome, *ibid*. Son affaire n'avoit pas peu surpris tout le monde, xxvi, 350. Ses erreurs sur l'oraison, xviii, 368, 369, 396, 400, 409, 425, 426. Ses erreurs renouvelées sur le désir du salut, xx, 13; sur le sacrifice absolu et les actes réfléchis, xx, 22. Sur les vertus, xx, 28 *et suiv.* Sur la contemplation, xx, 53. Sa condamnation; détails sur sa vie, xxx, 519. Sa censure et celle des Quiétistes, xxx, 350 *et suiv.* Décret de l'Inquisition, et bulle d'Innocent XI qui le condamne, xxx, 431 *et suiv. Voy.* MYSTIQUES, QUIÉTISME.

MOLLESSE. Elle est l'ennemie du gouvernement, xxiii, 574.

MONACO (Louis Grimaldi, prince de) est nommé ambassadeur à Rome, xxix, 552. L'abbé Bossuet l'instruit de tout ce qui s'étoit passé dans l'affaire de M. de Cambray, xxix, 563. Son départ de Paris : ce que lui dit Louis XIV, xxx, 249. Son arrivée à Rome, xxx, 464. Ses bonnes dispositions pour l'abbé Bossuet, xxx, 465, 470.

MONARCHIE. C'est la forme du gouvernement la plus commune et la plus ancienne, xxiii, 523. La plus naturelle et la meilleure, xxiii, 524. La monarchie héréditaire est la meilleure de toutes, xxiii, 525. Ses avantages, xxiii, 526. Les femmes doivent être exclues de la succession, xxiii, 528.

Jurieu avance cette téméraire proposition : Qu'on ne voit aucune érection de monarchie qui ne se soit faite par des traités où les devoirs réciproques des souverains et des sujets sont exprimés. Il ne cite aucun de ces prétendus traités. On lui prouve le contraire, xv, 405 *et suiv.*

MONASTÈRES. Quelles raisons permettent d'en sortir, xxvii, 200, 202. Les ornemens mondains n'y conviennent pas, xxvii, 690. Les grands monastères doivent être fermes dans les observances, xxvii, 628. *Voy.* RELIGIEUSES.

Cromwel fait la visite des monastères d'Angleterre, comme vicaire général du roi, xiv, 267, 268. Cette visite est suivie de la suppression de ces monastères, dont le roi s'approprie les revenus, et dont il vend ensuite les biens à bas prix aux gentilshommes de chaque province, *ibid. et suiv.*

MONDE. Ce que c'est, x, 105, 624; xi, 420, 421, 442 *et suiv.* Image du monde, de sa confusion apparente et de sa justesse cachée, viii, 464; ix, 164. Désordres qui règnent dans le monde, ix, 165. Conséquence que le libertin en tire, *ibid.* Jugement de Salomon considérant les désordres du monde, *ibid.* Fin des désordres apparens que Dieu laisse dans le monde, ix, 166. De quelle manière le monde enseigne sa doctrine, VIII, 233; IX, 45. Ses promesses trompeuses, IX, 188. Quel est le fondement de ses maximes, IX, 564. Ses jugemens pleins de bizarreries, IX, 565. Avec quelle bizarrerie il donne et ôte ses joies, X, 260. Servitude où nous jettent ses biens, IX, 55, 56. Néant des grandeurs du monde, XXVII, 248. Combien elles sont méprisables entre les mains des impies, IX, 181. Engagement que nous avons pris dans le baptême de renoncer au monde, IX, 568. Il faut le condamner sans réserve, IX, 580. Combien nous avons de sujets de le quitter, IX, 426. Mépris que les philosophes ont fait du monde, IX, 427. Il ne faut pas s'embarrasser de ses accueils, XXVII, 82. Guerre déclarée entre Jésus-Christ et le monde, XII, 64. Jugement et condamnation du monde dans la Passion du Sauveur, IX, 564. Le monde jugé par le jugement qu'il porte de Jésus-Christ, VI, 116 *et suiv.*

Le monde est incapable de recevoir le Saint-Esprit, VI, 526 *et suiv.* Son injuste haine contre Jésus et ses disciples, VI, 567 *et suiv.* Le Saint-Esprit le convaincra d'incrédulité, VI, 568; d'injustice, 579; et d'iniquité dans son jugement, 580. Jésus-Christ ne prie pas pour lui, VI, 620. Qu'est-ce que le monde? VI, 632, 633. Jésus et ses disciples n'en sont pas, VI, 633, 634. Le monde ignore la justice de Dieu, VI, 653, 654, 655. Vanité des jugemens du monde, VII, 395, 396, 404. Son aveuglement même tourne à la gloire de Dieu, VII, 407 *et suiv.* Défense d'aimer le monde, VII, 412 *et suiv.* On n'y voit que la triple concupiscence dont parle saint Jean, VII, 414, 415, 426 *et suiv.*, 435, 436 *et suiv.*, 471. Le monde n'est qu'une ombre qui passe, VII, 472 *et suiv.* Exhortation aux divers âges de la vie à ne point aimer le monde et sa concupiscence, VII, 477 *et suiv.*

La Cour est la partie la plus dangereuse du monde, XII, 62. En quoi le monde paroît grand, XII, 65. Il est rempli d'illustres malheureux, XI, 441. Ses maux plus réels que ses biens, XI, 567. Erreur de croire qu'on ne peut faire son salut dans le monde, XII, 76; et qu'on n'y peut mener une vie chrétienne, XI, 578. Maximes du monde sur la manière de s'avancer; sur les injures, X, 345. Sa fausse modération, XI, 495, 496. L'honneur du monde représenté dans la statue de Nabuchodonosor, IX, 568. Portrait de la vie d'un homme du monde, IX, 179, 180. Sa destinée, IX, 188.

MONDE physique. Idée de son mécanisme par Leibniz, XVIII, 157. *Voy.* CRÉATION.

MONOTHÉLITES. Artifices de ces hérétiques, XXIV, 353. Leur condamnation, XXIV, 354, 355. La tradition a toujours admis deux volontés en Jésus-Christ, XVIII, 206, 207. *Voy.* HONORIUS.

MONTAIGNE (Michel de). Effet pernicieux de ses sentences, VIII, 49.

MONTBRUN (Charles du Puy, dit). Paroles insolentes de ce réformé :

Qu'en temps de guerre tout le monde est compagnon, et qu'il ne reconnoît pas Henri III pour son roi, xv, 527.

MONTE (Pierre de), évêque de Bresce, met la décision du concile avant celle du Pape dans les choses de la foi, xxii, 528, 529.

MONTERBY (Yolande de). Oraison funèbre de cette abbesse, xii, 682 *et suiv.* Sa naissance illustre, xii, 683. Ses vertus, xii, 687 *et suiv.* Avec quel zèle elle soulageoit les pauvres, xii, 688.

MONTESPAN (Françoise-Athénaïs de Rochechouart, marquise de). Bossuet lui rendoit visite par ordre du roi, pour la porter à Dieu, xxvi, 182. Elle étoit touchée des vérités qu'il lui proposoit. Son goût pour les bonnes œuvres, *ibid.*

MONTFAUCON (Bernard de), bénédictin. Bossuet avoit reçu avec plaisir son livre *de la Vérité de l'histoire de Judith*, et l'assure de son estime, xxvi, 453. Ce religieux envoie à Bossuet des preuves de l'authenticité des livres deutérocanoniques, xxx, 529.

MONTFORT (Simon, comte de), est nommé chef de la croisade contre les albigeois. Ses victoires. Sa mort, xxv, 61. Paroles admirables qui font connoître la vivacité de sa foi, xxv, 78.

MONTGAILLARD (Pierre-Jean-François de Percin de), évêque de Saint-Pons. Démêlés de ce prélat avec les récollets de son diocèse. M. de la Broue accommode cette affaire, xxix, 55, 60, 61. Un livre de ce prélat est déféré à Rome, xxix, 453. Il y défère lui-même un livre sur l'Eucharistie, *ibid.* Diverses affaires qu'a ce prélat, xxvii, 115; xxix, 394, *note*.

MONTGOMMERY (Gabriel de Lorge, comte de). Il cause la mort de Henri II dans un tournoi, xxv, 477. Il est appelé par les protestans du Béarn pour s'opposer à Terride, chef des catholiques, xxv, 592. Il réduit en peu de jours ce pays, xxv, 593. Echappé au massacre de la Saint-Barthélemy, il passe en Angleterre pour y solliciter du secours, xxv, 629. Il est sacrifié à la vengeance de Catherine de Médicis, qui ne lui pardonne pas d'avoir été la cause de la mort de son époux, xxv, 644.

MONTLUC (Jean de), d'abord jacobin, quitte son ordre, accepte l'évêché de Valence, quoiqu'il suivit les opinions de Calvin, xxv, 430. Grand homme, selon Burnet, qui avoue l'excessive incontinence de Montluc, ses emportemens et son avarice, sans le blamer, xiv, 260. Ce prélat fait au colloque de Poissy de vains discours sur la réformation des mœurs, xiv, 402. Il est chargé de quelques négociations, xxv, 430. Il se signale par ses invectives contre Rome et le clergé, et ne rougit point de se marier étant évêque, xiv, 402; xxv, 430. Il négocie avec succès en Pologne, dont il assure la couronne au duc d'Anjou, xxv, 633. Les désordres de sa vie éclatèrent d'une manière scandaleuse en Irlande, xiv, 402, 403.

MONTMORENCY (Anne de), connétable de France, est le premier gentilhomme qui ait eu l'honneur de l'érection de sa terre en duché et pairie, xxv, 454. Il obtient divers commandemens dans les armées. *Voy.* les règnes de François I*er* *et suiv.* Il meurt en combattant contre les protestans, xxv, 571. Quoique presque toujours malheureux, il passe pour un des plus grands hommes de son siècle, *ibid.*

MONTSON (Jean de), dominicain, censuré par la Faculté de Paris, appelle au Pape, xxi, 731 *et suiv.*

MOQUEURS. Dieu se moquera des moqueurs et il bénira les hommes bienfaisans, xxvi, 36. Les démons sont nécessairement cruels et moqueurs, x, 34, 35.

MORALE. Tableau de la morale chrétienne, viii, 186 *et suiv.* Caractère de ceux qui la contredisent, viii, 188, 189.

MORT. Elle est la peine du péché, iv, 294; vii, 116; viii, 71; x, 165. Sa tyrannie, vii, 129. Pronostics de la mort, x, 631. Ses terribles effets sur les corps, xii, 485, 657. Elle confond l'arrogance humaine, xii, 696. Répugnance de l'homme pour la mort, xi, 247, 248, 249. Combien il est peu soigneux d'y penser, ix, 359 *et suiv.* Comment les chrétiens doivent la considérer, xxvii, 452, 453. Est-il permis de la désirer, xxvii, 589. La mort doit nous porter à nous humilier devant Dieu, xxvii, 459, 460. Ce qu'il faut faire pour avoir la confiance à ce dernier moment, xxvii, 658, 659. Ne pas attendre la mort pour s'y préparer, xii, 532 *et suiv.*, 633. Elle met fin aux péchés, xii, 494, 529. Elle commence à nous revêtir, et nous donne les biens véritables, xii, 491. Vivre en juste, pour mourir en juste, xii, 658, 659. La nature et la grace établissent la nécessité de mourir, xi, 307. Trois principes de la mort de Notre-Seigneur, x, 205, 206. Mort de Marie surnaturelle, xi, 307. Mort de l'homme de bien, xi, 360. Mort d'un mauvais riche, ix, 195, 196. Celle des impies toujours précipitée, xii, 659. La mort du péché plus redoutable que celle du corps, viii, 405. *Voy.* CORPS.

Prières pour servir de préparation à la mort, vii, 606 *et suiv.* Le chrétien, à la vue de la mort, adore Dieu qui le punit, *ibid.* Il attend sa délivrance et adore son Libérateur, vii, 608. Il s'unit à l'agonie du Sauveur, vii, 615. Courtes prières aux approches de la mort, vii, 616. Actes pour se disposer à bien mourir, vii, 618, 619. Sentimens du chrétien touchant la vie et la mort, tirés du *chap.* v *de la seconde Epître aux Corinthiens,* vii, 589 *et suiv.* *Voy.* EXTRÊME-ONCTION.

MORTIFICATION. Elle est éteinte par les quiétistes, xviii, 484, 485 *et suiv.* Elle est nécessaire en tout état, xviii, 499, 500, 615. Elle rend la mort familière à l'homme, viii, 85, 86.

MORTS. Les fidèles ne doivent point s'affliger sur les morts, comme les Gentils qui n'ont pas d'espérance, xxvi, 138, 139. Raisons qui nous obligent à bien espérer du salut des fidèles qui meurent dans l'Eglise, *ibid.* Cette espérance ne doit pas flatter la confiance folle et téméraire des chrétiens mal vivans, xxvi, 140. Il est permis de verser des pleurs à la mort des chrétiens, mais des pleurs qui soient bientôt essuyés par la foi et par l'espérance, *ibid.* On doit nommer les ecclésiastiques avant les seigneurs au *Memento* des morts, xxvi, 461.

Origine de la prière pour les morts parmi les Juifs, xxx, 511.

La prière pour les morts prouvée par la tradition, xvi, 414 *et suiv.* Elle est reconnue par une partie des protestans, xvii, 418, 447, 454, 577; xxviii, 36.

MORUS (Thomas), chancelier d'Angleterre, et l'un des plus grands hommes de ce royaume, mis à mort par Henri VIII pour n'avoir pas voulu reconnoître sa primauté ecclésiastique, xiv, 265, 266.

MOULIN (Pierre du), ministre de France, propose de faire une nouvelle Confession de foi commune à tout le parti de la Réforme opposé au luthéranisme, d'y dissimuler les dogmes dont on ne pouvoit convenir, et de s'expliquer sans condamner la présence réelle, ni l'ubiquité, ni la nécessité du baptême, xiv, 593, 594. Le synode de l'Ile de France applaudit à ce projet, xiv, 596. Du Moulin envoie au synode de Dordrecht son avis sur la doctrine d'Arminius, et établit l'inamissibilité de la justice et la certitude du salut, xv, 25, 26.

MOURANS. L'Eglise leur fait professer que l'unique espérance est en Jésus-Christ, xiii, 383. Pourquoi on leur présente la croix, xiii, 384. Exhortation que leur fait l'Eglise, xiii, 385. Foi qu'elle exige d'eux, xiii, 411.

MOUSON (concile de). Les évêques françois y excluent Hugues du siége de Reims, malgré l'ordre du Pape, xxii, 368.

MOYA (Matthieu de), désigné sous le nom d'Amédée Guiménius. Son livre est censuré par la Faculté de Paris, xxi, 406.

MUGNOS (Gilles), successeur de Pierre de Lune, sous le nom de Clément VIII, abdique la papauté; ce qui s'observa en cette occasion, xxi, 616 *et suiv.*

MUIS (Siméon de), professeur d'hébreu au collège royal à Paris. Estime que Bossuet faisoit de son *Commentaire sur les Psaumes*, xxvi, 459.

MUNCER (Thomas), pasteur des anabaptistes. Luther lui reproche de prêcher sans mission, et le condamne par ce seul endroit, xiv, 41, 220.

MUZZARELLI (Alphonse), théologien romain, dans son livre *de l'Autorité des conciles*, contredit quelques assertions de Bossuet, xxii, 25, 36, 38, 40, 45, 59, 62.

MYSTÉRES. Leur incompréhensibilité, v, 77 *et suiv.* Ceux du christianisme, outre le fond qui fait l'objet de notre foi, ont encore leurs effets salutaires, x, 162, 163.

MYSTICI IN TUTO, sive de S. Theresia aliisque piis Mysticis vindicandis, XIX, 584.

MYSTIQUES (Auteurs). Avec quelle précaution on doit lire leurs livres, XXVII, 484, 485 ; XXVIII, 146. Leurs erreurs sur l'amour divin, XXVII, 490. Leurs raffinemens, XXVIII, 261, 262, 288. Manière de les entendre, XXX, 181. Aux termes de M. de Cambray, ils sont des téméraires et des fanatiques, XIX, 600, 601. Vaines réponses pour se justifier, XIX, 602. Il leur impute une hérésie, XIX, 619 *et suiv*. Il s'écarte de leur sentiment, XIX, 611, 612 *et suiv*.

Exagérations des mystiques, XVIII, 383 *et suiv*. Erreur de ceux de nos jours, XVIII, 353 *et suiv*. 389. Ce que les faux mystiques disent pour justifier leurs écarts, XVIII, 398, 399. Leur doctrine supprime l'union avec Jésus-Christ en qualité d'homme Dieu, XVIII, 405 *et suiv*. Leur artifice pour éluder la foi explicite en Jésus-Christ, XVIII, 408, *et suiv*. Leur doctrine sur les attributs divins, XVIII, 411 *et suiv*. Leurs raisons pour supprimer les demandes dans l'oraison, XVIII, 430, 431, 432 *et suiv*. Leurs équivoques sur les actes envers Jésus-Christ, XVIII, 434 *et suiv*. Leur abandon prodige d'indifférence, XVIII, 437 *et suiv*. Selon eux, les Psaumes et le *Pater* ne sont pas pour les parfaits, XVIII, 441 *et suiv*. Leur excessif abandon diminue en eux l'horreur du péché, XVIII, 451 *et suiv*. Est-il vrai que l'oubli du péché soit une marque qu'il est pardonné, XVIII, 452 *et suiv*. Leur règle pour connoître la volonté de Dieu, XVIII, 455. Ils éteignent l'esprit de mortification et de vertu, XVIII, 484, 485. La tradition de l'Eglise opposée à leur doctrine, XVIII, 486 *et suiv*. Les fondemens de leur doctrine détruits par la véritable notion de l'oraison passive, appuyée sur la doctrine des saints, XVIII, 528 *et suiv*. Leur étrange erreur, de rendre cette oraison commune et même nécessaire, XVIII, 534 *et suiv*. Ils sont confondus par saint François de Sales, XVIII, 595. Leurs propositions condamnées au concile de Vienne dans celles des Béguards, XVIII, 600 *et suiv*. et par Rusbroc, Taulère, etc. XVIII, 604 *et suiv*. Caractère affreux des faux mystiques ; pourquoi omis, XVIII, 606, 607. Abus de leur doctrine sur l'abandon, XVIII, 630. Leur fausse simplicité, XVIII, 635. Condamnés à Rome et ailleurs, XVIII, 352, 365, 674 *et suiv*. Les nouveaux mystiques veulent trouver dans saint Clément l'homme passif dont ils parlent, XIX, 10, 39, 71. *Voy*. GNOSE. Leurs erreurs, XIX, 158, 159,

Leur système n'est fondé que sur une fausse métaphysique, XIX, 164, 165. Grands inconvéniens de ce système, XIX, 738. Prétendue mortification des nouveaux mystiques à l'égard de Dieu, XXVIII, 240. *Voy*. AMOUR NATUREL, AMOUR PUR, DÉSESPOIR.

N

NABUCHODONOSOR II, roi de Babylone, prend une première fois Jérusalem, et transporte à Babylone une partie de ses habitans, xxiv, 284, 418. Il prend Jérusalem pour la seconde fois; détruit le temple; et en donne le trésor au pillage, xxiv, 418. Pendant qu'il admire sa grandeur, Dieu le frappe, lui ôte l'esprit, et le range parmi les bêtes, xxiv, 419, 420.

NAISSANCE. Trois vices de la nôtre, xi, 375. Elle a des marques indubitables de notre commune foiblesse, xii, 695. Une religieuse de grande naissance doit l'oublier, xxviii, 369, 370. Bossuet préfère pour la vie religieuse les personnes de naissance, xxviii, 374.

NATHANAEL est amené par saint Philippe à Jésus-Christ, vii, 384.

NATIVITÉ de la sainte Vierge. Sermons pour cette fête, xi, 64, 65 *et suiv.* Combien elle est glorieuse pour Marie, xi, 93. Elle est, dans sa nativité, un Jésus-Christ ébauché, xi, 67. Cette nativité est la fête des hommes, xi, 121, 122. Biens qu'elle nous apporte, xi, 126. *Voy.* Noel.

NATURE. Ce qu'on entend par ce mot, xiii, 176. Nature innocente et nature corrompue; différence de ces deux états, d'après les principes donnés sur la liberté, xxiii, 472. Pourquoi le Fils de Dieu s'est revêtu de la nature humaine, x, 410.

NAUMBOURG (assemblée de) par les luthériens, pour convenir de laquelle des quatre éditions de la Confession d'Augsbourg ils se serviroient. La chose demeure indécise, xiv, 345.

NAVARRE. *Voy.* Azpilcueta.

NAZZARI (François) savant très-distingué par son étudition et ses écrits, il est le premier auteur du Journal des Savans qui fut entrepris en Italie, à l'imitation de celui qui s'imprimait à Paris. Il est l'auteur de la traduction italienne du livre de l'*Exposition* : ce qu'il étoit, xxvi, 191.

NÉANT. Combien absurde qu'il y ait un seul moment où rien ne soit, xxiii, 189. Combien l'ame répugne au néant, xxiii, 248. Le néant est l'origine des créatures, ix, 7. Néant de l'homme, ix, 360; xii, 481.

NÉCESSITÉS de la vie. Avec quels soins paternels la Providence y pourvoit, ix, 293 *et suiv.*

NÉERCASSEL (Jean de), évêque de Castorie, vicaire apostolique en Hollande, xvvi, 191. Sa lettre à l'abbé de Pontchâteau, au sujet du livre de l'*Exposition*. Plaisir qu'il a éprouvé à le lire. Il le fait traduire en hollandais, et en feroit une version latine, s'il n'espéroit que l'auteur se chargeât lui-même de ce soin, xxvi, 192. Il indique quelques endroits qu'il croit susceptibles d'explication ou de correction, *ibid.* Il fait l'éloge de Bossuet, et loue sa bonté, xxvi, 193. Son respect pour l'illustre prélat l'empêche de lui écrire, de peur de lui enlever un moment au milieu de ses utiles travaux, xxvi, 196, 197. Il approuve les explications que Bossuet avoit données à certains endroits de son livre, et lui annonce qu'une traduction hollandaise en est achevée, xxvi, 197, 198. Il lui demande la traduction latine de ce livre : qu'il donnera tous ses soins pour qu'elle soit bien imprimée, xxvi, 202. Il compose quatre traités sur le culte des saints, qu'il envoie à Bossuet, xxvi, 198. Ses excuses de ce que la traduction latine de l'*Exposition* a été si mal imprimée, xxvi, 251, 252. Il offre de faire traduire en hollandais l'*Avertissement* que Bossuet avoit ajouté à son livre dans une nouvelle édition, et désire que cet Avertissement soit traduit en latin par l'abbé Fleury, xxvi, 268. Eloges qu'il fait du *Discours sur l'Histoire universelle*, soumet à Bossuet ses moyens de faire passer dans le Nord son livre de l'*Exposition*, l'exhorte à répondre à un livre de Spanheim, et lui annonce le prodigieux débit du livre de Jurieu, intitulé : *La politique du Clergé de France*, xxvi, 272, 274 *et suiv.* Sa réfutation par Arnauld. *Voy.* Arnauld. Il avoit composé un petit ouvrage sur l'*Amour pénitent*, afin de porter les fidèles à entrer dans la voie étroite du salut, xxvi, 320. Succès de cet ouvrage en plusieurs pays, xxvi, 323, 324. Il craint les murmures de la pénitencerie romaine contre son livre, au sujet de ce qu'il contient sur l'usage des clefs ; motifs qui le rassurent, xxvi, 324. Bossuet lui demande des renseignemens sur un livre intitulé : *Traité des Billets*, xxvi, 325. Il satisfait à sa demande, et lui explique la coutume des négocians de Hollande sur le prêt, xxvi, 326 *et suiv..*

NÉGLIGENCE. Ses suites funestes, viii, 115, 116. Combien elle est coupable dans un prince : maux dont elle est la cause, xxiii, 30 *et suiv.*

NÉHÉMIAS rebâtit Jérusalem, xxiv, 297. Il réforme les abus, xxiv, 299, 424. Son amour pour sa patrie, xxiv, 389, 390. Il soulage le peuple accablé, xxiii, 543, 544. Sa fermeté, xxiii, 572. Ses soins pour le culte de Dieu, xxiv, 67. Il est le modèle des bons gouverneurs, xxiv, 220.

NEMROD est le premier des conquérans, xxiv, 266, 267, 380.

NERFS. *Voy.* Corps.

NÉRON, empereur, commence la guerre contre les Juifs, et la persécution contre les chrétiens. Il fait mourir saint Pierre et saint Paul, xxiv, 328, 329, 468. Il se tue lui-même, xxiv, 469. Monstre du genre humain, viii, 302, 421.

NESMOND (Henri de), évêque de Montauban : son Mémoire sur les moyens de ramener les nouveaux convertis, xxvii, 182.

NESTORIUS, patriarche de Constantinople, divise la personne de Jésus-

Christ, **xxiv**, 347. Il est condamné par le Pape saint Célestin, ensuite par le concile d'Ephèse, **xxii**, 17, 18 *et suiv.* Ce concile observa envers lui les formes canoniques, **xx**, 568. Son erreur alloit à nier la divinité de Jésus-Christ, **xx**, 579. La manière dont il la nioit ne pouvoit être dissimulée, **xx**, 581. Et ce n'étoit point, comme le dit Dupin, une dispute de mots, **xx**, 583. Pente de l'abbé Dupin à excuser l'hérésiarque et ses partisans, **xx**, 609, 611, 612 *et suiv.*

Les nestoriens sont mis par Jurieu au nombre des sociétés vivantes, quoiqu'ils renversassent le fondement de la foi, non directement, selon lui, mais seulement par des conséquences, **xv**, 280. Leur schisme est le plus ancien dans le christianisme; ce qui n'empêche pas de les confondre, en leur montrant l'époque de leur rupture, **xvii**, 97, 98.

NEUSTADT (Christophe Royas de Spinola, évêque de). Ses talens, ses tentatives pour réunir les protestans d'Allemagne. Il reçoit à ce sujet des pleins pouvoirs de l'empereur Léopold, **xvii**, 358 *et suiv.* Ce que dit Leibniz de ses négociations, **xviii**, 126.

NICAISE (l'abbé), chanoine de la Sainte-Chapelle de Dijon. Bossuet lui écrit au sujet des ouvrages de M. Spon, **xxvi**, 261, 262. Sur quelques autres écrits, **xxvi**, 279, 382, 383.

NICÉE (concile de), premier œcuménique. Quelques-uns croient qu'il jugea la question de la rebaptisation, **xxi**, 66, 67. Ses décrets contre les ariens tirèrent leur force du consentement commun, **xxii**, 13, 14. Osius y préside au nom de saint Sylvestre, *ibid. note.* Le concile ne demande pas la confirmation du Pape, **xxii**, 110, 111.

L'addition faite à son symbole par le concile de Constantinople, pour condamner une nouvelle hérésie, qui nioit la divinité du Saint-Esprit, n'est pas une variation; et les protestans ne peuvent s'en autoriser pour défendre les variations de leurs Confessions de foi, **xiv**, 99. Jurieu prétend que ses idées sur l'Eglise sont les mêmes que celles du concile de Nicée, qui, selon lui, ne rejeta pas de la communion de l'Eglise tous les hérétiques; en quoi il se contredit lui-même, **xv**, 102, 103. Ce concile a été formé contre les principes du ministre, qui veut que les sectes hérétiques aient voix délibérative dans les conciles, **xv**, 124. Il croit trouver l'inégalité du Père et du Fils dans ces paroles du Symbole : *Dieu de Dieu, lumière de lumière.* Les Pères qui avoient assisté à ce concile, ont compris ces paroles tout différemment du ministre, **xvi**, 48, 49. Il soutient aussi que ce concile a enseigné deux nativités du Verbe. Cette erreur réfutée par saint Athanase, **xvi**, 52 *et suiv.* Jurieu fait même admettre aux Pères de Nicée trois nativités du Fils, **xvi**, 59, 60.

Le second concile de Nicée, septième général, admet après examen les lettres du pape Adrien, **xxi**, 82 *et suiv.*; **xxii**, 77. Il ne demande point de confirmation au Pape, xxii, 118. Les François refusent de le recevoir, xxii, 77, 78 et suiv. Voy. FRANCFORT.

NICODÈME. Jésus lui explique la renaissance spirituelle, vi, 396 et suiv.

NICOLAS I (S.), Pape, marque exactement les bornes des deux puissances, dans sa lettre à Michel III. Il n'est point auteur du Canon *Omnes* cité par Gratien, non plus que Nicolas II, xxi, 264. Il excommunie Lothaire, mais ne parle pas de le déposer, xxi, 336, 337. Réponse peu exacte qu'il donne aux Bulgares touchant le baptême, xxii, 239.

NICOLAS III. Sa bulle *Exiit*, touchant la règle de saint François, xxii, 246, 247 et suiv.

NICOLAS V reçoit Félix et les évêques du concile de Bâle, comme catholiques, xxi, 711 et suiv.

NICOLE (Pierre). Bossuet aimoit à recevoir des marques de son amitié et de son approbation, xxvi, 460. Il prioit Dieu qu'il le conservât pour soutenir la cause de son Église, dont ses ouvrages lui paroissoient un arsenal, xxvi, 461.

NINIVE. Sa fondation, xxiv, 266. Sa grandeur, xxiv, 273, 596. Elle est prise et détruite, xxiv, 284. Vivacité de la douleur des Ninivites à la prédication de Jonas, x, 385.

NINUS, fils de Bel, fonde le premier empire des Assyriens, xxiv, 273, 596.

NOAILLES (Louis-Antoine de), évêque de Châlons, puis archevêque de Paris et cardinal. Bossuet se réjouit de sa nomination à l'archevêché de Paris, xxviii, 255. M. de Noailles approuve le livre des *Réflexions morales*, iii, 306 et suiv. Il y enseigne clairement le contraire des cinq propositions, iii, 308. Il est accusé de jansénisme par l'auteur du *Problème ecclésiastique*, iii, 309. Ce que c'étoit que ce libelle, xxx, 242. Bossuet défend M. de Noailles, iii, 309. Il lui envoie une correction pour l'*Avertissement* sur le livre des *Réflexions morales*, et se réjouit de le voir appelé à défendre la doctrine de saint Augustin, xxvii, 85. Bossuet compose pour lui l'*Instruction pastorale sur la grace et la prédestination*, v, 463 et suiv. Il envoie cette *Instruction* à Rome au nom de M. de Noailles, xxix, 22. Combien il désiroit la voir approuvée, xxix, 23, 24, 30, 35, 40. Le cardinal Casanate en est satisfait, xxix, 32, 42.

M. de Noailles est chargé d'examiner les écrits de Fénelon et de Madame Guyon sur l'oraison, xx, 101, 102. Il approuve le livre de Bossuet sur les *Etats d'oraison*, xviii, 377. Il se déclare avec Bossuet et l'évêque de Chartres contre le livre des *Maximes des Saints*, xix, 405 et suiv.; 508 et suiv. Fénelon veut le détacher de Bossuet, xxix, 74. Lettres de M. de Noailles à l'abbé Bossuet, relativement à l'affaire du quiétisme, xxix, 288, 358, 379, 398, 413, 414, 421, 422, 428, 435, 447, 451, 484, 497, 524, 532, 541 ; xxx, 4, 30, 38, 51, 61, 78, 107, 120, 131, 143, 160, 199, 221, 252, 281, 291, 317, 337, 367, 469. Il est jaloux de l'évêque de Meaux, xxx, 3.

Bossuet le félicite de sa promotion au cardinalat, xxviii, 109. Ce cardinal préside l'assemblée du clergé de 1700, xxii, 721. L'évêque de Meaux l'engage à défendre l'épiscopat contre l'entreprise du chancelier, xxxi, 65, 70, 79, 80, 83, 84, 85 *et suiv.* Voy. Bossuet, Fénelon, Guyon, Pontchartrain, Simon.

NOAILLES (duc de), frère du cardinal, commanda dans le Roussillon et fut fait maréchal de France en 1693, xxvi, 339, *note.* Bossuet le prie de n'être point en peine de certains papiers, *ibid.* Il se réjouit de voir le duc revenu à la santé, il l'entretient des canons des conciles, *ibid.* Il prie le duc d'écrire en sa faveur à M. de Naves, xxvi, 340.

NOBLESSE. Elle n'est souvent qu'une pauvreté vaine, ignorante et grossière, oisive, qui se pique de mépriser tout ce qui lui manque, x, 556 *et suiv.* Quelle est la véritable noblesse, xi, 373, 374. De quelle sorte la noblesse est recommandable, xii, 697 *et suiv.* Noblesse de l'homme, viii, 292.

NOÉ, ou le déluge, seconde époque de l'histoire, xxiv, 266. Noé est seul réservé avec sa famille pour la réparation du genre humain, xxiv, 265, 377. Il partage la terre entre ses trois enfans, xxiv, 266. Ses enfans n'épousèrent pas leurs sœurs, comme le dit Jurieu, xiv, 192, 193. De quoi Noé étoit la figure, viii, 402.

NOEL. Élévations sur l'étable et la crèche, vii, 268, 269. L'ange annonce Jésus aux bergers, vii, 270 *et suiv.* Marques pour le reconnoître, vii, 271, 272. Cantique des anges, vii, 272 *et suiv.* Commencement de l'Evangile, vii, 274. Les bergers à la crèche, vii, 275, 276. Silence et admiration de Marie, vii, 276, 277 *et suiv.* Instruction sur le mystère de ce jour, v, 152. Ce que nous y honorons, viii, 195, 196 *et suiv.* Sujets de méditation pour cette fête, xxvii, 419, 598 ; xxviii, 106. Sur les trois messes de ce jour, xxviii, 107. Pensées pieuses sur cette fête, xxviii, 125, 126. Voy. Jésus-Christ, Sauveur, Verbe.

NOGUIER, ministre protestant, attaque le livre de l'*Exposition* : il avance que Bossuet adoucit et exténue les dogmes de sa religion, xiii, 2. Il accuse les catholiques d'idolâtrie ; les compare aux manichéens, ariens, etc., xiii, 123.

NORIS (Henri), cardinal, envoie à Bossuet son *Apologie des moines de Scythie*, xxviii, 675. Estime qu'en fait Bossuet, xxviii, 676. Il le remercie de ce présent, xxvi, 517. Éloges qu'il donne aux dissertations de ce cardinal, xxix, 3. Il le soupçonne d'un peu de froid à son égard, xxix, 15. Ce qu'il pense du livre de Fénelon, xxix, 283. Il est choisi avec le cardinal Ferrari pour présider aux conférences des examinateurs de ce livre, xxix, 297. Expédient proposé par ce cardinal pour abréger, xxix, 454, 455. L'abbé Bossuet le voit pour cette affaire, xxx, 24, 25, 45, 54. Ce cardinal désapprouve les lettres de Fénelon à l'évêque de Chartres, xxx, 74. Comment il s'explique dans les congrégations, xxx, 122. Altercation entre lui et le cardinal de Bouillon, xxx, 268, 269. Il est un des rédacteurs du Bref contre le livre des *Maximes*, xxx, 277.

NORMANDS. Leurs ravages en France, xxv, 32, 36, 38.

NOURRITURE, y éviter la délicatesse, xxvii, 586. *Voy.* Corps.

NOUVEAUTÉ. Amour incroyable de la nouveauté; son origine, xi, 177. Ses effets, xi, 178. Quelle nouveauté nous représente l'Eglise dans le mystère du Verbe fait chair, xi, 178, 179, 180, 185.

NOUVELLES CATHOLIQUES, manière de les instruire, xxvii, 443, 444. La patience et la douceur sont le seul moyen de les gagner, xxviii, 458. *Voy.* Catholiques.

NOVATIEN, antipape. Son schisme éteint par le consentement commun, xxi, 96.

NOVICES. Avis pour leur conduite, xxviii, 229, 271, 366, 368, 369, 476. Ce qu'il faut pratiquer étant novice, xxvii, 618, 622.

NUMA POMPILIUS, roi de Rome, règle les mœurs et la religion, xxiv, 281, 282, 642.

O

O : c'est le cri du cœur; toute l'éloquence s'y trouve, xxvii, 598.

OATÈS, ministre protestant, accuse faussement les catholiques anglois d'une conspiration, xxi, 543 *et note*.

OBÉISSANCE. Sa nécessité dans la vie religieuse, xxviii, 431. Elle en est le fondement, x, 531. Ses avantages, xii, 190. Ses effets, xxviii, 197, 198, 284. La grace du salut y est attachée, xxvii, 628. Elle doit être intérieure, x, 540. Doit régler les dispenses, xxviii, 373. Exemple d'obéissance dans les personnes qui concourent à la présentation de Jésus-Christ au Temple, xi, 266 *et suiv*. Joie qu'a Bossuet de l'obéissance des religieuses dont il est chargé, xxviii, 438.

L'obéissance est due au Pape, à moins que ce qu'il ordonne ne soit contre la foi, xxi, 103, 114. Les évêques lui promettent obéissance suivant les Canons, xxii, 202. L'obéissance promise au Pape dans l profession de foi de Pie IV, ne suppose pas son infaillibilité, xxi 465.

Quelle est l'obéissance que les sujets doivent au prince, xxiv, 8 *et suiv*. Elle ne doit être altérée par aucun prétexte, xxiv, 11, 12. L'impiété des princes et la persécution n'en dispensent pas, xxiv, 14. L'obéissance aux puissances souveraines, recommandée par les apôtres aux premiers chrétiens, étoit d'obligation, et non-seulement de conseil et de plus grande perfection, xv, 287 *et suiv. Voy.* SUJETS.

OBLATION (l') de l'Eucharistie retranchée dans la messe luthérienne, xiv, 130, 131. Comment l'oblation profite à tout le monde, xiv, 132. *Voy.* MESSE. En quel sens on offre dans la messe pour la rédemption du genre humain. Les ministres contraints d'approuver ce sens, xiv, 224.

OBRECHT (Ulric), préteur royal de Strasbourg, fait abjuration entre les mains de Bossuet; lui donne des éclaircissemens sur diverses matières pour ses ouvrages contre les protestans, xxx, 492 *et suiv.*

OCHIN (Bernardin), moine apostat et marié, ennemi déclaré de la divinité de Jésus-Christ, appelé en Angleterre pour en réformer l'Eglise, xiv, 301. *Voy.* RÉFORMATION ANGLICANE.

ŒCOLAMPADE (Jean) prend parti pour Carlostad contre Luther dans la dispute sacramentaire, xiv, 66. Il étoit, comme Mélanchthon, fort modéré. Son caractère : sa piété tendre. Il se fait religieux dans un âge mûr: sort de son monastère; prêche la Réforme, et se mortifie à la mode des nouveaux réformés, en épousant une jeune fille, xiv, 72, 73. Au lieu de son ancienne candeur, il ne montre plus que dissimulation et artifice, et meurt accablé des coups du diable, selon Luther, xiv, 145. Il avoit averti Bucer que ses équivoques de la *présence réelle sacramentale* étoient une pure illusion. Les Suisses s'échauffent en sa faveur contre Luther, xiv, 151. Sa conférence avec les vaudois qu'il engage dans la nouvelle Réforme, xiv, 517, 518, 519. Il croit qu'on peut prier les saints de prier pour nous, et en obtenir des secours, xvi, 342.

ŒUVRES. Celles de Dieu, selon Luther, quand elles seroient toujours laides, sont d'un mérite éternel, au lieu que celle des hommes, quoique belles en apparence, sont des péchés mortels, xiv, 25. Le mérite des bonnes œuvres a sa source dans la charité habituelle, xxvi, 440. Ce mérite provient de la grace sanctifiante qui est donnée gratuitement au nom de Jésus-Christ. Erreurs graves que nous imputent les protestans sur cette matière, xiii, 64 *et suiv.* La nécessité des bonnes œuvres condamnée tout d'une voix, par les luthériens, dans l'assemblée de Vorms, xiv, 338. Les luthériens, en niant leur nécessité, condamnent cette proposition : *Les bonnes œuvres sont nécessaires au salut.* Jurieu dit qu'il déteste cette erreur, et pourtant la tolère dans les luthériens, xv, 342. De la justification par les œuvres, xiii, 422 *et suiv.* Du mérite des bonnes œuvres, xiii, 432. Sentimens de l'ancienne Eglise sur cette matière : de saint Augustin : erreurs de Pélage, xiii, 434 *et suiv.* Doctrine du concile de Trente sur le mérite des œuvres, xiii, 437 *et suiv.* Quelle est la nature du mérite de nos œuvres, xiii, 442 *et suiv.* Du mérite que l'Ecole appelle de condignité, XIII, 414. Les bonnes œuvres des justes sont-elles pures de tout péché et agréables à Dieu? XVII, 417 *et suiv.*, 446 *et suiv.*, 475 *et suiv.* Leur mérite, XVII, 308, 419, 438, 477, 478, 501, 502, 551; XVIII, 12. Leur nécessité pour le salut, XVII, 420, 421, 449, 478, 537. Les œuvres satisfactoires sont admises dans la Confession d'Augsbourg, XIV, 118.

OFFICE divin. Explication des choses qui s'y répètent le plus souvent, V, 208 *et suiv.* Les principaux Psaumes, Cantiques et Hymnes qui s'y chantent, traduits en françois par Bossuet, V, 254. *et suiv.* Sagesse de l'Eglise dans la distribution des divers Offices, où tous les mystères des deux Testamens sont célébrés et renouvelés, avec une pieuse commémoration des saints hommes qui ont été sanctifiés par ces mystères, XXVI, 354, 355. *Voy.* BRÉVIAIRE.

OISIVETÉ. Combien elle est nuisible aux Etats, XXIV, 200.

OKAM, moine schismatique, est, suivant quelques-uns, l'auteur du sentiment soutenu depuis par les docteurs de Paris à Constance, XXI, 62, 63.

OLIER (Jean-Jacques), curé de Saint-Sulpice à Paris. Eloges que lui donne Bossuet : il l'appelle en témoignage sur la suspension des puissances dans l'oraison, XIX, 613. Il le range parmi les bons *spirituels*, XXVII, 568. Il demande des éclaircissemens sur deux de ses lettres, XXVIII, 673, 674.

OLYMPIADES. Elles tirent leur nom des jeux Olympiques, XXIV, 279.

ONCTION en Jésus-Christ, VII, 223. Ce n'est autre chose que la divinité, VIII, 163, 164. Elle lui a été donnée par le Saint-Esprit, VII, 223 *et suiv.* Quel en est l'effet, VII, 225. Elle doit nous inspirer deux vertus principales, VII, 226 *et suiv.*

La Réforme anglicane ôte du sacrement de l'Extrême-Onction, l'onction qu'elle dit introduite dans le dixième siècle, quoique le saint pape Innocent en ait parlé dans le quatrième, XIV, 305. *Voy.* EXTRÊME-ONCTION.

OPÉRATIONS. *Voy.* AME, ENTENDEMENT, ESPRIT, SENS.

OPINION, sa définition, XXIII, 64. Son ascendant sur les hommes, IX, 135.

OPTAT (S.), évêque de Milève, enseigne que l'Eglise est dans l'Etat, et qu'on doit prier pour le prince, même païen, XXI, 352, 353.

ORAISON. Ses règles enseignées par les apôtres et les Pères, XVIII, 369, 370. Comment on en doit juger, XVIII, 371, 372. Comment elle est cachée aux ames simples, XVIII', 373. Son éloge, et difficulté d'en parler, XVIII, 375. Comment l'oraison des solitaires étoit continuelle, XVIII, 511 *et suiv.* Moyen de la perpétuer, XVIII, 513 *et suiv.*; même pendant le sommeil, XVIII, 516. Comment l'oraison ne se connoît pas elle-même, XVIII, 463 *et suiv.*

Quelle est la meilleure manière de faire oraison, vii, 573, 574; xxvii, 441, 443, 526, 559, 560; xxviii, 127, 128. Caractères de la véritable oraison, xxvii, 645. En quoi elle consiste, et sa perfection, xxviii, 137, 138. Défauts à éviter dans l'oraison, xxviii, 212. Quelle doit être la présence de Dieu dans l'oraison, xxviii, 142, 143. Conditions nécessaires pour faire une oraison agréable à Dieu, ix, 268. Sa nature; quel est celui qui ne prie pas, ix, 260, 261. Comment l'oraison est une espèce de mort, ix, 267. C'est dans l'oraison que la gloire de Dieu éclate sur nous, ix, 109. Union admirable qui se fait de l'ame avec Dieu dans l'oraison, x, 574. Pratique de l'oraison continuelle, xxvii, 550. Comment il faut considérer Jésus-Christ dans l'oraison, xxvii, 567, 568. La maladie n'est pas contraire à la perfection de l'oraison, xxvii, 424. On doit s'humilier dans l'oraison, xii, 558. Pourquoi on ne connoît pas ce qu'on y fait, xxvii, 579. Il n'est pas besoin de le savoir, xxvii, 606. Point d'oraison plus forte que celle qui part d'une chair mortifiée par la pénitence, et d'une ame dégoûtée des plaisirs du siècle, x, 239. La miséricorde et la toute-puissance de Dieu sujets d'oraison, xxvii, 446. Danger des oraisons extraordinaires, xxvii, 576. Ni Cassien, ni saint Jean Climaque ne parlent de l'oraison de quiétude, xxviii, 246. Bossuet n'est pas contraire à cette oraison, xxviii, 249, 267.

Origine de l'oraison passive; explication des termes, xviii, 518, 519 *et suiv.* Ce que c'est précisément, xviii, 521. En quel sens elle est surnaturelle, xviii, 523. Sentimens de sainte Thérèse et du bienheureux Jean de la Croix, xviii, 523, 524, 576. L'état passif expliqué en six propositions, xviii, 523 *et suiv.* Le libre arbitre y agit, xviii, 527. Cet état est de peu de durée, xviii, 528. Cette oraison ne peut être commune à tous, xviii, 534, 535 *et suiv.* Toute perfection ne consiste pas dans cet état, xviii, 538. C'est une grace gratuite, sans laquelle on peut se sauver, xviii, 539 *et suiv.* Où peut mener l'idée perpétuelle passiveté, xviii, 542 *et suiv.*

S'opposer au livre des *Maximes des Saints*, ce n'est point mettre l'oraison en péril, xix, 375, 376, 377. La perfection ne consiste point dans l'oraison de quiétude, xix, 518 *et suiv.* xix, 597. Ce que c'est que l'oraison de quiétude et d'union, xix, 584, 585. La suspension de l'intellect y est surnaturelle et discontinue, xix, 586, 589, 590. Extases et ravissemens, xix, 587. Sentimens de saint Jean de la Croix sur cette matière, xix, 589; de saint François de Sales, 593; d'Alvarez, 594; de tous les mystiques, 596, 597. Les graces extraordinaires d'oraison ne prouvent pas toujours la sainteté d'une ame, xix, 598. La suspension des puissances de l'ame attestée par sainte Thérèse, xix, 606 *et suiv.* et par M. Olier, 613. Niée par M. de Cambray sans aucune preuve, xix, 613 *et suiv.* La foi ne souffre pas de cette suspension des puissances, xix, 608 *et suiv*. L'amour effectif peut être séparé de l'oraison de quiétude, xix, 609. Crime de traiter de fanatisme ces dons extraordinaires d'oraison, xix, 610 *et suiv*. L'ame toujours active dans l'oraison, selon M. de Cambray, xix, 619 *et suiv*. Force du libre arbitre, xix, 620. Saint Bernard cité à faux, xix, 622 *et suiv*.

Méthode facile pour faire l'oraison de simple présence de Dieu, vii, 504 *et suiv*.

ORAISON DOMINICALE. Explication de cette prière, v, 82, 83; vi, 11, 39. Paraphrase de chaque demande appliquée à la pratique de la charité, vi, 116 *et suiv*.

L'Oraison dominicale est supprimée par les quiétistes, xviii, 440, 441 *et suiv*. Elle contient les demandes de la grace et de la persévérance, xviii, 445, 446, 489. De la rémission des péchés, xviii, 452. Ce qu'on demande par le pain de chaque jour, xviii, 497; et par *votre règne arrive*, etc., xviii, 506. Doctrine de saint Augustin sur cette prière, xviii, 655 *et suiv*. Elle est expliquée par ce Père et par les prières de l'Eglise, iv, 385. Par saint Cyprien, Tertullien, etc., iv, 387 *et suiv*.

ORAISONS FUNÈBRES, xii, 439 *et suiv*.

ORANGE (le second concile d') a défini qu'on doit demander la persévérance, xviii, 490.

ORANGE (le prince d') persécuté pour cause de religion, remue toute l'Allemagne, xxv, 578.

ORATEUR. Trois choses contribuent à le rendre agréable et efficace, xii, 230. *Voy*. PRÉDICATEURS.

ORATOIRE. Congrégation fondée par le cardinal de Bérulle. Quel en étoit le but et l'esprit, xii, 646.

ORDINATION. Elle communique la plénitude du Saint-Esprit, xii, 64. L'ordination des pasteurs conservée dans l'Eglise romaine, de l'aveu de Luther, xiv, 137. La forme de l'ordination réglée par le Parlement en Angleterre, xiv, 298. La validité des ordinations n'y est fondée que sur la formule de la liturgie d'Edouard VI, xiv, 417. Les frères de Bohême dérobent l'ordination dans l'Eglise catholique, xiv, 555.

ORDONNANCE et instruction pastorale sur les Etats d'oraison xviii, 351 *et suiv*.

ORDONNANCE *pour défendre la lecture du* Nouveau Testament *de Trévoux*, iii, 379 *et suiv*. — *Ordonnances notifiées aux Ursulines de Meaux* x, 512, 513.

ORDRE (l') ne peut être exclu des sacremens communs à toute l'Eglise, xiii, 73. Définition de ce sacrement: en quoi il consiste, v, 15, 104.

ORDRE. L'ordre admirable qui paroît dans les choses humaines, considéré par rapport au jugement dernier : comparaison tirée de l'optique, qui rend cette vérité sensible, x, 226.

ORGANES. *Voy.* CORPS, SENS.

ORGUEIL. Sa définition ; il cause notre ruine, VIII, 267 ; XI, 133. C'est la maladie la plus dangereuse de l'homme, VIII, 170 ; XI, 466, 540. Il monte toujours, et ne cesse jamais d'enchérir sur ce qu'il est, IX, 140 ; XI, 470, 471 ; XII, 519. Il attribue tout à soi-même, VIII, 437. Il a fait tomber les anges rebelles, IX, 25 *et suiv.* C'est la plus dangereuse et la plus pressante de toutes les passions, x, 158. Nature de ce péché, XXVIII, 171, 172. Combien il est à craindre, x, 159 ; XXVIII, 269. Pensées sur l'orgueil, x, 617. L'amour-propre est la racine de l'orgueil, VII, 436, 437 *et suiv.* Ce que l'orgueil ajoute à l'amour-propre, VII, 441. Description de la chute de l'homme, qui consiste principalement dans son orgueil, VII, 443 *et suiv.* Effets de l'orgueil, VII, 444, 449 ; XXVII, 588. Ses désordres, VIII, 480, 481. Comparaison de l'homme amoureux des louanges avec la femme infatuée de sa beauté, VII, 447 *et suiv.* Dieu punit l'orgueil en lui donnant ce qu'il demande, VII, 452 *et suiv.* Comment il arrive aux chrétiens de se glorifier en eux-mêmes, VII, 458. D'où vient ce penchant de l'homme à s'attribuer le bien qu'il tient de Dieu, VII, 460 *et suiv.* Caractère d'un orgueilleux, x, 296.

ORIGÈNE prouve la divinité de Jésus-Christ par le texte du Psaume XLIV : *Sedes tua, Deus*, etc., I, 427. Il entend du péché originel ces paroles de David : *Ecce in iniquitatibus*, etc., I, 428, 429. Estime que saint Jérôme faisoit de ses commentaires sur l'Ecriture, I, 575. Origène invoque l'ange du baptême, II, 338. Il explique comment les martyrs concourent à la rédemption du genre humain, II, 341 *et suiv.* Passage de ce Père sur les persécutions, II, 440. Autre passage sur l'obéissance due aux puissances séculières, XXI, 545. Ses œuvres ont été autrefois défendues ; on peut les lire à cause de la piété qui y règne, XXVIII, 37.

L'origénisme est condamné par Théophile d'Alexandrie : son jugement est confirmé par le consentement commun et devient définitif, XXII, 182, 183.

ORLÉANS. *Voy.* Louis.

ORLÉANS. C'est où se fit la première paix des calvinistes révoltés, xv, 521. On y tint un synode pour entretenir la guerre, xv, 537.

OSIANDRE (André) luthérien, invente *l'impanation* et *l'invination*, XIV, 52. Il abandonne son église de Nuremberg, dans la crainte des peines dont menaçoit *l'interim*, et se retire en Prusse, XIV, 327. Sa doctrine prodigieuse sur la justification, *ibid.* Il plaisantoit sur tout, et avoit, selon Calvin, l'esprit profane. Melanchthon blâme son arrogance, ses rêveries et les prodiges de ses opinions, XIV, 328. Il trouble l'Université de Kœnisberg, où enflé de la faveur du prince, il publie hautement sa doctrine; ce qu'il n'avoit osé faire du vivant de Luther, xiv, 330. On épargne ses erreurs dans l'assemblée de Vormes. Il en triomphe en Prusse, où il rend sa doctrine dominante, xiv, 339.

OSIUS, évêque de Cordoue, distingue les droits des deux puissances, xxi, 282. Il préside au concile de Nicée, xxii, 14, *note*.

OTHON (saint), évêque de Bamberg, est attaché à l'empereur Henri IV, déposé. Le Pape ne l'en reprend pas, xxi, 407, 408 *et suiv*. Son vrai nom est *Udon*, xxi, 410 *et note*.

OTHON, évêque de Frisingue, atteste la nouveauté du pouvoir que s'attribuoit Grégoire VII de déposer les rois, xxi, 150 *et suiv*.

OTHON Ier parvient à l'empire par le concours du Pape et des Romains, xxi, 377 *et suiv*.

OTHON IV est déposé par Innocent III, xxi, 447.

OUIE. *Voy*. SENSATIONS.

OXFORD (concile d') tenu contre les Albigeois, appelés Poplicains, xiv, 481. *Voy*. MANICHÉENS.

OZIAS, roi de Juda, règne avec gloire, xxiv, 279. Il est frappé de lèpre pour avoir entrepris sur les droits du sacerdoce, xxiv, 70, 242, 279. Il fut toujours roi, xxi, 211.

P

PAÏENS. Depuis la loi de Moïse, ils avoient acquis une certaine facilité plus grande de connoître Dieu, par la dispersion des Juifs, et par les prodiges que Dieu avoit faits en leur faveur, xxvii, 235. Les païens, par la simple raison, ont mieux vu que Jurieu, qu'il falloit, pour le bien des choses humaines, supporter les mauvais princes, et non bouleverser les Etats par les révoltes, xv, 427.

PAIN. Demander avec confiance notre pain de tous les jours : ce que signifie cette demande du *Pater*, ix, 292, xi, 59.

PAIN BÉNIT. Sa signification et son origine, v, 147 *et suiv*.

PAIX. Que veut dire ce mot, xi, 215, 216. Deux sortes de paix sur la terre, xi, 219. La paix étroitement unie avec la justice, x, 201. Obtenue et annoncée par Jésus-Christ, x, 202. Conclue par la mort du Fils de Dieu, x, 203 *et suiv*. Cause de notre paix, x, 207. Pourquoi Jésus-Christ donnant la paix à ses disciples, leur découvre-t-il ses pieds et ses mains, x, 208. Il faut renoncer à tous nos attachemens criminels pour jouir de cette paix, x, 209, 211, 212. La paix est le fruit de la retraite, x, 212. Caractère de la paix des enfans de Dieu, xi, 218, 219.

Ce que c'est que la paix intérieure, vi, 536. Paix imperturbable, vi, 537 *et suiv.* Moyens pour avoir la paix au dedans de soi, xxviii, 4, 36.

Comment on doit chercher la paix avec les ennemis de l'Eglise, et prier pour la conversion des hérétiques. Beau passage de saint Augustin, xvii, 139.

La paix affermit les conquêtes, xxiv, 181, 182. Elle est donnée pour fortifier le dedans, *ibid.* Elle rend l'Etat florissant, xxiv, 191. Complimens à la reine-mère, au roi, au cardinal Mazarin, au sujet de la paix des Pyrénées, ix, 37. A la reine d'Angleterre, xi, 215, 221.

PAJON (Claude), ministre d'Orléans, soutient l'indifférence des religions, même du socinianisme, xvi, 119.

PALATIN (Charles-Louis, comte) fait imprimer les actes du second mariage du landgrave de Hesse, xiv, 210. *Voy.* Hesse.

PALATINE (princesse). *Voy.* Gonzague.

PALÉOLOGUE (Jean), empereur grec, assiste au concile de Florence : ce qu'il y dit sur l'autorité des conciles et du Pape, xxi, 699 *et suiv.*

PALEOTTI (Gabriel), célèbre jurisconsulte, se distingue au concile de Trente, xxii, 467.

PALLAVICIN (Sforce) cardinal, historien du concile de Trente, rapporte ce qui s'y passa au sujet de la doctrine des François sur la puissance ecclésiastique, xxii, 466 *et suiv. Voy.* Trente.

PANÉGYRIQUES des Saints, xii, 1 à 429.

PANORME. *Voy.* Tudeschi.

PAPE. C'est le premier évêque, préposé par Jésus-Christ même pour conduire tout le troupeau, xx, 505. Le Pape est le plus grand dans l'Eglise, et non plus grand que toute l'Eglise, xxii, 571, 572. Il peut tout quand la nécessité l'exige, xxii, 407. Le Pape, chef de l'ordre épiscopal, xii, 653. Pourquoi Jésus-Christ en lui donnant une si grande puissance, n'a pas voulu lui donner un caractère supérieur à l'épiscopat, xi, 618. De quelle manière saint Bernard considéroit le Pape, xi, 617. Passages remarquables qui montrent l'autorité que le Pape exerçoit au concile d'Ephèse, xx, 547; et dans celui de Chalcédoine, xx, 551. Il présidoit au concile d'Ephèse, en la personne de saint Cyrille, xx, 552. Sa lettre dogmatique fut la règle que suivit le concile, xx, 555.

Quand le Pape est attaqué, tout l'épiscopat est en péril, xi, 612. Le Pape ne doit pas révoquer les sentences des évêques contre l'ordre canonique, xi, 619. Caractères que doivent avoir les décisions du Pape, pour être d'une autorité infaillible, xxviii, 90.

Soumission de Luther envers le Pape, xiv, 32, 33. Ses emportemens contre lui, xiv, 47, 172. Melanchthon veut qu'on reconnoisse son autorité, xiv, 172, 173, 192, 196. Inconvéniens arrivés pour l'avoir rejetée, xix, 178. Les protestans offrent d'obéir au Pape comme au chef de l'Eglise, d'admettre pour frères les catholiques romains, et de reconnoître l'ordre de la hiérarchie ecclésiastique, xvii, 404 *et suiv.*; 438, 469 *et suiv.* De sa primauté de droit divin, xvii, 428, 454, 482, 529, 530, 584, 585; xviii, 42, 43.

La primauté du Pape, rejetée en Angleterre sur de faux principes, xiv, 296. Haine de Viclef et de Jean Hus contre le Pape, xiv, 547. Les Calixtins disposés à reconnoître le Pape, xiv, 550 *et suiv.* Les protestans déclarent qu'il est l'Antechrist. *Voy.* ANTECHRIST. Le concile de Trente ne décide sur l'autorité du Pape que ce qui est certain, et laisse à l'écart ce qui ne l'est pas, xv, 160. On n'a jamais fait dans l'Eglise un point de foi de l'infaillibilité du Pape, xvii, 147.

L'abbé Dupin coupable d'avoir voulu altérer la tradition sur l'autorité du Pape et de sa chaire, xx, 624, 625. D'avoir, par des altérations et des omissions affectées, combattu la supériorité du Pape clairement établie dans la procédure du concile d'Ephèse, xx, 545 *et suiv.* Ce n'est pas le Pape que figurent la Babylone, l'Antechrist, ou la bête de l'Apocalypse, III, 12, 13 *et suiv.*, 186, 187 *et suiv.*

Les chutes des Papes ne portent aucun préjudice à l'Eglise; elles prouvent qu'ils ne sont point infaillibles, xxii, 226 *et suiv.* L'erreur d'un ou deux Papes ne préjudicieroit en rien à la foi romaine, xxii, 577. Duval croit que le Pape peut devenir schismatique, et dès lors soumis au concile, xxi, 32, 33; xxii, 439, 586 *et suiv.* Avantages de la souveraineté temporelle du Pape, xxi, 484. *Voy.* CONCILE, CONSTANCE, EGLISE, INFAILLIBILITÉ, PIERRE, PRIMAUTÉ, etc.

PAPEBROCK, savant jésuite de Hollande, aida de son vaste savoir les pères Bollandus et Heuschenius dans le célèbre ouvrage des *Actes des Saints*, xxix, 3. Censure que l'on méditoit à Rome contre Papebrock en faveur des Carmes sur leur descendance d'Elie, *ibid.* On est dans une grande expectation de ce qui sera fait à Rome sur le P. Papebrock, xxix, 7.

PAPIAS, très-ancien auteur, mais d'un très-petit esprit, introduit dans l'Eglise le règne de mille ans, II, 570, 571.

PAPIN (Isaac), ministre anglican, puis réuni à l'Eglise catholique, écrit en faveur de la tolérance des religions, se lie avec le ministre Burnet, qui lui écrit en faveur de cette indifférence. Papin rétracte ses erreurs, xvi, 238, 239 *et suiv.*

PAQUE; que figuroit celle des Hébreux, vi, 321, 322; vii, 88, 89.

Ce que c'est que la Pâque des chrétiens, et manière de la célébrer, v, 167. Jésus-Christ désire manger la Pâque avec nous, vi, 348. Il s'est fait lui-même notre Pâque, *ibid.* Nous devons manger la Pâque avec lui, vi, 550.

Sermons pour la fête de Pâque, x, 92, 93. Joie toute spirituelle des chrétiens durant ces saints jours, x, 106. Dessein de Dieu en faisant tomber la fête de Pâque dans la saison où la nature se renouvelle, x, 143, 162, 163. *Voy.* Résurrection.

PARABOLES. Celle des deux Fils désobéissans, vi, 135; des Vignerons, prise de David et d'Isaïe, 137, 552; du Festin des noces, 143, 146, 147; des dix Talens et des dix Mines, 269; des Vierges sages et des Vierges folles, 266; du Père de famille et de ses serviteurs, 260; de l'Econome fidèle et prudent, 263; du Serviteur méchant, 265; de la Vigne taillée par le Père céleste, 544 *et suiv.*; des Semences, viii, 416; du Serviteur à qui son maître avoit quitté dix mille talens, x, 427 *et suiv.*

PARADES (Jacques de), chartreux, prouve la supériorité du concile sur le Pape, xxi, 716.

PARADIS. Belle description qu'en donne l'Apocalypse, ii, 576, 577 *et suiv.*, 580. Combien il faut être pur pour y entrer, ii, 583. Passage de saint Paul sur la gloire du ciel, iii, 555 *et suiv.* Le paradis, figuré par la terre promise, vii, 154 *et suiv.* La joie du paradis sera éternelle, vi, 592. La vie éternelle est de connoître Dieu et Jésus-Christ, vi, 605 *et suiv.* Les élus y partageront la gloire de Jésus-Christ même, vi, 630 *et suiv. Voy.* Ciel, Elus, Saints.

PARDON universel que Jésus accorde à ses ennemis; son immense charité pour eux, x, 86. Conduite que doit nous inspirer un tel excès de miséricorde, x, 87.

Pardon des injures : combien les leçons de la philosophie, en ce point, sont inférieures à celles de Jésus-Christ, x, 388. Ingratitude et aveuglement de celui qui refuse de pardonner à son ennemi, x, 397, 609. Combien Dieu aime à pardonner, x, 604.

PARESSE. Elle est un obstacle à la justice, xxiv, 126.

PARESSEUX. Son caractère, xxiii, 574.

PARFUMS répandus avec profusion sur la tête et les pieds de Jésus : ce qu'ils signifient, vi, 87 *et suiv.*

PARIS. Désordres qui y règnent; souhaits pour la conversion de ses habitans, viii, 78.

PARISIENS (les) se mutinent contre le dauphin, pendant la captivité du roi Jean, xxv, 110. Leur soumission, *ibid.* Ils se révoltent de rechef, xxv, 134 *et suiv.*

PARKER (Matthieu), archevêque protestant de Cantorbéry, est le premier à reconnoître par sa souscription la suprématie de la reine Elisabeth, xiv, 415.

PARLEMENT d'Angleterre. Il règle la formule de l'ordination des évêques et des prêtres, xiv, 298. Il refuse de prendre l'avis des évêques sur les affaires de la religion, et réforme par son autorité la liturgie et les prières publiques, xiv, 300, 303.

Parlement de Paris. Il supprime le livre de Bellarmin contre Barclai; et condamne ceux qui soutenoient le pouvoir du Pape sur le temporel, xxi, 510 *et suiv.*

PAROLE. Elle est le lien de la société humaine, xxiii, 487. Ce qu'il faut entendre par une parole oiseuse, iii, 441 *et suiv.*

PAROLE DE DIEU. Son efficacité, vii, 493; sa douceur, vi, 629. C'est cette parole qui nous jugera, vi, 635 *et suiv.* Soumission qui lui est due, ix, 92 *et suiv.* Ses rapports avec l'Eucharistie, ix, 114. Précautions à prendre pour que la sainte parole ne tombe pas de notre cœur, ix, 125. Elle est vive, efficace, plus pénétrante qu'un glaive tranchant des deux côtés, etc., ix, 127, 128. Avec quel mépris on écoute souvent la parole de Dieu, ix, 133. Parole de l'Evangile, instrument de la grace, ix, 52. Endurcissement des cœurs à l'égard de la parole de Jésus-Christ, ix, 53, 54.

PARTICULARISME (le) des calvinistes, qui font Dieu auteur du péché, et renversent toute la morale chrétienne, détesté par les luthériens, comme une affreuse hérésie, xv, 166, 167.

PASCHAL II, pape : sa dispute avec l'empereur Henri V sur les investitures : il les accorde par violence, xxi, 424 *et suiv.* Il veut se démettre au concile de Latran, xxii, 240 *et suiv.*

PASCHASE RADBERT, auteur du neuvième siècle. Preuve qu'il n'a rien innové sur le dogme de la présence réelle, xvii, 26 *et suiv.* ; xviii, 206, 207.

PASSAGES ÉCLAIRCIS (les) ou réponse au livre intitulé : *Les principales propositions du livre des* Maximes des Saints, *justifiées par des expressions plus fortes des saints auteurs,* xx, 371 *et suiv.*, 382 *et suiv.*

PASSION de Jésus-Christ. Sermons sur ce mystère, x, 1 *et suiv.* Toute l'économie de notre salut y est renfermée, x, 28. *Voy.* JÉSUS-CHRIST, SAUVEUR.

PASSIONS; d'où elles naissent, xxiii, 44, 45. Leur définition, xxiii, 45, 143. Leur nombre, 45. Combien elles influent sur nos jugements, xxiii, 69. Altérations qu'elles causent dans le corps, xxiii, 106 *et suiv.* A quels mouvemens elles sont unies, xxiii, 135, 140 *et suiv.* Leur assujettissement à la volonté, xxiii, 154 *et suiv.* Effets de l'attention sur elles, xxiii, 161, 162 *et suiv.* Leur excès cause la folie, xxiii, 165. Les représentations théâtrales les excitent et les enflamment, xxvii, 3, 4, 23 *et suiv.*

Les passions ont en elles-mêmes des peines cruelles, des dégoûts, des amertumes : exemples, viii, 204, 205. Leur avidité insatiable endurcit le cœur du riche à l'égard des pauvres, ix, 193, 194. Elles ont détruit la société humaine, xxiii, 485. Le prince doit se rendre maitre de ses passions, xxiii, 577. De quels maux elles sont la source quand elles le dominent, xxiii, 34, 35.

PASTEUR. Charité du vrai pasteur, ix, 473. Combien elle éclate dans la parabole de la brebis égarée, x, 374, 375. Les pasteurs de l'Eglise s'élèveront, au jugement de Dieu, contre ceux qui n'auront pas fait cas de leurs paroles, x, 504, 505. Sentence prononcée contre les pasteurs aveugles, x, 183, 184.

Claude et Jurieu s'accordent à dire que les peuples peuvent, à leur gré, déposer leurs pasteurs, et s'en donner d'autres, xv, 133. L'Eglise croit que Jésus-Christ établit les pasteurs, et non le peuple : langage différent de la réforme, qui défère tout au peuple, *ibid.*

PATARIENS (les) étoient les mêmes que les albigeois ou manichéens, xiv, 488. Quoiqu'ils fussent plus corrompus que les autres sectes manichéennes, les protestans les prennent pour les vaudois, et les regardent comme leurs ancêtres, xiv, 389, 490.

PATIENCE (la) et la prière, laissée pour ressource à l'Eglise par Jésus-Christ contre les maux qu'elle auroit à souffrir des princes impies, xxi, 219 *et suiv.*

PATRIARCHES. Leurs soupirs et ceux des prophètes pour la venue du Messie, viii, 410.

PATRIARCHES ECCLÉSIASTIQUES. Leur origine et rang de leurs siéges, xxiv, 362.

PATRIE. Combien l'homme y est attaché, xxiii, 489. Obligation de l'aimer, sur quoi fondée, xxiii, 505. Punition de ceux qui la troublent, *ibid.* On ne doit pas épargner ses biens pour la servir, *ibid.* Ni même sa vie, xxiii, 506. Exemple de Jésus-Christ, des apôtres, et et des premiers chrétiens, xxiii, 509 *et suiv.* On sert la patrie en servant le prince, xxiv, 1. *Voy.* ETAT, GOUVERNEMENT, PRINCE, ROIS.

PAUL (saint). Sa conversion, xxiv, 328, 469. Les Juifs le livrent aux Romains, *ibid.*

Saint Paul avoit vu quelque chose de la gloire des élus, viii, 15 *et suiv.* Panégyrique de cet apôtre, xii, 224, 225. Combien efficace la simplicité de ses discours, xii, 233. Souffrances de saint Paul, combien persuasives, xii, 238. Ses peines, ses travaux, son désintéressement, xii, 244. Combien il a aimé la croix et l'Eglise, xii, 250. *Voy.* ETIENNE (saint).

Prédiction de cet apôtre à Timothée, étrangement dépravée par les ministres, iii, 69 *et suiv.* Le vrai sens de ce passage établi, il regarde les manichéens, iii, 103, 104. Vaine défaite de Jurieu, *ibid. et suiv.* Passage de la seconde Epître aux Thessaloniciens, mal interprété par les protestans, iii, 84, 85, 301.

Amour de saint Paul pour ses concitoyens, xxiii, 511, 512. Sa doctrine et celle de saint Pierre sur l'obéissance due au prince, xxiv, 8, 15. Sur le paiement des impôts, xxiv, 80, 198, 199.

Saint Paul renverse la doctrine des quiétistes sur la foi explicite en Jésus-Christ, xviii, 408, 409, 410, 418. Il explique la présence de

Dieu en nous, xviii, 419, 420. Le désir du salut, xviii, 430 *et suiv*. Sa doctrine sur la prière, xviii, 434, 456, 457. Contraire à l'indifférence du salut, xviii, 438. Il inculque les réflexions, xviii, 461, 462, 465 *et suiv*. Il enseigne la pratique de la mortification, xviii, 485. Celle des demandes et actions de grace, xviii, 486, 495. Sa doctrine du combat de la concupiscence, xviii, 498, 505. Exemple en sa personne des suppositions impossibles, xviii, 579, 580, 637. Ce qu'il dit des actes du cœur, xviii, 614.

Comment et pourquoi saint Paul a demandé d'être anathème, xix, 312. Son anathème, selon saint Chrysostome, exprime un plus grand désir de posséder Jésus-Christ, xix, 317. Saint Grégoire de Nazianze entend cet anathème de la mort temporelle, et non de l'éternelle, xix, 312. Cette interprétation ne sert de rien pour établir l'amour naturel des mystiques, xix, 313. Parfaite sécurité de l'apôtre, malgré le désir qu'il faisoit par impossible, xix, 725 *et suiv*. Réflexions sur les interprétations de saint Grégoire et de saint Chrysostome, xix, 547 *et suiv*. Explication du passage *Cupio dissolvi*, etc., xix, 683. Passage de saint Basile sur l'anathème auquel se dévouoit le saint Apôtre, xx, 391.

PAUL I, Pape, envoie des légats à Constantin Copronyme et à Léon Chazare, pour les prier de rétablir les saintes images, xxi, 328.

PAUL III, de la maison de Farnèse, est élu pape, xxv, 396. Une des raisons de l'élire est le zèle qu'il avoit toujours témoigné pour la tenue d'un concile, xxv, 396. Excommunie Henri VIII, roi d'Angleterre, et le prive de son royaume : on n'a point égard à sa bulle, xxi, 540 *et suiv*. Il croit la tenue du concile de Trente nécessaire, xxii, 102. Il meurt avec un regret extrême de s'être tant tourmenté pour sa maison, xxv, 450.

PAUL V met en interdit la ville et l'Etat de Venise, xxi, 507 *et suiv*. Il condamne le serment exigé des catholiques anglois, xxi, 542.

PAUL de Samosate, évêque d'Antioche, flatte les Juifs en faveur de Zénobie, ii, 382. Sa condamnation, ii, 433; xxi, 95; xxiv, 335.

PAUL, patriarche de Constantinople, compose sous le nom de l'empereur Constant, l'édit appelé *Type*, favorable au monothélisme, xxii, 51.

PAULICIENS. Leur histoire écrite par Pierre de Sicile. Ils étoient manichéens, et venoient d'Arménie. Leurs erreurs sont les mêmes que celles des anciens manichéens réfutés par saint Augustin. Ils vouloient envoyer des prédicateurs de leur secte en Bulgarie, et réussirent dans leur projet, xiv, 465 *et suiv*.

PAUVRES. Jésus-Christ les choisit pour être les ministres de son royaume et les coadjuteurs de son grand ouvrage, viii, 166. Leur rang, leur dignité et leurs priviléges dans l'Eglise, viii, 425. Honorer les pauvres, respecter leur condition, VIII, 431. Ils s'élèveront contre la dureté inexorable des riches à la mort, IX, 191. Jésus-Christ souffrant dans les pauvres, IX, 560 *et suiv.* Ils sont l'image vivante de Jésus mourant, X, 72, 73. Les trésoriers et les receveurs généraux de Dieu sur la terre, XII, 365. *Voy.* AUMONE, RICHES.

PAUVRES DE LYON. *Voy.* VAUDOIS.

PAUVRETÉ. Elle n'est plus roturière, le roi de gloire l'ayant épousée, VIII, 437. Elle est la source de la royauté du Sauveur, XI, 492, 493 *et suiv.* Le moyen que Dieu emploie quelquefois pour éprouver ceux qui lui sont fidèles, X, 468, 469. Il ne veut voir dans sa compagnie que ceux qui portent sa marque, c'est-à-dire, la pauvreté et la croix, *ibid.* En quoi consiste la pauvreté religieuse. A quoi elle oblige, XXVII, 639, 655.

PAVIE (le concile de) assemblé par Martin V, se transfère à Sienne : il est dissous, et indique Bâle pour le lieu du futur concile, XXI, 660 *et suiv.*

PAVILLON (Nicolas), évêque d'Alet. Consultation faite à ce prélat, et sa réponse sur la signature du Formulaire et sur les religieuses de Port-Royal, XXVI, 236.

PAYSANS. Leur révolte en Saxe, causée par le livre *de la Liberté chrétienne* de Luther. Les anabaptistes se joignent à eux. Luther décide qu'il faut les exterminer, XIV, 90.

PÉCHÉ. Sa définition : d'où vient sa malice, VIII, 346, 347. C'est le plus grand de tous les maux, VIII, 200, 201, 343, 347, 362, 363, 367. C'est dans le cœur de l'homme une tache infâme qui le défigure, IX, 61, 62, 87. Il fait un cri terrible aux oreilles de Dieu toujours attentives, IX, 62. C'est une dette que nous ne pouvons payer, X, 427, 428. Quelle est la cause du péché, XXIII, 475. Son principe ; étrange propriété qu'il a dans l'homme, X, 97, 98. Combien il est fortement attaché à notre nature, X, 122, 123, 124. Le péché plaît aux hommes quand ils le commettent, X, 570. La blessure qu'il fait, éternelle et irrémédiable de sa nature, X, 378 *et suiv.* Point d'homme si corrompu à qui quelque péché ne déplaise, IX, 106. Le péché est toujours timide et honteux, IX, 431. Motifs qui doivent nous le faire détester, X, 39, 40.

Effets du péché, VIII, 10, 206, 498; IX, 370. Pourquoi Dieu permet le péché, XXVIII, 328, 329. Moyen de s'en purifier, XXVIII, 211, 212. 222. Longs combats nécessaires pour conserver le fruit de la victoire que nous obtenons sur le péché par la grâce de Jésus-Christ, X, 124. Ce qu'opère, selon les quiétistes, la haine et l'oubli du péché, XVIII, 449 *et suiv.* De quelle manière le Sauveur est mort au péché, X, 101. Quelle est la pensée de l'Apôtre, quand il dit que Jésus-Christ est mort au péché, X, 122 *et suiv.* Les péchés sont détruits dans les justes, bien qu'il n'y en ait point qui ne soient pécheurs, xiii, 406. Comment les péchés sont-ils effacés, xvii, 411, 412, 442, 465, 473. L'homme ne peut passer sa vie sans quelque péché, xvii, 553, 554. Deux sortes de péchés, dont les uns détruisent la charité, les autres ne la détruisent pas, xiii, 430 *et suiv*. Les bonnes œuvres des justes sont-elles pures de tout péché, xvii, 417, 446, 475 *et suiv*.

Péché véniel. Sa malice, xxviii, 372. Nul n'en est exempt, ni n'en peut être exempt, iii, 326 *et suiv*. Il est inévitable, xviii, 498, 499. Il ne peut pas être rapporté à Dieu, xix, 718; xx, 154. Moyen de s'en corriger, xxvii, 517. Quoique les péchés véniels semblent légers, ils accablent par leur multitude, et mettent de funestes dispositions dans les consciences, xii, 521, 522. Les justes commettent tous les jours des péchés véniels, mais tous les jours ils peuvent en être purgés, xiii, 407.

La grandeur du péché se mesure par l'excellence et la dignité de la personne offensée, au-dessus de celle qui offense, xxvi, 411. Par le péché, l'homme asservi aux sens oublioit Dieu, et ne faisoit que s'enfoncer dans l'idolâtrie, xxvii, 246. Le péché mortel renferme une éternité, et pour ainsi dire une immensité de concupiscence, à laquelle Dieu doit s'opposer de toute son infinité : raison de l'éternité des peines du péché, xxvi, 527, 528. Combien de sortes de péchés, v, 94. Des sept péchés capitaux, v, 98 *et suiv*. Péché d'habitude; sa nature, ix, 86. Ses suites funestes, ix, 87, 88. Péché contre le Saint-Esprit, xxviii, 311. C'est une question impénétrable, xxvii, 461.

Saint Augustin a été accusé par Richard Simon de faire Dieu auteur du péché, iv, 368, 400. Dieu permet seulement le péché, et le libre arbitre le commet, iv, 401, 402. Pourquoi Dieu n'est pas tenu de l'empêcher, iv, 403, 404. La permission du péché est bien différente de l'endurcissement, iv, 407. Elle n'est pas dans Dieu une simple patience, iv, 409, 419, 421. Il dirige dans le mal la volonté du pécheur, iv, 410; et fait ce qu'il veut des volontés mauvaises, iv, 412. Belle explication de cette doctrine, iv, 414. Il tient en bride les passions des méchans, iv, 469.

Les luthériens et les calvinistes font Dieu auteur du péché, xv, 1, 2. Bèze soutient que le péché d'Adam étoit ordonné de Dieu, et que ce qui étoit volontaire en Adam étoit en même temps nécessaire. Il avoit puisé cette doctrine dans Calvin, *ibid*. Jurieu démontre que Luther et Mélanchthon ont admis le blasphème que Dieu est auteur du péché, xvi, 62. Cette doctrine détruit le libre arbitre de l'homme, éteint les remords de la conscience, xvi, 78. Jurieu retombe dans les excès des premiers réformateurs sur la cause du péché, en voyant l'inévitable et fatale nécessité qui nous entraîne au mal comme au bien, xv, 42, 43. *Voy.* ETERNITÉ, JUSTICE, PÉCHEURS, PEINE, RECHUTE.

PÉCHÉ ORIGINEL. Son occasion, v, 48; x, 98. Ses effets, v, 49 *et suiv.*; xi, 4, 6. Tous les hommes compris dans Adam, le père puni dans ses enfans, la perte de la justice originelle; tels sont les trois fondemens de la justice divine dans le péché originel, vii, 119, 120, 122 *et suiv.* Suites affreuses de ce péché, vii, 126, 128, 130, 133 *et suiv.* Il est le principe des trois concupiscences, vii, 463, 464, 466, 467.

La corruption du genre humain est une preuve du péché originel, xxiv, 384. Ce péché prouvé par le texte du Psaume L: *Ecce in iniquitatibus*, etc., i, 171, 428 *et suiv.* On le prouve encore par l'usage de toute l'Eglise, de baptiser les enfans, iv, 18 *et suiv.* Il est cause de la damnation éternelle des enfans non baptisés, iv, 166 *et suiv.* Il donne vraiment la mort à l'ame, iv, 260, 261, 262 *et suiv.* Prouvé par le texte de saint Paul: *In quo omnes peccaverunt*, iv, 264. Discussion plus ample sur ce texte, iv, 268, 270, 271 *et suiv.* Son vrai sens établi par deux conséquences du contexte, iv, 273, 274 *et suiv.* Par l'intention de saint Paul dans ce passage, iv, 276 *et suiv.* Sans le péché originel, la mort d'un enfant accuse Dieu d'injustice, iv, 277 *et suiv.*; 294 *et suiv.* Objection contre ce principe, iv, 293; solution, 296, 297 *et suiv.* Les pélagiens mêmes ont reconnu que la peine ne marche point sans la coulpe, iv, 298. Uniformité des Pères anciens et nouveaux, grecs et latins, sur cet article de notre foi, iv, 280 *et suiv.*; 287 *et suiv.* Il est impossible que l'Orient crût autre chose que l'Occident, iv, 287, 288, 289; preuves de ce fait, 290. Témoignages de la tradition de l'Eglise d'Occident, iv, 299, 300; de l'Eglise d'Orient, 302. Conformité des idées des Pères sur le péché originel, iv, 303; sur le moyen par lequel il se transmet, iv, 304, 305 *et suiv.* Témoignages de saint Justin, iv, 306; de saint Irénée, 307; de saint Clément d'Alexandrie, 309; d'Origène, 312, de Tertullien, 315, 317; de saint Cyprien, 316; de saint Athanase, 318; de saint Basile et de saint Grégoire de Nazianze, 318; de saint Grégoire de Nysse, 320; de saint Chrysostome, 328. L'essence du péché originel ne consiste point dans la domination de la convoitise, iv, 336. En quoi elle consiste, et quelle est la cause de la propagation de ce péché, *ibid.* Solution de quelques difficultés tirées des Pères, iv, 338, 339, 340, 341, 343, 344. L'abbé Dupin, coupable d'avoir voulu affoiblir la tradition des premiers siècles sur ce dogme, xx, 473 *et suiv.*

Comment l'ame peut connoître sa dépravation originelle, xxiii, 199, 200. Les païens ont eu quelque idée de cette punition divine, *ib.*

Comment on doit combattre le péché originel, xxvii, 481 *et suiv.*

PÉCHÉ PHILOSOPHIQUE; en quoi consiste cette erreur. Elle est condamnée par Alexandre VIII, xxvi, 526, 527; sa réfutation, 528 *et suiv.*

PÉCHEURS. Ce sont des ennemis impuissans de Dieu, VIII, 201. Ils voudroient vivre toujours, pour pouvoir toujours pécher, XXVI, 527. Peines interminables des pécheurs, proportionnées à leur désir de pécher sans fin, VIII, 369. A quoi sont semblables les pécheurs endurcis, VIII, 109. Leur réponse quand on leur parle des jugemens de Dieu, IX, 73. La damnation des pécheurs est une pure justice, leur justification une pure miséricorde, IX, 82. Pourquoi Dieu les punit, X, 600. Sa justice en action contre eux, IX, 83 *et suiv*. Les bons regrets des pécheurs à la mort sont suspects, IX, 215. Pourquoi ils voudroient détruire les lois primitives et invariables de la vérité et de la justice, IX, 402, 403 *et suiv*. Pourquoi ils s'irritent contre les conseils qu'on leur donne, *ibid*. Trésor de haine qu'ils amassent par un mépris si outrageux de l'Esprit-Saint, IX, 389. Caractère des pécheurs, IX, 405. Par quels degrés ils en viennent à regarder leur pénitence impossible, IX, 452. Audace des pécheurs dans leurs excuses, VIII, 123; IX, 377 *et suiv*., 454. Quels guides ils doivent chercher, IX, 491. Pécheurs superbes : leur caractère, IX, 492 *et suiv*. Quels sont les pécheurs qui sont à charge à la miséricorde divine, IX, 497. Les pécheurs plus coupables que les Juifs, X, 357 *et suiv*. Pécheurs réconciliés : avec quelle douceur et quelle charité Jésus-Christ les traite, XI, 68 *et suiv*. Ils sont élevés aux premières places de son royaume, XI, 71. Ils doivent trembler, parce que chaque nouvelle chute creuse sous leurs pas de nouveaux abîmes, XII, 550. Les pécheurs doivent avoir confiance aussi bien que les innocens, XXVIII, 383, 384. En quel sens on peut se croire un grand pécheur, quoiqu'on n'ait pas commis de grands crimes, XXVIII, 546.

Réflexions sur le triste état des pécheurs, et les ressources qu'ils ont dans la miséricorde de Dieu, VII, 579 *et suiv*. Le pécheur déchiré par ses remords, comparé à un cheval couvert d'une armée d'abeilles, et piqué par leurs aiguillons, VII, 584. Il ne peut trouver de remèdes à ses maux que dans le sang de Jésus-Christ, VII, 585. *Voy*. CONVERSION, MISÉRICORDE.

PECTORAL mystérieux du pontife de l'ancienne loi; ce qu'il signifioit, XII, 281.

PEINE (la) infligée au pécheur s'accorde avec la justice; elle est conforme à l'ordre, VIII, 159 *et suiv*. Une partie de la peine due au péché réservée après le baptême dans la pénitence, VIII, 370. La peine, pour être juste, doit être proportionnée à l'injustice du crime, VIII, 220. Première peine de l'homme pécheur, X, 4. Séparation, abandon et malédiction de Dieu, peine du péché, X, 601 *et suiv*. Pourquoi la peine du péché est éternelle, X, 602. *Voy*. ÉTERNITÉ, JUSTICE, PÉCHÉ, PÉCHEURS.

Manière de porter les peines de l'ame, XXVIII, 16, 17, 34, 51, 53,

55, 58, 69, 81, 82, 88, 89, 90, 94, 95, 99, 100, 103,121, 151, 152, 157, 215, 216, 220, 222, 231, 251, 296, 363, 364. Avantages à en tirer, xxvii, 491, 492, 534; xxviii, 37, 43, 57, 78, 84. Leurs remèdes, xxvii, 440, 449, 477, 483, 499, 514, 515, 516, 517, 523, 525, 531, 532, 553, 555, 561, 562, 563, 564, 569, 571, 574, 575, 589, 590, 592, 593, 596, 597, 600, 603, 616, 617, 620, 623, 626, 647, 657; xxviii, 351. Ne pas les dire à un confesseur qui ne nous connoît pas à fond, xxvii, 456, 457, 459, 460, 461.

PÉLAGE I, pape, est soupçonné dans sa foi par Childebert, roi de France; il se justifie par sa profession de foi, xxii, 208 *et suiv.*

PÉLAGE II fait une Décrétale que saint Grégoire le Grand trouve dure, et que la *Glose* dit contraire à l'Evangile, xxi, 75. Ce pape se promet des descendans de Clovis, leur protection pour le saint Siége, xxiv, 97.

PÉLAGE, hérétique, nioit le fondement de la foi touchant la rémission des péchés par le baptême, xxii, 167, 168. Il est condamné en Afrique et par les papes, xxiv, 346. La cause des pélagiens est jugée sans concile par le consentement commun, xxii, 164.

Pélage excusé et préféré à saint Augustin par Richard Simon, iv, 173 *et suiv. Voy.* AUGUSTIN (S.)

PÉLAGIANISME (le) présenté par Richard Simon comme la doctrine de toute la tradition, iv, 173 *et suiv.* Et surtout de saint Chrysostome, iv, 171, 174. Attaqué par saint Augustin au nom de toute l'Eglise, iv, 177 *et suiv.* Le pélagianisme, selon Jurieu, quoique condamné par le synode de Dordrecht, n'est pas contraire à la piété. Il prétend qu'*on doit prêcher à la pélagienne*, et que les arminiens et autres, quoique pélagiens par l'esprit, sont par le cœur disciples de saint Augustin, xv, 42, 43. Ce ministre convainc les luthériens de demi-pélagianisme dans l'endroit même où il dit que c'est une calomnie de les en accuser, xv, 257 *et suiv.* Le demi-pélagianisme est et n'est pas, selon lui, une erreur mortelle et fondamentale, xv, 262, 263 *et suiv.* Les contradictions de ce ministre, xvi, 144, 145. Les calvinistes tolèrent le demi-pélagianisme des luthériens, xvi, 143. En quoi les pélagiens erroient sur le péché originel, x, 98. Ils parlent avec mépris de l'Eglise, comme étant tombée. Leur langage est celui de tous les hérétiques, xvii, 103, 104.

PÉLISSON (Paul Fontanier), converti du protestantisme à la religion catholique, correspond avec Leibniz touchant la réunion des deux religions, xviii, 144 *et suivantes*, 161. Avec Bossuet sur le même sujet, xviii, 158 *et suiv.* Sa mort, xviii, 178.

Pélisson étoit mort comme il avoit vécu, en très-bon catholique, xxvi, 462. Loin d'avoir le moindre doute de la foi catholique, Bossuet le regardoit, depuis le temps de sa conversion, comme un des plus zélés défenseurs de notre religion, *ibid.* Il pratiquoit solidement la piété, xxvi, 463. Les détails de sa conversion, et sa conduite édifiante jusqu'à sa mort, démentent les calomnies que les protestans débitoient contre la sincérité de sa conversion, xxvi, 465, 466.

PÉNITENCE. Sa nécessité, viii, 173, 174 *et suiv.* Motifs qui doivent exciter les hommes à faire pénitence, ix, 57, 58 *et suiv.* Sévérité de l'ancienne pénitence, viii, 371. Lois de l'ancienne pénitence, viii, 231. Effets de l'esprit de pénitence, viii, 234. Conditions de la vraie pénitence; combien elle est rare, viii, 238. Trois qualités de la pénitence, ix, 216, 217 *et suiv.* Alliance plus étroite dans laquelle nous entrons par la pénitence, ix, 220, 221 *et suiv.* Deux qualités du remède de la pénitence, ix, 225. Nécessité de recevoir la pénitence comme remède et comme préservatif, ix, 168 *et suiv.* La pénitence, remède pour le passé, précaution pour l'avenir, x, 137. Fontaine de la pénitence toujours ouverte aux pécheurs pour y laver leurs crimes, ix, 230. On doit craindre de ne point profiter de la pénitence, viii, 497, 498. L'amertume de la pénitence plus douce que tous les plaisirs, ix, 463. Echange mystérieux qui se fait dans la pénitence, ix, 440 *et suiv.* Dispositions avec lesquelles on doit accomplir la pénitence, ix, 448. Sentiment de crainte propre à disposer les cœurs à la grace de la pénitence, ix, 394, 485. Quelle est la perfection de la pénitence, vii 355. Elle s'opère dans la solitude, viii, 229. Fruits salutaires de la pénitence, x, 385. Qu'est-ce que faire pénitence, selon les maximes de l'Evangile, x, 562. L'humilité est la meilleure disposition à la pénitence, x, 592. Deux choses composent la pénitence : la mortification du corps et l'abaissement de l'esprit, xii, 179. Combien elle est méprisée, xii, 190.

La pénitence est un sacrement établi par Jésus-Christ et un tribunal où l'Eglise exerce la puissance qui lui a été donnée, de remettre ou de retenir les péchés, non-seulement publics, mais les plus secrets. Utilité et avantage de la confession, xiii, 71, 72; xvii, 518, 571; xviii, 29. Les luthériens reconnoissent le sacrement de pénitence et l'absolution sacramentale, xiv, 127. Henri VIII confirme la foi de l'Eglise sur ce sacrement, xiv, 272, 273, 278.

Instruction sur ce sacrement, v, 106. Manière de le recevoir utilement, v, 115, 116 *et suiv.* Amour qu'exige ce sacrement, pour que le pécheur y soit justifié, v, 403 *et suivantes*; 438 *et suiv.* Comment doit-on entendre le commencement d'amour de Dieu, dont parle le concile de Trente, v, 410, 440 *et suiv.* En quelles dispositions on doit s'approcher du sacrement de pénitence, x, 52. Satisfaction qu'il exige, *ibid.* Tribunal de la pénitence, tombeau d'où nous devons sortir comme Jésus-Christ ressuscité, x, 148. *Voy.* CONFESSION, CONVERSION, CONTRITION. — *Retraite de dix jours sur la pénitence,* vii, 555.

PÉNITENS. Il y en a peu de vrais, IX, 482. Dans la gloire éternelle, les fautes des saints pénitens ne paroissent plus, XII, 618, 619.

PENSÉES. Comment elles naissent dans l'ame, XXIII, 156 *et suiv.*

PENTECOTE. Instruction sur le mystère de cette fête, V, 174 *et suiv.* Merveilles qu'opéra en ce jour le Saint-Esprit, X, 286, 287 *et suiv.* Circonstances de la descente du Saint-Esprit, V, 174.

PEPIN, maire du palais. Après la mort de Dagobert, il gouverne la France sous le nom de prince, XXV, 12.

PEPIN, dit le Bref, fils de Charles-Martel, veut se faire roi de France. Il avoit à combattre l'amour naturel des François pour leurs rois. Moyens qu'il met en usage pour parvenir au trône, XXV, 18. Il réunit en sa personne toute la puissance de Charles-Martel son père, XXIV, 359. Il est appelé au trône par les François; sacré et couronné par le pape Etienne III, qu'il avoit reçu en France, *ibid.* Action courageuse par laquelle il se concilie les esprits, XXV, 18. Il donne à l'Eglise romaine toutes les villes reconquises sur les Lombards, XXIV, 360. Ce prince est mis sur le trône par les seigneurs françois, et non par le pape Zacharie, XXI, 356 *et suiv.* Il est fait patrice des Romains, XXI, 368. Portrait de ce prince, XXV, 19, 20. Surpris d'une maladie et sentant approcher sa dernière heure, il partage son royaume entre ses enfans, *ibid.*

PERCY, galant d'Anne de Boulen. Ses amours ne rendoient pas nul le mariage de Henri VIII avec cette femme, XIV, 271.

PERDITION (l'enfant de). Ce que Jésus-Christ entend par là, VI, 624, 625. Explication de ce texte : *Aucun n'a péri que l'enfant de perdition*, VI, 626.

PEREDO (Pierre de), saint religieux, envoyé au pape Benoît XI par Philippe le Bel : ses remontrances au sujet des entreprises de Boniface VIII, XXI, 464 *et suiv.*

PÉRÉFIXE, archevêque de Paris, prédécesseur immédiat de M. le cardinal de Noailles. Quels termes et quelle forme il emploie pour défendre les traductions des saintes Ecritures faites sans la permission de l'ordinaire, XXXI, 85, 86, 87. M. le cardinal de Noailles n'a fait que le suivre dans son ordonnance sur le même sujet, XXXI, 88. La censure de ce prélat donna lieu à un arrêt de suppression de l'édition faite à Mons d'une traduction du Nouveau Testament, *ibid.* Cet arrêt avoit ce fondement dont M. de Péréfixe s'étoit servi, qui est qu'il est dangereux d'exposer au public des versions de la sainte Ecriture, sans la permission et l'approbation des évêques de France, *ibid.*

PÈRES (saints). Quelle est leur autorité, II, 318. Différences de leurs conjectures d'avec leurs dogmes et leur consentement unanime, II, 319. Pourquoi ils conjecturoient que le monde finiroit avec l'empire romain, II, 329 *et suiv.* Les protestans peuvent-ils tirer avantage de ce sentiment des Pères, III, 89 *et suiv.*

Les Pères méprisés et critiqués par Richard Simon, IV, 51 *et suiv.*, 95, 96, 103 *et suiv.* Traités avec dédain et rabaissés par le même, IV, 143 *et suiv.* Son ignorance jugée d'après sa critique sur Origène et saint Athanase, IV, 146 *et suiv.* Nécessité de lire les Pères, IV, 163, 164. Pourquoi les Pères antérieurs à une hérésie, n'ont pas parlé sur cette matière avec la même précision que les Pères postérieurs? IV, 201, 203 *et suiv.* Pourquoi la même différence entre les Grecs et les Latins? IV, 205 *et suiv.* Illusions de quelques critiques modernes à ce sujet, IV, 207 *et suiv.* Valeur des témoignages des Pères qui ont écrit avant les disputes, IV, 213 *et suiv.* L'uniformité de foi entre les Pères anciens et nouveaux, grecs et latins, peut se prouver par quatre principes de saint Augustin, savoir : la tradition, IV, 213 *et suiv.* ; le témoignage de l'Eglise d'Occident, IV, 214 *et suiv.* ; un ou deux Pères célèbres de l'Eglise d'Orient, IV, 215 ; le sentiment unanime de l'Eglise présente, IV, 216 *et suiv.* Ainsi pensoit aussi Vincent de Lérins, IV, 217 *et suiv.*

Les saints Pères calomniés par Jurieu, tels qu'Athénagoras, saint Cyprien, saint Augustin, dont il falsifie un passage ; justifiés par les catholiques et même par les protestans, XV, 213. Tous les Pères confondent les hérétiques par l'argument de la prescription, et en leur reprochant leur nouveauté, XVII, 110, 111.

Les Pères prouvent la divinité de Jésus-Christ par divers passages des Psaumes, I, 122 *et suiv.*, 427, 428, 434 *et suiv.* Ils établissent le dogme du péché originel par le texte du Psaume L : *Ecce in iniquitatibus*, etc.

PERFECTION chrétienne. Son étendue, VI, 31, 32 *et suiv.* En quoi elle consiste, XI, 527. Quelle en est le comble, XII, 525. Jusqu'où elle peut aller en cette vie, XXVIII, 266. Règles tirées de saint Paul pour y arriver, XXVII, 444. Elle est toujours défectueuse en cette vie, XVIII, 500. Quelle perfection Cassien reconnoît dans les saints, XVIII, 504. La perfection ne consiste pas dans une oraison extraordinaire, XIX, 230, 337, 338, 502, 518, 597. La perfection avilie par les nouveaux mystiques, XIX, 343. Ce que c'est qu'une imperfection, XIX, 348. *Voy.* RELIGIEUSES.

PERPIGNAN (concile de) convoqué par Pierre de Lune ou Benoît XIII : sur seize évêques qui le composoient, quinze sont d'avis de se réunir au concile de Pise, XXI, 575, 585.

PERRAULT (Charles), de l'Académie françoise. Bossuet le remercie et de l'envoi et de la dédicace du poëme intitulé : *Saint Paulin.* Il trouve le poëme plein de grandes beautés, XXVI, 355.

PERRIN (Paul) a publié une Confession de foi des vaudois, comme très-ancienne, quoiqu'il soit visible qu'elle est des vaudois réformés à la mode des protestans, xiv, 526. Il soutient faussement que les vaudois rejetoient la présence réelle, xiv, 504. Il cite des livres vaudois, ou qui n'ont jamais existé, ou qu'on a altérés dans les derniers siècles, xiv, 524.

PERRON (Jacques du), cardinal. Son éloge; ses ouvrages rempart de l'Eglise contre les hérétiques, xii, 74. Il convient que les questions du pouvoir du Pape ne roulent que sur des opinions, xxi, 114, 115, 182; xxii, 605. Il dit que Bellarmin est du même avis, xxi, 122, 123. Les exemples qu'il apporte, pour appuyer le pouvoir de l'Eglise sur le temporel, ne prouvent point, xxi, 275, 350 *et suiv*. Sa harangue au tiers-état, en quoi répréhensible, xxi, 513 *et suiv*. En quoi fut-elle approuvée par le clergé, xxi, 529. Il est envoyé à Rome par Henri IV pour obtenir son absolution, xxi, 473 *et suiv*. Il fait rendre un arrêt du conseil qui suspend celui du parlement contre Bellarmin, xxi, 510, 511.

PERSÉCUTIONS. Pourquoi Rome persécuta l'Eglise, ii, 372 *et suiv*. Quatre caractères des persécutions : l'Eglise en triomphoit, Dieu y mettoit des bornes, et punissoit les persécuteurs, l'Eglise en sortoit plus glorieuse, ii, 338 *et suiv*. La captivité des Juifs en Egypte étoit la figure des persécutions futures de l'Eglise, vii, 158. Combien la voie du chrétien est étroite pendant les persécutions, xii, 445.

PERSES. Ils assujettissent toute l'Asie inférieure, xxiv, 294. Ils avoient une horreur extrême pour le mensonge et pour la vie d'emprunt, xxiv, 601, 602. Admirable manière dont on élevoit les enfans du roi de Perse, xxiv, 603. L'art militaire étoit parmi eux en honneur; mais ils n'en connurent jamais le fond, xxiv, 605. L'empire des Perses rétabli en Orient, xxiv, 331. *Voy*. MÈDES.

On assure trop positivement que les anciens Perses n'avoient point d'idoles, xxvii, 225. Ils adoroient deux dieux, l'un bon et l'autre mauvais, *ibid*.

PERSÉVÉRANCE. Elle est un don spécial de Dieu qui opère en nous le vouloir, iii, 228 *et suiv*. Ce don est le plus excellent de tous, iv, 434. Comment il peut être mérité, et n'en est pas moins gratuit, iv, 435. La grace seule peut faire persévérer, iv, 452, 453 *et suiv*. Prières des martyrs et de plusieurs saints qui confirment cette vérité, iv, 454, 455, 456, 457, 458 *et suiv*.

La persévérance, dernière grace; par elle la mort change de nature pour les chrétiens, xii, 491. La persévérance finale doit être demandée, xviii, 445 *et suiv.*, 488. Si elle est donnée à tous, xviii, 448 *et suiv*. Assurée en cette vie selon les mystiques, en cela contraires à saint Augustin, xviii, 483 *et suiv*.

PERSONNE en Jésus-Christ. Ce que saint Athanase entendoit par cette expression, **iv**, 141 *et suiv*. Le sens de ce mot fixé, après quelques variations, **iv**, 139, 140. Différens textes des Pères qui ont pris le nom de *personne* pour celui de *nature*, **xxx**, 553, 554.

PERTH (Jacques Drummond, duc de). Sa conversion, **xxvi**, 356. Le livre de l'*Exposition* lui avoit été d'un si grand secours, qu'il auroit voulu en reconnoissance de ce qu'il devoit à l'auteur, lui baiser les pieds chaque jour, **xxvi**, 357. Motifs qui différoient sa réconciliation à l'Eglise catholique, *ibid*. Sa conversion lui attiroit beaucoup de reproches : la paix dont il jouissoit intérieurement compensoit abondamment tous les biens de ce monde, **xxvi**, 358. Les livres de Bossuet lui avoient fait concevoir une très-grande estime de ses talens, de son savoir et de sa sincérité, **xxvi**, 359. Personne ne pouvoit exprimer combien sa reconnoissance étoit grande envers ceux qui l'avoient aidé à acquérir la connoissance de la vérité, **xxvi**, 360. Sa vénération pour l'ordre des évêques, même avant sa conversion, **xxvi**, 366. Il recommande son fils aux bontés du prélat, **xxvi**, 383. Sa reconnoissance de l'accueil qu'il lui avoit fait, **xxvi**, 384. Au milieu des souffrances que sa fidélité pour son roi lui attiroit, il avoit à Bossuet l'obligation de ce que, par la miséricorde de Dieu, il avoit été l'instrument par lequel ce qu'il souffroit étoit sanctifié, **xxvi**, 446. Si c'étoit la volonté de Dieu qu'il fût condamné à mort, il prioit le prélat de tenir lieu de père à son fils, et d'ami à son frère, **xxvi**, 448. Choisi par leurs Majestés Britanniques pour gouverneur du prince de Galles, Dieu l'avoit préparé à cette charge par les souffrances qui l'avoient rendu en quelque façon le martyr de la religion et de la royauté, **xxvi**, 517.

PERTINAX, élevé à l'empire malgré lui, est tué par les soldats, **xxiv**, 331.

PETAU (Denis), jésuite, calomnié par Jurieu, qui lui fait dire que les anciens Pères ne nous ont donné que les premiers linéamens sur le mystère de la Trinité, quoique ce Père dise le contraire, **xv**, 214. Le père Petau explique, dans une Préface, ce qu'il avoit mal dit de la théologie des anciens Pères. Jurieu accuse faussement ce Père d'avoir, dans cette Préface, parlé de la Trinité comme auroient fait les ariens et les sociniens, **xvi**, 96. *Voy.* Huet.

PETIT (Jean), docteur en théologie de la faculté de Paris, n'étoit pas Franciscain. Il enseigne une proposition sur le meurtre, qui est condamnée au concile de Constance, **xxii**, 477 *et note*. Il entreprend de justifier l'assassinat du duc d'Orléans, **xxv**, 157.

PÉTROBRUSIENS, nom donné par Pierre le Vénérable aux hérétiques toulousains ou albigeois, **xiv**, 516. *Voy.* Albigeois.

PEUCER (Gaspard), gendre de Mélanchthon, de luthérien devient calviniste, **xiv**, 342.

PEUPLE. Il doit se tenir en repos sous l'autorité du prince, xxiii, 563. Il faut qu'il craigne le prince, xxiii, 564, Moyens certains d'augmenter le peuple, xxiv, 200.

Le peuple, selon Jurieu, donne la souveraineté; donc il l'a par lui-même, quoiqu'il ne puisse l'exercer que par celui qu'il a fait son souverain. Contradiction et absurdité de ce raisonnement, xv, 462, 463. Les peuples ont besoin de frein contre eux-mêmes, de s'imposer des lois, de se donner des magistrats absolus pour se préserver des maux affreux de l'anarchie. Leur intérêt et celui des souverains est la borne naturelle de la souveraineté, xv, 473, 474. Le peuple, selon Jurieu, est si souverain qu'il peut à son gré déposer ses rois, changer la forme de son gouvernement, et qu'il n'a pas besoin d'avoir raison pour valider ses actes, xv, 477 *et suiv.*

Les peuples sont contenus par la religion, et ont je ne sais quoi d'inquiet, si on leur ôte ce frein nécessaire, xii, 454.

PHARAMOND, fils de Marcomir, élu premier roi des François, xxv, 1.

PHARISIENS. Ils étoient pleins de rapines, d'impuretés et de corruption, viii, 285. Avec quelles dispositions ils reprenoient les péchés des hommes, ix, 280. *Voy.* DOCTEURS.

PHELIPPEAUX (Jean), accompagne à Rome l'abbé Bossuet, xxviii, 676. Bossuet désire qu'il reste à Rome avec son neveu, xxix, 144 *et suiv.* Il donne au prélat des détails sur ce qui se passe à Rome dans l'affaire du livre des *Maximes. Voy.* FÉNELON. Il compose quelques écrits pour cette affaire, xxix, 180, 351, 381. Sa lettre à Bossuet sur la mort du frère du prélat, xxx, 271, 272.

PHILIPPE (S.) apôtre. Sa vocation, vii, 384.

PHILIPPE DE NÉRI (S.). Son amour pour Dieu. Le monde étoit trop étroit pour l'étendue de son cœur, xii, 649.

PHILIPPE, roi de Macédoine, gagne sur les Athéniens la bataille de Chéronée, xxiv, 304. Moitié par adresse et moitié par force, il se rend le roi le plus puissant de la Grèce, xxiv, 612, 613. Il est assassiné, xxiv, 305.

PHILIPPE, arabe, empereur, fait une paix honteuse avec Sapor, roi des Perses, xxiv, 333.

PHILIPPE I, roi de France, est excommunié pour avoir répudié sa femme : on ne parle pas de le déposer, xxi, 418 *et suiv.* Malheurs qu'une raillerie de ce prince sur Guillaume le Conquérant attire sur la France, xxv, 47, 48. Vices de ce prince. Sa mort, xxv, 49, 50.

PHILIPPE II, surnommé Auguste, le Conquérant ou Dieu-Donné, est couronné à Reims du vivant de son père, xxv, 53. Heureux commencemens de son règne, xxv, 53, 54. Il se ligue avec Richard, roi d'Angleterre, et le roi de Castille, pour l'expédition des croisades, *ibid.* Il retourne en France après quelques succès, xxv, 55. Causes

des longues guerres qu'il eut à soutenir contre l'Angleterre, *ibid.*
Fierté de sa conduite envers le roi d'Angleterre, xxv, 56 *et suiv.* Il
réunit le duché de Normandie à la couronne avec quelques autres
provinces, *ibid.* Il gagne sur Othon la bataille de Bouvines, xxv, 60.
Il refuse l'offre qui lui est faite des villes conquises sur les albigeois,
xxv, 62. Il demande la cassation de son mariage à Innocent III, qui
la refuse comme étant contraire aux canons, xxii, 213. Il est excommunié pour avoir répudié sa femme, et son royaume est mis en interdit, xxi, 446, 447. Le légat de Clément III le menace d'excommunication, s'il ne fait la paix avec le roi d'Angleterre; sa réponse,
xxi, 451. Sa mort, qualités de ce prince, xxv, 62.

PHILIPPE III, dit le Hardi, passe d'Afrique en France, après avoir
pourvu aux intérêts des chrétiens, xxv, 82. Il porte la guerre en
Espagne; quel en fut le motif, xxv, 83, 86. Mort de ce prince, xxv,
87,

PHILIPPE IV, dit le Bel, fils aîné de Philippe III, se fait couronner à
Reims, où Jeanne sa femme, reine de Navarre et comtesse de Champagne, est couronnée avec lui, xxv, 87. Il entreprend la guerre contre
le roi d'Angleterre, *ibid.* Ses succès en Guyenne et en Flandre, xxv,
88, 89. Ses démêlés avec le pape Boniface VIII, xxi, 452; xxv, 90. *Voy.*
Appel, Clément V. Fierté de la conduite de ce prince, xxv, 90, 91.
Il provoque la condamnation des Templiers, xxv, 92, 93. Le règne
de Philippe le Bel fut plein de séditions et de révoltes, quelles en
furent les causes, xxv, 93. Sa mort, xxv, 94.

PHILIPPE V, dit le Long, est déclaré régent du royaume après la mort
de Louis le Hutin, en attendant les couches de la reine Clémence,
qui donna naissance au roi Jean, lequel ne vécut que huit jours.
Philippe V succéda à ce dernier, xxv, 95. Philippe le Long fait la
paix avec les Flamands, *ibid.* Pendant le règne de ce prince une
grande peste ravage la France, et la corruption étoit si universelle
qu'on mouroit auprès des fontaines aussitôt qu'on avoit bu de leurs
eaux, *ibid.* Les Juifs furent accusés de les avoir empoisonnées, on
en fit mourir par toutes sortes de supplices, xxv, 96.

PHILIPPE VI, de Valois, reçoit l'hommage du roi d'Angleterre; se prépare à une expédition contre les infidèles, xxv, 98 *et suiv.* Son règne
est la première époque des plus grands dangers qui aient menacé la
monarchie. Quelles en furent les causes et les suites, xxv, 99 *et suiv.*
Philippe de Valois assemble les docteurs de Paris pour examiner la
doctrine de Jean XXII sur la vision béatifique, xxii, 255 *et suiv. Voy.*
Jean XXII. Mort de Philippe VI, xxv, 7.

PHILIPPE, duc d'Orléans, frère de Louis XIV : son éloge, xii, 448, 549.

PHILOSOPHES. Ceux de l'antiquité ont connu Dieu sans l'adorer, xxiv,
368. Ils n'osent l'avouer, xxiv, 443. Leur erreur sur l'âme, la Provi-

dence, etc., xxiv, 458, 459. Ils avoient eu des restes de la véritable idée de la Divinité, et ils n'étoient devenus idolâtres qu'en les appliquant mal, xxvii, 225. Ce que les philosophes platoniciens disoient de la nature divine, viii, 247, 248. Ce qu'ils pensoient du Verbe, viii, 282. Erreurs des philosophes profanes sur la nature de l'homme, ix, 369. Ils ont découvert quelques raisons de la vérité; reproches que leur fait saint Paul, xii, 421.

Portrait d'un philosophe bel esprit, vii, 449 *et suiv.*

PHILOSOPHIE. Sa définition, xxiii, 65. Combien ses raisonnemens sont éloignés de la force des exemples d'un Dieu pauvre, viii, 258, 259. Ses préceptes inférieurs à ceux de l'Evangile, viii, 186. Son insuffisance pour diriger l'homme : contestations et incertitudes qu'elle produit, viii, 34. Elle ne peut remédier aux misères de l'homme, xi, 19.

La philosophie pythagoricienne vient au secours de l'idolâtrie dès le temps de Dioclétien, ii, 481. Philosophie de Plotin, de Porphyre, *ibid.*, d'Hiéroclès, iii, 482; de Maxime, ami principal de Julien l'Apostat, iii, 270, 271, 486, 487. Prestiges et faux miracles de ces philosophes, iii, 486, 487. La seconde Bête de l'*Apocalypse* désigne la philosophie et la magie employée par Julien, iv, 92 *et suiv.* Explication des deux cornes de la Bête, iv, 94 *et suiv.*

Sous le nom de la philosophie cartésienne, Bossuet voyoit un grand combat se préparer contre l'Eglise, xxvi, 398 *et suiv.*

PHOTIUS, patriarche intrus de Constantinople. Son caractère, xxi, 264, *note*. Il est condamné par le huitième concile, xxi, 84. Il excommunie le pape Nicolas I : son conciliabule est condamné par le pape Adrien II et par le huitième concile, xxii, 315, 316.

Quelle est l'autorité de Photius dans l'explication de saint Paul, iv, 343.

PICARDS (les) renouvellent l'hérésie des Adamites. Les frères de Bohême désavouent ceux qui leur donnent les Picards pour ancêtres, xiv, 540.

PIE II, Pape, appelé auparavant Æneas Sylvius. Son histoire du concile de Bâle, dont il avoit été secrétaire; éloges qu'il y fait de plusieurs personnages de ce concile, xxi, 558, 559. Sa bulle *Execrabilis*, par laquelle il condamne les appels du Pape au concile : quelle en fut l'occasion, xxii, 330 *et suiv.* Sa bulle de rétractation adressée à l'Université de Cologne, xxii, 500. Il y confirme les décrets de Constance, et ne condamne que les dernières sessions de Bâle, xxi, 719, 720 *et suiv.* Il loue l'orthodoxie de l'école de Paris, xxi, 25.

PIE IV reconnoît en consistoire que ses prédécesseurs et lui ont pu faillir, xxii, 217, 218. Dans sa profession de foi, il ne met sur le Pape que ce qui est cru par tous les catholiques, xxii, 462 *et suiv.* Il consent qu'on ne publie, au concile de Trente, que les décrets unanimement approuvés, XXII, 466 *et suiv.* 468.

PIE V (S.) est élevé à la papauté par les soins de saint Charles Borromée, XXV, 560. Il excite de toute sa force le zèle des princes chrétiens contre les Turcs, XXV, 609. Il déclare Elisabeth, reine d'Angleterre, privée de son royaume : elle est reconnue par les princes catholiques, XXI, 541. Mort de Pie V, XXV, 617.

PIERRE (S.) Sa primauté. Prédiction de sa chute par son orgueil, VI, 466 *et suiv.* Prière de Notre-Seigneur pour saint Pierre, et en sa personne pour les élus, VI, 477 *et suiv.* Saint Pierre est délaissé de la grace à cause de sa présomption, III, 334. Chute de cet apôtre, VI, 490. Pourquoi Dieu la permit, IV, 419. Il tomba par la soustraction d'un secours efficace, IV, 421, 422, 424, 426, 428, 429. Sa présomption ne lui avoit point fait perdre la justice, IV, 425.

En deux prédications, saint Pierre convertit huit mille Juifs, XXIV, 468. Il est envoyé pour baptiser Corneille, centurion romain, *ibid.*

L'apôtre saint Pierre est choisi de Jésus-Christ pour être le chef et le fondement de son Eglise, XI, 593 ; XXIV, 448. Son ministère doit passer à ses successeurs, XI, 593. Prérogative de saint Pierre sur saint Paul : les clefs confiées à saint Pierre; sa prééminence dans l'Eglise, XI, 597 *et suiv.* La plénitude de la puissance apostolique dans la chaire de Pierre, XI, 600. Explication de ces paroles de Jésus-Christ : *Vous êtes Pierre,* etc. La foi de Pierre, fondement de l'Eglise, XXII, 259 *et suiv.* Ces autres paroles : *Confirmez vos frères,* sont un ordre donné à Pierre, XXII, 263 *et suiv.* La foi de saint Pierre est la foi de l'Eglise romaine, VI, 479 *et suiv.* Cette foi ne manquera ni dans son siége ni dans ses successeurs, XXII, 30. Tradition des Pères sur cette vérité, XXI, 583 *et suiv.* Pierre vit dans ses successeurs, et exerce par eux ses jugemens, XXII, 30. Quelle fut, selon saint Chrysostome, l'autorité de saint Pierre dans l'élection de saint Matthias, XXII, 153 *et suiv.* Pour consommer le mystère de l'unité, il fonde l'Eglise romaine, XXVII, 313.

Panégyrique de saint Pierre, XII, 215. Son amour pour Jésus-Christ d'abord imparfait, ensuite épuré et fortifié par les larmes de la pénitence, et enfin perfectionné par la gloire du martyre, XII, 217 *et suiv.*

Saint Pierre, dans son transport, prouve l'impossibilité de la réflexion en cet état, XVIII, 467. Il en fait voir l'utilité, en répondant trois fois qu'il aime, XVIII, 468. Il met en Dieu tout l'appui du chrétien, XVIII, 424, 425. *Voy.* CHAIRE, EGLISE ROMAINE, PAPE, SAINT SIÉGE.

PIERRE NOLASQUE (S.) fondateur de l'ordre de Notre-Dame de la Merci : panégyrique de ce saint, XII, 88. Son dévouement pour le rachat des captifs, XII, 89, 99 *et suiv.*

PIERRE de Lune ou Benoît XIII, schismatique obstiné, est le premier qui condamne les appels du Pape au concile, xxii, 325.

PIERRE de Sicile, est auteur de l'excellente histoire des Pauliciens, xiv, 465, 466 *et suiv.*

PIERRE le Vénérable, abbé de Cluny, justifie contre saint Bernard ses religieux qui s'étoient mis sous la juridiction immédiate du Pape, xxii, 371 *et suiv.*

PIERRE l'Hermite prêche la croisade; conduit une armée qui est taillée en pièces par les Sarrasins, xxv, 47, 48.

PIÉTÉ. En quoi consiste la véritable, xii, 576. La piété est le tout de l'homme, xii, 612. Celle qui est véritable est conforme à la tradition ; la fausse piété préjudiciable à la vraie, xxii, 610 *et suiv.* Celle-là est fausse et apparente, qui murmure dans l'épreuve, et ne peut la supporter, xi, 610. Piété à la mode, vain simulacre de la piété chrétienne, xii, 273. Cette prétendue piété ne tient pas contre les adversités, xii, 17, 273.

Quelle est la piété qui convient aux princes, xxiv, 56 *et suiv.* Piété de David, xxiv, 93. La piété donne quelquefois du crédit, même auprès des méchans rois, xxiv, 235, 236. *Voy.* DÉVOTION.

PIGHIUS (Albert), théologien flamand, n'ose censurer la doctrine des François. Il fait l'éloge de Gerson, xxi, 22; xxii, 489. Il réfute Cajétan, qui dit que le concile ne peut déposer un Pape, parce que, selon lui, un Pape ne peut jamais devenir hérétique, xxii, 583. Il est le seul ultramontain qui raisonne conséquemment; mais ses opinions sont outrées, xxii, 590 *et suiv.*

PILATE est un exemple de ce que peut faire commettre la foiblesse à celui qui a l'autorité, xxiii, 569.

PILES, l'un des plus vaillans et des plus sages capitaines des huguenots, défend avec vigueur Saint-Jean d'Angely contre l'armée royale, xxv, 601. Il emploie la fourberie où la force lui manque, xxv, 602.

PILLAGE (le) motif injuste de faire la guerre, xxiv, 138, 139.

PIROT (Edme) docteur de Sorbonne, trouve répréhensible la version du Nouveau Testament de Richard Simon, xxvii, 250, 266, 270. Il sollicite Bossuet en faveur du censeur de ce livre, xxvii, 267. Il donne au prélat des détails sur une conclusion prétendue de la Sorbonne, touchant le mariage de Henri VIII, xxx, 522. Il lui parle d'un prêtre proposé pour une cure de son diocèse, et des dispositions de l'abbé Dupin. Lui rapporte divers textes des Pères qui ont pris le mot de *personne* pour celui de *nature*, xxx, 553 *et suiv.* Lui rend compte d'un ouvrage de Gerson, où il parle des décisions des évêques, xxx, 655 *et suiv.*

L'abbé Pirot écrit à Madame Guyon enfermée à Vincennes. *Voy.*

Guyon. Il rédige la censure des docteurs de Sorbonne contre le livre des *Maximes*, xxx, 95, 120.

Ce docteur compose un mémoire pour prouver que le concile de Trente est reçu en France et dans toute l'Eglise, xvii, 602. Réponse de Leibniz à ce mémoire, xviii, 184.

PISCATOR. *Voy.* Fischer.

PISE (concile de) convoqué par les cardinaux des deux obédiences, dans le grand schisme : ses actes, xxi, 575 *et suiv.*

Autre concile de Pise sous Jules II ; son mauvais succès, xxii, 98 *note.*

PISTORIUS (Jean), protestant, se trouve avec Mélanchthon et Bucer à la conférence de Ratisbonne, xiv, 325.

PITIÉ (la) est un obstacle à la justice, xxiv, 126.

PLAISANTERIES. Ce qu'en pensoient saint Ambroise et saint Jérôme, xxvii, 69, 70, 71.

PLAISIR. Quand accompagne-t-il les opérations des sens, xxiii, 37. Sa définition, *ibid.* Comment il vient en nous, xxiii, 76. Il instruit l'ame de ce qui est utile au corps, xxiii, 130, 131.

Dangers des plaisirs, x, 241. Grandeur des maux qu'ils nous causent, ix, 203 *et suiv.* Empressement de l'homme pour les plaisirs mortels et les biens périssables, ix, 473. Deux obstacles nous empêchent d'en jouir : jugement qu'en porte Salomon, x, 243 *et suiv.* Leurs funestes effets, x, 632. L'attache que nous y avons est vicieuse, vii, 417 *et suiv.* Les plus innocens deviennent péché par l'excès de l'attachement, xii, 522. *Voy.* Joie, Volupté.

PLATON. Ses sentimens sur la comédie. L'art qui formoit un comédien à faire tant de personnages différens, lui paroissoit introduire dans la vie humaine un caractère de légèreté indigne d'un homme, et opposé à la simplicité des mœurs, xxvii, 42. Il rejetoit tout ce genre de poésie voluptueuse, capable seule de corrompre les plus gens de bien, xxvii, 43. Il trouvoit dangereux tous les arts qui n'ont pour objet que le plaisir, xxvii, 46, 47. Divers passages de ce philosophe, dans lesquels il donne au mot *substance* une signification fort étendue, xxx, 567 *et suiv.*

Platon et Pythagore ont eu des connoissances plus élevées que tous les philosophes leurs sectateurs ; ils reconnoissoient l'existence des démons, ix, 2, 3 *et suiv.*

PLATONICIENS (les) et les Stoïciens connoissoient mieux, selon Jurieu, les mystères de la foi que les chrétiens et les saints Pères des trois premiers siècles, xv, 196, 197. Il prétend que ces Pères ont préféré la philosophie platonicienne à la doctrine des apôtres, xv, 237. Il les accuse de platoniser, parce qu'ils présentoient aux païens quelques idées de Platon, qu'ils rectifioient par l'Ecriture, xvi, 75.

POÉSIE. Son origine, xxiv, 396. Les anciens peuples célébroient par des poésies les grandes actions, pour en perpétuer la mémoire, i, 13, 14.

POINTS fondamentaux. *Voy.* ARTICLES.

POISSY. Colloque tenu dans cette ville entre les catholiques et les protestans. *Voy.* LORRAINE. Son ouverture ; circonstances qui l'accompagnèrent, xxv, 511 *et suiv. Voy.* COLLOQUE DE POISSY.

POLITIQUE. Combien les grands doivent craindre qu'elle ne se mêle dans le culte qu'ils rendent à Dieu, ix, 482 *et suiv.*

POLITIQUE tirée de l'Ecriture sainte, xxiii, 477 à 649 ; xxiv, 1 à 259.

POLITIQUES. Leur dédain et leur indifférence sur la religion, xxiv, 49, 53. Ils en viennent à la persécuter, xxiv, 54, 55. Ils prévoient tout, excepté leur mort, xii, 482.

POLOGNE. Triste état où elle étoit réduite par l'invasion de Charles Gustave. Dieu la délivre, xii, 547, 548.

Confession de foi remarquable des Polonais zuingliens, où les luthériens sont maltraités, xiv, 454. Ils enseignent l'ubiquité. Ils s'assemblent à Sendomir, souscrivent sur la Cène la confession saxonique, et s'accordent avec les luthériens et les vaudois, xiv, 456 *et suiv.*

POLTROT assassine le duc de Guise. La réforme regarde cet assassinat comme un acte de religion ; il est animé à l'exécution par les chefs des réformés et par les ministres, xiv, 451.

POLUS (le cardinal) est reçu en Angleterre en qualité de légat du saint Siége, xxv, 459. Il étoit du sang royal et n'étoit point engagé dans les ordres, et comme il s'agissoit de donner un mari à la reine Marie, il prétendit à cet honneur, *ibid.*

POLYCRATE. *Voy.* VICTOR (S.).

POLYGAMIE. Pour quelles raisons elle a été autrefois permise, viii, 187. Jurieu distingue la polygamie directe et indirecte. Son embrouillement sur ce point. Sa doctrine se détruit d'elle-même, xv, 374. Principes des protestans touchant la polygamie, et l'usage qu'ils en firent à l'égard du landgrave de Hesse, xxx, 494, 497. *Voy.* HESSE.

POMPÉE termine les guerres des Gladiateurs et de Mithridate, xxiv, 322. Il règne dans le sénat, xxiv, 323. Il assujettit les Juifs, et déposséde Antiochus, roi de Syrie, xxiv, 446. Il flatte tantôt le peuple et tantôt le sénat, xxiv, 646, 647. Il est battu à Pharsale, xxiv, 323.

PONTCHARTRAIN (Sébastien-Joseph du Cambout de), parent du cardinal de Richelieu, fut pourvu de plusieurs bénéfices auxquels il renonça pour vivre dans la retraite et la pratique de la pénitence, xxvi, 191. Extrait d'une lettre de M. de Pontchartrain à M. l'évêque de Castorie sur le livre de l'*Exposition de la foi catholique*, *ibid.*

PONTCHARTRAIN (Louis Phelippeaux, comte de), ministre de Louis XIV. Mémoire que lui adresse Bossuet, pour les réunis de son diocèse, xxvii, 99. Sa réponse à ce prélat, xxvii, 101. Bossuet réclame ses bontés pour le chevalier Tartare, xxvii, 289.

Devenu chancelier, ce ministre veut obliger les évêques à soumettre à un censeur leurs mandemens et ouvrages de doctrine, xxxi, 60 *et suiv.* Mémoires de Bossuet au roi pour s'opposer à cette entreprise, xxxi, 67, 71 *et suiv.* *Voy.* BOSSUET, NOAILLES.

PONTIFE. Le souverain pontife peut-il enseigner l'erreur comme chef de l'Eglise ? Cette question est controversée par les catholiques, les uns affirment, les autres doutent, plusieurs nient. Dans ce doute et cette incertitude, on avance partout la négative comme sûre et certaine, comme inconcevable et incontestée, xxii, 591.

PONTION (concile de). Les évêques s'opposent aux ordres de Jean VIII et de Charles le Chauve, qu'ils disent contraires aux canons, xxii, 204 *et suiv.*

POPLICAINS. Nom donné en Angleterre aux albigeois ou manichéens, xiv, 481.

POPLINIÈRE (la), historien protestant, avoue que la conjuration d'Amboise fut entreprise par les calvinistes, xiv, 427. Il raconte la révolte des calvinistes de Piémont contre le duc de Savoie. Le ministre Basnage lui fait dire ce qu'il ne dit pas, xv, 531, 534, 535.

PORPHYRE. Les cinq termes de Porphyre ou les cinq universaux, xxiii, 301. Ce célèbre philosophe a fait un petit traité qu'il appelle introduction, parce qu'il prépare l'esprit à entendre les Catégories d'Aristote et même toute la philosophie, *ibid.*

PORSENNA, roi des Clusiens, prend les armes contre Rome, xxiv, 295.

PORTER (François), Irlandois, religieux de l'étroite observance de Saint-François, qui fit imprimer un livre intitulé : *Securis evangelica ad hæresis radices posita, ad congregationem propagandæ fidei*, que l'auteur a promis d'envoyer à Bossuet, dont celui-ci le prie d'agréer ses remercimens, l'assurant que son présent lui sera fort agréable xxvi, 171.

PORT-ROYAL. *Lettre à l'abbesse et aux religieuses* de ce monastère, xxvi, 210. Bossuet leur témoigne ses inquiétudes de l'état où il les voit, et les exhorte à lire avec patience ces réflexions, xxvi, 211. La question réduite à examiner si la chose qu'on leur demande est mauvaise en soi, xxvi, 212. Vaines terreurs qu'on leur a données que, par les termes du Formulaire, elles soient obligées de croire le fait qui y est compris, avec la même certitude de foi que les vérités catholiques. Que ce n'a jamais été l'intention de l'Eglise que ce qui touchoit la personne fût un article de foi, xxvi, 213. Application de divers faits à cette matière, *ibid. et suiv.* Distinction du fait et du droit, inouïe dans les souscriptions aux définitions de l'Eglise, xxvi, 214. Toute la question est de savoir si elles peuvent accorder la soumission de leur jugement à celui de leurs supérieurs légitimes, *ibid.* Raisons qui pourroient justifier leurs refus mal fondées, xxvi, 215. Le jugement du fait du livre de Jansénius, établi par les mêmes moyens que le jugement de droit, xxvi, 216. Que le déni de soumission, selon leurs principes, renverse toute la discipline de l'Eglise, *ibid.* Bossuet se borne à avancer des vérités qui ne peuvent être révoquées en doute que par des esprits contentieux, xxvi, 216. Que l'Eglise a obligation de juger de certains faits; ravir à l'Eglise cette autorité, c'est l'exposer sans défense aux faux docteurs, xxvi, 217. Que ces jugemens avoient une telle importance, que l'Eglise les inséroit dans ses professions de foi, xxvi, 218. Exemples qui confirment cette pratique, *ibid.* Conduite de l'Eglise envers ceux qui refusoient de souscrire la condamnation des personnes, après avoir condamné les erreurs, xxvi, 219. Difficultés tirées de la notoriété des faits, vaines, xxvi, 222. Que s'il falloit attendre l'acquiescement des parties pour la validité des jugemens sur les faits, l'Eglise ne pourroit plus noter les hommes hérétiques, xxvi, 223. Que l'Eglise, dans ses jugemens, n'appuie pas sur l'aveu de ceux qu'elle juge, mais bien sur un examen juridique, xxvi, 224. Que c'est une témérité inouïe de soutenir qu'on ne peut se reposer, sans péché, sur le jugement de l'Eglise, *ibid.* Qu'elles peuvent donc s'en reposer sur son autorité, et souscrire sur son témoignage, xxvi, 225, 226. Objection sur ce que ces jugemens n'étoient donnés à souscrire qu'aux évèques, détruite par le témoignage de l'antiquité, *ibid* Que les évêques souscrivant à de pareils jugemens, rien ne peut dispenser les fidèles d'imiter leur conduite, xxvi, 227, 228. Raisons particulières qui doivent les porter elles-mêmes plus particulièrement à souscrire, xxvi, 229. Que les raisons qu'elles ont voulu faire servir à leur justification, les condamnent à la soumission au jugement de l'Eglise, xxvi, 230. Qu'on ne leur demande pas leur témoignage pour faire le procès au livre de Jansénius, mais bien le témoignage de leurs dispositions, xxvi, 231. Que les fidèles trouvent toujours la sûreté de leur conscience dans l'autorité de l'Eglise, xxvi, 232. Qu'elles ne doivent pas s'arrêter à ce qu'on leur dit sur le pape et les évêques, *ibid.* Que la conduite des hérétiques fut toujours de se plaindre de ceux qui les avoient condamnés, xxvi, 233. Que la sûreté des particuliers, c'est de s'attacher aux décrets et à la conduite publique de l'Eglise, xxvi, 233. Leur repos est donc dans l'obéissance, *ibid.* Conséquences fâcheuses de leur obstination, qui doit les porter à croire que Dieu a laissé son Eglise sans aucun appui contre une injustice qu'elles regardent si visible, *ibid*. Que si elles les craignent avec raison, elles doivent regarder comme légitimes et valables les jugemens des papes, acceptés par les évêques, sans écouter ceux qui leur disent qu'elles ne peuvent, sans péché, s'y soumettre, xxvi, 234.

POSSÉDÉS. De quoi ceux dont il est parlé dans l'Evangile sont la figure, xxvii, 462.

POSSIBILITÉ. De la possibilité d'accomplir la loi, xvii, 415, 445, 475, 503, 504, 552, 553 : xviii, 15. *Voy*. COMMANDEMENS.

POUVOIR. Foiblesse et fragilité du pouvoir des hommes, ix, 321. Point de pouvoir où règne la mortalité, *ibid*. *Voy*. PUISSANCE.

PRAGMATIQUE-SANCTION. Celle de saint Louis; pourquoi elle fut faite, son authenticité, xxii, 375 à 378.

Celle de Charles VII, rédigée dans l'assemblée du clergé à Bourges, sur les décrets de Bâle, xxii, 412. Elle est cassée par Louis XI, xxv, 195. Les gens de bien la regardoient comme le fondement de la discipline de l'Eglise gallicane, *ibid*. Elle n'est pas entièrement abolie, *ibid*. Difficultés à ce sujet de la part des divers corps, xxv, 203. Elle est enfin abolie par le concordat entre Léon X et François Ier, xxii, 412, 413. Le Pape, en l'abolissant, ne l'accuse point d'erreur, xxi, 725.

PRAGUE (Jérôme de). *Voy*. Hus.

PRATIQUES extérieures; modération à y garder, xxvii, 443, 444, 457, 458, 655.

PRÉ (Mlle du). Lettre que Bossuet lui écrit sur la mort de M. Pélisson. Il l'assure que Pélisson, depuis sa conversion, a toujours vécu et qu'il est mort en bon catholique, xxvi, 462.

PRÉCEPTES affirmatifs. On ne peut pas définir précisément quand ils obligent, xxii, 692 *et suiv*. Danger de les négliger, xxii, 705. Préceptes négatifs : efforts pour les éluder, xxii, 705, 706.

PRÉCIPITATION. Elle est un obstacle à la justice, xxiv, 126.

PRÉDESTINATION. C'est un mystère impénétrable, vi, 529 *et suiv*.; xxviii, 328. Comment accorder ce mystère avec la volonté qu'a Dieu de sauver tous les hommes, xxviii, 544 *et suiv*. Ce qu'il faut croire sur ce mystère, xxvii, 453 *et suiv*. Précis de la doctrine de l'Eglise sur ce sujet, v, 470 *et suiv*. La gratuité de la prédestination, expliquée par le baptême des enfans, iv, 348 *et suiv*. La justice de Dieu vengée, iv, 351, 352 *et suiv*. Doctrine de saint Augustin sur la prédestination gratuite, iv, 440, 441. Cette doctrine est de foi, iv, 444, 445. Elle est consolante pour tous les fidèles, iv, 447, 448, 449. Elle a été reconnue de tous les docteurs anciens, même antérieurs à saint Augustin, iv, 450 *et suiv*. Ce que nous devons apprendre de la prédestination des saints, vi, 672 *et suiv*.

Doctrine des arminiens, ou remontrans, sur la prédestination, xv, 11, 12. Les saints ont détesté, comme un blasphème, la doctrine qui dit que Dieu prédestine au mal comme au bien, xv, 154, 155.

PRÉDESTINÉS. Ils ont toutes les pensées de Dieu dès l'éternité : c'est à leur personne que se terminent tous les desseins de Dieu, conjointement avec Jésus-Christ, xv, 195. *Voy.* Elus.

PRÉDICATEURS. Ils sont les ambassadeurs de Dieu, x, 215. Ils sont ordinairement environnés de libertins qui viennent grossir l'auditoire par curiosité, viii, 358. Ils sont les anges du Dieu des armées, viii, 325. Leur devoir, ix, 154 *et suiv.* Ils sont les organes de Jésus-Christ, vii, 411. A qui les chrétiens doivent imputer le défaut de bons prédicateurs, vii, 412 *et suiv.* Ils ne doivent pas monter en chaire pour faire entendre de vains discours, vii, 409. Combien sont coupables ceux qui attendent des prédicateurs autre chose que l'Evangile, *ibid. et suiv.* Comment Dieu fait quelquefois parler les prédicateurs selon nos besoins : manière d'en profiter, ix, 127, 128. Le mal qu'ils auront fait n'est point excusé par le bien qu'ils auront dit, ix, 392. Conduite que les auditeurs doivent tenir à l'égard des prédicateurs, quels qu'ils puissent être, ix, 393 *et suiv.*; xi, 580. La vie des prédicateurs pénible et laborieuse, ix, 396 *et suiv.* Leur condition périlleuse, x, 634. Caractère d'un prédicateur chrétien, xii, 648 *et suiv.* Il doit éviter de se chercher lui-même, xii, 562. Ce que pensoit Bossuet des prédicateurs qui débitent des antithèses, xxviii, 193.

PRÉFACE sur l'*Instruction pastorale de M. de Cambray*, xix, 179 *et suiv.*

PRÉJUGÉS. D'où ils viennent, viii, 448. Leur définition, xx, 356 *et suiv.* Préjugés prétendus décisifs, dont M. de Cambray cherche à étayer sa doctrine, xx, 360 *et suiv.* Préjugés vraiment décisifs contre lui, xx, 357, 366 *et suiv.*

PRÉMOTION physique. *Voy.* Liberté.

PRÉOCCUPATION de l'esprit, dépravation de la volonté ; deux causes de l'aveuglement des hommes sur la passion de Jésus-Christ, viii, 446. Danger de la préoccupation, x, 618, 619.

PRESBYTÉRIENS d'Angleterre : ils sont ennemis de la royauté, xv, 552, 553, 554.

PRÉSANCTIFIÉS (Office des). Ce que c'est parmi les Grecs, xvi, 671 *et suiv.* Ses deux différences d'avec le sacrifice parfait, xvi, 615, 616 *et suiv.* Antiquité de cet office, xvi, 619, 620 *et suiv.* Comment le corps et le sang y sont nommés, quoiqu'il n'y ait qu'une espèce, xvi, 623. *et suiv.* De l'office des Présanctifiés parmi les Latins, xvi, 627 *et suiv.* Le vin n'y est point consacré par le mélange du corps, xvi, 634 *et suiv.* Réponse aux objections tirées de l'Ordre romain, xvi, 637, 638, 646. Du premier concile d'Orange, xvi, 641. Témoignage d'Amalarius et de l'abbé Rupert, xvi, 653. Dans les endroits où l'on communioit le vendredi saint sous les deux espèces, elles étoient toutes deux réservées de la veille, xvi, 656, 657 *et suiv*. La coutume de mêler le précieux sang avec le vin n'a jamais été approuvée, *ibid*. Absurdités d'un ministre qui prétend trouver la consécration du vin dans l'office du vendredi saint, xvi, 661. Il la fait consister dans le *Pater*, xvi, 665 *et suiv*. Dans l'office des Présanctifiés des Grecs, il n'y a aucune prière à laquelle on puisse attribuer la consécration, xvi, 671 *et suiv*.

PRÉSENCE DE DIEU. Moyen de s'y tenir, xxvii, 499, 500.

PRÉSENCE RÉELLE. Preuves de ce dogme, vi, 386, 388, 389, 391, 393, 397 *et suiv*. Il est prouvé par les prières si anciennes de la liturgie, xvii, 11, 12 *et suiv*., 21, 24, 25. Paschase Radbert n'a rien innové sur ce dogme, xvii, 26 *et suiv*.

La présence réelle est très-bien prouvée par Luther contre les sacramentaires; il répond solidement aux objections, xiv, 77. *Voy*. Luther. Mélanchthon réduit la présence réelle au seul moment de l'usage. Il ne trouve point d'autre moyen de détruire la messe, qu'en niant la présence permanente. Ses raisons frivoles. Il anéantit sur ce point la doctrine de son maître Luther. On ne peut reconnoître la présence de Jésus-Christ véritablement réelle sans la croire permanente, xiv, 147. La présence locale et sacramentale de Bucer est une source de chicanes et d'équivoques. Il impute aux catholiques et aux luthériens de croire que Jésus-Christ est enfermé dans l'Eucharistie comme dans un lieu, xiv, 148, 149. Les protestans de Zurich l'avertissent que ses expressions équivoques le mènent à la doctrine de Luther. Ceux de Bâle, dans leur confession, rejettent également le sentiment de Luther et les équivoques de Bucer, et disent que Jésus-Christ est présent sacramentalement par la foi qui élève l'homme au ciel et n'en ôte pas Jésus-Christ, xiv, 152. Burnet avoue que la présence réelle est enseignée par l'Eglise grecque, xiv, 302. *Voy*. Eucharistie.

PRÉSENS. Ils sont un obstacle à la justice, xxiv, 124.

PRÉSENTATION de Jésus au temple : élévations sur ce mystère, vii, 296 *et suiv*. *Voy*. Purification.

Présentation de la sainte Vierge. Précis d'un sermon pour cette fête, xi, 130.

PRÊTRES. Ils sont amovibles et dépendans des évêques, x, 543. Eminente dignité des prêtres, xi, 238. Ils sont établis les ministres de la mystérieuse génération des enfans de la nouvelle alliance, xi, 239 Marque de leur vocation, xi, 241. Ils sont les anges du Dieu des armées, xii, 648. Les coopérateurs de l'épiscopat, xii, 654. *Voy*. Sacerdoce.

PRÉVENTION. Elle est un obstacle à la justice, xxiv, 125.

PRIÈRE. Sa nécessité, XXII, 701. Elle est une grace et un don de Dieu, IV, 389, 392, 433. Des dispositions pour bien prier, V, 85; X, 392 *et suiv.* Caractère essentiel de la prière, XI, 61. Dieu ne lui refuse rien, XII, 524, 525. L'homme revêtu de la puissance de Dieu dans la prière, VI, 126. La prière persévérante tient de la plénitude de la foi, VI, 128. Elle est le seul soutien de notre impuissance, X, 175, 176, Motif pressant de prier sans cesse, X, 156, 157, 197.

Jésus-Christ recommande la prière faite dans le secret, VI, 37 *et suiv.* Elle doit être accompagnée de foi et de persévérance, VI, 60, 61. Prière perpétuelle, VI, 61, 62. Poussée jusqu'à importuner Dieu, *ibid.* Motifs d'espérance dans la prière, VI, 63. Qualités d'une parfaite prière, VI, 64, 65. Excellente manière de prier, VI, 79, 80 *et suiv.* Prières formées en nous par le Saint-Esprit, X, 390, 391. Pourquoi elles sont nulles, si elles ne viennent de lui, *ibid.*

La prière faite au nom de Jésus-Christ obtient tout, VI, 499 *et suiv.*, 554 *et suiv.* Il faut toujours prier par Jésus-Christ et s'unir à lui, VI, 676 *et suiv.* Jésus-Christ seul exaucé dans toutes les prières de l'Eglise du ciel et de la terre, X, 278. Comment on doit prier et prier toujours, VII, 496 *et suiv.* Ce qu'il faut demander dans la prière, VII, 500, 501.

La prière est inspirée de Dieu, XVIII, 428, 436. Y a-t-il un état où la prière soit impossible, XVIII, 433. Elle est rejetée par les impies et les quiétistes : sa nécessité, XVIII, 440, 441, 442. Vaines définitions de la prière, contraires à celles des saints, XVIII, 455, 456. Préparation du cœur pour la prière, XVIII, 474, 475 *et suiv.* Les prières de l'Eglise prouvent la nécessité des actes de foi explicite, des demandes et des actions de grace, XVIII, 486 *et suiv.*

Prière intérieure, son efficace, XIX, 55 *et suiv.* La prière est nécessaire à l'homme, quelque parfait qu'il soit, XIX, 47. Peut-on demander les biens temporels, XIX, 63, 64. L'accroissement de l'amour et la persévérance, XIX, 65. Obligation de prier pour nos frères, X, 393. *Voy.* ORAISON.

Prière de Jésus-Christ après la Cène, tirée de l'Evangile de saint Jean, V, 350, 351. Cette prière expliquée, VI, 601 *et suiv. jusqu'à* 628. Effet secret de cette prière, VI, 672 *et suiv.* Elle est l'abrégé du sermon qui l'avoit précédée, VI, 662, 663.

Bucer entreprend la défense des prières de l'Eglise, et fait voir en quel sens les mérites des saints nous sont utiles, XIV, 124. Les luthériens ne veulent pas empêcher la prière pour les morts, XIV, 131, 132. Ils calomnient l'Eglise sur les prières adressées aux saints, XIV, 134. Prière scandaleuse de Luther, où il dit qu'il n'a jamais offensé le diable, XIV, 221. Les prières pour les morts conservées par Henri VIII, XIV, 274. Retenues, puis abrogées par Edouard VI, XIV,

304, 305. Ces prières sont reçues dans la Confession d'Augsbourg et par les calvinistes, xiv, 395. *Voy.* Morts.

Prières du matin, v, 27. *Du soir*, v, 28. — Prières ecclésiastiques *pour aider le chrétien à bien entendre le service de la paroisse aux dimanches et fêtes, etc.*, v, 208. — *Prières pour la communion*, v, 340; *pour chaque jour de la semaine*, v, 346, 347 *et suiv. Prière d'un pécheur pénitent*, xxvi, 103.

PRIMAUTÉ (la) de saint Pierre et de ses successeurs vient de Jésus-Christ, xxii, 32. Elle est reconnue par les anciens Pères et les conciles généraux, *ibid. et suiv.*, xxii, 266 *et suiv*. Elle est fondée et comprise dans les promesses : les Grecs, qui la croyoient autrefois, ont innové en ne la croyant plus, xxii, 419 *et suiv*. L'Eglise romaine exerce sa primauté en faisant observer les canons, xxii, 362. La doctrine de l'Eglise de France donne des appuis solides à ce dogme, loin de l'obscurcir, xxii, 450 *et suiv*. La primauté du Pape sur chaque église, enseignée par le concile de Constance, xxi, 596, 597 *et suiv.*; xxii, 471. *Voy.* Florence, Pape, Pierre, etc.

PRINCE. Il n'est pas né pour lui-même, mais pour le public, xxiii, 540. Il doit pourvoir aux besoins du peuple, xxiii, 541. Surtout des foibles : exemple de Job, etc., xxiii, 542. C'est là le vrai caractère du prince, comme celui du tyran est de ne songer qu'à lui, xxiii, 544. Le prince inutile au bien du peuple est puni, aussi bien que le méchant qui le tyrannise, xxiii, 545. L'ingratitude du peuple ne doit pas altérer sa bonté, xxiii, 546. Le prince ne doit rien donner à son ressentiment, xxiii, 547. Il épargne le sang humain, xxiii, 549. Il déteste les actions sanguinaires, xxiii, 549, 550. Les bons princes exposent leur vie pour le salut du peuple, et la conservent pour l'amour d'eux, xxiii, 551. Le prince est fait pour être aimé, xxiii, 555. Celui qui se fait haïr est toujours à la veille de périr, xxiii, 557. Le prince doit se garder des paroles rudes et moqueuses, *ibid.*

L'autorité du prince doit être absolue, xxiii, 558. On n'appelle point de ses jugemens, xxiii, 559. Il a seul la force coactive, xxiii, 560. Il n'est pas pour cela affranchi des lois, xxiii, 562. Il ne doit pas craindre le peuple, xxiii, 564, 565. Il doit se faire craindre des grands et des petits, xxiii, 566. Maux que cause la foiblesse du prince, xxiii, 567 *et suiv*. La fermeté lui est essentielle, xxiii, 570. Surtout contre ses favoris, xxiii, 572. Il doit se garder de la paresse, xxiii, 574. Et de la fausse fermeté, xxiii, 575. Il faut qu'il commence par soi-même à se commander, et qu'il se rende maître de ses passions, xxiii, 576. Il ne doit craindre que Dieu, xxiii, 578. Sa sagesse rend le peuple heureux, xxiii, 585. Les princes sages sont craints et respectés, xxiii, 588.

Quelle doit être l'étude du prince, xxiii, 591. Il doit savoir la loi,

XXIII, 593. Et les affaires, *ibid.* Il doit savoir connoître les occasions et les temps, XXIII, 595. Il doit connoître les hommes, XXIII, 596. Et surtout se connoître lui-même, XXIII, 600. Il doit savoir ce qui se passe au dedans et au dehors de son royaume. Il doit savoir parler, XXIII, 604. Et se taire, XXIII, 605. Il doit prévoir, XXIII, 606. Et être capable d'instruire ses ministres, XXIII, 607.

Moyens qu'a un prince d'acquérir les connoissances nécessaires. Premier moyen : aimer la vérité, XXIII, 609. Second moyen : être attentif et considéré, XXIII, 611. Troisième moyen : prendre conseil et donner toute liberté à ses conseillers, XXIII, 616. Quatrième moyen : choisir son conseil, XXIII, 617; XXIV, 211. Cinquième moyen : écouter et s'informer, XXIII, 620. Sixième moyen : prendre garde à qui on croit, et punir les faux rapports, XXIII, 621. Septième moyen : consulter le passé et ses propres expériences, XXIII, 624. Huitième moyen : s'accoutumer à se résoudre par soi-même, XXIII, 627. Ne pas s'abandonner à ses amis et à ses conseillers, XXIII, 628; XXIV, 211, 212. Le prince qui règne par lui-même est sûr de l'assistance de la Providence, XXIII, 629. Neuvième moyen : éviter les mauvaises finesses, XXIII, 630. Le prince doit éviter les consultations curieuses et superstitieuses, XXIII, 636 *et suiv.* Il ne doit pas se fier sur les conseils humains, XXIII, 641. Il lui faut consulter Dieu par la prière, et mettre en lui sa confiance, XXIII, 642. Le plus bel ornement d'un prince est de voir ses amis ornés de ses dons, XXVI, 33.

Ce que c'est que la majesté dans les princes; elle est l'image de celle de Dieu, XXIII, 642, 643. Le prince n'est pas distingué de la patrie; on lui doit les mêmes services, XXIV, 1. Son intérêt n'est séparé de celui de l'État que par les ennemis publics, XXIV, 2. Le prince doit être aimé comme un bien public, XXIV, 3. Sa mort est une calamité publique, et les gens de bien la regardent comme un châtiment de Dieu, XXIV, 5. Obéissance qui lui est due, XXIV, 8 *et suiv.*

Division générale des devoirs du prince, XXIV, 26. Il doit employer son autorité pour détruire dans son État les fausses religions, XXIV, 42 *et suiv.* Efficacité de son exemple pour attirer les peuples à la religion, XXIV, 45. Il doit étudier la loi de Dieu, XXIV, 46. Il en est l'exécuteur, *ibid.* Il doit procurer que le peuple en soit instruit, XXIV, 47. Il doit craindre la fausse piété, XXIV, 57 *et suiv.* Avoir soin du culte de Dieu, XXIV, 62. Faire sanctifier les fêtes, XXIV, 63. Avoir soin des personnes consacrées à Dieu, et des biens destinés à leur subsistance, XXIV, 64. Des lieux sacrés, etc., XXIV, 66. Combien il est dangereux aux princes de mettre la main sur les biens ou sur les personnes consacrées à Dieu, XXIV, 69. Ils ne doivent point entreprendre sur les droits du sacerdoce, XXIV, 70. Le prince ne souffre pas les impies, les blasphémateurs, les parjures, etc., xxiv, 76, 77. Il est religieux observateur de son serment, xxiv, 79. Le bonheur des princes vient de Dieu, xxiv, 88. Celui qui a failli ne doit pas perdre espérance, mais retourner à Dieu par la pénitence, xxiv, 94, 95.

Le prince est le premier juge, et doit rendre la justice, xxiv, 112. Il établit les tribunaux, et instruit les juges de leurs devoirs, xxiv, 114. Vertus qui doivent accompagner la justice dans un prince, xxiv, 115. La fermeté et la constance, xxiv, 116. La prudence, xxiv, 118. La clémence, xxiv, 120. Amour que cette vertu attire aux princes, xxiv, 121. Suites funestes de la fausse indulgence des princes, xxiv, 123. Le prince doit faire justice en tout temps et en tous lieux, xxiv, 128.

Les princes guerriers formés par Dieu, xxiv, 129. Ceux qui font la guerre par ambition sont déclarés ennemis de Dieu, xxiv, 135. Les plus forts sont souvent les plus circonspects à prendre les armes, xxiv, 212. Princes belliqueux donnés de Dieu aux Israélites, xxiv, 161. Dieu préfère les princes pacifiques aux guerriers, xxiv, 163. Il importe à un prince d'avoir la réputation d'homme de guerre, pour tenir l'ennemi dans la crainte, xxiv, 175. Il doit affectionner les braves, xxiv, 178. Au milieu des soins vigilans, il faut qu'il ait en vue l'incertitude des événemens, xxiv, 182. Qu'il évite le luxe, le faste et la débauche, qui aveuglent les hommes dans la guerre, et les font périr, xxiv, 184. Qu'il connoisse ses forces avant toutes choses, xxiv, 185. Qu'il s'assure des peuples vaincus, *ibid.*

Le prince a des dépenses de nécessité et des dépenses de splendeur, xxiv, 189. Il doit modérer les impôts, xxiv, 196. Ce qu'il doit faire pour augmenter le peuple, xxiv, 200. Il doit se faire soulager, xxiv, 207. Ménager les hommes d'importance et ne les pas mécontenter, xxiv, 212. Savoir pénétrer et dissiper les cabales, xxiv, 213. Employer chacun selon ses talens, xxiv, 216. Prendre garde aux qualités personnelles et aux intérêts cachés de ceux dont il prend conseil, xxiv, 217. Qui sont ceux qu'il doit éloigner des emplois publics, xxiv, 230.

La sagesse du prince paroît dans le gouvernement de sa famille, xxiv, 237. Soin qu'il doit prendre de sa santé, xxiv, 240. Inconvéniens de la puissance des princes, et tentations qui y sont attachées, xxiv, 242. Leurs remèdes, xxiv, 245.

Les princes doivent regarder au-dessus d'eux l'empire inévitable de Dieu, xxiv, 246. Ne perdre jamais de vue la mort, xxiv, 247. Respecter le genre humain, et révérer le jugement de la postérité, xxiv, 252. Respecter les futurs remords de leur conscience, xxiv, 253. Réflexions que doit faire un prince pieux, sur les exemples que Dieu fait des plus grands rois, xxiv, 254 *et suiv.* Il supprime tous les sentimens qu'inspire la grandeur, xxiv, 255. Il se rend, tous les jours, devant Dieu, attentif à tous ses devoirs, xxiv, 256. Modèle de vie d'un prince dans son particulier, et résolutions qu'il y doit prendre, xxiv, 257. En quoi consiste le vrai bonheur des rois, xxiv, 258.

Les princes sont obligés d'imiter la bonté de Dieu, qu'ils représentent, xxiii, 204. Combien l'application et l'attention leur est nécessaire ; maux qui résultent des défauts contraires, xxiii, 30 *et suiv.* L'étude de l'histoire leur est utile, xxiv, 260. Ils doivent étudier les causes particulières des révolutions des empires, xxiv, 575.

Dieu apprend aux princes leurs devoirs d'une manière souveraine, xii, 440. Ils ne doivent employer leur puissance que pour le bien, xii, 533. Révolutions qu'ils ont à craindre, s'ils négligent la connoissance de leurs affaires, xii, 448. *Voy.* Biens, Conquêtes, Conquérans, Conseils, État, Gloire, Guerre, Justice, Peuple, Rois, Sujets.

Jurieu donne à la puissance des princes des bornes chimériques, puis ôte ces bornes, xvi, 190. La Réforme pose pour principe que le prince ne peut punir les hérétiques. L'exemple des empereurs catholiques cités par Jurieu, ne prouve rien dans la réforme, dont la constitution est contraire à celle de l'ancienne Eglise, où les princes recevoient comme des oracles divins les décisions des conciles, xvi, 199. Jurieu démontre au contraire aux tolérans que les princes de la Réforme décident les matières de foi. Décret des Etats généraux de Hollande sur la foi, la vocation et la prédestination, xvi, 204. Les tolérans et les intolérans se poussent à bout, les uns en prouvant que les princes ne doivent pas être les arbitres de la foi, les autres en démontrant que dans le fait, ils le sont parmi les réformés, xvi, 205.

PRISONS. Ce que figurent les deux prisons dont il est parlé dans l'Evangile, viii, 370. Peinture d'un chrétien en prison, xii, 264 *et suiv.*

PRIVAS. Synode national tenu dans cette ville par les protestans : on y dresse un formulaire contre la doctrine de Piscator, xiv, 590.

PRIVILÉGES (les) accordés par saint Grégoire à Saint-Médard de Soissons, et à l'hôpital d'Autun, paroissent supposés, xii, 303 *et suiv.*

PROBABILISME ; il ne doit pas être notre règle, xxii, 716 *et suiv.* C'est une opinion abandonnée des plus grands hommes, xxii, 730 ; nouvelle, *ibid.* Sans fondement, *ibid. et suiv.* Fausse, 733 *et suiv.* Censure de l'assemblée de 1700 sur cette matière, xxii, 768 *et suiv.* Déclaration de ladite assemblée, xxii, 771 *et suiv.*

Quatre dissertations sur le probabilisme, xxxi, 1. Dans le doute, il faut suivre le parti le plus sûr, *ibid. et suiv.*, à moins que le parti opposé ne soit plus probable, xxxi, 4. L'opinion qui tient pour le parti moins probable, est nouvelle, et inconnue à la tradition, xxx, 6, 7. Elle est erronée et dangereuse, xxxi, 13. Il n'est jamais permis d'agir contre sa conscience, ne fût-elle que probable, sans être certaine, xxxi, 14 *et suiv.* Il n'est pas permis de suivre une opinion moins sûre, dans le concours d'une opinion plus probable, xxxi, 17 *et suiv.*

PROBLÈME ECCLÉSIASTIQUE. Réfutation de ce libelle, iii, 305 *et suiv.* Sa malignité, iii, 309 *et suiv.* *Voy.* NOAILLES.

PROBUS est forcé par les soldats à recevoir l'empire ; sa mort, xxiv, 335.

PROCHAIN. Règles de conduite par rapport à lui, xxvii, 442, 452, 453, 530, 583, 584, 585. Peut-on s'entretenir de ses défauts, xxviii, 267, 270. Amour du prochain, son étendue, viii, 187. Son fondement, ix, 239 *et suiv. Voy.* CHARITÉ.

PROCLE (S.) patriarche de Constantinople, est l'auteur de la proposition des moines de Scythie : sa lettre louée dans le concile de Chalcédoine, xxii, 188.

PRODIGUE. L'enfant prodigue, image de nos égaremens, ix, 199, 200; x, 250; xii, 157.

PROFESSION religieuse. Sermons prononcés à cette cérémonie xi, 470, 471 *et suiv.*

PROMESSES. Le Messie promis dès l'origine du monde, vii, 136 *et suiv.* Promis encore à Abraham, vii, 147, 148. A Isaac et à Jacob, vii, 149 *et suiv.* Deux genres de promesses dans l'Evangile, les unes essentielles, les autres accessoires : quel en est l'objet, ix, 300. La différence est manifeste entre les promesses faites au corps de l'Eglise et aux fidèles particuliers, xvii, 155, 156. *Voy.* EGLISE.

PROPAGATION DE LA FOI. Séminaire de filles établi à Metz, sous ce titre : Règlement que Bossuet dresse pour cette congrégation, xvii, 286 *et suiv.* Nature de cet établissement, *ibid.* Vertus principales, xvii, 289. Pratiques de dévotion, xvii, 291. Gouvernement du séminaire, xvii, 294. Travail, silence et retraite, xvii, 297. Règlement journalier, xvii, 301. Direction, xvii, 306.

PROPHÈTES. Leur vie et leur ministère, combien admirables, xxiv, 415, 416. Ils s'opposent à l'idolâtrie, *ibid.* Le mépris qu'en fait la nation juive lui a attiré une foule de calamités, viii, 218.

Les prophètes sont sans réflexions dans le transport de l'inspiration divine, xviii, 463, 466 *et suiv.* Exemples des motions du Saint-Esprit dans les prophètes, xviii, 522.

PROPHÉTIES. Elles sont une preuve de la religion; on le démontre par le raisonnement de Jésus-Christ et des apôtres, iv, 116. Par les apologies du christianisme, iv, 118. Par les professions de foi, 119. Par l'usage que les Pères ont fait de l'Ancien Testament contre les marcionites, 121. Passage de Tertullien, *ibid.* La force de la preuve des prophéties ne dépend point des explications des rabbins, *ibid.* Combien on a toujours estimé cette preuve, iv, 122, 123 *et suiv.*

Plusieurs sens dans les prophéties, ii, 319, 320, 323 *et suiv.* Quoique enveloppées d'obscurités, elles sont claires sous un certain rapport, III, 293 *et suiv.* Elles ne sont point de simples allégories, comme l'ont dit les sociniens, III, 485. Trois preuves solides, III, 488 *et suiv.*

Elévations sur les prophéties, VII, 177 *et suiv.* Les prophéties sous les patriarches, *ibid.* Prophétie de Moïse, VII, 178; de David, 179; celles des autres prophètes, 181 *et suiv.* Réflexions sur les prophéties, VII, 183, 184. Prophétie d'Isaïe sur saint Jean-Baptiste, VII, 330. Prophéties concernant Jésus-Christ, XXVIII, 147, 148. Pour abréger la discussion des prophéties, Dieu les réduit à trois faits qui ont concouru ensemble : la désolation des Juifs, la conversion des gentils, et la prédication de l'Evangile, XXIV, 562. *Voy.* GROTIUS, JÉSUS-CHRIST, MESSIE.

Prophétie fausse d'un cordelier un an avant les mouvemens de Luther : que la puissance du Pape alloit baisser et ne se relèveroit jamais, XIV, 207, 208. Les protestans souffrent les prophéties fausses et ridicules de Mède, de Jurieu et d'autres, parce que le peuple se repait de ces illusions, XVI, 26, 27. Luther expliquoit les anciennes prophéties dans un sens propre à inspirer les révoltes, XV, 567. Les protestans aiment mieux croire les prophéties extravagantes de Jurieu, que ce que dit l'Eglise, XVII, 132, 133. Le ministère prophétique étoit perpétuel et comme ordinaire pendant la durée de la synagogue, XVII, 162. Outre ce ministère, celui du sacerdoce lévitique ne devoit jamais faillir dans l'Eglise judaïque jusqu'à sa destruction, XVII, 136.

Les prophéties étant la preuve et le fondement de la religion, sont cependant ce qu'elle a de plus obscur et de plus difficile à entendre, II, 235. Pour connoitre la vérité il n'y a pas de marques plus sûres et plus efficaces que les prophéties, II, 236. Deux moyens pour obliger un homme de croire une vérité qu'on lui propose : 1° l'évidence qui ne manque jamais d'entraîner le consentement ; 2° la certitude que l'on a que cette vérité nous est proposée par un être qui ne peut se tromper, ni nous tromper, *ibid.*

PROPOSITION. Sa définition, XXIII, 62. *Voy.* RAISONNEMENT. Signification des propositions, XXIII, 340, 341. Divisions des propositions, des propositions complexes et incomplexes, simples et composées, absolues et conditionnées, universelles et particulières, affirmatives et négatives, XXIII, 340 à 352.

PROPRIÉTÉ (de la) et de l'accident. La propriété est ce qui est entendu dans la chose comme une suite de son essence, XXIII, 305. Porphyre a distingué quatre sortes de propriétés, XXIII, 306.

PROSPÉRITÉ. Ses dangers, VIII, 460; XII, 463, 464. Prospérité des méchants : l'homme de bien affligé ne doit point en murmurer, X, 223, 224. Ce seroit une injustice, VI, 485, 486. La prospérité des im-

pies est un effet de la vengeance et de la colère de Dieu, VII, 432.
PROSTITUTION. Ce que c'est selon les prophéties, II, 520. Prostitution de Rome la païenne, *ibid. et suiv.*
PROTESTANS. Idée générale de leur religion, XIV, 1, 2. Leurs variations en corps d'Eglise et dans leurs livres symboliques, XIV, 3, 4. Leur division en deux corps principaux, XIV, 4. Ils cherchent vainement à se réunir sous une seule et uniforme confession de foi, XIV, 10. Leurs chefs, Calvin, Bucer et autres reconnoissent qu'il n'y a point parmi eux de véritable réformation des mœurs, XIV, 284. Les protestans se donnent une origine ancienne, et comptent Vigilance parmi leurs prédécesseurs, parce qu'il s'opposa au culte des saints; Claude de Turin, Arien et Nestorien, parce qu'il a brisé les images; tous les iconoclastes, Viclef, Jean Hus, en un mot, tous ceux qui ont ou murmuré contre quelque dogme catholique, ou crié contre le pape, XIV, 457, 458. Ils ne peuvent plus s'excuser de ce schisme, XV, 163. Ils se font chacun arbitres de leurs croyances, et se précipitent dans l'indifférence et l'athéisme, XII, 452. Leur doctrine conduit à l'indifférence des religions, XVII, 121.

Réfutation des erreurs des protestans sur la justification, X, 197, 198 *et suiv.* Réponse aux protestans qui nous reprochent d'appeler les saints médiateurs, X, 279 *et suiv.* Idée fausse qu'ils se forment de l'Eglise, XI, 410. Combien frivole l'autorité qu'ils veulent tirer des hussites et des albigeois, XI, 411 *et suiv.* L'esprit des protestans est le même qu'on a toujours remarqué dans les hérésies, XI, 414. Tout ce que la religion a de plus saint a été en proie à leur impiété, XII, 447.

Les ministres protestans convaincus d'être de faux pasteurs, XVII, 245 *et suiv.*; des pasteurs sans mission, XVII, 250 *et suiv.* Leurs excès et leurs emportemens, XVII, 253. Leurs calomnies sur les litanies et la prière des saints, XVII, 254; sur les images, XVII, 256; sur les cérémonies, le service en langue latine, et l'adoration de l'Eucharistie, XVII, 260, 261 *et suiv.* Projets de réunion avec l'Eglise *Voy.* DU BOURDIEU, FERRY, LEIBNIZ, MOLANUS, RÉUNION.

Variation dans les symboles des protestans, XVIII, 9, 10. Leibniz tâche de les excuser de schisme, XVIII, 130. Il rejette avec eux le concile de Trente, XVIII, 184, 218; les décisions de l'Eglise, 172; et plusieurs livres de l'Ancien et du Nouveau Testament, XVIII, 270, 271, 278, 292.

Combien les protestans sont faciles à se laisser tromper par de fausses interprétations de l'Ecriture, et en particulier des prophéties, XVII, 132, 133. Ils profanent l'Apocalypse par l'interprétation sacrilège qu'ils en font, III, 1 *et suiv.* Leur système n'a aucun principe, III, 5, 6 *et suiv.*; III, 13 *et suiv.* Il détruit tous les caractères marqués dans l'Apocalypse, III, 23. Leurs illusions et contradictions continuelles, III, 23, 24, 31, 37, 39, 45, 51 *et suiv*. Ils sont en contradiction avec saint Paul, III, 84, 85 *et suiv.*; avec les Pères, III, 90 *et suiv.*; avec eux-mêmes, III, 91 *et suiv*. Leur système se dément de tous côtés, III, 140, 141, 151, 152 *et suiv*. Extrémités où ils s'engagent, III, 169 *et suiv*. *Voy.* APOCALYPSE, CALVINISTES, LUTHÉRIENS, VAUDOIS, etc.

Manœuvres des protestans pour troubler la mission de Metz, XXVI, 124, 125, 127, 128, 129. Abjuration d'une femme protestante, convertie dans cette mission, XXVI, 132. Ils persécutent les catholiques dans les pays où ils sont les maîtres, XXVI, 369. Zèle de Bossuet pour leur conversion, XXVI, 352, 353, 368, 369. Grand nombre de protestans ramenés par Louis XIV, XII, 595. *Voy.* CONVERTIS (nouveaux).

PROVERBES ou sentences; leur origine; pourquoi on les appelle paraboles, I, 442, 443. La manière d'instruire par des sentences est propre à aider la mémoire, *ibid*. Pourquoi on renferme les proverbes dans des sentences fort courtes, *ibid*. Les proverbes peignent au naturel et mettent les choses sous les yeux, I, 446.

Proverbes de Salomon. Préface de Bossuet sur ce livre, I, 442 *et suiv*. Auteurs des Proverbes, et leurs différentes collections, I, 443. Ces Proverbes enseignent toutes les règles des mœurs, par rapport à l'économie, à la politique et à la vie privée, I, 145. Leur brièveté, leur élégance et leur force, I, 446. Promesses et menaces temporelles semées dans ce livre, I, 448. Des versions de ce livre, I, 449, 450.

PROVIDENCE. C'est un des attributs de Dieu, III, 8 *et suiv*. La Providence gouverne d'une manière particulière les choses humaines, XXIV, 91. Ses soins paternels envers les hommes, IX, 293 *et suiv*. Elle règle les révolutions des empires, XXIV, 570, 571. C'est à elle qu'il faut tout rapporter, XXIV, 653.

Ce dogme attaqué par les libertins : les moyens qu'ils emploient tournent contre eux-mêmes, et ne servent qu'à l'établir, IX, 161, 162. La Providence est celle de toutes les perfections de Dieu qui ait été exposée à de plus opiniâtres contradictions, X, 220, 221. Elle est combattue par les épicuriens, VI, 480. Toute l'économie de la Providence représentée par David dans le Psaume LXXIV, VI, 487.

Nécessité de s'abandonner à la divine Providence dans les affaires, XXVIII, 104. Se confier en elle, VI, 49, 54 *et suiv*. Jésus-Christ garde les fidèles dans le corps comme dans l'âme, VI, 628 *et suiv*.

PROVINCES-UNIES. Jurieu compare les guerres qui s'y sont faites à celles des Juifs sous les Machabées. Etrange différence dans l'état de la religion et dans celui des personnes, entre les Juifs et les protestans et le prince d'Orange, XV, 425 *et suiv*.

PRUDENCE (la), vertu compagne de la justice, doit s'instruire par elle-même, xxiv, 118. La prudence rend les hommes puissans, xxvi, 35. Quelle est la prudence que recommande aux confesseurs le concile de Trente, ix, 447.

PSALMODIE. En quoi elle consiste selon saint Augustin, i, 60 *et suiv.* Quel en est le meilleur usage, i, 62. Quel en doit être le fruit, i, 377.

PSAUMES. *Dissertation sur les Psaumes,* i, 10 *et suiv.* Ce livre est le plus ancien recueil de cantiques, i, 11. La foi y trouve un solide appui, i, 12, 18. On y rapporte les faits anciens de l'Histoire sainte, i, 14 *et suiv.* On en tire une preuve de l'authenticité du *Pentateuque,* i, 17. Motifs d'espérance qu'ils fournissent, i, 19. Ils annoncent par des figures la vie future, i, 19, 21. Motifs de charité qu'on y trouve, soit envers Dieu, soit envers le prochain, etc., i, 21 *et suiv.* Les imprécations ne doivent pas être prises à la lettre, i, 25. Beauté du style des Psaumes; sa noblesse, i, 31 *et suiv.* Brièveté sublime, i, 34 *et suiv.* Rapidité des mouvemens, i, 36 *et suiv.* Douceur admirable, i, 38 *et suiv.* Divers genres de Psaumes, i, 40 *et suiv.* Profondeur et obscurité des Psaumes; quelles en sont les causes, i, 41 *et suiv.* Du texte et des versions : règles pour l'interprétation, i, 43 *et suiv.* Titres et autres notes des Psaumes, i, 47, 215. Auteurs des Psaumes, i, 49, 216 *et suiv.* Sujet des Psaumes, i, 50. Mètre des Psaumes et danses sacrées, i, 51. Instrumens de musique, i, 52. Ordre des Psaumes, i, 53. L'obscurité des Psaumes est utile, i, 54. Manière de les lire, *ibid.* De l'ordre des versets et des locutions de la Vulgate, i, 55 *et suiv.* Usage des Psaumes dans toutes les situations de la vie, i, 58 *et suiv.* Psaumes *graduels* : pourquoi on les appelle ainsi, i, 337.

Explication du psaume xxi. Remarques préliminaires, traits propres à Jésus-Christ, ii, 264 *et suiv.* Absurdité des Juifs et de quelques critiques dans l'interprétation de ce Psaume, ii, 66 *et suiv.* Traduction d'après l'hébreu et les Septante, ii, 69 *et suiv.* Explication selon saint Jérôme, ii, 274 *et suiv.* Première partie du Psaume contenant le délaissement et la passion de Jésus-Christ, ii, 276, 277 *et suiv.* Seconde partie contenant sa résurrection et la conversion des gentils, ii, 284, 285 *et suiv.* Réflexions sur le délaissement de Jésus-Christ, ii, 295, 296 *et suiv.*

Traduction poétique de quelques Psaumes, xxvi, 90 *et suiv.*

Plusieurs des Psaumes qui se chantent à l'office divin, traduits par Bossuet, v, 255 *et suiv.* Traduction des Psaumes de la pénitence, v, 308 *et suiv.*

PSAUTIER attribué à saint Bonaventure ; ce qu'en pense Bossuet, xxvii, 468.

PUCELLE d'Orléans. *Voy.* Arc (Jeanne d').

PUDEUR. Quelle est la vraie pudeur chrétienne, xii, 506. *Voy.* Chasteté, Pureté.

PUISSANCE. Sa fin naturelle, viii, 232. Grande puissance, féconde en grands crimes, ix, 184, 185. Danger de la puissance, ix, 325. La plus grande puissance du monde ne peut s'étendre plus loin que d'ôter la vie à un homme, ix, 321; xi, 274, 275. La puissance doit protéger l'innocence, ix, 343; soulager la misère, ix, 344; favoriser la vertu, ix, 644; xii, 444.

La puissance royale n'est soumise qu'à celle de Dieu, xxi, 192 *et suiv*. On doit lui obéir; exception mise à cette obéissance par Jésus-Christ et les apôtres, xxi, 221 *et suiv*. Cette puissance est légitime dès son origine, même parmi les infidèles, xxi, 186 *et suiv*. En quel sens la puissance temporelle vient de Dieu, xxi, 189 *et suiv*. Le sentiment de la supériorité des conciles préjudicie-t-il à la puissance des rois, xxi, 758 *et suiv*. *Voy.* Etat, Gouvernement, Orgueil, Pouvoir, Prince, Rois.

Quelle est la nature de la puissance confiée par Jésus-Christ à ses apôtres, xxi, 216 *et suiv*. On objecte à tort le passage *Toute puissance m'a été donnée*, etc., xxi, 206. Beau passage de saint Bernard, sur la puissance des pontifes, xxi, 229. La puissance ecclésiastique se réduit à l'excommunication, xxi, 252. De la puissance directe et indirecte, sur le temporel, donnée au Pape par des théologiens, xxi, 132 *et suiv*. Cette doctrine est nouvelle, xxi, 146 *et suiv*. On n'en trouve aucune trace dans les premiers siècles, xxi, 284 *et suiv*. Différents décrets des conciles allégués mal à propos en preuve de la puissance de l'Eglise sur le temporel, xxi, 475, 482 *et suiv*.

Les deux puissances, spirituelle et temporelle, occupent chacune le premier rang; preuves de cette vérité, xxi, 232 *et suiv*. Leur union demande quelquefois qu'elles usurpent les fonctions l'une de l'autre, xxi, 486. Faut-il pour qu'elles soient ordonnées entre elles, que l'une soit soumise à l'autre, xxi, 256 *et suiv*. Pourquoi Dieu a-t-il distingué ces deux puissances, xxi 258 *et suiv*. Passages de saint Gélase sur cette matière, xxi, 259.

PULCHÉRIE soutient l'Empire par sa piété et par sa prudence, xxiv, 345. Elle élève Marcien à l'empire, xxiv, 347.

PURETÉ. Estime que nous devons faire de cette vertu, à l'exemple de Marie, ix, 31 *et suiv*., 50, 51. Combien elle est rare parmi les hommes, xii, 507. Comment elle se conserve parmi les tentations, xii, 517. *Voy.* Chasteté.

PURGATOIRE. Le concile de Trente a cru, comme une vérité révélée de Dieu, que les ames des justes non entièrement purifiées en ce monde l'étoient dans l'autre. Les principes des protestans prouvent la nécessité du Purgatoire, xv, 158. Leurs difficultés sur cet article aisées à lever, xvii, 522, 523, 579; xviii, 37. S'unir aux ames qui souffrent dans le Purgatoire, xxvii, 551. Pourquoi la flamme du Purgatoire purifie-t-elle ces ames, ix, 615. L'abbé Dupin coupable d'avoir déguisé la doctrine de l'Eglise sur ce dogme, xx, 516. *Voy.* INDULGENCES, SATISFACTION.

Sur la nature du purgatoire des Juifs, xxx, 511.

PURIFICATION de la sainte Vierge; trois sermons pour cette fête, xi, 243 *et suiv.* Elle renferme sous un nom commun trois cérémonies différentes de la loi ancienne, xi, 290. En quoi elles consistent, xi, 290, 291.

PUSSYRAN (M.) menace Bossuet d'écrire contre lui, s'il ne se déclare pas ouvertement contre le *silence respectueux*, xxx, 580.

PURITAINS. On nomme ainsi les calvinistes d'Ecosse et d'Angleterre, parce qu'ils prétendent qu'en supprimant les cérémonies, ils suivent plus purement la lettre de l'Ecriture, xiv, 387.

PYRRHUS, roi d'Epire, entreprend la conquête de l'Italie, xxiv, 307. Il est défait par le consul Curius, xxiv, 308. Sa mort, *ibid.*

Q

QUAKERS ou Trembleurs d'Angleterre. Leur fanatisme peu différent de celui de la Réforme, xv, 319.

QUALIFICATIONS. On explique, d'après Gerson et Melchior Canus, celles qu'on emploie dans les censures théologiques, xxii, 564 *et suiv.*, 606 *et suiv.*

QUIÉTISME. Idée générale de ce qu'on appelle Quiétisme, xviii, 393 *et suiv.* Son origine et ses progrès en France, ce que Bossuet a fait pour le réfuter, et motifs qui ont dirigé sa conduite dans cette affaire, xxviii, 554, 562 *et suiv.* Combien le Quiétisme est dangereux, xxix, 152. Abjuration d'un quiétiste à Rome, xxx, 123.

Le Quiétisme ménagé et soutenu par les nouveaux mystiques, xix, 363; rétabli en plusieurs points, xix, 360, 454, 467, 472, 488. Ses sectateurs trop ménagés par un auteur qui se rend par là suspect, xix, 232 *et suiv.*, 504, 520. Pur quiétisme rétabli par l'attente oisive de la grace, xix, 223 : par la contemplation directe, *ibid.*, par la suppression de la vue distincte de Jésus-Christ, xix, 217, 221, 222; et par autres erreurs semblables, xix, 224, 331, 333.

QUIETISMUS redivivus, xx, 1 *et suiv.*

QUIÉTISTES. Leur condamnation, xviii, 609 *et suiv.* Leurs propositions hérétiques et erronées, xviii, 610, 612 *et suiv.* Abrégés des livres des quiétistes, où l'on remarque un des caractères de cette secte, xviii, 644 *et suiv.* Actes de leur condamnation, xviii, 674 *et suiv.* On a donné ce nom aux anciens solitaires, xviii, 607.

QUINAULT (Philippe). La corruption réduite en maximes dans ses opéras; Bossuet l'avoit vu cent fois déplorer ses égaremens, xxvii; 22.

QUOTI (Thomas) de Pragelas, l'un des vaudois. Son interrogatoire, dans lequel il reconnoît la présence réelle et la nécessité de la confession, xiv, 510.

R

RACINE (Jean) renonce publiquement aux tendresses de ses tragédies, xxvii, 3, 23. Il s'intéresse auprès de Bossuet, pour l'abbé Dupin, dont il étoit parent, et travaille à le ramener dans le bon chemin, xxx, 538, 539. Bossuet trouve plus de véhémence dans Corneille, plus de justesse et de régularité dans Racine, xxvi, 140.

RAILLERIES. Le prince doit s'en garder et les réprimer, xxiii, 557, 558. La nature ne nous a pas faits pour le jeu et la raillerie, mais pour des exercices sérieux et graves, xxvi, 34.

RAINALDUS (Odoric), historien, donne pour seul vrai pape Grégoire XII, abandonné de tout le monde, xxi, 52, 585 *et suiv.* Il avoue que Jean XXII eut raison de révoquer la bulle de Nicolas III sur la pauvreté de Jésus-Christ, xxi, 390. Il donne la raison de la répétition du décret de la quatrième session du concile de Constance, xxi, 560, 561. Il accuse de vicléfisme l'Eglise de France, xxi, 570 *et suiv.* Faits faux qu'il avance sur l'accord conclu entre Nicolas V et les Pères de Bâle, xxi, 712 *et suiv.*

RAISON. Pourquoi elle nous est donnée, xxiii, 49, 50. Différence de la droite raison et de la raison corrompue, xxiii, 76. Comment elle nous dirige dans les sensations, xxiii, 130. Combien elle est nécessaire pour en juger, et pour en régler les mouvemens extérieurs, xxiii, 114. Elle nous oblige à croire que nous sommes libres, et que nos actions sont ordonnées par la Providence, quand même nous ne pourrions trouver le moyen d'accorder ensemble ces deux vérités, xxiii, 440. Sur combien de choses la raison est-elle obligée de suspendre son jugement, parce qu'elles sont accompagnées de difficultés invincibles, xxiii, 442. Par exemple la divisibilité de la matière et du mouvement à l'infini, xxiii, 443. *Voy.* LIBERTÉ.

La raison doit céder à la vérité, dont elle est née la sujette, viii, 181. Elle doit avoir l'empire sur toutes les passions, viii, 506. Comment, pour rétablir la raison humaine par l'humilité, il étoit à propos que les vérités de Jésus-Christ fussent incroyables, viii, 171. Attachement à la raison souveraine, seule et véritable science, viii, 474.

RAISONNEMENT. En quoi il consiste, xxiii, 61. Ses règles et ses différentes sortes, *ibid. et suiv.* Il nous fait connoître notre liberté, xxiii,

430. Le raisonnement est une opération de l'esprit par laquelle d'une chose on infère une autre chose, XXIII, 281. De la structure du raisonnement, *ibid.*

RAMEAUX (Dimanche des). Méditation sur l'évangile de ce jour, VI, 95 *et suiv.*

RANCÉ (Armand-Jean le Bouthilier de) abbé de la Trappe. Sa dispute avec M. Le Roi, abbé de Hautefontaine, sur certaines pénitences usitées à la Trappe : lettre de Bossuet à ce sujet, XXVI, 204 *et note.* Le prélat recommande aux prières de cet abbé le succès de l'Assemblée de 1682, ne pouvant aller à la Trappe, XXVI, 283. Il lui demande de prier pour lui à son entrée dans son diocèse, XXVI, 302. Estime que Bossuet faisoit du livre de M. de Rancé, *Sur la Sainteté et les Devoirs de la Vie monastique,* XXVI, 307, 312, 313. Il voit l'archevêque de Paris pour le faire imprimer, XXVI, 315. Heureux fruits de ce livre, et contradictions qu'il éprouve, XXVI, 317. En quel sens Bossuet a approuvé ce livre, XXVIII, 331. Il détourne M. de Rancé de se demettre, XXVI, 313, 314. Il recommande à ses prières trois de ses amis qu'il avoit perdus, XXVI, 328. Il sollicite l'admission d'un Bénédictin à la Trappe, XXVI, 342; ce qui ne s'exécute pas, XXVI, 344. Il l'instruit de la publication du *Commentaire* du P. Mége, *sur la Règle de Saint-Benoît,* où ce Père attaquoit son livre sur la vie monastique, XXVI, 404, 405. Il l'invite à publier au plus tôt son commentaire sur cette *Règle,* XXVI, 406, 407. Sur quelques incidens qui retardent cette publication, XXVI, 443. Il lui donne son avis sur ce livre, XXVI, 451. Sur un autre *Commentaire,* par D. Martène, XXVI, 452. Bossuet approuve une défense que cet abbé avoit faite à des religieuses de lire l'Ancien Testament, XXVI, 455. Il l'instruit des dispositions du Roi pour la Trappe, XXVI, 459. Vœux de Bossuet pour cette maison, XXVI, 394, 496.

M. de Rancé loue le zèle de Bossuet contre le quiétisme, XXIX, 50. Il est mécontent du livre de Fénelon, et opposé à sa doctrine, XXIX, 67, 76. Un ami de l'abbé de la Trappe le justifie contre les plaintes que les partisans de Fénelon faisoient des lettres de cet abbé à Bossuet, XXIX, 77. Combien M. de Rancé goûte l'*Instruction sur les Etats d'oraison,* XXIX, 75. Il félicite Bossuet sur le Bref que le Pape lui avoit écrit au sujet de ce livre, XXIX, 99, 100. Lettres de Bossuet et de cet abbé sur cette affaire, XXIX, 112, 113, 133 *et suiv.* Eloges que M. de Rancé donne au zèle de Bossuet à défendre l'Eglise, XLVII, 105, 106. Bossuet lui envoie la relation faite à l'assemblée de 1700 sur le quiétisme, et s'excuse de ne pouvoir aller le voir, XXX, 481. Bel éloge qu'il fait de M. de Rancé au P. de Lacour, son successeur, en lui témoignant son attachement à la sainte maison, XXVII, 113 114. Zèle qu'il mettoit à ce qu'on écrivit sa vie, XXVII, 198, 199. Il étoit à désirer qu'elle fût écrite par une main habile, et une tête au-dessus des vues humaines, xxvii, 204.

RAOUL, duc de Bourgogne, est élevé à la royauté, xxv, 39. Principaux événemens de son règne, xxv, 40, 41. Après la mort de Charles le Simple il régna assez tranquillement, il remporta même une grande victoire sur les Normands et mourut peu de temps après, *ibid.*

RAPIN (le P.). René Rapin de la Compagnie de Jésus, auteur du *Traité du grand et du sublime dans les mœurs*, et du livre intitulé le *Magnanime*. Bossuet le loue de ce dernier ouvrage et lui promet d'en parler au prince de Bourbon, xxvi, 401.

RAPPORTS. Le prince y doit prendre garde et punir les faux, xxiii, 621.

RATISBONNE (Conférence de). Bucer y prend la défense des prières de l'Eglise, et fait voir en quel sens les prières des saints nous sont utiles, xiv, 124. Autre conférence de Ratisbonne, où l'on met la dernière main à l'*Interim*. *Voy.* INTERIM.

RATRAMNE. Sa dispute avec Paschase Radbert, pour savoir si le corps de Jésus-Christ dans l'Eucharistie est le même que celui qui étoit dans les entrailles de la sainte Vierge, xiv, 167. Son livre ambigu embarrasse Mélanchthon, xiv, 168.

RAYMOND, comte de Toulouse, protége les Albigeois; ses terres données par le roi à Simon, comte de Montfort, xxi, 483, 484.

RAYNAUD (Théophile), jésuite, fait l'éloge de Gerson, xxii, 478.

REBAIS. Affaire de Bossuet avec cette abbaye pour la juridiction, xxviii, 194, 273, 276, 277. Lettre de Fénelon à ce sujet, xxviii, 626, 627.

REBAPTISATION. Dispute à ce sujet entre le pape saint Etienne et saint Cyprien, xxi, 87 *et suiv.* Saint Cyprien n'a pas regardé cette question comme indifférente, xxii, 173 *et suiv.* Ni saint Augustin et les autres Pères, xxii, 174, 175 *et suiv.*

Critique erronée de l'abbé Dupin sur cette affaire, xx, 530, 531 *et suiv. Voy.* CYPRIEN (S.)

REBECCA. Ce que figuroient les deux enfans qu'elle portoit, viii, 419.

RÉBELLION. Elle n'est autorisée ni par la conduite de David, xxiv, 20; ni par les guerres des Machabées, xxiv, 22. Les royaumes fondés d'abord sur la rébellion peuvent devenir légitimes, xxiv, 156. Elle se manifeste au commencement ou à la fin des règnes, à cause de la foiblesse des princes, xxiv, 186.

RECHUTES. A quel danger elles nous exposent, vi, 34. Combien elles doivent faire trembler les pécheurs, ix, 214. Idée terrible que les Apôtres et les Pères en donnent, ix, 233, 234 *et suiv.* Des rechutes dans le péché véniel, xxviii, 63.

RÉCONCILIATION (la) du monde, opérée en Jésus-Christ pendant son délaissement, x, 21. Combien sont coupables ceux qui ne veulent pas se réconcilier, x, 398, 399. *Voy.* Charité, Pardon, Prochain.

RÉCRIMINATIONS de Jurieu contre les luthériens, qui accusoient le synode de Dordrecht de plusieurs impiétés. Sa première est sur les blasphèmes de Luther, qui fait Dieu auteur du péché. Il tâche vainement d'excuser Calvin du même blasphème, xv, 167, 168. La seconde, sur le pélagianisme des luthériens. La troisième, sur ce qu'ils nient la nécessité des bonnes œuvres. La quatrième, sur la certitude du salut, admise par Jean Gérard, et quelques autres luthériens. La cinquième, sur l'ubiquité, xv, 170, 171.

RECUEILLEMENT. Ses avantages, xxvii, 620, 621. Combien nécessaire dans la prière, vi, 37. Et pour écouter Jésus-Christ au dedans de soi, x, 502; pour s'établir dans les vertus, x, 519, 520.

RÉDEMPTION. Explication de ce mystère, v, 63 *et suiv.* Une des choses les plus touchantes de la réparation de notre nature, c'est de voir que l'ineffable bonté de Dieu prend plaisir d'employer à notre salut tout ce qui a contribué à notre ruine, xi, 365. Il est sans doute que Dieu pouvoit délivrer les hommes sans se faire homme; mais il lui a plu de se faire homme pour nous racheter, afin que cette même nature que le démon s'étoit asservie, remportât la victoire sur lui et sur ses compagnons, xi, 365 *et suiv.*

Doctrine des arminiens ou remontrans sur son universalité, xv, 11, 12, 13. *Voy.* Jésus-Christ, Sauveur.

RÉFLEXION. Sa définition, xxiii, 60. Elle est nécessaire à l'homme pour se bien connoître, xxiii, 168. Elle est la première cause des inventions et de la variété de la vie humaine, xxiii, 228, 229. Oter à l'esprit la réflexion, c'est lui ôter sa force, viii, 231.

La réflexion, dans l'oraison, est une force de l'âme, et ne doit pas être renvoyée aux états imparfaits, xviii, 460. Nature, nécessité, force de la réflexion : ses effets divers, xviii, 460. Passage d'Ezéchiel qu'on oppose à la réflexion, xviii, 463. Différence des réflexions qu'inspire l'amour de Dieu, d'avec celles qu'excite l'amour-propre, xviii, 464 *et suiv.* A quelle puissance de l'âme appartiennent les réflexions, xix, 228.

Réflexions de Bossuet *sur l'écrit de Molanus, touchant la réunion des protestans,* xvii, 459, 548. Raisons de la méthode que Bossuet y a suivie, xviii, 169. Accueil fait par les protestans à ces *Réflexions,* xviii, 171.

Réflexions morales sur le Nouveau Testament, approuvées par M. de Noailles; *Avertissement* de Bossuet sur ce livre, iii, 305 *et suiv.* Elles expriment clairement la résistance à la grâce, iii, 310 *et suiv.* Et n'admettent point de grâce nécessitante, iii, 312 *et suiv.* Elles renferment trois vérités incompatibles avec les cinq propositions, III, 237 *et suiv.* Et sont pures de jansénisme, *ibid. et suiv.* *Voy.* GRACE.

RÉFORMATEURS. Nécessité d'en faire connoître les chefs, XIX, 10. Les premiers réformateurs croyoient qu'on pouvoit se sauver, et qu'on se sauvoit en effet dans l'Eglise romaine. C'est par politique que la Réforme a cessé de l'avouer. Jurieu nous a découvert cette politique du parti, **xv**, 301, 302. Les chefs de la Réforme, malgré les efforts de Jurieu, sont couverts d'un éternel opprobre pour avoir donné dispense au landgrave de Hesse, d'avoir deux femmes à la fois, **xv**, 376. Un synode national de France condamne les réformateurs, qui vouloient, malgré l'opposition de Bèze, changer l'article de la Cène de la Confession de foi présentée à Charles IX, **xiv**, 423.

RÉFORMATION (la) désirée par saint Bernard, par tous les grands hommes de l'Eglise, par les conciles de Pise et de Constance, éludée dans celui de Bâle, regardoit la discipline, et non la foi. Différence entre ces saints et les prétendus réformateurs, **xiv**, 18, 19. La réformation, prise de travers, conduit aux plus grands excès. Exemple des donatistes, **xv**, 443, 444.

RÉFORMATION ANGLICANE. Elle commence par Henri VIII, que les catholiques et tous les partis des réformés rejettent également, **xiv**, 284, 285. Sous Edouard VI, elle a pour fondement la ruine de l'autorité ecclésiastique. Le roi y tient la place du Pape, donne aux évêques des commissions révocables à sa volonté, et par grace accorde les évêchés à vie, **xiv**, 297, 298. Il prétend que la puissance épiscopale émane de la royauté; il défend à tous les évêques d'exercer aucune juridiction pendant qu'il fera la visite de son royaume. Il destine des visiteurs pour porter partout des constitutions ecclésiastiques, et des règles de foi faites par son conseil, **xiv**, 298, 299. Il défend de prêcher par tout le royaume jusqu'à nouvel ordre. Il abolit les six articles de Henri VIII, et dresse trois articles contre la transsubstantiation. On excite la haine du peuple contre la messe, en exagérant l'avarice de certains prêtres qui la disoient pour un gain sordide, **xiv**, 300 *et suiv.* On emploie les plus indignes moyens, tels que le mariage des prêtres, le pillage des biens ecclésiastiques, des églises et des châsses, etc., pour avancer la Réforme, dont Burnet représente les progrès comme un miracle visible, **xiv**, 308, 309.

La réformation prend une nouvelle forme sous Elisabeth, qui croit ne pouvoir assurer son règne que par la religion protestante, **xiv**, 407, 408. Paul IV reçoit mal ses civilités; ce qui la détermine à une nouvelle réformation. Elle désapprouve quatre points dans celle d'Edouard: celui des cérémonies; celui des images; celui de l'Eucharistie, celui du chef de l'Eglise anglicane; on lui persuade de prendre ce titre, comme inséparablement attaché à la royauté, et d'ordonner la confiscation des biens de ceux qui le lui refuseroient, xiv, 408 *et suiv.* Parker, archevêque de Cantorbéry, et le reste du clergé, reconnoissent, dans un synode, la suprématie de la reine. Le Parlement décide les points de foi, et le clergé ne croit les ordinations valides qu'autant qu'elles sont faites conformément au Rituel d'Edouard, xiv, 415, 416. Le clergé d'Ecosse fait une déclaration semblable à celle du clergé d'Angleterre, xiv, 419. La réformation d'Elisabeth est embrassée par tout le clergé d'Angleterre, excepté par quatorze évêques et par cinquante ou soixante ecclésiastiques, xiv, 420.

RÉFORME. Son esprit, pendant qu'elle fut foible, étoit de paroître soumise, et d'être violente et cruelle dès qu'elle se crut forte, xiv, 437. Les sectes nées de la Réforme sont des preuves de sa mauvaise constitution. Différence de la constitution de la Réforme et de celle de l'ancienne Eglise, xv. 135 *et suiv.* La Réforme n'a rien de sérieux et de sincère dans ses réponses, qu'elle accommode au temps. Après avoir soutenu l'indépendance des rois, elle les soumet au caprice des peuples, xv, 570. Jurieu l'excuse mal d'avoir fait Dieu auteur du péché, en disant qu'elle s'est corrigée de ce blasphème depuis cent ans, quoiqu'en effet elle y persévère encore, xv, 240. L'esprit de blasphème au milieu de ceux qui se sont dits chrétiens réformés et réformateurs, de l'aveu même de Jurieu, xv, 157.

Le fondement de la Réforme est que l'Eglise n'est pas infaillible. On prédit dès le commencement, et l'expérience a prouvé que ce principe menoit à l'indifférence des religions, xvi, 116, 117. La jeunesse mal élevée dans la Réforme, de l'aveu de Jurieu, et imbue du faux principe de l'indifférence des religions. Combien est grand le nombre des réformés approbateurs de cette indifférence, en Angleterre, en Hollande, etc., xvi, 120 *et suiv.* Selon les principes de la Réforme, l'indifférence doit l'emporter. Elle ne peut condamner les indifférens, qui posent pour règle qu'il n'y a point d'autre autorité que l'Ecriture; que l'Ecriture, pour obliger, doit être claire; que, quand elle enseigne des mystères, il faut la tourner au sens dont la raison puisse s'accommoder, xvi, 120, 121, 122, 130 *et suiv.* On prouve, par Jurieu, Burnet et Basnage, que tout tend, dans la Réforme, à l'indifférence des religions, xvi, 175. Cette indifférence établie dans l'Allemagne protestante, même à l'égard des sociniens. *Voy.* STRIMESIUS. La tolérance universelle est inséparable du protestantisme, et ne peut être détruite que par les principes de l'Eglise catholique : témoignage des réformateurs; admission des sociniens, xvi, 208 *et suiv.* 212, 213. La réforme n'a point de principe universel contre les hérésies. On trouve quelque chose de socinien dans tous ses auteurs, xvi, 177, 178.

RÉFORMÉS (les prétendus) depuis leur origine jusqu'à nos jours, ne cessent de nous attribuer des doctrines qui ne sont pas les nôtres, XIII, 356 *et suiv*. Ils sont véritablement schismatiques, XIII, 455, 456. Ils n'ont eu aucun motif pour se séparer, XIII, 464 *et suiv*. Ils ne peuvent se dissimuler qu'ils sont rebelles à l'Eglise, XIII, 473. Ils corrompent le sens des auteurs pour justifier leur réforme, XIII, 481 *et suiv*. Exhortation aux réformés pour rentrer dans le sein de l'Eglise, XIII, 495 *et suiv*.

Les réformés se font entre eux une guerre plus cruelle que celle qu'ils font à l'Eglise, XIV, 87. Ils cherchent leurs ancêtres chez les vaudois, les albigeois et les bohémiens, faute de trouver dans les siècles précédens des témoins de leur doctrine, XIV, 566. *Voy*. CALVINISTES, LUTHÉRIENS, PROTESTANS.

RÉFUGIÉS (les) de France souscrivent le synode de Dordrecht, XV, 37. *Voy*. DORDRECHT.

RÉFUTATION du Catéchisme du sieur Paul Ferry, par deux vérités catholiques, tirées de ses propres principes, XIII, 355 *et suiv*. Le dessein de Bossuet n'est pas de combattre toutes les erreurs de ce livre, XIII, 358. Mais il établit par les raisons mêmes de Ferry, 1° que la Réforme est pernicieuse ; 2° qu'on peut se sauver en l'Eglise romaine, et ainsi il réfute ces deux propositions du ministre protestant, 1° que la Réforme a été nécessaire ; 2° qu'encore qu'on pût autrefois faire son salut dans l'Eglise de Rome, on ne le peut aujourd'hui, XIII, 363, 387 *et suiv*. *Voy*. FERRY.

RÉGALE. Origine de ce droit, XXVI, 298, 299. Les maximes des Parlemens sur la régale, invincibles dans l'esprit de nos magistrats, XXVI, 300, 301. La matière avoit été bien examinée et bien entendue dans l'assemblée du clergé, XXVI, 298. Le clergé obtient du roi, en cédant quelques droits abolis, plus de prérogatives qu'il n'en avoit, XXI, 432.

Lettre de l'Assemblée du clergé de 1682, au pape Innocent XI, pour lui rendre compte de ses opérations, au sujet de la régale, XXII, 631 *et suiv*. *Voy*. BOSSUET, CLERGÉ.

REGISTRES PUBLICS. Leur utilité, XXIV, 206.

RÈGLE. L'Écriture, la tradition, la raison et la conscience doivent être notre règle, XXII, 712 *et suiv*. 719 *et suiv*. Mais non pas le probabilisme, XXII, 715, 716 *et suiv*. La bonne foi excuse l'erreur, XXII, 718 *et suiv*. Règle de conduite dans les cas douteux, XXII, 713 *et suiv*. 718 *et suiv*.

Dans les communautés, le mépris des règles est péché, XXVIII, 63, 64, 170, 334. Peut-on suivre leur mitigation, XXVIII, 331.

RÈGLE *des associés à l'Enfant Jésus*. Idée de ce livre, XVIII, 485. Il est condamné à Rome, XVIII, 702. Et par Bossuet, XVIII, 365.

Régles touchant la réunion des protestans à l'Eglise, données par les théologiens protestans d'Hanovre, xvii, 361, 375.

RÉGULIERS. Règlement de l'assemblée du clergé de 1700, pour leur approbation dans les diocèses, xxii, 779 *et suiv.*

RÉGULUS, consul, avec toute son armée, combat en Afrique un serpent prodigieux, xxiv, 309. Il est battu et pris par les Carthaginois, xxiv, 310.

REINFROI, maire du palais en Neustrie, écarte du trône Thierry, et y place Chilpéric ii, xxv, 13. Il se ligue avec Chilpéric contre Charles-Martel, *ibid.* D'abord victorieux, il est ensuite défait et il est obligé de fuir à Angers, qu'on voulut bien lui laisser, après qu'il eut demandé pardon, xxv, 14.

RELATION *sur le quiétisme*, xx, 85 *et suiv. Remarques sur la réponse de Fénelon à cette relation*, xx, 171.

Relation d'un fait mémorable arrivé dans le cours de la mission de Metz, sur l'abjuration, la vie, la mort et les recommandations d'une dame convertie à la religion catholique, xxvi, 132.

Relation des actes et délibérations de l'assemblée du clergé de 1700 concernant la condamnation du livre des Maximes des Saints, xx, 380 *et suiv.*

RELIGIEUSES. Elles sont les épouses de Jésus-Christ. Ce qu'elles doivent faire en cette qualité, xxviii, 12. Elles doivent être crucifiées et mortes au monde, x, 496 *et suiv.* Travailler à leur perfection, x, 499, 533, 537; xi, 553, 556. Quelles dispositions elles doivent apporter à la visite de leur évêque, x, 500, 543. Compte que Dieu leur en demandera, x, 504. Elles doivent regarder Jésus-Christ dans leurs supérieurs, *ibid. et suiv.* Avec quelle ferveur elles doivent chanter l'office divin, x, 502. Maux que leur cause la dissipation, x, 519, 520. Combien elles doivent craindre le relâchement, xi, 549, 553, 554. Lois et contraintes de la vie religieuse, xi, 379. Pourquoi les instituteurs de cette vie l'ont-ils accompagnée de pratiques sévères, ix, 421.

Règles sur les dots des religieuses, xxviii, 160. Sur leurs sorties, xxvii, 654; xxviii, 116, 156, 239, 241, 244, 246, 248, 526, 527. Moyen de faire revenir de son illusion une religieuse qui se privoit des sacremens, xxviii, 302. Comment doit se conduire celle qui est privée de la communion, xxviii, 433. Réponses de Bossuet à des consultations que des religieuses lui faisoient sur leurs dispositions, etc., xxviii, 362, 391, 402, 542. Avis à une religieuse sur la dispense de ses vœux, xxviii, 491. Peuvent-elles passer à une moindre observance, xxviii, 538. Peut-on approuver leurs pensions, xxviii, 539, 540. Elles peuvent toucher les reliques, xxviii, 8. Importance du choix des postulantes, xxviii, 456. Paroles saintes de Bossuet à une religieuse, dans la cérémonie de sa profession, x, 562.

Dans quel ordre les religieuses doivent lire les livres saints, pour que cette lecture leur profite, i, 5 *et suiv.*

La lecture de l'Ancien Testament, permise sans discrétion, leur fait plus de mal que de bien, xxv, 455.

RELIGION. En quoi elle consiste, x, 386, 387. C'est un sentiment mêlé de crainte et de joie, viii, 158. Quel est le propre de la religion, xi, 339. Il s'est toujours conservé quelques principes de religion dans l'ignorance et la corruption du genre humain, xxiv, 27, 28. Ces principes de religion avoient quelque chose de ferme, xxiv, 29. Quoique appliqués à l'idolâtrie, ils ont suffi pour établir un gouvernement stable, *ibid.* La véritable religion étant fondée sur des principes certains, rend la constitution des Etats plus stable, xxiv, 31, 32. A quoi conduisoient les fausses religions, *ibid.* La vraie religion a pour marque manifeste, son antiquité, xxiv, 32, 33. Les fausses religions ont pour marque leur innovation, xxiv, 35. La suite du sacerdoce rend cette marque sensible, xxiv, 36. Cette marque d'innovation est ineffaçable, xxiv, 38. Il ne suffit pas de conserver la saine doctrine, il faut en tout être uni à la vraie Eglise, xxiv, 40.

La religion est toujours la même depuis l'origine du monde, xxiv, 367 *et suiv.* 536 *et suiv.* Haute idée qu'elle nous donne de Dieu, xxiv, 368. En considérant les institutions chrétiennes et celles des Juifs, on remonte à la source de la religion, et on en découvre la vérité dans son principe, xxiv, 553. Celui qui est pieux envers Dieu, est bon aussi envers les hommes que Dieu a créés à son image et qu'il regarde comme ses enfans, xxiii, 3, 17.

Divinité de la religion chrétienne, viii, 177. C'est un ouvrage que Dieu a fait, et qui porte le caractère de son autorité, xii, 554 *et suiv.* Par quels moyens elle s'est établie, viii, 180, 181. Elle ne doit pas son établissement à la protection des rois, viii, 182, 183. Quand les rois la protégent, c'est plutôt la religion qui les protége, *ibid.* Vérité de la religion, perfection de sa morale; deux choses inséparables, viii, 185 *et suiv. Voy.* APÔTRES.

La vraie religion peut subsister, sans être unie à la puissance politique, xxi, 196. Licence des esprits quand on ébranle la religion, xii, 451. On l'énerve, quand on la change, et on ôte le seul frein capable de retenir les peuples, vii, 454. Railleries insensées des libertins contre la religion, xiii, 184. Indifférence des grands et des sages du monde sur la religion, xxiv, 53. Ils en viennent à la persécuter, xxiv, 54. La religion fournit aux princes des motifs particuliers de pénitence, xxiv, 95. *Voy.* PRINCE, ROIS, SCHISME.

Comment on doit célébrer la rénovation de son entrée en religion, vii, 548. Prières et réflexions sur cette matière, vii, 550, 552.
RELIQUES. L'honneur que nous leur rendons ne blesse en rien celui que nous devons à Dieu ; différence entre les deux cultes, xiii, 61.

Vigilance s'oppose, dans le quatrième siècle, au culte des reliques, xiv, 457. Saint Léon, saint Basile et d'autres saints du même temps, accusés d'idolâtrie par les ministres, à cause du culte qu'ils rendoient aux reliques. *Voy.* Saints, Trente.

REMARQUES *sur l'*Histoire des conciles d'Ephèse et de Chalcédoine, *de M. Dupin*, xx, 544 *et suiv.*

REMI (S.) nouveau Samuel ; éloge qu'il fait des rois de France, ce grand saint appelé pour sacrer les rois, sacra aussi ceux de France en la personne de Clovis, pour être, comme il le dit lui-même, les perpétuels défenseurs de l'Eglise et des pauvres. Ses prières pour eux, xi, 611 ; xxiv, 97 ; xxv, 5. De l'apostolat de saint Remi, xxviii, 98.

REMONTRANS (les), disciples d'Arminius, et les contre-remontrans, disciples de Gomar, disputent vivement sur le libre arbitre, etc. Les remontrans condamnés dans les synodes provinciaux. On assemble celui de Dordrecht. *Voy.* Dordrecht. Ils sont aussi condamnés à Dordrecht, xv, 9 *et suiv.* Les rémontrans se plaignent d'être jugés par leurs parties, et font les mêmes raisonnemens que tout le parti protestant faisoit contre l'Eglise, xv, 30. Le synode leur ferme la bouche par l'autorité des Etats généraux. Ils protestent contre le synode, qui leur répond ce que l'Eglise catholique répondoit, en pareil cas, aux protestans, xv, 31. Il ajoute que le parti le plus foible et le plus nouveau doit céder au plus fort et au plus ancien. Les remontrans déposés et excommuniés par ce synode, xv, 32, 33 *et suiv.*

RENAUDIE (La) condamné comme faussaire par le Parlement, trame avec Chandieu, ministre de Paris, la conjuration d'Amboise, xiv, 424.

RENAUDOT (Eusèbe) demande à Bossuet sa protection pour une place à la Bibliothèque du Roi, xxx. 487, 489. Il lui donne divers détails sur la liturgie des Grecs, xxx, 508 ; sur la prière pour les morts, et le purgatoire chez les Juifs, xxx, 511 ; sur les confessions de foi des Anglicans, xxx, 513. Bossuet désire le voir admis à l'Académie françoise, xxvi, 445. Il traduit pour le prélat les lettres de milord Perth, xxvi, 360.

RENÉ, duc de Lorraine, petit-fils de René, roi de Sicile, vient à la Cour, se fait rendre le duché de Bar qu'on lui avoit enlevé, xxv, 244. Les Siciliens, las des cruautés du roi Ferdinand l'appellent pour le faire leur roi, xxv, 248.

RENIER, de l'ordre des Frères Prêcheurs, auparavant de la secte des manichéens, ou cathares d'Italie, fait le dénombrement des églises manichéennes, xiv, 485 *et suiv. Voy.* Albigeois. Il dit que les vaudois admettent la transsubstantiation et détaille leurs erreurs, xiv, 503.

RENONCEMENT à soi-même, chose essentielle pour suivre Jésus-Christ, xi, 542, 550.

REPENTIR. L'espérance du repentir douteux devient le motif d'un crime certain, viii, 194. Ce que c'est que le repentir, viii, 195. 196. Illusion du pécheur à ce sujet, *ibid.* Il vaut mieux prévoir que d'avoir lieu de se repentir, xxvi, 35.

RÉPONSE aux difficultés de Madame de Maisonfort sur le quiétisme, xix, 140. — *Réponse à une lettre de M. l'archevêque de Cambray*, xix, 149. — *Réponse à quatre lettres de M. de Cambray*, xix, 524. — *Réponse d'un théologien* (Bossuet) *à une lettre de Fénelon à M. de Chartres*, xx, 317. — *Réponse aux Préjugés décisifs pour M. de Cambray*, xx, 356 *et suiv.*

REPOS. Celui des pécheurs est une peine terrible, viii, 99.

RÉPROBATION. Ses effets, xviii, 449. La réprobation figurée par la haine de Dieu contre Esaü; ce qu'il faut entendre par là, iii, 461, 462 *et suiv. Voy.* Salut.

RÉPROUVÉS; comment ils sont dans le corps de l'Eglise, xxvii, 307. *Voy.* Damnés, Péché.

ÉPUBLIQUE. Ancienneté de cette forme de gouvernement. xxiii, 522. Moins anciennes cependant que la monarchie, xxiii, 523. *Voy.* Etat, Gouvernement.

RÉPUTATION. Il ne faut point mépriser la réputation, mais il faut savoir que la véritable gloire est toujours unie à la vertu, xxvi, 35.

RÉSIGNATION. *Voy.* Indifférence.

RESTRICTIONS MENTALES. Elles sont défendues, xxii, 708. Les exemples de l'Ecriture par lesquels on voudroit les défendre, sont faussement appliqués, xxii, 726 *et suiv.*

RÉSURRECTION des corps, prouvée par Jésus-Christ contre les Sadducéens, vi, 166 *et suiv.* Sermon sur la résurrection dernière, viii, 71 *et suiv.*

La résurrection de Jésus-Christ prouvée par ces paroles du Psaume xv : *Providebam Dominum,* etc., i, 423 *et suiv.* Explication de ce mystère, v, 65. C'est un jour de triomphe pour le Sauveur, et de joie pour les fidèles, x, 94, 95. La résurrection de Jésus-Christ est le gage de notre immortalité, x, 130, 131. Résurrection spirituelle; combien elle est difficile à concevoir aux pécheurs charnels et grossiers, x, 94, 95 *et suiv.* Marques d'une vraie résurrection, x, 135.

RETRAITE. Ses avantages, x, 588 *et suiv.* Comment il s'y faut occuper, xviii, 132, 135, 331, 332, 467. L'amour de la retraite n'a pas besoin d'être sensible, xxviii, 267. L'expérience du monde fait trouver quelque chose de nouveau dans la retraite, et enfonce l'ame plus profondément dans les vues de la foi, xxvi, 172.

Retraite de dix jours sur la Pénitence, vii, 555. *Retraite sur les jugemens téméraires*, etc., vii, 570.

RETZ (Jean-François-Paul de Gondi, cardinal de) Son portrait, xii, 586.

RÉUNION (projets de) des protestans de France à l'Eglise catholique, xvii, 308 *et suiv.* Récit de ce qui fut traité dans les conférences tenues à ce sujet, xvii, 319 *et suiv.* Récit du ministre Ferry lui-même, xvii, 347. Différens faits concernant le projet de réunion, xvii, 350, 351. Projet envoyé par le ministre du Bourdieu, xvii, 353 *et suiv.* Dissertations et lettres à ce sujet entre Bossuet, Molanus et Leibniz, xvii, 358. Règles proposées par les théologiens protestans d'Hanovre à ce sujet, xvii, 360, 375. Opinion de Molanus sur cette matière, xvii, 394, 432. Jugement de Bossuet sur cette opinion, xvii, 458. Déclaration de la foi orthodoxe à ce sujet, xvii, 499. Réflexions sur l'écrit de Molanus, xvii, 588. Confession de foi que les luthériens ont à faire pour opérer la réunion, xvii, 586. Il faut pour l'arrangement, commencer par où finit Molanus, xvii, 590. Vrai moyen de conciliation, xviii, 3. S'en tenir aux décrets dogmatiques des siècles antérieurs, xviii, 4, 6 *et suiv.* Exposition des points controversés, xviii, 9, 10. Nouvelle explication de la méthode de réunion par Molanus, xviii, 54 *et suiv.*, 70 *et suiv.* Correspondance à ce sujet entre Leibniz, Bossuet, Pelisson, et madame de Brinon, xviii, 117. *Voy.* BOSSUET, FERRY, LEIBNIZ, MOLANUS, NEUSTAD, PELISSON.

RÉVÉLATION (la) nous fait connoître notre liberté, xxiii, 433.

RÉVOLTES. Celles des protestans sont approuvées par les décrets exprès de leurs synodes, xv, 494.

RICCI (Michel-Ange), Bossuet loue son mérite et ses vertus, et le remercie de l'approbation qu'il a donnée à son *Exposition*, xxvi, 250. Il est bien aise que le Pape l'ait obligé à accepter le chapeau de cardinal, xxvi, 288.

RICHARD I, roi d'Angleterre, entreprend avec Philippe-Auguste une expédition contre les Sarrasins, xxv, 54. Ses prodigieux succès, xxv, 55. A son retour il est fait prisonnier, xxv, 56. Il est délivré. En faisant la reconnoissance d'une place il est tué d'un coup d'arbalète, instrument qu'il avoit inventé lui-même, *ibid.*

RICHEBRAQUE (dom), bénédictin. *Voy.* GUYON.

RICHELIEU (Armand du Plessis, cardinal de). Son éloge, xii, 574. *Voy.* COMÉDIE, MAZARIN.

RICHER (Edmond), docteur de Sorbonne, s'oppose à une thèse où l'on soutenoit l'infaillibilité du Pape, xxi, 743, 744 *et suiv.* Ce qui se passa à l'occasion de son livre *de la Puissance ecclésiastique et politique*, xxi, 745, 746, *et suiv.* Duval la réfute, xxii, 551 *et suiv.* Il se défend de l'accusation portée contre lui, de croire que les Etats-généraux peuvent déposer le roi, xxi, 760. Ce qu'il pense sur le gouvernement de l'Eglise, xxii, 572.

RICHES. Ils ne sont admis dans l'Eglise que pour y servir les pauvres, viii, 426, 437. Pourquoi, 432. Ils doivent participer aux priviléges des pauvres, s'ils veulent être sauvés, viii, 436, 437. Leur abondance est une épreuve où Dieu les met, x, 476. Ils doivent ressembler à Jésus-Christ, x, 479. Combien leur salut est difficile xii, 375 *et suiv.* Ils sont nés pour servir les pauvres, xii, 265, 266. Avec quelle facilité les riches se laissent prendre aux richesses qu'ils croient posséder, xii, 596. Effet pernicieux de ces attachemens, *ibid. et suiv.* Exemple du mauvais riche de l'Evangile : combien il doit les faire trembler, xii, 598. Portrait d'un mauvais riche mourant, ix, 195, 196. *Voy.* ABRAHAM, AVARICE.

RICHESSES. La source de celle de l'Etat est le commerce et la navigation, xxiv, 192, 193. Seconde source: le domaine du prince, *ibid.* Troisième source : les tributs imposés aux vaincus, xxiv, 194. Quatrième source : les impôts, xxiv, 195. Quelles sont les véritables richesses, xxiv, 199 *et suiv.*

Avantage de la pauvreté sur les richesses : belle idée de saint Jean Chrysostome à ce sujet, viii, 427. Attachement vicieux que la possession des richesses produit dans le cœur, x, 235, 236. Quel usage il faut en faire, xii, 364, 365. Folie de s'y attacher, xii, 373, 374. Maux que produit le désir des richesses, xii, 377. Pourquoi la passion des richesses est si violente, xi, 570.

RIEUX (René de) évêque de Léon, déclaré suspens par une sentence du doyen de Nantes, est déposé et ensuite rétabli par des commissaires du Pape : pourquoi, xxii, 449 *et suiv.*

RIGUEUR (la) est un obstacle à la justice, xxiv, 126, 127.

RIMINI (le concile de) assemblé de l'Occident seul, confirme la foi de Nicée, puis souscrit, par surprise et par violence, une formule arienne, xxiv, 341. Les évêques de retour à leurs églises, réclament contre leurs souscriptions. Basnage dissimule ces faits, et en abuse pour conclure que l'Eglise avoit varié, et que le ministère avoit été interrompu, xvii, 218 *et suiv.*

Ce concile, avant sa défection, prie pour Constance, et lui rend obéissance, xxi, 284. Il n'étoit pas œcuménique, et est annulé par le saint Siége, xxii, 111. Il ne prouve rien contre la doctrine des catholiques sur l'autorité de l'Eglise, xiii. 536.

ROBERT, frère d'Eudes, est élevé sur le trône de France par les seigneurs françois, xxv, 38. Excommunié pour son mariage incestueux, il est toujours reconnu roi, xxi, 242, 243. Robert mourut percé d'un coup de lance, en combattant, xxv, 39.

ROBERT, fils de Hugues-Capet, est excommunié pour avoir épousé

Berthe sa parente; ne se soumet qu'avec peine, xxv, 45. Il s'empare de la Bourgogne, affoiblit la puissance des seigneurs, xxv, 46. Après un règne de trente-quatre ans, il mourut à Melun. Ses qualités, *ibid*.

ROBERT de Genève, ou Clément VII, élu pape, dispute le pontificat à Urbain VI. Il est reconnu en France, xxi, 556.

ROBERT (Philippe) curé de Seurre, infecté des erreurs du quiétisme, xxix, 587 *et suiv*. Sentence de l'official de Besançon, qui le condamne, xxix, 592. Arrêt du parlement de Dijon, qui ordonne d'informer contre lui, xxix, 593. Il demeure longtemps à Rome, xxx, 428, 434. Il est arrêté à Florence, d'où on le conduit à Rome, xxx, 443, 461.

ROBOAM, roi de Juda. Son orgueil et sa fausse fermeté lui font perdre dix tribus, xxiii, 574, 583, 584; xxiv, 210, 276, 414. Guerre civile qui s'ensuivit, xxiv, 155.

ROCCABERTI (Jean-Thomas) dominicain, archevêque de Valence, écrit avec violence contre la *Déclaration du clergé*, xxi, 10 *et suiv*. Mémoire de Bossuet à Louis XIV contre le livre de ce prélat, xxii, 617, 618 *et suiv*. Il y traite les François comme hérétiques, xxii, 618 *et suiv*. Sa doctrine outrée contre l'indépendance des rois, xxii, 620. Excès de ses approbateurs sur la même matière, xxii, 622 *et suiv*. Quels remèdes on peut apporter à ce livre injurieux, xxii, 626 *et suiv*.

ROCHELLE (synode de la). On y ordonne que le décret du synode de Gap, où le Pape est déclaré Antechrist, seroit imprimé comme très-véritable, xiv, 602. Il défend de rien ajouter ou diminuer aux articles de la confession de foi, où il est parlé de l'Eglise, xv, 74, 75. On renouvelle la guerre par une délibération du corps de ville de la Rochelle, à l'occasion de vingt-six ou vingt-sept prêtres qu'on avoit précipités dans la mer, xv, 386.

RODRIGUE, roi d'Espagne. Son incontinence est cause de l'entrée des Sarrasins en d'Espagne, xxv, 15. *Voy*. SARRASINS. Il est défait par eux, et se voit contraint de fuir. Il se noye dans le fleuve Guadalète, *ibid*.

ROGER, roi de Sicile, excommunié par le second concile de Latran, persévère neuf ans dans le schisme, sans qu'on parle de le déposer, xxi, 433.

ROHAN-SOUBISE (Anne-Marguerite de), abbesse de Jouarre: sa prise de possession, xxviii, 113. Lettre de Bossuet à cette abbesse, sur la nécessité d'établir le scrutin secret pour la réception des filles, xxviii, 338 *et suiv*. *Voy*. JOUARRE.

ROIS. Comment ils furent établis dans l'origine des sociétés, xxiii, 519, 520. Combien ils étoient alors multipliés, xxiii, 521. Caractères essentiels de l'autorité royale, xxiii, 532. Les rois sont les ministres de Dieu, *ibid*. Leur personne est sacrée, xxiii, 534. On doit leur obéir par principe de religion et de conscience, xxiii, 535. Les rois doivent respecter leur propre puissance, et ne l'employer qu'au bien public, xxiii, 537. Leur nom est un nom de père, et la bonté est leur propre caractère, xxiii, 538 *et suiv.* Les esprits foibles se moquent de leur piété, xxiv, 55. Les grands rois connoissent le sérieux de la religion, xxiv, 56. Soins qu'ils ont eus du culte de Dieu, xxiv, 62 *et suiv.* Péril où ils sont lorsqu'ils choisissent de mauvais pasteurs, xxiv, 74. On voit auprès des anciens rois un conseil de religion, xxiv, 236, 237.

C'est Dieu qui fait les rois, xxiv, 84. Ils doivent plus que les autres s'abandonner à la Providence, xxiv, 91, 92. Exemple de David, xxiv, 93. La justice est le vrai caractère d'un roi, xxiv, 102. Les rois sont toujours armés, xxiv, 188. Quels étoient les ministres des anciens rois, xxiv, 202. Ils n'ont rien tant à craindre que les mauvais conseils, xxiv, 215. Ils doivent être au-dessus des louanges, x, 622. En quoi consiste le vrai bonheur des rois, xxiv, 258.

Tous les rois relèvent de Dieu, ix, 621. Ils sont les instrumens de sa puissance, ix, 619, 620. A quelle fin Dieu la leur a communiquée, xii, 440, 444. Ils sont les images vivantes de la Majesté suprême, x, 665, 666; xii, 520. Ils doivent, plus que les autres hommes, avoir la majesté de Dieu vivement imprimée dans leur esprit, ix, 623. Grand péril des rois chrétiens, ix, 624, 625. Comment ils doivent exercer leur autorité, ix, 646. Les rois sont établis par Jésus-Christ pour défendre son Evangile, viii, 183. Quand ils défendent la foi, c'est plutôt la foi qui les défend, *ibid.*

Les bons rois sont les pères des peuples; leur gloire et leur intérêt le plus essentiel est de les conserver et de leur bien faire, xxvi, 184, 185. Leur dévotion consiste essentiellement à aimer Dieu, xxvi, 187. Un roi peut pratiquer cet amour de Dieu à tous les momens de sa vie, xxv, 188. Dieu renvoie les rois à sa loi, pour y apprendre leurs devoirs, xxiv, 256. Il se glorifie de leur faire la loi, xii, 440.

Les rois des Juifs n'étoient pas soumis aux peines portées contre les infracteurs de la loi : les rois même impies recevoient jusqu'à la fin les honneurs dus à leur dignité, xxi, 203 *et suiv.* Les rois ne sont pas soumis à l'Eglise dans l'ordre temporel, xxi, 224. Est-il vrai que l'impunité soit assurée aux rois impies, s'ils n'ont pas à craindre d'être déposés? xxi, 230 *et suiv.* Pourquoi dans les derniers temps des rois ont consenti à être déposés, s'ils tomboient dans l'hérésie ou dans l'apostasie, xxi, 523 *et suiv.* Le sacre des rois ne prouve pas qu'ils reçoivent par là le droit de régner, xxi, 433. Les rois, indépendans de toute autre puissance que de celle de Dieu, seroient moins en danger s'ils dépendoient des papes, que dans le système de Jurieu et d'autres protestans, qui les abandonnent au caprice de la multitude, xv, 570. Les rois sont en droit de maintenir dans leurs Etats la vraie religion qu'ils y ont trouvée établie en montant sur le trône. Ils ont fait des lois justes contre les païens, les Juifs, les hérétiques, xvii, 138.

Les rois injustes et persécuteurs comparés à une tempête de courte durée, i, 477. *Voy.* Gouvernement, Monarchie, Serment.

Leur foi, toujours pure, a mérité aux rois de France l'honneur d'être appelés très-chrétiens et fils aînés de l'Eglise, et comme ils ont été les premiers à recevoir la foi catholique, ils l'ont toujours fidèlement conservée, xxv, 5. Les rois de France ont une obligation particulière d'aimer l'Eglise et le saint Siége, xxiv, 96. *Voy.* France.

ROLLON, duc de Normandie, illustre en paix et en guerre, très-équitable législateur de sa nation, prend Rouen et se fait instruire de la religion chrétienne, xxv, 39.

ROMAINS. Ils chassent les rois, xxiv, 295. Défendent avec courage leur liberté, *ibid.* Ils prennent Véies: perdent la bataille d'Allia, xxiv, 304. Battent les Gaulois d'Italie, xxiv, 307. Sont vaincus par Pyrrhus, qu'ils défont ensuite, xxiv, 308. Se rendent maîtres de toute l'Italie, xxiv, 309. Entreprennent la première guerre punique, *ibid.* Domptent l'Illyrie, et se font connoître en Grèce, xxiv, 310, 311. Font la guerre aux Gaulois, *ibid.* Sont attaqués par Annibal, *ibid.* Ils assujettissent Carthage, et donnent la loi à Antiochus roi de Syrie, xxiv, 314. S'emparent de la Macédoine, xxiv, 315. Ruinent Carthage et Corinthe, xxiv, 317, 318. Leurs esclaves leur font la guerre, xxiv, 319. Détruisent Numance, *ibid.* S'étendent au delà des Alpes, xxiv, 321. Révolte des esclaves et des Latins, xxiv, 322. Guerre des gladiateurs, xxiv, 322. Les Romains passent l'Euphrate, *ibid.* Sont vaincus par les Parthes, xxiv, 323. Assujettis par Pompée. César, etc., *ibid.* Le fond d'un Romain étoit l'amour de sa liberté et de sa patrie, xxiv, 617. Leur amour pour la pauvreté, la frugalité et le travail, xxiv, 313, 618. Ils n'épargnent rien pour orner leur ville, xxiv, 619. Leur milice et sa discipline étoit admirable, xxiv, 620 *et suiv.* Leur prudence et leur profonde politique est louée par le Saint-Esprit, xxiv, 215, 624. Les sentimens forts dans lesquels on les élevoit les rendoient capables de tout, xxiv, 629. Leur agrandissement venoit, non du hasard, mais de la conduite, xxiv, 633. Leur équité dans les commencemens de leur république, xxiv, 635. Cruels et injustes pour conquérir, ils gouvernoient avec équité, xxiv, 636. Avantages qu'ils tiroient de l'établissement de leurs colonies, xxiv, 638. L'ordre de la justice contribue à maintenir la paix parmi eux, xxiv, 638, 639. La jalousie des plébéiens contre les patriciens, cause de leur ruine, *ibid.* Combien ils étoient aveugles sur la religion, xxiv, 442.

Dieu a donné aux Romains pour récompense l'empire du monde, comme un présent de nul prix, XII, 630.

ROME. Sa fondation: septième époque, XXIV, 280. Elle dompte les Latins, XXIV, 284. Elle chasse les rois et établit les consuls, XXIV, 294, 295. Assiégée, Horatius Coclès la sauve par sa valeur, *ibid.* Elle pense périr par la jalousie du peuple contre les patriciens, *ibid.* Les décemvirs y établissent les lois des douze Tables, XXIV, 299. Les Gaulois prennent Rome, XXIV, 304. Elle fait la guerre aux Samnites, XXIV, 306. Dans la seconde guerre punique, elle est prête à succomber, XXIV, 312. Elle est troublée par les Gracques, XXIV, 319, 321. Est déchirée par les fureurs de Marius et de Sylla, XXIV, 322. Sauvée par Cicéron asservie par Pompée, XXIV, 323, 646. Elle tombe sous le joug des triumvirs, XXIV, 324. Elle retourne à l'état monarchique sous l'empire d'Auguste, XXIV, 325. Elle est saccagée par Alaric et par Ataulphe, XXIV, 445. Sauvée d'Attila par saint Léon, XXIV, 348. Pillée par Genséric, *ibid.* Rendue aux empereurs sous Justinien, XXIV, 350. Menacée par les Lombards, XXIV, 351, 358, 360. Secourue par les François, XXIV, 358, 360, 361. Parallèle de Rome et de Carthage, XXIV, 632. Cause de son élévation et de sa chute, XXIV, 616 *et suiv.* 649 *et suiv.* Jugements secrets de Dieu sur Rome, XXIV, 571 *et suiv.*

Droit qu'avoit cette ville, abandonnée par les empereurs d'Orient, de se mettre sous la protection des François, XXI, 371 *et suiv. Voy.* ROMAINS.

La chute de Rome, clef et dénouement de l'*Apocalypse*, II, 307, 315 *et suiv.* Cette ville est figurée par Babylone, II, 307. Pourquoi, II, 305, *et suiv.* Son idolâtrie cause de sa ruine, II, 310, 311. Pourquoi elle persécuta l'Eglise, II, 372 *et suiv.* Toujours païenne, même sous les princes chrétiens, II, 385; III, 203 *et suiv.* Son idolâtrie ne consistoit pas dans le culte des saints, comme l'ont rêvé les protestans, III, 182 *et suiv.* Sa prise par Alaric, II, 387, 388; III, 205 *et suiv.* 278 *et suiv.* Son empire et le paganisme ruinés, II, 390. Son incendie et sa désolation complète, II, 470, 472 *et suiv.*; III, 207, 208. Témoignages de saint Augustin, de saint Jérôme et autres, III, 209. C'est Rome païenne et persécutrice, et non point Rome chrétienne, qui est désignée par la Babylone de l'*Apocalypse*, III, 216 *et suiv.* Témoignage de Bullinger et autres docteurs protestans, *ibid.* Nouvelles preuves de la même vérité, III, 284 *et suiv.* Pourquoi les anciens Pères n'ont pas déclaré clairement que cette ville étoit la Babylone de l'*Apocalypse*, XXX, 533.

Le siége de Rome a toujours été regardé comme le premier dans l'Eglise, XXIV, 362.

ROMULUS fonde Rome, xxiv, 280, 641. Il y établit la religion et les lois, xxiv, 281, 642. Sa mort, *ibid.*

RONSARD (Pierre), gentilhomme vendomois, célèbre pour ses poésies, s'étoit fait ecclésiastique après avoir porté les armes; il les reprit et fut choisi chef de la noblesse catholique de son pays, xxv, 524.

ROQUE (Matthieu de la) ministre protestant, réfute le *Traité de la communion sous les deux espèces* de Bossuet, xvi, 367. Le prélat lui répond, xvi, 372 *et suiv.* Ce ministre soutient faussement, et de mauvaise foi, que les vaudois rejetoient la présence réelle, xiv, 504, 505. Il prétend, contre Jurieu, que le sacrement de l'Eucharistie n'est pas mutilé en le recevant sous une seule espèce, et qu'on y reçoit Jésus-Christ tout entier, xvii, 124, 125.

ROQUESANE, chef des calixtins de Bohême, l'une des sectes descendues de Jean Hus, fut, sous prétexte de réforme, le plus ambitieux de tous les hommes, xiv, 549. Il engage les calixtins à accepter les quatre articles accordés par le concile de Bâle, xiv, 550. Son ambition d'être archevêque de Prague frustrée. Il rompt l'accord, et s'érige, dans la Bohême, en archevêque, ou plutôt en Pape, xiv, 552.

ROSAIRE. Sermon pour cette fête, xi, 346, 362 *et suiv.* Origine de cette pratique, xi, 347, *note.*

ROSELLIS (Antoine de), canoniste, partisan d'Eugène IV, pense au fond comme les docteurs de Paris sur la puissance du Pape, xxii, 533.

ROSLET (le P.), procureur général des Minimes, homme de confiance de M. de Noailles à Rome, dans l'affaire du livre des *Maximes*, xxix, 327, 355. Il sert beaucoup Bossuet dans cette affaire, xxix, 489, 490; xxx, 311, 312. Il rend compte à l'abbé Bossuet de ce qu'on pensoit à Rome du mandement de l'évêque de Meaux, et du discours de M. d'Aguesseau sur le livre des *Maximes*, xxx, 473.

ROSSETTE (la mère Marie), fille spirituelle de saint François de Sales Son oraison, xviii, 572 *et suiv.*

ROYAUMES. Ceux qui sont fondés sur la rébellion peuvent dans la suite devenir légitimes : exemple de celui d'Israël, xxiv, 156. Ce royaume avoit moins de fermeté que celui de Juda : pourquoi, xxiv, 157. Les hommes sont les vraies richesses d'un royaume, xxiv, 200. *Voy.* Empire, Etat, Monarchie.

Ce qu'il faut entendre par le royaume de Dieu, iii, 518 *et suiv.*

ROYAUTÉ. Sublimité de son origine, viii, 332. Elle est immortelle, ix, 623. En quoi consiste la science de la royauté, ix, 624, 625. Royauté de Jésus-Christ pourquoi annoncée en trois langues sur la croix, x, 46. Tous les instrumens de sa Passion autant de marques de sa royauté, x, 44. Contradiction apparente du Sauveur au sujet de sa royauté. On veut le faire roi; il renonce à ce titre, en fuyant sur la montagne : ensuite, lors de son entrée triomphante à Jérusalem, il approuve les acclamations du peuple, et dit que les pierres elles-mêmes applaudiroient, s'il gardoit le silence : fin de cette contradiction, IX, 337 *et suiv.* Deux royautés en Jésus-Christ, XI, 510.

RUINART (Thierri), bénédictin. Bossuet le prie de faire des recherches sur une leçon de la vie de saint Ambroise, touchant la communion sous une espèce, XXVI, 372. Sa réponse, XXVI, 373. *Voy.* COMMUNION.

RUSBROC, auteur mystique; ses exagérations, XVIII, 383, 385 *et suiv.;* XIX, 688. Il est réfuté par Gerson, XVIII, 385. Il reprend dans les béguards les erreurs des quiétistes, XVIII, 604 *et suiv.*

S

SABBAT. Il est établi de Dieu en mémoire de la création, pour donner au travail de l'homme un jour de relâche, et en signe du repos éternel, VII, 155 *et suiv.*

SABELLIUS. Son hérésie, XXIV, 334. Elle est imputée par Jurieu aux Pères des trois premiers siècles, XVI, 9.

SACERDOCE. Sa succession marque la suite de la religion, XXIV, 36. Les rois ne doivent pas entreprendre sur ses droits, XXIV, 70. Le sacerdoce et l'empire sont deux puissances indépendantes, mais unies, XXIV, 73. Différence entre l'établissement du sacerdoce et celui des empires, XXI, 192. L'institution du sacerdoce légal n'a rien changé à la puissance royale, XXI, 196 *et suiv.* L'institution du sacerdoce chrétien n'a rien changé dans les droits des souverains, XXI, 215 *et suiv.*

Excellence du sacerdoce de Jésus-Christ, VII, 231. Sa prééminence sur celui d'Aaron, VIII, 321 *et suiv.*; X, 273. Comment nos corps sont appelés à la société du sacerdoce donné à tous les fidèles en Jésus-Christ, X, 154. La préparation au sacerdoce est une étude de toute la vie, XII, 645. Distinction des évêques et des prêtres, IV, 127 *et suiv.*

SACRAMENTAIRES (livres). Ceux de l'Eglise de Reims prouvent l'antiquité de la réserve de l'Eucharistie, XVI, 455. Sacramentaires publiés par le P. Ménard; réponse aux objections qu'en tirent les ministres, XVI, 548 *et suiv.* Belle préface des Sacramentaires Grégorien et Ambrosien, XVII, 15.

SACRAMENTAIRES (les) hérétiques unis à Bucer au moyen des équivoques, accommodoient à leur présence morale ce que Luther disoit de plus fort pour la présence réelle et substantielle, XIV, 171. Ils se raillent avec raison de la Confession d'Augsbourg, que chacun peut adapter à ses sentiments, XIV, 345, 346.

Dispute sacramentaire, excitée par Carlostad, xiv, 55. Soutenue par Zuingle et Œcolampade, xiv, 66. Ces paroles : *Ceci est mon corps*, selon Zuingle, doivent s'entendre dans un sens figuré, xiv, 73, 74. *Voy.* ZUINGLIENS.

SACREMENS. Combien il y en a, v, 15 *et suiv.* Des sacremens en général, v, 102; en particulier, v, 103 *et suiv.* De quelle manière opèrent les sacremens, xxviii, 54, 55. Efficacité des sacremens par lesquels nous sommes justifiés : doctrine du concile de Trente sur cette matière, v, 407 *et suiv.* Différens effets des sacremens selon qu'ils sont donnés ou différés, xii, 556.

Les sacremens sont des signes sensibles institués par Jésus-Christ pour nous donner ses graces, et non des signes qui nous les représentent ou des sceaux qui nous les confirment : il y en a sept; leur institution paroît dans l'Ecriture sainte, xiii, 70. Il n'y a d'indispensable dans les sacremens que ce qui est de leur substance, xvi, 300. On connoît ce qui est de la substance d'un sacrement par les effets essentiels, xvi, 302. Les réformés sont forcés d'avouer ce principe, xvi, 305. Embarras où cela les a jetés, xvi, 306. La substance d'un sacrement est facilement reconnue par la pratique et les sentimens de l'Eglise, xvi, 308. Preuves de ce principe par les observances de l'Ancien Testament, xvi, 312; et par celles du Nouveau, xvi, 317, 318.

Le sacrement n'est pas détruit par la transsubstantiation. Un sacrement ou signe consiste dans ce qui paroît, et non dans le fond et dans la substance, xiv, 85. Le mot *sacrement de l'Eucharistie* est, pour Bucer, une source d'équivoques. Dans l'usage ordinaire, *sacrement* veut dire un signe sacré. Il signifie en latin un *mystère*, une chose haute et impénétrable. Bucer le prend en ce sens, et rejette le premier. L'Eglise reconnoît le mystère ; ce qui n'empêche pas que l'Eucharistie ne soit un signe, et le signe n'exclut pas la présence réelle, xiv, 74, 75. Les luthériens, dans la Confession d'Augsbourg, sont forcés de reconnoître avec l'Eglise que le sacrement de Baptême opère *ex opere operato*, ou sans aucun bon mouvement dans les enfans, xiv, 100. La Confession d'Augsbourg admet le sacrement de Pénitence, l'absolution sacramentale, et même les sept sacremens; et impute sans cesse à l'Eglise l'erreur de croire que les sacremens opèrent sans aucun bon mouvement de celui qui les reçoit, xiv, 127.

Ce que Bossuet offre aux protestans touchant les sacremens, pour opérer la réunion, xvii, 510, 562. Efficace des sacremens *ex opere operato*, xvii, 563 ; xviii, 20, 21.

SACREMENT (le saint). Qu'est-ce que le saint Sacrement? Jésus-Christ nous l'apprend par ces paroles : Ceci est mon corps livré pour vous; Ceci est mon sang, du Nouveau Testament, répandu pour la rémission des péchés, xxvi, 2. C'est donc ce même corps, conçu du Saint-Esprit, né de la vierge Marie, crucifié, ressuscité, élevé aux cieux, placé à la droite du Père, avec lequel Jésus-Christ viendra juger les vivans et les morts, *ibid*. Pourquoi est institué le divin sacrement, xxvi, 3. Dans cette nuit triste et bienheureuse tout ensemble, où Jésus-Christ fut livré pour être crucifié le lendemain, lui qui savoit toute chose, qui sentoit approcher son heure dernière, ayant toujours tendrement aimé les siens, il les aime jusqu'à la mort, et assemblant en la personne de ses saints apôtres tous ceux pour qui il alloit mourir, il leur dit, en leur laissant ce don précieux de son corps et de son sang : Faites ceci en mémoire de moi, xxvi, 3. Ceux qui communient indignement sont coupables du crime de Judas qui a livré son divin Maître, et du crime des Juifs qui l'ont mis à mort et qui ont répandu son sang innocent, *ibid*. Le propre de la communion, c'est de nous faire aimer Jésus-Christ tout entier, sa parole, son évangile, sa doctrine céleste, ses vérités saintes, ses exemples, son obéissance, et sa charité infinie, xxvi, 13.

SACRIFICE. Ce que c'est : tranquillité d'esprit et de cœur que doit avoir celui qui l'offre, ix, 514. Excellence du sacrifice de Jésus-Christ, vii, 235. Oblation qu'il a faite de lui-même en entrant dans le monde, vii, 233. Exemple de sacrifice dans les trois personnes qui concourent au mystère de Jésus-Christ présenté au temple, xi, 246, 247 *et suiv*. Ce que figuroient les sacrifices sanglans de l'ancienne loi, vii, 172, 173.

Vertu du saint sacrifice ; sa valeur infinie, xii, 531. On ne connoît plus la sainte frayeur dont on étoit saisi autrefois à la vue du saint sacrifice, xii, 634. *Voy*. EUCHARISTIE, MESSE.

SADDUCÉENS. Ils tâchent d'embarrasser Jésus-Christ par rapport à la résurrection, vi, 166, 167. L'argument que Jurieu tire de la tolérance qu'on avoit pour eux dans le judaïsme, prouve trop, et ne prouve rien, xvi, 194.

SADOLET (Jacques). Ce cardinal a donné dans le semi-pélagianisme, iv, 359 *et suiv*.

SAGESSE. En quoi elle consiste, viii, 480; xi, 378; xxiii, 33. Nécessité de la sagesse pour bien gouverner, xxiii, 579, 580. Elle sauve les états plutôt que la force, xxiii, 587. Elle fait craindre et respecter ceux qui la possèdent, xxiii, 588. C'est Dieu qui la donne, xxiii, 589. On doit l'étudier, xxiii, 591. Tout est sagesse dans le monde, rien n'est hasard, xxiii, 601, 602. La grande sagesse consiste à employer chacun selon ses talens, xxiv, 216.

La sagesse divine enferme l'éternité dans ses desseins, xii, 573, 574.

SAGESSE (la). Ce livre a été attribué à Salomon, ii, 1 *et suiv*. On ignore quel en est l'auteur, et le temps auquel il a été écrit, *ibid*.

Sa division en deux parties : ce qui y est traité, II, 1 *et suiv.* Autorité divine de ce livre, II, 3. *Liber Sapientiæ*, II, 5.

SAINCTES (Claude de), évêque d'Evreux, explique pourquoi les François s'opposoient à la formule de Florence qu'on proposoit à Trente XXII, 468.

SAINT-ANDRÉ (l'abbé de), curé de Vareddes. Bossuet lui écrit sur diverses affaires de son diocèse, et loue les bons effets de son administration, XXVI, 497. Bossuet s'excuse de travailler à la vie de M. l'abbé de Rancé, XXVII, 198. Il lui écrit sur certains papiers relatifs à la vie de M. de Rancé, XXVII, 199. Sur un miracle opéré à la Trappe, par une dévote, XXVII, 204. Sur la manière dont on doit écrire la vie de M. de Rancé, *ibid.*

SAINT-CYRAN (Jean du Verger de Hauranne, abbé de]. Ce que Bossuet pensoit de ses lettres, XXVII, 575.

SAINTES (synode de) où l'on décide que la guerre civile est légitime et nécessaire, XV, 537, 538.

SAINTETÉ. En quoi consiste sa perfection, IX, 566.

SAINTS. Quel est leur pouvoir, l'efficace de leurs prières, la connoissance qu'ils ont de ce qui arrive dans l'Eglise? II, 340. Ce qu'entend saint Jean par leur première résurrection, II, 560. Leur culte n'est point une idolâtrie : il remonte jusqu'aux premiers siècles, III, 54 *et suiv.* Passage de Théodoret à ce sujet, III, 60.

En quoi consiste l'invocation des Saints. Différence entre la manière dont on implore Dieu et celle dont on invoque les Saints. Combien est grande l'erreur des protestans qui prétendent que nous leur rendons les mêmes honneurs qu'à Dieu, XIII, 55, 56 *et suiv.*, 136. Il n'est pas permis de changer les termes de la profession de foi de Pie IV, concernant l'invocation des Saints, XXVI, 345. Elle s'accorde avec le décret du concile de Trente, *ibid. et suiv.*

Pourquoi on emploie l'intercession des Saints dans l'oblation du saint sacrifice, XVII, 61 *et suiv.* Ce que c'est que d'offrir le sacrifice à leur honneur, XVII, 63. En quel sens on peut offrir le sacrifice pour eux, XVII, 81 *et suiv.* La plupart ont reçu le viatique à la mort, quoique leurs vies n'en parlent pas, XVI, 557 *et suiv.*

De l'aveu des protestans, l'invocation des Saints n'est pas une erreur damnable, XIII, 378. Les catholiques ne les adorent pas, quoique souvent leurs antagonistes feignent de le croire, XIII, 379. Doctrine de plusieurs Pères sur sur cette matière, XIII, 467, 468.

L'apologie de la Confession d'Augsbourg calomnie l'Eglise sur le culte des Saints. Aucun de ses docteurs ne leur a attribué la *divinité*, et ne les a crus médiateurs de rédemption, XIV, 134. L'Eglise coupe la racine des abus sur les prières qu'on adresse aux Saints, et surtout le culte qu'on leur rend, VII, 299. Ce culte des saints, que Jurieu qualifie d'idolâtrie, a, de son aveu, plus de douze cents ans d'antiquité, et a été pratiqué par les Pères du quatrième siècle. Ce culte étoit le même alors qu'il est aujourd'hui, xv, 287 *et suiv.* Saint Chrysostome parle magnifiquement du culte qu'on leur rendoit de son temps, xv, 342. Calomnies des ministres protestans sur les prières que nous adressons aux saints, xvii, 254. Doctrine de l'Eglise catholique sur le culte qui leur est dû, xvii, 311, 312, 343 *et suiv.*; xviii, 33. Sentiment d'un célèbre protestant, xvii, 425, 453, 480, 521. Le concile de Trente d'accord avec lui, xvii, *Voy.* Images, Reliques, Trente.

Instruction sur les fêtes des Saints, v, 181 *et suiv.* Comment on doit les prier, v, 88. Occupation des Saints dans le ciel, xi, 469. Honneur que nous leur devons, x, 634. *Voy.* Elus, Prédestinés.

Erreur de pousser trop loin, en matière de doctrine, l'autorité des Saints canonisés, xix, 292 *et suiv.* Les erreurs où ils tombent de bonne foi ne sont pas un obstacle à leur sainteté, xix, 294 *et suiv.* L'Eglise, en les canonisant, n'a pas intention de déclarer leur doctrine infaillible, xix, 295 *et suiv.*

SALOMON est fait roi d'Israël par l'autorité de David, et non par celle du sacerdoce, xxi, 198, 199. La couronne, selon Jurieu, ne lui appartenoit pas, mais à Adonias son frère aîné; et il ne devint roi légitime que par l'élection du peuple, xv, 452, 453.

Ce prince demande à Dieu la sagesse, xxiii, 381. Il le prie de lui donner un cœur docile, et la science de bien gouverner, ix, 633, 648 *et suiv.* Sa fermeté au commencement de son règne, xxiii, 566. Félicité du peuple sous son règne, xxiii, 585; xxiv, 200. Dieu le choisit pour lui bâtir un temple, parce qu'il étoit pacifique, xxiv, 164. Il profite de la paix pour fortifier ses places, xxiv, 181, 182. Sa magnificence, xxiv, 190. Il fait fleurir le commerce et la navigation, xxiv, 192, 193. Il tire des tributs des peuples soumis, xxiv, 194, 195. Il célèbre la dédicace du temple; dixième époque de l'histoire ancienne, xxiv, 275, 276, 337. Il s'égare dans sa vieillesse, xxiv, 243. Dieu l'épargne, à cause de David, xxiv, 412. *Voy.* David.

Salomon a précédé tous ceux qui ont écrit des proverbes i, 442. Combien il l'emporte sur les autres auteurs de Sentences, i, 447. Ses amours avec la fille de Pharaon, dans le *Cantique des Cantiques*, figurent l'union de Jésus-Christ et de l'Eglise, i, 571. Il n'est pas l'auteur du livre de la *Sagesse*, qui lui a été attribué, ii, 1. Pourquoi on lui a attribué l'*Ecclésiastique*, ii, 54. Jugement que Salomon porte des plaisirs des sens, x, 244.

SALOMON, roi de Hongrie, est rétabli dans son royaume par l'empereur Henri IV ; Grégoire VII prétend que ce royaume appartient au saint Siége, xxi, 177.

SALUT. Ce qu'il faut faire pour l'obtenir, v, 51 *et suiv*. Combien nous devons y être attentifs et y travailler sans délai, viii, 92, 114. La promesse de notre salut est presque aussi ancienne que la sentence de notre mort, xi, 164, 347. L'ouvrage de notre salut est une suite continuelle de miséricordes, xii, 488.

Les luthériens s'expliquent mal sur la **certitude du salut** dans le livre de la *Concorde*, et semblent l'admettre au sens des calvinistes, xiv, 354. La certitude du salut semble être rejetée dans la Confession de foi anglicane, xiv, 420, 421. Calvin ajoute la certitude du salut à la certitude de la justification de Luther, et dit que la foi qui justifie est inamissible, même au milieu des plus grands désordres, xiv, 356, 357; xv, 3, 4. Qu'ainsi tout fidèle est aussi assuré de sa persévérance, que si Dieu le lui avoit dit de sa propre bouche, xv, 4. Il cesse de l'être par le décret du synode de Charenton, où l'on admet à la communion les luthériens qui rejetoient ce dogme, xv, 48, 49. La réponse de Calvin aux textes de l'Ecriture, qui disent d'opérer son salut avec crainte et tremblement, est ou absurde ou désespérante. Ceux qu'il cite pour prouver que la foi justifiante ne se perd pas dans le crime, sont pris à contre-sens, xv, 7. Les calvinistes embarrassés de cette question : *Si un fidèle mort dans le crime auroit été damné*, ne peuvent répondre sans contredire leurs principes, xv, 7, 8. Les difficultés font revenir plusieurs calvinistes, et causent la dispute d'Arminius, *ibid*. *Voy*. Arminius. Les catholiques et les luthériens regardent comme impies les opinions calviniennes de l'inamissibilité de la justice et de la certitude du salut, xv, 15. Faux appât de la certitude du salut, que pourtant le synode de Dordrecht et les théologiens anglois donnent comme une certitude de foi, xv, 23 *et suiv*. Le salut, selon Jurieu, peut être acquis dans les églises les plus corrompues, et même dans celle de l'Antechrist, xv, 290 *et suiv*.

Le désir qu'on a du salut n'est point un désir intéressé, xviii, 430 *et suiv*. Vaut-il mieux ne point le désirer? xix, 199, 202.

Le sacrifice du salut fait par les nouveaux mystiques, xix, 159, 360; enseigné par M. de Cambray, xix, 189. L'ame invinciblement persuadée de sa réprobation, xix, 190, 191, 533, 534; xx, 15, 16, Contradictions, vaines réponses et excuses de l'auteur, xix, 192 *et suiv*. On le convainc par lui-même, xix, 327. Contradictions sur ce point, xix, 329, 330. On le convainc par de nouvelles preuves, xix, 527 *et suiv.*, 538 *et suiv*. Erreurs sur le sacrifice absolu du bonheur, xix, 737. Doctrine de saint Chrysostome et des autres Pères, opposée à M. de Cambray, xix, 738. Doctrine de Molinos et de madame Guyon, conforme à celle de M. de Cambray, xx, 13, 15 *et suiv*. Deux autres principes sur cette matière, xix, 744. Propositions du livre des *Ma-*

ximes des Saints, qui commandent le sacrifice absolu, xix, 745. Réflexions sur ces propositions, xix, 746. Auteurs faussement allégués, xix, 747. Passages de plusieurs saints et auteurs mystiques, xix, 764. Réponse à ces passages, xix, 766, 767. Absurdité manifeste des notes de M. de Cambray pour se justifier, xix, 772. Le sacrifice du salut condamné par les articles d'Issy, que M. de Cambray cherche en vain à éluder, xx, 305 *et suiv*. Règle pour juger des expressions exagérées des Saints en cette matière, xx, 385. Sept principes généraux de solution, tirés de cette règle et de l'autorité des Saints, xx, 386 *et suiv*.; prouvés en outre par l'autorité des Pères, xx, 388 *et suiv*. *Voy.* Abandon, Acquiescement, Désespoir, Indifférence.

SALLUSTE fait dire à Caton cette sentence bien véritable : C'est en veillant, c'est en agissant, c'est en avisant sérieusement aux affaires, qu'on les fait heureusement réussir. Quand on s'abandonne à l'oisiveté et à la paresse, on implore en vain le secours des dieux, on les trouve irrités et implacables, xxvi, 16, 21.

SALUTATION ANGÉLIQUE. Explication de cette prière, v, 87 *et suiv*.

SAMARITAINS. C'étoient des peuples d'Assyrie envoyés par Asaraddon pour habiter le pays de Samarie, xxiv, 301. Ils ne connoissent que le *Pentateuque*, *ibid*. Ils traversent les Juifs après le retour de la captivité, xxiv, 294, 301. Ils bâtissent le temple de Garizim, xxiv, 302, 305. Ils consacrent leur temple à Jupiter Hospitalier, pour plaire à Antiochus, xxiv, 316. Hyrcan renverse ce temple, xxiv, 302, 320. Ce peuple subsiste encore, xxiv, 302. Il conserve son *Pentateuque* écrit en anciens caractères, xxiv, 300.

Le schisme des Samaritains, quoique fort ancien, n'en étoit pas moins réprouvé. On les convainquoit d'être une branche séparée du tronc; on leur reprochoit leur origine venue de Jéroboam, xvii, 96, 97. Jésus-Christ les condamne, non à cause de leur idolâtrie, puisqu'alors ils n'avoient plus d'idoles, mais à cause de leur schisme, xvii, 497.

SAMSON. Son courage déterminé à la mort, xxiv, 167.

SAMUEL. Ce prophète agit par ordre exprès de Dieu dans l'onction de Saül et de David, xxi, 198, 199. Il n'a point déposé Saül, il déclare seulement que Dieu l'a rejeté, xxi, 203, 204. Samuel honore la dignité royale dans Saül, quoique Dieu l'eût rejeté, xxiv, 12, 13. Caractère de son gouvernement, xxiv, 218.

SANDÉRUS (Antoine), historien catholique, accusé par Burnet d'inventer des faits atroces contre les réformateurs anglois, xiv, 257. *Voy.* Burnet.

SANG. Triomphe du sang de Jésus, viii, 339. Ce sang étoit nécessaire pour confirmer son testament, vii, 518. Combien étonnante l'effusion de son sang dans le jardin des Olives, vii, 519. Avec quelle profusion il versa son sang pour nous dans toute la suite de sa passion, vi, 589, 590.

SANHÉDRIN (le) ou conseil des Juifs, n'avoit aucune autorité sur les juges et les rois établis de Dieu, xv, 460 *et suiv.*; xxi, 199, 200 *et suiv.*

SANTAREL (Antoine), jésuite. Son livre, contraire aux droits de la puissance royale, censuré par la Faculté de Paris, xxi, 142, 143 *et suiv.*

SANTÉ. Pourquoi il faut la ménager, xxvii, 512. Soin que le prince doit avoir de la sienne, xxiv, 240, 241. *Voy.* Corps.

SANTEUL (Jean-Baptiste), chanoine régulier de Saint-Victor. Il adresse à Bossuet une pièce de vers sur les reproches que lui avoit attirés sa *Pomone;* éloges qu'en fait le prélat, xxvi, 453, 454 *et note.* Bossuet empêche la publication d'un poëme fort vif contre sa *Pomone,* xxvi, 455. Louanges que donne Bossuet à d'autres pièces de ce poëte, xxvi, 456. Il l'invite à venir chez lui, xxvi, 457.

SARDANAPALE. Sa mollesse cause la chute du premier empire des Assyriens, xxiv, 280, 281.

SARDIQUE (concile de). Ses canons, cités par le pape Zozime, sont rejetés par l'Eglise d'Afrique, xxii, 393 *et note.*

SARRASINS. Commencement de leur puissance, xxv, 14. Ils pénètrent dans l'Empire et prennent Jérusalem, xxiv, 354, 355. Ils assiègent Constantinople, xxiv, 354, 355. A quelle occasion ils se répandirent en Espagne et finirent par s'en emparer, xxiv, 356; xxv, 15. Entrés en France, ils sont vaincus par Charles-Martel, xxv, 16.

SARRAZIN (Jean), dominicain. Ses propositions sur la juridiction du Pape censurées par la Faculté de Paris, xxi, 734, 735 *et suiv.*; xxii, 447.

SATAN et ses anges; leur portrait, viii, 144 *et suiv.* Satan revêtu de tous les droits de Dieu contre les pécheurs, viii, 146. C'est par son impulsion que le genre humain est tombé, viii, 267. Il est très-fort contre les lâches, très-foible contre les courageux, ix, 34. Satan se déclare hautement le rival de Dieu, xi, 503. *Voy.* Démons.

SATISFACTION. Jésus-Christ seul peut satisfaire pour nos péchés. Il nous applique sa satisfaction en deux manières : ou en nous pardonnant entièrement, comme dans le baptême, ou en commuant la peine éternelle que nous avons méritée en une moindre, comme à ceux qui tombent après le baptême. Pourquoi le Sauveur en use-t-il ainsi? xiii, 67 *et suiv.* Fausses assertions des protestans, qui nous accusent d'affoiblir la satisfaction de Jésus-Christ, et de croire que nous pouvons satisfaire par nous-mêmes, xiii, 69, 70. La satisfaction de Jésus-Christ ne nous exempte pas de faire pénitence. Doctrine des saints Pères sur ce sujet, xiii, 186 *et suiv.* La satisfaction est approuvée, quant au fond, par les protestans, xvii, 519, 572; xviii, 31.

En quoi consiste la satisfaction dans le sacrement de pénitence, v, 114, 115. De la soumission qu'on doit avoir pour la pénitence imposée, v, 121, 122 *et suiv.* Quelle doit être la rigueur de notre pénitence, suivant l'esprit de l'Eglise, v, 359. Raisons de cette rigueur, v, 361. La ferveur et la charité peuvent y suppléer, v, 370 *et suiv.* Nécessité de la satisfaction; la pénitence en est inséparable, ix, 439, 440. Quelle doit être la satisfaction, ix, 442. Proportion qu'elle doit avoir avec les péchés, ix, 447. Elle nous doit rendre conforme à Jésus crucifié, x, 48. *Voy.* Pénitence.

Observations de Bossuet sur un écrit de D. François Lami, concernant la satisfaction de Jésus-Christ, xxvi, 407, 408 *et suiv. Voy.* Damnés, Lami.

SAUL est sacré roi par Samuel. Ses victoires, sa réprobation et sa chute, xxiv, 274, 406.

La conduite de ce prince envers David, modèle de mauvaise finesse, xxiii, 631, 632. Il consulte les devins, qu'il avoit défendus : sa punition, xxiii, 638, 639; xxiv, 249. Sa piété fausse et mal entendue, xxiv, 57, 60. Sa diligence pour secourir une ville assiégée. Il succombe à la tentation de la puissance, xxiv, 243.

SAUVEUR. Signes décisifs pour le reconnoître, viii, 243. Son abaissement marque qu'il est notre Sauveur, viii, 244. Gloire qui doit suivre ses humiliations, viii, 131. L'autorité du Sauveur manifestée par les témoignages que Moïse et Elie lui rendent sur le Thabor, ix, 96. Nous sommes obligés de nous en rapporter à ce que nous a dit le Sauveur Jésus, ix, 28. *Voy.* Jésus-Christ, Messie, Sang, Vie cachée.

SAVOIR. Le désir de savoir est une des plus violentes passions de l'esprit humain, ix, 359. *Voy.* Science.

SAVONAROLE, célèbre prédicateur, annonce l'arrivée des François en Italie, se joint aux Florentins pour demander à Charles VIII la restitution de la ville de Pise, xxv, 259, 265. Il est pendu comme un faux prophète et un imposteur, xxv, 276.

SAXE. Pourquoi et par qui est faite la Confession de foi saxonique. Comment l'article de l'Eucharistie y est expliqué. Changemens faits à cette Confession sur la volonté de Dieu touchant le péché, et sur la coopération du libre arbitre. Article considérable sur la distinction des péchés mortels et véniels, xiv, 331 *et suiv.*

SCANDALE. Jésus-Christ objet de scandale, aux Juifs, aux gentils, aux hérétiques, aux enfans même de l'Eglise par la dépravation de leurs mœurs, viii, 172 *et suiv.*

SCAPULAIRE. Sermon pour le jour du Saint-Scapulaire, sur la dévotion de la sainte Vierge, xi, 362. Le Scapulaire est la marque par laquelle on se reconnoît enfant de Marie, xi, 363, 369.

SCEPTRES. Dieu les jette comme un roseau, VIII, 218.

SCHELSTRATE (Emmanuel), sous-bibliothécaire du Vatican, avance que le texte du concile de Constance a été falsifié par les Pères de Bâle, XXI, 32, 48, 49, 553. *et suiv.* Il dit que Martin V, après son élection, refusa d'exécuter un décret du concile, XXI, 600, 601. Solution des difficultés qu'il tire de ses manuscrits, contre la quatrième session de Constance, XXI, 642 *et suiv.*

SCHISME. C'est une injuste séparation, XIII, 455. La nouveauté, caractère des schismatiques, XIII, 459. Le défaut de succession, autre marque de schisme, XIII, 462. Le schisme convaincu de crime par le seul fait, XVII, 248 *et suiv.* L'innovation le caractérise, XXIV, 35, 36. Il faut remonter à l'origine du schisme, XXIV, 40. Elle est aisée à trouver, XXIV, 41. Conduite des empereurs pour détruire les schismes et les hérésies, XXIV, 46.

Le schisme de Jéroboam justifié par Jurieu, qui accuse l'Eglise du temps des apôtres, de schisme et d'hérésie, XV, 106 *et suiv.* Basnage prétend que les sept mille que Dieu sauvoit dans le royaume d'Israël étoient des schismatiques; qu'Elie, Elisée, et les autres prophètes, l'étoient également. Il approuve le schisme des dix tribus et de Samarie, XVII, 196. Les vrais Israélites, dans les dix tribus, étoient pour la religion en communion avec ceux de Juda. Basnage condamné par les discours et la conduite de Jonas, d'Osée et d'Elie prophètes dans les tribus schismatiques, XVII, 199 *et suiv.* Il enseigne qu'on peut être saint et schismatique, non dans un simple fait, mais dans la foi. Ses principes inouïs sur l'unité des Eglises, XXIV, 189. *Voy.* UNION. Sa doctrine insinue le schisme, XVII, 195. L'hérétique et le schismatique se condamnent eux-mêmes comme novateurs, par cela seul qu'ils ne peuvent nommer leurs prédécesseurs, XVII, 88. On se sépare en deux manières : l'une, quand des évêques, sans quitter leurs siéges, renoncent à la foi de leurs prédécesseurs; l'autre, quand les peuples se font un nouvel ordre de pasteurs, XVII, 92, 93. Le caractère des novateurs est de quitter l'Eglise; celui des fidèles, d'y demeurer toujours, XVII, 108.

Histoire abrégée du grand schisme du quinzième siècle, XXI, 565, 566 *et suiv.*

SCHOLA IN TUTO, *sive de notione charitatis et amore puro*, XIX, 207 *et suiv.*

SCHOLARIUS (George), le plus enclin à la paix parmi les Grecs qui vinrent au concile de Florence, soutient l'infaillibilité des conciles, XXII, 93, 94.

SCHOLASTIQUES. Quelle est leur autorité, selon Melchior Canus, XXI, 524 *et suiv.*; XXII, 529 *et suiv.*

SCHOMAN (Georges), un des chefs des Unitaires, XV, 138.

SCHOMBERG (Charles de), maréchal de France. Son éloge, xii, 407. Discours que lui adresse Bossuet, xii, 318. Il lui dédie sa *Réfutation du Catéchisme du sieur Paul Ferry*, xiii, 355.

SCIENCE. Sa définition, xxiii, 64. Diverses espèces de sciences, *ibid. et suiv.* La science la plus nécessaire est de se connaître soi-même, ix, 24; xi, 424. Combien la science de l'homme est petite devant Dieu, viii, 451, 452. Combien bornée au milieu du monde, viii, 467. La science est un présent du Ciel, la nourrice de la vertu, l'ame de la vérité, xii, 407. Usage naturel de la science, xii, 409. Ses abus, xii, 408. Toute la science du chrétien renfermée dans la croix, x, 74. SCIENCE MOYENNE *Voy.* LIBERTÉ.

SCIPION, encore jeune, fait la conquête de l'Espagne. Il passe en Afrique, et fait trembler Carthage, xxiv, 312. On lui donne le nom d'Africain, xxiv, 313.

SCIPION ÉMILIEN prend Carthage, et la réduit en cendres, xxiv, 317. Il ruine Numance en Espagne, xxiv, 320.

SCOT (Jean). Sa manière de regarder l'essence divine, xviii, 414; d'expliquer l'excès de l'amour dans les suppositions impossibles, xviii, 581. Son sentiment sur l'objet de la charité, xix, 684, 760. Le sentiment de saint Thomas concilié avec le sien, xix, 685. Confirmation de son sentiment par d'autres passages, xix, 687, 688 *et suiv.*

SCRUPULES mal fondés, xxviii, 44. Leurs remèdes, xxviii, 68, 382.

SCUDÉRY. Lettre de Bossuet a Mlle de Scudéry, sur la mort de Pélisson. Il la remercie des consolations qu'elle lui donne, xxvi, 463.

SCYTHES. Ils s'emparent de la Médie et en sont chassés, xxiv, 577.

SCYTHIE. Proposition des moines de ce pays. *Voy.* HORMISDAS.

SÉCHERESSE. Comment on doit se conduire dans cet état de l'ame, xxvii, 526; xxviii, 547 *et suiv.* Ne point s'en étonner, xxvii, 591. Les avantages de cet état montrés par une belle comparaison, xxviii, 543. Fruits à en tirer, xxviii, 353; xxviii, 355, 375, 376.

SECRET. Avis pour être fidèle à garder un secret, xxvii, 609. Cas où on peut le révéler, xxviii, 4. Le secret est l'ame des conseils, xxiii 605, 618.

SÉCULIERS. Quand peuvent-ils entrer dans les monastères, xxviii, 92, 115, 500, 502, 506, 521, 539.

SÉDITIEUX. Ils sont en exécration au genre humain, xxiii, 505.

SEDULIUS. (Cœlius) Son poême pascal, où il dit que Jésus-Christ n'ôte pas les royaumes de la terre, xxi, 227, et *note*.

SEIGNELAI. Interrogatoire des vaudois dans la bibliothèque du marquis de Seignelai, xiv, 510.

SELA. Mot qui se trouve dans certains Psaumes : on en ignore le sens, i, 51.

SÉLIM, empereur des Turcs, attaque la chrétienté avec une terrible violence. Il perd ses généraux avec cent dix-sept galères et plus de vingt coulées à fond à la bataille de Lépante, vingt-cinq à trente mille hommes abîmés et quatre mille pris, xxv, 615. Tout l'empire ottoman trembla de cette défaite et sa puissance fut anéantie pour toujours, *ibid.*

SEMAINE SAINTE. Mystères de cette semaine et manière de la passer, v, 163 *et suiv.* Pratique pour la passer saintement, xxvii, 523, 524.

SEMI-PÉLAGIENS. On prouve contre eux que le commencement de notre salut vient de Dieu, iv, 434, 439 *et suiv.* Il en est de même du commencement de la prière, iv, 438 *et suiv.* Richard Simon est semi-pélagien, iv, 140, 357, 359, 438, 439.

SÉMIRAMIS, femme de Ninus, qui joignoit à l'ambition un courage et une suite de conseils qu'on n'a pas accoutumé de trouver dans son sexe, soutint les vastes desseins de son mari, et acheva de former la monarchie assyrienne, xxiv, 596.

SENDOMIR (synode de), où les trois sectes des luthériens, des zuingliens et des bohémiens de Pologne se réunissent, xiv, 564. L'union de Sendomir n'eut son effet qu'en Pologne, xiv, 574.

SÉNÈQUE a fait un traité exprès pour défendre la cause de la Providence, où il combat ouvertement la toute-puissance de Dieu, x, 223.

SENNACHÉRIB, roi de Ninive, assiége Jérusalem. Son armée est détruite miraculeusement, xxiv, 282.

SENS. Leurs organes, xxiii, 34, 87, 88. Leurs opérations, xxiii, 34 *et suiv.* Leurs propriétés, xxiii, 39. Sens commun; sa définition, xxiii, 40. Division des sens extérieurs et des sens intérieurs, xxiii, 42. Comment ils donnent lieu à connoître la vérité, xxiii, 50, 247. Ils sont beaucoup au-dessous de l'intelligence, xxiii, 72. Ils nous trompent souvent, xxiii, 132. Nous aident à entendre nos besoins et à connoître toute la nature, xxiii, 133. Comment distinguer les opérations sensitives d'avec les mouvemens corporels qui en sont inséparables, xxiii, 151. En quoi les sens diffèrent de la raison, viii, 232.

Ce que c'est que la vie des sens, ix, 205, 206, *et suiv.* L'ame livrée aux plaisirs des sens, éprouve de grandes difficultés pour arrêter ses résolutions, *ibid.* Triste fin de celui qui s'abandonne aux sens, x, 199, 200. *Voy.* Corps, Sensations.

Sens figuré. Embarras et contradictions de Calvin à le défendre, xiv, 379. Les calvinistes envoient à Vormes une Confession de foi qu'il est difficile d'accorder avec ce sens, xiv, 393. Les Suisses sont les plus sincères défenseurs du sens figuré, xiv, 454. Les disputes entre les défenseurs de ce sens sont de la plus grande importance, quoiqu'ils conviennent entre eux de les dissimuler, xiv, 596 *et suiv.*

Le sens littéral de ces paroles : *Ceci est mon corps*, de l'aveu même des zuingliens, mène à admettre un changement substantiel, tel qu'il arriva à l'eau changée en vin aux noces de Cana. Luther n'entendoit pas la force de cette parole. Le sens catholique est visiblement le plus naturel, xiv, 82, 83. Le sens figuré ou la métonymie de Zuingle vaut bien la synecdoque de Luther, xiv, 84.

SENS (concile de) tenu par le cardinal Duprat, contre les erreurs de Luther, xxi, 742.

SENSATIONS. Comment elles se font dans notre ame, xxiii, 34, *et suiv.* Comment distinguer les actes de l'entendement qui sont joints à des sensations, xxiii, 53. Les sensations sont attachées à des mouvemens corporels, xxiii, 113, 114. De quels objets viennent ces mouvemens, xxiii, 116. Preuves que les sensations sont produites par les mouvemens des nerfs, xxiii, 117 *et suiv.* De quoi les sensations instruisent l'ame, xxiii, 127 *et suivantes*, 177, 178. Dessein merveilleux dans les sensations, xxiii, 187. Les sensations sont tout ce qu'on peut accorder aux animaux, xxiii, 220. *Voy.* Corps, Passions.

SENTENCES choisies pour Monseigneur le Dauphin, extraites de Platon, Aristote, Xénophon et des livres Sapientiaux de la Bible, xxvi, 33 *et s.*

SENTIMENT (le), nous fait connoître notre liberté, xxiii, 427.

SEPTANTE. Leur version des *Proverbes* très-ancienne; elle s'écarte de l'Hébreu, i, 449, 450. Celle de l'*Ecclésiaste*, i, 523, 524.

SÉPULCRE. Pourquoi le Sauveur veut-il que le sien soit honorable; x, 21. Extrême folie d'élever de si magnifiques trophées à un peu de cendres, x, 92.

SERAPION, solitaire pénitent, ne communia dans sa dernière maladie que sous une espèce, xvi, 248. Vaines subtilités des protestans pour prouver le contraire, *ibid.*

SERGE et BACQUE (SS.), martyrs, reconnoissent qu'ils sont obligés de porter les armes pour l'empereur. Leurs actes altérés par Métaphraste, xxi, 272.

SERGIUS, patriarche de Constantinople, chef des monothélites, consulte le pape Honorius, xxi, 75, 76. Il compose l'*Ecthèse* sous le nom d'Héraclius, xxii, 50, 51. Il est condamné par le sixième concile, xxii, 52.

SERGIUS III, pape, réordonne les évêques et les prêtres ordonnés par Formose, xxii, 221. Il ordonne, sous peine d'anathème, des choses contre la foi, xxii, 239.

SERMENT. Avec quelle religion le prince doit garder le sien, xxiv, 79. Serment du sacre des rois de France, xxiv, 80. Dans le doute, on doit interpréter en faveur du serment, xxiv, 83.

Serment de suprématie et celui d'allégeance exigés des catholiques anglois; différences de ces deux sermens, xxi, 539 *et suiv.*

SERMONS. Si l'on n'en sort chrétien, on en sort plus coupable, xii, 541.

Sermon de Jésus sur la Montagne, vi, 1, jusqu'à 69. Sermon de Jésus après la Cène. vi, 497, 498 jusqu'à 599

SERMONS tom. VIII à XII. *Voy. la Table précédente.*

SERVET (Michel) écrit contre la divinité de Jésus-Christ, IV, 78 *et suiv.* Servet et Valentin Gentil sont mis à mort à Genève, comme hérétiques, XIV, 446. Calvin, avec l'approbation expresse de tout le parti, fit prononcer l'arrêt qui condamnoit Servet au feu. Basnage l'excuse mal en disant que c'étoit un reste de papisme, XV, 491; XXVI, 369.

SERVICE DIVIN. Pourquoi on ne le fait pas en langue vulgaire. Explication que l'on donne du service divin dans l'Eglise catholique, par ordre du concile de Trente, XVII, 128, 129 *et suiv.*

SERVITUDE vient du mot *servare :* elle tire son origine des lois d'une juste guerre, où le vainqueur se contentoit de faire esclave le vaincu, auquel il avoit droit d'ôter la vie. Jurieu imagine un pacte fait entre le maître et l'esclave, XV, 467, 468. Ce que c'est que la servitude du siècle, XI, 440. Le péché est la plus infâme des servitudes, XI, 447.

SERVIUS-TULLIUS, roi de Rome, établit le cens, XXIV, 285. Il projette l'établissement d'une république, XXIV, 294, 642. Sa mort, XXIV, 294.

SÉSOSTRIS, roi d'Egypte; ses conquêtes, XXIV, 593.

SEVE (la demoiselle) abandonnée par Misson son mari, obtient de l'Eglise de Genève la permission de se remarier, XVI, 184.

SÉVÈRE, empereur, égale César par ses victoires, XXIV, 331.

SEYMOUR (Jeanne) devient maîtresse de Henri VIII, qui fait périr Anne de Boulen, et l'épouse. Elle meurt, XIV, 276 *et suiv.*

SEYMOUR (Edouard), duc de Sommerset, oncle maternel d'Edouard VI, étoit zuinglien. Il est fait protecteur du royaume d'Angleterre, XIV, 297. *Voy.* EDOUARD. Ses excès et ses crimes incompatibles avec la qualité de réformateur. Il est condamné à mort, XIV, 310 *et suiv.*

SEYSSEL (Claude), archevêque de Turin, détaille les erreurs des vaudois, et n'en marque aucune sur l'Eucharistie. Il montre au contraire qu'ils croyoient la transsubstantiation, XIV, 508, 509.

SFONDRATE (Célestin), abbé de Saint-Gal, en Suisse, puis cardinal, écrit contre la Déclaration de 1682. Il dit que le sentiment de l'Ecole de Paris ne date que de l'époque des conciles de Constance et de Bâle, XXI, 26. Ce qu'il répond pour atténuer l'autorité d'Adrien VI, XXI, 42. Il accuse saint Cyprien d'avoir erré sur la foi, XXI, 88.

Son ouvrage sur la prédestination est dénoncé au pape Innocent XII par cinq évêques de France, XXVI, 519. Selon lui, tous les hommes sont destinés à la vie éternelle ou à quelque chose de meilleur, *ibid.* Les enfans morts sans le baptême, quoique exclus du royaume des cieux, ne sont pas privés des biens naturels, XXVI, 520. Il suppose que l'exemption du péché actuel est plus estimable que la possession du ciel, *ibid.* Il appelle cette exemption innocence *personnelle*, XXVI, 521, 522. Son opposition à la doctrine des conciles d'Orange et de Trente, etc., *ibid.* Il ajoute que ces enfans ne sont pas damnés, xxvi, 522. En quoi il est contraire aux conciles de Lyon et de Florence, à saint Augustin, aux cardinaux Bellarmin et Noris, etc., xxvi, 523 *et suiv.* Il veut que ce soit un bienfait pour les infidèles d'avoir ignoré le vrai Dieu, xxvi, 525. Par là il renouvelle l'erreur du péché philosophique, xxvi, 526. Il donne atteinte à la doctrine de saint Augustin, qui est celle de l'Eglise romaine, sur la prédestination, xxvi, 528, 529 *et suiv.* Bossuet avoit été chargé de rédiger la lettre des évêques, xxix, 55, 56. Louis XIV l'approuve, et ordonne au cardinal de Janson de la rendre au Pape en main propre, *ibid.* Le Pape nomme huit consulteurs pour examiner le livre, xxix, 82, 83 *et note.* Bossuet désire qu'on mette la personne à couvert, xxix, 83, 84. Son avis est qu'on laisse dormir cette affaire à cause de celle du quiétisme, xxix, 231 ; xxx, 404. On continue cependant à s'en occuper à Rome, xxix, 244, 287. Le P. Gabrieli, approbateur du livre, en fait imprimer une défense, xxx, 27. Ce que pense Bossuet d'un ouvrage du cardinal Sfondrate sur l'immaculée Conception, xxix, 12, 84.

SHIRBURNE (le P.), supérieur des Bénédictins anglois, demande des éclaircissemens sur les calomnies des protestans au sujet de l'*Exposition*, xiii, 110.

SICILE. Cause des grands mouvemens qu'elle éprouve, xxv, 84.

SIÉGE (saint). En expliquant son autorité de manière qu'on en ôtât ce qui la fait plutôt craindre que révérer à certains esprits ; elle se montre aimable à tout le monde, même aux hérétiques et à ses ennemis, xxvi, 293, 294. Pourquoi le saint Siége ne perd rien dans les explications de la France, *ibid.* Bossuet avoit pris soin, dans son sermon d'ouverture de l'assemblée de 1682, d'en relever la majesté autant qu'il l'avoit pu, xxvi, 291. Personne ne souhaitoit plus que lui de voir son autorité grande et élevée, xxvi, 310. Le saint Siége ne peut oublier la France, ni la France lui manquer, xii, 527, 528. *Voy.* EGLISE ROMAINE, INDÉFECTIBILITÉ, PAPE, PIERRE, PRIMAUTÉ, etc.

SIENNE (concile de). Il désigne la ville de Bâle pour y tenir le concile général, xxi, 660 *et suiv.*

SIGEBERT, roi de France, fils de Dagobert, recommande en mourant son fils nommé aussi Dagobert à Grimoalde, maire du palais, xxv, 10.

SIGEBERT, roi de Metz, est assassiné par l'ordre de Frédegonde, au moment où il recevoit les hommages des François, xxv, 7.

SIGISMOND, empereur. Son ordonnance pour la sûreté du concile de Constance : il y distingue les droits des deux puissances, xxi, 500 *et suiv.* Il se joint au concile de Bâle, xxi, 667, 668. Il travaille à mettre fin au schisme, avec le secours des rois et principalement de Charles VI, roi de France, xxv, 165.

SIGISMOND, duc d'Autriche, appelle du Pape au concile, xxi, 331 *et note.*
SILENCE. Instruction aux religieuses Ursulines sur le silence, x, 546. Nécessité du silence dans les communautés religieuses, pour y maintenir la charité, x, 508, 523, 524, 548; xxviii, 418. Ses avantages, x, 560. Il retranche beaucoup de péchés et de défauts, x, 552. Combien on doit l'aimer, xxviii, 63, 64, 434. Trois sortes de silence, x, 547. Silence de prudence, x, 551. Silence de patience, x, 557. Le silence est nécessaire pour que Dieu agisse en nous, xxvii, 559.
SIMÉON attend le Messie, vii, 300. Il est conduit au temple par l'Esprit-Saint, vii, 301. Il rencontre Jésus, vii, 302. Le reçoit entre ses bras, vii, 304. Et bénit Dieu, vii, 305. Son cantique, vii, 307. Ses prédictions, vii, 310 *et suiv.*
Ardent amour du saint vieillard pour Jésus-Christ, xi, 301 *et suiv.* Pourquoi il désiroit la mort après avoir vu le Sauveur, xi, 250 *et suiv.* Comment nous devons l'imiter, xi, 282 *et suiv.*
Le cantique de Siméon respire la piété d'une ame qui se repose en Jésus-Christ, i, 403, 407, 408. Il est expliqué, *ibid.*
SIMON, fils d'Onias; quel est celui dont il est parlé dans l'*Ecclésiastique*, ii, 45, 46, 47, 48, 222 *et suiv.*
SIMON Machabée, frère de Jonathas, lui succède, xxiv, 317, 318. Les droits royaux lui sont accordés ainsi qu'à sa famille, xxiv, 318, 437. Comment la souveraine puissance lui fut donnée, xxiii, 561. Sa sagesse; bonheur du peuple sous son gouvernement, xxiii, 585. Il étoit instruit des affaires, xxiii, 594.
SIMON, comte de Montfort. *Voy.* RAYMOND.
SIMON (Richard), oratorien; idée de son caractère, xxx, 528. Danger de ses écrits, xxx, 562. Bossuet y voit un sourd dessein de saper les fondemens de la religion, xxvi, 460. On y apprend à estimer Grotius et les sociniens plus que les Pères, xxvi, 470; xxx, 549. Ce qui le faisoit paroître savant n'étoit que nouveauté et hardiesse, xxvii, 259. Son système étoit de détruire l'autorité des Ecritures, xxvii, 432, 433. Il étoit le chef d'une cabale de faux critiques qu'il falloit abattre, xxvii, 268. Sa version du Nouveau Testament imprimée à Trévoux. *Voy.* TESTAMENT (Nouveau). Sa remontrance à M. de Noailles pour se justifier, iii, 445 *et suiv.* Elle est réfutée par Bossuet, iii, 446. *et suiv.* Son sentiment sur Estius, dont cependant il invoque le témoignage, iii, 466. Il s'appuie vainement de l'autorité de Salmeron, iii, 467. Trois erreurs de Richard Simon dans sa justification, iii, 469, 470, *et suiv.* Ce n'est pas lui faire tort que de le tenir pour suspect, iii, 474. Invitation des protestans à Richard Simon pour travailler avec eux à une nouvelle Bible, iii, 475 *et suiv.* Il défend l'erreur des sociniens, qui regardoient les prophéties comme des allégories, iii, 485.

Il donne dans le semi-pélagianisme, et accuse saint Augustin, III, 494. Il tâche d'opposer les saints Pères les uns aux autres, III, 554, 555, 566 et suiv. Ses omissions affectées sur le Saint-Esprit, III, 579. Bossuet trouve dans sa version du Nouveau Testament des vérités affoiblies, de mauvais commentaires à la place du texte, XXVII, 251. Eloges que M. de Fleury, évêque de Fréjus, donne aux Instructions de Bossuet contre cette version, XXX, 578.

Richard Simon est l'auteur de l'*Histoire critique des principaux commentateurs du Nouveau Testament*, IV, VIII et suiv. Il accuse saint Augustin d'être novateur sur la matière de la grace, IV, 1, 2. Il convient pourtant qu'il a été suivi de tout l'Occident dans les siècles postérieurs, IV, 2, 3, 4 et suiv. Par là, son accusation retombe sur le saint Siége et sur l'Eglise, IV, 10 et suiv., 13 et suiv. Sa doctrine tend à l'indifférence des religions, IV, 14 et suiv. 42, 43, 59, 67, 68, 71 et suiv. Mépris insultant de Richard Simon envers la Tradition, IV, 16 et suiv. 33 et suiv. Son artifice qui ruine une preuve du péché originel, IV, 17. Erreur inexcusable par laquelle il accuse saint Augustin, IV, 21. Sa mauvaise foi, IV, 22. Sa témérité, IV, 31, 32. Il loue la Tradition pour affoiblir l'Ecriture, IV, 36 et suiv.; et détruit l'une par l'autre alternativement, IV, 39, 40 et suiv. 57 et suiv. Il ne veut point voir établi dans l'Ecriture le mystère de la Trinité, IV, 38, 39, 51, 55. Nouvelle tentative pour détruire l'autorité de la Tradition, IV, 43, 44, 46 et suiv. Son mépris pour les écrits de saint Basile, IV, 51, 52, 53. De saint Grégoire de Nazianze, IV, 52, 55. De saint Grégoire de Nysse, *ibid.* Il les traite de rhéteurs sans logique, IV, 56, 57. Il attaque l'autorité de l'Eglise, IV, 60; et ne laisse rien de certain ni dans l'Ecriture ni dans la Tradition, IV, 69 et suiv. Il soutient et loue les sociniens, IV, 74, 81, 82 et suiv. Leur cherche un appui dans saint Augustin, IV, 76, 77. Etale avec affectation leurs blasphèmes, IV, 78, Tâche de s'en excuser, IV, 79, 80. Réfute Socin, Schlichtingius et Eniedin avec une foiblesse affectée qui leur laisse la victoire, IV, 85, 89, 90, 91. Vante les interprétations du socinien Crellius, IV, 88. Méprise la théologie des Pères contre les ariens, et renverse les fondemens de la foi, IV, 95, 96. Il méprise toute théologie, IV, 102, 105 et suiv. Il la calomnie malignement, IV, 106. Il rabaisse surtout saint Thomas, IV, 103, 107. Il relève bien haut Grotius, IV, 111. Traite les prophéties de simples allégories, à l'exemple des sociniens, IV, 113. Il commet les Pères tantôt contre l'Eglise, IV, 126; tantôt contre la saine doctrine, IV, 128. Il les traite avec dédain et mépris, IV, 143 et suiv. Fausseté de sa critique sur Origène et saint Athanase, IV, 146. Il élève le luciférien Hilaire et l'hérésiarque Pélage bien au-dessus de saint Ambroise et de saint Jérôme, IV, 151. Maldonat bien au-dessus de saint Augustin, IV, 154; et frappe bientôt l'interprète jésuite comme les autres Pères, IV, 160 *et suiv.* Il adopte l'hérésie du luciférien Hilaire sur les enfans morts sans baptême, IV, 234; sur le péché originel, IV, 168; sur la grace, IV, 169. Il cherche à tromper les simples, en alléguant à tort l'antiquité, en opposant les Grecs aux Latins, IV, 204, 206, 207; et saint Augustin à lui-même, IV, 208. Il se montre ouvertement semi-pélagien, IV, 209, 357. Il intente directement procès à saint Augustin, comme à un novateur, IV, 240. Entasse force accusations sans preuves, IV, 243, 244, 247. Fait un crime aux auteurs d'avoir suivi les interprétations de saint Augustin, IV, 243. Vaines et malignes remarques sur un passage de saint Augustin, IV, 254. Causes de son acharnement contre ce Père, IV, 260. Il défend une hérésie sur le péché originel, IV, 260, 261, 263. Détruit les preuves dont l'Eglise s'est servie pour établir ce dogme, IV, 264, 268, 270. Téméraire réponse à l'autorité des conciles, IV, 267. Prodigieux égarement de Richard Simon, IV, 345. Il accuse saint Augustin de nier le libre arbitre, IV, 362; dont il se forme une idée pélagienne, IV, 365. Il lui fait un crime d'avoir admis la grace efficace, IV, 366. Lui fait dire que Dieu est auteur du péché, IV, 368, 400. Bossuet regardoit cette *Histoire critique,* comme un amas d'impiétés et un rempart du libertinage, XXVII, 252, 253. Richard Simon en reconnoît lui-même le danger, et s'offre de réfuter son propre ouvrage, XXVII, 254. L'Eglise auroit été ravie de lui voir tourner son esprit à quelque chose de meilleur, et se montrer savant par des recherches utiles, XXVII, 259. *Voy.* AUGUSTIN (S.).

SIMONIE. Combien elle est défendue, XXII, 710 *et suiv.* Censure de l'assemblée de 1700 sur cette matière, XXII, 758 *et suiv.*

SIMPLES (les) parmi les protestans, quand on les convainc d'erreur, réclament leurs ministres; et, quand on confond leurs ministres, ils réclament l'Ecriture qu'ils croient entendre, XVII, 121.

SIMPLICE, Pape. Ce qu'il dit des décrets du saint Siége, devenus irréformables par le consentement universel, XXII, 185 *et suiv.*

SIMPLICITÉ. En quoi consiste cette vertu, VI, 28, 29 *et suiv.* Une religieuse doit toujours agir avec simplicité, XXVII, 586, 596. La simplicité, vertu de saint Joseph, XII, 136, 137 *et suiv.* Simplicité ecclésiastique, XII, 66.

SINUESSE (concile de). Preuves de sa supposition, ce qu'on dit y avoir été traité touchant le pape Marcellin, XXII, 225, 311.

SIRICE (S.) pape. Son jugement contre Jovinien, et sa réponse aux évêques de Macédoine, XXII, 308 *et suiv.*

SIRMOND (Jacques), jésuite, justifie les Pères du concile de Francfort, qui rejetoient le septième concile, XXII, 79.

SIXTE V, Pape, déclare Henri, roi de Navarre, déchu de son royaume et inhabile à succéder à celui de France. Sa bulle et celle de Grégoire XIV sont regardées comme nulles, même à Rome, xxi, 470 *et suiv.*

SIXTE DE SIENNE, dominicain, fait l'éloge de Gerson, xxii, 477.

SKHENCK (Thierri), archevêque de Mayence, consulte l'Université d'Erford, au sujet de la déposition d'Eugène IV à Bâle, xxi, 707.

SLEIDAN (Jean), historien protestant, rapporte sérieusement les folles prophéties de Luther, xix, 43.

SMALCALDE (assemblée de) où Luther dresse de nouveaux articles. Dans celui de l'Eucharistie, il dit, ce qu'il n'avoit pas fait jusqu'alors, que le pain et le vin sont le vrai corps de Jésus-Christ. Bucer signe ces articles, ainsi que Melanchthon, qui doutoit alors de la présence réelle, xiv, 169, 170. On y demande un concile libre, pieux et chrétien, d'où le Pape et les évêques soient exclus comme parties, xiv, 196. Mélanchthon ne souscrit que par complaisance, et met une restriction pour réserver l'autorité du Pape, xiv, 197. Le parti protestant y fait une ligue redoutable, et les ligués mettent en doute s'ils traiteroient Charles V d'empereur, xiv, 322, 323. On y résout la guerre civile pour cause de religion, xv, 555.

SOANEN, prêtre de l'oratoire, prédicateur célèbre, puis évêque de Sénez, xxvii, 99.

SOCIÉTÉ. En quoi elle consiste, x, 627, 628. Sur quels principes est fondée celle des hommes entre eux, xxiii, 479 *et suiv.* Causes de la violation de cette société, xxiii, 485 *et suiv.* Division de la société par les diverses nations qui se sont formées, xxiii, 487. Principe de correspondance et de société mutuelle, conservé au fond de nos cœurs, malgré l'esprit de division qui s'est mêlé dans le genre humain, ix, 237, 238. *Voy.* GOUVERNEMENT, HOMMES.

SOCIN (Lélio et Fauste), chefs des sociniens, xv, 137. Fauste Socin est loué par Richard Simon, iv, 81, 82 *et suiv.* qui s'émerveille sur les progrès de sa secte, iv, 86.

SOCINIENS (les) sont, de toutes les sectes séparées de l'Eglise romaine, les seuls qui puissent trouver une sorte de succession, en prenant pour ancêtres ceux qui, dans tous les temps, ont attaqué la divinité de Jésus-Christ, xiv, 573. Jurieu et les autres ministres rejettent les sociniens de leur communion, qu'ils accordent aux arminiens ou pélagiens, xv, 39. Jurieu est forcé de mettre les sociniens au nombre des sociétés dont il compose l'Eglise catholique. Ils sont les vrais auteurs de son système sur l'Eglise, xv, 88. On doit conclure des principes qu'il pose, qu'on peut se sauver dans la communion des sociniens, et même dans celle des Mahométans et des Juifs, xv, 108, 109. Les sociniens trouvent un grand appui dans la doctrine de ce ministre, qu'ils poussent dans une manifeste contradiction, sans lui laisser de réplique, xv, 205. Il n'ose les confondre en montrant, comme l'Eglise a toujours fait aux hérétiques, la nouveauté de leur doctrine, de peur de se confondre lui-même, xv, 220. Ses principes mènent peu à peu les protestans au socinianisme, qu'il admet dans l'Eglise universelle, comme une société dans laquelle Dieu peut se conserver des élus, xv, 228 *et suiv*. Les sociniens, fiers des pas que la Réforme fait vers eux, et de la tolérance qu'elle leur accorde, se vantent d'avoir porté la Réforme à sa perfection, en niant la divinité de Jésus-Christ, xv, 236, 237. Jurieu ne peut les exclure du titre d'Eglise, sans en exclure toute la Réforme. Aveu du ministre sur la succession et l'étendue de l'Eglise, xv, 321. Il nie que les sociniens fassent une société, parce qu'ils n'ont ni succession, ni étendue; en quoi il fait le procès à toute la Réforme, xv, 322, 323.

Le socianisme a commencé avec la Réforme et s'est accru avec elle. Pente de la Réforme vers le socinianisme, prouvée par Jurieu, xvi, 118, 119. Les sociniens et les anabaptistes sont sortis de la Réforme, et ont fait usage des principes établis par les premiers réformateurs, xvii, 208. Une cabale socinienne se forme en France dans la Réforme, et éclate dès que les réformés se sont réfugiés ailleurs, xvi, 119. Le socinianisme a, selon Jurieu, un grand rapport avec l'indifférence des religions, xvi, 128. Les sociniens posent pour principe qu'il faut tourner l'Ecriture au sens le plus plausible, et convainquent les calvinistes de faire la même chose, xvi, 135. Les réponses de Jurieu sont insoutenables; de sorte que ce qui détourne les calvinistes de croire la présence réelle, est précisément ce qui détourne les sociniens de croire les mystères, xvi, 137, 140. Le principe socinien, qu'on ne doit croire que ce qu'on connoît clairement, est admis par Basnage et par la Réforme, xvi, 283.

Les sociniens détournent le sens des prophéties qui s'appliquent à Jésus-Christ, i, 413, 426. On les réfute, *ibid*.

SOISSONS. Histoire des manichéens qu'on y trouve, xiv, 480.

SOLIMAN II, empereur des Turcs, prince entreprenant et belliqueux se rend maître de Bellegrade en Hongrie et de l'île de Rhodes, xxv, 337. Il s'empare également des plus belles villes de la Hongrie, xxv, 383. Il assiége Vienne en Autriche, siège qu'il est contraint d'abandonner avec une perte de soixante mille hommes, *ibid*. Il y revient avec une armée formidable et se retire sans avoir combattu, xxv, 388. Il s'unit avec François Ier contre l'empereur, xxv, 560. Il meurt d'une attaque d'apoplexie, *ibid*.

SOLITAIRES. Vie angélique que menoient ceux de la Thébaïde. Caractère de ceux qui ont tout à fait quitté le monde, et de ceux qui vivent dans le monde, xii, 59, 60. Les solitaires se communioient dans leurs déserts sous la seule espèce du pain, qu'ils emportoient avec eux du saint sacrifice, xvi, 445 *et suiv*.

SOMMAIRE *de la doctrine du livre des* Maximes des Saints, xix, 453 *et suiv..* 471 *et suiv.*

SOMMEIL. Vraie manière de le consacrer à Dieu, xxviii, 496. *Voy.* Corps.

SONGES. Comment ils naissent, xxiii, 165.

SOPHRONE, moine, puis patriarche de Jérusalem, consulte le pape Honorius, xxi, 76. Il s'oppose fortement au monothélisme, xxii, 51 *et suiv.* Il assure que les fondemens de la foi orthodoxe se trouvent dans le saint Siége, xxii, 419.

SORBONNE. Elle est consultée par Jacques II, roi d'Angleterre, sur une déclaration que ce prince avoit donnée. Avis de ses docteurs conforme à celui de Bossuet, xxvi, 471, *Voy.* Faculté de Paris, Jacques II.

SOUFFRANCES. Elles sont le fondement du christianisme, viii, 457. Elles sont une grace, une récompense, viii, 458, 459. Nécessité des souffrances, ix, 552, 598; x, 193 *et suiv.*; xxviii, 44. Quelle doit être la nature et l'étendue de nos souffrances, x, 194. Usage qu'on doit en faire, xxviii, 57, 220, 233. Consolations de ceux qui souffrent patiemment, ix, 607. Le chrétien ne doit pas s'étonner des souffrances, x, 471. Endurées pour la foi, elles sont honorables à l'Eglise, x, 473.

Profondeur du mystère des souffrances de Jésus-Christ, viii, 451, 452 *et suiv.* Ardeur immense du Sauveur pour les souffrances, ix, 602, 603. Nécessité de participer à ses souffrances, pour avoir part à ses grandeurs, viii, 458. S'unir à lui dans ses souffrances, vii, 604 *et suiv.*; xxviii, 66, 279, 280. *Voy.* Afflictions, Croix.

SOUVERAINETÉ. Elle appartient au peuple, selon Jurieu; il avance que le peuple juif fit Saül son premier roi, et avoit droit de le faire, xv, 444, 445 *et suiv.* Ses suppositions chimériques sur la puissance royale. Il demande ce qu'il faudroit faire d'un roi qui voudroit tuer tous ses sujets, xv, 476. La souveraineté paroit-elle mieux dans les lois qu'elle établit, que dans les dispenses qu'elle accorde, xi, 24 *et suiv. Voy.* Puissance.

SPADA (le cardinal). Lettre de Bossuet à ce cardinal au sujet du livre de Fénelon, xix, 492, 493, 494. Seconde lettre sur les motifs qui le portent à composer des ouvrages dans l'affaire du quiétisme et l'esprit dans lequel il entreprenoit ses différens écrits, xxix, 321. L'abbé Bossuet se plaint du cardinal Spada et l'accuse de ne lui avoir pas dit la vérité, xxx, 174.

SPANHEIM (Frédéric). Son ouvrage contre l'*Exposition*, xxvi, 273. Bossuet pensoit qu'il ne falloit pas le réfuter légèrement, mais qu'on devoit le faire avec force, xxvi, 280.

SPECTACLES. Celui du chrétien est l'espérance, viii, 293. Merveilleux spectacle du ciel et de la terre; sage économie de cet univers; inégalité entre les créatures, ix, 301. *Voy.* Comédie, Théatre.

SPIRITUALITÉ de Dieu. Les anciens Pères, selon Jurieu, faisoient Dieu corporel, non par conséquences, mais en propres termes, xvi, 25, 26.

SPIRITUELS (nouveaux): leur jargon inintelligible sur l'oraison, xxviii, 137, 142. Combien leur erreur est dangereuse, xxviii, 285. *Voy.* Oraison, Quiétisme.

SPON (Charles), médecin protestant, célèbre par ses ouvrages; jugement que Bossuet porte de quelques-uns, xxvi, 261, 262. Ce prélat loue ses écrits, et lui donne quelques avis pour la suite de ses travaux, xxvi, 269, 270. *Voy.* Arnauld.

STAPHYLE, célèbre disciple de Luther et de Mélanchthon, frappé des divisions des luthériens, dont aucune autorité ne pouvoit condamner les erreurs, revient à l'Église catholique, xiv, 340.

STAPLETON (Thomas), docteur de Douai, dit que la doctrine de l'infaillibilité du Pape est maintenant certaine, xxii, 557, 558.

STATUTS et Ordonnnances synodales de Bossuet, v, 474, 475, 490.

STOICIENS : leur doctrine opposée à la simplicité du Sauveur, x, 222.

STRASBOURG (l'Eglise protestante de) fournit un exemple mémorable de variations. Elle fut d'abord luthérienne, puis zuinglienne; ensuite souscrivit l'accord de Vitemberg, revint au luthéranisme, enfin admit l'ubiquité, xv, 139. La Confession de foi de Strasbourg contredit celle d'Augsbourg sur la justification, qu'elle explique comme l'Eglise romaine, xiv, 122.

STRIMESIUS (Samuel), professeur dans l'académie de Francfort-sur-l'Oder, enseigne la tolérance universelle et la réunion de tous les chrétiens, pourvu qu'ils souscrivent à l'Ecriture de quelque façon qu'ils l'entendent, même des sociniens, quoiqu'ils ne croient ni la Trinité, ni l'Incarnation, ni beaucoup d'autres articles principaux, xvi, 208 *et suiv.* Affreuse conséquence de cette doctrine, xvi, 211.

SUAREZ (François), jésuite, laisse en son entier le sentiment de l'Ecole de Paris; il détruit lui-même sa censure et falsifie les faits au sujet de la bulle de Léon X contre Luther, xii, 547 *et suiv.* Ses efforts inutiles pour trouver le moyen de déposer un pape hérétique, xxii, 581 *et suiv.*

Ce que ce théologien pense de Taulère, xviii, 385. Son sentiment sur la contemplation de l'essence divine, xviii, 414; sur les graces efficaces, la persévérance, etc., xviii, 445.

SUBSTANCE. Pourquoi ce mot est employé dans l'Eucharistie, xiv, 104, 105. Calvin s'en sert. On ne s'en sert pas sous Edouard VI et sous Elisabeth, xiv, 414. La Cène des zuingliens sans substance, xiv, 452. *Voy.* Eucharistie.

Signification étendue que Platon donnoit à ce mot, xxx, 567 *et suiv.*

SUÈDE. La peine de mort y est ordonnée contre les catholiques. Diverses peines décernées contre eux dans d'autres Etats protestans, xv, 493.

SUFFOLK (Jeanne de), usurpatrice du trône d'Angleterre sur la reine Marie, xiv, 311.

SUGER, abbé de Saint-Denis, gouverne le royaume pendant l'expédition de Louis VII contre les Sarrasins, xxv, 52.

SUISSES (les) sont, sur l'Eucharistie, les plus sincères de tous les défenseurs du sens figuré, xiv, 454.

SUJETS. Leurs devoirs envers le prince : ils lui doivent les mêmes services qu'à la patrie, xxiv, 1. Quel amour ils doivent au prince, xxiv, 3. Un bon sujet s'expose pour sauver la vie du prince, xxiv, 7. Les sujets doivent au prince une entière obéissance, xxiv, 8 ; excepté quand il commande contre Dieu, xxiv, 9. Aucun prétexte ne peut dispenser de cette obéissance, xxiv, 1, 12. Ils n'ont à opposer à la violence des princes que des remontrances respectueuses et des prières, xxiv, 16, 17. *Voy.* OBÉISSANCE.

SULPICE (S.), évêque de Bourges. Son panégyrique, xii, 57, 58. Il étoit rempli de l'esprit de Dieu, *ibid.* Vertus dont il montra l'exemple à la Cour, xii, 62. Sa charité, *ibid.* Sa modération, xii, 63. Sa frugalité, sa modestie, etc., xii, 65 *et suiv.*

SULPICE-SÉVÈRE, historien, montre que les décrets de Nicée tirent leur autorité du consentement commun, xxii, 15.

SUPÉRIEURS. Dieu parle par leur ministère, x, 516 *et suiv.* Manière de se conduire à leur égard, xxvii, 483, 486, 488, 497, 515, 519.

SUPÉRIORITÉ. *Voy.* CONCILE, PAPE.

SUPERSTITION. Combien Dieu l'a en horreur. Les princes doivent l'éviter, xxiii, 636, 637 *et suiv.*

SUPPLENDA in Psalmos, i, 409 *et suiv.*

SUPRÉMATIE. Elle est décidée comme article de foi par l'Eglise anglicane, xiv, 414, 415. Les calvinistes la condamnent dans plusieurs synodes, et pourtant la souscrivent, xiv, 418, 419. *Voy.* HENRI VIII.

SURIN (Jean-Joseph), jésuite, est l'auteur du *Catéchisme spirituel* approuvé par Bossuet, xix, 307, 308. Objection tirée de cette approbation, et réponse, xix, 309. Combien ce Père approuve les désirs du salut, *ibid.* Combien il est opposé aux raffinemens des mystiques, xix, 310. Sa doctrine admirable sur l'abandon, *ibid. et suiv.*

SUSPENSION. *Voy.* LIGATURE.

SYLLA s'oppose à Marius, xxiv, 645, 646. Il domine à Rome sous le nom de Dictateur, xxiv, 322, 646.

SYLVESTRE (S.), Pape, préside par ses légats au concile de Nicée, xxii, 14 *et note*.

SYLVIUS (Æneas). *Voy.* Pie II.

SYMBOLE DES APOTRES, v, 8. Explication des douze articles qu'il contient, v, 53 *et suiv*. Explication plus particulière de ces articles, v, 58 *et suiv*. Exposition de toute la doctrine du Symbole, v, 72 *et suiv*. Ce Symbole propose tous les attributs divins à tous les fidèles, xviii, 415 *et suiv*. Les quiétistes ne le disent plus, xviii, 393, 407.

L'addition du mot *Filioque*, qu'on fait dans le huitième siècle, au Symbole de Nicée, éprouve de l'opposition de la part de l'Eglise romaine, xxii, 200.

Les trois Symboles des Apôtres, de Nicée et de Constantinople, sont, de l'aveu de Jurieu, reçus de tout le monde ; ce qui ne l'empêche pas d'affoiblir l'autorité de celui des Apôtres, afin de renfermer dans l'Eglise tous les hérétiques et les schismatiques, xv, 104, 105.

SYMMAQUE (S.), Pape, explique en quoi les deux puissances sont égales, xxi, 257, 258. Son apologie à l'empereur Anastase, qu'il avoit excommunié, xxi, 298 *et suiv*. Il est accusé auprès de Théodoric, roi d'Italie ; le concile convoqué à Rome refuse de le juger, xxii, 313 *et suiv*. Sa lettre à Avit de Vienne sur les dispenses, xxii, 405.

SYNAGOGUE. Peinture qu'en fait le prophète, ix, 64. Son autorité reconnue et recommandée par Jésus-Christ dans le temps même qu'elle conjure contre lui, vi, 199, 200 *et suiv*. Cette autorité cesse à la destruction du temple, vi, 201.

Le ministre Claude, prétendant que l'on doit examiner après une décision de l'Eglise, apporte en preuve l'exemple de la Synagogue qui condamna Jésus-Christ, et dont on dut cependant rejeter la sentence, xiii, 536. Réponse de Bossuet, xiii, 537, 538, 575.

La Synagogue figurée dans Elisabeth, et l'Eglise dans Marie, xi, 234.

SYNODE national des calvinistes de France, où sont condamnées les églises du parti qui vouloient changer la Confession de foi présentée à Charles IX, xiv, 574. Sa décision embrouillée ; ses vains efforts pour trouver la vraie substance dans la doctrine calvinienne. Il cherche le mystère de l'Eucharistie dans d'autres paroles que celles de l'institution, xiv, 575, 576. Il décide que l'opinion qui exclut la substance est contraire à la parole de Dieu, xiv, 577, 578. Les Suisses se plaignent du décret qui les condamnoit. Bèze répond, par ordre du synode, que la doctrine décidée n'est que pour la France, xiv, 577, 578. On réduit à rien la substance, en faveur des Suisses, comme on fit ensuite dans le synode de Nimes, où l'on exposa la doctrine de façon que chaque parti pouvoit, par des équivoques, y trouver son sentiment, XIV, 579, 580. Les synodes approuvent par décret les révoltes. On le prouve de celui de Lyon, qui dépose un ministre pour s'être repenti d'avoir contribué à la guerre civile, XV, 527, 528 *et suiv.* Des synodes des vaudois calvinisés, de Piémont, et de divers autres synodes et assemblées ecclésiastiques, XV, 531 *et suiv.* Lettre insolente et menaçante de l'Eglise calviniste de Paris à la reine Catherine, XV, 539, 540.

T

TABERNACLE. Ce que représentoit la fête des Tabernacles, IX, 438.

TABORITES. Secte d'hérétiques qui reconnoit Jean Hus pour son auteur, XIV, 549. *Voy.* ZISCA.

TANQUEUX (Madame), supérieure des Filles charitables de la Ferté. Bossuet leur permet de se confesser et de communier dans leur chapelle, XXVIII, 440.

TAPPER (Ruard), docteur de Louvain, éditeur des Œuvres de Driède, approuve ses sentimens, XXII, 520. *Voy.* DRIÈDE. Opinion singulière de ce docteur sur l'infaillibilité du concile général, XXII, 556.

TARAISE (S.), patriarche de Constantinople, approuve, dans le septième concile, les lettres du pape Adrien, après l'examen, XXI, 83; XXII, 77, 108.

TARQUIN l'Ancien, roi de Rome, orne cette ville, XXIV, 285. Il augmente le nombre des sénateurs, XXIV, 642.

TARQUIN le Superbe, roi de Rome, fait assassiner Servius Tullius, XXIV, 294. Il rend par ses violences la royauté odieuse; il est chassé, XXIV, 295.

TARTARE (le chevalier). Lettre de Bossuet à M. de Pontchartrain, dans laquelle il lui raconte les aventures de ce chevalier, en implorant pour lui les bontés du roi, XXVII, 289. L'abbé Bossuet le rencontre à Rome et sollicite son oncle pour lui obtenir des secours, XXIX, 164, 230; XXX, 289 *et note.*

TATIEN, disciple de saint Hippolyte, et depuis chef des encratiques, cité par Jurieu comme ayant appris de son maître l'erreur des deux nativités du Verbe, XVI, 75.

TAULÈRE, un des mystiques les plus exacts, ne parle pas avec précision, XVIII, 385. Exagérations dans ses *Institutions*, XVIII, 387 *et suiv.* Les erreurs qu'il reproche aux béguards sont celles des quiétistes, XVIII, 604 *et suiv.*

TEMPLE. Forme et structure du temple de Jérusalem, X, 267, 268. Il étoit la figure du monde, X, 268 *et suiv.* Zèle de Jésus-Christ pour la sainteté du temple, VI, 102 *et suiv.* Il prédit sa destruction, VI, 222.

Comment nous sommes le temple de Dieu, x, 144. Ce que nous devons faire pour le purifier, x, 145 et suiv.

TEMPS. On perd tout en le perdant, ix, 69. C'est un dangereux imposteur, viii, 209, 210. Notre vie est emportée par le temps qui nous échappe, x, 624. Le temps est une imitation de l'éternité, ix, 70; xi, 118 et suiv. Deux manières de considérer le temps, par rapport à nous et par rapport à l'éternité, xii, 685. Combien il est court en comparaison de l'éternité, vi, 589 et suiv.; xii, 601.

TENTATIONS. Combien l'homme en est assiégé, xxvii, 637 et suiv. Leurs avantages, xxviii, 13, 14, 20. Moyen de les surmonter, xxvii, 620, 638. Manière de les repousser, x, 528, 590; xxviii, 171, 172, 188, 465, 472, 550. Celles qui assiégent à l'heure de la mort, xxvii, 111. Différence entre celles qu'on cherche et celles qu'on peut éviter, xxvii, 36. Cause de celles qui sont attachées à la puissance souveraine, xxvii, 558.

Les trois tentations employées contre Jésus-Christ dans le désert, vii, 367 et suiv. Quel remède opposer à chacune, vii, 369. De la puissance du démon sur le genre humain, vii, 371. Comment il tenta Jésus-Christ et ne se retira que pour revenir, vii, 374 et suiv. Haut conseil de la Providence dans la tentation du Sauveur, ix, 1.

TÉRENCE, qui s'est modéré sur le ridicule, n'en est pas plus chaste pour cela, xxvii, 76. César ne le trouvoit pas assez plaisant, xxvii, 75.

TERMES. Après les idées viennent les termes qui les signifient, xxvi, 334. Définitions et divisions des termes, ibid.

TERRE. Celle qu'on habite ensemble sert de lien entre les hommes, et forme l'unité des nations, xxiii, 488.

La terre promise est la figure du ciel, vii, 154. Pour y arriver, il faut traverser la mer Rouge et le désert, figures de ce monde, vii, 164 et suiv.

TERRIDE (le vicomte de) est envoyé dans le Béarn, dans le dessein de diviser les forces des protestans, xxv, 591 et suiv. Il y a de grands succès, xxv, 592. Il lève le siége de Navarrins et se voit contraint de prendre la fuite, ibid.

TERTULLIEN. Définition qu'il donne de Dieu, xi, 198, 199. Jurieu l'accuse de mettre le Fils de Dieu au nombre des créatures, xv, 191, 192. Ce Père confond tous les hérétiques par l'argument de leur nouveauté, et prouve que c'est de l'Eglise qu'il faut recevoir les Ecritures, xv, 444, 445. Jurieu entend mal ce que Tertullien dit de la naissance éternelle du Fils de Dieu. Explication du passage cité par le ministre. Elle doit servir à entendre ceux qu'il cite des autres Pères, xv, 228, 229, 264 et suiv. Ce qu'il y a de dur dans le livre de Tertullien contre Hermogène, il ne le dit pas selon sa croyance, mais en poussant son adversaire par ses propres principes xv, 269.

Tertullien témoigne la fidélité des chrétiens envers leur patrie, xxiii, 513. Il parle souvent de l'obéissance que les chrétiens doivent aux princes, même païens, xxi, 189, 222: xxiii, 536; xxiv, 13. Le prince, dit-il, n'a que Dieu au-dessus de lui, xxi, 253. Il fait voir que c'est par conscience, et non faute de force, que les chrétiens obéissent, xxi, 271. Il explique les effets de l'excommunication, xxi, 235. Il explique les caractères de Babylone et de Rome, ii, 308. Comment il dépeint les hérésies, ii, 426, 428.

TEST (serment du), où les Anglois se rapprochent de nos sentimens, et ne nous condamnent que par une erreur manifeste sur l'adoration de l'Eucharistie, le sacrifice de la messe et le culte des saints, xv, 55 *et suiv.*

TESTAMENT (l'Ancien) est rejeté par les manichéens comme une fable, et par les albigeois, xiv, 462, 477, 478. La lecture de l'Ancien Testament, permise aux religieuses sans discrétion, leur fait plus de mal que de bien, xxvi, 455.

Traduction du Nouveau Testament, imprimée à Mons: ce que Bossuet blâme dans cette version, xxvi, 174. Son sentiment sur le fond de cette traduction, *ibid.* Il conseille plutôt celle du P. Amelote, *ibid.*

Lettres de Bossuet sur le Nouveau Testament imprimé à Trévoux, iii, 372. Grand nombre de passages traduits d'après les sociniens et autres hérétiques, dont l'auteur adopte l'interprétation, iii, 385, 386; et relève bien haut le mérite, iii, 392. La divinité de Jésus-Christ attaquée par cette traduction, iii, 394. Vaines excuses du traducteur, iii, 398, 400. Autre passage qu'il prétend ne point prouver la divinité de Jésus-Christ, iii, 403, 404. L'autorité de Socin et de Grotius lui fait douter si les Mages adorèrent Jésus-Christ, iv, 417. Passages où il contredit la Vulgate, iii, 421. Où il s'en éloigne contre tous les Pères et interprètes, iii, 427, 428, 431. Son orgueil et son ostentation, iii, 425 *et suiv.* Il préfère une fausse leçon à la véritable ; iii, 429, 430. Attaque la théologie scolastique, iii, 431. Dégrade l'Evangile par la bassesse affectée de ses expressions, iii, 432. Il insère dans ses notes les commentaires vicieux de Grotius, iii, 437, 438, 459. Critique des principaux passages altérés ou accompagnés de notes trompeuses, iii, 515. Amas d'erreurs, iii, 579 *et suiv.* Voy. SIMON.

Remarques sur la signification de quelques expressions grecques du Nouveau Testament, xxx, 564.

THÉATRES. Danger des représentations qu'on y donne, ix, 129 *et suiv.* *Voy.* COMÉDIE. Il ne faut rien souffrir contre les bonnes mœurs sur les théâtres; l'esprit n'est pas éloigné des vices dont la représentation lui plaît, xxvi, 39.

THÉGAN, chorévêque de Trèves, et historien, reproche à Ebbon, archevêque de Reims, sa perfidie contre Louis le Débonnaire, et lui prouve par l'Ecriture que les rois sont inviolables, xxi, 335.

THÉMISTOCLE, quoique banni par ses concitoyens, veut être enterré dans sa patrie, xxiii, 489.

THÉODELINDE. *Voy.* Grégoire (S.)

THÉODORE de Mopsueste détourne les prophéties de leur vrai sens, i, 425, 437 *et suiv.* Il entend cependant de Jésus-Christ le Psaume xliv, 1, 427, 428. Sa personne et ses écrits condamnés par le cinquième concile, xxii, 46. Il est condamné pour avoir détourné le sens des prophéties qui regardent Jésus-Christ, iii, 490, 491.

Il est regardé comme le maître de Pélage : Richard Simon l'excuse, iv, 261.

THÉODORET, évêque de Cyr. Sa profession de foi est rejetée au concile de Chalcédoine, jusqu'à ce qu'il eût anathématisé Nestorius, xxvi, 212. Déposé par le brigandage d'Ephèse, il est rétabli sur son siége par saint Léon. Ses écrits condamnés par le cinquième concile, xxii, 45 *et suiv. et note.*

THÉODORIC, roi d'Italie, persécute le Pape et les catholiques : on le regarde toujours comme souverain, xxi, 294, 295.

THÉODOSE le Grand est associé à l'empire par Gratien, xxiv, 343. Ses victoires et son zèle pour la religion, xxiv, 343, 344. Combien il aimoit à pardonner, ix, 654.

Ce prince est mis en pénitence par saint Ambroise, à cause du massacre de Thessalonique : cet exemple ne prouve pas l'autorité de l'Eglise sur le temporel, xxi, 289 *et suiv.* Il ordonne à un évêque de rebâtir une synagogue : saint Ambroise s'y oppose, xxi, 292.

Théodose avoit établi des lois pénales pour obliger les donatistes à se réunir à l'Eglise catholique, xxvii, 185.

THÉODOTE de Byzance. Sa chute ; autres hérésiarques qui introduisent les opinions judaïques, ii, 380 *et suiv.*, 423.

THÉOLOGIE. La théologie traite, avec le plus grand respect, de Dieu et des personnes divines, et des autres mystères de la foi chrétienne dont l'enseignement lui a été confié, xxii, 608. Celle des Pères des trois premiers siècles, sans aucune exception, est, selon Jurieu, contraire à la foi de l'Eglise. Abus de sa distinction entre la théologie et la foi, xvi, 62. La théologie en général, et surtout celle des saints Pères contre les ariens, méprisée par Richard Simon, iv, 94, 95, 100, 103, 105, 106. La théologie scolastique vengée des mépris de Richard Simon, iv, 110. On n'est pas capable de prendre parti en matière de théologie, pour savoir de l'algèbre et de la physique,

et même quelques vérités générales de la métaphysique, xxvi, 400.
Plan d'une théologie, iii, 581.

THÉOLOGIENS. Ils sont méprisés par les quiétistes, xviii, 368, 369. Habiles à découvrir les erreurs, xviii, 370, 371. Comment ils expliquent l'essence divine, xviii, 371, 372. Les attributs divins, xviii, 417, 418. En quoi ils mettent l'essence de la charité, xviii, 430 *et suiv.* Leur doctrine sur la demande des graces et de la persévérance, xviii, 445 *et suiv.* Sur la durée de la passiveté actuelle, xviii, 528. Selon eux, c'est une grace gratuite, xviii, 509.

THÉOPHANE, historien grec, dit faussement que Grégoire II se révolta contre Léon l'Isaurien, xxi, 308 *et suiv.* Léon étoit l'inventeur de cette calomnie, xxi, 321.

THÉOPHILE, patriarche d'Alexandrie. Ses violences contre saint Jean Chrysostome : sa sentence annulée par saint Innocent, xxii, 181 *et suiv.* Il condamne l'origénisme, avant le pape saint Anastase, xxii, 182, 183 *et suiv.*

THÉRÈSE (sainte). Ses vertus, xxvii, 591. Son panégyrique, xii, 382, 383. Son amour brûlant pour Dieu, xii, 386, 387. Ses travaux animés de la confiance en Dieu, xii, 390. Elle demeure inébranlable au milieu des obstacles en tout genre qu'elle éprouve, xii, 393. Son esprit de pauvreté, xii, 394. Sa vie toute céleste, *ibid.* Effets de sa charité, xii, 397.

Sainte Thérèse préfère, dans un directeur, la science à l'expérience pour juger de l'oraison, xviii, 371 *et suiv.* Sa définition de l'oraison passive, et sa durée, xviii, 522, 566, 576. Elle se sert des suppositions impossibles pour exprimer l'excès de son amour, xviii, 583, 587, 588 *et suiv.* Elle fait plus de cas des ames qui s'avancent par leur travail, que de celles qui recherchent les oraisons extraordinaires, xviii, 597 *et suiv.* Son oraison de quiétude et d'union, xix, 584. Ses extases et ses ravissemens, xix, 588 *et suiv.* Elle atteste la suspension des puissances de l'ame dans l'oraison, xix, 606 *et suiv.* L'humanité de Jésus-Christ toujours présente à elle dans l'oraison, xix, 635. Elle n'a point connu l'amour naturel des nouveaux mystiques, xix, 638, 639; ni le sacrifice du salut comme ils le prétendent, xix, 641 *et suiv.* La lecture de ses ouvrages recommandée dans les peines, xxvii, 626.

THIERRI I, fils de Clovis, et né d'une concubine, est désigné roi de Metz, xxv, 6.

THIERRI II, fils de Clovis II ou III, est porté sur le trône par les intrigues d'Ebroïn, il en est renversé et forcé de se faire moine, xxv, 11. Il est rétabli, dépouillé une seconde fois, et enfin il devient maître de toute la monarchie françoise, *ibid.*

THIERRI IV, dit de Chelles, fils de Dagobert III, est mis sur le trône par Charles-Martel, xxv, 14.

THIOLET, maître échevin de Metz. Lettre que Bossuet lui écrit, concernant une contribution imposée à la ville de Metz par le prince de Condé, xxvi, 119.

THOMAS (S.) d'Aquin. Luther doute de son salut, xiv, 129. Doctrine de ce saint sur l'amour nécessaire dans le sacrement de Pénitence, conforme à celle du concile de Trente, v, 442 *et suiv.* Il enseigne qu'il faut croire distinctement certains attributs de Dieu, xviii, 417, 418; que la passiveté dure peu, 462; que la béatitude est la fin de la charité, xxviii, 645, 646. Il est mort dans des élans d'amour, xviii, 546. Beaux passages de ce saint sur la béatitude, en tant que notre fin dernière, xix, 664, 670, 671, 673. Son sentiment sur l'objet de la charité, concilié avec le sentiment de Scot, xix, 686 *et suiv.* Il n'a point connu l'amour naturel des nouveaux mystiques, xix, 749; ni leur amour pur, xix, 757, 758.

Saint Thomas dit que l'Eglise obéissoit à Julien, parce qu'elle n'avoit pas assez de force pour le réprimer, xxi, 277. Son sentiment sur la défense de communiquer avec les excommuniés, xxi, 249, 250. Ce que Gerson pensoit de la doctrine de saint Thomas et de saint Bonaventure, xxii, 296.

Doctrine du saint docteur sur la comédie, xxvii, 50. Il restreignoit, comme on en convient, son approbation ou sa tolérance aux pièces qui n'étoient point opposées aux bonnes mœurs, xxvii, 21, 22. Raisons qui prouvent que les témoignages qu'on tire de ce saint, en faveur de la comédie, ne lui sont pas applicables, xxvii, 50, 51 *et suiv.* Contradiction apparente de divers passages, levée en disant que, lorsqu'il l'excuse, il la regarde selon une idée abstraite et métaphysique; mais que, lorsqu'il la considère naturellement et de la manière dont on la représente, il n'y a pas d'opprobre dont il ne l'accable, xxvii, 56. Abus de la doctrine de ce saint, xxvii, 60.

THOMAS (S.) de Cantorbéry. Son panégyrique, xii, 37, 38. Il résiste aux caresses et aux menaces de Henri II, xii, 43. Ses remontrances inutiles, xii, 45. Il est très-bien accueilli en France par Louis VII, *ibid.* Son martyre, xii, 47. Honneurs que les rois vont rendre à ses saintes reliques, xii, 48. Effets de sa mort, xii, 55. Bel éloge de ce saint, xiv, 321.

THOMISTES (les) accusés faussement par Jurieu de mettre dans le choix de l'homme, comme Luther et Calvin, une inévitable nécessité. Ils reconnoissent une entière liberté de faire ou de ne pas faire, xv, 254.

THORN (le synode de) se sert du mot de *diva* et de *divus* en parlant de la sainte Vierge, ou de quelque saint; en quoi il justifie l'usage des catholiques, xv, 362.

THOU (Jacques-Auguste de), célèbre historien, croit que le landgrave de Hesse avoit, avec la permission de ses pasteurs, une concubine. Il se trompe : c'étoit une seconde femme, xiv, 210. Il rapporte les révoltes des vaudois calvinistes des vallées du Piémont contre le duc de Savoie : Basnage tâche en vain de lui faire dire ce qu'il ne dit pas, xv, 531.

TIBÈRE succède à Auguste, xxiv, 325, 326. Jésus-Christ paroît sous son règne, *ibid.* Tibère propose au sénat de le mettre au nombre des dieux, xxiv, 528.

TIBÈRE II, empereur, réprime les ennemis, et soulage les peuples, xxiv, 351.

TILLET (Jean du), fidèle interprète du droit françois. Son livre est généralement estimé, xv, 546, 547.

TITE, empereur, donne au monde une courte joie, xxiv, 329. Pendant le siége de Jérusalem, il fait tous ses efforts pour sauver les Juifs, xxiv, 484. Il défend de brûler le temple, xxiv, 485. Il reconnoît qu'il n'est que l'instrument de la vengeance divine, viii, 218; x, 418; xxiv, 486.

TOBIE, captif et persécuté à Ninive, persiste dans la piété avec sa famille, xxiv, 415.

TOLEDE (xive concile de). Ses actes démentent la falsification de ceux du sixième concile général, xxi, 78 Ce dernier concile n'y est reçu qu'après examen, quoique muni de l'autorité des papes, xxi, 79; xxii, 522, 554.

TOLÉRANCE. La doctrine des Pères des trois premiers siècles, que Jurieu dit farcie d'erreurs grossières sur les plus grands mystères, étoit tolérable autrefois et ne l'est plus. Absurdité de cette pensée, et avantages que les protestans en tirent, xvi, 102. Il fonde sa tolérance en faveur des Pères, et son intolérance à l'égard des chrétiens d'aujourd'hui, 1° sur ce que cette matière est maintenant plus éclaircie; sa contradicton visible, xvi, 102, 103; 2° sur ce que les anciens n'étoient ni ariens, ni sociniens; mais, selon lui-même, leurs erreurs étoient une grande partie de l'arianisme et du socinianisme, xvi, 104, 105; 3° sur ce que les anciens erroient par ignorance ou par surprise. Il ne peut se défendre contre les catholiques et les tolérans, que par des principes contradictoires, xvi, 106.

La tolérance civile est liée de l'aveu de Jurieu, avec l'indifférence des religions, xvi, 124. Il avoue que le nombre des défenseurs de l'intolérance civile est immense dans la Réforme. On le prouve par une lettre des réfugiés de France en Angleterre, au synode d'Amsterdam, et par le décret de ce synode, xvi, 124, 125, 126.

Jurieu est le plus grand exemple de la tolérance de la Réforme pour les errans. On lui tolère de dire qu'on peut se sauver dans une communion socinienne; qu'on doit accorder la tolérance aux ariens, aux nestoriens et aux eutychiens, etc., xvi, 280 *et suiv.* La Réforme le tolère, parce qu'elle a besoin, pour se soutenir, de ses emportemens, de ses fausses prophéties, etc., xvi, 186 *et suiv.* Les réformés tolérans et intolérans se poussent, de part et d'autre, à l'absurdité. Les intolérans tournent contre Jurieu les raisons dont il se servoit contre les catholiques. Ils lui prouvent qu'il se contredit, et qu'il contredit le ministre Claude, xvi, 186, 195.

Jurieu donne la main aux tolérans, en tolérant lui-même qu'on ait dit que le Verbe a été fait, comme il l'impute aux anciens docteurs et à Tertullien, xvi, 109, 110. Les tolérans poussés à bout par ce ministre, qui démontre que, selon leurs principes, ils doivent tolérer les mahométans et les païens aussi bien que les hérétiques, xvi, 120, 121. Il leur prouve que leur tolérance conduit à l'indifférence des religions; que la tolérance civile entraîne l'ecclésiastique; qu'ôter à la religion la force employée par le magistrat, c'est anéantir la Réforme par ce moyen, xvi, 121 *et suiv.* Les tolérans ou indifférens s'offrent de tolérer l'Eglise romaine, à condition qu'elle les tolérera, et toutes les sectes qui se disent chrétiennes, xvi, 233 *et suiv.* Les tolérans et les sociniens ne laissent aucune réplique à Jurieu, qui accuse les trois premiers siècles d'erreurs capitales, qu'il veut qu'on tolère, xv, 205.

TOLET (François). Remarque de ce cardinal pour expliquer la liaison de tous les mystères, iii, 412, 413. Son sentiment sur la divinité de Jésus-Christ, iii, 411.

TOMBEAU. Différence de celui de Jésus-Christ d'avec celui des grands de la terre, x, 92, 93.

TOSTAT (Alphonse), évêque d'Avila, défend le sentiment de l'école de Paris sur la puissance ecclésiastique. Repris par Turrecremata et censuré par le pape Eugène IV, il persiste dans son sentiment, xxi, 35; xxii, 491.

TOULOUSAINS. On nommoit ainsi les manichéens de Toulouse. *Voy.* ALBIGEOIS.

TOURNON (François de) cardinal, archevêque de Lyon, consent avec quelque répugnance à l'ouverture du colloque de Poissy, xiv, 397, 398.

TOURS (conciles de). Le second objecté mal à propos par Charlas, xxii, 203. Celui qui fut tenu par Alexandre III décerne des peines temporelles contre les hérétiques, par l'autorité des princes, xxi, 476.

TRADITION. Ce que c'est, v, 80. La règle apostolique est que la doctrine doit aller de main en main, en remontant jusqu'aux Apôtres et à Jésus-Christ, xvii, 111, 112. Comment la doctrine se transmet d'évêque à évêque, de sorte que les peuples écoutent les premiers évêques en écoutant ceux qui sont en place, et comment on peut reconnoître aisément qu'un évêque rompt le fil de la tradition, xvii, 236. Quelle est l'autorité de la tradition, xvii, 246, 247. Sentiment d'un célèbre protestant, xvii, 428, 429, 455, 482, 525. Nécessité d'admettre la tradition, xiii, 326. Autorité de saint Paul, xiii, 329. Erreurs de l'auteur anonyme qui a écrit contre l'*Exposition*, *ibid*. Les règles admises pour connoître une véritable tradition ne sont pas dangereuses. Foiblesse des objections qu'on y oppose, xiii, 335 *et suiv*. Différence des traditions de l'Eglise et de celles des pharisiens, xiii, 348.

La tradition de l'Eglise s'explique principalement par ses prières, xviii, 486. Elle est en opposition à la doctrine des nouveaux mystiques, *ibid*. Quelles traditions l'Eglise a reçues, xviii, 616. Quels en sont les principes, xix, 104 *et suiv*. Vraie notion de la tradition, xix, 117 *et suiv*. Traditions prétendues secrètes, vaines ressources des hérétiques, xix, 102. Trois auteurs par lesquels on voudroit les établir, xix, 107 *et suiv*. Passages dont on abuse, xix, 122. Réflexions sur les trois auteurs allégués, xix, 128.

Défense de la tradition et des saints Pères, contre Richard Simon, iv, 1 *et suiv*. Dessein et division de l'ouvrage, iv, 8 *et suiv*. La tradition combattue sous prétexte de la défendre, iv, 15 ; traitée indignement par les nouveaux critiques, iv, 16. Vraie idée de la tradition, iv, 42, 43. Son autorité employée souvent par saint Augustin contre les pélagiens, iv, 45 ; par saint Hilaire contre les ariens, iv, 48 ; par saint Basile et saint Grégoire de Nazianze, contre les eunomiens, iv, 49. *Voy.* SAINT AUGUSTIN, SAINT CHRYSOSTOME, RICHARD SIMON.

La tradition défendue sur la matière de la communion sous une espèce, xvi, 365. Nécessité d'avoir recours à la tradition, pour prouver la validité du baptême par infusion, xvi, 372 ; du baptême des petits enfans ; de celui qui est donné par les hérétiques ou par les simples fidèles, xvi, 382 ; pour connoître le ministre de l'Eucharistie, xvi, 399 ; pour pratiquer et entendre les lois divines de l'Ancien et du Nouveau Testament, xvi, 406. *Voy.* COMMUNION, EUCHARISTIE.

TRADITION *des nouveaux mystiques,* xix, 1 *et suiv*.

TRAITÉ de la Concupiscence, vii, 412.

TRAJAN, empereur ; ses victoires, xxiv, 130. Ses débauches, *ibid*.

TRANSFIGURATION. Conseil de miséricorde de la part du Sauveur dans sa transfiguration, ix, 115.

TRANSSUBSTANTIATION. Ce mot est employé pour la première fois dans le quatrième concile de Latran, sous Innocent III, xxii, 88. Ce mot signifie changement de substance, par lequel le pain devient le corps de Jésus-Christ, au même sens que l'eau fut faite vin aux noces de Cana, xiv, 80, 81. On n'ajoute rien à l'Ecriture, en se servant de ce terme pour confondre les hérétiques par un mot précis, comme l'Eglise fut obligée autrefois de se servir de celui de consubstantialité contre ceux qui nioient l'égalité des trois personnes divines, xiv, 104, 105. La transsubstantiation est ébranlée par Luther, xiv, 50. Les luthériens rejettent ce terme, et se servent de celui de *vraie substance*, qui signifie la même chose, xiv, 106. Mélanchthon et Bucer, dans la première assemblée de Ratisbonne, composent, sur le changement de substance, des formules de foi équivoques, pour contenter leurs adversaires, sans leur rien donner, xiv, 160. Sentiment d'un célèbre protestant sur cette matière, xvii, 424, 425, 452, 480. Doctrine offerte par Bossuet aux protestans, pour opérer la réunion, xvii, 511, 564; xviii, 22.

Vuitasse, professeur de Sorbonne, accusé d'erreur sur cette matière, écrit à Bossuet pour se justifier, xxx, 559. *Voy.* EUCHARISTIE, PRÉSENCE RÉELLE.

TRAVAIL. Ses avantages, xii, 553. Saint Paul a travaillé de ses mains pour gagner sa vie, et n'a pas attendu que Dieu lui envoyât du pain par ses anges, ix, 295.

TRENTE (le concile de). Le concile de Trente est sollicité comme le seul remède aux maux de l'Eglise et de l'Etat : explique la doctrine catholique d'une manière aussi solide et aussi exacte qu'elle eût jamais été dans aucun concile; il s'y fait de grandes choses pour la réformation, xxv, 553. Le concile de Trente est faussement accusé d'avoir introduit des changemens dans la foi, xiii, 372, 373. Sa doctrine sur la justification, xiii, 396. Sur le principe de la justification, xiii, 414. Sur le mérite des œuvres, xiii, 434. Sa doctrine sur cette matière est si peu contradictoire, que les luthériens sont forcés de l'admettre dans la Confession d'Augsbourg, xiv, 108, 109. Il n'ajoute rien aux décisions des Pères sur la grace justifiante, sa gratuité, son union avec la liberté, le mérite des œuvres, l'accomplissement des commandemens, xiv, 429 *et suiv.* Il coupe la racine aux abus sur le culte des images. Il ne décide que ce qui est certain. Les protestans et Fra-Paolo l'accusent mal à propos d'ambiguité. Il détermine sur l'autorité du Pape ce qui est indubitable, et laisse à l'écart ce qui ne l'est pas, xiv, 317, 318.

Doctrine du concile sur l'amour nécessaire dans le sacrement de pénitence, v, 403 *et suiv.* Tous les points de cette doctrine s'accordent entre eux, v, 409. Ce qui s'est passé dans les sessions vi et xiv, où l'on discuta cette matière, v, 428 *et suiv.*

Doctrine de ce concile sur l'invocation des saints, xiii, 55, 56. Sur le culte qu'on rend aux images et aux reliques, XIII, 59 *et suiv.*, 168 *et suiv*. Sur la justification, XIII, 62, 63 *et suiv*. Sur le mérite des œuvres, XIII, 64 *et suiv*. Sur la satisfaction, les indulgences et le purgatoire, XIII, 69 *et suiv*. Sur le sacrifice de la Messe, XIII, 89.

La doctrine du concile de Trente condamne les quiétistes, XVIII, 433, 490, 615. Son décret sur la vertu d'espérance, mal expliqué par M. de Cambray, XX, 323, 326. Réfutation de cette mauvaise interprétation, XX, 327. Conséquences pernicieuses de cette manière d'interpréter les conciles, XX, 329 *et suiv*.

Le concile de Trente est reçu partout, quant à la foi, XVII, 536, 601; XVIII, 122 *et suiv*. Ce concile de Trente n'est pas reçu en France dans ce qui concerne la réformation de la discipline, XXV, 553. Son autorité, XVII, 537; XVIII, 49. Raisons des protestans contre ce concile, XVII, 537, 603; XVIII, 50. Ce qu'en pensoit Molanus, XVIII, 58. Obligation de déférer à ses décisions sur le dogme, XVIII, 141. Objections de Leibniz, XVIII, 144. Sa réponse au mémoire de l'abbé Pirot, touchant l'autorité du concile de Trente, XVIII, 184 *et suiv*. Réfutation des objections de Leibniz contre l'autorité de ce concile, XVIII, 207, 208 *et suiv*. Réponse de Leibniz à cette réfutation, XVIII, 218. Raisons du refus qu'il fait de reconnoître que ce concile soit reçu en France pour règle de foi, XVIII, 235. Preuves de sa réception en fait de dogme, XVIII, 324. Leibniz ne veut pas qu'on exige des protestans qu'ils reconnoissent ce concile pour œcuménique, XVIII, 239. Justification du décret du concile sur le canon des Ecritures, XVIII, 329 *et suiv*.

Le décret du concile de Trente touchant les duels et autres semblables, ont empêché la réception de ce concile en ce qui regarde la discipline, XXI, 505, 506. Pourquoi on s'est écarté en France de quelques-uns de ses décrets, XXII, 398, 399.

Biens qu'a produits ce concile, XXII, 102. Il fait, pour la réformation, tout ce que le malheur des temps lui permet, XXII, 391. Son décret pour modérer les dispenses, XXII, 403. Il s'abstient de décider les questions débattues entre les catholiques sur la puissance du Pape, XXII, 398 *et suiv*. Les François sont reçus au concile de Trente; et tant le concile dans ses canons, que Pie IV dans sa profession de foi, ne mettent rien qui puisse attaquer leur doctrine, XXII, 369. Les François et les Espagnols réclament contre la formule : *Les légats proposant et présidant*, XXI, 726. Le concile demande la confirmation de ses décrets, au Pape, qui la donne sans examen, XXII, 566.

TRIBUT. On le doit au prince, selon l'Evangile, XXIV, 10 *et suiv*., 198, 199. Les tributs imposés aux peuples vaincus, source de richesse pour un Etat, XXIV, 194. *Voy.* IMPÔTS.

TRINITÉ. Exposition de ce mystère, V, 6. Des trois ouvrages attribués aux trois personnes divines, v, 72. Comment cela, v, 76. La grandeur de ces trois ouvrages est également infinie, v, 74. Des processions divines, et de l'incompréhensibilité des mystères, v, 77.

Elévations sur le mystère de la Trinité; fécondité de Dieu le Père engendrant un fils, vii, 24. Divinité de ce fils, vii, 27. Images de sa génération prises dans la nature, vii, 28; dans la créature raisonnable, vii, 31. Procession du Saint-Esprit, vii, 33. Notre ame image de l'auguste Trinité, vii, 35, 75. Autre image tirée des arts, vii, 39. Béatitude de l'ame, image du bonheur de Dieu dans la Trinité de ses personnes, vii, 41.

Ordre des personnes divines, vi, 585 *et suiv.* Le Père et le Fils glorifiés dans l'établissement de l'Eglise, vi, 602, 608. Unité et égalité parfaite du Père et du Fils, vi, 641. Dieu Père et Fils, vi, 666. Dieu Saint-Esprit, vi, 668 *et suiv.* La Trinité, mystère inaccessible par sa hauteur, viii, 181. Image de ce mystère dans les créatures, x, 357. Autre image dans l'unité de l'Eglise. Développement de ce mystère, x, 360 *et suiv.*

Le dogme de la Trinité est établi par l'Ecriture et la tradition, iv, 49 *et suiv.* Authenticité du texte de saint Jean: *Tres sunt,* etc., qui prouve ce mystère, iii, 574 *et suiv.* La Trinité désignée dans l'Apocalypse, ii, 601. Comment saint Basile et les autres Pères ont défendu ce dogme contre Aëce et Eunome, iv, 48 *et suiv.* Ce dogme est attaqué indirectement par Richard Simon, iv, 38, 39, 40, 42, 54, 55.

Dans les trois premiers siècles, selon Jurieu, la Trinité n'étoit connue que d'une manière informe, xv, 187, 188. Il impute aux anciens d'avoir cru que le Verbe n'avoit eu sa dernière perfection qu'à la création du monde, xvi, 10, 11; que le Verbe, en tant que fils, n'étoit pas éternel; que sa génération fut faite au commencement du monde; que la Trinité des personnes ne commença qu'alors; que le Verbe n'étoit pas développé, mais dans le sein de son Père, comme est un enfant dans le sein de sa mère, xvi, 11, 12. Ce prétendu développement ne se trouve dans aucun écrit des anciens, xvi, 27. Que le Verbe n'étoit auparavant qu'un germe imparfait, et non une personne; que toutes ces erreurs sont tolérables, aussi bien que celle qui fait Dieu et le Verbe muables, imparfaits, corporels, xvi, 12 *et suiv.* Les anciens, selon lui, croyoient la Trinité informe. Il croit que leur erreur ne peut être réfutée par l'Ecriture, xvi, 28 *et suiv.*

TRISTESSE. Elle peut venir de Dieu, xxvii, 553, 544, 560. Ses remèdes, xxvii, 554. Elle est utile, jointe à l'espérance, xxvii, 621. Elle est compatible avec la joie chrétienne, xxviii, 45, 474. Quelle est celle des enfans de Dieu, x, 253, 254 *et suiv.* S'unir à la tristesse de Jésus-Christ, xxvii, 565, 566, 594.

TROIE est réduite en cendres par les Grecs, après un siége de dix ans; cinquième époque de l'histoire ancienne, xxiv, 274.

TROISVILLE (Henri-Joseph de Peyre, comte de). Motifs de sa conversion, xxvi, 154. Défauts dans la manière dont il avoit étudié, xxvi, 160.

TRONSON (Louis), supérieur du séminaire de Saint-Sulpice, est chargé avec Bossuet et M. de Noailles de l'examen des livres et de la doctrine de Madame Guyon, xx, 102, 483; xxviii, 556 *et suiv.* Bossuet lui envoie son *Ordonnance* pour la publication des articles d'Issy, et lui parle de Madame Guyon, xxviii, 643. M. Tronson envoie à Bossuet les actes concernant la soumission de cette dame, et l'engage à les rendre publics, xxviii, 654. Bossuet lui demande des éclaircissemens sur deux lettres de M. Olier, xxviii, 673. Il l'accuse de ménagement à l'égard de Fénelon, xxix, 53. M. Tronson expose à l'évêque de Chartres ses sentimens sur le livre des *Maximes*, xxix, 57. Il lui fait part des dispositions où étoit Fénelon de profiter des remarques de Bossuet, et de déférer à ce que M. de Noailles et M. Pirot croiront qu'il doit corriger dans son ouvrage, xxix, 64. *Voy.* FÉNELON, GODET, GUYON.

TROUBLE. Il n'y eut dans Jésus-Christ aucun trouble involontaire, xix, 216 *et suiv.*, 505, 506 *et suiv.*, 521, 522 *et suiv.*

TROUPEAU. Quel est le troupeau de Dieu, x, 375. Les pécheurs ne sont pas séparés du sacré troupeau, comme le prétend Calvin, *ibid.*

TROYES (concile de) sous Jean VIII. Il confirme les décrets de ce Pape, xxii, 108. Les Pères de ce concile établissent la nécessité du consentement commun, xxii, 200, 201.

TRYPHON, tuteur d'Antiochus le Dieu, roi de Syrie, fait périr Jonathas avec ses enfans; il fait mourir son pupille, xxiv, 319. Sa fin, xxiv, 320.

TUDESCHI (Nicolas), archevêque de Palerme, connu sous le nom de *Panormitanus* ou *Panorme*, soutient la doctrine de l'Ecole de Paris, sur la puissance ecclésiastique, xxi, 23, 34; xxii, 489.

TULLUS HOSTILIUS, roi de Rome, prend Albe, et établit la discipline militaire, xxiv, 283, 642.

TURENNE (Henri de la Tour d'Oliergues, vicomte de) est nommé par les calvinistes pour régler la foi avec quatre ministres, xiv, 585.

TURENNE (Henri de la Tour d'Auvergne, vicomte de). Son éloge : ses qualités comparées à celles du grand Condé, xii, 623.

TURIN (Claude de), arien et nestorien, brise les images. Les protestans le mettent au nombre de leurs ancêtres, xiv, 457, 458.

TURRECREMATA ou TORQUEMADA (Jean de), cardinal, le plus zélé défenseur d'Eugène IV, son portrait, xxii, 527. Il spécifie, selon Duval, les cas où le Pape peut être déposé par le concile, xxi, 32, 33. Il est favorable aux docteurs de Paris, xxi, 48, 108, 109 ; xxii, 528. Selon lui, le Pape peut déposer un prince comme un évêque ; quelle différence il met entre l'un et l'autre, xxi, 138. Ses contradictions, xxii, 430, 532 *et suiv.* En quelle manière il dit que le sentiment de la supériorité du concile est erroné, xxii, 539. Il met de la différence entre le Pape et le saint Siége, xxii, 577. Il reconnoît véritables les décrets de Constance, quoiqu'il les affoiblisse, xxi, 565, 592. Ses subterfuges pour défendre Eugène IV au sujet de la dissolution du concile de Bâle, xxi, 664 *et suiv.*

TYANE (concile de) où les Macédoniens sont reçus comme catholiques en présentant des lettres de communion du pape Libère, xxii, 17.

U

UBIQUITÉ (l') enseignée par Luther sur ce fondement, que Dieu étant partout, et la divinité étant unie dans Jésus-Christ à l'humanité, cette humanité doit être partout, xiv, 88. L'ubiquité est érigée en dogme par la plupart des Eglises luthériennes, xiv, 347. Elle fait pencher Mélanchthon vers les sacramentaires, xiv, 341. On la trouve établie dans le livre de la *Concorde*, quoiqu'on prétende y répéter la Confession d'Augsbourg, qu'on combat en effet, xiv, 346, 347. Le but des luthériens, en établissant l'ubiquité étoit de fermer la bouche aux sacramentaires, qui disoient que Dieu ne pouvoit mettre le corps de Jésus-Christ en plusieurs lieux à la fois, xiv, 348. Ce dogme est toléré dans les luthériens par les calvinistes au synode de Charenton, xv, 48.

UNION des Saints avec Jésus-Christ, viii, 27. Discours sur l'union de Jésus-Christ avec l'ame fidèle, x, 568. L'union des Eglises n'est pas, selon Basnage, du premier dessein de Jésus-Christ, ce qu'on réfute par les paroles mêmes du Sauveur, xvii, 191. On prouve, par saint Paul, que les Eglises chrétiennes étoient établies pour ne faire ensemble, au dedans et au dehors, qu'une seule Eglise catholique, xvii, 192. On démontre, par l'Ecriture, que les Eglises s'unissoient dans la doctrine, et même dans le fond de la discipline, et que le consentement commun tenoit lieu de règle, xvii, 193.

UNITAIRES. *Voy.* Sociniens.

UNITÉ de Dieu. Les Personnes divines se rapportent à un seul principe. La théologie des Pères profonde sur ce point. La hauteur d'un si grand mystère fait quelquefois trouver des difficultés dans les explications que les saints Pères en donnent, xvi, 42, 43.

L'unité de l'Eglise constitue sa force et sa beauté, xi, 412, 592 ; xii, 652 *et suiv.* Quelle est l'origine de l'unité de l'Eglise, xi, 417. Cette unité parvenue jusqu'à nous, par une succession continuelle, *ibid.*

Merveilles du mystère de l'unité de l'Eglise, xxvii, 305 *et suiv.* Saint Pierre est choisi pour le consommer, xxvii, 313 *et suiv.*

Sermon sur l'unité de l'Eglise, xi, 58. Ce discours est approuvé à Rome, xxviii, 128. *Voy.* BOSSUET, EGLISE.

UNIVERS. Spectacle qu'il présente; sage économie qui s'y fait remarquer: objections des incrédules sur les désordres apparens de l'univers, xi, 169. Bel ordre de l'univers, xi, 233.

UNIVERSITÉ (l') de Paris, écrit à Clément VII pour l'engager à abdiquer, xxi, 569. Elle a toujours persisté dans la doctrine du cardinal d'Ailly et de Gerson, sur la puissance du Pape et des conciles: pourquoi on l'appelle la doctrine de l'Ecole de Paris, xxii, 488 *et suivantes.*

URBAIN II, Pape, anime dans le concile de Clermont, les princes et les peuples à se croiser contre les Sarrasins, xxv, 48.

URBAIN VI, Pape pendant le grand schisme, qui ne put être terminé que par le concile de Pise, xxii, 223. *Voy.* PISE.

URSULINES DE MEAUX; exhortation que Bossuet leur fait dans sa visite pastorale, x, 493 *et suiv.* Avec quelle vigilance elles doivent travailler à l'éducation des enfans qu'on leur confie, x, 526 *et suiv.* Zèle qu'elles doivent avoir pour leur perfection, x, 541. Union qui doit régner entre elles, x, 545.

USURE (*Traité de l'*). Dans l'ancienne loi, l'usure étoit défendue d'Israélite à Israélite, et cette usure étoit tout profit au delà du prêt, xxxi, 21. L'esprit de la loi est de défendre l'usure comme quelque chose d'inique, xxxi, 24. L'Eglise a toujours cru cette défense de l'usure obligatoire sous l'Evangile, xxxi, 26 *et suiv.* Cette défense a dû même être perfectionnée dans la loi nouvelle, xxxi, 39. Il est de foi que l'usure est défendue à tous et envers tous, xxxi, 43. L'opinion contraire est sans fondement, xxxi, 44 *et suiv.* La loi divine qui défend l'usure, défend en même temps tout ce qui y est équivalent. xxxi, 54. L'Eglise catholique, et c'est la tradition constante de tous les Pères et de tous les siècles, a toujours compris que l'usure ou prêt à intérêts, c'est-à-dire, le gain retiré du prêt, étoit défendu entre les frères par les livres de Moïse, des prophètes et de l'Evangile, xxii, 709.

L'usure est défendue dans l'Ecriture, iii, 530. Grotius la justifie, iv, 443. L'usure est défendue envers les riches et les pauvres, hors le cas de *lucrum cessans* et de *damnum emergens*, xxii, 709, 724 *et suiv.* Censure de l'Assemblée de 1700 sur cette matière, xxii, 755 *et suiv.* Usage des commerçans de Hollande dans les prêts. De quelle manière se conduisent ceux d'entre eux qui veulent éviter l'usure. xxvi, 326.

V

VÆ. Les trois *Væ* de l'*Apocalypse*, II, 419. Ils indiquent la suite et la liaison des événemens, III, 234 *et suiv.*

VALDO (Pierre), marchand de Lyon, tige des vaudois ou Pauvres de Lyon, XIV, 495. *Voy.* VAUDOIS.

VALENS, empereur, protége les ariens, et persécute la foi en Orient, XXIV, 342. On continue à le reconnoître, XXI, 285, 286 *et suiv.*

VALENTIA (Grégoire de), jésuite. Conséquences qu'il tire de la puissance indirecte du Pape sur le temporel, XXI, 139, 141.

VALENTIN Gentil. *Voy.* MICHEL SERVET.

VALENTINIEN, étant officier de Julien, communique avec lui dans les choses civiles, et refuse de participer à ses sacriléges; il est exilé XXI. 240. Devenu empereur, il s'associe son frère Valens, XXI, 285. Valeur de Valentinien et son zèle pour la foi, XXIV, 342. Sa mort, XXIV, 343.

Ce prince est faussement accusé, par Basnage, de bigamie, et d'avoir fait une loi pour permettre d'avoir deux femmes à la fois, XV, 580.

VALÉRIEN, empereur; son règne et ses malheurs, II, 383 *et suiv.* 505, 506. Les calamités de son règne désignées par les sept coupes de l'Apocalypse, III, 278 *et suiv.* Il persécute les chrétiens, XXIV, 334. Il est pris par les Perses; sa mort, *ibid.*

VALINCOUR. Lettres de M. de Valincour à Bossuet et à l'abbé Ledieu sur l'explication de la prophétie d'Isaïe, II, 235. Réponses à M. de Valincour, II, 236.

VALLIÈRE (Louise de la Baume Le Blanc, duchesse de la). Entretiens que Bossuet avoit avec elle pour l'affermir dans ses bonnes dispositions, XXVI, 161. Elle oblige Bossuet de traiter le chapitre de sa vocation avec Madame de Montespan, XXVI, 162. Ménagemens que sa foiblesse exige, XXVI, 161. Sa retraite aux Carmélites leur cause des tempêtes, XXVI, 170. Sa tranquillité et sa joie, au moment de son entrée dans le cloître, étonne et édifie la Cour, XXVI, 168. Son ardeur pour la pénitence, XXVI, 169.

Notice sur la vie de la duchesse de la Vallière, XI, 556. Sermon pour sa profession, XI, 563. Changement admirable qui s'étoit opéré en elle, XI, 564, 581.

VANDALES: leurs rois ariens persécutent l'Eglise d'Afrique. Les catholiques leur sont soumis, XXI, 295.

VANITÉ. Il faut s'en défier dans le bien que l'on fait, VI, 35, 36 *et suiv.* La vanité au dehors est la marque la plus évidente de la pauvreté au dedans, IX, 141. Elle tarit la source des aumônes; est l'écueil de la modestie et de la pudeur, *ibid.* Vanité de l'homme, xii, 474, 475, 487. Vanité de la femme ambitieuse, ix, 139, 140. Vanité des beaux esprits et des gens de lettres, ix, 281. Vanités du siècle, viii, 421. Combien Jésus-Christ les a méprisées, ix, 567.

VARES (l'abbé de), garde de la bibliothèque du Roi, ami de Bossuet détails sur sa mort, xxx, 486 *et suiv.*

VARIATIONS (les) dans la foi, sont une preuve certaine de fausseté, xix, 1, 2. Celles de l'un des deux corps principaux des protestans sont une preuve contre l'autre, principalement celles de Luther et des luthériens, xiv, 4. On prouve, par les actes authentiques de la Réforme, la foiblesse et l'instabilité de la religion protestante, xiv, 7, 8.

Les variations des calvinistes sont moins fréquentes que celles des luthériens, mais aussi réelles. Variations de Calvin dans ses écrits particuliers et dans des actes publics. Les calvinistes dressent en cinq ou six ans diverses confessions de foi contradictoires, xiv, 392. Variation des protestans anglois, qui, sous Edouard VI, condamnent la présence réelle, qu'ils traitent d'indifférente sous Elisabeth, xiv, 409, 410. Variations des protestans, qui vantent leur patience à souffrir quand ils sont foibles, et se révoltent dès qu'ils ont la force en main, xvi, 103; xv, 508, 509 *et suiv.* On prêche d'abord la soumission, puis la révolte; et la Réforme remplit tout de sang et de carnage, xv, 563, 564 *et suiv.* Variations sur la doctrine de l'indépendance, et sur l'obéissance aux puissances, xv, 382 *et suiv.*, 485 *et suiv.* Prodigieuse variation de toute la Réforme, démontrée par la tolérance des calvinistes pour le demi-pélagianisme des luthériens, auxquels ils offrent la communion, xv, 262.

Les variations de la Réforme viennent de sa propre constitution. N'ayant ni règle ni principes, sa doctrine en général et celle des particuliers ne peut être qu'irrégulière et contradictoire, xvi, 118. Elle varie en ce qu'ayant donné d'abord les seules Ecritures aux simples fidèles, pour former leur foi, elle veut maintenant qu'ils apportent à la lecture des Ecritures une foi toute formée par les instructions et l'autorité des pasteurs, xvi, 169, 170. Les ministres, forcés d'avouer les variations de leurs églises, s'étonnent de ce qu'elles n'ont pas varié davantage, et disent qu'elles ne sont pas infaillibles, xvi, 236 *et suiv.*

VASES sacrés. Quelle vénération ils méritent, xvii, 53, 54. Les vases et linges sacrés sont les langes du saint enfant, les draps de l'époux, et les vaisseaux de sa table, xxvii, 465; les instruments de la sépulture mystique de Notre-Seigneur, xxvii, 550.

VASSI (le massacre de) n'étoit pas une entreprise préméditée, mais un fait fortuit, xv, 414, 415, 522. Le massacre des huguenots dans cette ville fut le signal de la guerre entre eux et les catholiques, xxv, 517. Basnage soutient que la guerre entreprise en conséquence par les réformés étoit juste, xv, 522. Ce massacre futle prétexte de la guerre On en découvre la vraie cause, xv, 415.

VAUCERNAI (Pierre de) écrit contre les vaudois et les albigeois, xiv, 483, 484.

VAUDOIS (les) veulent parvenir à la réformation par la rupture, xiv, 23, 24. Les protestans les mettent au nombre de leurs ancêtres, xiv, 458. Ils devroient en avoir d'autant plus de honte, que les ministres en font des manichéens, en prétendant qu'ils sont les mêmes que les poplicains d'Angleterre, xiv, 482. *Voy.* MANICHÉENS. Alanus les distingue des albigeois, ainsi que Pierre de Vaucernai, xiv, 484 *et suiv.* On démontre que les vaudois et les albigeois faisaient deux sectes très-distinctes, xiv, 529. Leur nom est tiré de Valdo auteur de la secte. On les nomme pauvres de Lyon et léonistes, parce qu'ils commencèrent à Lyon; et insabbatés, à cause de leurs souliers coupés, xiv, 495. Leurs commencemens furent beaux, Valdo leur apprit à imiter la pauvreté volontaire de Jésus-Christ. Ensuite ils voulurent prêcher comme les apôtres, quoique laïques et sans mission, xiv, 496, 497. Ils firent des progrès, et furent condamnés par Lucius III comme hérétiques, *ibid.* Conférence avec eux, dans laquelle on les convainc de diverses erreurs, xiv, 498, 499 *et suiv.* Ils viennent à Rome demander à Innocent III l'approbation de leur secte. Le Pape est effrayé de leurs singularités, et de ce qu'ils vont pêle-mêle hommes et femmes, xiv, 501.

Quand les vaudois parurent, toutes les sectes séparées de Rome étoient manichéennes. Ils ne s'y joignirent pas, xiv, 504. On voit, dans l'interrogatoire de Pragelas, qu'ils admettoient la transsubstantiation, la communion sous une espèce, la confession, et qu'à l'extérieur ils faisoient les devoirs de catholiques, xiv, 510 *et suiv.* Il ne paroit pas qu'ils aient retranché aucun sacrement, et leur doctrine étoit très-bien connue des catholiques de leur temps, xiv, 512, 513. Ils avouent des articles que les catholiques et les protestans rejettent, d'autres que les catholiques rejettent et que les protestans approuvent, xiv, 516.

Cette secte est une espèce de donatisme. Elle fait dépendre l'effet des sacremens de la vertu des ministres, et prétend que des laïques, gens de bien, peuvent entendre les confessions, faire le corps de Jésus-Christ et administrer les sacremens. Ils ne pensent pas non plus que les ministres de l'Eglise, qui possèdent quelque chose en propre, soient les successeurs des apôtres, xiv, 502 503. Ce qui les rend plus chers aux protestans, c'est qu'ils disoient que l'Eglise romaine étoit l'Impudique de l'Apocalypse, xiv, 508. Les vaudois changent de doctrine depuis Luther et Calvin. Bucer et Œcolampade les réforment à leur mode, et leur proposent de nouveaux articles de foi. Leur conférence avec Œcolampade, où ils montrent une ignorance grossière, et pourtant parlent mieux sur plusieurs articles que leurs réformateurs, xiv, 516 *et suiv*. Ils consultent les calvinistes, qui les amènent avec peine à leur doctrine. La secte s'éteint et se fond dans celle de Calvin, xiv, 521. Leurs anciens livres, cités par Perrin, sont ou supposés ou altérés, et leur Confession de foi de très-fraîche date. Avant la Réforme, ils n'avoient point de Confession de foi. Dans leur Confession calvinisée, ils retiennent plusieurs de leurs anciennes erreurs, xiv, 525 *et suiv*.

En quel sens on peut dire que les vaudois sont sortis des albigeois manichéens, xiv, 570. *Voy.* ALBIGEOIS.

VENDREDI-SAINT. Sur l'assistance à l'office de ce jour, xxviii, 173.

VENGEANCE. Combien elle nous fait illusion, viii, 524, 525; ix, 251, 253. Quelle vengeance permise, viii, 525. Quels sont les fondemens de la vengeance divine, viii, 132 *et suiv*. *Voy.* PARDON.

VENILON, archevêque de Sens, trahit Charles le Chauve qui l'avoit fait élever sur ce siége, xxi, 382 *et suiv*.

VENISE. Cette ville et son Etat mis en interdit par Paul V. L'affaire est accommodée par Henri IV, roi de France, xxi, 507 *et suiv*.

VÊPRES ET COMPLIES *du dimanche*, traduites par Bossuet, v, 263, *et suiv*. Vêpres des principales Fêtes, v, 275 *et suiv*. Vêpres des Morts, v, 303 *et suiv*. Hymnes qui se chantent à Vêpres les dimanches et fêtes principales, v, 281 *et suiv*.

VERBE. Sa génération, vii, 24. Sa divinité, vii, 27. Images de sa génération prises dans la nature, vii, 28; dans la créature raisonnable, vii, 31 *et suiv*. Sa génération surpasse toutes les intelligences créées, x, 360. Elle est représentée par la fécondité de l'Eglise, x, 362. Preuves de la génération éternelle du Verbe tirées des livres Sapientiaux, i, 472; ii, 18, 130 *et suiv*. Son éternité, vii, 206, 207. Il est le créateur de toutes choses, vii, 209. Il est la vie et la lumière, vii, 211. En lui tout est vie, vii, 213. Son incarnation préparée par les apparitions aux patriarches, vii, 186, 187. Exécutée, vii, 198. Effets qu'il produit sur les hommes aussitôt après son incarnation, vii, 237 *et suiv*.

Le Verbe descend au-dessous des anges par son incarnation, et devient égal au pécheur, viii, 243. Il guérit par là notre orgueil, xi, 135. Sa pauvreté relève notre bassesse, xi, 141. Il nous enrichit des biens véritables, xi, 147. Combien ses abaissemens sont admirables, xi, 179 *et suiv*. Combien son anéantissement est incompréhensible, xi, 393, 490. Le Verbe incarné, adorable mélange de puissance et d'infirmité, viii, 254. Sage économie de toute sa conduite, viii, 253. Il est le réformateur du genre humain, viii, 257. *Voy.* JÉSUS-CHRIST, SAUVEUR.

VERCELLIS (Pierre de), évêque de Meaux, ambassadeur de Charles VII au Pape Eugène IV. Sa harangue à ce pontife, xxi, 718. *et suiv.*

VERENSFELS (Samuel), docteur protestant, attaque l'explication de l'*Apocalypse* par Bossuet, iii, 174. Bossuet lui répond, iii, 175 *et suiv.* Préjugés du docteur protestant, iii, 248 *et suiv.* Voy. APOCALYPSE, BABYLONE.

VÉRITÉ. Sa recherche est laborieuse ; comment l'ame y procède, xxiii, 150, 160. Elle s'y attache, et la voit toujours la même, xxiii, 150. La vérité est l'objet éternel de l'entendement, xiii, 187. Comment nous voyons en Dieu toutes les vérités, xxiii, 189. La vérité reçue dans l'ame la rend conforme à Dieu, xxiii, 195. Elle est la nourriture de l'ame raisonnable, xi, 205.

Qu'est-ce que la vérité? où la voit-on, viii, 36. Ses attributs, viii, 36, 37, 56. Comment elle fait la béatitude et le supplice de tous les hommes, viii, 37. Elle est à peine connue dans les affaires du monde, viii, 37, 40. C'est une reine qui habite en elle-même et dans sa propre lumière, viii, 180. La vérité est venue sur la terre comme une étrangère, inconnue et persécutée pendant l'espace de quatre cents ans, viii, 182, 183. Elle est demeurée intacte au milieu des schismes, *ibid.* Sagesse et autorité nécessaire pour nous faire entendre et croire la vérité; deux choses qui ne se trouvent qu'en Dieu seul, ix, 95 *et suiv.* La vérité de Dieu, notre loi immuable, ix, 42. Elle réside dans les consciences de tous les hommes, même des pécheurs, quoiqu'ils la méconnoissent : ce qu'il en résultera après la mort, ix, 46, 47. Danger d'abandonner la vérité, ix, 408 *et suiv.* Vaines excuses des pécheurs pour se dispenser de la suivre, ix, 378. Les lois immuables de la vérité sont en Dieu, ix, 400. Elle nous jugera au dernier jour, ix, 345. Injustice des hommes à l'égard de la vérité, ix, 415. Les Chrétiens coupables envers la vérité, du même attentat que les Juifs ont commis contre elle, ix, 416. La vérité outragée funeste au pécheur, ix, 422, 436. La vérité a le droit de reprendre et de censurer les hommes, ix, 431. Elle peut se dire hautement partout, pourvu que la discrétion tempère le discours, et que la charité l'anime, xxvi, 288, 289.

La connoissance de la vérité nécessaire aux rois, ix, 633. Les princes doivent l'aimer, et n'épargner rien pour la savoir, xxiii, 609. Combien sont coupables ceux qui obscurcissent la vérité auprès des personnes publiques ou des princes, ix, 651.

Deux moyens de connoître la vérité, x, 585 *et suiv.* Manière employée par les catholiques et les hérétiques pour rechercher la vérité, x, 586, 587. La pureté incorruptible des vérités de l'Évangile est cause de la honte du pécheur et du refus qu'il fait de les voir, ix, 387. Force de la vérité de l'Evangile, ix, 398.

VÉRITÉS (les trois) du concile de Bâle : ce que c'étoit; en quel sens Eugène IV les condamne, xxi, 564 *et note*; xxi, 689, 690 *et suiv*.

VERNANT (Jacques), carme, censuré par la Faculté de Paris, à cause de sa doctrine contraire à l'indépendance des rois, xxi, 754 *et suiv*.

VERRON (François), jésuite, auteur d'un livre estimé, *la Règle de la Foi*. Leibniz consulte Bossuet sur cet ouvrage, xviii, 247. Réponse de Bossuet, xviii, 250.

VERSIONS. *Voy*. Jérome (S.), Italique, Septante, Testament, Vulgate.

VERTU. Sa définition, xxiii, 75. Les principales vertus, *ibid*. Nature de la vertu; combien elle est supérieure aux autres biens qui peuvent être dans l'homme, ix, 155 *et suiv*. Elle est la fin principale de l'homme, ix, 159. En quoi elle consiste selon les philosophes, ix, 233, 234. Caractère de la véritable vertu, ix, 148. La stabilité lui est essentielle, même selon les philosophes, ix, 348. La vertu tient de l'éternité, et trouve tout son être en un point, x, 611.

La vertu chrétienne comparée à une fille chaste et pudique, ix, 578. Deux sortes de vertus, ix, 584. Les vertus du monde n'ont que l'apparence, ix, 585. Ce sont des vices colorés, xi, 477. Quelle étoit la vertu au temps des apôtres, ix, 148. Les vertus chrétiennes sont hardies, x, 612. Elles sont toutes fondées sur l'humilité, xi, 577

Les vertus chrétiennes sont méprisées par les quiétistes, xviii, 484, 485, 604, 638. Combien estimées par saint François de Sales, xviii, 543, 595 *et suiv*., par sainte Thérèse, xix, 474 *et suiv*. On ne peut en rejeter les motifs particuliers ni les pratiques, xix, 455, 473 *et suiv*. Principe de saint François de Sales sur l'amour des vertus, xix, 398 *et suiv*. Erreur d'en rejeter les pratiques, si recommandées par les apôtres, xix, 229, 394. Beau principe de saint François de Sales sur la recherche des vertus, xix, 304 *et suiv*. Que signifie l'union des vertus en la charité? xix, 307 *et suiv*. Erreurs de M. de Cambray, sur la recherche des vertus, xix, 394 *et suiv*.

Ce qu'il faut entendre par les vertus des cieux, iii, 527 *et suiv*.

VERTUS THÉOLOGALES. Leur nécessité pour le salut; leur nombre et leur définition, v, 51, *et suiv*.

VESPASIEN. Sous lui l'empire affligé se repose, xxiv, 329. Josèphe lui donne le caractère de Messie, que d'autres attribuent à Hérode, xxiv, 503.

VÊTURE et profession religieuse. Sermons pour cette cérémonie, xi, 372 *et suiv*.

VEUVES. Caractère d'une veuve chrétienne, xxvii, 537. Manière dont elle honore l'Eglise, xxvii, 538. Quelles doivent être les veuves selon les préceptes de saint Paul, xii, 544.

VIANDES (l'abstinence des) admise par la réforme anglicane, comme dans l'Eglise catholique, xiv, 306.

VIATIQUE. On peut le redonner au bout de huit ou dix jours, XXVIII, 83, 276. Sentimens de foi d'un chrétien pour le recevoir, VII, 614.

VICE. Sa définition, XXIII, 75. D'où il vient, IX, 583. Vices que l'homme du monde met en crédit, si peu qu'ils aient soin de se contrefaire, IX, 585 *et suiv.*

VICLEF (Jean), Anglois, enseigne dans son *Trialogue* une doctrine impie, représente Dieu dominé par la nécessité, auteur et approbateur de tous les crimes, XIV, 541 *et suiv.* Il imite la fausse piété des vaudois, attribue l'effet des sacremens au mérite des personnes, et regarde les ecclésiastiques, qui possèdent des biens temporels, comme coupables d'un grand crime. Il croit aussi que Dieu est obligé d'obéir au diable, et qu'un roi déchoit de sa dignité par le péché mortel, etc., XIV, 544, 545. Il rejetoit la transsubstantiation, et croyoit la présence réelle, quand la consécration étoit faite par un ministre saint, *ibid.* Il rétracte ses sentimens, et meurt dans sa cure et dans l'exercice de sa charge, XIV, 546. Il disoit le Pape Antechrist, XIV, 547. Ses erreurs condamnées au concile de Constance, et par Martin V, XXI, 595, 596, 612 *et suiv.* Les calixtins respectoient sa mémoire, XIV, 551.

VICTOR (S.) Pape. Son décret sur la célébration de la Pâque : Polycrate et les évêques d'Asie refusent d'y obtempérer, XXII, 206 *et suiv.*

VICTOR (S.), martyr. Son panégyrique, XII, 251. Il préfère les opprobres de Jésus-Christ aux honneurs de la milice romaine, XII, 255. Il renverse d'un coup de pied la statue de Jupiter, qu'on vouloit lui faire adorer, XII, 256. Son douloureux martyre, XII, 271 *et suiv.*

VICTORIA (François de), dominicain espagnol, ne blâme pas le sentiment de l'Ecole de Paris, XXI, 23; XXII, 490.

VIE. Combien celle de l'homme est courte et fragile, IX, 372; XII, 474, 475, 531, 601. Combien dure est la condition à laquelle on nous l'a prêtée, XII, 657. Sa rapidité : égaremens dans lesquels elle se passe, X, 199. Combien elle est vaine et inconstante, XI, 252. La vie présente semblable à l'enfance, X, 140. L'attache à la vie, contraire à la dignité du christianisme, VIII, 85. En quoi consiste la vie heureuse, IX, 268. Celle qui se passe dans les délices est morte, VIII, 413. Ce que Dieu fait pour nous détacher de la vie, XI, 248. *Voy.* HOMME, TEMPS.

Vie de Dieu, IX, 368; X, 110, 111. Dieu est notre vie : bonheur de cette vie, X, 109. La vie du ciel toute en action, X, 215. Quelle doit être notre vie nouvelle, X, 141. En quoi consiste la vie chrétienne, X, 481, 482; XII, 157. Combien elle doit être sérieuse, selon saint Basile, XXVII, 72.

Bonheur de la vie cachée, VII, 396. Sa sagesse, VII, 397. Elle nous fait voir et connoître Dieu, VII, 401. Elle nous rend semblables à

Jésus-Christ. vii, 403, 404. La vie chrétienne doit être une vie cachée, xii, 149. Pratique de la vie cachée dans saint Joseph, xii, 150, 151 *et suiv.*

Vie cachée de Jésus-Christ, vii, 334 *et suiv.* Il suit ses parens à Jérusalem, vii, 335; se sépare d'eux, vii, 336. Ils le retrouvent dans le temple, vii, 337. Leur plainte, *ibid.* Sa réponse, vii, 339. Son retour à Nazareth et sa vie obscure, vii, 341, 347 *et suiv.* Comment imiter Jésus et Marie dans leur vie obscure, vii, 344 *et suiv.*

Vie pastorale : sa frugalité, i, 510.

Vie religieuse. Règles à suivre par rapport au désir d'y entrer, xxvii, 445, 446, 468, 469, 475, 518, 519, 537, 538, 564, 578, 628. Ses obligations, xxvii, 641 *et suiv.*

Vie future. Elle est figurée et annoncée dans les Psaumes, i, 19, 20, 21. Abus étrange que font des paroles de David ceux qui n'y croient point, i, 73. L'exemple de la fourmi nous enseigne à amasser des bonnes œuvres pour vivre éternellement, i, 467. La vie future enseignée dans l'*Ecclésiaste,* i, 566. Dangereuses interprétations de Grotius à ce sujet, *ibid.* Il faut tout rapporter à la jouissance de cette vie, xxviii, 223. Discours et sentimens du monde sur la vie future et ses promesses, ix, 110 *et suiv.*

Vies des Saints. Manière de les lire, xxvii, 440.

VIENNE (concile général de) sous Clément V, qui y publie la bulle *Fidei Catholicæ,* avec l'approbation du concile, xxii, 96. *Voy.* Béguards, Gui.

VIERGE. Une vierge ne doit s'occuper que du soin des choses du Seigneur, x, 540, 541. Amour de Jésus pour les vierges, ix, 534, 535. A quelles conditions elles deviennent ses épouses, xi, 489, 490, 513 *et suiv.* Elles sont le fruit sacré de la chasteté féconde des évêques, xi, 610, 611. Effets de la virginité dans les vierges de Jésus-Christ, xi, 317 *et suiv.* Inquiétudes de celles qui le sont véritablement, xi, 385. Avec quel soin elles doivent garder tous leurs sens, xi, 533, 538. Extrême jalousie avec laquelle Jésus-Christ aime les vierges, xi, 546, Combien un cœur virginal est propre à être embrasé de l'amour du Sauveur, ix, 530. Manière dont les vierges honorent l'Eglise, xxvii, 538.

VIERGE (la sainte). C'est d'elle que David a chanté sur sa lyre cet admirable cantique : Je vois à votre droite, ô mon prince, une reine en habillement d'or, enrichie d'une merveilleuse variété. Toute la gloire de cette fille de roi est intérieure ; elle est néanmoins parée d'une broderie toute divine. Les vierges après elle se présenteront à mon roi, on les lui amènera dans son temple avec une sainte allégresse, xi, 345. Le genre humain condamné à mort par une vierge, est sauvé par une vierge, xi, 364. Par une femme la mort, par une femme la

vie; par Eve la ruine, par Marie le salut, xi, 364. *Voy.* MARIE, VIR-
GINITÉ.

VIGILANCE chrétienne : nécessité de cette vertu, ses motifs, VIII, 114
et suiv.

VIGILANCE. Cet hérétique combat le culte des saints. Les protestans
le mettent au nombre de leurs prédécesseurs, et le préfèrent à saint
Jérôme, xiv, 457.

VIGILE, Pape, refuse d'assister au cinquième concile, xxII, 12. Il ne
veut pas condamner les trois Chapitres ; ce qui se passe en cette occasion, xxII, 48 *et suiv.*

VIN. Quel doit être celui qui sert à la messe, xxvIII, 358. Ce que c'est
que le vin de la nouvelle alliance, xxvIII, 308, 335.

VINCENT DE LÉRINS. Ses règles pour connoître la foi de l'Eglise, IV,
286. Brève récapitulation de ces règles, iv, 346 *et suiv.* Il enseigne
que la vérité catholique est toujours la même, et partout, et que
l'Eglise ne change jamais rien à ses dogmes, parce que la vérité,
venue de Dieu, a d'abord toute sa perfection, iv, 346, 347; xv, 183
et suiv. Il cite saint Paul pour prouver la perpétuité de la doctrine
dans l'Eglise catholique, xvII, 116.

VINCENT DE PAUL (S.). Bossuet lui témoigne le désir qu'il a de seconder la mission qui devoit se faire à Metz, xxvI, 121. Il l'instruit
de différens faits concernant cette mission, xxvI, 124 *et suiv.* Lui fait
part de l'établissement de conférences à l'instar de celles de Saint-
Lazare, xxvi, 131. Eloge que l'abbé de Chandenier lui fait de Bossuet, xxvi, 136. Lettre de Bossuet au pape Clément XI pour demander
la canonisation de saint Vincent de Paul, qui, dit-il, avoit mis dans
son ame, par ses discours et ses conseils, les vrais sentimens de la
piété chrétienne et de la discipline ecclésiastique, xxvII, 275. Peinture qu'il y fait des conférences de Saint-Lazare, de son zèle pour
le salut des ames, de sa foi, de son attachement au saint Siége, et
de ses grands travaux pour l'Eglise, *ibid. et suiv.*

VIO. *Voy.* CAJÉTAN.

VIRGILE avoue qu'il s'est engagé par une espèce de manie à composer
son *Enéide*, vII, 453. Il étale le vrai et le faux, et ne croit pas que la
vérité lui soit nécessaire, pourvu qu'il plaise, vII, 451.

VIRGINITÉ. Sa définition; son excellence, xi, 499, 517, 556. Ses
effets, xi, 500. En quoi elle consiste principalement, xi, 525, 526.
C'est un état angélique, xxvII, 537. Elle est supérieure au mariage;
combien chérie du ciel, xi, 499, 517, 536; xii, 112. L'ame est le siége
de la virginité, xi, 533.

C'est dans la virginité que trouve ses premiers soins la sainte
Vierge, lorsque surprise par la salutation de l'ange, elle l'interroge

comment il se pourra faire qu'elle conçoive ce Fils dont il lui parle, elle qui avoit résolu de ne point connoître d'homme, xi, 342.

Estime que Jésus-Christ a faite de la virginité, vii, 262. Marie, modèle de cette vertu, vii, 264. Attachement extraordinaire de Marie pour sa virginité, ix, 529, 530 *et suiv.;* xi, 183. Pourquoi sa virginité devoit-elle lui faire aimer plus tendrement son Fils, ix, 530, 534, 535. La virginité perpétuelle de Marie, figure de l'Eglise, xi, 237.

La virginité de Marie, en tant qu'elle a été prêchée et reconnue dans tout l'univers, est un signe qui ne doit laisser aux Juifs aucun doute du Christ; c'est d'elle que devoit naître le vrai Emmanuel, Dieu avec nous, vrai Dieu et vrai homme, ii, 244.

VIRTEMBERG (Confession de) dressée par Brentius. L'article de l'Eucharistie y est autrement que dans celle d'Augsbourg. On y reconnoît le mérite des bonnes œuvres, xiv, 330 *et suiv.*

VISAGE. Dieu a un visage pour les justes et un pour les pécheurs, x, 20, 46, 47.

VISION BÉATIFIQUE. *Voy.* Jean XXII.

VISITATION de la sainte Vierge. Elévations sur ce mystère, vii, 239 *et suiv.* Sermons et discours pour cette fête, xi, 192, 193, 222. Combien Jésus opère dans ce mystère, quoiqu'il y paroisse sans action, xi, 193, 223, 231, 232. *Voy.* Elisabeth, Jean-Baptiste, Marie.

VISITE. Fin de la visite épiscopale, x, 493, 566. Disposition pour en profiter, x, 499, 500 *et suiv.* Fruits de la visite, 502 *et suiv.*, 567. Compte que Jésus-Christ en demandera, x, 504. Ordonnances de visite notifiées aux Ursulines de Meaux, x, 512, 513. Force des ordonnances de visite, xxviii, 73 *et suiv.* De quoi Bossuet veut qu'on lui rende compte dans la visite des monastères, xxviii, 458.

VITEMBERG. Accord fait dans cette ville : on y dresse six articles, xiv, 157. Conclusion de l'accord, xiv, 162. Les théologiens de Vitemberg reconnoissent qu'il faut, ou renoncer à la doctrine de Luther, ou admettre le sacrifice, la transsubstantiation et l'adoration. Ils changent sa doctrine aussitôt après sa mort. Les luthériens ne peuvent répondre aux raisonnemens de ces théologiens. Cependant ils reviennent bientôt après à la doctrine de Luther, xiv, 429 *et suiv.*

VITIKIND, roi des Saxons, se fait chrétien, étant touché de la générosité de Charlemagne, xxv, 24, 25.

VITIZA, roi d'Espagne, impie, défend à ses sujets d'obéir au pape, et foule aux pieds les lois de l'Eglise, xxi, 174.

VITRY (M. de), chantre de l'église de Meaux; estime qu'en faisoit Bossuet. Son désir de se retirer à la Trappe improuvé par le prélat : pourquoi? xxvi, 394, 395.

VIVRE. Il faut que la manière de vivre et le soin que nous prenons de notre corps, se rapporte à la bonne constitution et à la santé et non au plaisir, xxvi, 34.

VOCATION. Les parens ne doivent pas s'opposer à celle de leurs enfans, x, 633. La vocation extraordinaire des premiers réformateurs, donnée comme certaine dans la confession de foi calviniste, et dans deux synodes nationaux, est abandonnée par Claude, Jurieu et autres, xv, 282, 283.

VŒUX monastiques, de deux sortes; leur vertu, xi, 548. Dispute des protestans conciliée sur cette matière, xvii, 428, 524, 579; xviii, 37.

Elévation pour le renouvellement des vœux, vii, 553.

Vœux pour le roi, xi, 337.

VOIE ÉTROITE; ce que c'est, vii, 575. Toutes voies sont bonnes quand elles viennent de Dieu, xxviii, 286.

VOILE. Pourquoi celui du temple de Jérusalem se déchira à la mort de Jésus-Christ, x, 274.

VOL. Censure de quelques propositions relatives à ce crime par l'assemblée de 1700, xxii, 753 *et suiv.*

VOLONTAIRE. *Voy.* Liberté.

VOLONTÉ. En quoi elle consiste; ses actes, xxiii, 73, 74 *et suiv.* Elle n'est pas distinguée de l'appétit supérieur, xxiii, 76. Elle n'est attachée à aucun organe, et préside aux mouvemens du corps, xxiii, 79. Cet empire de la volonté la rend indirectement maîtresse des passions, xxiii, 80, 81 *et suiv.* Comparaison de l'action libre de la volonté, avec celles qu'on attribue soit à l'ame, soit aux corps, xxiii, 436.

Déréglement et inconstance de la volonté, viii, 468. La loi de Dieu, remède à ses maladies, *ibid.* La sainte et immuable volonté de Dieu se déclare à nous en deux manières, xi, 257, 258 *et suiv.* Quelle est celle que nous devons suivre, et qu'il y a des volontés divines sur lesquelles Dieu ne nous demande aucun acte, xviii, 440. *et suiv.* Usage qu'on doit faire des volontés de signe et de bon plaisir, xviii, 446 *et suiv.* Erreur sur les volontés de Dieu inconnues, xix, 198. Sur la distinction des trois volontés, xix, 225 *et suiv.* Volonté dans Dieu de sauver tous les hommes, spéciale pour les fidèles, très-spéciale pour les élus, iii, 342 *et suiv.*

VOLUPTUEUX : leur caractère et leurs désordres, ix, 191; x, 477. Rien de plus agréable en apparence que leur vie : ce qu'ils objectent en leur faveur, x, 242. Discours de Cicéron contre les voluptés, x, 240. *Voy.* Libertins, Plaisirs.

VOLZOGUE (Louis), socinien, a corrompu le Nouveau Testament, iii, 386, 392, 404, 442. Comment il élude un passage de saint Jean sur la divinité de Jésus-Christ, iii, 530. Il traite de fable l'existence de l'enfer, iv, 92.

VORMES. L'empereur Henri IV y tient un concile schismatique, où il fait déposer Grégoire VII, xxi, 394.

Conférence tenue dans cette ville par ordre de Charles-Quint pour concilier les deux religions, xiv, 337. Les luthériens se divisent sur des points importans. Ils condamnent tout d'une voix la nécessité des bonnes œuvres pour le salut. On épargne la doctrine monstrueuse d'Osiandre. Les catholiques refusent de continuer à conférer avec des gens qui ne s'accordent pas entre eux, xiv, 338, 339

VOSSIUS (Gérard-Jean). Passage de cet auteur sur la mauvaise foi des prédicans réformés, iii, 3.

VUE. *Voy.* Sensations.

VUITASSE (Charles), professeur de Sorbonne, se justifie auprès de Bossuet des erreurs dont on l'avoit accusé sur l'Eucharistie, xxx, 559. *Voy.* Transsubstantiation.

VULGATE (la), version très-ancienne de l'Ecriture; son autorité, i, 47; xvii, 422, 450, 479. Elle est préférée aux autres versions latines, xvii, 524, 580. Mots peu usités, et tournures qu'on y trouve, i, 54 *et suiv.*

La Vulgate, dans les *Proverbes*, s'écarte moins de l'hébreu que les Septante, i, 450. Elle est à peu près la version de saint Jérôme, *ibid.* Expressions inusitées qu'on y trouve; hébraïsmes, i, 452. La version Vulgate de l'*Ecclésiaste* diffère de l'ancienne Italique, i, 524. Pourquoi elle n'est pas toujours conforme à l'hébreu, i, 525. Version Vulgate de l'*Ecclésiastique*, elle diffère beaucoup du grec actuel, ii, 51, 52.

Le décret du concile de Trente sur la Vulgate, est un décret de foi, et non de pure discipline, iii 420

W

WALEMBOURG (Adrien et Pierre de), évêques, célèbres controversistes, disent que les questions agitées sur la puissance du Pape n'appartiennent pas à la foi, xxi, 115. Différence qu'ils mettent entre la croyance de l'infaillibilité des conciles et celle du Pape, xxi, 117, 118.

WALÉRAN, évêque de Naŭmbourg, écrit à saint Anselme, dans le temps de l'excommunication de l'Empereur Henri IV, restant à sa cour, sans communiquer à ses crimes, xxi, 429 *et suiv.*

WIGGERS (Jean), docteur de Louvain, tâche d'éluder l'autorité d'Adrien VI, sur la faillibilité des Papes, xxi, 39; xxii, 500. Il dit que l'infaillibilité est crue comme de foi par quelques théologiens, xxii, 520, 556, 557.

WISSOVATS (André) fait voir comment les unitaires se sont séparés des réformés, xv, 138.

X

XÉNOPHON, sage philosophe et habile capitaine. Son histoire est conforme à l'Ecriture, xxiv, 287. Sentences extraites des livres de ce philosophe, xxvi, 33 *et suiv.*

XERXÈS, roi de Perse, attaque les Grecs avec onze cent mille hommes : il est défait, xxiv, 296. Sa mort, xxiv, 297.

Z

ZABARELLA (François), cardinal archevêque de Florence, est mis par Bellarmin au nombre des défenseurs de la doctrine gallicane, xxi, 34; xxii, 491. Chicane de Schelstrate, qui prétend que ce cardinal refusa de lire les décrets des sess. v et vi au concile de Constance, xxi, 645, 646. Preuves qu'il croyoit le concile supérieur au Pape, xxi, 646 *et suiv.*

ZACHARIE. Ses prophéties, xxiv, 427 *et suiv.*

ZACHARIE, père de saint Jean-Baptiste; son incrédulité, vii, 196. Son cantique, vii, 249 *et suiv.* Ce cantique réunit la doctrine à la beauté du style, i, 403. Il est expliqué, i, 405, 406.

ZACHARIE, Pape, ne déposa pas Childéric, mais répondit à la consultation des seigneurs françois, xxi, 135, 154; xxv, 17. Grégoire VII est le premier qui parle de cette déposition, xxi, 353 *et suiv.* Histoire abrégée de ce qui prépara l'élévation de Pépin et la chute de Childéric, xxi, 356. Ce Pape persista dans l'obéissance des empereurs, xxi, 326.

ZELEPECHIMI (Georges) archevêque de Strigonie et primat de Hongrie, proscrit les articles du clergé de France avec des qualifications odieuses, xxi, 6, 7; xxii, 473. On le réfute, xxii, 101, 102, 564. Son décret censuré par la Sorbonne, xxi, 758.

ZÉNOBIE, reine de Palmyre, se rend célèbre; elle est vaincue par Aurélien, xxiv, 335.

ZÉNON, empereur d'Orient, se mêle le premier de régler la foi : son *Hénotique* est condamné, xxiv, 349.

ZISCA (Jean), chef des taborites, l'une des sectes descendues de Jean Hus, excite des révoltes, et commet des cruautés inouies, surtout à l'égard des moines et des ecclésiastiques. Les frères de Bohême en descendent, selon Rudiger, l'un des frères. Ils refusent les quatre articles accordés par le concile de Bâle, xiv, 549 *et suiv.*

ZONARE et les historiens grecs, accusent à tort les papes Grégoire II et III d'avoir manqué de fidélité à Léon l'Isaurien, xxi, 308.

ZOROASTRE. Ses sentimens sur la divinité, convenables en un certain sens au soleil, xxvii, 224, 225.

ZOROBABEL ramène les Juifs captifs, et pose les fondemens du second temple, xxix, 294, 426.

ZOZIME (S.), Pape, est accusé d'avoir approuvé la confession de foi de Célestius, hérétique, xxii, 232. On discute cette imputation, *ibid.*, *note*. Sa doctrine sur l'observation des canons, xxii, 291. *Voy.* SARDIQUE.

ZUINGLE (Ulric). Son caractère hardi. Il prend parti pour Carlostad dans la querelle sacramentaire, xiv, 66. Il accorde le salut aux païens ; Luther désespère de son salut à cause de cette erreur, que ceux de Zurich défendent mal, xiv, 67, 68. Il nie le péché originel, qu'il appelle un vice, un malheur, une maladie, et non un crime. Ses erreurs sur le baptême, xiv, 69. *Voy.* BAPTÊME. Songe de Zuingle, dans lequel un fantôme blanc ou noir lui apprend que le signe, dans l'Ecriture, reçoit le nom de la chose ; *l'Agneau est la Pâque*, pour dire qu'il en est le signe. Ignorance de cette explication, xiv, 75. Sa Confession de foi appelée Helvétique, envoyée à Augsbourg, xiv, 94. *Voy.* CONFESSION D'AUGSBOURG. Il est tué dans une bataille donnée en Suisse entre les cantons catholiques et les cantons protestans, où les derniers, quoique plus forts, sont vaincus, xiv, 145.

ZUINGLIENS (les) se moquent des équivoques de Bucer, et ne veulent point entendre parler de miracles et de toute-puissance de Dieu dans l'Eucharistie, xiv, 163. Ceux de Pologne disent, dans leur accord avec les luthériens et les bohémiens, que le corps de Jésus-Christ est substantiellement présent dans l'Eucharistie, xiv, 564.

ZURICH. *Voy.* GENÈVE.

FIN DE LA TABLE GÉNÉRALE DES MATIÈRES.

TABLE CHRONOLOGIQUE

DES OUVRAGES DE BOSSUET [2]

Année 1648. — Age de Bossuet, 21 ans [2]

Années.	Vol.	Pag.
1648 (vers) — 1862; Plan d'une théologie	III,	581

Année 1650. — Age de Bossuet, 23 ans.

1650 (vers) — 1772; Ier Sermon pour la Conception de la sainte Vierge.	XI,	1
1655 — 1655 puis 1727; Réfutation du Catéchisme de Paul Ferry.	XIII,	354

[1] Les chiffres qui précèdent le tiret indiquent les dates où les ouvrages ont été composés et les sermons prononcés; puis les chiffres qui suivent le tiret énoncent la date où les ouvrages et les sermons ont été publiés par l'impression.

A ce dernier égard, les sermons qui avoient été remaniés, transposés, bouleversés par les premiers éditeurs, quand nous avons pu les rétablir dans leur état primitif, nous attribuons à cette édition, et c'étoit notre devoir, la date de leur publication.

Les différens ouvrages de Bossuet ont été publiés, pour la première fois, à quatre époques principales : de 1655 à 1704, par Bossuet lui-même; de 1709 à 1753, par l'évêque de Troyes et l'abbé Leroy; de 1772 à 1778, par dom Deforis et les Bénédictins des *Blancs-Manteaux*; enfin de 1862 à 1866, par l'éditeur actuel.

On peut voir dans notre table chronologique, si je ne me trompe, ce qu'a pensé, dit et fait Bossuet chaque jour de sa vie d'écrivain, c'est-à-dire de sa vie presque tout entière. Cependant, lorsqu'on ne sera pas satisfait par les indications de cette table, on trouvera de plus amples renseignemens dans les *Remarques historiques*.

Plusieurs écrivains conseillent, et des amateurs officieux nous ont conseillé cent fois, de classer les ouvrages de Bossuet, non d'après l'ordre des matières, mais suivant l'ordre du temps. Y pense-t-on? Si l'on vouloit suivre cet aveugle conseil, il faudroit jeter pêle-mêle parmi les grands ouvrages, que dis-je? il faudroit intercaler entre les parties des grands ouvrages, les lettres, les opuscules et les sermons. Il y avoit pourtant un moyen d'éviter les inconvéniens de l'ordre chronologique, tout en en obtenant les avantages : ce moyen, c'étoit notre table.

[2] Bossuet est né le 27 septembre 1627.

Années.	Vol. Pag.

1653 — 1772; Sermon pour le IXe dimanche après la Pentecôte . . . . X, 400

1653 (vers) — 1862; Ier Sermon pour la fête de tous les Saints (première rédaction). . . . . VIII, 1

De 1653 à 1703 — 1778; lettres diverses. . . . . . XXVI, 119
    A Saint Vincent de Paul, 1658; aux religieuses de Port-Royal, 1665; à Louis XIV, 1675; au grand Condé, 1682; à Milord Perth, 1685; à un disciple de Malebranche, 1687; à dom Lami, sur la satisfaction de Jésus-Christ, 1688; au P. Caffaro, sur la comédie, 1694; à Innocent XII, sur le livre *Nodus prædestinationis dissolutus*; 1696; au cardinal de Noailles, sur la version de Trévoux, 1702.

1654 — 1772; Ier Sermon pour la fête de la Circoncision. VIII, 298

1654 (vers) — 1772; Ier panégyrique de saint Gorgon. . XII, 306

1655 (vers) — 1772; IIe Sermon pour le vendredi de la semaine de la passion. . . . . IX, 522

1655 (vers) — Ier Sermon pour le vendredi saint . . . X, 1

1655 (vers) — Ier Sermon pour le jour de Pâques . . . X, 92

1655 (2 avril) — 1772; Ier panégyrique de saint François de Paule. XII, 166

1655 (ou 1656) — 1772; IIIe Sermon pour la Nativité de la sainte Vierge. . . . . XI, 100

1655 (4 oct.) — 1772; Panégyrique de saint François d'Assise. . . . . XII, 353

1655 — 1772; Sermon pour le temps du jubilé. . . . VIII, 494

1655 — 1672; Règlement pour les Filles de la Propagation de la Foi. XVII, 285

1656 (vers) — 1772; IIe Sermon pour la fête de la Circoncision. . . . . VIII, 327

1656 (7 mai) — 1772; Sermon pour le IIIe dimanche après Pâques. . . . . X, 217

1656 (vers) — 1772; Sermon pour l'Ascension de Notre-Seigneur. . . . . X, 262

1656 (vers) — 1772; Ier Sermon pour la fête de l'Exaltation de la sainte Croix. . . . . X, 429

1657 — 1772; Sermon pour le IIe dimanche après l'Epiphanie. . . . . VIII, 396

1657 — 1772; IIe Sermon pour la Visitation de la sainte Vierge. . . . . XI, 231

1657 (19 mars) — 1772; Ier Panégyrique de saint Joseph. XII, 104

1657 (vers) — 1772; Ier Sermon pour le jour de la Pentecôte. . . . . X, 285

1657 — 1772; Sermon pour la fête du Rosaire. . . . XI, 346

Années.

	Vol.	Pag.
1657 (15 oct.) — 1772; Panégyrique de sainte Thérèse.	XII,	382
1657 (vers) — 1862; Ier Sermon pour la fête de tous les Saints (IIe rédaction).	VIII,	18
1657 — 1772; Esquisse d'un sermon pour la fête de tous les Saints.	VIII,	61
1657 (vers) — 1772; Ier Sermon pour le IIe dimanche de l'Avent.	VIII,	148
1658 (vers) — 1772; IIIe Sermon pour la purification de la sainte Vierge.	XI,	290
1658 — 1772; Sermon pour le mardi de la semaine de la passion.	IX,	438
1658 — 1772; Sermon pour le dimanche de Quasimodo.	X,	201
1658 — (9 sept.) 1772; IIe Panégyrique de saint Gorgon.	XII,	316
1659 — 1772; Sermon pour le dimanche de la septuagésime.	VIII,	425
1659 (vers) — 1772; Ier Sermon pour le dimanche de la quinquagésime.	VIII,	443
1659 (vers) — 1772; Ier Sermon pour le Ier dimanche de carême.	IX,	1
1659 (19 mars) — 1772; Ier Panégyrique de saint Joseph.	XII,	104
1659 — 1863; IIIe Sermon pour la fête de l'Annonciation.	XI,	164
1659 (vers) — 1772; Sermon pour le jour de la sainte Trinité.	X,	355
1659 (20 août) — 1772; Panégyrique de saint Bernard.	XII,	279
1659 (ou 1660) — 1772; Ier Sermon pour la Nativité de la sainte Vierge.	XI,	64
1659 (2 oct.) — 1772; Panégyrique pour la fête des Saints-Anges.	XII,	331
1659 (21 juillet) — 1772; Panégyrique de saint Victor.	XII,	251

ANNÉE 1660. — AGE DE BOSSUET, 33 ANS.

	Vol.	Pag.
1660 (20 fév.) — 1772; Sermon pour le vendredi après les Cendres.	VIII,	513
1660 (21 fév.) — 1772; Sermon pour le samedi après les Cendres.	VIII,	531
1660 — 1862; IIe Sermon pour le Ier dimanche de Carême.	IX,	19
1660 (vers) — 1772; Sermon incomplet pour le lundi de la Ire semaine de Carême.	IX,	77
1660 (probabl.) — 1772; Ier Sermon pour le IIe dimanche de Carême.	IX,	91
1660 — 1772; IIe Sermon pour le IIIe dimanche de Carême.	IX,	216
1660 (probabl.) — 1862; Sermon pour le vendredi de la IIIe semaine de Carême.	IX,	254

Années.   **Vol. Pag.**

1660 — 1772; Ier Sermon pour le dimanche de la Passion. . . . . IX, 376
1660 (vers) — 1772; Ier Sermon pour le vendredi de la semaine de la Passion. . . . . IX, 499
1660 — 1863; IVe Sermon pour la fête de l'Annonciation. XI, 177
1660 — 1772; Ier Sermon pour le dimanche des Rameaux. IX, 572
1660 — 1772; IIe Sermon pour le jour de Pâques. . . X, 119
1660 — 1772; IIe Panégyrique de saint François de Paule. XII, 192
1660 (vers) — 1772; Sermon pour le IIIe dimanche après la Pentecôte. . . . . X, 370
1660 — 1772; Ier Sermon pour la Visitation de la sainte Vierge. . . . . XI, 192
1660 (vers) — 1772; IIe Sermon pour la Conception de la sainte Vierge. . . . . XI, 20
1660 (8 sept.) — 1772; Sermon pour la vêture de Mlle de Bouillon. . . . . XI, 372
1660 (vers) — 1863; Ier Sermon pour la vêture d'une Bernardine. . . . . XI, 419
1661 — 1862; IIe Sermon pour le dimanche de la Quinquagésime. . . . . VIII, 463
1661 — 1862; Sermon pour le samedi de la IIIe semaine de Carême. . . . . IX, 272
1661 — 1772; IIe Sermon pour le dimanche des Rameaux. IX, 593
1661 (19 mars) — 1772; IIe Panégyrique de saint Joseph. XII, 133
1661 — 1772; Ier Sermon pour la fête de l'Annonciation. XI, 311
1661 — 1772; IIe Sermon pour le vendredi saint. . . . X, 24
1661 — 1772; IIIe Sermon pour le jour de Pâques. . . X, 142
1661 — 1772; IIe Sermon pour le jour de la Pentecôte. . X, 316
1661 — 1772; Sermon pour le Ve dimanche après la Pentecôte. . . . . X, 385
1661 — 1772; Panégyrique de saint Paul. . . . . . XII, 222
1661 — 1772; Ier Sermon pour l'Assomption de la sainte Vierge. . . . . XI, 304
1661 (vers) — 1863; Méditation pour la veille de l'Assomption. . . . . XI, 341
1661 — 1772; IIe Sermon pour la Nativité de la sainte Vierge. . . . . XI, 84
1661 — 1772; IIe Sermon pour la fête de l'Exaltation de la sainte Croix. . . . . X, 451
1661 (vers) — 1778; Oraison funèbre de Madame Yolande de Monterby. . . . . XII, 682
1661 (vers) — 1772; IIe Sermon pour la vêture d'une Bernardine. . . . . XI, 445
1661 (25 nov.) — 1772; Panégyrique de sainte Catherine. XII, 406

Années.	Vol. Pag.
1661 (5 déc.) — 1772; Sermon pour la profession de Mademoiselle de Saint-François Bailly	XI, 541
1662 — 1863; Ier Sermon pour la Purification de la sainte Vierge.	XI, 243
1662 — 1672; IIIe Sermon pour le Ier dimanche de Carême.	IX, 39
1662 — 1772; IIe Sermon pour le jeudi de la IIe semaine de Carême.	IX, 178
1662 — 1772; Ier Sermon pour le IIIe dimanche de Carême.	IX, 199
1662 — 1772; Sermon pour le mardi de la IIIe semaine de Carême.	IX, 236
1662 — 1862; Ier Sermon pour le IVe dimanche de Carême	IX, 292
1662 — 1772; Ier Sermon pour les trois derniers jours de la semaine de la Passion.	IX, 450
1662 — 1772; IIe Sermon pour les trois derniers jours de la semaine de la Passion.	IX, 466
1662 — 1772; IIIe Sermon pour les trois derniers jours de la semaine de la Passion.	IX, 480
1662 — 1772; IIIe Sermon pour le dimanche des Rameaux.	IX, 678
1662 — 1772: IIIe Sermon pour le vendredi saint.	X, 54
1662 — 1778; Lettres à une demoiselle de Metz.	XXVII,
1662 — 1772; IIIe Sermon pour la fête de tous les Saints.	VIII, 52
1662 — 1772; Exhortation aux nouvelles catholiques.	X, 468
1662 (vers) — 1863; Oraison funèbre de Henri de Gornay.	XII, 689
1662 (20 déc.) — 1778; Oraison funèbre du P. Bourgoing.	XII, 640
1662 (vers) — 1772; Panégyrique de saint Jean, apôtre.	XII, 19
1662 (28 déc.) — 1772; Panégyrique de saint François de Sales	XII, 70 / XII, 70
1663 (2 fév.) — 1772; IIe Sermon pour la vêture d'une nouvelle catholique	XI, 403
1663 — 1772; IVe Sermon pour le Ier dimanche de Carême.	IX, 57
1663 — 1772; IIe Sermon pour le IIe dimanche de Carême	IX, 112
1663 — 1862; IIIe Sermon pour le IVe dimanche de Carême.	IX, 334
1663 — 1772; IIe Sermon pour le dimanche de la Passion.	IX, 398
1663 (vers) — 1772; IIIe Sermon pour le dimanche de la Passion.	IX, 415
1663 (vers) — 1862; Abrégé d'un sermon pour le vendredi de la semaine de la Passion	IX, 550

Années.	Vol.	Pag.
1663 (27 juin) — 1698; Oraison funèbre de Nicolas Cornet.	XII,	661
1663 — 1772; IIe Sermon pour l'Assomption de la sainte Vierge.	XI,	323
1663 (vers) — 1772; Sermon pour le jour des Morts.	VIII,	71
1663 (25 nov.) — 1772; Panégyrique de sainte Catherine.	XII,	406
1664 (6 janv.) — 1863; Sermon pour une profession.	XI,	486
1664 (19 janv.) — 1772; Panégyrique de saint Sulpice.	XII,	57
1664 (25 mars) — 1772; Ier Sermon pour la vêture d'une nouvelle catholique.	XI,	391
1664 — 1772; Panégyrique de l'apôtre saint Pierre.	XII,	215
1665 (31 janv.) — 1772; Panégyrique de saint Pierre Nolasque.	XII,	88
1665 (21 mars) — 1772; Panégyrique de saint Benoît.	XII,	154
1665 (29 nov.) — 1772; 1er Sermon pour le Ier dimanche de l'Avent.	VIII,	92
1665 — 1772; Abrégé d'un sermon pour la Ire semaine de l'Avent.	VIII,	114
1665 (6 déc.) — 1772; IIe Sermon pour le IIe dimanche de l'Avent.	VIII,	177
1665 — 1862; Ier Sermon pour le jour de Noël.	VIII,	241
1666 — 1863; IIe Sermon pour la Purification de la sainte Vierge.	XI,	264
1666 — 1772; Sermon pour le mardi de la IIe semaine de Carême	IX,	134
1666 — 1862; IIe Sermon pour le jeudi de la IIe semaine de Carême	IX,	161
1666 — 1862; IIe Sermon pour le IVe dimanche Carême.	IX,	316
1666 — 1772; Sermon pour le vendredi de la IVe semaine de Carême	IX,	358
1666 — 1772; IIe Sermon pour la fête de l'Annonciation.	XI,	150
1666 — 1772; Abrégé d'un sermon pour le samedi de la semaine de la Passion.	IX,	560
1666 — 1862; IVe Sermon pour le dimanche des Rameaux.	IX,	635
1666 — 1772; IVe Sermon pour le vendredi saint.	X,	75
1666 (vers) — 1772; Précis d'un panégyrique de saint Paul.	XII,	248
1666 (vers) — 1772; Abrégé d'un sermon pour le IIIe dimanche de l'Avent.	VIII,	222
1666 (vers) — 1772; Sermon pour la profession de Mademoiselle de Beauvais.	XI,	470
De 1666 à 1667 — 1778; Lettres et pièces concernant la réunion des protestans de France.	XVII,	307
1668 — 1862; IVe Sermon pour la Circoncision.	VIII,	361

Années.   Vol. Pag.

1668 — 1862; V⁵ Sermon pour la fête de la Circoncision. VIII, 382
1668 (vers) — 1772; Sermon pour une profession jour de l'Exaltation de la sainte Croix. . . . . . . XI, 508
1668 — 1772; III⁶ Sermon pour le I⁶ʳ dimanche de l'Avent. . . . . VIII, 132
1668 (30 nov.) — 1772; Panégyrique de saint André, apôtre . . . . XII, 1
1668 — 1862; II⁶ Sermon pour le jour de Noël . . . . VIII, 263
1668 (29 déc). — 1772; Panégyrique de saint Thomas de Cantorbéry . . . . XII, 37
1668 — 1671 (74, 86) ; Exposition de la doctrine catholique. XIII, 1
1669 (8 sept.) — 1772; Sermon pour la vêture de Mademoiselle de la Vieuville . . . . XI, 455
1669 — 1772; II⁶ Sermon pour la Fête de tous les Saints. VIII, 32
1669 — 1772; II⁶ Sermon pour le 1⁶ʳ dimanche de l'Avent . . . . VIII, 117
1669 — 1772; III⁶ Sermon pour la Conception de la sainte Vierge. . . . . XI, 42
1669 (13 déc.) — 1772; Sermon pour le II⁶ dimanche de l'Avent. . . . . VIII, 196
1669 (16 nov.) — 1669; Oraison funèbre de Henriette Marie de France . . . . XII, 433
1669 — 1772; Sermon pour le III⁶ dimanche de l'Avent. VIII, 211
1669 — 1772; Sermon pour le IV⁶ dimanche de l'Avent. VIII, 227

Année 1770. — Age de Bossuet, 43 ans

1670 (vers) — 1854; Sur le style... pour former un orateur. XXVI, 107
1670 (21 août) — 1670; Oraison funèbre de Henriette Anne d'Angleterre . . . . XII, 474
1671 (8 juin) —   ; Discours de réception à l'Académie françoise. . . . . XII, 700
1672 — 1753; Fragmens sur des matières de controverse . . . . XIII, 120
1672 — 1762; III⁶ Sermon pour le jour de la Pentecôte . X, 338
1675 (76, 77, 78, 79) — 1767; Abrégé de l'histoire de France. . . . . XXV, 1
1675 (vers) — 1864; Grammaire latine, maximes de César . . . . XXVI, 41
1675 (4 juin) — 1772; Sermon pour la profession de Mademoiselle la Vallière. . . . . XI, 556

Annees.   Vol. Pag.

1677 (vers) — 1722; De la connoissance de Dieu et de soi-même. . . . . XXIII, 33
1677 (vers) — 1731 ; Traité du libre arbitre . . . . . XXIII, 426
1678 (vers) — 1864; Extraits de la morale d'Aristote. . XXVI, 23
1678 — 1682; Conférence avec Claude. . . . . . . XIII, 499
1678 — 1682; Réflexions sur un écrit de M. Claude . . XIII, 563
1678 (vers) — 1828; La logique. . . . . XXIII, 249
1679, 1693, 1700, 1703 — 1709 ; Politique tirée des propres paroles de l'Ecriture sainte. . . . . . XXIII, 476
1679 — 1681 ; Discours sur l'histoire universelle . . . XXIV, 260
1679 — 1709; De institutione Delphini, ad Innocentium XI. XXIII, 1

Année 1680. — Age de Bossuet, 53 ans.

1681 — 1772; IVe Sermon pour le jour de Pâques. . . X, 164
1681 (9 novembre) — 1682; Sermon sur l'unité de l'Eglise . . . . XI, 582
De 1681 à 1702 — 1772 ; Lettres à des religieuses de différens monastères. . . . . XXVIII, 423
    A Madame de Beringhen, abbesse de Farmoutiers; à Madame de Tanqueux, supérieure des filles charitables de la Ferté-sous-Jouarre ; à Madame de Sainte-Agnès, supérieure des Ursulines de Meaux; à Madame d'Epernon, supérieure des Carmélites du faubourg Saint-Jacques à Paris; aux Sœurs de la communauté de Sainte-Anne à la Ferté-sous-Jouarre; aux religieuses de la Visitation de Meaux; aux Religieuses de Coulommiers.
1682 — 1753; Traité de l'usure . . . . XXXI, 21
1682 — — ; Decretum de morali disciplina . . . . XXII, 675
1682 — 1682; Traité de la communion sous les deux espèces . . . . XVI, 243
1683 — 1753; La tradition sur la communion sous une espèce. . . . . XVI, 372
1683 (1er septembre) — 1683; Oraison funèbre de Marie-Thérèse d'Autriche. . . . . XII, 499
De 1683 à 1685, de 1695 à 1696 et de 1700 à 1702 — 1730, 1745 ; Defensio declarationis cleri gallicani . . . XXI, 1
Et . . . . XXII, 1
De 1683 à 1700 — 1778 et 1365 — Lettres sur l'affaire du quiétisme. . . . . XXVIII, 554
    Et vol. XXIX et XXX. — Madame Guyon, le P. La Combe, Fénelon, l'abbé Bossuet, le cardinal Casanate, l'abbé Ledieu, M. de Rancé, le cardinal de

Années.		Vol.	Pag.
	Bouillon, le cardinal le Camus, Innocent XII, l'abbé de Chanterac, l'abbé Phelippeaux, l'archevêque de Reims, l'archevêque de Paris, Madame de Maintenon, l'évêque de Chartres, le cardinal d'Estrées, le P. Latenai, Louis XIV.		
1684 (vers) — 1772;	Précis d'un panégyrique de saint Jacques	XII,	275
1685 — 1772;	IIe abrégé d'un Sermon pour le jour de Pâques.	X,	196
1685 (9 avril) — 1772;	Ire Exhortation aux Ursulines de Meaux.	X,	493
1685 (18 avril) — 1772;	IIe Exhortation aux Ursulines de Meaux.	X,	502
1685 (27 avril) — 1772;	Ordonnances notifiées aux Ursulines de Meaux	X,	512
1685 (27 avril) — 1772;	IIIe Exhortation aux Ursulines de Meaux.	X,	517
1685 (4 mai) — 1772;	IVe Exhortation aux Ursulines de Meaux.	X,	526
1685 (mai) — 1772;	Conférence aux Ursulines de Meaux.	X,	537
1685 (vers) — 1772;	Entretien pour la Visitation de la sainte Vierge.	XI,	222
1685 (9 août) — 1685;	Oraison funèbre de Anne de Gonzague de Clèves.	XII,	543
1686 (25 janvier) — 1686;	Oraison funèbre de Michel le Tellier	XII,	568
1686 (mars) 1686;	Lettre pastorale aux nouveaux catholiques du diocèse de Meaux.	XVII,	243
1686 — 1687;	Catéchisme de Meaux	V,	1
— — 1701;	Catéchisme de Meaux (corrigé)	V,	1
De 1686 à 1703 — 1778;	Lettres à Madame Cornuau	XXVII,	410
1687 — 1772;	IIIe Sermon pour la fête de la Circoncision.	VIII,	343
1687 (10 mars) — 1687;	Oraison funèbre du prince de Condé.	XII,	603
1687 — 1689;	Prières ecclésiastiques	V,	203
— — 1701;	Prières ecclésiastiques (corrigées)	V,	203
1687 — 1688 (89);	Histoire des Variations.	XIV,	1
1689 — 1689;	l'Apocalypse avec une explication	II,	300
— — 1689;	Avertissement aux protestans sur l'Apocalypse	III,	1
1689 — 1689;	Avertissemens aux protestans (les trois premiers)	XV,	181

Année 1690. — Age de Bossuet, 63 ans.

	Vol. Pag.
1690 — 1690; Avertissemens aux protestans (le IV° et le V°).	XV, 362
1690 — 1753; Eclaircissement sur le reproche d'idolâtrie.	XV, 331
1690 — 1753; Affaire de Jouarre, mémoires, visite, etc.	V, 495
De 1690 à 1702 — 1778; Lettres aux religieuses de l'abbaye de Jouarre	XXVIII, 300
A Mesdames du Mans, de Lusanci, de Luynes, de Baradat, de la Croix, de Soubise, de la Guillaumie.	
De 1690 à 1699 — 1778; Lettres à Madame d'Albert de Luynes.	XXVIII, 1
1691 — 1691; Défense de l'Histoire des variations.	XV, 489
1691 — 1691; Avertissemens aux protestans (le VI°).	XVI, 1
1691 — 1691; Dissertatio de Psalmis	I, 10
— — 1691; Liber Psalmorum.	I, 65
— — 1691; Veteris et Novi Testamenti cantica	I, 378
1691 — 1691; Explication de quelques difficultés sur les prières de la messe	XVII, 1
1691 — 1692; Lettre sur l'adoration de la croix	XVII, 275
1691 et 1698 — *idem*; Ordonnances synodales	V, 474
De 1691 à 1701 — 1753; Lettres concernant la réunion des protestans d'Allemagne.	XVIII, 117
1692 et 1693 — 1693; Supplenda in Psalmos.	I, 409
— — 1693; Proverbia Salomonis.	I, 442
— — 1693; Liber Ecclesiastes.	I, 520
— — 1693; Canticum canticorum.	I, 569
— — — Liber sapientiæ.	II, 1
1692 — 1731; Discours sur la vie cachée en Dieu.	VII, 394
1692 — 1772; Abrégé d'un sermon pour le jour de la Pentecôte.	X, 352
1692 — 1753; Projet de réunion des protestans d'Allemagne, traduit par Bossuet.	XVII, 432
1692 — 1753; De scripto cui intitulus : *Cogitationes privatæ*.	XVII, 458
1692 — 1753; Réflexions sur l'écrit de Molanus.	XII, 548
1694 — 1862; Cantique des cantiques.	I, 609
1694 — 1773; Défense de la tradition et des saints Pères (les XII premiers livres).	IV, 1
1694 — 1753; Tradition des nouveaux mystiques.	XIX, 1
1694 — 1731; Traité de la concupiscence.	VII, 413
— — 1774; Questions et réponses, réflexions sur quelques paroles de Jésus-Christ, sur la prière.	VII, 485

DES OUVRAGES DE BOSSUET.

Années.		Vol.	Pag.
1695 — 1731; Méditations sur l'Evangile.		VI,	1
1695 — 1727; Elévations sur les mystères.		VII,	1
1695 — 1695 (avril); Ordonnance et instruction pastorale sur les états d'oraison.		XVIII,	331
1696 — 1696; Méditations pour le jubilé.		V,	355
— — 1702; Méditations pour le jubilé (corrigées).		V,	355
1696 — 1696 (20 août); Ordonnance portant condamnation du livre intitulé : *Exposition de la foi*, etc.		V,	463
1696 — 1696 (20 août); Extrait de l'ordonnance du cardinal de Noailles, sur le livre des réflexions morales.		III,	364
1696 (97) — 1697 (mars); Instruction sur les états d'oraison.		XVIII,	367
De 1696 à 1703 — 1828; Lettres à madame de Maisonfort.		XXVII,	316
1697 — 1697 (juillet); Réponse à une lettre de M. de Cambray.		XIX,	149
1697 (98) — 1698 (1ers mois); Divers écrits ou mémoires sur le livre des *Maximes des Saints*		XIX,	157
1697 — 1697 (août); Declaratio trium Ecclesiæ principum (latin et françois).		XIX,	495
1697 — 1697 (août); Summa doctrinæ libri cui titulus: *Explications des Maximes des Saints* (latin et françois).		XIX,	452
1698 — 1698 (1ers mois); Réponse à quatre lettres de M. de Cambray.		XIX,	524
1698 — 1698 (vers juin); De nova quæstione tractatus tres (Mystici in tuto, Schola in tuto, Quietismus redivivus).		XIX,	582
1698 — 1698 (vers juin); De actibus a charitate imperatis		XIX,	773
1698 — 1698 (derniers mois); Relation sur le quiétisme.		XX,	85
1698 — 1698 (vers la fin); Remarques sur la réponse de M. de Cambray à la relation sur le quiétisme.		XX,	171
1699 — 1699 (janvier); Réponse d'un théologien à la lettre de M. de Cambray à M. de Chartres.		XX,	317
1699 — 1699 (janvier); Réponse aux préjugés décisifs de M. de Cambray.		XX,	356
1699 — 1699 (février); Les passages éclaircis.		XX,	370
1699 (mars) — 1864; Réflexions ou dernier éclaircissement sur une réponse de M. de Cambray.		XX,	432
1699 (août) — 1699 (sept.); Mandement pour la publication de la constitution condamnant les *Maximes des Saints*.		XX,	472
1699 — 1710; Avertissement sur le livre des réflexions morales		III,	365

Années.   Vol. Pag.

ANNÉE 1700. — AGE DE BOSSUET, 73 ANS.

1700 (vers) — 1736; Doctrina concilii Tridentini circa dilectionem in sacramento Pœnitentiæ requisitam.	V, 403
1700 — 1700 (avril); Instruction pastorale sur les promesses de l'Eglise.	VII, 740
1700 — 1700 (juillet); Actes et délibération de l'assemblée générale de 1700, au sujet de la condamnation des *Maximes des Saints*	XX, 480
1700 — 1700 et 1753; Dissertatiunculæ quatuor adversus probabilitatem.	XXX, 1
1700 — 1700 (sept.); Censura et declaratio cleri gallicani.	XXII, 740
1700, 1701, 1702, 1703 — 1864; Poésies	XXVI, 46
1701 — 1701 (déc.); Seconde instruction pastorale sur les promesses de l'Eglise.	XVIII, 143
1701 et 1072 — 1772; De excidio Babylonis.	III, 172
1702 (2 nov.) — 1753; Mémoires sur l'impression des ouvrages composés par les évêques.	XXXI, 60
1702 — 1702; Instruction sur la version de Trévoux.	III, 372
1702 — 1703; II⁰ Instruction sur les passages de la version de Trévoux.	III, 478
1762 (vers) — 1862; Défense de la tradition et des saints Pères	IV, 485
1703 (oct. et nov.) — 1703 (25 mars); Explication de la prophétie d'Isaïe sur l'enfantement de la Vierge.	II, 243
1703 (déc.) 1704 (janvier) [1] — 1704 (25 mars); Explication du Psaume XXI.	II, 264

[1] Bossuet mourut le 12 avril 1704, âgé de 76 ans, 6 mois et 6 jours.

FIN DE LA TABLE CHRONOLOGIQUE.

TABLE

DES MATIÈRES CONTENUES DANS LE TRENTE-UNIÈME VOLUME.

DISSERTATIUNCULÆ IV ADVERSUS PROBABILITATEM.

DISSERTAT. I. De dubio in negotio salutis. 1
Quæstiuncula I. Quæ regula data sit ab Ecclesia in dubio, nullâ præponderante ratione. 1
Quæstiuncula II. Quæ regula data sit ad vincendum dubium ratione probabili 4
DISSERTAT. II. De opinione minùs probabili, ac simul minùs tutâ. 6
DISSERTAT. III. De conscientiâ. 14
DISSERTAT. IV. De prudentiâ. 17

TRAITÉ DE L'USURE.

Première proposition. Dans l'ancienne loi l'usure étoit défendue de frère à frère, c'est-à-dire, d'Israélite à Israélite ; et cette usure étoit tout profit qu'on stipuloit ou qu'on exigeoit au delà du prêt. 21
Deuxième proposition. L'esprit de la loi est de défendre l'usure, comme ayant en elle-même quelque chose d'inique. 24
Troisième proposition. Les chrétiens ont toujours cru que cette loi contre l'usure étoit obligatoire sous la loi évangélique. 26
Quatrième proposition. Non-seulement la défense de l'usure portée dans l'ancienne loi subsiste encore, mais elle a dû être perfectionnée dans la loi nouvelle, l'esprit perpétuel des principes évangéliques. 39
Cinquième proposition. La doctrine qui dit que l'usure, selon la notion qui en a été donnée, est défendue dans la loi nouvelle à tous les hommes envers tous les hommes, est de foi. 43
Sixième proposition. L'opinion contraire est sans fondement. 44
Septième proposition. La loi de Dieu défendant l'usure, défend en même temps tout ce qui y est équivalent. 54
Huitième proposition. La police ecclésiastique et civile, pour empêcher l'effet de l'usure, ne doit pas seulement empêcher ce qui est usure dans la rigueur, mais encore tout ce qui y mène. 58

MÉMOIRES AU SUJET DE L'IMPRESSION DES OUVRAGES DE DOCTRINE,
COMPOSÉS PAR LES ÉVÊQUES

EXTRAIT des lettres du chancelier de Pontchartrain, dans lesquelles il déduit les raisons qu'il prétend avoir pour obliger les évêques à prendre des priviléges même pour leurs censures, avec des réflexions de Bossuet, en réponse. 69

Mémoire de Bossuet au chancelier sur la conduite que ce magistrat tenoit à son égard.	64
Lettre au cardinal de Noailles, sur l'injustice des procédés du chancelier, et les suites que peuvent avoir les obstacles qu'il met à la publication de l'instruction contre Simon.	65
Privilége du roi.	67
Premier mémoire au roi, sur les difficultés qu'éprouvoit Bossuet, de la part du chancelier.	67
Lettre au cardinal de Noailles, pour lui représenter combien il est injurieux aux évêques d'exiger que l'attestation d'un censeur soit mise à la tête de leurs ouvrages sur la doctrine, et l'exhorter à soutenir la cause de l'épiscopat.	70
Deuxième mémoire, ou requête au roi, pour répondre aux difficultés du chancelier.	71
Troisième mémoire. Sur la censure d'un docteur, à laquelle on voudroit assujettir les évêques.	78
Lettre au cardinal de Noailles, sur les tracasseries qu'on lui fait éprouver; il propose un expédient pour faire paroître son livre contre Simon.	79
Lettre au cardinal de Noailles, pour le remercier de son zèle à défendre la cause de l'épiscopat; il lui rend compte de son entretien avec M. l'intendant.	79
Lettre au cardinal de Noailles, sur la défense qu'avoit reçue Anisson, et les raisons alléguées par M. le chancelier pour empêcher que l'ordonnance du prélat ne parût.	80
Lettre à M***. Il lui témoigne ses dispositions sur la conduite qu'on tient à son égard, et lui montre la nécessité de son livre, pour réprimer l'audace de Richard Simon.	82
Lettre au cardinal de Noailles. Sur l'écrit de Simon contre l'ordonnance de M. le cardinal et l'injustice des procédés du chancelier.	83
Lettre à Madame de Maintenon, en lui envoyant ses mémoires en réponses au chancelier, et les lettres de ce magistrat à M. le cardinal de Noailles, et il lui recommande son affaire.	83
Lettre au cardinal de Noailles, sur les difficultés qu'opposoit le chancelier à la publication de son ordonnance contre Simon.	84
Lettre à M. le cardinal de Noailles, sur le même sujet.	85
Quatrième mémoire. Sur les ordonnances des évêques, pour répondre à la difficulté principale que faisoit le chancelier.	86
Cinquième mémoire. Sur les réglemens de l'imprimerie.	91
Table des ouvrages de Bossuet contenus dans chaque volume.	95
Table générale des matières.	119
Table chronologique.	491

FIN DU TRENTE-UNIÈME ET DERNIER VOLUME.

Typ. et Lith. A. CLAVEL, 32, rue Paradis-Poissonnière, Paris.